Fachrechnen für Kfz-Mechaniker

Lehr- und Übungsbuch

G. Hamm

G. Burk

16. Auflage

Holland + Josenhans Verlag Stuttgart Best.-Nr. 350

16. Auflage 1980

Satz und Druck: Universitätsdruckerei H. Stürtz AG, Postfach, 8700 Würzburg 2

Bindearbeit: Industrie- und Verlagsbuchbinderei Dollinger GmbH, 7430 Metzingen

ISBN 3-7782-3500-1

Vorwort

Das „Fachrechnen für Kfz-Mechaniker" enthält die technische Mathematik, das kraftfahrtechnische, das elektrotechnische und das betriebswirtschaftliche Rechnen für Kraftfahrzeugberufe. Bei der Auswahl der Stoffgebiete wurden die Lehrpläne der berufsbildenden Schulen und die Ausbildungsordnungen der Kraftfahrzeugberufe berücksichtigt.

Die rasch fortschreitende Technik auf dem Kraftfahrzeuggebiet, neu entwickelte Lehrpläne und Änderungen bzw. Ergänzungen einiger DIN-Normen erforderten die Überarbeitung des vorliegenden Buches, wobei sowohl die kraftfahrtechnischen Kapitel als auch der Abschnitt „Kostenrechnen im Kfz-Betrieb" wesentlich erweitert und ergänzt wurden.

In jedem Kapitel folgen auf die methodische Entwicklung des Lehrstoffes zahlreiche Übungsaufgaben mit ansteigendem Schwierigkeitsgrad. Daher eignet sich das Buch sowohl für Berufsschulen als auch für Fach- und Meisterschulen. Sämtliche Aufgaben sind als Doppelaufgaben gestellt; der zweite Wert ist im Aufgabentext in Klammer eingefügt. Abbildungen und graphische Darstellungen veranschaulichen die Aufgaben.

Wir danken allen, die unsere Arbeit unterstützt haben und nehmen auch weiterhin gerne Wünsche und Anregungen entgegen.

Die Verfasser

Inhaltsverzeichnis

1 Allgemeines Rechnen

1.1 Dreisatzrechnung (Schlußrechnung)

Mit der Dreisatzrechnung kann man aus drei Größen eine vierte unbekannte Größe bestimmen.

Dreisatz mit geradem Verhältnis

20 l Öl kosten 120 DM. Wieviel kosten 12 l Öl?

Ansatz (schriftlich, Frageglied hinten):
Gegebener Satz: 20 l Öl kosten 120 DM.
Fragesatz: 12 l Öl kosten ? DM.

Dreisatz (mündlich):
20 l Öl kosten 120 DM
1 l Öl kostet 20ster Teil
12 l Öl kosten 12mal mehr

Bruchsatz (schriftl.):

$$\frac{120\ \text{DM} \cdot 12\ l}{20\ l} = 72\ \text{DM}$$

Für das gerade Verhältnis gilt der Schluß:
„Je mehr (weniger), desto mehr (weniger)".

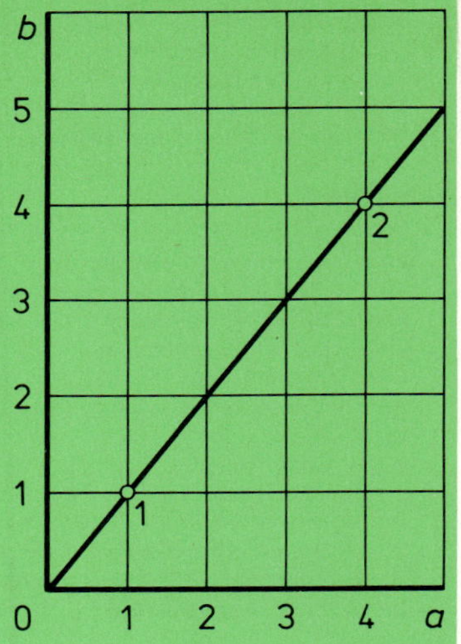

Gerades Verhältnis:

$$a_1 : a_2 = b_1 : b_2$$

Dreisatz mit umgekehrtem Verhältnis

Ein Lkw fährt eine Strecke mit 40 km/h in 3 Stunden. Wie lange braucht er mit 60 km/h?

Ansatz (schriftlich, Frageglied hinten):
Mit 40 km/h beträgt die Fahrzeit 3 Stunden.
Mit 60 km/h beträgt die Fahrzeit ? Stunden.

Dreisatz (mündlich):
Mit 40 km/h in 3 Stunden
mit 1 km/h 40mal länger
mit 60 km/h 60mal kürzer

Bruchsatz (schriftl.):

$$\frac{3\ \text{h} \cdot 40\ \text{km/h}}{60\ \text{km/h}} = 2\ \text{h}$$

Für das umgekehrte Verhältnis gilt der Schluß:
„Je mehr (weniger), desto weniger (mehr)".

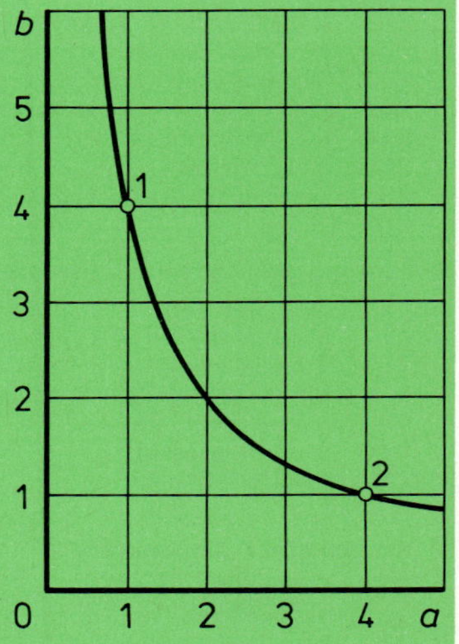

Umgekehrtes Verhältnis:

$$a_1 : a_2 = b_2 : b_1$$

Zusammengesetzter Dreisatz

2 Kfz-Handwerker brauchen für eine Reparatur mit 72 Arbeitswerten (AW) 3 Stunden. Wie lange brauchen 5 Kfz-Handwerker für 120 AW?

Ansatz (schriftlich, Frageglied hinten):
2 Handwerker verrichten 72 AW in 3 Stunden.
5 Handwerker verrichten 120 AW in ? Stunden.

Dreisatz (mündlich):
2 Kfz-Handwerker brauchen für 72 AW 3 Stunden.
1 Kfz-Handwerker braucht für 72 AW 2mal mehr.
5 Kfz-Handwerker brauchen für 72 AW 5ten Teil.
5 Kfz-Handwerker brauchen für 1 AW 72ten Teil.
5 Kfz-Handwerker brauchen für 120 AW 120mal mehr.

Bruchsatz (schriftlich):

$$\text{Arbeitszeit} = \frac{3\ \text{h} \cdot 2\ \text{Arb.} \cdot 120\ \text{AW}}{5\ \text{Arb.} \cdot 72\ \text{AW}} = 2\ \text{Stunden}$$

Beim zusammengesetzten Dreisatz kann das Verhältnis gerade oder umgekehrt sein.

Aufgaben

1. Für 58 (43,5) l Benzin bezahlt ein Tankkunde 47,56 (36,54) DM. Wieviel kosten 74 (28) l Benzin?

2. Eine 15 (120) km lange Strecke legt ein Pkw in 9 (96) min zurück. Wie lange braucht der Wagen für eine Strecke von 40 (35) km?

3. Der Vorratsbehälter einer Druckluftbremse speichert bei 5,6 (7,35) bar Druck 224 (441) l Luft. Wieviel l enthält er bei 4,8 (6,4) bar Druck?

4. In 42 (48) Arbeitsstunden verdient ein Kfz-Handwerker 346,50 (412,80) DM. Wieviel DM erhält er für 46 (40) Arbeitsstunden?

5. Eine Stahlplatte von 12 (8) mm Dicke wiegt 22,5 (42,4) kg. Wieviel kg wiegt eine 20 (6) mm dicke Platte mit der gleichen Fläche?

6. 180 (152) kg Messing enthalten 129,6 (95,76) kg Kupfer. Wieviel Kupfer braucht man zur Herstellung von 126 (57) kg Messing?

7. Mit 78 (70) km/h Geschwindigkeit braucht ein Pkw für eine Strecke 5 h 25 min (3 h 20 min). Wieviel h ist er mit 65 (112) km/h Geschwindigkeit unterwegs?

8. Der Vorrat an Motorenöl reicht 40 (25) Tage, wenn täglich 25 (27,2) l verkauft werden. Wie lange reicht der Vorrat bei 20 (40) l Tagesverkauf?

9. Für 15000 (19440) Arbeitswerte benötigen 16 (9) Kfz-Handwerker 126 (160) Arbeitsstunden. Wieviel Stunden brauchen 12 (15) Kfz-Handwerker dazu?

10. Von einem Zahnradtrieb sind bekannt: $z_1 = 36$ (56), $n_1 = 840$ (435) 1/min, $z_2 = 45$ (24). Wieviel Umdrehungen je Minute macht das Zahnrad 2?

11. Ein Grundstück ist 25 (48) m lang und 18 (26) m breit. Durch Baulandumlegung wird es 5 (9) m kürzer. Welche Breite muß das Grundstück haben?

12. Der Kraftstoffverbrauch eines Pkw wird von 12 (9) l/100 km auf 11 (8,5) l/100 km gesenkt. Welche Strecke kann der Wagen fahren, wenn vor der Vergaserkorrektur mit einer Tankfüllung 495 (544) km zurückgelegt wurden?

13. Ein Kfz-Betrieb hat an 15 (9) Gesellen für 21 (22) Tage 19797,75 (13068) DM Löhne ausbezahlt. Wieviel DM erhalten 12 (14) Gesellen in 18 (21) Tagen?

14. Ein Kraftstoffbehälter ist 760 (720) mm lang, 510 (455) mm breit und 120 (245) mm hoch. Er soll gegen einen Behälter mit 680 (780) mm Länge und 380 (490) mm Breite ausgetauscht werden. Wie hoch muß der neue Behälter sein?

15. Von einer Baustelle fahren 10 (7) Lkw in 6 (4) Tagen 1440 (1344) m^3 Erdaushub ab. Wieviel Tage brauchen 8 (15) Lkw für 1920 (8640) m^3?

16. Ein Fuhrpark verbraucht für 9 (8) Lkw in 24 (14) Tagen 10800 (8064) l Dieselkraftstoff. Wie lange reichen 9000 (21600) l Vorrat für 12 (12) Lkw?

17. Ein Pkw erreicht bei 4200 (2800) U/min und 3,2 (5,8) : 1 Übersetzung eine Geschwindigkeit von 133 (65) km/h. Wie groß ist seine Geschwindigkeit bei 3600 (4200) U/min und einer Übersetzung von 4,8 (3,9) : 1?

18. Ein Betrieb muß 325 (264) DM Stromrechnung bezahlen. Dabei brannten 18 (15) Glühlampen an 25 (22) Tagen je 8 (9) h. Wie hoch ist die Rechnung, wenn 12 (21) Glühlampen an 22 (25) Tagen je 6 (12) h eingeschaltet sind?

1.2 Prozentrechnung

Die Prozentrechnung setzt den ganzen Wert einer benannten Zahl (Größe) gleich 100 und bezieht darauf die Teilwerte. Dadurch kann man mehrere Größen miteinander vergleichen. Der 100ste Teil des Ganzen ist 1 vom Hundert oder 1 Prozent (pro centum). Das Kurzzeichen für „vom Hundert" ist %. Man bezeichnet den ganzen Wert mit Grundwert, den Teilwert der Größe mit Prozentwert und die Prozente des Teilwertes mit Prozentsatz.

20 DM sind ein Eintel, 1/1 oder 100/100 = 100%
12 DM sind zwölf 20stel, 3/5 oder 60/100 = 60%

$$\text{Prozentsatz} = \frac{\text{Prozentwert} \times 100}{\text{Grundwert}}$$

Vermehrter Wert = Grundwert + Prozentwert
Verminderter Wert = Grundwert − Prozentwert

$$p = \frac{w \cdot 100}{g}$$

$$g = \frac{w \cdot 100}{p} \qquad w = \frac{p \cdot g}{100}$$

Formelzeichen
p Prozentsatz
w Prozentwert
g Grundwert

Beispiel
Rechnungsbetrag 540 DM, Skontoabzug 3%. Wieviel DM Skonto dürfen abgezogen werden?

$$\text{Skonto} = \frac{540\ \text{DM} \cdot 3}{100} = 16{,}20\ \text{DM}$$

Aufgaben

19. Der Rechnungsbetrag für verschiedene Ersatzteile lautet auf 620 (824) DM. Wieviel DM müssen bei Abzug von 2,75 (2,5)% Skonto noch bezahlt werden?

20. Ein Meßgerät wird für 3680 (2500) DM angeschafft. Es soll linear (degr.) mit 12,5 (20)% abgeschrieben werden. Wie groß ist der Buchwert nach 5 (3) Jahren?

21. Die Laufleistung eines Reifens ist 24000 (18500) km. Durch zu niedrigen Reifendruck sinkt sie auf 85 (68) %. Wieviel km können gefahren werden?

22. Der Listenpreis eines Bremsgerätes beträgt 175 (215) DM. Der Kfz-Handwerker erhält 31,5 (51,6) DM Händlerrabatt. Wieviel Prozent sind das?

23. Eine Kurbelwelle wiegt 42,6 (17,5) kg, das Rohteil 48,99 (19,81) kg. Wie groß ist der Verschnitt in Prozent bezogen auf das Fertigteil?

24. Die Leistung eines Motors wird durch Verdichtungsänderung um 6 (8) kW erhöht, das sind 7,5 (6,4) %. Wieviel kW Leistung hat der Motor?

25. Der Kraftstoffverbrauch eines Motors wird von 12,5 (12) auf 11,75 (11,1) l/100 km verringert. Wieviel % ist der Verbrauch niedriger als früher?

26. Ein Kfz-Verkäufer erhält von seiner Firma 4,5 (6) % Provision, das sind 2165,4 (4047) DM. Wie hoch war der Umsatz des Verkäufers?

27. Ein Werkstattgebäude hat 217 (237) m^2 Grundfläche. Wie groß ist das Betriebsgrundstück, wenn 28 (25)% überbaut sind?

28. Für Ersatzteile müssen 527,25 (93,24) DM einschließlich 11 (5,5)% Umsatzsteuer bezahlt werden. Wie groß ist der Netto-Rechnungsbetrag?

29. Ein Kfz-Handwerker erhält nach 6,8 (8,4)% Lohnerhöhung wöchentlich 445,89 (571,81) DM. Berechnen Sie die Aufbesserung und den früheren Wochenlohn!

1.3 Zinsrechnung

Zins erhält ein Gläubiger von seinem Schuldner als Vergütung für die Ausleihung eines Kapitals. Die Höhe des Zinses wird in Prozent des Kapitals ausgedrückt und gewöhnlich auf ein Jahr bezogen. Dieser Prozentsatz heißt Zinsfuß.
Bei 800 DM Kapital und 7% Zinsfuß sind jährlich 800 DM · 7/100 = 56 DM Zins zu zahlen. Es ist

$$\text{Jahreszins} = \frac{\text{Kapital} \times \text{Zinsfuß}}{100}$$

Soll der Zins für eine längere Zeit als ein Jahr berechnet werden, so hat man als weiteren Faktor die Zeit. Bei kaufmännischen Rechnungen wird das Jahr zu 360 Tagen und jeder Monat zu 30 Tagen gerechnet. Deshalb ist

$$\text{Zins} = \frac{\text{Kapital} \times \text{Zinsfuß} \times \text{Tage}}{100 \times 360}$$

Beispiel
Kapital 3000 DM, Zinsfuß 7%, Zeit 240 Tage.

$$\text{Zins} = \frac{3000\ \text{DM} \cdot 7 \cdot 240\ \text{Tage}}{100 \cdot 360\ \text{Tage}} = 140\ \text{DM}$$

$$Z = \frac{K \cdot p}{100} \text{ im Jahr}$$

$$Z = \frac{K \cdot p \cdot t}{100 \cdot 360}$$

$$K = \frac{Z \cdot 100 \cdot 360}{p \cdot t}$$

$$p = \frac{Z \cdot 100 \cdot 360}{K \cdot t}$$

$$t = \frac{Z \cdot 100 \cdot 360}{K \cdot p}$$

Formelzeichen
K Kapital
Z Zins
p Zinsfuß
t Zeit in Tagen

Aufgaben

30. Ergänzen Sie in der folgenden Zusammenstellung die fehlenden Angaben!

	a)	b)	c)	d)	e)	f)
$K=$	2650 DM	72 DM	1440 DM	2750 DM	840 DM	? DM
$p=$	7%	4½%	$6^1/_4$%	?%	4½%	5½%
$t=$	½ Jahr	5 Monate	14 Tage	1½ Jahre	? Tage	45 Tage
$Z=$	? DM	? DM	? DM	165 DM	15,75 DM	3,30 DM

31. Ein Handwerker nimmt 4225 (1320) DM Darlehen zu 8 (6)% Zinsfuß für 2½ Jahre (195 Tage) auf. Welchen Betrag muß er samt Zinsen zurückbezahlen?

32. Auf ein Sparkonto werden am 15. Jan. 480 (6. Febr. 620) DM, am 20. April 560 (12. Juni 820) DM und am 1. Okt. 720 (3. Sept. 760) DM eingezahlt. Welcher Betrag kann am 31. Dez. abgehoben werden (Zinsfuß 4½, (5)%)?

33. Der stille Gesellschafter eines Kfz-Betriebs mit einer Beteiligung von 16000 (42000) DM erhält im Vierteljahr (Monat) 168 (227,50) DM Gewinnanteil ausbezahlt. Mit wieviel Prozent verzinst sich sein Kapital im Jahr?

34. Ein Lieferant räumt bei Zahlung einer Rechnung von 680 (1470) DM innerhalb von 10 (14) Tagen 13,60 (44,59) DM Skonto ein. Zu wieviel Prozent verzinst sich das in der Barzahlung angelegte Kapital?

35. Ein Kunde zahlte eine Rechnung, die am 25. Febr. (12. April) fällig war, erst am 19. Mai (27. Aug.) und wurde deshalb mit 5 (4)% = 25,20 (7,56) DM Verzugszinsen belastet. Wie hoch war der Rechnungsbetrag?

36. Wie lange muß man 4500 (6240) DM bei der Sparkasse liegen lassen, um bei einem Zinsfuß von 4 (5)% einen Zins von 78 (351) DM zu bekommen?

37. An welchem Tag wurden 3600 (4000) DM zu 7½ ($6^3/_4$)% ausgeliehen, wenn am 30. Juni (15. Aug.) einschl. Zinsen 3633,75 (4054) DM zurückbezahlt wurden?

2 Buchstabenrechnen

2.1 Grundrechnungsarten

In technischen Rechnungen ist es zweckmäßig, anstatt bestimmter Zahlen oder Größen Buchstaben zu verwenden. Damit kann man einfacher rechnen. Deshalb werden auch die meisten Gesetze durch Formeln mit Buchstaben ausgedrückt. Welche Buchstaben man wählt, ist im allgemeinen gleichgültig. In der Technik werden aber zur besseren Verständigung die von DIN eingeführten Zeichen verwendet.

Gleiche Größen werden durch gleiche Buchstaben, ungleiche Größen durch verschiedene Buchstaben bezeichnet. Zahlen vor den Buchstaben, sogenannte Vorzahlen, geben an, wievielmal die betreffende Größe zu nehmen ist. Sind die Buchstaben durch + oder − verbunden, so spricht man von einer algebraischen Summe. Zusammengehörende Rechnungsgänge werden in Klammern gesetzt.

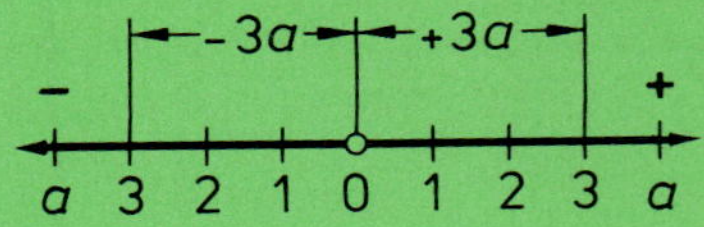

$+a+a+a=3\,\text{mal}\,(+a)=+3a$

$-a-a-a=3\,\text{mal}\,(-a)=-3a$

Bezeichnungen

- $3a$ Zahl
- 3 Vorzahl, Beizahl
- a Variable (Platzhalter für bestimmte Zahl)

Addieren	Vorzahlen der gleichartigen Summanden zusammenzählen oder abziehen.	$8b+3b=11b$ $12m+3n-7m=5m+3n$
Rechnen mit Vorzeichen	Zahlen ohne Vorzeichen sind positiv.	
	Sind Rechen- und Vorzeichen gleich (verschieden), so wird die Zahl addiert (subtrahiert).	$+(+a)=+a$ $\quad +(-a)=-a$ $-(-a)=+a$ $\quad -(+a)=-a$
	Beim Auflösen einer Plusklammer bleiben die Rechenzeichen, bei einer Minusklammer ändern sie sich.	$a+(b-c)=a+b-c$ $a-(b-c)=a-b+c$
	Das Produkt zweier Zahlen mit gleichem Vorzeichen ist positiv, mit ungleichem Vorzeichen negativ.	$(+a)\cdot(+b)=+(ab)$ $(-a)\cdot(-b)=+(ab)$ $(+a)\cdot(-b)=-(ab)$ $(-a)\cdot(+b)=-(ab)$
Vervielfachen: Faktoren	Vorzahlen miteinander malnehmen und alle Buchstaben ohne Rechenzeichen hinter das Produkt setzen.	$2\cdot 4a=8a$ $3a\cdot 5b\cdot 4=60ab$ $(+5a)\cdot(-7b)=-(35ab)$
Summen	Jedes Glied der Summe mit der Zahl vor der Klammer malnehmen.	$4\cdot(a+b)=4a+4b$ $3a\cdot(4b-7)=12ab-21a$
Zerlegen in Faktoren	Gemeinsamen Faktor einer Summe vor eine Klammer setzen und Restfaktoren in der Klammer zusammenfassen.	$8a+8b=8\cdot(a+b)$ $4ab-4ac=4a\cdot(b-c)$ $3bx-6dx=3x\cdot(b-2d)$
Teilen: Faktoren	Vorzahlen durcheinander teilen und gleiche Buchstaben miteinander kürzen.	$8a:2=4a$ $6ab:2a=3b$
Summen	Jedes Glied in der Klammer mit der Zahl hinter der Klammer teilen.	$(9b+6c):3=3b+2c$ $(6a-8ax):2a=3-4x$

Aufgaben

1. Addieren und Subtrahieren von Zahlen

a) $17a+9a-12a+15a-8a$
b) $14b-6b-18b+26b-7b$
c) $-25x+13x-10x+28x-16x$
d) $-7d-18d+37d-12d+11d$
e) $29y-14a-17y+22a+8y-10a$
f) $-18z+9b+12z-17b+6z+24b$
g) $-27c-13x+21x+18c-5c+15x$
h) $45d-19d-28+17-24d+9$

2. Addieren und Subtrahieren von Zahlen mit verschiedenen Vorzeichen

a) $35a+(-17a)$
b) $23b+(+14b)$
c) $-16c+(+25c)$
d) $-28d+(-19d)$
e) $32e-(+23e)$
f) $27f-(-18f)$
g) $9a+(-5a)+(+12a)-(+14a)-(-8a)$
h) $-16b+(+9b)-(+15b)-(-24b)+(-3b)$
i) $12c-(-16d)+(-7c)-(+12d)+(+15c)+(-9d)$
k) $-17e+(-8f)+(+12e)-(+18f)+(-19e)-(-32f)$
l) $15x-(+12a)-(-7x)+(-13a)-(+17x)+(+25a)$
m) $-24b-(-32b)+(-16y)+(+2b)-(-25y)-(+7y)$

3. Rechnen mit Klammern

a) $9a+(14a-8a)$
b) $-38c+(-12c+21c)$
c) $15d-(7d+12d)$
d) $-32f-(14f-55f)$
e) $16g-(-24g+20g)$
f) $16g-(28g-9g)+(-15g+24g)-5g$
g) $-(18h+12-10h)-(-25-19h+7)$
h) $25x-[14i+(9x-25i)-4x]-16i$
i) $-[17k-(9y+12k)+14y-8k]-13y$
k) $[19a-(7z+14a)]-[18z+(-15a+10z)]$

4. Multiplizieren von Produkten ohne Vorzeichen

a) $9a \cdot 7$
b) $12 \cdot 8b$
c) $13a \cdot 6b$
d) $16c \cdot 7b$
e) $12ab \cdot 5c$
f) $9a \cdot 15cd$
g) $18ac \cdot 4bd$
h) $17ax \cdot 9bd$
i) $11cd \cdot 15ay$
k) $25ex \cdot 28gy$
l) $66hk \cdot 50ax$
m) $52bx \cdot 75ac$
n) $5a \cdot 3b \cdot 7c$
o) $9x \cdot 4a \cdot 5c$
p) $8d \cdot 6a \cdot 3x$
q) $2y \cdot 7z \cdot 9x$

5. Multiplizieren von Produkten mit Vorzeichen

a) $(+7a) \cdot (+8)$
b) $(-12) \cdot (-7b)$
c) $(+16c) \cdot (-6a)$
d) $(-15d) \cdot (+12x)$
e) $(-7ab) \cdot (+13de)$
f) $(+4ax) \cdot (+25cd)$
g) $(-5ab) \cdot (-30ey)$
h) $(+15ac) \cdot (-12dx)$
i) $(+15n) \cdot (+3s) \cdot (+4a)$
k) $(+5a) \cdot (-8c) \cdot (+12b)$
l) $(-7b) \cdot (+8c) \cdot (-5d)$
m) $(-9b) \cdot (-6d) \cdot (-2r)$

6. Multiplizieren von Summen

a) $6 \cdot (5a+7b)$
b) $12 \cdot (6b-8c)$
c) $(14c+15x) \cdot 3a$
d) $(13d-18x) \cdot 5b$
e) $(-15a) \cdot (-6b+9c)$
f) $(-11f-3x) \cdot (-10c)$
g) $5a \cdot (14b+18d-12c)$
h) $(-15b) \cdot (5x+8a-9c)$
i) $(a+4) \cdot (b+7)$
k) $(a+b) \cdot (c-d)$
l) $(3x-12b) \cdot (9a+15c)$
m) $(5b-8x) \cdot (17a-12c)$

7. Zerlegen in Faktoren

a) $15 \cdot 4+15 \cdot 7$
b) $8 \cdot 19-8 \cdot 11$
c) $26+65$
d) $25-35+45$
e) $12ab-27ac-78ad+45ae-51af+21ag$
f) $91ax+52bx-117cx-78dx+26ex-104fx$
g) $5(a+b)+12(a+b)-9(a+b)$
h) $15a(2a-x)-25(2a-x)+45b(2a-x)$

8. Dividieren von Faktoren

a) $36ab : 9a$
b) $52ax : 4x$
c) $119bx : 17b$
d) $144ay : (-12a)$
e) $45ab : 5b+72ax : 9x+91ac : 7c$
f) $68bx : 4b+78ax : 13a-225cx : 15c$
g) $60ac : 12a-192bx : 4b+77cx : 7x$
h) $84ab : (-7b)+(-153ax) : 17x$

9. Dividieren von Summen

a) $(85a-51b+119c) : 17$
b) $(6ab+12ac+15ad) : (3a)$
c) $(72bx-96b+48bc) : (12b)$
d) $(60ax+90bx-45cx) : (15x)$
e) $(98cy-126y+28ay) : (-14y)$
f) $(-168az+54ax-156ay) : (-6a)$

2.2 Bruchrechnen

Ein Bruch ist eine Zahl, die eine Einheit – ein Ganzes – in eine bestimmte Anzahl gleicher Teile zerlegt. Die Zahl unter dem Bruchstrich, der Nenner, bezeichnet die Größe der Teilstücke. Die Zahl über dem Bruchstrich, der Zähler, gibt die Anzahl der Teilstücke an.

$$\frac{2a}{5b} = \frac{\text{Zähler}}{\text{Nenner}}$$

$$\frac{2a}{5b} = 2a/2b = 2a : 2b$$

Kürzen, Erweitern

Zähler und Nenner durch die gleiche Zahl teilen bzw. mit der gleichen Zahl malnehmen; der Wert des Bruches ändert sich dabei nicht.

$$\frac{12ab}{9a} = \frac{12ab : 3a}{9a \ : 3a} = \frac{4b}{3}$$

$$\frac{3a}{4b} = \frac{3a \cdot 2c}{4b \cdot 2c} = \frac{6ac}{8bc}$$

Bei Summen alle Summanden kürzen und erweitern.

$$\frac{ab+ac}{a} = \frac{(ab+ac) : a}{a \quad : a} = b+c$$

Hauptnenner suchen

Alle Brüche durch Erweitern auf den gleichen Nenner bringen:

a) Nenner in Primzahlen zerlegen,
b) Primzahlen so zusammenstellen, daß alle Faktoren eines Nenners einmal im Hauptnenner enthalten sind,
c) die gefundenen Primzahlen miteinander malnehmen.

$$\frac{4}{15a}, \frac{7}{10ab}, \frac{5}{12}, \frac{3}{8b}$$

$15a \;= 3 \cdot 5 \cdot a$
$10ab = 2 \cdot 5 \cdot a \cdot b$
$12 \;= 2 \cdot 2 \cdot 3$
$8b \;= 2 \cdot 2 \cdot 2 \cdot b$

$120ab = 2 \cdot 2 \cdot 2 \cdot 3 \cdot 5 \cdot a \cdot b$

Addieren, Subtrahieren

Bei gleichnamigen Brüchen Zähler zusammenzählen oder abziehen und den Nenner beibehalten.

$$\frac{2b}{3a} + \frac{5b}{3a} - \frac{4b}{3a} = \frac{3b}{3a} = \frac{b}{a}$$

Bei ungleichnamigen Brüchen Nenner zuerst gleichnamig machen:

a) Hauptnenner bestimmen,
b) Erweiterungszahl ermitteln,
c) Brüche durch Erweitern gleichnamig machen,
d) Zähler zusammenzählen oder voneinander abziehen und Hauptnenner beibehalten.

$$\frac{3x}{4a} + \frac{5x}{8a} - \frac{7x}{12a}$$

$4a$	$= 2 \cdot 2 \cdot a$	$2 \cdot 3$
$8a$	$= 2 \cdot 2 \cdot 2 \cdot a$	3
$12a$	$= 2 \cdot 2 \cdot 3 \cdot a$	2
$24a$	$= 2 \cdot 2 \cdot 2 \cdot 3$	a

$$\frac{18x + 15x - 14x}{24a} = \frac{19x}{24a}$$

Multiplizieren

Einzelzahl mit dem Zähler malnehmen oder Einzelzahl durch den Nenner teilen.

$$3a \cdot \frac{b}{6} = \frac{3a \cdot b}{6} = \frac{3ab}{6} = \frac{ab}{2}$$

Zähler mit Zähler und Nenner mit Nenner malnehmen.

$$\frac{2a}{5b} \cdot \frac{7c}{9x} = \frac{2a \cdot 7c}{5b \cdot 9x} = \frac{14ac}{45bx}$$

Dividieren

Zähler durch die Einzelzahl teilen oder Nenner mit der Einzelzahl malnehmen.

$$\frac{6ac}{7b} : 3a = \frac{6ac}{7b \cdot 3a} = \frac{2c}{7b}$$

Teiler (2. Bruch) umkehren und die Teilungszahl (1. Bruch) mit dem Kehrwert des Teilers malnehmen.

$$\frac{21a}{8b} : \frac{7x}{4b} = \frac{21a}{8b} \cdot \frac{4b}{7x} = \frac{3a}{2x}$$

Aufgaben

10. Berechnen Sie das kleinste gemeinsame Vielfache!

a) 2 6; 4 8 b) 3 6; 5 10 c) 4 8; 6 10 d) 3 12; 8 18 e) 6 15; 8 24 f) 2 18; 9 14

g) abx, bcx, acx, ax h) $5a$, $15ab$, $6b$, $2bc$ i) $3ax$, $8xd$, $12ab$, $16bd$ k) $4cd$, $6cx$, $7bc$, $12dx$ l) $6ay$, $9ab$, $15b$, $10by$ m) $4bf$, $10b$, $18mb$, $24mf$

11. Kürzen von Brüchen

a) $\frac{120ab}{75a}$ b) $\frac{84ab}{126bx}$ c) $\frac{144bc}{54cy}$ d) $\frac{91bdy}{104y}$ e) $\frac{168adx}{126ax}$ f) $\frac{525gxy}{630x}$

g) $\frac{6a\cdot 42b}{18b\cdot 2a}$ h) $\frac{20a\cdot 27x}{36x\cdot 15}$ i) $\frac{15b\cdot 91a}{52x\cdot 35b}$ k) $\frac{8b\cdot 36x}{30x\cdot 16c}$

l) $\frac{6a+18ab}{6a}$ m) $\frac{98ab-56ax}{28a}$ n) $\frac{119ax+85bx}{68x}$ o) $\frac{108cx-153c}{81c}$

12. Erweitern von Brüchen

a) $\frac{4a}{5b}=\frac{}{35b}$ b) $\frac{15b}{8x}=\frac{}{96ax}$ c) $\frac{9a}{14b}=\frac{}{-182by}$ d) $\frac{19b}{16z}=\frac{}{-112adz}$

e) $\frac{6ab+2a}{15x}=\frac{}{+225cx}$ f) $\frac{8b-12x}{27ax}=\frac{}{-108adx}$ g) $\frac{7a+14}{16c}=\frac{}{-144cdy}$

13. Addieren und Subtrahieren von Brüchen

a) $\frac{27a}{5}+\frac{13a}{5}-\frac{23a}{5}$ b) $\frac{26ab}{7a}-\frac{43ab}{7a}+\frac{66ab}{7a}$ c) $\frac{45bx}{12b}-\frac{58bx}{12b}+\frac{85bx}{12b}$

d) $\frac{16c}{8}+\frac{18c}{12}-\frac{24c}{16}$ e) $\frac{8bc}{4b}-\frac{17bc}{10b}+\frac{18bc}{15b}$ f) $\frac{7ax}{6a}-\frac{8x}{15}-\frac{15ax}{18a}$

g) $\frac{a+ab}{3a}+\frac{a+ab}{6a}-\frac{a+ab}{8a}$ h) $\frac{3a-4b}{3}+\frac{a+6b}{4}-\frac{6a+b}{6}$

i) $\frac{3ax+4x}{2x}-\frac{4ax-12x}{8x}-\frac{3x-6ax}{6x}$

14. Multiplizieren von Brüchen

a) $\frac{4a}{5}\cdot 10x$ b) $\frac{4a}{5b}\cdot\frac{12b}{18a}$ c) $\frac{5a}{6b}\cdot\frac{3}{7}\cdot\frac{7x}{2a}$ d) $\frac{6x}{7b}\cdot\frac{3a}{8x}\cdot\frac{14b}{5c}$

e) $\frac{3b}{4a}\cdot\frac{5x}{2b}\cdot(-8a)$ f) $\frac{21c}{8x}\cdot\left(-\frac{3a}{4b}\right)\cdot\left(-\frac{6x}{7a}\right)$ g) $\left(-\frac{12m}{32n}\right)\cdot\left(-\frac{49n}{77m}\right)\cdot\left(-\frac{40x}{8b}\right)$

h) $\frac{2a+6}{5a}\cdot\frac{18a-15}{14b}$ i) $\frac{6ax-5x}{8x}\cdot 9b$ k) $\frac{8b-7x}{4x+15b}\cdot\frac{9a+12}{6-4a}$

15. Dividieren von Brüchen

a) $\frac{90a}{5}:6a$ b) $\frac{126b}{75a}:\frac{14b}{5}$ c) $\frac{195a}{204b}:\left(-\frac{13ax}{17bc}\right)$ d) $\frac{558b}{456x}:\left(-\frac{31bc}{19ax}\right)$

e) $\frac{5ab+15bx}{4a+12x}:\frac{15}{8}$ f) $\frac{18s-63x}{14s-49x}:\frac{3t}{5v}$ g) $\frac{20ab+36bx}{15a+27x}:\frac{2b}{9}$

h) $\frac{16c+8d}{9a-3b}:\frac{4c+2d}{36a-12b}$ i) $\frac{4x+6y}{12a-21c}:\frac{8bx+12by}{20ab-35bc}$

2.3 Potenzen

Gleich große Faktoren eines Produkts lassen sich kürzer als Potenz darstellen, z. B. $5 \cdot 5 \cdot 5 = 5^3$. Bei der Potenz $5^3 = 125$ – sprich „fünf hoch drei" – heißt „5" Grundzahl oder Basis, „3" Hochzahl oder Exponent und „125" Potenzwert. Den Potenzwert errechnet man, indem man die Grundzahl so oft mit sich selbst malnimmt, wie es die Hochzahl angibt, z. B. $5^3 = 5 \cdot 5 \cdot 5$. Grund- und Hochzahl dürfen nicht vertauscht werden.

$$5 \cdot 5 \cdot 5 = 5^3 = 125$$

Bezeichnungen

5^3	Potenz
5	Grundzahl, Basis
3	Hochzahl, Exponent
125	Potenzwert

Vorzeichen: positiv	Potenzwerte mit positiver Grundzahl sind immer positiv.	$(+4)^2 = (+4) \cdot (+4) = +16$ $(+a)^3 = +a^3$
Grundzahl negativ	Potenzwerte mit geraden Hochzahlen sind immer positiv.	$(-4)^2 = (-4) \cdot (-4) = +16$ $(-a)^4 = +a^4$
	Potenzwerte mit ungeraden Hochzahlen sind immer negativ.	$(-2)^3 = (-2) \cdot (-2) \cdot (-2) = -8$ $(-a)^5 = -a^5$
Addieren, Subtrahieren	Vorzahlen der gleichen Potenzen zusammenzählen und die Summe mit der gemeinsamen Potenz malnehmen.	$3 \cdot 4^2 + 5 \cdot 4^2 = 8 \cdot 4^2 = 128$ $5a^2 - 3a^2 = 2a^2$
Malnehmen: Grundzahl gleich	Hochzahlen zusammenzählen und die gemeinsame Grundzahl mit der Summe der Hochzahlen potenzieren.	$4^2 \cdot 4^3 = 4 \cdot 4 \cdot 4 \cdot 4 \cdot 4 = 4^5$ $4^2 \cdot 4^3 = 4^{2+3} = 4^5$ $2a^2 \cdot 4a^3 = 2 \cdot 4 \cdot a^{2+3} = 8a^5$
Hochzahl gleich	Grundzahlen miteinander malnehmen und das Produkt mit der gemeinsamen Hochzahl potenzieren.	$4^2 \cdot 3^2 = (4 \cdot 3)^2 = 12^2$ $a^2 \cdot b^2 = (a \cdot b)^2 = (ab)^2$ $3a^2 \cdot 5b^2 = 15(ab)^2$
Dividieren: Grundzahl gleich	Hochzahlen voneinander abziehen und die gemeinsame Grundzahl mit der Differenz potenzieren.	$4^5 : 4^2 = 4^{5-2} = 4^3$ $a^5 : a^2 = a^{5-2} = a^3$
Hochzahl gleich	Grundzahlen durcheinander teilen und den Quotient mit der gemeinsamen Hochzahl potenzieren.	$6^3 : 2^3 = (6/2)^3 = 3^3$ $a^3 : b^3 = (a/b)^3$
Potenzieren	Hochzahlen miteinander malnehmen und die Grundzahl mit dem Produkt der Hochzahlen potenzieren.	$(3^2)^2 = (3 \cdot 3)^2 = (3 \cdot 3 \cdot 3 \cdot 3) = 3^4$ $(a^3)^2 = a^{3 \cdot 2} = a^6$
Sonderfälle	Eine Potenz mit negativer Hochzahl ist gleich dem Kehrwert der Potenz mit positiver Hochzahl. a^1 ist gleich a a^0 ist gleich 1	$\frac{3^2}{3^4} = \frac{3 \cdot 3}{3 \cdot 3 \cdot 3 \cdot 3} = \frac{1}{3^2} = 3^{-2}$ $a^3 : a^2 = a^{3-2} = a^1 = a$ $a^3 : a^3 = a^{3-3} = a^0 = 1$

Aufgaben

16. Schreiben Sie in Potenzform!

a) $5 \cdot 5 \cdot 5 \cdot 5$ b) $3 \cdot 3 \cdot 3 \cdot 3 \cdot 3$ c) $8{,}5 \cdot 8{,}5 \cdot 8{,}5$ d) $9{,}1 \cdot 9{,}1$ e) $4 \cdot 4 \cdot 4 \cdot 5 \cdot 5$
f) $d \cdot d \cdot d$ g) $a \cdot a \cdot a \cdot a$ h) $ad \cdot ad \cdot ad \cdot ad$ i) $abc \cdot abc$ k) $a \cdot a \cdot a \cdot b \cdot b$
l) $7a \cdot a \cdot a$ m) $9x \cdot 9x \cdot 9x$ n) $2c \cdot 18c \cdot 6c$ o) $4ab \cdot 16ab$ p) $6a \cdot 3b \cdot 2a \cdot 4b$

17. Schreiben Sie in Potenzform mit der Grundzahl 10!

a) 10 b) 100 c) 1000 d) 10000 e) 100000 f) 1000000
g) 1 h) 0,1 i) 0,01 k) 0,001 l) 0,0001 m) 0,00001

18. Berechnen Sie

a) n^2 für $n = 14$ 27 39 48 55,6 69,2 87,6 96,4!
b) n^3 für $n = 7$ 19 25 37 42,7 59,2 77,6 79,5!

19. Berücksichtigung des Vorzeichens beim Potenzieren

a) $(-3)^2 + (-2)^3$
b) $(-8)^2 + (-4)^3$
c) $(-5)^3 - (-12)^2 + (-7)^2$
d) $(+2)^6 - (+5)^2 + (-4)^3$
e) $(-3a)^3 - (-2a)^3$
f) $(+5x)^2 - (-4x)^2 + (-3x)^2$
g) $10(-2)^3 + 2(-3)^4 - 3(-8)^2$
h) $5(+4a)^3 - 6(-3a)^3 + 2(-5a)^3$

20. Addieren und Subtrahieren von Potenzen

a) $11a^3 + 5a^3 - 10a^3$
b) $8ab^2 + 7ab^2 - 11ab^2 - 4ab^2$
c) $5a^2 + 4a^2 + 2a^3 + 10a^3$
d) $5x^5 + 9x^5 - 12x^3 + 15x^3 - 10x^5$
e) $8b^4x - 7b^4x^2 + 9b^4x + 14b^4x^2$
f) $6a^3b^2 + 3n^2x^2 - (3a^3b^2 - 2n^2x^2)$
g) $9a^2b^3 - (4ab^2 - 2a^2b^3 + 5ab^2)$
h) $15a^4x^2 - 3a^3x^5 - (-7a^3x^5 + 8a^4x^2)$

21. Multiplizieren von Potenzen

a) $x^3 \cdot x^2$
b) $a^3 \cdot a^4 \cdot a^2 \cdot a$
c) $5b^2 \cdot 3b^4 \cdot 2b^3$
d) $7a^2b^3 \cdot 4a^3b \cdot 5a^3b^2$
e) $3b^2n^3x \cdot 8b^4x^3 \cdot 6n^3$
f) $(4x^2 - 5x) \cdot 9x^3$
g) $(3ntz)^3 \cdot 2(nt)^4$
h) $a^{2x} \cdot a^{3x} \cdot a^{4x}$
i) $a^2 \cdot b^2 \cdot x^3 \cdot z^3$
k) $3n^4 \cdot 9x^4 \cdot 3y^4$

22. Dividieren von Potenzen

a) $a^6 : a^4$
b) $8b^4 : 2b^3$
c) $4b^5n^3 : 16b^2n$
d) $28a^7c^5x^2 : 4a^4c^3x^5$
e) $42x^4y^2z : 3x^2y^4z^2$
f) $96ab^5 : 3ax^5$
g) $64(bx)^3 : (2bc)^3$
h) $12a^{5x} : 3a^{2x}$
i) $\dfrac{(4ab)^3}{8ab^2}$
k) $\dfrac{(3bx)^5}{3^2b^2x^3}$
l) $\dfrac{48a^4}{7x^3} : \dfrac{64a^2}{28x^5}$
m) $\dfrac{4b^5}{3a^6} : \dfrac{12b^2}{15a^3}$
n) $\dfrac{27x^3}{32a^2} : \dfrac{45x^2}{48a^4}$

23. Potenzieren von Potenzen

a) $(a^2)^4$
b) $(a^3bx^2)^3$
c) $(3n^2s^3x)^2$
d) $12(b^3c^2x^4)$
e) $(n^3)^{-2}$
f) $(4b^{-3})^3$
g) $5(a^{-2})^{-3}$
h) $(3a^4)^3 + 13(a^2)^6$
i) $(3x^3)^2 - (2x)^6 + (4x^2)^3$

24. Potenzieren von Summen

a) $(a+b)^2$
b) $9(a-b)^2$
c) $(2a+3b)^2$
d) $3(a-4b)^2$
e) $(a+b)^3$
f) $5(a-b)^3$

2.4 Wurzeln

Die Wurzelrechnung ist die Umkehrung der Potenzrechnung. Bei der Potenzrechnung wird aus Grundzahl und Hochzahl der Potenzwert errechnet: $5^2 = x$. Bei der Wurzelrechnung ist die Hochzahl und der Potenzwert bekannt, die Grundzahl ist gesucht: $x^2 = 25$. Dafür bedient man sich einer neuen Schreibweise: $\sqrt[2]{25} = x$ – sprich „zweite Wurzel (Quadratwurzel) aus 25". Bei $\sqrt[2]{25} = 5$ heißt „2" Wurzelhochzahl, „25" Radikand und „5" Wurzelwert. Die Wurzelhochzahl „2" schreibt man meist nicht.

$$\sqrt[3]{64} = 4$$

Bezeichnungen

$\sqrt[3]{64}$	dritte Wurzel aus 64
3	Wurzelhochzahl
64	Radikand, Basis
4	Wurzelwert

Radizieren: Zahlen Zahl suchen, die so oft mit sich selbst vervielfacht, wie die Hochzahl angibt, den Radikand ergibt. Größere Radikanden in Gruppen von je 2 (3) Ziffern zerlegen.

$\sqrt{16} = 4$, denn $4 \cdot 4 = 16$
$\sqrt[3]{27} = 3$, denn $3 \cdot 3 \cdot 3 = 27$
$\sqrt{40\,000} = \sqrt{4'00'00} = 200$
$\sqrt{172\,225} = \sqrt{17'22'25} = 415$

Summen Wurzeln mit gleichen Hochzahlen zusammenfassen und Wurzelwert mit der gemeinsamen Grundzahl malnehmen.

Produkte Wurzel von jedem Faktor ziehen und Wurzelwert miteinander malnehmen.

$\sqrt{4 \cdot 16} = \sqrt{4} \cdot \sqrt{16} = 2 \cdot 4 = 8$
$\sqrt{a \cdot b} = \sqrt{a} \cdot \sqrt{b}$

Quotienten Wurzel von Zähler und Nenner ziehen und Wurzelwerte durcheinander teilen.

$\sqrt{\frac{9}{4}} = \frac{\sqrt{9}}{\sqrt{4}} = \frac{3}{2} = 1{,}5$

Potenzen Wurzel aus dem Radikand ziehen und Wurzelwert mit der Potenzhochzahl potenzieren. Gleiche Wurzel- und Potenzhochzahlen heben sich auf: Wurzelwert ist gleich Radikand.

$\sqrt{9^2} = (\sqrt{9})^2 = 3^2 = 9$
$\sqrt[n]{a^m} = (\sqrt[n]{a})^m$
$\sqrt[3]{8^3} = (\sqrt[3]{8})^3 = 2^3 = 8$

Aufgaben

25. Radizieren von Zahlen

a) $\sqrt{9}$ b) $\sqrt{64}$ c) $\sqrt{144}$ d) $\sqrt{225}$ e) $\sqrt{625}$ f) $\sqrt{2304}$
g) $\sqrt{5625}$ h) $\sqrt{8836}$ i) $\sqrt{17\,424}$ k) $\sqrt{50\,625}$ l) $\sqrt{294\,849}$ m) $\sqrt{743\,044}$
n) $\sqrt[3]{27}$ o) $\sqrt[3]{125}$ p) $\sqrt[3]{2197}$ q) $\sqrt[3]{42\,875}$ r) $\sqrt[3]{185\,193}$ s) $\sqrt[3]{571\,787}$

26. Addieren und Subtrahieren von Wurzeln

a) $5\sqrt{16} + 7\sqrt{16} - 3\sqrt{16} + 12\sqrt{16}$ b) $16\sqrt{a} - 9\sqrt{a} + 25\sqrt{a} - 12\sqrt{a}$
c) $35\sqrt{ab} + 17\sqrt{ab} - 28\sqrt{ab} - 9\sqrt{ab}$ d) $15a\sqrt{bx} - 8a\sqrt{bx} + 24a\sqrt{bx} - 12a\sqrt{bx}$
e) $9a\sqrt{25} - 5b\sqrt{25} + 14b\sqrt{25} - 6\sqrt{25}$ f) $5\sqrt{ax} + 14\sqrt{bx} - 3\sqrt{ax} - 9\sqrt{bx}$

27. Wurzelrechnen von Produkten

a) $\sqrt{16 \cdot 25}$ b) $\sqrt{64 \cdot 81}$ c) $\sqrt{225 \cdot 196}$
d) $\sqrt{529 \cdot 841}$ e) $\sqrt{1764 \cdot 3136}$ f) $\sqrt{3844 \cdot 8836}$

28. Radizieren von Quotienten

a) $\sqrt{\frac{64}{25}}$ b) $\sqrt{\frac{324}{225}}$ c) $\sqrt{\frac{576}{1024}}$ d) $\sqrt{\frac{5929}{2500}}$ e) $\sqrt{\frac{9801}{1296}}$ f) $\sqrt{\frac{231\,361}{21\,904}}$
g) $\sqrt{\frac{a^2}{b^2}}$ h) $\sqrt{\frac{a^4}{b^4}}$ i) $\sqrt{\frac{a^3}{b^3}}$ k) $\sqrt{\frac{a^5}{b^4}}$ l) $\sqrt[3]{\frac{a^6}{b^6}}$ m) $\sqrt[3]{\frac{a^7}{b^9}}$

3 Gleichungen, Verhältnisse

3.1 Gleichungen

Technische Formeln wie $A=l \cdot b$ oder $s=v \cdot t$ sind Gleichungen. Sie bestehen aus einer linken und einer rechten Seite. Da beide Seiten gleichwertig sind, wird zwischen den beiden Seiten das Gleichheitszeichen gesetzt.
Jede Seite einer Gleichung kann aus verschiedenen Gliedern bestehen, die bekannt oder unbekannt sind. Unbekannte Größen werden in der Regel mit x, y oder z bezeichnet. Durch Umformen der Gleichung werden alle bekannten Größen auf die rechte Seite und die unbekannte Größe allein auf die linke Seite gestellt.

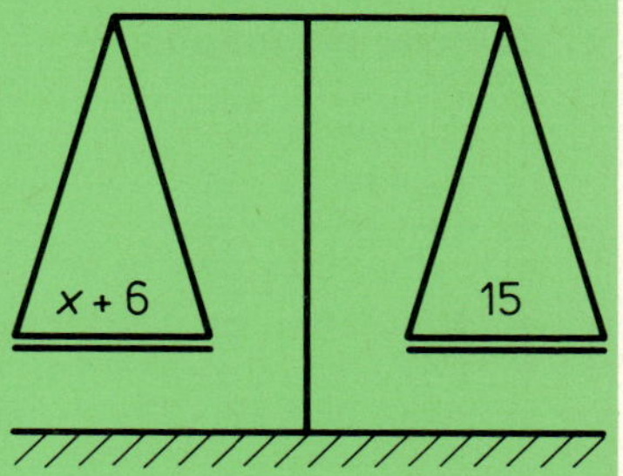

$$x+6=15$$

Umstellen der Glieder Die Glieder einer Seite können in ihrer Reihenfolge beliebig umgestellt werden.

$$a-16+x=28$$
$$x+a-16=28$$

Vertauschen der Seiten Die linke und die rechte Seite einer Gleichung können miteinander vertauscht werden.

$$a+36=x-12$$
$$x-12=a+36$$

Veränderung der Seiten Jede Änderung der Gleichung muß auf beiden Seiten in gleicher Weise vorgenommen werden.

$$x+3=15$$
$$x+3-3=15-3$$

Kehrwert der Seiten Wird für eine Seite der Kehrwert geschrieben, so muß auch die andere Seite der Gleichung mit dem reziproken Wert angesetzt werden.

$$\frac{450}{x}=\frac{3}{2} \qquad \frac{x}{450}=\frac{2}{3}$$

Umformen der Gleichung Eine Gleichung wird so lange umgeformt, bis die unbekannte Größe x auf der linken Seite allein mit positivem Vorzeichen steht.
Kommt dabei ein Glied von der einen Seite auf die andere Seite der Gleichung, so ändert sich das Rechenzeichen des umgestellten Gliedes:
aus + wird – aus – wird +
aus · wird : aus : wird ·

$$x+5=22$$
$$x=22-5$$

$$x-4=16$$
$$x=16+4$$

$$5 \cdot x=30$$
$$x=30:5$$

$$x:2=12$$
$$x=12 \cdot 2$$

Umformen von Brüchen Ist in einer Gleichung die unbekannte Größe x mit Brüchen verbunden, so müssen diese Brüche durch Umformen beseitigt werden:
aus „Zähler“ werden „Nenner“,
aus „Nenner“ werden „Zähler“.

$$\frac{5 \cdot x}{8}=15$$
$$x=\frac{15 \cdot 8}{5}$$

Aufgaben

Bestimmen Sie die unbekannte Größe aus den Aufgaben 12 bis 15!

1. Zahlengleichungen

a) $x+6=10$

b) $x-125=375$

c) $x+45-12=50$

d) $48=75-x-15$

e) $340+150=x+420$

f) $3x=201$

g) $322=7x$

h) $5x+16=32+24$

i) $82-19=3x+42$

k) $6x+27=-9+9x$

l) $x:\ 5=27$

m) $x:14=19-4$

n) $3x:12=16$

o) $450:x=25$

p) $6:x=15:70$

q) $25x-19x+48-12=18x+36+11-46+5x-12x$

r) $17z+23-9z+35=14-6z-49+15z+88$

s) $43y-28+58-17y=-65+52y+39-7y+37$

2. Zahlengleichungen mit Klammern

a) $8x-(5x-14)=50$

b) $3x+39-(4x+28)=6x-(7-11)$

c) $5x-(-25+2x)-16=-8x+(-51+6x)-(-9x)$

d) $8x-[67+(5x-26)]-2x=42-[-3x-(-34+2x)+41]$

e) $-15x+21-[25x+(-32x+17)]=-[-65+(12x-31)-9x+57]-10$

3. Zahlengleichungen mit Produkten

a) $2(3x+5)=52$

b) $(10-x)\cdot 7=98$

c) $15(6x-5)-12=3$

d) $9(2x-4)+5=23$

e) $9(x-3)=51-12(x-4)$

f) $14(2x-6)-35=5(3x-4)+5$

g) $8x-(2x+15)\cdot 5-11=6(4x-30)-9x+9$

h) $3(2x-15)-8(12-6x)-155=7(5+4x)-3(-5x+90)+203$

i) $(3x-4)\cdot(20-2x)=(x-16)\cdot(38-6x)$

k) $7[5+3(4x+9)]=14[500-5(6x-4)]$

l) $24(3x+2)=12(2x+5)-2[3(2x-7)-9(4x-1)]$

4. Zahlengleichungen mit Brüchen

a) $\frac{5x}{2}=15$

b) $\frac{-3x}{4}=3$

c) $\frac{14x}{-9}=-42$

d) $\frac{x+17}{3}=15$

e) $\frac{3x+42}{4}=24$

f) $\frac{5x+4}{2}+5=12$

g) $\frac{20-10x}{5}+15=5$

h) $\frac{5x+23}{9}=\frac{8x+20}{13}$

i) $\frac{6x+7}{17}=\frac{9x-12}{21}$

k) $\frac{5x}{4}+\frac{2}{3}-\frac{7x}{6}=\frac{4}{3}$

l) $\frac{x}{2}-\frac{2x}{3}=\frac{3x}{5}-\frac{3x}{4}-\frac{5}{3}$

m) $\frac{2x+5}{5}+\frac{14-4x}{3}=1$

n) $\frac{5+3x}{4}+\frac{5x+9}{7}=4$

o) $\frac{8x-22}{4}-20=\frac{5(x-7)}{2}-12$

p) $\frac{4x-47}{3}+(3x+4)\cdot 5+3=40$

q) $3(3x-9)-\frac{11x-5}{4}+5=-2$

r) $30-\frac{70}{2x}=25$

s) $-7+\frac{39}{x}=-4$

t) $\frac{22}{x+2}=\frac{12}{x-3}$

u) $\frac{40}{3x+4}=\frac{14}{38-2x}$

v) $\frac{6}{4+x}-\frac{4}{8}=\frac{6}{2(4+x)}$

w) $7-\frac{6}{x+9}=\frac{18}{3(x+9)}+\frac{36}{4(x+9)}$

5. Gleichungen mit mehreren Variablen

a) $6bx+8bx=42bc$

b) $12ax+5ax-9ax=56ab$

c) $15by-18by+9by=114ab$

d) $8nz-(9nz-12nz)=154bn$

e) $(-12bx+27bx)-5bx=70a$

f) $8(x+5a)=104a$

g) $30a-5(x-9a)=225a$

h) $14(2x-3ab)=42ab$

i) $8(9x-3a)=18(-6x-3a)$

k) $15ax=75ad$

l) $\frac{3x}{a}=39$

m) $\frac{7x}{2b}=56$

n) $\frac{3y}{7b}=12a$

o) $\frac{4z}{9n}=\frac{20c}{3n}$

p) $\frac{4x}{2+a}=8$

q) $\frac{4ay}{10a+4ab}=\frac{8}{3}$

r) $\frac{2x}{4+a}=\frac{8}{a+4}$

s) $\frac{25}{a+1}=\frac{4y}{4a+4}$

t) $\frac{54a}{x}=6$

u) $\frac{b}{2}=\frac{3b}{8y}$

v) $\frac{45}{6y}-5b=0$

w) $\frac{18a}{2a-x}=6$

x) $\frac{9bc}{3c+2x}=b$

y) $\frac{9ab}{b+x}-a=5a$

z) $\frac{26}{2a}=\frac{65}{a+x}$

ä) $\frac{15b}{b+3y}=\frac{21b}{17b-y}$

ö) $\frac{84b}{6y}-2b=0$

6. Formen Sie folgende Gleichungen um!

a) $U=d\cdot\pi$
$d=?$

b) $A=l\cdot b$
$l=?\quad b=?$

c) $V=A\cdot h$
$A=?\quad h=?$

d) $d=z\cdot m$
$z=?\quad m=?$

e) $M=F\cdot r$
$F=?\quad r=?$

f) $V=l\cdot b\cdot h$
$l=?\quad b=?$

g) $v=\frac{s}{t}$
$s=?\quad t=?$

h) $t=\frac{v}{a}$
$v=?\quad a=?$

i) $i=\frac{n_1}{n_2}$
$n_1=?\quad n_2=?$

k) $A=\frac{l\cdot b}{2}$
$l=?\quad b=?$

l) $P=\frac{M\cdot n}{9550}$
$M=?\quad n=?$

m) $P=F\cdot v$
$F=?\quad v=?$

n) $A=\frac{d^2\cdot\pi}{4}$
$d^2=?\quad d=?$

o) $V=\frac{A\cdot h}{3}$
$A=?\quad h=?$

p) $F_R=\frac{F_n\cdot f}{r}$
$F_n=?\quad r=?$

q) $v_m=\frac{s\cdot n}{30}$
$s=?\quad n=?$

r) $A=\frac{d_1\cdot d_2\cdot\pi}{4}$
$d_1=?\quad d_2=?$

s) $v_u=\frac{d\cdot\pi\cdot n}{60}$
$d=?\quad n=?$

t) $b=\frac{d\cdot\pi\cdot\alpha}{360}$
$d=?\ \alpha=?$

u) $a=\frac{v^2}{2s}$
$v=?\quad s=?$

v) $v=\frac{d\cdot\pi\cdot n\cdot 60}{1000}$
$d=?\quad n=?$

w) $d_1\cdot n_1=d_2\cdot n_2$
$d_1=?\quad d_2=?$
$n_1=?\quad n_2=?$

x) $d_k=(z+2)\,m$
$z=?\quad m=?$

y) $A=\frac{(l_1+l_2)\cdot b}{2}$
$l_1=?\quad b=?$

3.2 Verhältnisse, Verhältnisgleichungen

Gleichartige Größen kann man miteinander vergleichen, z. B. 18 kg und 6 kg. Zieht man sie voneinander ab, 18 kg − 6 kg = 12 kg, so erhält man ihre Differenz oder das arithmetische Verhältnis. Teilt man sie durcheinander, 18 kg : 6 kg = 3, so erhält man ihr geometrisches Verhältnis. Verhältnisse werden in der Technik oft verwendet: Übersetzungs-, Verdichtungs-, Steigungs-, Mischungsverhältnis usw. Verhältnisse schreibt man in der Teilungs- oder in der Bruchform an: z. B. 3 : 1 oder $\frac{3}{1}$ sprich „drei zu eins".

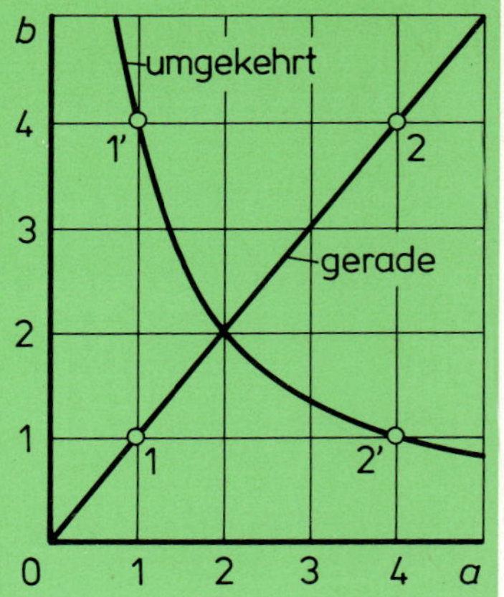

Mit zwei gleichwertigen Verhältnissen kann man eine Gleichung bilden: 4 : 2 = 6 : 3. Diese Gleichung heißt Verhältnisgleichung oder Proportion. Eine Proportion hat 4 Glieder. In der Verhältnisgleichung $a_1 : a_2 = b_1 : b_2$ bezeichnet man a_1 und b_2 als Außenglieder, a_2 und b_1 als Innenglieder. Ist die Reihenfolge der Glieder auf beiden Seiten gleich, $a_1 : a_2 = b_1 : b_2$, so spricht man von einem geraden oder direkten Verhältnis. Ist die Reihenfolge umgekehrt, $a_1 : a_2 = b_2 : b_1$, so sagt man indirektes oder umgekehrtes Verhältnis.

$$a_1 : a_2 = b_1 : b_2$$
$$a_{1'} : a_{2'} = b_{2'} : b_{1'}$$

Verhältnisse: Kürzen, Erweitern

Bei einem Verhältnis können beide Glieder durch die gleiche Zahl geteilt oder mit der gleichen Zahl malgenommen werden.

$$\frac{18}{6} = \frac{18:6}{6:6} = \frac{3}{1}$$
$$\frac{5}{3} = \frac{5 \cdot 8}{3 \cdot 8} = \frac{40}{24}$$

Verhältnisgleichung: Vertauschen der Glieder

Bei einer Verhältnisgleichung können vertauscht werden:

a) die Innenglieder miteinander, — aus $a : b = c : d$ wird $a : c = b : d$

b) die Außenglieder miteinander, — aus $a : b = c : d$ wird $d : b = c : a$

c) die Innenglieder mit den Außengliedern. — aus $a : b = c : d$ wird $b : a = d : c$

Umformen

Sind drei Glieder einer Verhältnisgleichung gegeben, so kann durch Umformen das 4. Glied berechnet werden.

$$x : b = c : d$$
$$x = \frac{b \cdot c}{d}$$

Produktengleichung

Bei einer Verhältnisgleichung ist das Produkt der inneren Glieder gleich dem Produkt der äußeren Glieder.

aus $a : b = c : d$ wird $a \cdot d = b \cdot c$

Aufgaben

7. Kürzen Sie folgende Verhältnisse auf die kleinsten ganzen Zahlen!

a) 15 : 18 b) 52 : 91 c) 51 : 34 d) 182 : 52 e) 126 : 216
f) 42 : 56 g) 60 : 24 h) 63 : 27 i) 238 : 136 k) 84 : 182

8. Erweitern Sie folgende Verhältnisse mit 5 (9)!

a) 1 : 2 b) 2 : 5 c) 3 : 7 d) 4 : 9 e) 6 : 11
f) 17 : 19 g) 21 : 13 h) 67 : 49 i) 32 : 17 k) 15 : 24

9. Kürzen Sie die folgenden Verhältnisse mit der kleinsten Zahl!

a) 3 : 2 b) 15 : 69 c) 24 : 90 d) 54 : 135 e) 351 : 65
f) 2 : 7 g) 72 : 32 h) 17 : 4 i) 48 : 288 k) 450 : 72

10. Ordnen Sie die Verhältnisse nach ihrer Größe!

a) $\frac{11}{36}$ $\frac{5}{18}$ $\frac{3}{16}$ $\frac{7}{24}$ b) $\frac{11}{12}$ $\frac{13}{18}$ $\frac{25}{27}$ $\frac{20}{81}$ c) $\frac{15}{28}$ $\frac{17}{30}$ $\frac{8}{35}$ $\frac{19}{42}$

11. Schreiben Sie die folgenden Verhältnisse in der Form x : 100!

a) 1 : 2 b) 1 : 4 c) 3 : 8 d) 2 : 3 e) 4 : 5
f) 14 : 25 g) 13 : 20 h) 2,5 : 1 i) 1 : 2,5 k) 5 : 12,5

12. Drücken Sie folgende Größen in Verhältnissen mit den kleinsten ganzen Zahlen aus:

a) 40% b) 75% c) 45% d) 12,5% e) 4%
f) 32% g) 2,5% h) 68% i) 85%

13. In welchem Verhältnis stehen:

a) 1 cm zu 1 mm b) 4 m zu 20 cm c) 3 km zu 250 m
d) 1 cm^2 zu 1 dm^2 e) 50 mm^2 zu 8 cm^2 f) 4,68 dm^2 zu 72 cm^2
g) 1 g zu 1 kg h) 125 g zu 2 kg i) 0,25 t zu 50 kg

14. Stellen Sie das Verhältnis a : b auf und kürzen Sie es mit der kleineren Zahl!

	a)	b)	c)	d)	e)	f)	g)	h)	i)	k)
a =	1600	1800	3600	1450	1080	4033	4161	6960	2760	2723
b =	4000	4950	4500	3770	450	2180	1140	4800	7314	1945

15. Vertauschen Sie bei folgenden Verhältnisgleichungen die Innenglieder!

a) 4 : 15 = 12 : 45 b) $a : b = x : y$ c) $n_1 : n_2 = d_2 : d_1$
d) $F_1 : F_2 = A_1 : A_2$ e) $S_1 : S_2 = v_2 : v_1$ f) $p_1 : p_2 = T_1 : T_2$

16. Lösen Sie die Verhältnisgleichungen nach den einzelnen Gliedern auf!

a) $n_1 : n_2 = z_2 : z_1$ b) $M_1 : M_2 = r_1 : r_2$ c) $F_1 : F_2 = r_2 : r_1$
d) $h_1 : h_2 = s_2 : s_1$ e) $p_1 : p_2 = V_2 : V_1$ f) $U_1 : U_2 = R_1 : R_2$

17. Bilden Sie aus folgenden Zahlen alle möglichen Verhältnisgleichungen!

a) 5, 10, 30 und 60 b) 8, 12, 14 und 21 c) 7, 21, 13 und 39
d) 12, 18, 78 und 117 e) 7, 9, 35 und 45 f) 26, 91, 34 und 119

18. Formen Sie folgende Verhältnisgleichungen in Produktengleichungen um!

a) 3 : 8 = 9 : 24 b) $a : b = c : d$ c) $m : n = 3 : 4$
d) $3a : 5b = 12 : 36$ e) $F_1 : F_2 = A_1 : A_2$ f) $n_1 : n_2 = M_2 : M_1$

19. Verwandeln Sie folgende Produktengleichungen in Verhältnisgleichungen!

a) $27 \cdot 16 = 12 \cdot 36$ b) $a \cdot b = c \cdot d$ c) $24 \cdot a = 168 \cdot b$
d) $F_1 \cdot l_1 = F_2 \cdot l_2$ e) $p_1 \cdot V_1 = p_2 \cdot V_2$ f) $a \cdot b = h \cdot h$

4 Winkel

4.1 Maßeinheiten

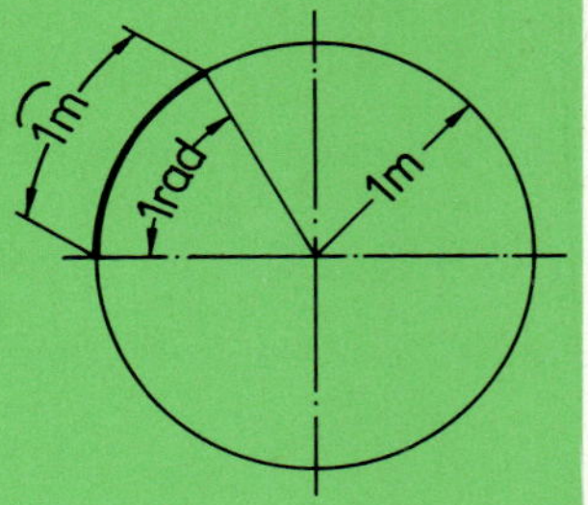

Die Größe eines Winkels wird in Radiant (SI-Einheit), in Grad und in Gon angegeben. Ein Radiant (Einheitenzeichen: rad) ist gleich dem Winkel, der aus einem Kreis mit 1 m Halbmesser einen Bogen von der Länge 1 m ausschneidet.
Der Vollwinkel ist das $2 \cdot \pi$fache des Radianten, der Rechte ist der 4te Teil des Vollwinkels:

1 Vollwinkel $= 2 \cdot \pi \cdot \text{rad}$

1 Rechter Winkel $= \dfrac{\pi \cdot \text{rad}}{2}$

Der Grad (Einheitenzeichen: °) ist der 360ste Teil des Vollwinkels. Der Grad wird unterteilt in Minuten (′), $1' = 1°/60$, und in Sekunden (″), $1'' = 1'/60 = 1°/3600$. Es gilt:

1 Grad $= \dfrac{2 \cdot \pi \cdot \text{rad}}{360} = \dfrac{\pi \cdot \text{rad}}{180}$

1 Minute $= \dfrac{\pi \cdot \text{rad}}{10\,800}$ 1 Sekunde $= \dfrac{\pi \cdot \text{rad}}{648\,000}$

Das Gon (Einheitenzeichen: gon) ist der 400ste Teil des Vollwinkels. Das Gon wird unterteilt in Zentigon (cgon), 1 cgon = 1/100 gon, und in Milligon (mgon), 1 mgon = 1/1000 gon. Es gilt:

1 gon $= \dfrac{2 \cdot \pi \cdot \text{rad}}{400} = \dfrac{\pi \cdot \text{rad}}{200}$

SI-Einheit: Radiant

1 Vollwinkel $= 2 \cdot \pi \cdot \text{rad}$
1 Rechter $= \dfrac{\pi}{2} \cdot \text{rad}$
1 Grad $= \dfrac{\pi}{180} \cdot \text{rad}$
1 Gon $= \dfrac{\pi}{200} \cdot \text{rad}$
1 Minute $= 1°/60$
1 Sekunde $= 1'/60$
1 Zentigon = 1 gon/100
1 Milligon = 1 gon/1000

Aufgaben

1. Verwandeln Sie in Minuten!

a) 45°	d) 23°57′	g) 37°55′
b) 3°25′	e) 27°42′	h) 52°9′
c) 15°45′	f) 75°10′	i) 84°48′

2. Verwandeln Sie in Grad, Rest in Minuten!

a) 360′	d) 450′	g) 942′
b) 1390′	e) 85′	h) 8547′
c) 8135′	f) 5670′	i) 4985′

3. Zählen Sie zusammen!

a) 4°16′ + 30°29′ + 171°8′ + 9°47′ + 42°28′
b) 74°35′ + 17°28′ + 45° + 8°6′ + 82°15′ + 129°5′
c) 0°45′ + 38°30′ + 126° + 59°12′ + 5°5′ + 19°45′

4. Verwandeln Sie in Gon!

a) 52°	d) 25°30′	g) 124°
b) 65°	e) 45°15′	h) 167°20′
c) 72°	f) 80°40′	i) 245°24′

5. Verwandeln Sie in Grad!

a) 30 gon	d) 75 gon	g) 65,50 gon
b) 45 gon	e) 90 gon	h) 27,85 gon
c) 60 gon	f) 120 gon	i) 224,35 gon

Einheitenzeichen

rad	Radiant
∟	Rechter Winkel
°	Grad
′	Minute
″	Sekunde
gon	Gon
cgon	Zentigon
mgon	Milligon

Umrechnungen

Grad	Minuten	Sekunden
1	60	3600
0,017	1	60
–	0,01667	1

Gon	Zentigon	Milligon
1	100	1000
0,01	1	10
0,001	0,10	1

Gon = Grad · 1,1
Grad = Gon · 0,9

4.2 Winkelberechnungen

6. Winkelsumme in einem Dreieck (Abb. 4/6)

	a)	b)	c)	d)
$\alpha =$	65°	57°	35° 25′	?°
$\beta =$	72°	?°	?°	47° 52′
$\gamma =$	?°	94°	62° 35′	84° 15′

Wieviel Grad haben die fehlenden Winkel?

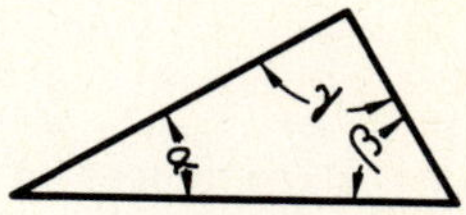

Abb. 4/**6**

7. Steuerwinkel eines Viertaktmotors (Abb. 4/7)

	a)	b)	c)	d)
Eö =	11° v.OT	18° v.OT	25° v.OT	?° v.OT
Es =	43° n.UT	58° n.UT	?° n.UT	50° n.UT
Aö =	47° v.UT	53° v.UT	65° v.UT	?° v.UT
As =	21° n.OT	16° n.OT	?° n.OT	20° n.OT
$\alpha_E =$	?°	?°	264°	268°
$\alpha_A =$	?°	?°	262°	240°
$\beta =$	?°	?°	?°	?°

Berechnen Sie die fehlenden Winkel!

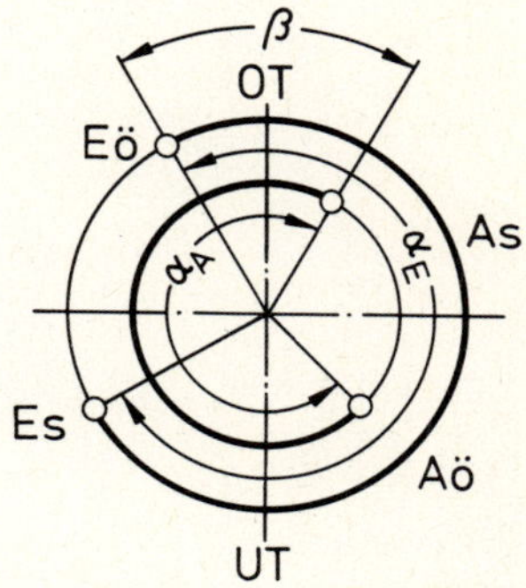

Abb. 4/**7**

8. Schließwinkel eines Zündverteilers (Abb. 4/8)

Vierzylinder		Sechszylinder		Achtzylinder	
48°	?°	36°	?°	34°	?°
?%	61,1%	?%	72%	?%	78%

Wie groß sind die fehlenden Werte?

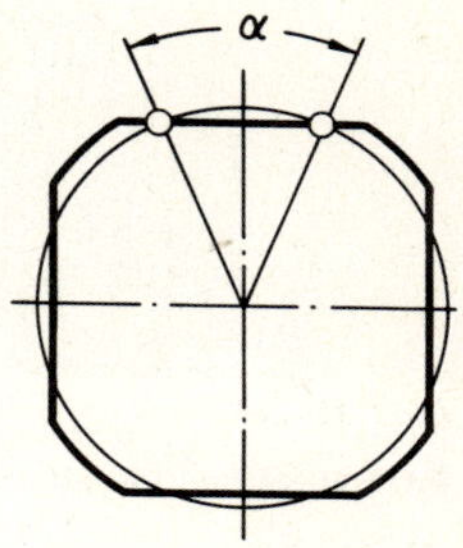

Abb. 4/**8**

9. Radstellung der Vorderräder

Sturz = 1° 40′ ± 45′ (0° 35′ ± 40′)
Nachlauf = 0° 35′ ± 60′ (2° 45′ ± 50′)
Vorspur = 0° 20′ ± 15′ (0° 45′ ± 10′)
Berechnen Sie die Größt- und Kleinstmaße!

10. Spurdifferenzwinkel (Abb. 4/10)

	a)	b)	c)	d)
$\alpha_i =$	20°	20°	?°	28° 30′
$\alpha_a =$	18° 25′	?°	15° 20′	25° 45′
$\beta =$	?°	2° 25′	1° 15′	?°

Es sind die fehlenden Werte zu berechnen!

11. Lenkeinschlag der Vorderräder

	a)	b)	c)
Radeinschlag =	45°	68°	?°
Lenkradumdr. =	? Umdr.	3,4 Umdr.	3,6 Umdr.
Übersetzung =	15 : 1	? : 1	16 : 1

Welche Größe haben die fehlenden Werte?

12. Zündfolge eines Pkw-Motors

Vierzylinder 1-3-4-2 (1-2-4-3)
Sechszylinder 1-5-3-6-2-4 (1-2-4-6-5-3)
Achtzylinder 1-6-2-5-8-3-7-4 (1-3-6-8-4-2-7-5)

a) Bestimmen Sie den Zündabstand in Grad!
b) Bei wieviel °KW erfolgt die Zündung?

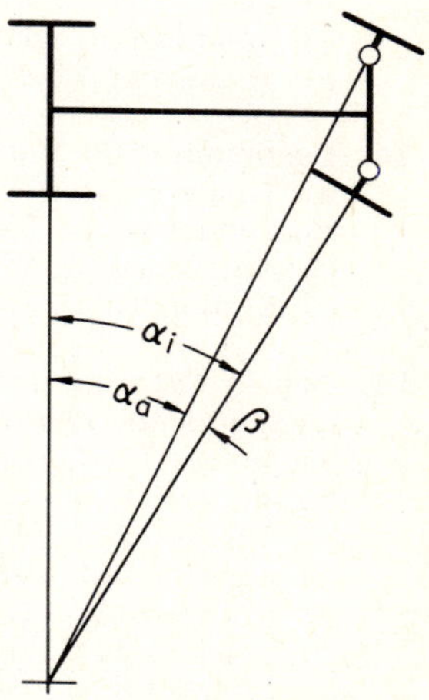

Abb. 4/**10**

4.3 Winkelfunktionen

In einem rechtwinkligen Dreieck werden die den rechten Winkel bildenden Seiten *a* und *b* als Katheten, die dem rechten Winkel gegenüberliegende Seite *c* als Hypotenuse bezeichnet. Die Seite *a* ist die Gegenkathete des Winkels α, die Seite *b* die Ankathete.
Die Winkel in einem rechtwinkligen Dreieck stehen zu den Seiten in bestimmten Verhältnissen. Diese Verhältnisse nennt man Winkelfunktionen. Die wichtigsten Winkelfunktionen sind:

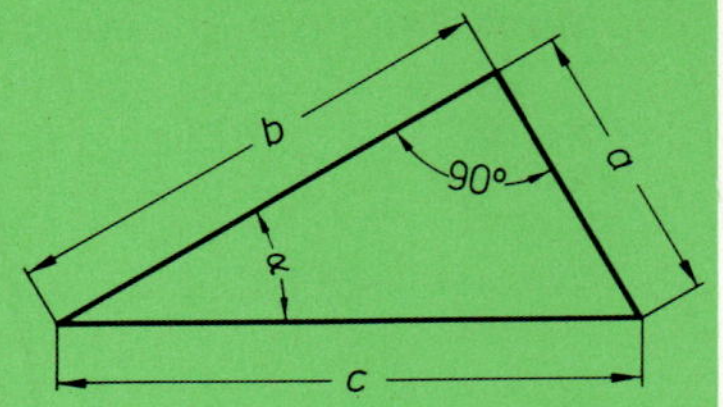

$$\frac{\text{Gegenkathete}}{\text{Hypotenuse}} = \text{Sinus (sin)}$$

$$\frac{\text{Ankathete}}{\text{Hypotenuse}} = \text{Kosinus (cos)}$$

$$\frac{\text{Gegenkathete}}{\text{Ankathete}} = \text{Tangens (tan)}$$

$$\frac{\text{Ankathete}}{\text{Gegenkathete}} = \text{Kotangens (cot)}$$

$\sin\alpha = \frac{a}{c}$	$a = c \cdot \sin\alpha$ $c = a : \sin\alpha$
$\cos\alpha = \frac{b}{c}$	$b = c \cdot \cos\alpha$ $c = b : \cos\alpha$
$\tan\alpha = \frac{a}{b}$	$a = b \cdot \tan\alpha$ $b = a : \tan\alpha$
$\cot\alpha = \frac{b}{a}$	$b = a \cdot \cot\alpha$ $a = b : \cot\alpha$

Beispiel

$a = 140$ mm, $c = 331$ mm. Winkel $\alpha = ?°$.

$$\sin\alpha = \frac{140\text{ mm}}{331\text{ mm}} = 0{,}423 \qquad \alpha = 25°$$

Formelzeichen

a, *b* Katheten
c Hypotenuse

Aufgaben

13. Ermittlung der Winkelfunktionen
a) Sinus von 5° 10′ → (18° 40′)
b) Sinus von 65° 20′ (82° 50′)
c) Kosinus von 38° 10′ (29° 30′)
d) Kosinus von 52° 40′ → (76° 30′)

14. Bestimmung der Winkelfunktionen
a) Tangens von 8° 20′ (32° 50′)
b) Tangens von 53° 50′ (75° 30′)
c) Kotangens v. 17° 40′ (42° 10′)
d) Kotangens v. 85° 10′ (68° 40′)

15. Wieviel Grad hat der Winkel α von nachstehenden Winkelfunktionen?
a) $\sin\alpha = 0{,}151$ → (0,632)
b) $\sin\alpha = 0{,}834$ (0,977)
c) $\cos\alpha = 0{,}971$ (0,773)
d) $\cos\alpha = 0{,}665$ → (0,290)
e) $\tan\alpha = 0{,}182$ (0,597)
f) $\tan\alpha = 1{,}411$ (6,968)
g) $\cot\alpha = 1{,}894$ (26,43)
h) $\cot\alpha = 0{,}570$ (0,038)

Sinus 0 … 45°

Grad ↓	Minuten 0′	10′	20′	30′	40′	50′	60′	
0	0,000		0,006	0,009		0,015	0,017	89
1	0,017		0,023	0,026		0,032	0,035	88
2	0,035		0,041	0,044		0,049	0,052	87
3	0,052		0,058	0,061		0,067	0,070	86
4	0,070		0,075	0,078		0,084	0,087	**85**
5		0,090	0,093	0,096		0,102	0,105	84
6	0,105	0,107	0,110	0,113		0,119	0,122	83
7	0,122	0,125	0,128	0,131		0,136	0,139	82
8					0,151	0,154	0,156	81
9	0,156	0,159	0,162	0,165	0,168	0,171	0,174	**80**
35	0,574	0,576	0,578	0,581	0,583	0,585	0,588	54
36	0,588	0,590	0,592	0,595	0,597	0,599	0,602	53
37	0,602	0,604	0,606					52
38	0,616	0,618		0,623	0,625	0,627	0,629	51
39	0,629	0,632		0,636	0,638	0,641	0,643	**50**
40	0,643	0,645		0,649	0,652	0,654	0,656	49
41	0,656	0,658		0,663	0,665			48
42	0,669	0,671		0,676		0,680	0,682	47
43	0,682	0,684		0,688		0,693	0,695	46
44	0,695	0,697		0,701		0,705	0,707	**45**
	60′	50′	40′	30′	20′	10′	0′ Minuten	Grad ↑

Cosinus 45 … 90°

16. Rechtwinkliges Dreieck
Berechnen Sie die fehlenden Werte!

	a)	b)	c)	d)
$a=$	180 mm	? mm	107 mm	? mm
$b=$	? mm	240 mm	40 mm	418 mm
$c=$	360 mm	311 mm	? mm	? mm
$\alpha=$	?°	?°	?°	?°
$\beta=$	?°	?°	?°	56° 10′

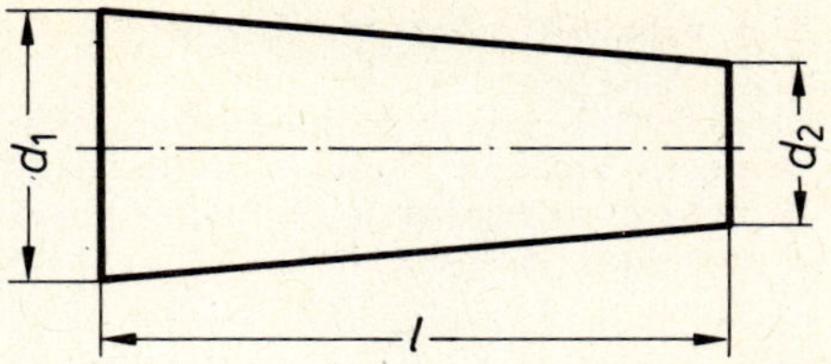

Abb. 4/**18**

17. Eine Straße hat 12 (20)% Steigung. Wie groß ist der Steigungswinkel?

18. Auf einer Drehmaschine ist der Kegel Abb. 4/18 mit $d_1=120$ (54) mm, $d_2=104$ (36) mm, $l=125$ (79) mm anzufertigen. Berechnen Sie

a) den Einstellwinkel des Oberschlittens,
b) d_2 bei 10° (8° 40′) Einstellwinkel!

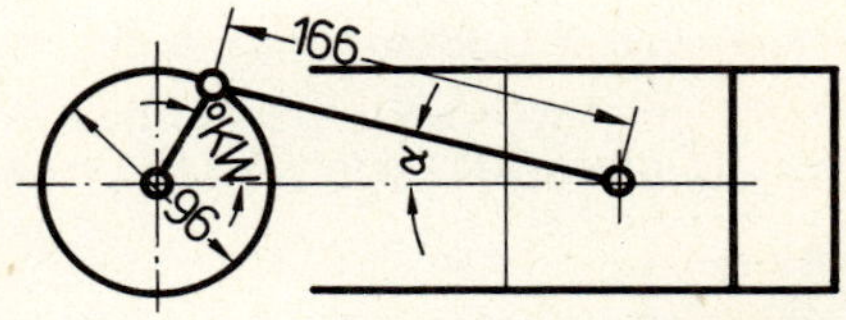

Abb. 4/**19**

19. Der Kurbeltrieb eines Motors (Abb. 4/19) hat 96 (80) mm Hub, 166 (125) mm Pleuelstangenlänge und 30 (60)° Kurbelwinkel nach OT. Wie groß ist

a) der Winkel α an der Pleuelstange?
b) der Kurbelwinkel, wenn Pleuelstange und Kurbelwange einen Winkel von 90° bilden?

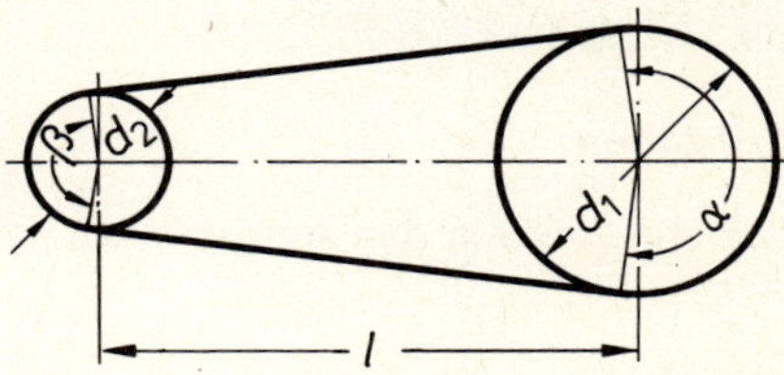

Abb. 4/**20**

20. Der Keilriementrieb Abb. 4/20 hat folgende Maße: $d_1=420$ (530) mm, $d_2=100$ (142) mm und Achsabstand $l=618$ (664) mm. Berechnen Sie die Bogenwinkel α und β!

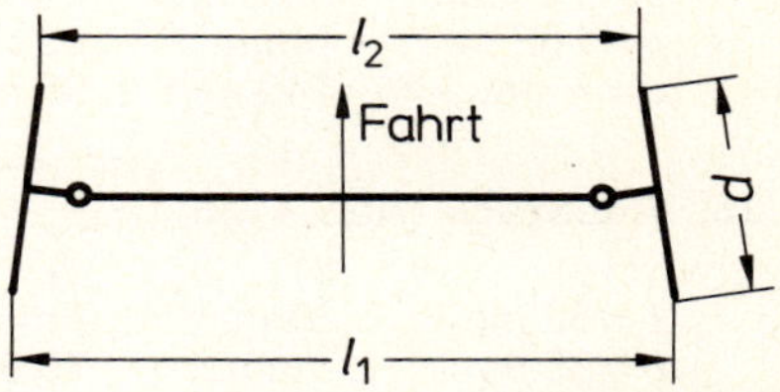

Abb. 4/**21**

21. Bei der Achsvermessung eines Pkw (Abb. 4/21) werden an den Felgenhörnern in Höhe der Radmitte die Abstände $l_1=1372$ (1286) mm und $l_2=1368{,}7$ (1281,9) mm gemessen. Der Felgen∅ ist 365 (342) mm. Wieviel Minuten Vorspur haben die Räder?

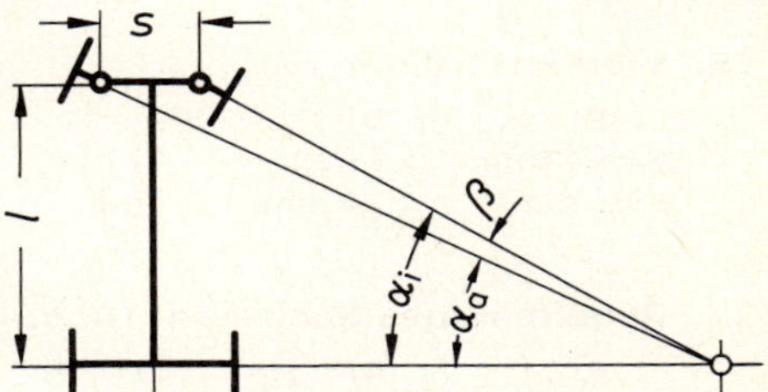

Abb. 4/**22**

22. Ein Pkw durchfährt eine Kurve mit $r=4$ (5) m. Das Fahrzeug hat $l=2{,}5$ (2,7) m Radstand und $s=140$ (160) cm Lenkzapfenspur (Abb. 4.22). Wie groß ist

a) der Einschlagwinkel α_i und α_a?
b) der Spurdifferenzwinkel β bei 20° Einschlag des kurveninneren Rades?

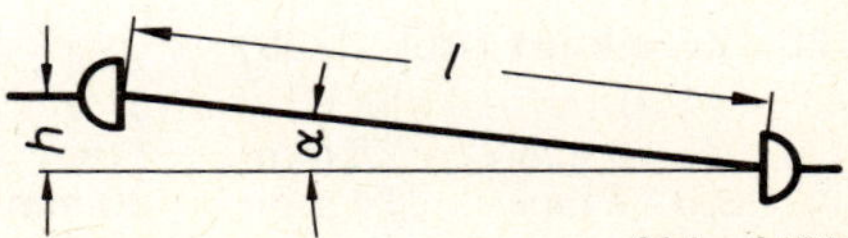

Abb. 4/**23**

23. Gelenkwelle mit Kreuzgelenk (Abb. 4/23). Länge der Welle $l=1250$ (2500) mm, Höhe $h=55$ (130) mm. Wieviel Grad hat der Beugungswinkel α?

4.4 Lehrsatz des Pythagoras

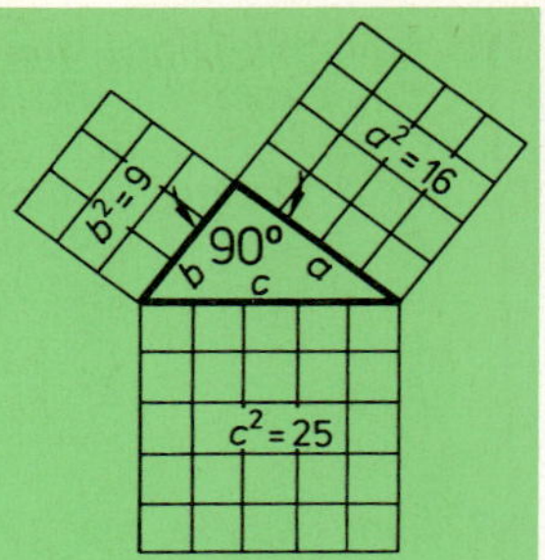

Die Seiten *a* und *b*, welche am rechten Winkel eines Dreiecks anliegen, heißen Katheten (Anseiten). Die dem rechten Winkel gegenüberliegende Seite *c* heißt Hypotenuse (Gegenseite).

Nach dem Lehrsatz des Pythagoras ist in jedem rechtwinkligen Dreieck das Quadrat über der Hypotenuse gleich der Summe der Quadrate über den Katheten.

Hypotenusenquadrat = Summe der Kathetenquadrate

$$c^2 = a^2 + b^2$$

a, b Katheten, Anseiten des rechten Winkels
c Hypotenuse, Gegenseite des rechten Winkels

Beispiel

Rechtwinkliges Dreieck, $a = 30$ mm, $b = 40$ mm.
Wie lang ist die Seite *c* in mm?

$c = \sqrt{30^2 \text{ mm}^2 + 40^2 \text{ mm}^2} = 50$ mm

$a = \sqrt{c^2 - b^2}$
$b = \sqrt{c^2 - a^2}$
$c = \sqrt{a^2 + b^2}$

Aufgaben

Berechnen Sie in den Aufgaben 25 ... 29 die fehlenden Größen!

24. Rechtwinkliges Dreieck

	a)	b)	c)	d)
$a =$	126 mm	88,3 mm	? mm	34 mm
$b =$	168 mm	? mm	82 mm	34 mm
$c =$	? mm	149 mm	95 mm	? mm

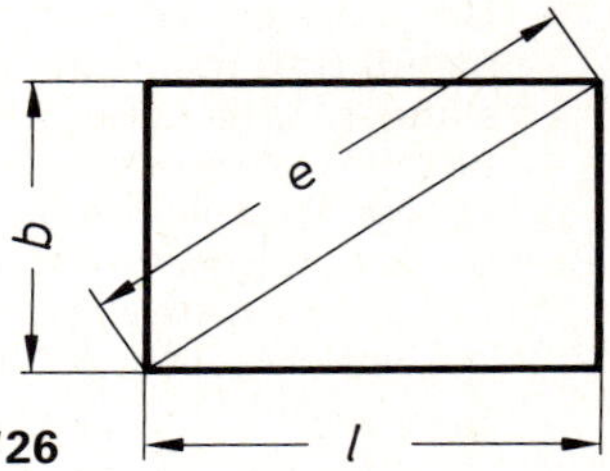

Abb. 4/**26**

25. Rechteck (Abb. 4/26)

	a)	b)	c)	d)
$l =$	52 mm	85 mm	? mm	215 mm
$b =$	35 mm	? mm	75,5 mm	146 mm
$e =$	? mm	107 mm	148,6 mm	? mm

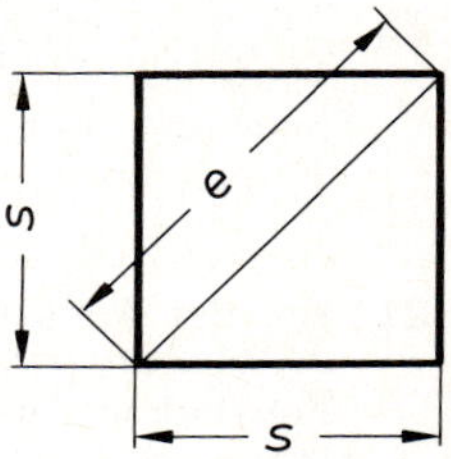

Abb. 4/**27**

26. Vierkant (Abb. 4/27)

	a)	b)	c)	d)
$s =$	14 mm	? mm	41 mm	? mm
$e =$	? mm	24 mm	? mm	91,9 mm

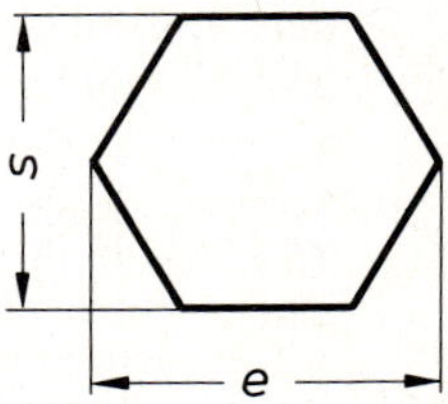

Abb. 4/**28**

27. Regelmäßiges Sechskant (Abb. 4/28)

	a)	b)	c)	d)
$s =$	22 mm	? mm	41 mm	? mm
$e =$	? mm	10,4 mm	? mm	31,2 mm

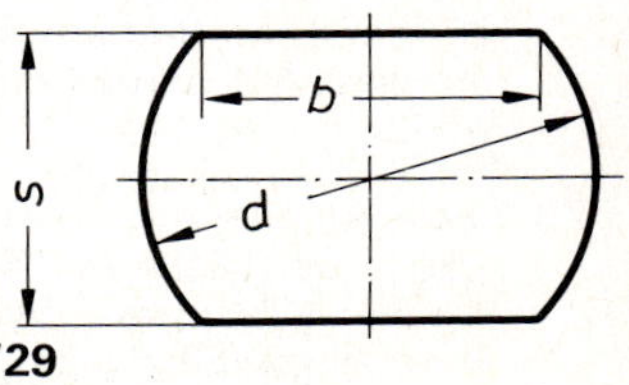

Abb. 4/**29**

28. Zweikant (Abb. 4/29)

	a)	b)	c)	d)
$d =$	19 mm	28 mm	? mm	110 mm
$s =$	17 mm	24 mm	80 mm	? mm
$b =$	? mm	? mm	45,4 mm	55,5 mm

29. Bohrplatte für einen Gehäusedeckel (Abb. 4/30). Berechnen Sie die Lochabstände *a*, *b*, *c*!

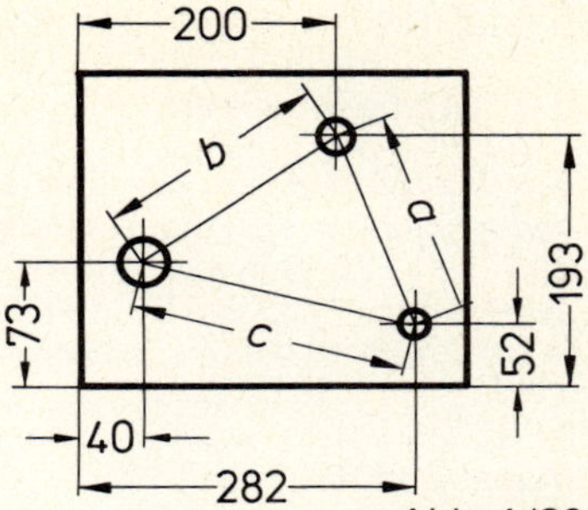

Abb. 4/**30**

30. Ein Wascheimer aus verzinktem Stahlblech hat die Form eines Kegelstumpfes mit $d_1 = 280$ (300) mm, $d_2 = 190$ (200) mm und $h = 320$ (280) mm. Welche Höhe hat die Mantelfläche in mm?

31. Die von einem Einfach-Längslenker geführten Hinterräder eines Pkw überfahren eine 120 (85) mm hohe Bodenwelle bei gleichbleibendem Fahrzeugniveau. Der parallel zur Fahrbahn und in Fahrtrichtung liegende Lenker ist 420 (465) mm lang. Wieviel mm ändert sich der Radstand des Fahrzeugs?

32. Der Kurbeltrieb eines Lkw hat 128 (140) mm Hub und eine 230 (290) mm lange Pleuelstange (Abb. 4/33). Welche Entfernung *s* hat der Kolbenboden vom OT, wenn die Pleuelstange und die Kurbelwelle am Kurbelkreis einen Winkel von 90° bilden und die Kolbengeschwindigkeit am größten ist?

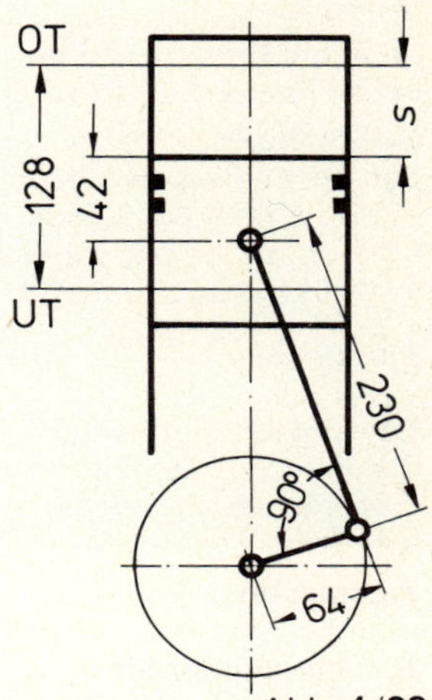

Abb. 4/**33**

33. Der Kettentrieb eines Fahrrads hat folgende Abmessungen: $d_1 = 180$ (190) mm, $d_2 = 80$(70) mm und Achsabstand $l = 360$ (380) mm. Wie lang ist das gerade Stück zwischen den Kettenrädern?

34. Die Vorderräder eines Pkw sind an einem Doppel-Querlenker in Parallelogrammform, $l = 320$ (265) mm, aufgehängt (Abb. 4/35). Durch Zuladung senkt sich das Fahrzeugniveau um 80 (58) mm. Wieviel mm ändert sich die Spurweite?

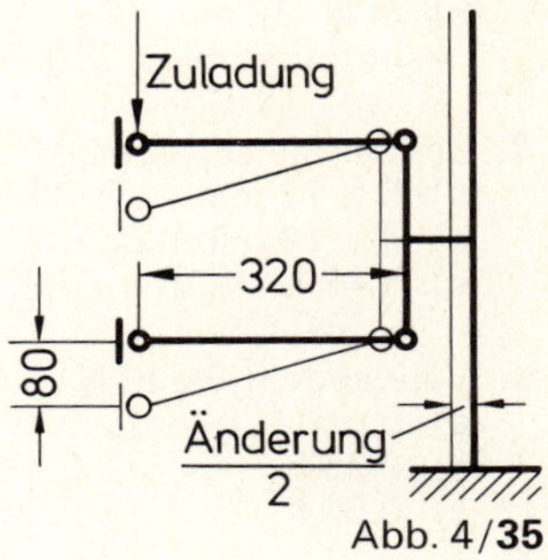

Abb. 4/**35**

35. Ein Pkw wird mit einem Wagenheber (Abb. 4/36) an dem Boden der Karosserie aufgebockt. Wie groß ist die Entfernung zwischen der Fahrbahn und dem Karosserieboden in mm?

36. Bei einem Lkw mit Starrachse und Frontmotor wird das Schaltgetriebe über eine Gelenkwelle mit dem Achsantrieb verbunden. Der waagrechte Abstand der Kreuzgelenke beträgt 1800 (2250) mm, der senkrechte Abstand 260 (320) mm. Berechnen Sie

a) die erforderliche Länge der Gelenkwelle!
b) Die Längenänderung bei 130 mm Einfedern (90 mm Ausfedern) der Räder!

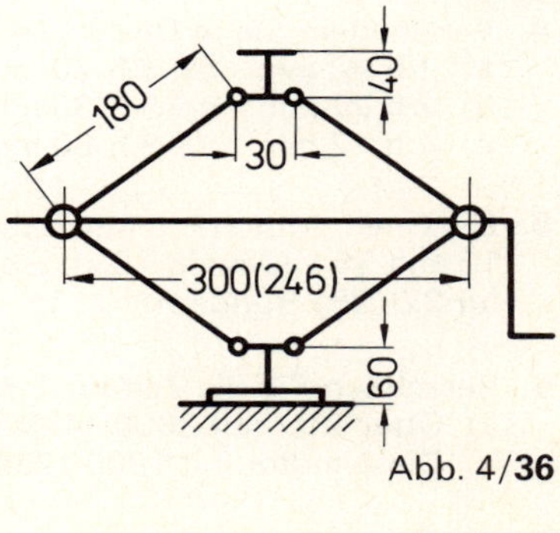

Abb. 4/**36**

5 Zeit

5.1 Maßeinheiten

Die Maßeinheit für die Zeit ist die Sekunde (Einheitenzeichen: s). Eine Sekunde ist die Zeitdauer von 9 192 631 770 Schwingungen des Atoms Zäsium in der Atomuhr. Weitere Einheiten sind die Millisekunde (ms), 1 ms = 1/1000 s, die Minute (min), 1 min = 60 s, die Stunde (h), 1 h = 3600 s, und der Tag (d). 1 d = 24 h. Außerdem werden verwendet: die Woche, der Monat und das Jahr.

Es bedeuten im bürgerlichen Verkehr: 1 Monat = 30 Tage, 1 Jahr = 365 Tage; im Bankwesen für Zinsberechnungen: 1 Monat = 30 Tage, 1 Jahr = 360 Tage; in der Energiewirtschaft 1 Jahr = 8760 h.

Bei Zeitberechnungen werden die Maßeinheiten meist mit ihrem Dezimalwert eingesetzt, z. B. 2 h 30 min = 2,5 h. 1 min ist gleich $^1/_{60}$ h oder 1 h ist gleich 60 min, daher gilt für die Umrechnung der Minuten in Stunden oder umgekehrt:

$$\text{Stunden} = \frac{\text{Minuten}}{60} \quad \text{oder} \quad \text{Minuten} = \text{Stunden} \times 60$$

Bei Uhrzeitangaben wird die Zahl der Minuten von der Zahl der Stunden durch einen Punkt oder durch Hochstellen angegeben: 6.30 Uhr oder 6^{30} Uhr.

SI-Einheit: Sekunde (s)

1 s ≈ 86 400ste Teil des mittleren Sonnentages
1 min = 60 s
1 h = 60 min = 3600 s
1 d = 24 h = 1440 min

Aufgaben

1. Verwandeln Sie
a) in min: 5 h 22 min, 3 h 47 min, 8 h 15 min!
b) in s: 32 min 12 s, 1 h 42 min 15 s!
c) in h und min: 240 min, 570 min, 465 min!

2. Zählen Sie zusammen!
a) 5 h 17 min + 6 h 32 min + 7 h 48 min
b) 4 h 18 min 42 s + 6 h 19 min 25 s
c) 5,43 h + 0,75 h + 7,83 h + 8,68 h

3. Verwandeln Sie in h, min und s!

a) 0,5 h	d) 0,375 h	g) 1,45 h
b) 0,25 h	e) 0,625 h	h) 3,333 h
c) 0,60 h	f) 0,900 h	i) 2,833 h

4. Verwandeln Sie in Dezimalstunden!

a) 1 h 42 min	d) 3 h 20 min	g) 12 h 5 min
b) 2 h 27 min	e) 5 h 36 min	h) 7 h 45 min
c) 4 h 12 min	f) 8 h 50 min	i) 6 h 33 min

5. Bei einem Motorradrennen beträgt die Rundenzeit 11 min 36 s (14 min 18 s). Berechnen Sie die Zeit für 22 (25) Runden!

6. Berechnen Sie die Zeit für 1 Kolbenhub in s!
a) Ottomotor mit 3000 (4200) Umdr./min
b) Dieselmotor mit 1800 (2550) Umdr./min

Einheitenzeichen

ms	Millisekunde
s	Sekunde
min	Minute
h	Stunde
d	Tag

Umrechnungen

Stunden	Minuten	Sekunden
1	60	3600
$^1/_{60}$	1	60
$^1/_{3600}$	$^1/_{60}$	1

für Zinsberechnungen

Jahr	Monat	Tag
1	12	360
$^1/_{12}$	1	30
$^1/_{360}$	$^1/_{30}$	1

$$\textbf{Stunden} = \frac{\textbf{Minuten}}{\textbf{60}}$$

$$\textbf{Minuten} = \textbf{Stunden} \times \textbf{60}$$

6 Längen

6.1 Maßeinheiten

Die Maßeinheit der Länge ist das Meter (Einheitenzeichen: m). Ein Meter ist das 1650763,73fache der Wellenlänge der sich im Vacuum ausbreitenden orangeroten Strahlung des zum Leuchten gebrachten Edelgases Krypton, angenähert der 40millionste Teil des Erdumfanges gemessen auf dem Meridian (Längenkreis).

Weitere Einheiten sind das Mikrometer (µm), 1 µm = 1/1000 mm, das Millimeter (mm), 1 mm = 1/1000 m, das Zentimeter (cm), 1 cm = 1/100 m, das Dezimeter (dm), 1 dm = 1/10 m und das Kilometer (km), 1 km = 1000 m. Für die Seefahrt werden als besondere Namen die Seemeile (sm), 1 sm = 1852 m, und der Knoten (kn), 1 kn = 1 sm/h, verwendet.

Bei der Umrechnung dezimaler Teilmaße eines Meters in die nächst kleinere (größere) Einheit wird mit 10 vervielfacht (geteilt) oder das Komma um 1 Stelle nach rechts (links) verschoben.

Beispiel

Verwandeln Sie 5,738 m in dm, cm und mm!

5,738 m = 57,38 dm = 573,8 cm = 5738 mm

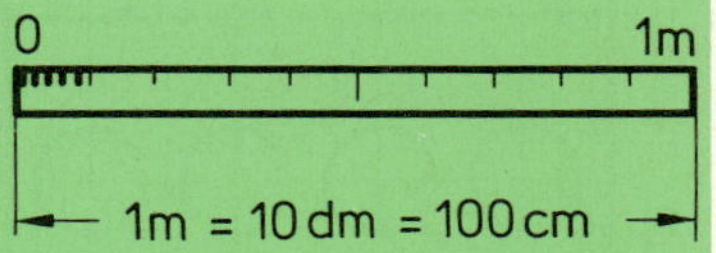

Basiseinheit: Meter (m)

1 m = 1 650 763,73fache Wellenlänge der orangeroten Strahlung des Atoms Krypton

1 µm = 1/1 000 000 m
1 mm = 1/1000 m
1 cm = 1/100 m
1 dm = 1/10 m
1 km = 1000 m

Aufgaben

1. Verwandeln Sie
   a) 5,825 (72,472) m in km, dm, cm und mm!
   b) 28,75 (382,84) cm in m, dm und mm!
   c) 8361 (84 625) mm in m, dm und cm!
   d) 0,375 (26,975) km in m, dm, cm und mm!

2. Schreiben Sie
   a) in m: 13 m 7 dm 5 cm (294 dm 46 cm 8 mm)!
   b) in km: 4 km 362 m 247 dm (52 382 m 457 cm)!
   c) in dm: 2 m 91 dm 3 cm (2 km 205 m 73 cm)!
   d) in cm: 36 m 15 dm 72 mm (43 m 29 dm 87 mm)!

3. Lösen Sie auf in km, m, dm, cm und mm
   a) 36,725496 km (129,875634 km)!
   b) 825,7391 m (2589,4736 m)!
   c) 94 568,731 dm (451 378,926 dm)!
   d) 689 547,32 cm (9 753 864,02 cm)!
   e) 963 085,2 mm (28 465 893,7 mm)!

4. Zählen Sie zusammen
   a) in m: 2,36 m + 3,4 dm + 42 cm + 268 mm!
   b) in mm: 1,08 m + 62 cm + 7 mm + 2,35 dm!
   c) in cm: 56,85 m + 2,74 dm + 56 mm + 74 cm!
   d) in dm: 16,45 m + 328 mm + 67 cm + 8,6 dm!
   e) in km: 394 568 dm + 18 726 m + 731 500 cm!

Umrechnungen

sm	km	m
1	1,852	1852
0,54	1	1000
–	0,001	1

m	dm	cm	mm
1	10	100	1000
0,1	1	10	100
0,01	0,1	1	10
0,001	0,01	0,1	1

mm	µm
1	1000
0,001	1

Umrechnungszahl für Teilmaße: 10

6.2 Längenabmessungen

Berechnen Sie die fehlenden Maße *a, b, c* ... in den Aufgaben 5 bis 12!

5. Zylinderblock

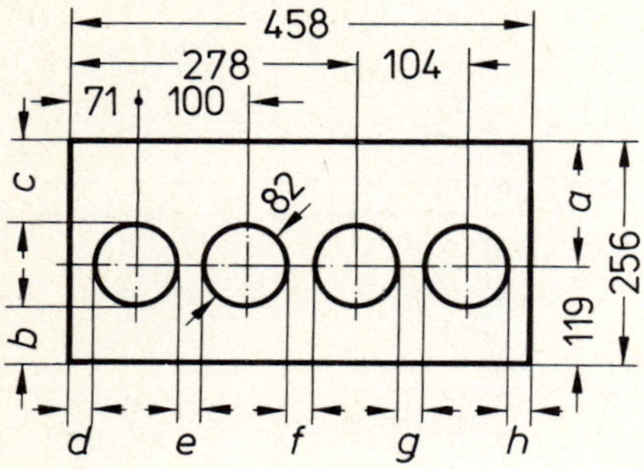

6. Bohrplatte

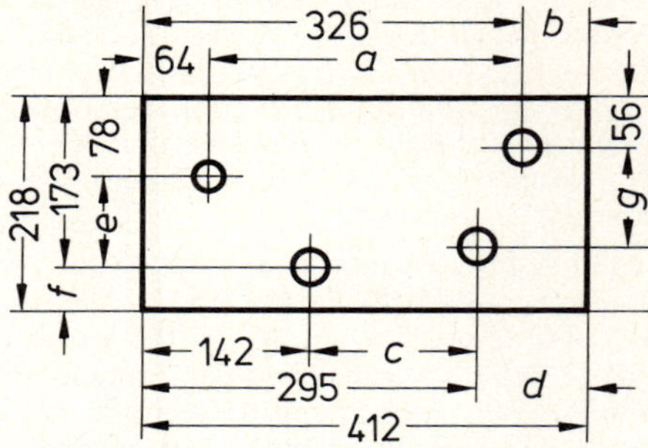

7. Bundbolzen

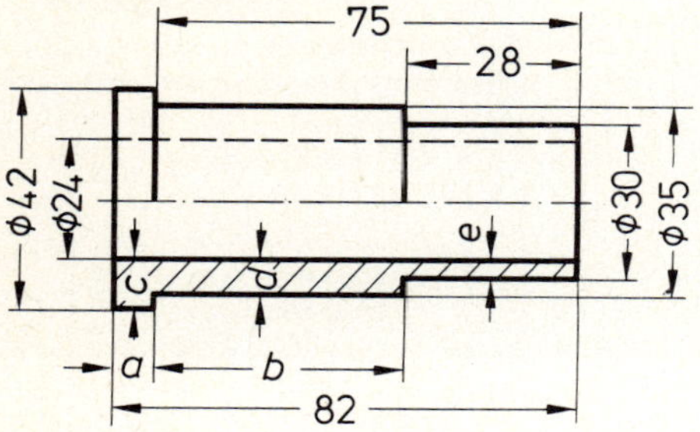

8. Kolben für Hauptzylinder

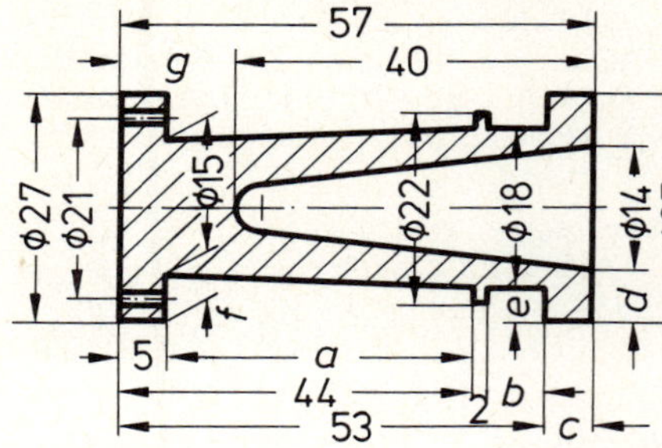

9. Abmessungen am Fahrzeug

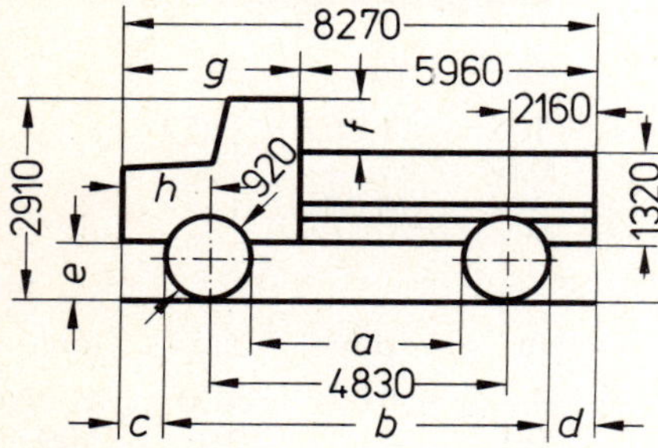

10. Kurbeltrieb

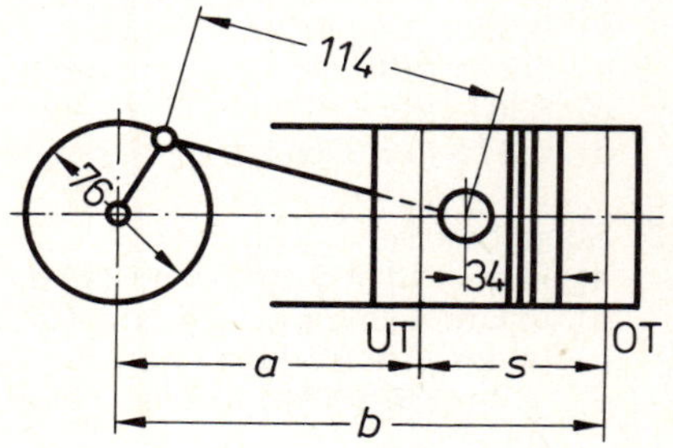

11. Riementrieb

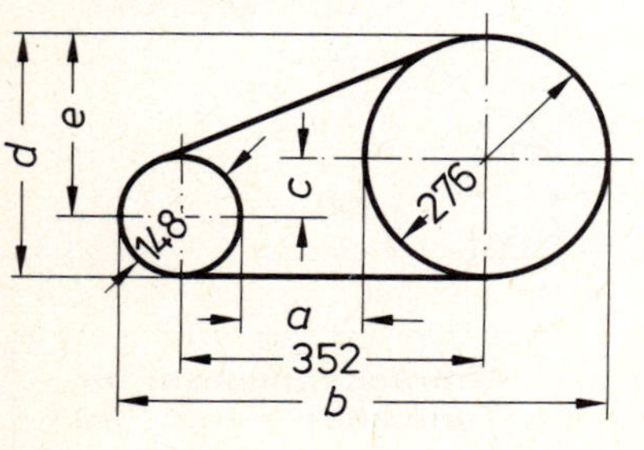

12. Zahnradtrieb

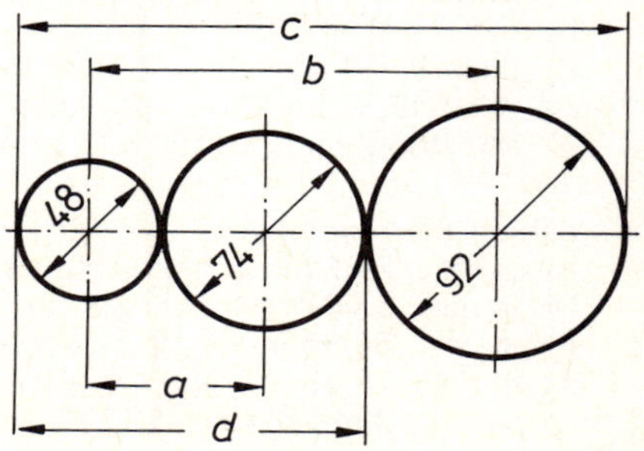

6.3 Maßstäbe

Bei technischen Zeichnungen sind zur besseren Anschaulichkeit oft Vergrößerungen oder Verkleinerungen notwendig. Das Verhältnis der Zeichnungsgröße zu der natürlichen Größe heißt Maßstab. Die Zeichnungsangabe M 5 : 1 bedeutet, daß jede Größe in der Zeichnung fünfmal so groß ist wie die wirkliche Größe in der Natur.

Natürliche Größe	Vergrößerungen	Verkleinerungen	
1 : 1	2 : 1 5 : 1 10 : 1	1 : 2,5 1 : 5 1 : 10 1 : 20 1 : 50	1 : 100 1 : 200 1 : 500 1 : 1000

$$\text{Maßstab} = \frac{\text{Größe in der Zeichnung}}{\text{Größe in der Natur}}$$

M Maßstab
l_Z Größe in der Zeichnung
l_N Größe in der Natur

$$M = l_Z : l_N$$

Beispiel
Wirkliche Länge 8 mm, Zeichnungslänge 40 mm. Wie groß ist der Maßstab?

$M = 40\text{ mm} : 8\text{ mm} \qquad = 5 : 1$

$l_Z = l_N \cdot M$
$l_N = l_Z : M$

Aufgaben

13. Bolzen (Abb. 6/13). Bestimmen Sie
a) den Maßstab der Zeichnung!
b) die fehlenden Maße *a* ... *e*!

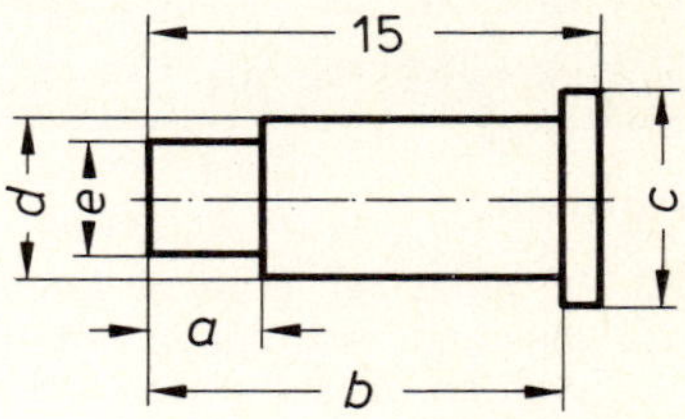

Abb. 6/**13**

14. Eine 15 (65) mm lange Schraube hat auf der Zeichnung eine Länge von 6 (13) mm. Welchen Maßstab hat die Zeichnung?

15. Bundbuchse (Abb. 6/15) Maßstab 1 : 5 (2 : 1) Wie groß sind die wirklichen Maße in mm?

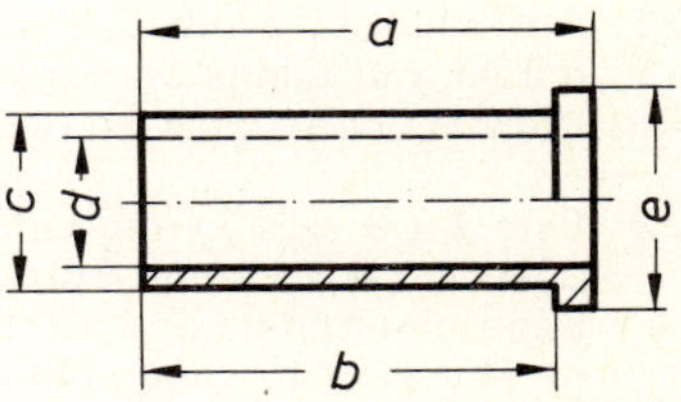

Abb. 6/**15**

16. Aus einer Zeichnung M 5 : 1 (1 : 5) werden folgende Längen gemessen: 100 mm, 65 mm, 285 mm, 8 mm, 315 mm, 155 mm und 228 mm. Bestimmen Sie die natürlichen Maße!

17. Eine Abziehvorrichtung soll im M 1 : 2,5 (2 : 1) gezeichnet werden. Wie lang sind dabei folgende natürliche Maße: 145 mm, 255 mm, 75 mm, 480 mm, 35 mm, 380 mm und 215 mm?

18. Straßenkarte (Abb. 6/18) M 1 : 400000 (1 : 500000). Wie groß ist die wirkliche Entfernung der Orte A, B und C voneinander in km?

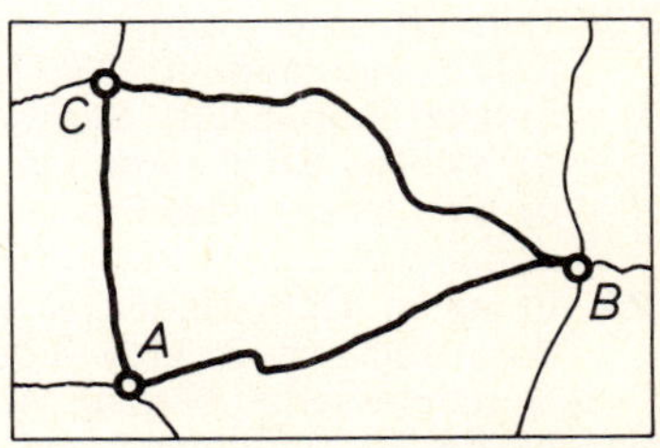

Abb. 6/**18**

19. Ein Kfz-Betrieb, der 18,5 (25,8) km vor einer Straßenkreuzung liegt, soll in eine Karte M 1 : 500000 (1 : 200000) eingezeichnet werden. Wie groß ist die Entfernung in der Zeichnung in mm?

6.4 Teilung von Längen

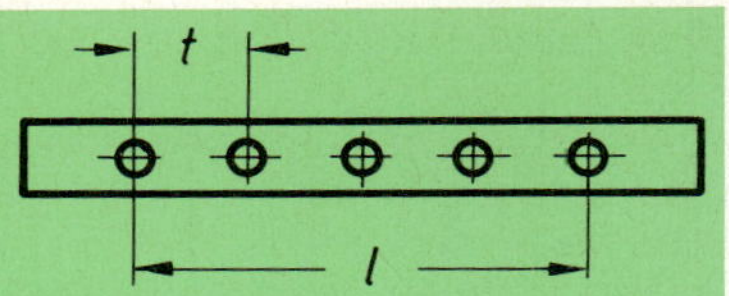

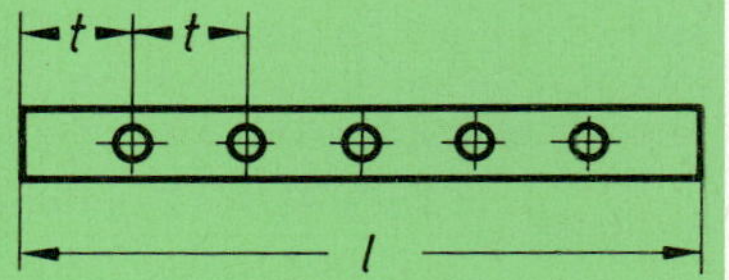

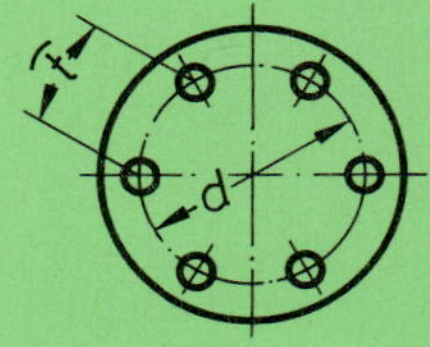

Bei der Teilung von Längen in gleich lange Stücke ist die Teilung t der Quotient aus der Teilungslänge l und der Teilezahl z. Die Teilung gibt den Abstand der Lochmitten voneinander oder die Teilelänge einschließlich der Breite des Sägeschnittes an.

$$\text{Teilung} = \frac{\text{Teilungslänge}}{\text{Teilezahl}}$$

l Teilungslänge, Umfang
t Teilung, Abstand der Lochmitten, Teilelänge
z Teilezahl, Stückzahl
n Lochzahl, Anzahl der Sägeschnitte

Die Lochzahl ist von der Anzahl der Teile und von den beiden Enden der Teilungslänge abhängig:

a) ohne Endstücke: $n = z + 1$ $\quad z = n - 1$
b) mit Endstücke: $n = z - 1$ $\quad z = n + 1$
c) endlos: $n = z$

$$t = \frac{l}{z}$$

Beispiel

Teilungslänge ohne Endstücke 350 mm, Lochzahl 8. Wie groß ist der Abstand der Lochmitten in mm?

Teilung = 350 mm : (8 − 1) = 50 mm

$l = t \cdot z$ $\qquad z = \frac{l}{t}$

Aufgaben

20. In eine 1,6 (1,4) m lange Zierleiste sollen in gleichen Abständen 14 (22) Löcher gebohrt werden. Abstand der äußersten Lochmitten von den beiden Enden der Leiste je 20 (28) mm. Wie groß ist die Teilung in mm?

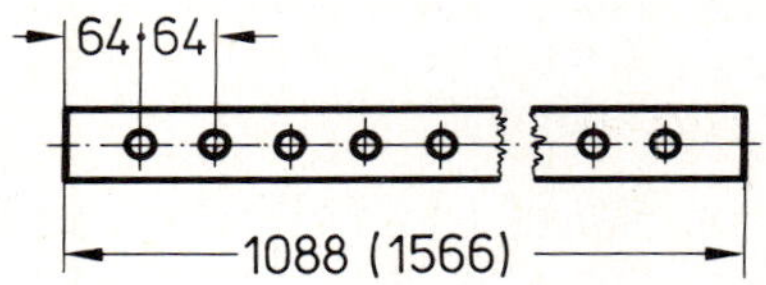

Abb. 6/**21**

21. Abdeckleiste (Abb. 6/21). Abstand der Lochmitten und Länge der Endstücke je 64 (58) mm. Wieviel Löcher müssen gebohrt werden?

22. Eine 4408 (2373) mm lange Stahlstange soll in 35 (27) gleich lange Stücke zerlegt werden. Die Sägeschnittbreite ist 2 (3) mm.

a) Wieviel mm Länge hat ein Stück?
b) Wie groß ist der Verschnitt in Prozent bezogen auf die Rohlänge?

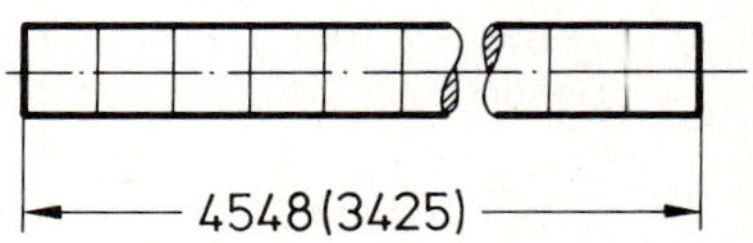

Abb. 6/**23**

23. Teilung einer Stange aus Rundstahl, 4568 (3425) mm lang, in 128 (72,5) mm gleich lange Stücke (Abb. 6/23). Sägeschnitt 2 (2,5) mm.

a) Wieviel Stücke können abgesägt werden?
b) Wie lang ist das Reststück in mm?

24. In einen Gehäusedeckel (Abb. 6/24) sind auf dem Teilkreis 8 (19) Löcher mit 12(14) mm Durchmesser zu bohren. Wie groß ist

a) der Lochmittenabstand auf dem Teilkreis?
b) die Entfernung von Lochrand zu Lochrand?

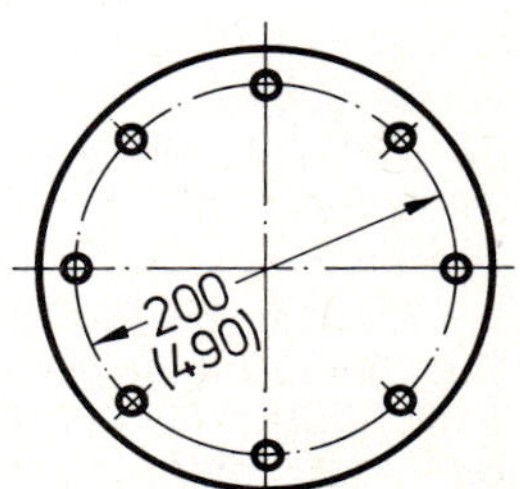

Abb. 6/**24**

6.5 Steigung, Gefälle

Unter Steigung versteht man das Verhältnis Höhenunterschied zu waagrechter Länge. Bei kleinen Steigungen kann die waagrechte Länge gleich der schrägen Länge gesetzt werden. Es gilt:

$$\text{Steigung } 1 : i = \frac{\text{Höhenunterschied}}{\text{waagrechte Länge}}$$

Zum besseren Vergleich mehrerer Steigungen miteinander setzt man die waagrechte Länge auf hundert Meter und erhält die Steigung in Prozent.

$$\text{Steigung in } \% = \frac{\text{Höhenunterschied} \times 100}{\text{waagrechte Länge}}$$

Da die Steigung gleich dem Tangensverhältnis in einem rechtwinkligen Dreieck ist, läßt sich mit Hilfe der Tabelle der Steigungswinkel ermitteln.

$$\text{Steigung } \tan \alpha = \frac{\text{Höhenunterschied}}{\text{waagrechte Länge}}$$

Steigung 1 : 5 ist gleich 1 m Höhenunterschied auf 5 m Länge; Steigung 5% ist gleich 5 m Höhenunterschied auf 100 m Länge.

Beispiel

Eine Straße steigt auf 800 m waagrechter Länge 80 m an. Wie groß ist die Steigung?

$$\text{Steigung} = \frac{80\text{ m}}{800\text{ m}} = \frac{80 : 80}{800 : 80} = \frac{1}{10} = \frac{10}{100} = 10\%$$

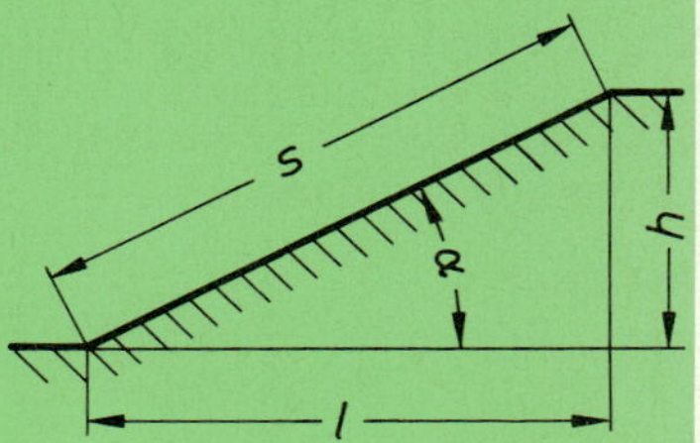

$$1 : i = \frac{h}{l}$$

$$P = \frac{h \cdot 100}{l} \text{ in } \%$$

$$\tan \alpha = \frac{h}{l}$$

Formelzeichen

$1 : i$	Steigungsverhältnis
P	Steigung
h	Höhenunterschied
l	waagrechte Länge
s	schräge Länge
α	Steigungswinkel

Aufgaben

25. Berechnen Sie die fehlenden Angaben!

l	850 m	1116 m	2400 m	? m	1800 m	? m	? m
h	85 m	62 m	? m	280 m	? m	112 m	816 m
$1 : i$	1 : ?	1 : ?	1 : ?	1 : ?	1 : 15	1 : 5	1 : ?
P	?%	?%	4%	8%	?%	?%	?%
α	?°	?°	?°	?°	?°	?°	6° 50′

26. Auf einen 1430 (2165) m hohen Paß führt eine Straße mit 7840 (6400) m waagrechter Länge. Höhe der Anfahrt 870 (885) m. Ermitteln Sie a) das Steigungsverhältnis, b) die Steigung in %, c) den Steigungswinkel α!

27. Ein Ski-Schlepplift mit 1 : 2,5 (1 : 4) Steigung hat eine waagrechte Länge von 850 (1280) m. Wie groß sind a) der Höhenunterschied, b) die Steigung in %, c) der durchschnittliche Steigungswinkel α in Grad?

28. Eine Zahnradbahn überwindet eine Steigung von 25 (48)%. Der Höhenunterschied beträgt 384 (878,4) m. Berechnen Sie a) die waagrechte Länge der Steigung, b) die Gleislänge, c) den durchschnittlichen Steigungswinkel α!

29. Eine Seilschwebebahn bewältigt einen 2218 (1894) m hohen Berggipfel. Die Talstation liegt auf 850 (1425) m Höhe. Der durchschnittliche Steigungswinkel beträgt 29° 40′ (18° 30′). Wie groß sind a) die waagrechte Länge der Steigung, b) die schräge Bahnlänge, c) das Steigungsverhältnis in %?

6.6 Kreisumfang

Der Umfang eines Kreises ist das 3,1415926535898-fache des Durchmessers. Im allgemeinen genügt es aber, mit dem Wert 3,14 oder $^{22}/_{7}$ zu rechnen.
Umfang = Durchmesser × 3,14

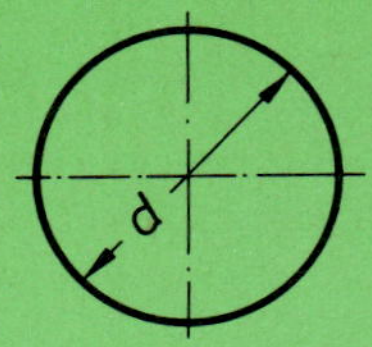

$$U = d \cdot \pi$$

$$d = \frac{U}{\pi}$$

Beispiel
Schwungscheibe mit $d = 264$ mm. Wie groß ist der Umfang der Scheibe in mm?
Umfang = 264 mm · 3,14 = 829,4 mm

6.7 Ellipsenumfang

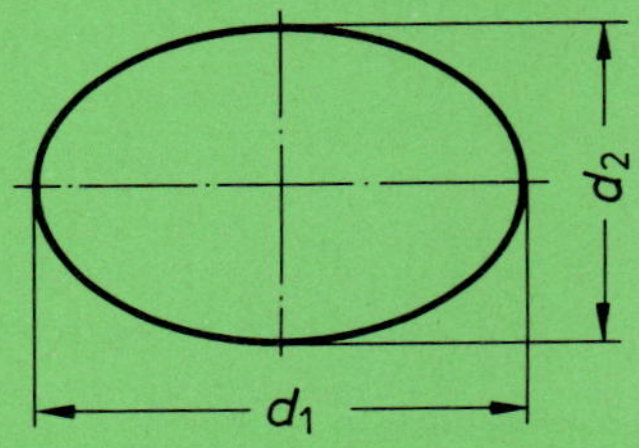

Der Umfang einer Ellipse ist angenähert das 3,14fache der mittleren Achsenlänge. Die mittlere Achsenlänge ergibt sich aus der Summe der großen und der kleinen Achse geteilt durch zwei.

$$\text{Umfang} \approx \frac{\text{große Achse} + \text{kleine Achse}}{2} \times 3{,}14$$

$$U \approx \frac{d_1 + d_2}{2} \cdot \pi$$

Beispiel
Auspufftopf, $d_1 = 240$ mm, $d_2 = 120$ mm. Wie groß ist der Umfang des Topfes in mm?

$$\text{Umfang} \approx \frac{240\text{ mm} + 120\text{ mm}}{2} \cdot 3{,}14 = 566\text{ mm}$$

$$d_{1(2)} \approx \frac{2U}{\pi} - d_{2(1)}$$

Aufgaben

30. Der dynamisch wirksame Halbmesser eines Reifens ist 285 (304) mm (Abb. 6/30). Das Rad macht 720 (860) U/min. Wieviel km legt das Fahrzeug in einer Stunde zurück?

31. Berechnen Sie die Länge des nebengezeichneten Riementriebs in mm (Abb. 6/31)!

32. Ein Pkw legt in 45 (25) min 70,479 (37,080) km zurück. Der Reifendurchmesser ist 608 (590) mm. Wieviel Umdrehungen macht das Rad in einer Minute durchschnittlich?

33. Ein runder Kraftstoffbehälter hat 1360 (1100) mm Umfang. Wie groß sind Durchmesser und Halbmesser des Behälters in mm?

34. Um einen Kraftstoffbehälter von elliptischem Querschnitt mit $d_1 = 135$ (160) cm und $d_2 = 55$ (90) cm sollen 2 Bänder gelegt werden. Wieviel m Flachstahl sind erforderlich?

35. Eine Radrennbahn hat elliptische Form: $d_1 =$ 119,2 (168) m, $d_2 = 40$ (86) m. Wieviel Runden sind zu fahren, bis eine Strecke von 50 (70) km zurückgelegt ist?

Formelzeichen

- U Umfang
- d Durchmesser
- d_1 große Achse
- d_2 kleine Achse
- π 3,14 (3,14159)

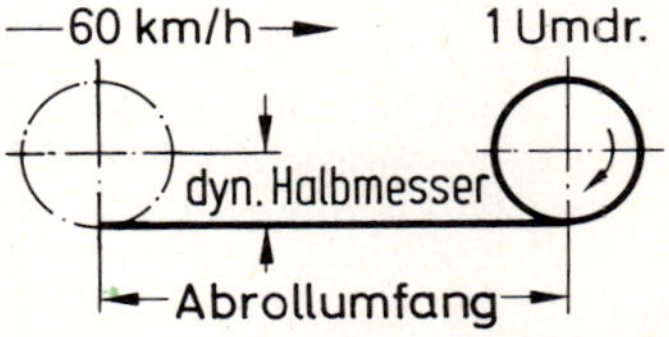

Abb. 6/**30**

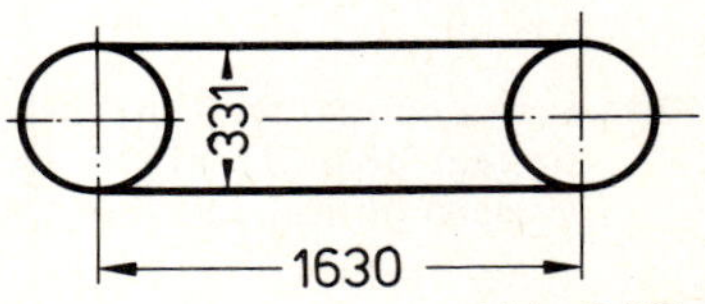

Abb. 6/**31**

6.8 Gestreckte Längen

Beim Biegen behält die neutrale Faser ihre Länge. Daher legt man bei der Berechnung der Länge gebogener Werkstücke über 3 mm Dicke die Länge der neutralen Faser zugrunde. Sie liegt bei symmetrischem Querschnitt auf dem mittleren Durchmesser des gebogenen Werkstücks.

Für einen Ring ist die gestreckte Länge gleich dem Umfang der neutralen Faser:
Länge vor dem Biegen = mittl. Durchmesser · 3,14

Der mittl. ∅ läßt sich aus dem Außen∅ bzw. Innen∅ und der Dicke des Werkstücks berechnen:

mittl. Durchmesser = Innendurchmesser + Dicke

mittl. Durchmesser = Außendurchmesser − Dicke

$$\text{mittl. Durchmesser} = \frac{\text{Außen}\varnothing + \text{Innen}\varnothing}{2}$$

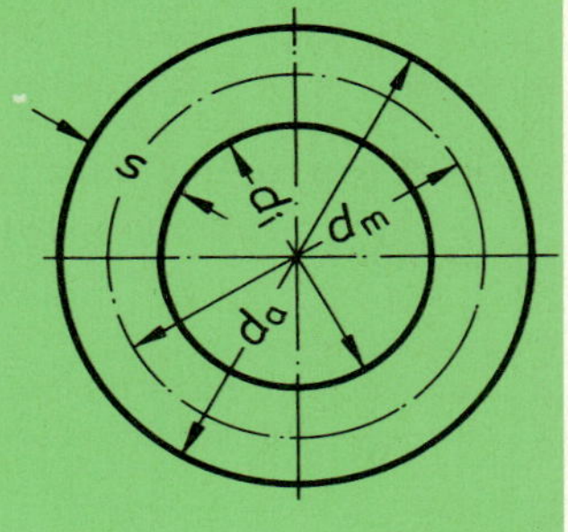

$$l = d_m \cdot \pi$$

$d_m = d_a - s$ $\qquad$ $d_m = d_i + s$

Formelzeichen

l gestreckte Länge
d_m mittl. Durchmesser
d_a Außendurchmesser
d_i Innendurchmesser
s Dicke des Werkstücks

Beispiel

Ring aus 12 mm Rundstahl, Außen∅ = 60 mm. Wie groß ist die gestreckte Länge in mm?

mittl. Durchmesser = 60 mm − 12 mm = 48 mm
Länge vor dem Biegen = 48 mm · 3,14 = 151 mm

Aufgaben

36. Ein Radreifen aus Flachstahl von 12 (10) mm Dicke hat einen Innen∅ von 960 (890) mm. Wie groß ist die gestreckte Länge in mm?

37. Auf einer Seiltrommel mit 280 (350) mm ∅ und 840 (576) mm Länge wird eine Lage Stahlseil mit einem ∅ von 12 (9) mm aufgewickelt. Um wieviel m wird dabei die Last hochgezogen?

38. Wieviel m Rohr sind für 6 Auspuffrohre der Abb. 6/38 notwendig?

39. Ein Federbügel soll nach Abb. 6/39 aus Rundstahl von 14 mm ∅ angefertigt werden. Bestimmen Sie die gestreckte Länge in mm!

40. Befestigungslasche (Abb. 6/40) aus 5 mm dikkem Flachstahl. Wie groß ist die Länge der Lasche vor dem Biegen in mm?

41. Das Glied einer Rundstahlkette hat folgende Maße: $d=6$ (10) mm, $b=20$ (34) mm, $t=18{,}5$ (28) mm. Wieviel m Rundstahl braucht man zur Herstellung von 350 (420) Gliedern?

42. Aus einem 1,57 (1,74) m langen Rundstahl mit 12 (14) mm ∅ wird ein Ring gebogen. Berechnen Sie den Außendurchmesser des Ringes in mm!

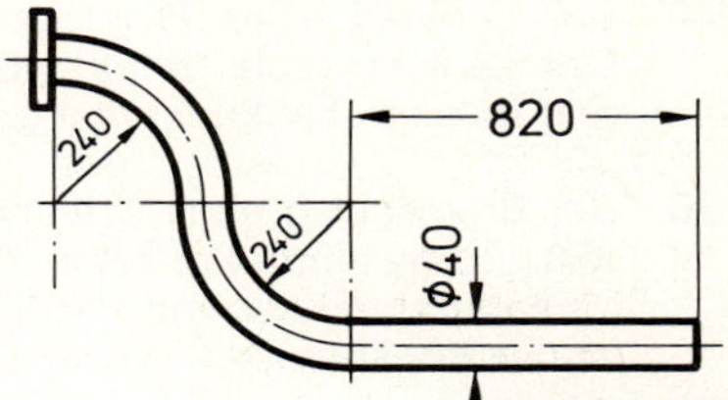

Abb. 6/**38**

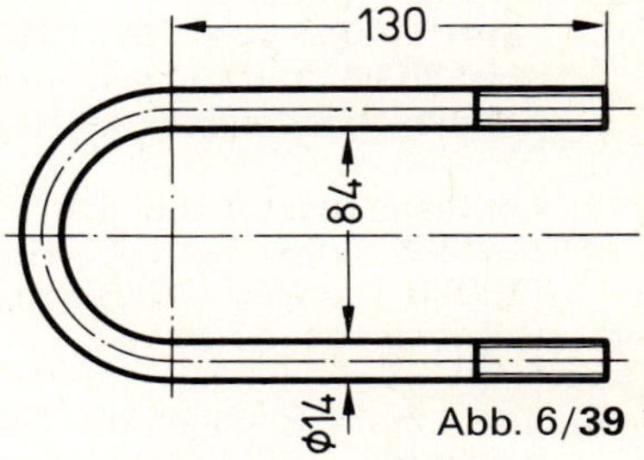

Abb. 6/**39**

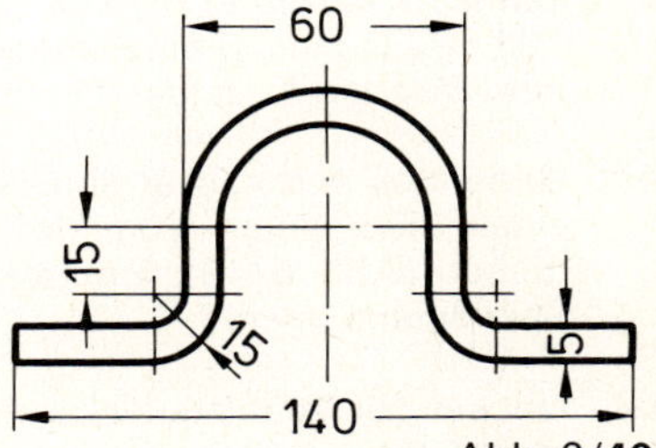

Abb. 6/**40**

6.9 Bogenlängen

Die Bogenlänge ist ein bestimmter Teil des Kreisumfanges. Ihre Größe hängt daher von dem Durchmesser *d* des Kreises und von dem Mittelpunktswinkel α (alpha) des Bogens ab.

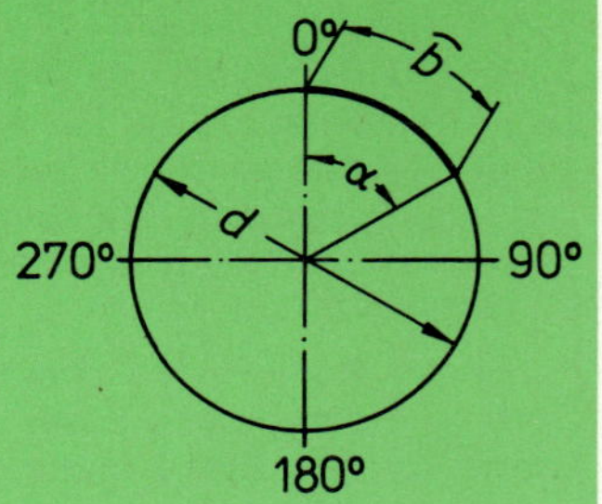

$$\text{Bogenlänge} = \frac{\text{Durchmesser} \times 3{,}14 \times \text{Winkel } \alpha}{360}$$

b Bogenlänge
d Durchmesser des Kreises
α Mittelpunktswinkel in Grad

$$b = \frac{d \cdot \pi \cdot \alpha}{360}$$

Beispiel

Riemenscheibe, $d = 182$ mm, $\alpha = 15°$. Wie groß ist die Bogenlänge *b* in mm?

$$b = \frac{182\text{ mm} \cdot 3{,}14 \cdot 15°}{360°} = 24\text{ mm}$$

$$\alpha = \frac{360 \cdot b}{\pi \cdot d} \qquad d = \frac{360 \cdot b}{\pi \cdot \alpha}$$

Aufgaben

43. Der Durchmesser eines Schwungrades ist 210 (275) mm. Wie groß ist die Bogenlänge für 38 (52)° in mm?

44. Das Lenkrad eines Pkw hat 350 (380) mm ∅. Das Lenkungsspiel beträgt 8 (5)°. Wieviel mm sind dies am Lenkradumfang?

45. Der Bremsbelag einer Trommelbremse ist außen 180 (235) mm lang. Die Trommel hat einen Innendurchmesser von 230 (320) mm. Wie groß ist der Bogenwinkel in Grad?

46. Auf dem Umfang einer Riemenscheibe wird für einen Winkel von 135 (225)° eine Bogenlänge von 353,4 (367,2) mm gemessen. Berechnen Sie den Durchmesser der Riemenscheibe!

47. Ein Riementrieb (Abb. 6/47) hat folgende Maße: $d_1 = 246$ (148) mm, $d_2 = 120$ (92) mm, $\alpha = 198$ (200)°, $l_1 = 395$ (159) mm. Wie groß ist die Riemenlänge in mm?

48. Von einem Riementrieb (Abb. 6/47) sind bekannt: $d_1 = 165$ (218) mm, $\alpha = 194$ (202)°, $l_1 = 163$ (324) mm, Riemenlänge $l = 786{,}5$ (1159,2) mm. Wie groß ist der Durchmesser d_2 in mm?

49. Generator und Lüfter eines Motors werden mit einem Keilriemen von der Kurbelwelle angetrieben (Abb. 6/49). Ermitteln Sie die Länge des Keilriemens in cm!

50. Nocken für Ventilsteuerung (Abb. 6/50). Wieviel mm Umfang hat der Nocken?

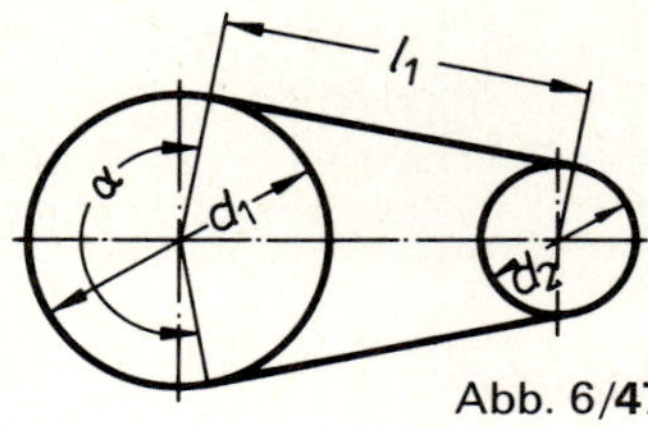

Abb. 6/**47**

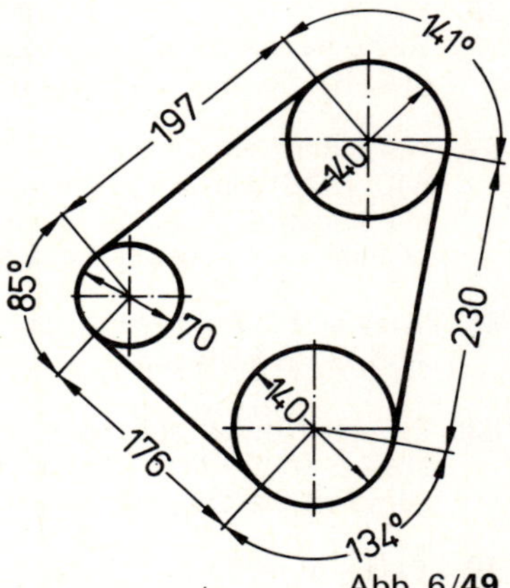

Abb. 6/**49**

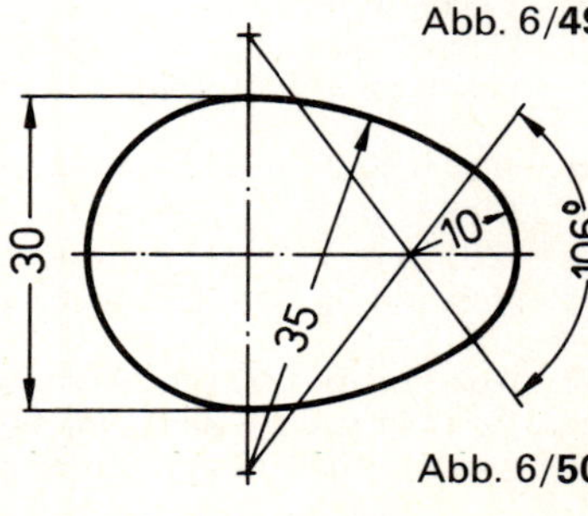

Abb. 6/**50**

6.10 Kurvenfahren

Die Hinterräder eines Kraftwagens beschreiben in einer Kurve zwei verschiedene Kreisbogen mit gemeinsamem Mittelpunkt. Die Länge der durchfahrenen Bogen errechnet man mit dem jeweiligen Spurkreisdurchmesser und mit dem gemeinsamen Kurvenwinkel.

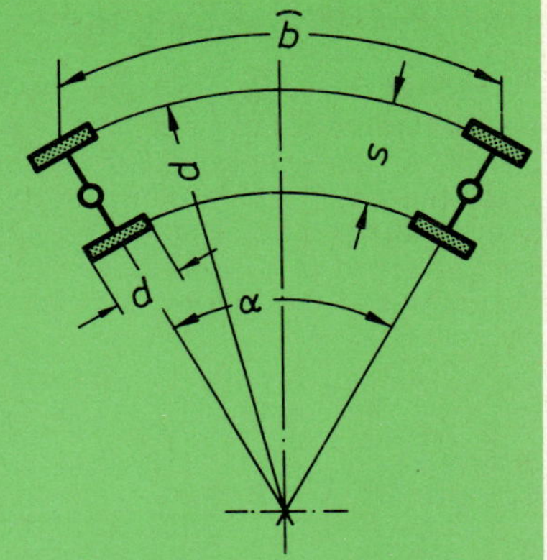

$$\text{Bogenlänge} = \frac{\text{Spurkreis}\varnothing \times 3{,}14 \times \text{Kurvenwinkel}\,\alpha}{360}$$

Die Umdrehungen des Rades ergeben sich aus der Bogenlänge b und dem Umfang des Reifens $d \cdot \pi$.

$$\text{Radumdrehungen} = \frac{\text{Bogenlänge}}{\text{Reifendurchmesser} \times 3{,}14}$$

Beispiel

$d_s = 12$ m, $\alpha = 120°$, $d_r = 570$ mm. Berechnen Sie den Weg und die Umdrehungen des Rades!

$$b = \frac{12\text{ m} \cdot 3{,}14 \cdot 120°}{360°} = 12{,}56\text{ m}$$

$$z = \frac{12{,}56\text{ m}}{0{,}57\text{ m} \cdot 3{,}14} = 7\text{ Umdr.}$$

$$b = \frac{d \cdot \pi \cdot \alpha}{360}$$

$$z = \frac{b}{d_r \cdot \pi}$$

Aufgaben

51. Ein Kraftfahrzeug mit 580 (1000) mm Reifendurchmesser und 1400 (2000) mm Spurweite fährt nebengezeichnete Pisten (Abb. 6/51.1, 2). Berechnen Sie
a) die Fahrwege der beiden Hinterräder in m!
b) die Anzahl der Radumdrehungen!
c) den Drehzahlausgleich des Differentials!

52. Das äußere Rad eines Fahrzeugs legt in einer Kurve mit 124 (75)° Bogenwinkel 30 (22,515) m zurück. Wie groß ist der Spurkreis∅ in m?

53. In einer Kurve legt das innere Rad eines Pkw einen Weg von 25,12 (32,796) m zurück. Es macht dabei 14 (18) Umdrehungen. Wieviel mm hat der wirksame Halbmesser des Reifens?

54. Berechnen Sie den Bogenwinkel einer Kurve aus folgenden Angaben: Spurkreis∅ 16,84 (24,23) m, wirksamer Reifenhalbmesser 290 (305) mm, Umdrehungen des Rades in der Kurve 15 (16)!

Anmerkung

Der Unterschied der Umdrehungen zwischen dem kurvenäußeren und dem kurveninneren Rad ist nur von der Spurweite und dem Reifen∅ abhängig. Der Spurkreisdurchmesser hat keinen Einfluß.

$$\text{Unterschied bei einem Vollkreis} = \frac{2 \times \text{Spurweite}}{\text{Reifen}\varnothing}$$

Formelzeichen

- b Bogenlänge
- α Kurvenwinkel
- d_s Spurkreisdurchmesser
- d_r Reifendurchmesser
- s Spurweite
- z Radumdrehungen

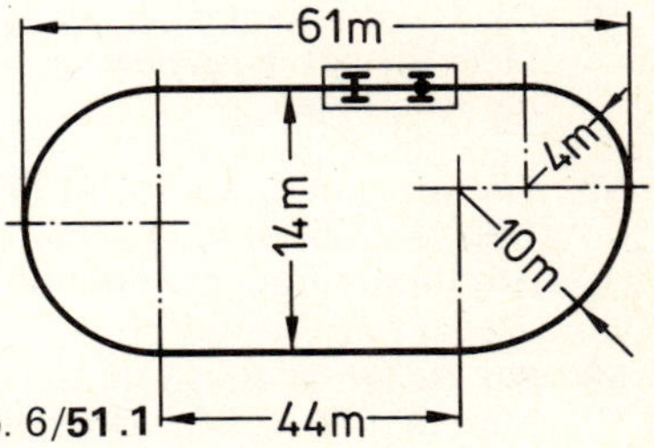

Abb. 6/**51.1**

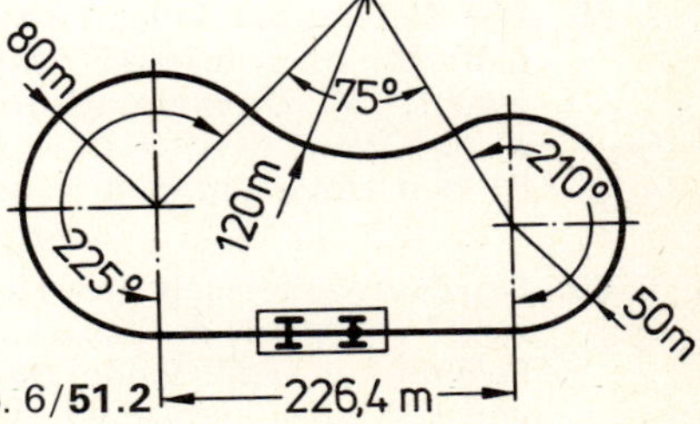

Abb. 6/**51.2**

6.11 Reifenabmessungen

Die Kraftfahrzeugreifen werden im allgemeinen mit der Reifenbreite und mit dem Felgendurchmesser in Zoll (1″ = 25,4 mm) oder in mm angegeben. Außerdem kann die Reifenbezeichnung die zulässige Geschwindigkeit, die Reifenbauart, das Querschnittsverhältnis *H/B* (Reifenhöhe zu -breite) und die Tragfähigkeit des Reifens enthalten.

Beispiele	Breite	Querschnitt	Felgen∅
5,90-13	5,90″	*H/B* 0,94	13″
7,00 S 13	7,00″	*H/B* 0,88	13″
165 SR 14	165 mm	*H/B* 0,80	14″

Aus den Reifenabmessungen ergibt sich:
Außen∅ ≈ Felgen∅ + 2 × *H/B*-Verhältnis × Breite
Reifenumfang ≈ Außendurchmesser × 3,14
Abrollumfang = 2 × dynam. Halbmesser × 3,14

Beispiel

Reifen 5,90-13. Wie groß ist der Außen∅ in mm?

$d_a \approx 13'' + 2 \cdot 0{,}94 \cdot 5{,}90'' \quad = 24{,}21''$
$d_a \approx 24{,}21'' \cdot 25{,}4\ \text{mm}/'' \quad = 612\ \text{mm}$

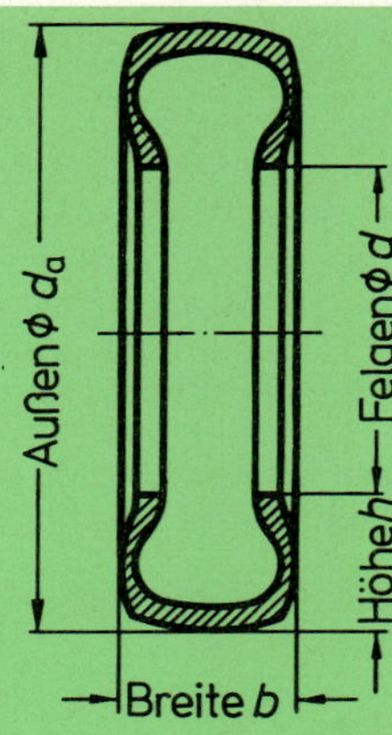

$$d_a \approx d + 2 \cdot H/B \cdot b$$
$$U \approx d_a \cdot \pi$$
$$U_R = 2 \cdot r_{dyn} \cdot \pi$$

U Reifenumfang, angenähert
U_R Abrollumfang
r_{dyn} dynam. Halbmesser

Aufgaben

55. Wie groß ist für einen Reifen 7,00 S 14 (6,40-13) a) die Reifenbreite, b) die Reifenhöhe, c) der Außendurchmesser in mm?

56. Ein Kfz ist serienmäßig mit der Bereifung 7,35 H 14 (155 SR 15) ausgestattet. Wieviel mm Umfang hat der Reifen?

57. Ein Kfz mit 5,90-13 (165 HR 14) Reifen legt 1020,4 (3506) m zurück. Berechnen Sie die Anzahl der Radumdrehungen!

58. Ein Reifen 6,40-15 (185 HR 14) macht in der Minute 850 (720) Umdrehungen. Wieviel km legt das Fahrzeug in der Stunde zurück?

59. Die Reifengröße eines Pkw wird wahlweise mit 6,40-15 und 6,70-15 angegeben. Das Rad macht 750 Umdrehungen/min. Berechnen Sie
a) die Wege der Reifen je Stunde in km!
b) den Unterschied in % von ″6,40-15″!

60. Ein Pkw-Reifen legt bei 10 (20) Umdrehungen 20,27 (40,414) m zurück. Wie groß ist der Felgen∅ in Zoll, wenn der Reifen eine Breite von 165 mm (7,0″) hat?

Zuläss. Geschwindigkeiten

–	13″	bis	150 km/h
S	bis	bis	175 km/h
H	15″	bis	200 km/h
R	10″	bis	160 km/h
SR	bis	bis	180 km/h
HR		bis	210 km/h
VR	15″	über	210 km/h

Querschnittsverhältnis

Reifenform	
Ballon	≈1,0
Superballon Breite endet auf 10/100″	0,94
Niederquerschnitt Breite endet auf 25/100″	≈0,88
Superniederquerschn. Breite endet auf 5/100″ oder Angabe in mm	≈0,80
Serie 70	≈0,70

7 Flächen

7.1 Maßeinheiten

Die Maßeinheit der Fläche ist das Quadratmeter (Einheitenzeichen: m^2, sprich „Meter hoch zwei"). Ein Quadratmeter ist gleich der Fläche eines Quadrates von der Seitenlänge 1 m.

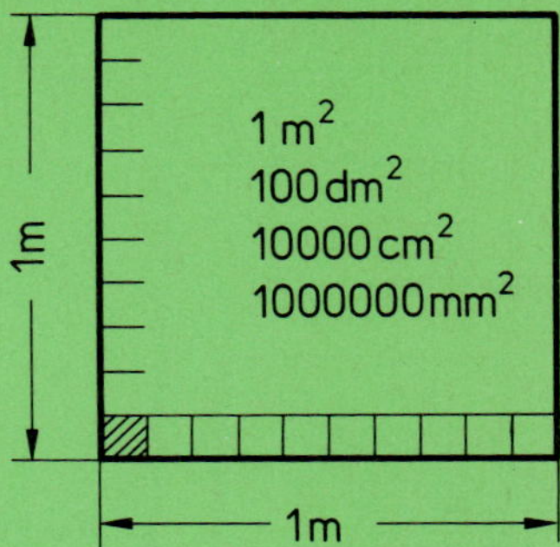

Abgeleitete Einheiten sind das Quadratmillimeter (mm^2), 1 mm^2 = 1/1 000 000 m^2, das Quadratzentimeter (cm^2), 1 cm^2 = 1/10 000 m^2, das Quadratdezimeter (dm^2), 1 dm^2 = 1/100 m^2, und das Quadratkilometer (km^2), 1 km^2 = 1 000 000 m^2. Bei Angaben der Fläche von Grund- und Flurstücken werden als besondere Namen das Ar (a), 1 a = 100 m^2, sowie das Hektar (ha), 1 ha = 10 000 m^2, verwendet.

Bei der Umrechnung dezimaler Teile eines Quadratmeters in die nächst kleinere (größere) Einheit wird mit 100 vervielfacht (geteilt) oder das Komma um 2 Stellen nach rechts (links) verschoben.

SI-Einheit: Quadratmeter

1 m^2 = Quadratfläche mit 1 m Seitenlänge
1 dm^2 = 1/100 m^2
1 cm^2 = 1/10 000 m^2
1 mm^2 = 1/1 000 000 m^2

Beispiel

Verwandeln Sie 1,475 m^2 in dm^2, cm^2 und mm^2!

1,475 m^2 = 147,5 dm^2 = 14 750 cm^2 = 1 475 000 mm^2

Aufgaben

1. Verwandeln Sie
a) 2,853649 (139,478526) m^2 in dm^2, cm^2, mm^2!
b) 86 157,32 (329 748,15) cm^2 in m^2, dm^2, mm^2!
c) 8756,975 (267,84593) dm^2 in m^2, cm^2, mm^2!
d) 64 975 (56 374 982) mm^2 in m^2, dm^2, cm^2!

2. Rechnen Sie um
a) 4,8725 (0,6934) km^2 in ha, a und m^2!
b) 37,945 (882,753) ha in km^2, a und m^2!
c) 738,69 (45,279) a in km^2, ha und m^2!
d) 57 594 (6 820 725) m^2 in km^2, ha und a!

3. Zählen Sie zusammen in
a) m^2: 3819 dm^2 + 59 632 cm^2 + 8 536 700 mm^2!
b) cm^2: 14,587 dm^2 + 0,37485 m^2 + 8360 mm^2!
c) dm^2: 3,14 m^2 + 536 049 cm^2 + 956 742 mm^2!
d) mm^2: 4,5839 dm^2 + 27 493 cm^2 + 0,374917 m^2!

4. Lösen Sie auf in m^2, dm^2, cm^2 und mm^2!
a) 84,7935601 m^2 (7,9648320 m^2)
b) 57 948,632 cm^2 (462 758,931 cm^2)
c) 3867,94152 dm^2 (64 389,71025 dm^2)
d) 7 682 953,4 mm^2 (29 385 107,6 mm^2)

Einheitenzeichen

km^2	Quadratkilometer
m^2	Quadratmeter
dm^2	Quadratdezimeter
cm^2	Quadratzentimeter
mm^2	Quadratmillimeter

Umrechnungen

km^2	ha	a	m^2
1	100	10 000	1 000 000
0,01	1	100	10 000
0,0001	0,01	1	100
–	0,0001	0,01	1

m^2	dm^2	cm^2	mm^2
1	100	10 000	1 000 000
0,01	1	100	10 000
0,0001	0,01	1	100
–	0,0001	0,01	1

Umrechnungszahl für Teilmaße: 100

7.2 Flächenarten

Quadrat

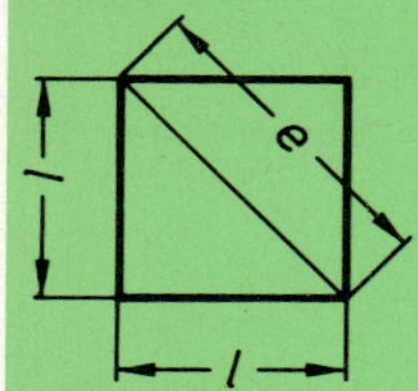

Fläche = Seite × Seite

$A = l \cdot l$

Umfang = 4 × Seite

$U = 4 \cdot l$

$e = 1{,}414 \cdot l$

$l = \sqrt{A}$

$l = \frac{U}{4}$

$l = \frac{e}{1{,}414}$

Rechteck

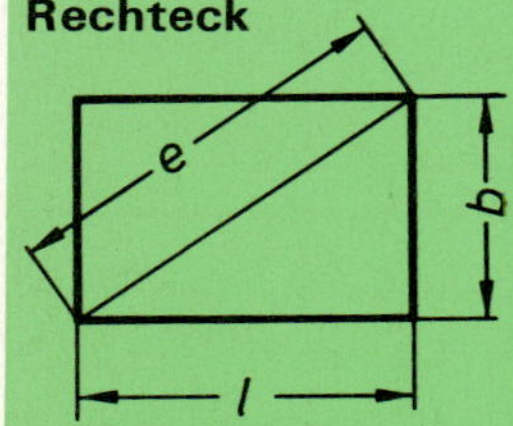

Fläche = Länge × Breite

$A = l \cdot b$

Umfang = 2 × (Länge + Breite)

$U = 2 \cdot (l + b)$

$e = \sqrt{l^2 + b^2}$

$l = \frac{A}{b}$

$l = \frac{U}{2} - b$

$b = \frac{A}{l}$

Parallelogramm

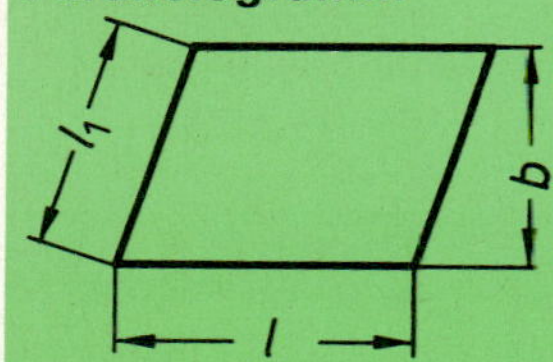

Fläche = Länge × Breite

$A = l \cdot b$

Umfang = 2 × (Länge + Länge$_1$)

$U = 2 \cdot (l + l_1)$

Breite senkrecht zur Länge messen!

$l = \frac{A}{b}$

$l = \frac{U}{2} - l_1$

$b = \frac{A}{l}$

Trapez

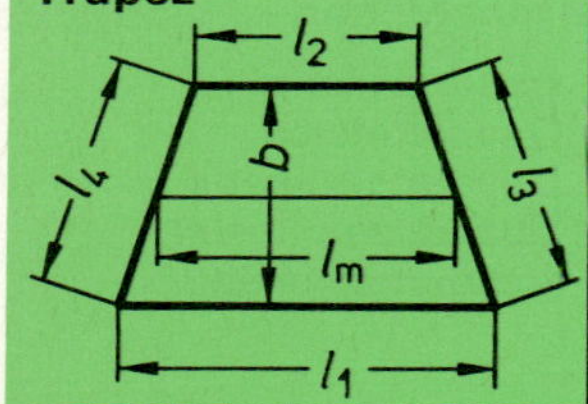

Fläche = mittl. Länge × Breite

$A = \frac{l_1 + l_2}{2} \cdot b$

Umfang = Summe aller Seiten

$U = l_1 + l_2 + l_3 + l_4$

$l_m = \frac{l_1 + l_2}{2}$

$l_1 = \frac{2 \cdot A}{b} - l_2$

$b = \frac{2 \cdot A}{l_1 + l_2}$

Dreieck

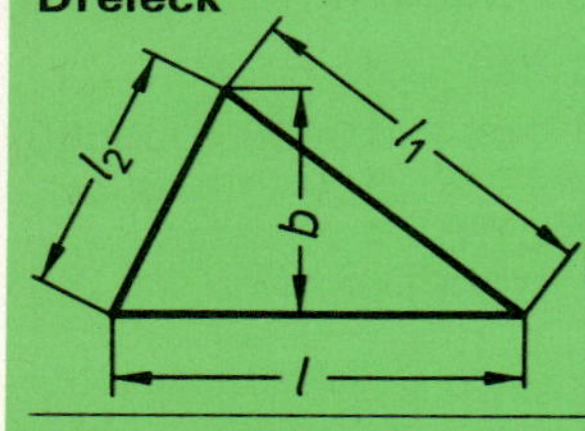

$\text{Fläche} = \frac{\text{Länge} \times \text{Breite}}{2}$

$A = \frac{l \cdot b}{2}$

Umfang = Summe aller Seiten

$U = l + l_1 + l_2$

$l = \frac{2 \cdot A}{b}$

$b = \frac{2 \cdot A}{l}$

Regelmäßiges Vieleck

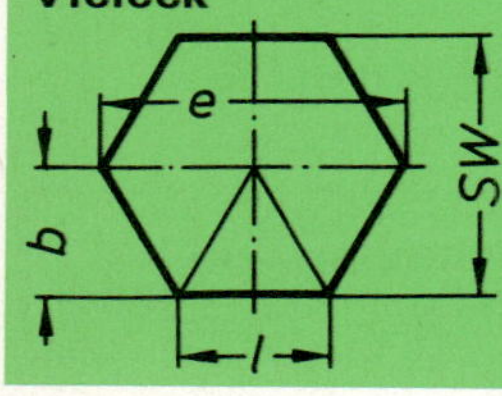

Fläche = Dreiecksfläche × Eckenzahl

$A = \frac{l \cdot b}{2} \cdot n$

Umfang = Seitenlänge × Eckenzahl

$U = l \cdot n$

Sechseck: $e = 1{,}155 \cdot SW$

Achteck: $e = 1{,}082 \cdot SW$

Sechseck:

$A = 0{,}866 \cdot SW^2$

$SW = 0{,}866 \cdot e$

Achteck:

$A = 0{,}828 \cdot SW^2$

$SW = 0{,}924 \cdot e$

$SW = 2{,}414 \cdot l$

Aufgaben

Berechnen Sie bei den folgenden Aufgaben 5 bis 9 die fehlenden Werte!

5. Quadrat (Abb. 7/5)

	a)	b)	c)	d)
l =	36 mm	? mm	? m	? cm
e =	? mm	63,63 mm	? m	? cm
A =	? mm²	? cm²	784 m²	? dm²
U =	? mm	? cm	? m	472 cm

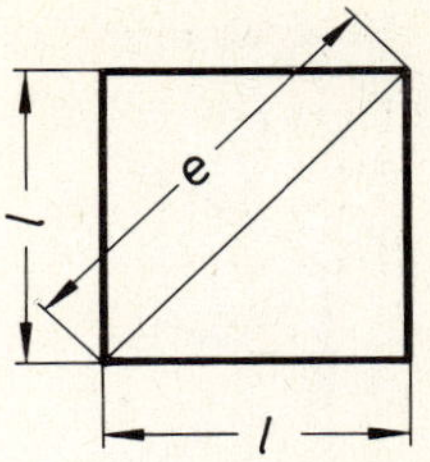

Abb. 7/**5**

6. Rechteck (Abb. 7/6)

	a)	b)	c)	d)
l =	64 mm	76 mm	? m	52,5 cm
b =	48 mm	? mm	42 m	? cm
e =	? mm	? mm	? m	? cm
A =	? mm²	43,32 cm²	28,35 a	? dm²
U =	? mm	? mm	? m	172,8 cm

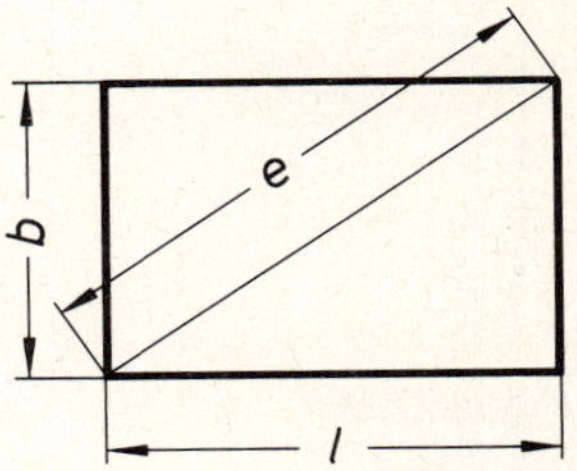

Abb. 7/**6**

7. Trapez (Abb. 7/7)

	a)	b)	c)	d)
l_1 =	23 mm	84 mm	28 cm	64,8 m
l_2 =	11 mm	46 mm	17 cm	? m
b =	18 mm	42 mm	? cm	46 m
A =	? mm²	? cm²	337,5 cm²	2691 m²
l_3 =	19 mm	42 mm	15,3 cm	? m
l_4 =	19 mm	? mm	? cm	61 m
U =	? cm	? mm	7,73 dm	231,5 m

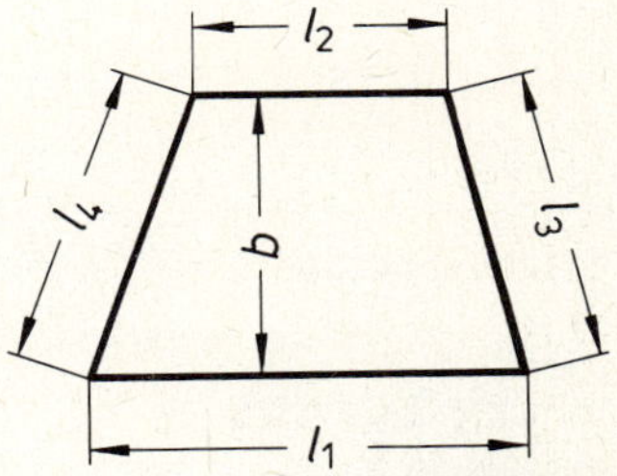

Abb. 7/**7**

8. Dreieck (Abb. 7/8)

	a)	b)	c)	d)
l =	28 mm	44 cm	58,1 m	? mm
b =	24,3 mm	33,4 cm	? m	52 mm
A =	? mm²	? dm²	749,49 m²	17,29 cm²
l_1 =	28 mm	40 cm	50 m	? mm
l_2 =	28 mm	40 cm	? m	52 mm
U =	? mm	? cm	138,1 m	? cm

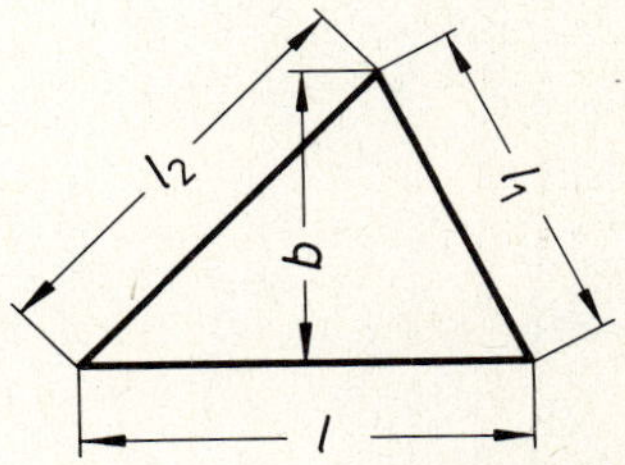

Abb. 7/**8**

9. Regelmäßiges Sechseck (Abb. 7/9)

	a)	b)	c)	d)
l =	12,13 mm	? cm	? m	? mm
SW =	21 mm	41 cm	? m	? mm
e =	? mm	? cm	? m	? mm
A =	? mm²	? cm²	312,626 m²	? cm²
U =	? mm	? cm	? m	16,281 cm

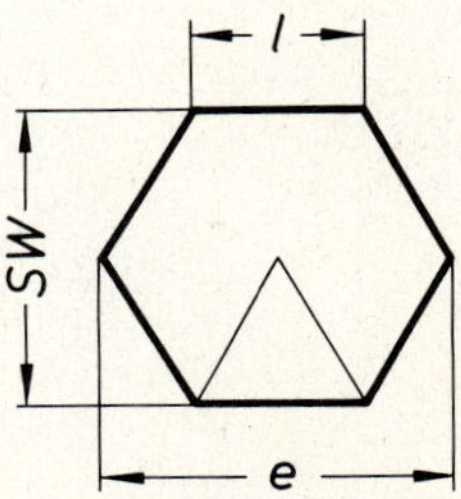

Abb. 7/**9**

Unregelmäßiges Vieleck 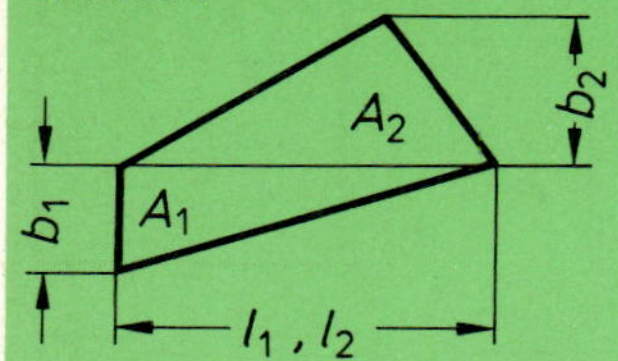 	Vieleck in Dreiecke zerlegen! Fläche = Summe der Teildreiecke $A = A_1 + A_2 + A_3 + \cdots$ Umfang = Summe aller Seiten	$A_1 = \frac{l_1 \cdot b_1}{2}$ $A_2 = \frac{l_2 \cdot b_2}{2}$ $A_3 = \frac{l_3 \cdot b_3}{2}$
Kreis 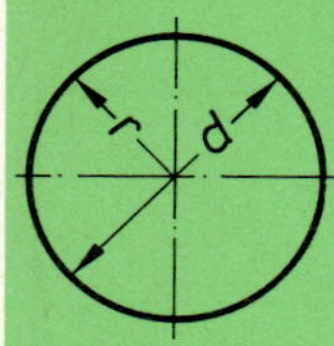 	Fläche $= \frac{3{,}14 \times \text{Durchmesser}^2}{4}$ $A = \frac{\pi \cdot d^2}{4}$ Umfang = 3,14 · Durchmesser $U = \pi \cdot d$	$A = 0{,}785 \cdot d^2$ $A = \pi \cdot r^2$ $d = \sqrt{\frac{A}{0{,}785}}$ $r = \sqrt{\frac{A}{3{,}14}}$
Kreisring  	Fläche = Fläche 1 − Fläche 2 $A = \frac{\pi \cdot d_1^2}{4} - \frac{\pi \cdot d_2^2}{4}$ Fläche = mittl. Umfang × Ringbreite $A = \pi \cdot d_m \cdot b$	$A = \frac{\pi}{4}(d_1^2 - d_2^2)$ $d_1 = \sqrt{d_2^2 + \frac{A}{0{,}785}}$ $d_2 = \sqrt{d_1^2 - \frac{A}{0{,}785}}$
Kreisausschnitt 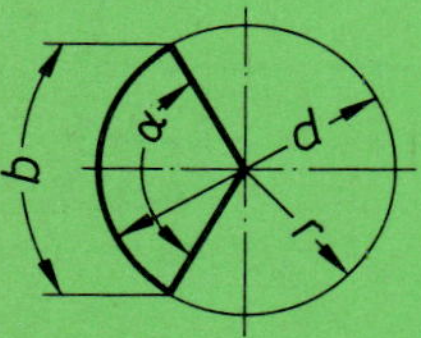 	Fläche $= \frac{\text{Kreisfläche} \times \text{Winkel}\,\alpha}{360}$ $A = \frac{0{,}785 \cdot d^2 \cdot \alpha}{360} = \frac{b \cdot r}{2}$ Fläche $= \frac{\text{Bogenlänge} \times \text{Halbmesser}}{2}$	$d = \sqrt{\frac{360 \cdot A}{0{,}785 \cdot \alpha}}$ $\alpha = \frac{360 \cdot A}{0{,}785 \cdot d^2}$ $b = \frac{\pi \cdot d \cdot \alpha}{360}$
Kreisabschnitt 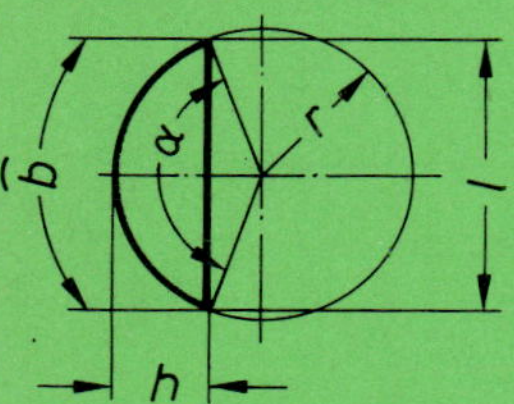 	Fläche = Kreisausschnitt − Dreieck $A = \frac{b \cdot r - l(r-h)}{2}$ Fläche $\approx \frac{2}{3} \times$ Sehnenlänge × Höhe $A \approx \frac{2}{3} \cdot l \cdot h$	$b = \frac{\pi \cdot d \cdot \alpha}{360}$ $l = 2\sqrt{2rh - h^2}$ $h = r - \sqrt{r^2 - l^2/4}$
Ellipse 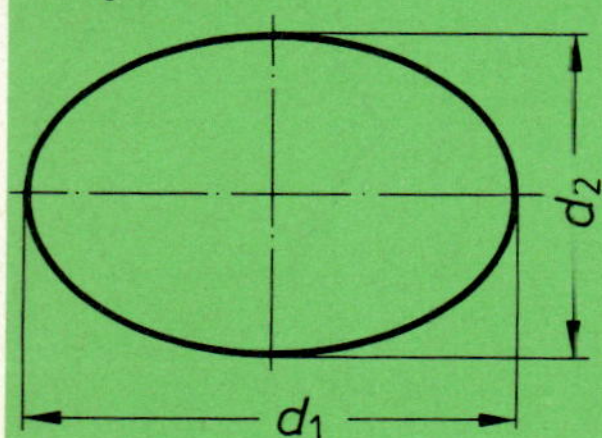 	Fläche $= \frac{3{,}14 \times \text{Achse 1} \times \text{Achse 2}}{4}$ $A = \frac{\pi \cdot d_1 \cdot d_2}{4}$ Umfang $\approx 3{,}14 \times \frac{\text{Achse 1} + \text{Achse 2}}{2}$ $U \approx \pi \cdot \frac{d_1 + d_2}{2}$	$d_1 = \frac{A}{0{,}785 \cdot d_2}$ $d_2 = \frac{A}{0{,}785 \cdot d_1}$ $d_1 \approx \frac{2 \cdot U}{\pi} - d_2$

Aufgaben

Berechnen Sie bei den folgenden Aufgaben 10 bis 14 die fehlenden Werte!

10. Kreis (Abb. 7/10)

	a)	b)	c)	d)
d	= 25 mm	? cm	? m	? mm
r	= ? mm	19 cm	? m	? mm
A	= ? mm²	? cm²	1772 m²	? mm²
U	= ? mm	? m	? m	109 mm

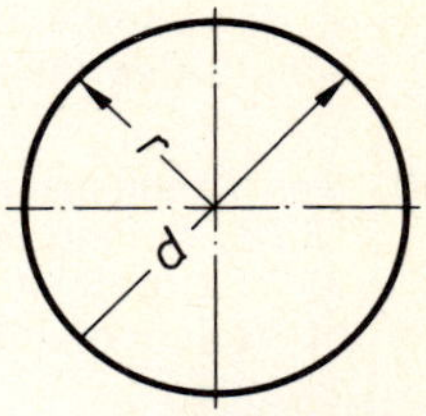

Abb. 7/**10**

11. Kreisring (Abb. 7/11)

	a)	b)	c)	d)
d_1	= 32 mm	185 mm	85 mm	? cm
d_2	= 26 mm	142 mm	? mm	65 cm
A	= ? mm²	? cm²	4223 mm²	1460 cm²
U_1	= ? mm	? cm	? mm	? cm
U_2	= ? mm	? cm	? mm	? cm

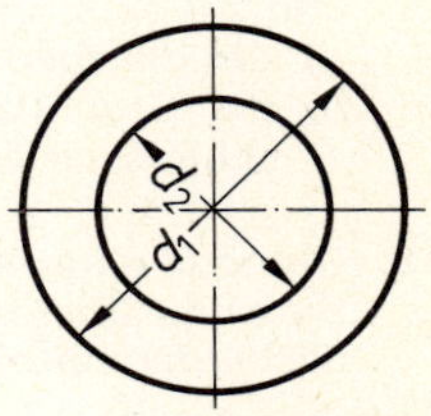

Abb. 7/**11**

12. Kreisausschnitt (Abb. 7/12)

	a)	b)	c)	d)
d	= 94 mm	? mm	? m	67,8 cm
r	= ? mm	58 mm	? m	? cm
α	= 210°	135°	75°	?°
b	= ? mm	? cm	? m	88,75 cm
A	= ? mm²	? cm²	184,7 m²	? dm²

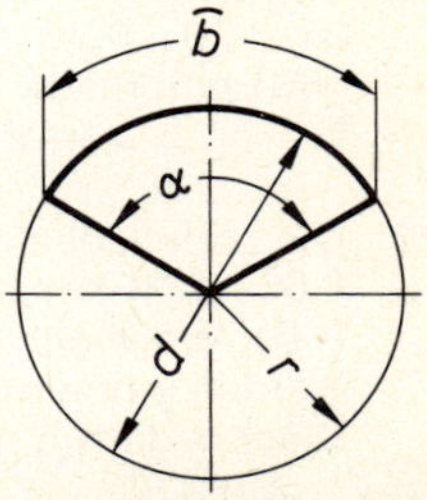

Abb. 7/**12**

13. Kreisabschnitt (Abb. 7/13)

	a)	b)	c)	d)
r	= 80 mm	52 mm	65 cm	? m
b	= 190 mm	? mm	? cm	301,6 m
h	= 50 mm	15,2 mm	? cm	? m
l	= 148 mm	73,5 mm	? cm	? m
α	= ?°	90°	60°	120°
A	= ? mm²	? cm²	? cm²	? a
U	= ? mm	? cm	? cm	? m

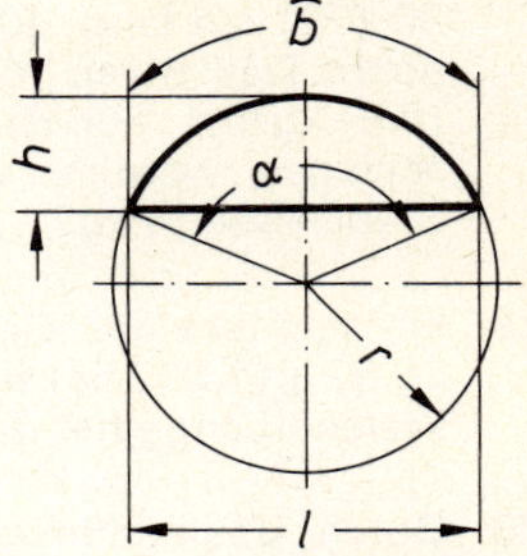

Abb. 7/**13**

14. Ellipse (Abb. 7/14)

	a)	b)	c)	d)
d_1	= 90 mm	184 mm	? cm	? m
d_2	= 60 mm	116 mm	52 cm	88 m
A	= ? mm²	? cm²	5718 cm²	? a
U	= ? mm	? cm	? m	351,9 m

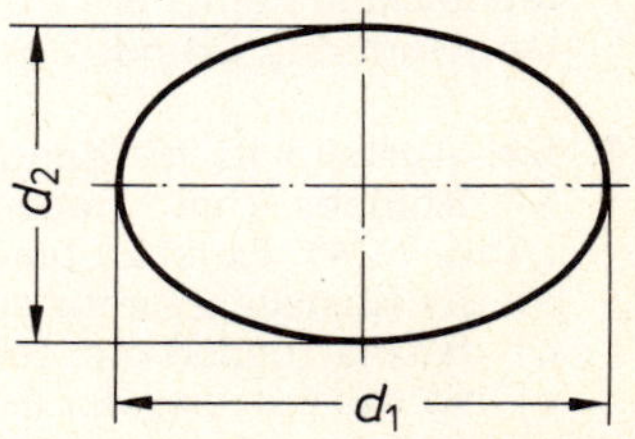

Abb. 7/**14**

7.3 Flächenberechnungen

15. An einen Rundstahl soll ein Vierkant mit 80 (48) mm Schlüsselweite angefräst werden. Berechnen Sie a) den erforderlichen Durchmesser und b) den Querschnitt des Vierkants in mm^2!

16. Der Arbeitstisch eines Kfz-Handwerkers ist 2,15 (3,28) m lang und 86 (95) cm breit.
a) Wie groß ist die Arbeitsfläche in m^2?
b) Welchen Umfang hat der Tisch in m?

17. Die Abstellfläche für einen Pkw ist 5,6 (5,4) m lang und 2,4 (2,3) m breit. Wie groß ist
a) der Platzbedarf für ein Fahrzeug in m^2?
b) die Grundfläche in a für 6 Abstellplätze einschließlich der Zufahrt (Abb. 7.17)?

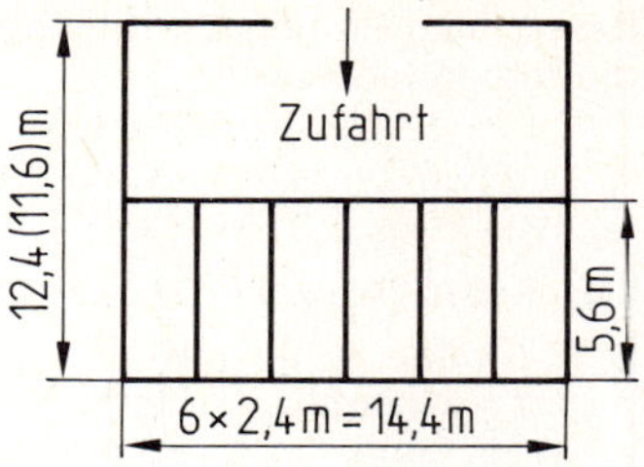

Abb. 7.**17**

18. Grundriß eines Kfz-Betriebs (Abb. 7/18). Berechnen Sie a) die überbaute Fläche in m^2 und b) die Bodenfläche der einzelnen Räume in m^2!

Abb. 7.**18**

19. Der Boden einer Reinigungswanne für Motorenteile ist $1{,}20 \times 0{,}70$ ($0{,}90 \times 0{,}65$) m. Die Seiten sind 50 (60) mm hoch. Wieviel m^2 Blech sind einschließlich 5 (10) % Verschnitt erforderlich?

20. Die Ladefläche eines Lkw ist 3,85 (5,80) m lang und 2,05 (2,35) m breit. Die Pritschenschläge sind 45 (60) cm hoch. Ladefläche und Pritschenschläge werden innen mit Blech beschlagen. Wie groß ist der Blechbedarf in m^2?

21. Ein Kraftstoffbehälter aus verbleitem Stahlblech ist 80 (72) cm lang, 40 (48) cm breit und 15 (23) cm hoch. Das Blech hat ein Flächengewicht von 8,3 (8,6) kg/m^2. Für den Falz müssen 8 (5) % zugeschlagen werden. Wie groß ist die erforderliche Stahlmasse in kg?

22. Ein rechteckiges Grundstück hat eine Fläche von 28,52 a (4,092 ha) und eine Breite von 46 (165) m. Welche Länge hat das Grundstück?

23. Durch Baulandumlegung erhält ein quadratisches Grundstück mit 15,6 (17,1) m Seitenlänge eine rechteckige Form mit 12,0 (11,4) m Breite. Wieviel m lang wird das Grundstück?

24. Der Abstellplatz für Kundenfahrzeuge im Hof eines Kfz-Betriebs hat nebengezeichnete Markierung (Abb. 7.24). Es ist zu berechnen
a) die Abstellfläche für ein Fahrzeug in m^2.
b) der Platzbedarf einschl. Zufahrt in a.
c) die Ausnutzung der Grundfläche in %.
d) die Länge l der Markierung in m.

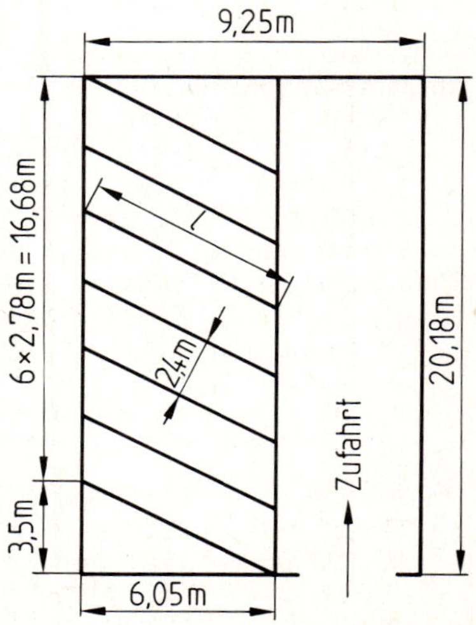

Abb. 7.**24**

25. Das dreieckige Ausstellfenster eines Pkw hat eine Länge von 18 (23,5) cm und eine Breite von 35 (42,4) cm. Wieviel dm^2 hat die Scheibe?

26. Ein dreieckiges Gefahrenzeichen ist 90 (75) cm lang und 78 (64) cm hoch. Das Stahlblech hat ein Flächengewicht von 24 kg/m^2. Wieviel kg Stahl sind für 15 (18) Schilder nötig?

27. Der Schmalkeilriemen zum Antrieb von Nebenaggregaten eines Kfz-Motors hat folgende Abmessungen: $l_1 = 9{,}7$ (12,7) mm, $l_2 = 5{,}8$ (6,7) mm, $h = 8{,}2$ (10,6) mm. Berechnen Sie den trapezförmigen Querschnitt in mm^2!

28. Für die Träger einer Werkstatthalle werden 6 Laschen (Abb. 7.28) aus einem 1,45 m langen und 50 cm breiten Stahlblech hergestellt.
a) Wieviel cm^2 Fläche hat ein Knotenblech?
b) Wie groß ist der Verschnitt in m^2?

29. Berechnen Sie die Fläche des Grundstücks für einen Kfz-Betrieb in a (Abb. 7.29)!

30. Die Bodenmatte Abb. 7.30 wird aus einer Gummiplatte $1{,}1 \times 1{,}0$ m hergestellt. Wie groß ist
a) die Fläche der Bodenmatte in dm^2?
b) der Verschnitt in % vom Rohmaß?

31. Der Kraftstoffbehälter Abb. 7.31 ist 83 (75) cm lang, 65 (58) cm breit und 24 (32) bzw. 12 (16) cm hoch. Der Verschnitt beträgt 15 (12) %. Wieviel m^2 Stahlblech sind erforderlich?

32. Sechskantstahl, $SW = 80$ (48) mm. Wie groß ist
a) der Querschnitt in cm^2, b) das Eckenmaß?

33. Aus einem Rundstahl von 32 (48) mm ∅ soll ein Sechskant mit $e = 31{,}2$ (47,4) mm gefräst werden. Ermitteln Sie a) die Schlüsselweite in mm, b) den Querschnitt des Sechskants in mm^2, c) den Verschnitt in % vom Rundstahl!

34. Aus einem 62 (40) cm breiten Messingblech sollen 15 (12) Sechskantscheiben mit 62 (40) cm Innen∅ geschnitten werden. Berechnen Sie
a) die erforderliche Länge des Bleches in m!
b) die Fläche einer Scheibe in dm^2!
c) den Verschnitt in % vom Rohmaß!

35. Ein achteckiges Stopschild hat 40 (35) cm Seitenlänge. Wie groß ist
a) die Fläche des Verkehrsschildes in m^2?
b) die umschreibende Quadratfläche in m^2?
c) die umschreibende Kreisfläche in m^2?

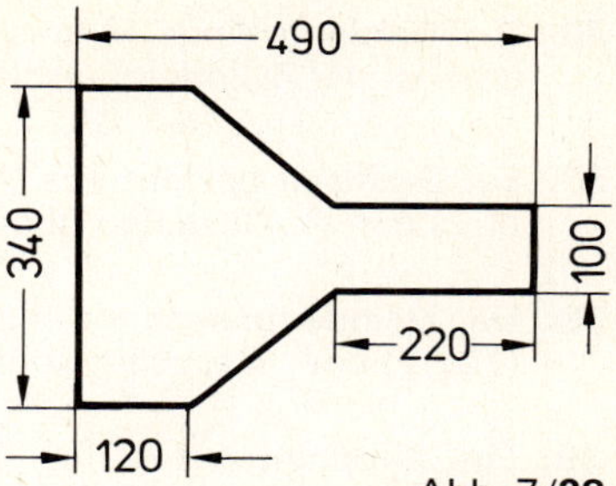

Abb. 7/**28**

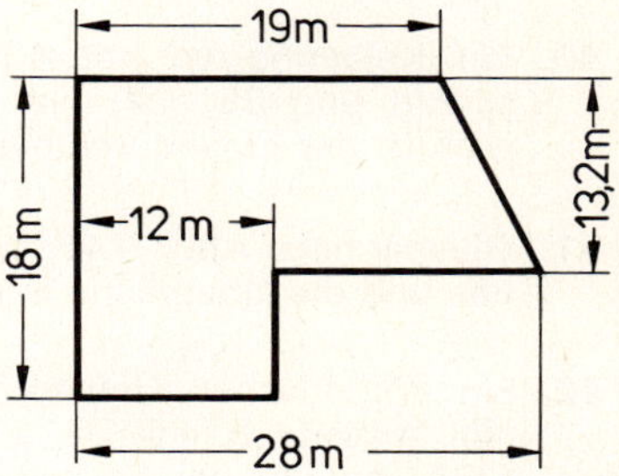

Abb. 7/**29**

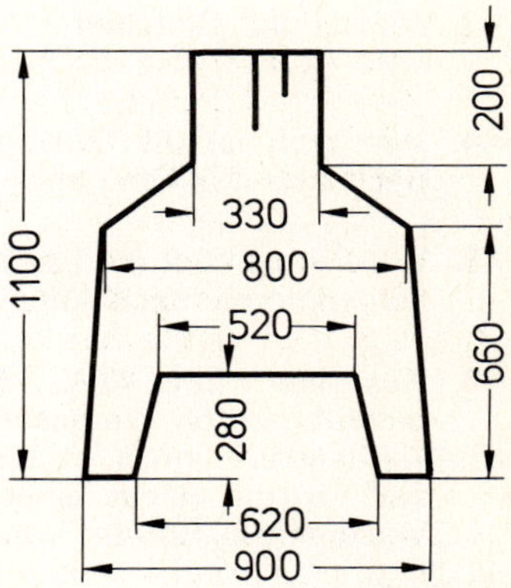

Abb. 7/**30**

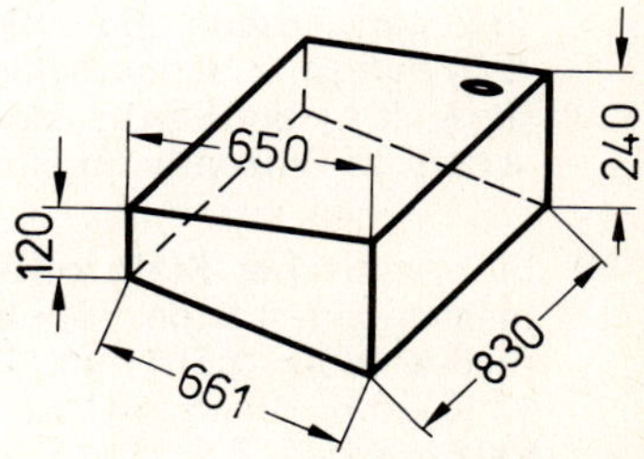

Abb. 7/**31**

36. Die Bohrung eines Motors hat 82 (115) mm. Wie groß ist der Zylinderquerschnitt in cm^2?

37. Ein Drahtseil besteht aus 32 (25) Drähten mit 1,5 (1,2) mm ∅. Gesucht: Querschnitt in mm^2.

38. Der Zylinderquerschnitt eines Motors beträgt 36,32 (122,7) cm^2. Gesucht: Bohrung in mm.

39. Ein Kupplungsbelag hat 280 (225) mm Außendurchmesser und 165 (150) mm Innendurchmesser. Wie groß ist eine Reibfläche in cm^2.

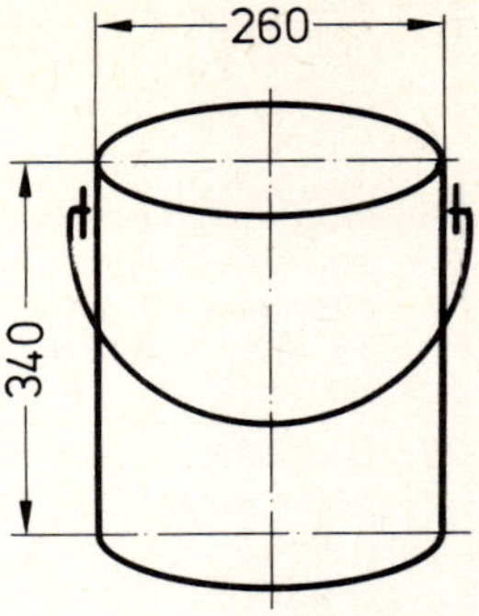

Abb. 7/**41**

40. Ein Kolbenbolzen hat 402,1 (183,6) mm^2 Querschnitt und 36 (24) mm Außendurchmesser. Wie groß ist der Innendurchmesser in mm?

41. Öleimer nach Abb. 7/41. Wie groß ist die Mantelfläche und die Oberfläche in dm^2?

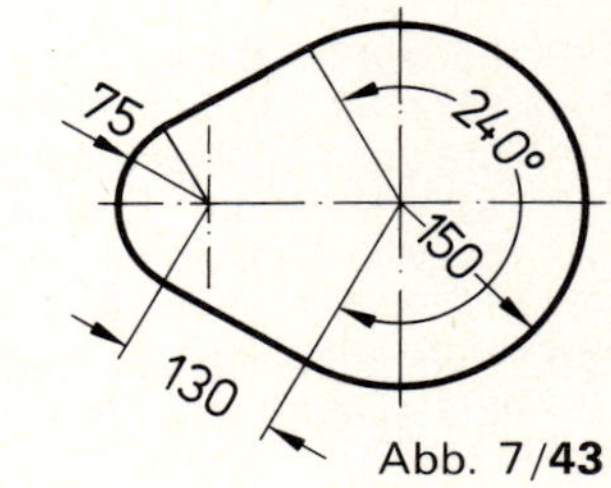

Abb. 7/**43**

42. Ein zylindrischer Kraftstoffbehälter hat 265 (370) mm Außendurchmesser und eine Länge von 524 (720) mm. Für den Falz werden 6 (5) % der Mantelfläche gerechnet. Wie groß ist das Gewicht des Behälters, wenn das Blech 9,3 (8,6) kg/m^2 wiegt?

43. Wieviel dm^2 Stahlblech erfordert der Gehäusedeckel nach Abb. 7/43.

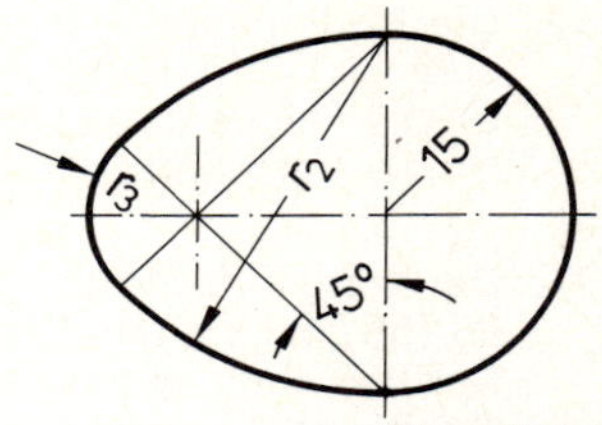

Abb. 7/**44**

44. Wie groß ist die Querschnittsfläche des Nockens nach Abb. 7/44 in mm^2?

45. Wieviel dm^2 hat die Fläche des Läufers eines Kreiskolbenmotors nach Abb. 7/45?

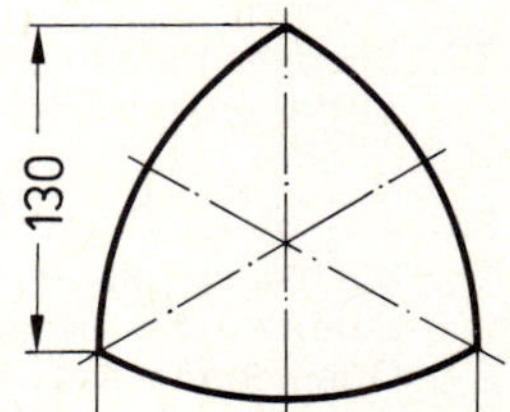

Abb. 7/**45**

46. Aus einer Platte 420 × 150 mm sollen 20 Flanschdichtungen für Vergaser (Abb. 7/46) hergestellt werden. Wie groß ist a) die Fläche der Platte in cm^2? b) die Fläche einer Dichtung in cm^2? c) der Verschnitt in Prozent vom Rohmaß?

47. Aus einer Asbestplatte 400 × 100 (450 × 85) mm sind 6 (8) elliptische Flanschdichtungen für Auspuffkrümmer anzufertigen. Maße: Länge 96 (82) mm, Breite 64 (56) mm, Auspuffloch 30 (28) mm ∅, 2 Schraubenlöcher 14 (12) mm ∅. Wie groß ist a) die Fläche einer Dichtung? b) der Verschnitt in Prozent vom Rohmaß?

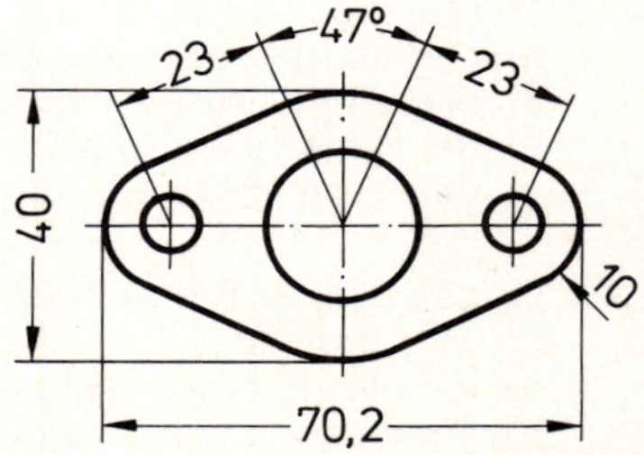

Abb. 7/**46**

48. Ein elliptischer Kraftstoffbehälter hat folgende Abmessungen: Länge 750 (800) mm, großer Durchmesser 450 (520) mm, kleiner Durchmesser 300 (340) mm, Blechgewicht 8,2 (8,5) kg/m^2. Für den Falz werden 8,5 (6) % zugeschlagen. Wieviel kg wiegt der leere Behälter?

8 Körper

8.1 Maßeinheiten

Die Maßeinheit des Volumens ist das Kubikmeter (Einheitenzeichen: m^3, sprich „Meter hoch drei"). Ein Kubikmeter ist gleich dem Volumen eines Würfels von der Kantenlänge 1 m.

Abgeleitete Einheiten des Volumens sind das Kubikmillimeter (mm^3), $1\ mm^3 = 1/1\,000\,000\,000\ m^3$, das Kubikzentimeter ($cm^3$), $1\ cm^3 = 1/1\,000\,000\ m^3$, das Kubikdezimeter ($dm^3$), $1\ dm^3 = 1/1\,000\ m^3$. Besonderer Name für das Kubikdezimeter ist das Liter (Einheitenzeichen: l). Ein Liter ist gleich dem Volumen eines Würfels von der Kantenlänge 1 dm. Vielfache oder Teile des Liters sind das Hektoliter (hl), 1 hl= 100 l, das Zentiliter (cl), 1 cl=1/100 l, und das Milliliter (ml), 1 ml=1/1000 l.

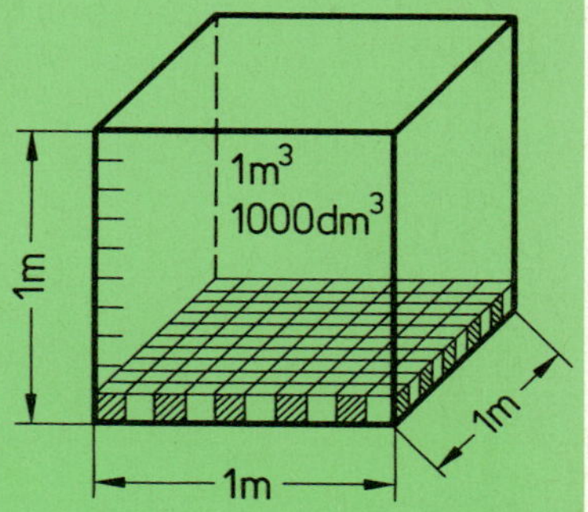

Bei der Umrechnung einer Maßeinheit des Volumens in die nächst kleinere (größere) Einheit wird mit 1000 vervielfacht (geteilt) oder das Komma um 3 Stellen nach rechts (links) verschoben.

SI-Einheit: Kubikmeter

$1\ m^3$ = Würfel mit 1 m Kantenlänge
$1\ dm^3 = 1/1\,000\ m^3$
$1\ cm^3 = 1/1\,000\,000\ m^3$
$1\ mm^3 = 1/1\,000\,000\,000\ m^3$

Beispiel

Verwandeln Sie $3{,}46275\ dm^3$ in cm^3 und mm^3!

$3{,}46275\ dm^3 = 3462{,}75\ cm^3 = 3\,462\,750\ mm^3$

Aufgaben

1. Verwandeln Sie
a) $752{,}839\ dm^3$ in m^3, cm^3 und mm^3!
b) $19\,638\,450\ mm^3$ in m^3, dm^3 und cm^3!
c) $7\,395\,128{,}6\ cm^3$ in m^3, dm^3 und mm^3!
d) $4{,}538672\ m^3$ in dm^3, cm^3 und mm^3!

2. Rechnen Sie um
a) 3865,2794 l in hl, cl und ml!
b) 2,385471 hl in l, cl und ml!
c) 843 760,9 cl in hl, l und ml!
d) 489 520 ml in hl, l und cl!

3. Zählen Sie zusammen in
a) m^3: $4793{,}5682\ dm^3 + 687\,431\,800\ mm^3$!
b) cm^3: $0{,}894658\ dm^3 + 6\,739\,542\ mm^3$!
c) dm^3: $0{,}037594\ m^3 + 485\,906\ cm^3$!
d) mm^3: $7463{,}982\ cm^3 + 0{,}782418\ dm^3$!

4. Lösen Sie auf in m^3, dm^3, cm^3 und mm^3!
a) $85{,}67350429\ m^3$ ($162{,}893571012\ m^3$)
b) $7\,691\,027{,}45\ cm^3$ ($57\,384\,209{,}618\ cm^3$)
c) $362\,608{,}7149\ dm^3$ ($17\,485{,}926370\ dm^3$)
d) $8\,975\,483\,690\ mm^3$ ($23\,749\,018\,306\ mm^3$)

Einheitenzeichen

m^3	Kubikmeter
dm^3	Kubikdezimeter
cm^3	Kubikzentimeter
mm^3	Kubikmillimeter

Umrechnungen

m^3	dm^3	cm^3	mm^3
1	1000	1 000 000	–
0,001	1	1000	1 000 000
–	0,001	1	1000
–	–	0,001	1

hl	l	cl	ml
1	100	10 000	100 000
0,01	1	100	1000
–	0,01	1	10
–	0,001	0,1	1

Umrechnungszahl für Teilmaße: 1000

8.2 Körperarten

Gleichdicke Körper Würfel Prisma Zylinder	Volumen = Grundfläche × Höhe Oberfläche = 2 × Grundfläche + 1 × Mantelfläche	$V = A \cdot h$ $h = \frac{V}{A}$ $\quad A = \frac{V}{h}$
Würfel 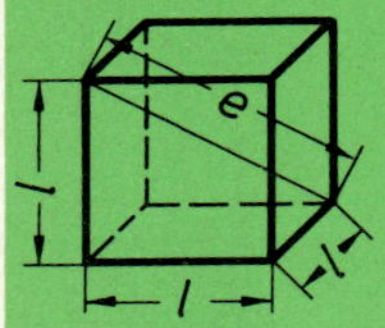	$V = l \cdot l \cdot l$ $V = l^3$ $A_o = 6 \cdot l^2$ $e = \sqrt{3} \cdot l$	$l = \sqrt[3]{V}$ $l = \sqrt{\frac{A_o}{6}}$
Prisma 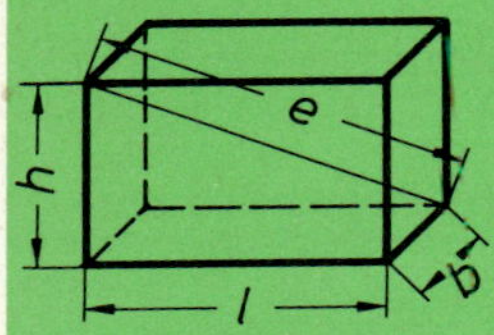	$V = l \cdot b \cdot h$ $A_o = 2 \cdot l \cdot b + 2(l + b) \cdot h$ $e = \sqrt{l^2 + b^2 + h^2}$	$l = \frac{V}{b \cdot h}$ $b = \frac{V}{l \cdot h}$ $h = \frac{V}{l \cdot b}$
Zylinder 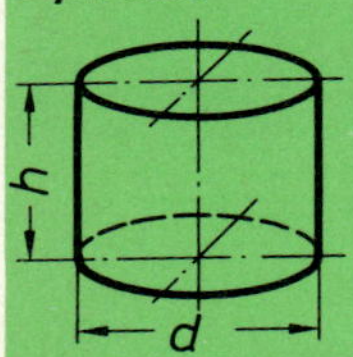	$V = \frac{\pi \cdot d^2}{4} \cdot h$ $A_o = 2 \cdot \frac{\pi \cdot d^2}{4} + \pi \cdot d \cdot h$ $\pi = 3{,}14159 \qquad \frac{\pi}{4} \approx 0{,}785$	$d = \sqrt{\frac{V}{0{,}785 \cdot h}}$ $h = \frac{V}{0{,}785 \cdot d^2}$ $h = \frac{V}{A}$
Spitze Körper Pyramide Kegel	Volumen $= \frac{\text{Grundfläche} \times \text{Höhe}}{3}$ Oberfläche = Grund- + Mantelfläche	$V = \frac{A \cdot h}{3}$ $h = \frac{3 \cdot V}{A} \quad A = \frac{3 \cdot V}{h}$
Pyramide 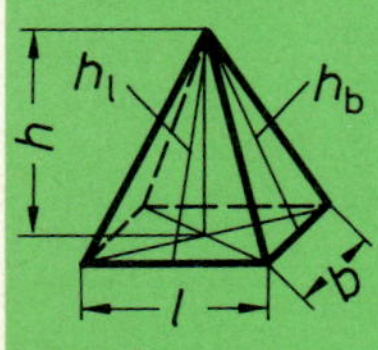	$V = \frac{l \cdot b \cdot h}{3}$ $A_o = l \cdot b + l \cdot h_l + b \cdot h_b$ $h_l = \sqrt{h^2 + b^2/4} \qquad h_b = \sqrt{h^2 + l^2/4}$	$l = \frac{3 \cdot V}{b \cdot h}$ $b = \frac{3 \cdot V}{l \cdot h}$ $h = \frac{3 \cdot V}{l \cdot b}$
Kegel 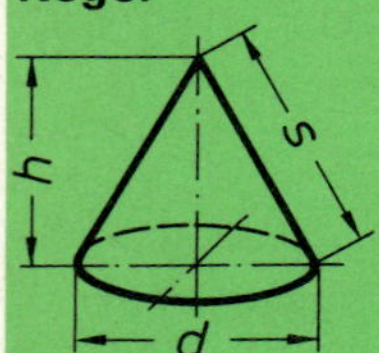	$V = \frac{1}{3} \cdot \frac{\pi \cdot d^2}{4} \cdot h$ $A_o = \frac{\pi \cdot d^2}{4} + \frac{\pi \cdot d \cdot s}{2}$ $s = \sqrt{h^2 + r^2}$	$d = \sqrt{\frac{3 \cdot V}{0{,}785 \cdot h}}$ $h = \frac{3 \cdot V}{0{,}785 \cdot d^2}$

Aufgaben

Berechnen Sie bei den folgenden Aufgaben 5 bis 9 die fehlenden Werte!

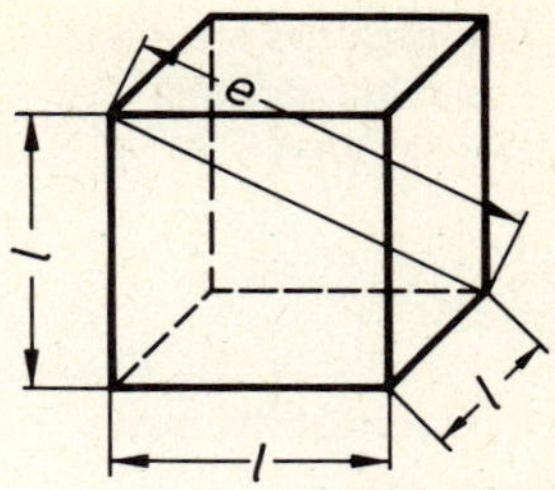

Abb. 8/**5**

5. Würfel (Abb. 8/5)

	a)	b)	c)	d)
l =	120 mm	53,0 mm	? m	? mm
V =	? dm^3	? cm^3	13824 m^3	? cm^3
A_o =	? cm^2	? cm^2	? m^2	5766 cm^2
e =	? mm	? mm	? cm	? mm

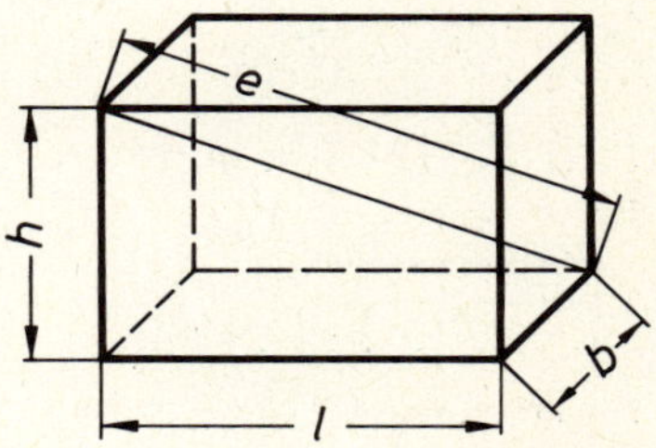

Abb. 8/**6**

6. Prisma (Abb. 8/6)

	a)	b)	c)	d)
l =	15 cm	78 cm	125 mm	115 mm
b =	12 cm	50 cm	86 mm	76 mm
h =	8 cm	35 cm	? mm	? mm
V =	? cm^3	? l	1806 cm^3	? cm^3
A_o =	? cm^2	? dm^2	? cm^2	747,8 cm^2
e =	? cm	? cm	? mm	? cm

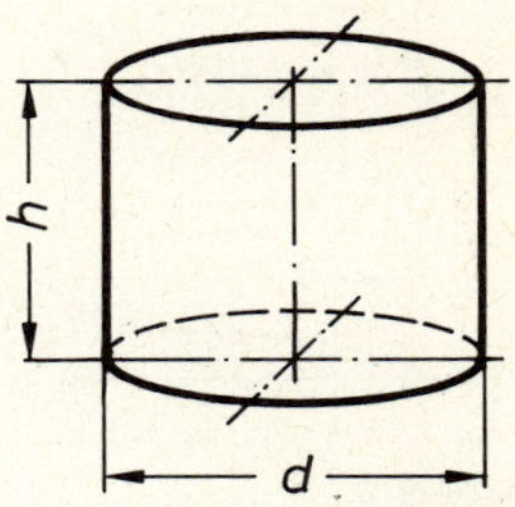

Abb. 8/**7**

7. Zylinder (Abb. 8/7)

	a)	b)	c)	d)
d =	120 mm	65 cm	9,4 cm	? mm
h =	150 mm	90 cm	? cm	65 mm
V =	? cm^3	? dm^3	832,8 cm^3	334,1 cm^3
A_o =	? cm^2	? m^2	? cm^2	? cm^2

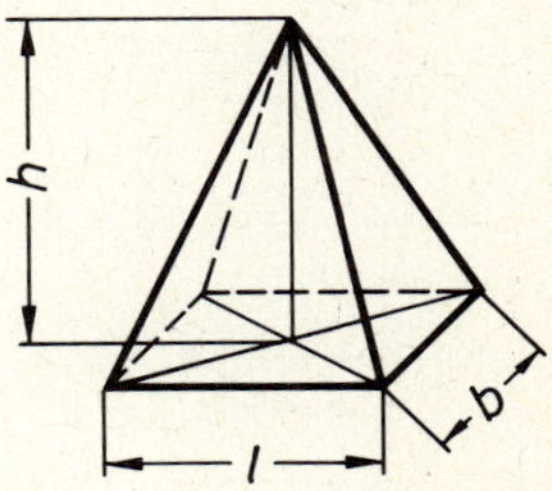

Abb. 8/**8**

8. Pyramide (Abb. 8/8)

	a)	b)	c)	d)
l =	12 cm	160 mm	150 mm	? cm
b =	12 cm	90 mm	150 mm	28 cm
h =	8 cm	60 mm	? mm	45 cm
V =	? cm^3	? cm^3	750 cm^3	17,64 l
A_o =	? cm^2	? cm^2	? dm^2	–

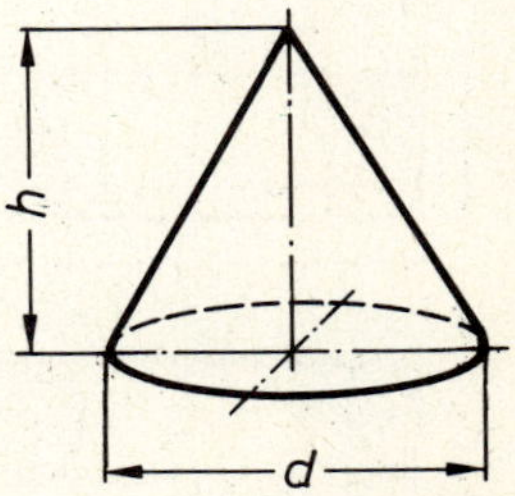

Abb. 8/**9**

9. Kegel (Abb. 8/9)

	a)	b)	c)	d)
d =	144 mm	60 cm	170 mm	? cm
h =	96 mm	52,0 cm	? mm	87 cm
V =	? cm^3	? dm^3	1,135 l	120,06 l
A_o =	? cm^2	? dm^2	? cm^2	–

Abgestumpfte Körper

Pyramidenstumpf
Kegelstumpf

Volumen $\approx$ Mittelfläche $\times$ Höhe

genau: $V = \frac{h}{3}\left(A_1 + A_2 + \sqrt{A_1 \cdot A_2}\right)$

Oberfläche = Grund- + Deckfläche + Summen der Mantelflächen

$V \approx A_m \cdot h$

$h = \frac{V}{A_m}$ $\quad A_m = \frac{V}{h}$

$A_0 = A_1 + A_2 + A_M$

Pyramidenstumpf

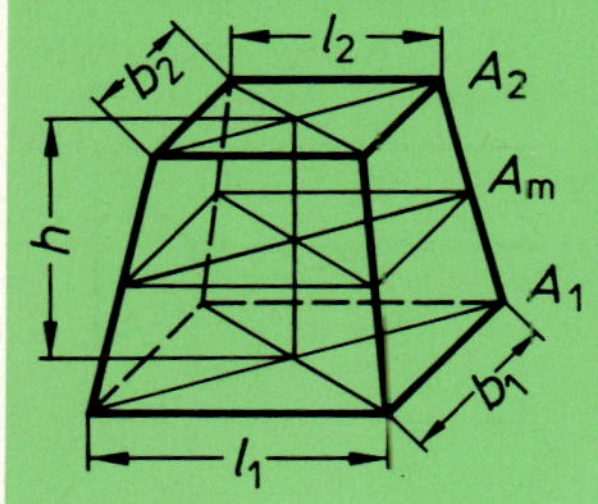

$V \approx \frac{A_1 + A_2}{2} \cdot h$

$A_1 = l_1 \cdot b_1 \qquad A_2 = l_2 \cdot b_2$

$A_0 = A_1 + A_2 + 2 \cdot (A_{M1} + A_{M2})$

$V = \frac{h}{3} \cdot \left(A_1 + A_2 + \sqrt{A_1 \cdot A_2}\right)$

$h = \frac{2 \cdot V}{A_1 + A_2}$

$A_1 = \frac{2 \cdot V}{h} - A_2$

$A_2 = \frac{2 \cdot V}{h} - A_1$

Kegelstumpf

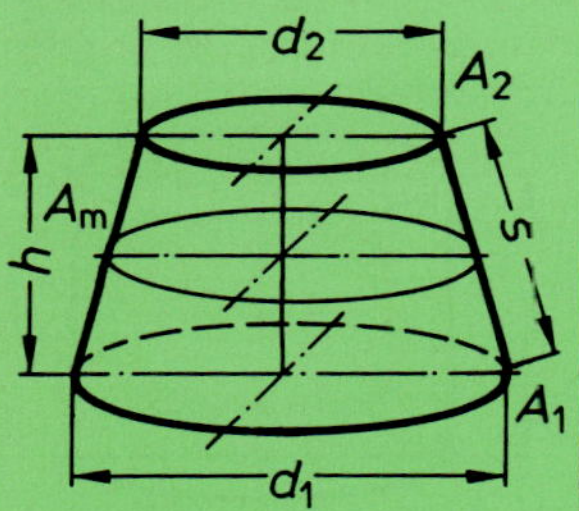

$V \approx \frac{A_1 + A_2}{2} \cdot h$

$V \approx \frac{\pi}{8} \cdot (d_1^2 + d_2^2) \cdot h$

$V = \frac{\pi \cdot h}{12} \cdot (d_1^2 + d_2^2 + d_1 \cdot d_2)$

$A_0 = A_1 + A_2 + \frac{\pi \cdot (d_1 + d_2)}{2} \cdot s$

$h = \frac{2 \cdot V}{A_1 + A_2}$

$A_1 = \frac{2 \cdot V}{h} - A_2$

$A_2 = \frac{2 \cdot V}{h} - A_1$

Kugel

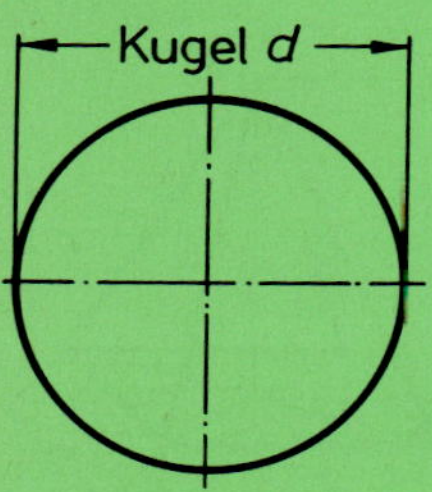

Volumen $= \frac{\pi}{6} \times$ Durchmesser^3

$V = \frac{\pi}{6} \cdot d^3 \qquad V = \frac{4}{3} \cdot \pi \cdot r^3$

Oberfläche = 4 $\times$ Mittelquerschnitt

$A_0 = 4 \cdot \frac{\pi \cdot d^2}{4} \qquad A_0 = \pi \cdot d^2$

$V = 0{,}523 \cdot d^3$

$d = \sqrt{\frac{A_0}{\pi}}$

$d = \sqrt[3]{\frac{V}{0{,}523}}$

$r = \sqrt[3]{\frac{3 \cdot V}{4 \cdot \pi}}$

Dreh-, Ringkörper

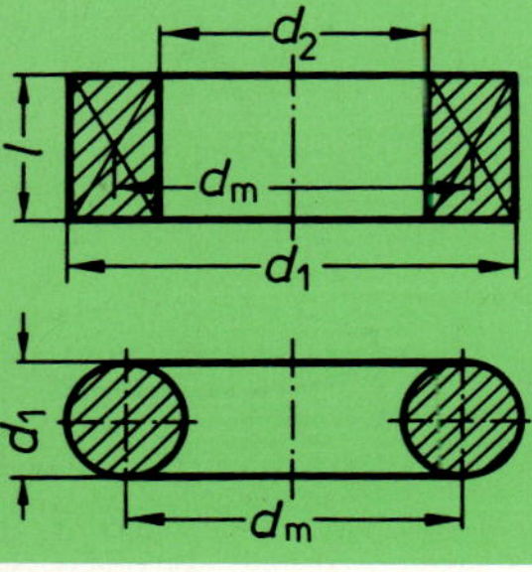

Volumen = Querschnitt $\times$ mittl. Körperumfang

$V_{Dreh} = \frac{d_1 - d_2}{2} \cdot l \cdot d_m \cdot \pi$

$V_{Ring} = \frac{\pi \cdot d_1^2}{4} \cdot d_m \cdot \pi$

Oberfläche = Umfang des Querschnitts $\times$ mittl. Körperumfang

$l = \frac{2 \cdot V_D}{(d_1 - d_2) \cdot d_m \cdot \pi}$

$d_1 - d_2 = \frac{2 \cdot V_D}{l \cdot d_m \cdot \pi}$

$d_m = \frac{4 \cdot V_R}{\pi^2 \cdot d_1^2}$

$d_m = \frac{d_1 + d_2}{2}$

Aufgaben

Berechnen Sie bei den folgenden Aufgaben 10 bis 14 die fehlenden Werte!

10. Pyramidenstumpf (Abb. 8/10)

	a)	b)	c)	d)
l_1 =	25 cm	85 mm	1,20 m	48 cm
b_1 =	25 cm	75 mm	0,90 m	42 cm
l_2 =	15 cm	51 mm	0,84 m	32 cm
b_2 =	15 cm	45 mm	0,63 m	28 cm
h =	30 cm	120 mm	? m	? cm
h_l =	30,4 cm	120,9 mm	–	? cm
h_b =	30,4 cm	121,2 mm	–	? cm
V =	? cm³	? cm³	1,2069 m³	81,536 dm³
A_o =	? cm²	? cm²	–	–

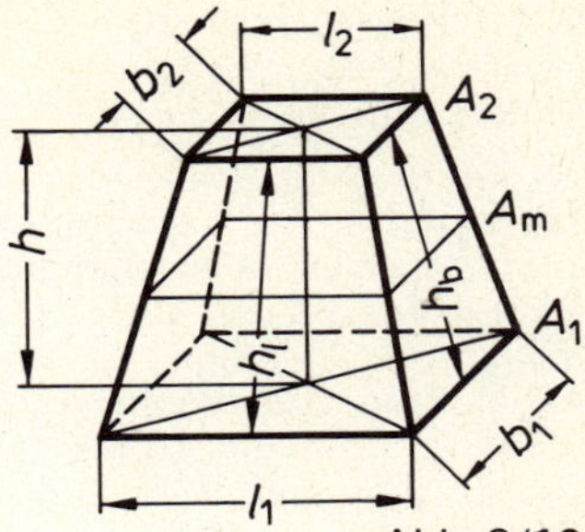

Abb. 8/**10**

11. Kegelstumpf (Abb. 8/11)

	a)	b)	c)	d)
d_1 =	25 cm	82 mm	1,36 m	? cm
d_2 =	15 cm	58 mm	0,86 m	52 cm
h =	30 cm	94 mm	? m	125 cm
s =	30,4 cm	94,8 mm	–	125,5 cm
V =	? cm³	? cm³	1,4746 m³	401,56 dm³
A_o =	? cm²	? cm²	–	? dm²

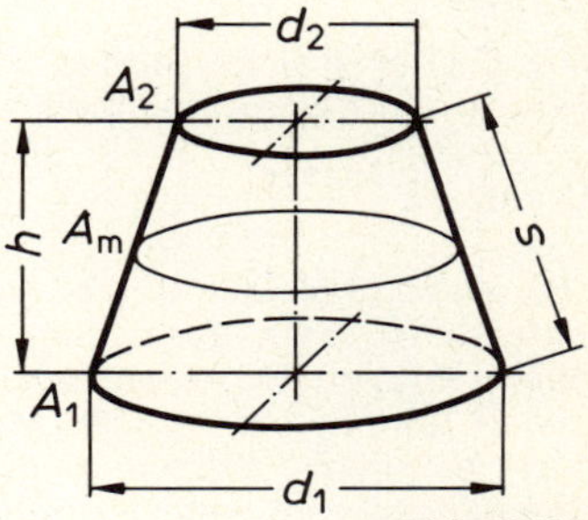

Abb. 8/**11**

12. Kugel (Abb. 8/12)

	a)	b)	c)	d)
d =	15 mm	32 cm	? mm	? m
V =	? mm³	? dm³	267,78 mm³	? m³
A_o =	? mm²	? dm²	? mm²	452,16 m²

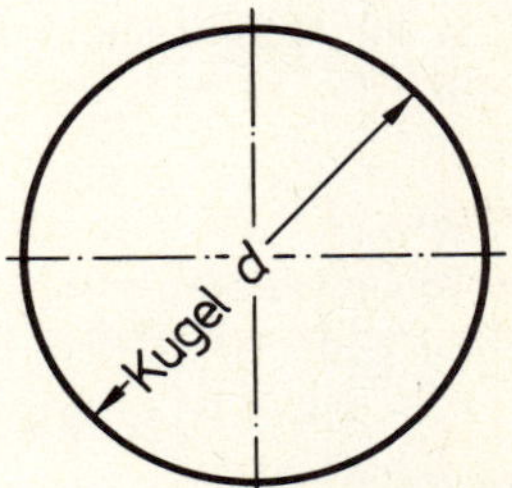

Abb. 8/**12**

13. Drehkörper (Abb. 8/13)

	a)	b)	c)	d)
d_1 =	30 mm	62 mm	15 cm	? mm
d_2 =	24 mm	50 mm	12 cm	? mm
d_m =	? mm	? mm	? cm	44 mm
l =	75 mm	45 mm	? cm	85 mm
V =	? cm³	? mm³	1781,2 cm³	46,988 cm³
A_o =	? cm²	? mm²	? dm²	–

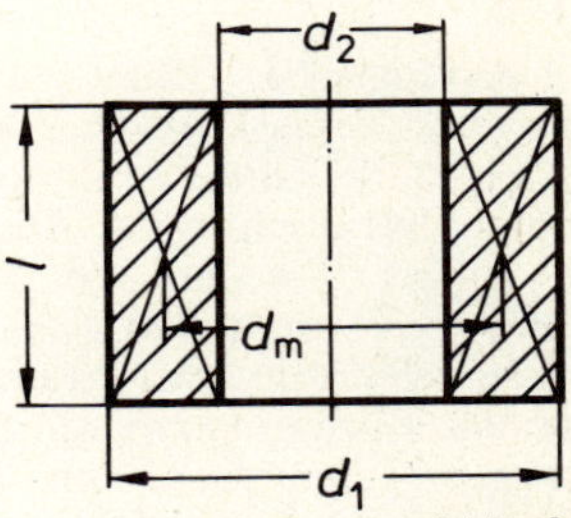

Abb. 8/**13**

14. Ringkörper (Abb. 8/14)

	a)	b)	c)	d)
d_1 =	12 mm	18 mm	? mm	24 mm
d_m =	90 mm	165 mm	135 mm	? mm
V =	? mm³	? cm³	74,938 cm³	255,83 cm³
A_o =	? mm²	? cm²	? cm²	? cm²

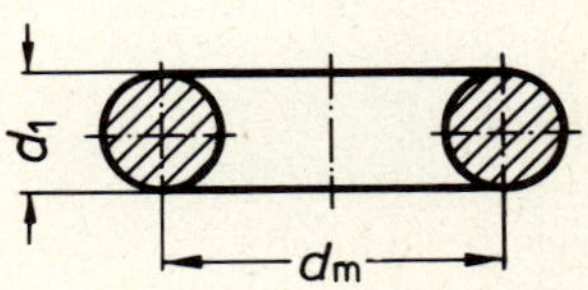

Abb. 8/**14**

8.3 Masse, Dichte

Maßeinheiten

Die Maßeinheit der Masse ist das Kilogramm (Einheitenzeichen: kg). Ein Kilogramm ist die Masse des Internationalen Kilogrammprototyps, das ist angenähert die Masse von 1 dm^3 (Liter) reinen Wassers bei 277 K und 1013 mbar.
Abgeleitete Einheiten sind das Gramm (g), 1 g = 1/1000 kg, und die Tonne (t) als besonderer Name für das Megagramm (Mg), 1 t = 1000 kg.

Basiseinheit: Kilogramm

1 kg = Masse des Internationalen Kilogrammprototyps
1 t = 1 Tonne = 1000 kg
1 g = 1 Gramm = 1/1000 kg

Dichte

Die Dichte ϱ eines Stoffes ist der Quotient aus der Masse m und dem Volumen V.

$$\text{Dichte} = \frac{\text{Masse}}{\text{Volumen}}$$

Die Maßeinheit der Dichte ist das Kilogramm durch Kubikmeter (Einheitenzeichen: kg/m^3). Ein Kilogramm durch Kubikmeter ist gleich der Dichte eines homogenen Körpers, der bei der Masse 1 kg das Volumen 1 m^3 einnimmt. Weitere Einheiten sind das Gramm durch Kubikzentimeter (g/cm^3) und das Kilogramm durch Kubikdezimeter (kg/dm^3), 1 g/cm^3 = 1 kg/dm^3 = 1000 kg/m^3. Bei gasförmigen Stoffen wird die Dichte im Normzustand bei 273 K und 1013 mbar angegeben.

SI-Einheit: Kilogramm durch Kubikmeter

$$\varrho = \frac{m}{V}$$

Einheitenzeichen

kg/m^3	Kilogramm durch Kubikmeter
kg/dm^3	Kilogramm durch Kubikdezimeter
g/cm^3	Gramm durch Kubikzentimeter

Beispiel

Leichtmetallkolben, $m = 270$ g, $V = 100$ cm^3. Wie groß ist die Dichte des Stoffes in kg/dm^3?

$$\text{Dichte} = \frac{0{,}270\ \text{kg}}{0{,}100\ \text{dm}^3} = 2{,}7\ \text{kg/dm}^3$$

Masse

Die physikalische Größe Masse kennzeichnet die Eigenschaft eines Körpers, die sich sowohl als Trägheit gegenüber einer Änderung seines Bewegungszustandes als auch in der Anziehung zu andern Körpern äußert. Sie ist von der Fallbeschleunigung unabhängig und deshalb überall gleich groß. Die Masse eines Körpers wird durch Vergleich mit Körpern bekannter Masse bestimmt, z. B. durch Wägung mit geeichten Gewichtsstücken. Sie errechnet sich aus der Dichte und dem Volumen des Körpers.

Masse = Dichte × Volumen

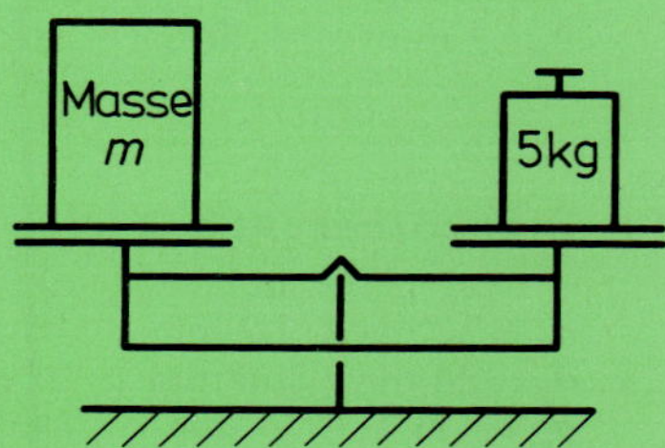

$$m = \varrho \cdot V$$

$$V = \frac{m}{\varrho}$$

Beispiel

Bremsscheibe, $\varrho = 7{,}3$ kg/dm^3, $V = 0{,}4$ dm^3. Welche Masse hat die Scheibe in kg?

$$m = 7{,}3\ \text{kg/dm}^3 \cdot 0{,}4\ \text{dm}^3 = 2{,}92\ \text{kg}$$

Formelzeichen

ϱ Dichte
m Masse
V Volumen

Aufgaben

15. Verwandeln Sie
a) 4,3582 (16,49582) t in kg und g!
b) 869,475 (7469,531) kg in t und g!
c) 7 530 946 (28 045 793) g in t und kg!

16. Zählen Sie zusammen
a) in t: 3,856 t + 16 459 kg + 6 835 000 g!
b) in kg: 0,0725 t + 54,086 kg + 268 814 g!
c) in g: 0,00759 t + 8,657 kg + 63 753 g!

17. Der Kolben eines Pkw-Motors hat das Volumen $V = 130$ (210) cm^3 und die Masse $m = 351$ (1533) g. Wie groß ist die Dichte des Werkstoffes in kg/dm^3?

18. Ein Kraftstoffbehälter enthält 35 (48) l Benzin mit einer Masse von 25,9 (34,56) kg. Welche Dichte hat das Benzin in kg/l?

19. Ein Kugelbehälter speichert 285 000 (473 600) l Gas mit einer Masse von 205,2 (42,624) kg. Berechnen Sie die Dichte des Gases in kg/m^3!

20. Ein Behälter faßt 65 (52) l Kraftstoff mit einer Dichte von 0,74 (0,85) kg/l. Wie groß ist die Masse der Füllung in kg?

21. Der Vorratsbehälter einer Druckluftbremse speichert 420 (345) l Luft, $\varrho = 1{,}29\ kg/m^3$. Berechnen Sie die Masse der Luft in g!

22. Eine Bremsscheibe aus Temperguß, Dichte 7,3 kg/dm^3, hat eine Masse von 5,475 (4,745) kg. Bestimmen Sie das Volumen in cm^3!

23. Wie groß ist das Volumen einer Felge aus Stahl (Dichte 7,8 kg/dm^3), wenn ihre Masse 7,293 (10,335) kg beträgt?

24. Welches Volumen in l nehmen 7,2885 (8,7591) kg Luft mit einer Dichte von 1,29 kg/m^3 im Normzustand bei 273 K und 1013 mbar ein?

25. Wieviel kg Stahl, $\varrho = 7{,}86\ kg/dm^3$, sind zur Herstellung von 6 Kolbenbolzen (Abb. 8/25) bei 20% Zuschlag für Verschnitt erforderlich?

26. Der Steckbolzen Abb. 8/26 hat 0,4051 kg Masse. Ermitteln Sie die Dichte in kg/dm^3!

27. Eine Stahlkugel ($\varrho = 7{,}86\ kg/dm^3$) wiegt 111,0 (0,514) g. Wieviel mm hat der Durchmesser?

Dichte

Gasförmige Stoffe	kg/m^3
Acetylen	1,17
Leuchtgas	0,58
Luft	1,29
Methan	0,72
Sauerstoff	1,43
Stickstoff	1,25
Wasserstoff	0,09

Flüssige Stoffe	kg/l
Benzin	0,74
Benzol	0,88
Dieselkraftstoff	0,86
Heizöl	0,86
Motorenöl	0,92
Quecksilber	13,6
Spiritus	0,81
Wasser (+277 K)	1,00

Feste Stoffe	kg/dm^3
Aluminium	2,7
Blei	11,3
Gußeisen	7,25
Gold	19,3
Kupfer	8,93
Lithium	0,53
Magnesium	1,74
Nickel	8,85
Platin	21,5
Silber	10,5
Stahl	7,86
Zink	7,14
Zinn	7,28

Abb. 8/**25**

Abb. 8/**26**

8.4 Gewichtskraft

Maßeinheiten

Die Größe der Gewichtskraft wird in Krafteinheiten angegeben. Die Krafteinheit ein Newton (Einheitenzeichen: N) ist gleich der Kraft, die einem Körper der Masse 1 kg die Beschleunigung 1 m/s^2 erteilt. Mit der Masse $m = 1$ kg und der Beschleunigung $a = 1\ m/s^2$ wird die Krafteinheit $1\ N = 1\ kg \cdot 1\ m/s^2 = 1\ kg\ m/s^2$.

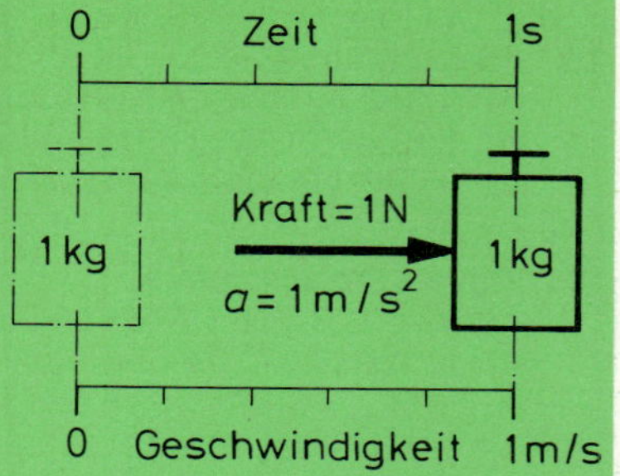

Weitere Einheiten der Gewichtskraft sind das Millinewton (mN), 1 mN = 1/1000 N, das Zentinewton (cN), 1 cN = 1/100 N, das Dezinewton (dN), 1 dN = 1/10 N, das Dekanewton (daN), 1 daN = 10 N, das Kilonewton (kN), 1 kN = 1000 N, und das Meganewton (MN), 1 MN = 1000000 N.

SI-Einheit: Newton (N)

Die Umrechnungszahl für die dezimalen Vielfache der Einheit Newton ist 1000, für die dezimalen Teile der Einheit Newton 10.

$1\ N = 1\ kg\ m/s^2$

1 mN = 1/1000 N
1 cN = 1/100 N
1 dN = 1/10 N

1 daN = 10 N
1 kN = 1000 N
1 MN = 1000000 N

Beispiel

Verwandeln Sie 13,7946 N in dN, cN und mN!

13,7946 N = 137,946 dN = 1379,46 cN = 13794,6 mN

Gewichtskraft

Die Kraft, mit der die Erde auf jeden Körper einwirkt, heißt Gewichtskraft. Sie ist zum Erdmittelpunkt gerichtet. Die Gewichtskraft als Sonderfall der Kraftwirkung ist das Produkt aus der Masse m eines Körpers und der Fallbeschleunigung g.

Gewichtskraft = Masse × Fallbeschleunigung

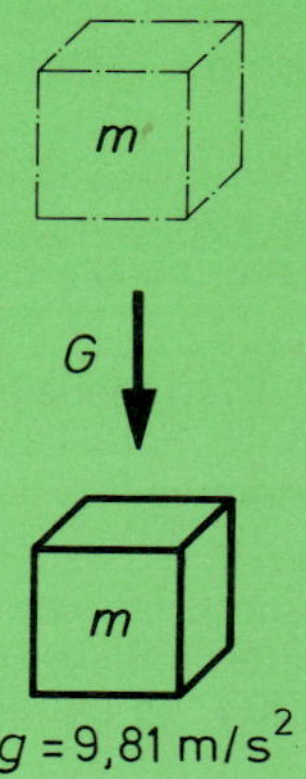

Die Fallbeschleunigung ist ortsabhängig, da ihre Werte auf der Erdoberfläche um einige Promille (max. 7‰) voneinander abweichen. Die Normfallbeschleunigung am 45. Breitengrad auf Meereshöhe ist gleich 9,80665 m/s^2. Zur Berechnung der Gewichtskraft eines Körpers kann die örtliche Fallbeschleunigung g in der Technik auf 9,81 m/s^2 gerundet werden oder auf 10 m/s^2, wenn 2% Abweichung ohne Bedeutung sind.

$$G = m \cdot g \qquad G = V \cdot \varrho \cdot g$$

$$m = \frac{G}{g} \qquad V = \frac{G}{\varrho \cdot g}$$

Formelzeichen

G Gewichtskraft
m Masse
g Fallbeschleunigung
Normwert 9,80665 m/s^2
techn. Wert 9,81 ≈ 10 m/s^2

Beispiel

Leichtmetallkolben, Masse $m = 0{,}378$ kg. Wie groß ist die Gewichtskraft des Kolbens in N?

Gewichtskraft = 0,378 kg · 9,81 m/s^2 = 3,71 N

Aufgaben

28. Rechnen Sie um
a) 9842365 (56894,6) N in daN, kN, MN!
b) 25,782309 (0,73652284) MN in kN, daN, N!
c) 842,356 (4679,5380) kN in MN, daN, N!
d) 48307,2 (362980,5) daN in MN, kN, N!
e) 3,7648 (0,08572) N in dN, cN, mN!
f) 638,937 (9475,82) cN in mN, dN, N!
g) 27938,5 (385,4) mN in cN, dN, N!

29. Ein Pkw hat ein Gesamtgewicht von 1250 (1475) kg. Wie groß ist die Gewichtskraft in N?

30. Ein 115 (480) kg schwerer Motor wird mit einem Kettenzug gehoben. Wieviel N Gewichtskraft entstehen in der Kette?

31. Ein Lkw hat eine zulässige Nutzlast von 16 (27) t. Sie verteilt sich auf Vorder- und Hinterachse im Verhältnis 3 : 5 (5 : 4). Wieviel kN Gewichtskraft wirken auf die Achsen?

32. Ein Pkw wird mit einer Kranwinde angehoben. Auf das Seil wirkt eine Gewichtskraft von 12556,8 (13930,2) N. Berechnen Sie die Masse des Personenwagens in kg!

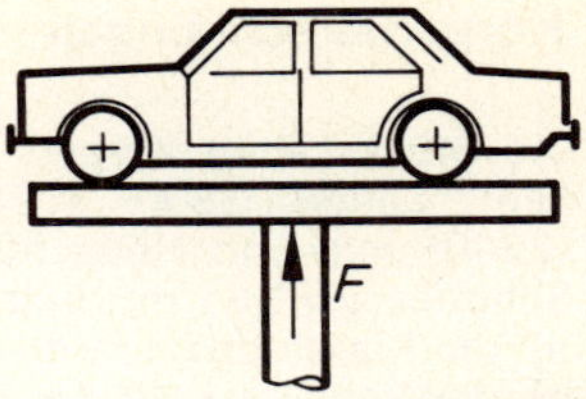

Abb. 8/**33**

33. Der Hubkolben einer Hebebühne (Abb. 8/33) erzeugt eine Kraft F von 17658 (45126) N. Mit wieviel kg kann der Kolben belastet werden?

34. Das Schwungrad eines Lkw hat 95,6475 (110,9511) N Gewichtskraft. Wie groß ist das Volumen des Schwungrades, wenn die Dichte des Werkstoffes 7,8 kg/dm^3 beträgt?

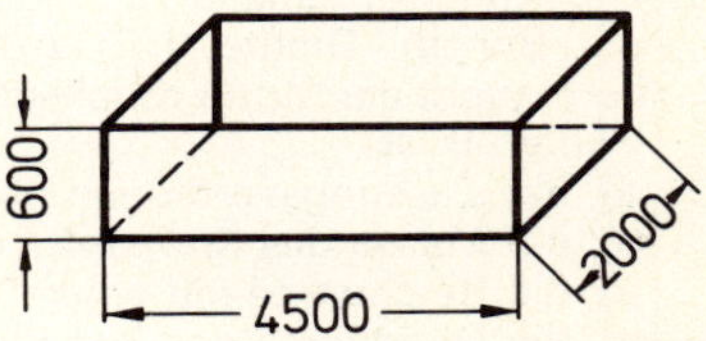

Abb. 8/**35**

35. Der Laderaum eines Lkw (Abb. 8/35) ist mit Schnittholz, Dichte 0,75 t/m^3, beladen. Welche Gewichtskraft in kN übt das Holz auf die Federung des Lastwagens aus?

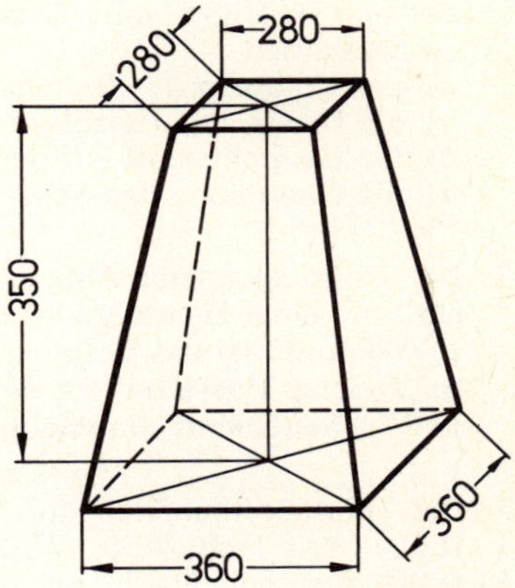

Abb. 8/**36**

36. Betonanker für Straßenmarkierung (Abb. 8/36). Wie groß ist die Gewichtskraft in N, wenn der Beton eine Dichte von 2,3 kg/dm^3 hat?

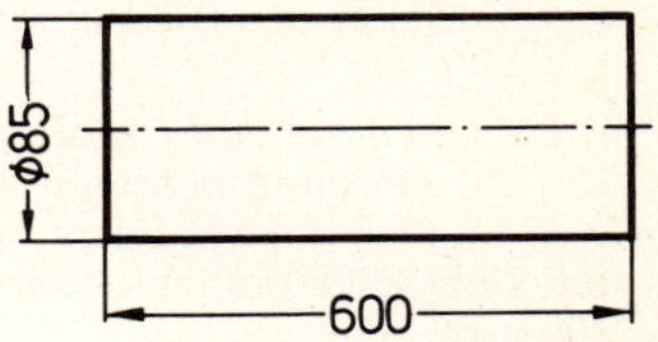

Abb. 8/**37**

37. Gegengewicht aus Stahl für ein Garagentor (Abb. 8/37). Dichte 7,8 kg/dm^3. Welche Gewichtskraft in N erzielt das Gegengewicht?

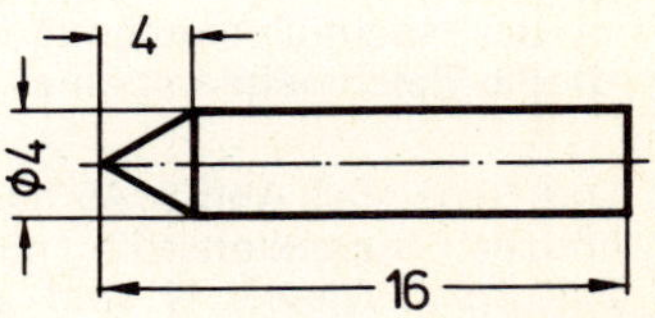

Abb. 8/**38**

38. Schwimmernadelventil aus Stahl (Abb. 8/38): $l = 16$ (15) mm, $l_1 = 4$ (5) mm, $d = 4$ (5) mm, $\varrho = 7{,}8$ g/cm^3. Wie groß ist die Gewichtskraft der Schwimmernadel in mN?

8.5 Körperberechnungen

39. Die Brücke eines Kippers hat folgende Abmessungen: Länge 3800 (5500) mm, Breite 2250 (2340) mm und Höhe 500 (800) mm. Sie ist mit Schotter, $\varrho = 1{,}8\ \text{t/m}^3$, beladen. Berechnen Sie
a) die Masse des Schotters in t!
b) die Gewichtskraft der Zuladung in kN!
c) die Abdeckplane einschl. Bordwände in m^2!

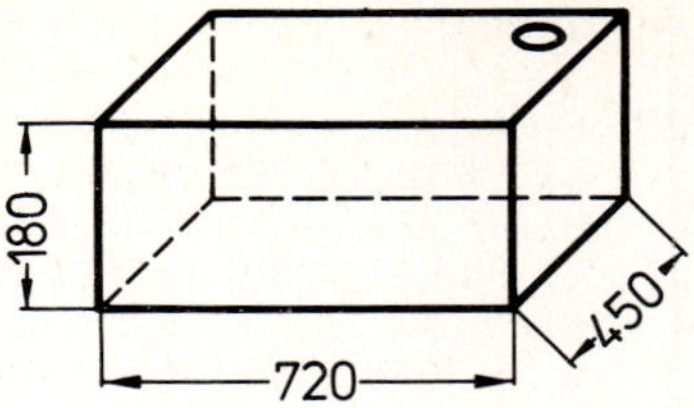

Abb. 8/**40**

40. Der Kraftstoffbehälter eines Pkw (Abb. 8/40) wird mit Benzin, Dichte 0,75 kg/l, gefüllt. Auf 100 km verbraucht der Motor durchschnittlich 9,2 l.
Wie groß ist
a) das Fassungsvermögen des Behälters in l?
b) die Masse des Kraftstoffs in kg?
c) die Reichweite mit einer Tankfüllung?
d) die Oberfläche des Behälters in m^2?

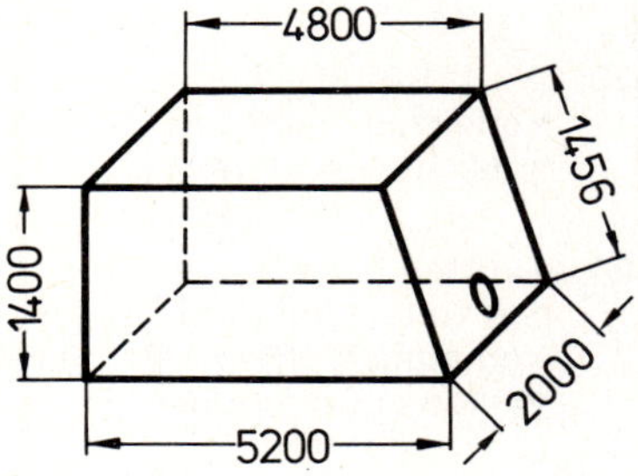

Abb. 8/**41**

41. In dem Kessel eines Tankwagens (Abb. 8/41) befindet sich Heizöl mit einer Dichte von 0,84 kg/l. Es ist zu berechnen
a) das Volumen des Behälters in l.
b) die Masse des Heizöls in kg.
c) die Gewichtskraft auf beide Achsen in kN.
d) die Oberfläche des Kessels in m^2.

42. Der Reservekanister Abb. 8/42 enthält Superkraftstoff mit einer Dichte von 0,8 kg/l.
a) Wie groß ist das Volumen des Behälters?
b) Welche Masse hat die Füllung in kg?
c) Wieviel N sind zum Heben erforderlich?

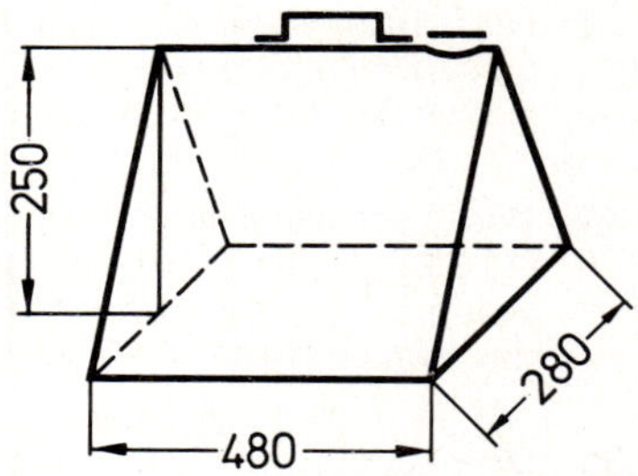

Abb. 8/**42**

43. Der Kraftstoffbehälter für einen Lkw ist 960 (850) mm lang, 450 (480) mm breit und 280 (300) mm hoch. Er wird mit 75,6 (91,8) l Dieselkraftstoff (0,85 kg/l) gefüllt. Berechnen Sie
a) die Höhe des Kraftstoffspiegels in mm!
b) die Füllung des Behälters in %!
c) die Masse des Dieselkraftstoffs in kg!

44. In der Ölwanne eines Motors, 25 (35) cm lang und 25 (25) cm breit, befinden sich maximal 5 (7) l Öl. Die Minimalmarke auf dem Peilstab liegt 18 (24) mm tiefer, der Ölverbrauch beträgt 0,15 (0,12) l/100 km.
Wie groß ist
a) die Höhe des Ölstandes in mm?
b) die Masse der Füllung ($\varrho = 0{,}9$ kg/l)?
c) das Nachfüllvolumen in l?
d) die Reichweite mit einer Nachfüllung?

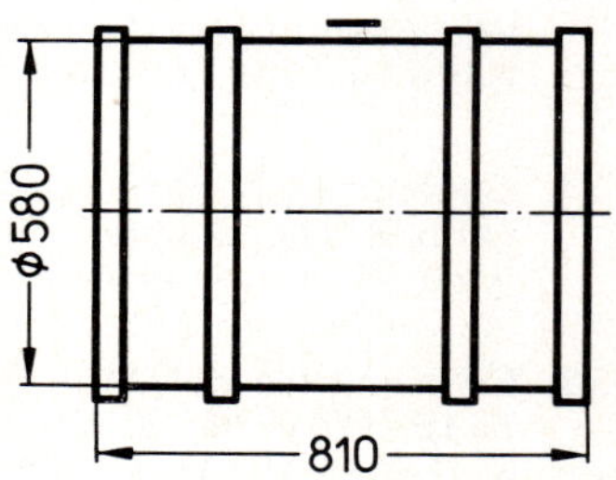

Abb 8/**45**

45. Das Benzinfaß Abb. 8/45 hat 52 kg Leergewicht. Es enthält Superkraftstoff mit einer Dichte von 0,80 kg/l. Wieviel N sind zum Heben des vollen Fasses erforderlich?

46. Der zylindrische Kraftstoffbehälter eines Lkw hat einen Durchmesser von 420 (510) mm und eine Länge von 975 (1128) mm. Wie groß ist

a) der Inhalt des Behälters in l?
b) das Gewicht des Dieselkraftstoffs in kg bei einer Dichte von 0,85 (0,84) kg/l?
c) die Reichweite des Behälterinhalts in km bei einem Kraftstoffverbrauch von 18 (27,5) l/100 km?

47. Im Kessel eines Tankwagens mit elliptischem Querschnitt wird Fahrbenzin mit einer Dichte von 0,74 (0,75) kg/l befördert. Seine Abmessungen sind: $d_1 = 2{,}28$ (2,36) m, $d_2 = 1{,}45$ (1,25) m und l = 6,2 (7,5) m. Berechnen Sie

a) das Fassungsvermögen des Behälters in l!
b) die Masse des Kraftstoffes in kg!
c) die Gewichtskraft auf die Achsen in kN!
d) die Oberfläche des Kessels in m²!

48. In einem Öleimer mit 275 (242) mm Durchmesser werden 10,395 (11,5) l Öl aufbewahrt. Wieviel cm hoch steht das Öl in dem Eimer?

49. Ein Tank nach Abb. 8/49 soll 1080,2 (1283,2) kg Heizöl, Dichte 0,86 (0,84) kg/l, fassen. Der Raumverhältnisse wegen darf er höchstens 720 (850) mm breit und 1550 (1680) mm hoch sein. Berechnen Sie die Länge des Behälters in m!

50. Für die Lagerung eines zylindrischen Kraftstoffbehälters steht ein 4,4 (4,8) m langer Platz zur Verfügung. Der Behälter soll 4977 (10018) l Superkraftstoff aufnehmen.

a) Bestimmen Sie den Durchmesser in mm!
b) Wieviel m² Oberfläche hat der Behälter?

51. Nockenwellenlager aus Leichtmetall (Abb. 8/51), Dichte 2,7 kg/dm³. Wie groß ist

a) das Volumen eines Lagers in cm³?
b) die Masse von 180 Lager in kg?
c) die Gleitfläche in cm²?

52. Der Druckkolben einer Scheibenbremse (Abb. 8/52) wird aus Stahl, Dichte 7,8 kg/dm³, hergestellt. Wie groß ist

a) die Masse des Stahles für 400 Kolben?
b) die Anpreßfläche des Ringes in cm²?

53. Die Glocke eines Radabziehers (Abb. 8/53) wird aus einer Stahlwelle 90 ∅ × 85 mm, Dichte 7,8 kg/dm³, hergestellt. Berechnen Sie

a) den Verschnitt in g und % vom Rohmaß!
b) die Gewichtskraft der Glocke in N!

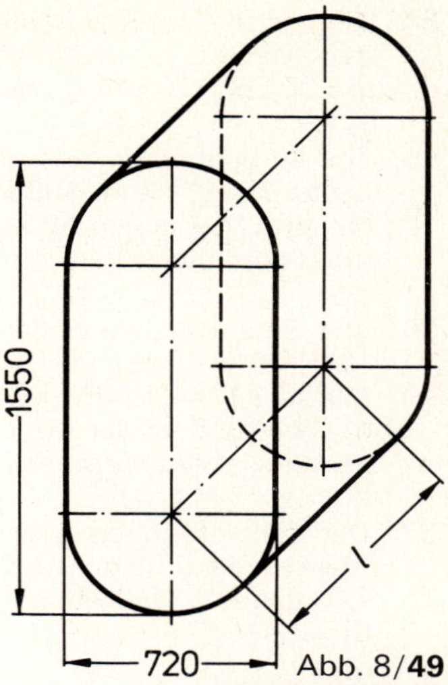

Abb. 8/**49**

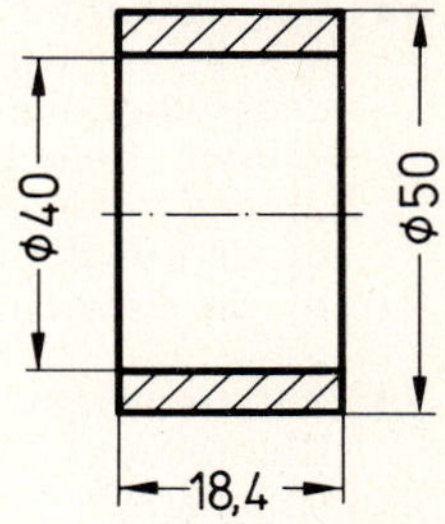

Abb. 8/**51**

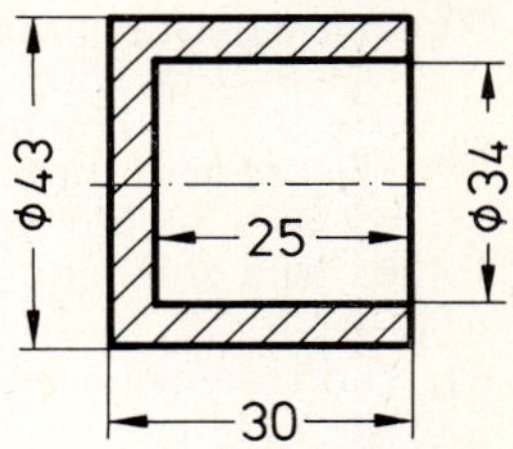

Abb. 8/**52**

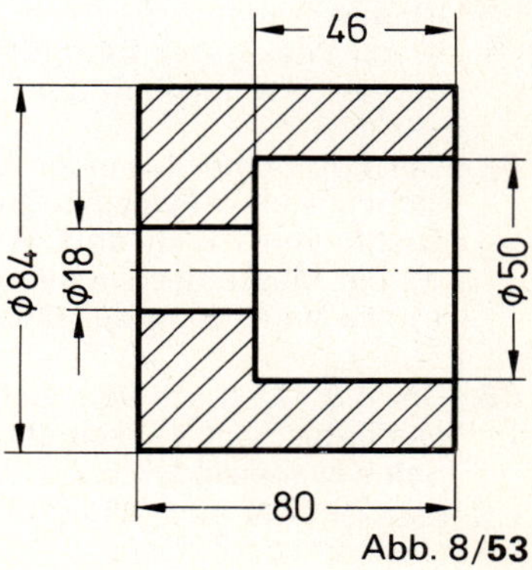

Abb. 8/**53**

54. Wie hoch ist ein zylindrischer Ventilsitzring mit den Maßen: $d_1=52$ (48) mm, $d_2=46$ (43) mm, $m=30{,}353$ (20,91) g und $\varrho=7{,}3$ g/cm³?

55. Ein Kolbenbolzen aus Stahl, Dichte 7,8 kg/dm³, Länge 75 (92) mm, Außendurchmesser 26 (39) mm, hat eine Masse von 88,2 (243,5) g. Wie groß ist der Innendurchmesser in mm?

56. Von einem Gelenkwellenrohr sind bekannt: Länge 1240 (925) mm, Innendurchmesser 67 (54) mm, Masse 3,114 (1,566) kg, $\varrho=7{,}8$ kg/dm³.
a) Wie groß ist der Außen ∅ des Rohres in mm?
b) Wieviel dm² Mantelfläche hat das Rohr?

57. Der Ventilstößel eines Motors (Abb. 8/57) hat eine Masse von 57,5 g. Die Dichte des Stahles beträgt 7,8 kg/dm³. Wieviel mm tief ist die Bohrung des Stößels?

58. Der Kasten für einen Spänekarren (Abb. 8/58) wird aus 3 mm Stahlblech, Flächengewicht 24 kg/m², angefertigt. Für Verschnitt müssen 8 % zugeschlagen werden. Berechnen Sie
a) das Volumen des Späneraums in m³!
b) den Blechbedarf in m² und kg!
c) die Gewichtskraft des Behälters in N!

59. Belastungsgewicht (Abb. 8/59) aus GG-10 mit einer Dichte von 7,3 kg/dm³. Wieviel N wirken auf die Unterlage?

60. Ein kegelstumpfförmiger Wassereimer hat folgende Maße: $d_1=280$ (260) mm, $d_2=210$ (200) mm, $h=270$ (250) mm, Mantelhöhe $s=272$ (252) mm, Flächengewicht 5,8 (5,2) kg/m².
a) Welches Volumen hat der Eimer in l?
b) Wie groß ist die Masse des Stahlblechs?

61. Die Trommel eines Lkw-Betonmischers (Abb. 8/61) ist ²/₃ ihres Volumens mit Beton (Dichte 2,1 t/m³) gefüllt. Berechnen Sie
a) das Volumen der Trommel in m³!
b) die Masse des Betons in t!
c) die Gewichtskraft der Füllung in kN!

62. Der Lufttrichter für einen Vergaser (Abb. 8/62) besteht aus einer Feinzink-Druckgußlegierung mit einer Dichte von 7,2 kg/dm³. Wie groß ist
a) die Masse des Druckgusses in g?
b) die Verengung des Querschnitts in %?

63. Der 4,8 (7) g schwere Schwimmer eines Vergasers taucht bis ²/₃ (³/₄) seiner Höhe in den Kraftstoff ein. Seine Maße sind: $h=21$ (24) mm, $d_1=32$ (32) mm, $d_2=20$ (20) mm. Wie groß ist die Dichte des Kraftstoffs in kg/l?

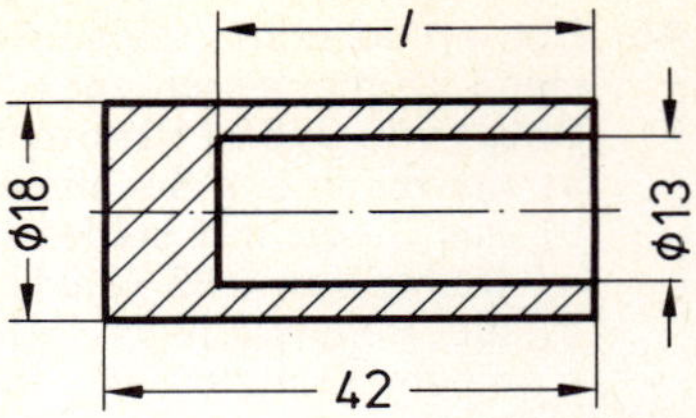

Abb. 8/**57**

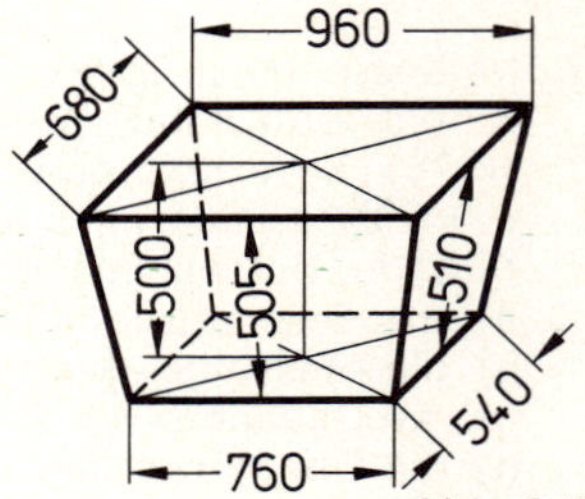

Abb. 8/**58**

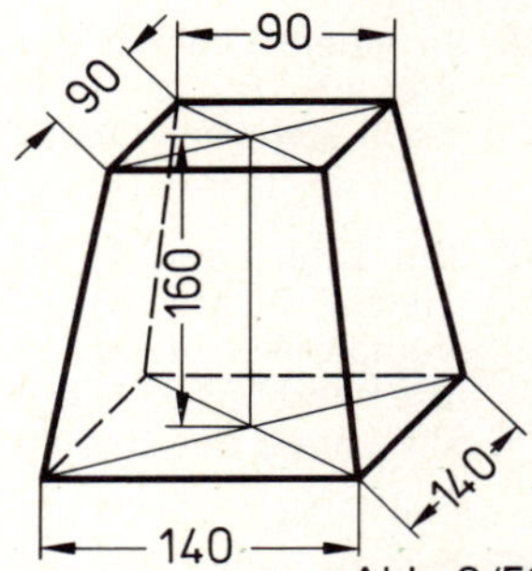

Abb. 8/**59**

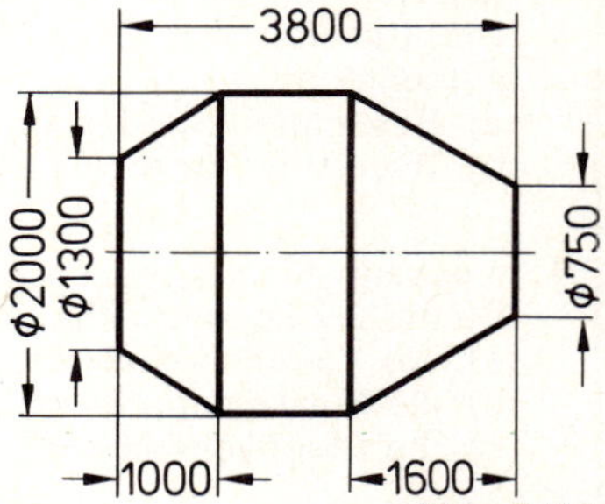

Abb. 8/**61**

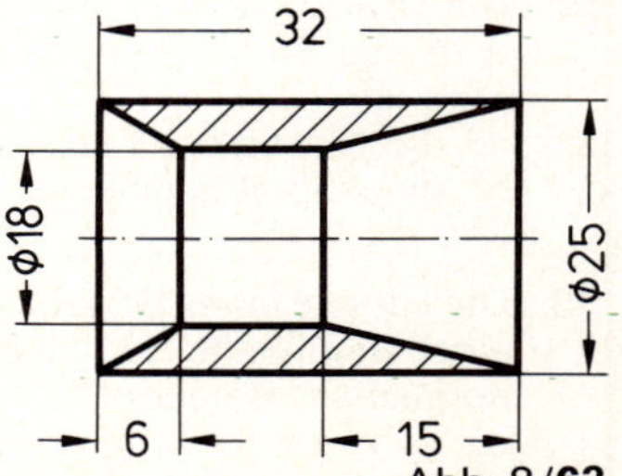

Abb. 8/**62**

64. Leichtsiedende Flüssigkeiten werden in Kugelbehältern mit 16 (13) m Innendurchmesser gelagert.
a) Welches Volumen hat der Behälter in m^3?
b) Wie groß ist die Oberfläche in m^2?

65. Die Kugelumlauflenkung eines Pkw hat 73 (31) Kugeln mit ⌀ 6 (7) mm. Die Dichte des Wälzlagerstahls ist 7,9 kg/dm^3. Wie groß ist
a) das Volumen einer Kugel in mm^3?
b) die Masse des Wälzlagerstahls in g?

66. Eine Kugel aus Stahl, Dichte 7,8 g/cm^3, (Aluminium 2,7 g/cm^3) hat eine Masse von 261,1 (46,273) g. Welchen Durchmesser hat die Kugel in mm?

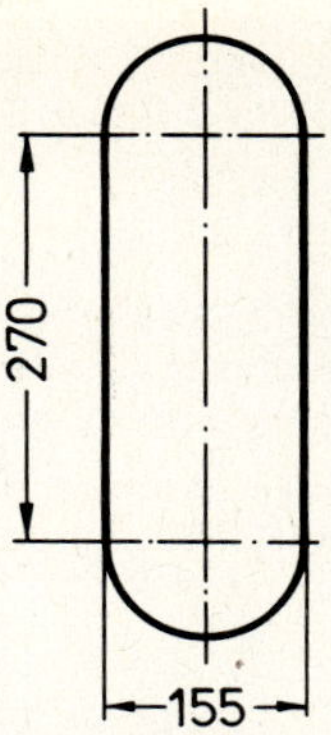

Abb. 8/**68**

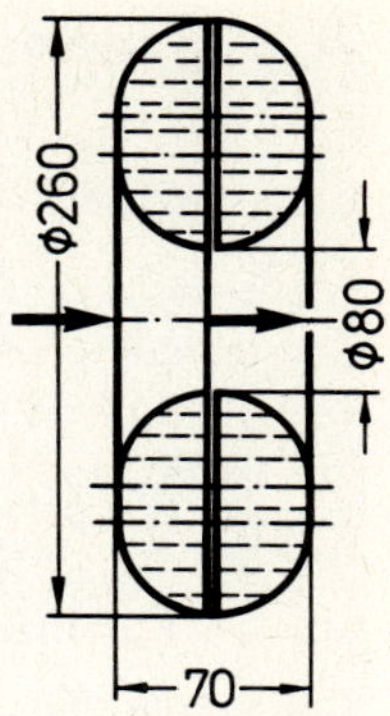

Abb. 8/**69**

67. Der kugelförmige Schwimmer eines Kraftstoffbehälters hat eine Gewichtskraft von 410 (184,7) mN. Er taucht bis zur Hälfte in Benzin mit einer Dichte von 0,74 (0,79) kg/l ein.
Wie groß ist der Durchmesser in mm?

68. Vorratsbehälter einer Luftfederanlage (Abb. 8/68). Betriebsdruck 16 bar. Bestimmen Sie
a) das Volumen des Behälters in l!
b) den Luftvorrat in l!
c) die Oberfläche des Behälters in dm^2!

69. Der ringförmige Hohlraum einer hydraulischen Kupplung (Abb. 8/69) ist durch 2 mm dicke Rippen in 24 Kammern aufgeteilt und mit Getriebeflüssigkeit, Dichte 0,9 kg/l, gefüllt. Wie groß ist das Fassungsvermögen in kg?

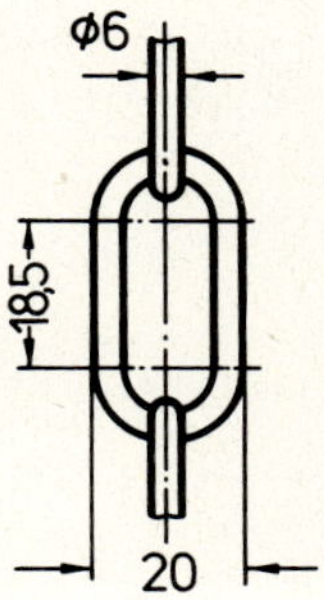

Abb. 8/**70**

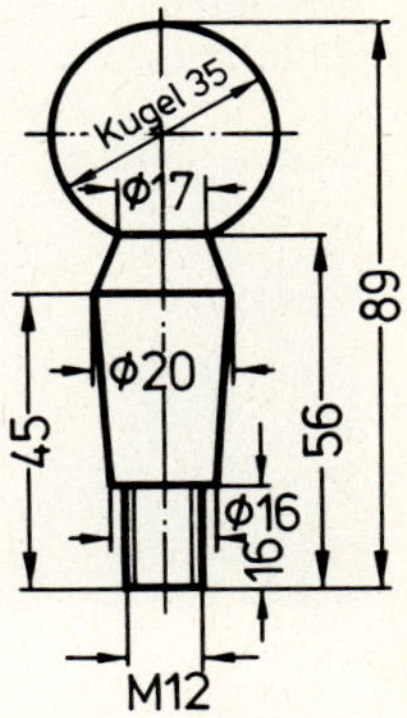

Abb. 8/**71**

70. Die Rundstahlkette für ein Hebezeug hat 165 Glieder (Abb. 8/70). Die Dichte des Stahls beträgt 7,8 kg/dm^3. Bestimmen Sie
a) die Masse des Rundstahls in kg!
b) die Gewichtskraft der Kette in N!

71. Kugelbolzen zur Lagerung des Achsschenkels (Abb. 8/71) aus Rundstahl ⌀ 40 mm × 92 mm, Dichte 7,86 kg/dm^3. Wie groß ist
a) die Masse des Kugelbolzens in g?
b) der Verschnitt in Prozent vom Rohmaß?

72. Schwungrad (Abb. 8/72) aus GG-25, Dichte 7,3 kg/dm^3. Zuschlag für die Bearbeitung 15% des Volumens. Bestimmen Sie
a) das Volumen des Schwungrades in cm^3!
b) die Masse des Gußeisens vor und nach der Bearbeitung in kg!
c) die Kraft in N, die zum Heben von 10 Schwungrädern aufgebracht werden muß!

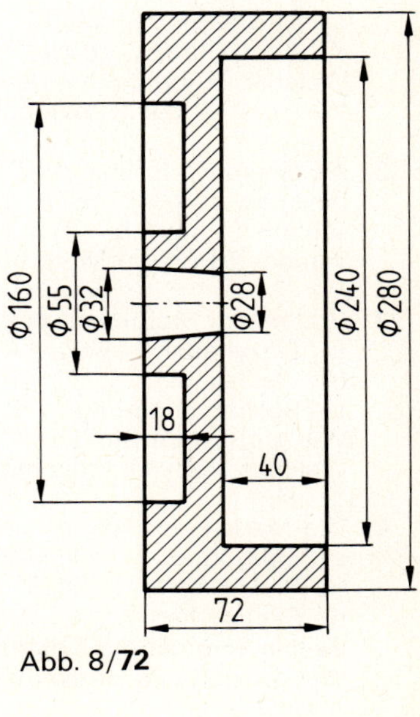

Abb. 8/**72**

9 Berechnungen am Verbrennungsraum

9.1 Hubraum

Der Hubraum ist der Zylinderraum zwischen dem unteren und dem oberen Totpunkt. Seine Größe ist abhängig von Bohrung, Hub und Zylinderzahl.

Zylinderhubraum = Zylinderquerschnitt × Hub
Motorhubraum = Zylinderhubraum × Zylinderzahl

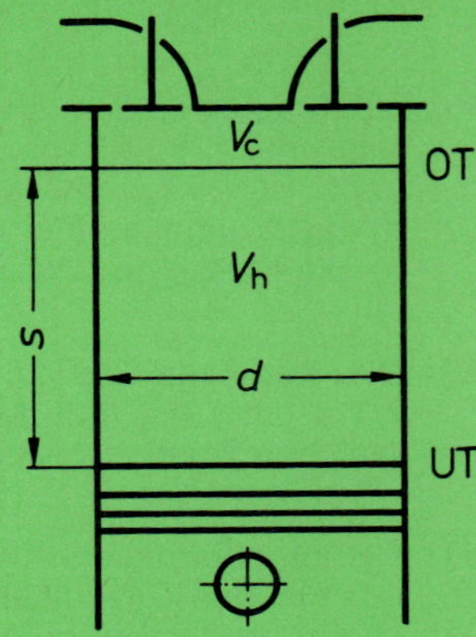

Hubverhältnis

Das Verhältnis Kolbenhub s zu Zylinderbohrung d heißt Hubverhältnis α. Nach dem Hubverhältnis werden die Motoren eingeteilt in Langhuber >1, Quadrathuber $=1$ und Kurzhuber <1.

$$\text{Hubverhältnis} = \frac{\text{Kolbenhub}}{\text{Zylinderbohrung}}$$

$V_h = A \cdot s$
$V_H = V_h \cdot z$
$\alpha = s : d$

Beispiel

Vierzylindermotor: $d = 80$ mm, $s = 74$ mm. Wie groß sind a) der Motorhubraum, b) das Hubverhältnis?

$V_h = 8\text{ cm} \cdot 8\text{ cm} \cdot 0{,}785 \cdot 7{,}4\text{ cm} = 372\text{ cm}^3$
$V_H = 372\text{ cm}^3 \cdot 4 = 1488\text{ cm}^3$
$\alpha = 74\text{ mm} : 80\text{ mm} = 0{,}925$

Aufgaben

1. Ein Motor hat folgende Abmessungen:
a) Zweizylinder, $d = 78$ mm, $s = 75$ mm.
b) Vierzylinder, $d = 85$ mm, $s = 76$ mm.
c) Sechszylinder, $d = 121$ mm, $s = 140$ mm.
d) Achtzylinder, $d = 117$ mm, $s = 140$ mm.
Welchen Hubraum hat der Motor in cm³?
Wie groß ist das Hubverhältnis?

2. An einem Motor mit $d = 77$ (92) mm, $s = 64$ (105) mm und $z = 4$ (6) wird die Bohrung beim Ausschleifen um 1,5 (2) mm größer. Wieviel cm³ verändert sich der Motorhubraum?

3. Von einem Motor sind bekannt:
a) Einzylinder, $V_H = 49{,}03\text{ cm}^3$, $d = 40$ mm.
b) Vierzylinder, $V_H = 1{,}680$ l, $d = 85$ mm.
c) Sechszylinder, $V_H = 2{,}172$ l, $d = 80$ mm.
Wie groß ist der Kolbenhub in mm?
Welches Hubverhältnis hat der Motor?

4. Die Maße eines Motors sind:
a) Einzylinder, $V_H = 47{,}63\text{ cm}^3$, $s = 42$ mm.
b) Vierzylinder, $V_H = 1{,}4935$ l, $s = 69$ mm.
c) Sechszylinder, $V_H = 11{,}413$ l, $s = 155$ mm.
Wieviel mm hat die Zylinderbohrung?
Wie groß ist das Hubverhältnis?

$A = \frac{\pi \cdot d^2}{4}$ $\qquad A = \frac{V_h}{s}$

$V_h = \frac{V_H}{z}$

$d = \sqrt{\frac{V_h}{s \cdot 0{,}785}}$

$d = \frac{s}{\alpha}$

$s = \frac{V_h}{A}$

$s = \alpha \cdot d$

Formelzeichen

d Zylinderdurchmesser
s Kolbenhub
z Zylinderzahl
A Zylinderquerschnitt
V_h Zylinderhubraum
V_H Motorhubraum
α Hubverhältnis

9.2 Verdichtungsverhältnis

Der „Verdichtungsraum" ist der kleinste Verbrennungsraum über dem oberen Totpunkt, der „Zylinderhubraum + Verdichtungsraum" bildet den größten Verbrennungsraum. Das Verhältnis der Verbrennungsräume zueinander heißt Verdichtungsverhältnis.

$$\text{Verdichtungsverhältnis } \varepsilon = \frac{\text{Zyl.-Hubraum} + \text{Verdichtungsraum}}{\text{Verdichtungsraum}}$$

Das Verdichtungsverhältnis gibt an, auf den wievielten Teil das angesaugte Kraftstoff-Luftgemisch beim Verdichten zusammengedrückt wird. Es ist eine wichtige Größe für den thermischen Wirkungsgrad und für die Leistung des Motors.

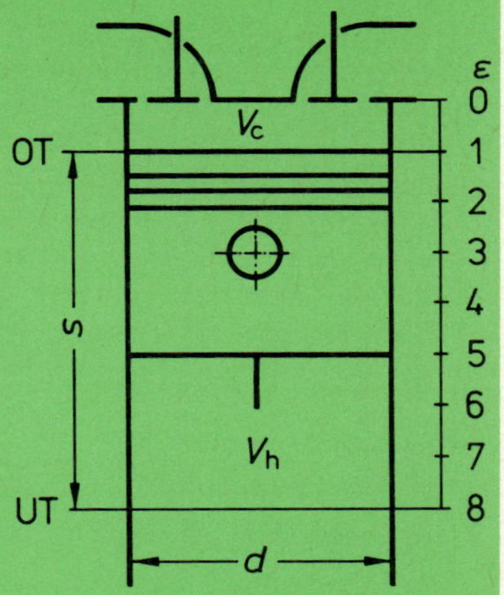

$$\varepsilon = \frac{V_h + V_c}{V_c}$$

Beispiel

Pkw-Motor: $V_H = 1488\ \text{cm}^3$, $V_c = 62\ \text{cm}^3$, $z = 4$.
Wie groß ist das Verdichtungsverhältnis?

$V_h = 1488\ \text{cm}^3 : 4 \qquad = 372\ \text{cm}^3$

$$\varepsilon = \frac{372\ \text{cm}^3 + 62\ \text{cm}^3}{62\ \text{cm}^3} = 7 : 1$$

Aufgaben

5. Von einem Motor sind bekannt:
a) Einzylinder, $V_H = 49{,}1\ \text{cm}^3$, $V_c = 6{,}54\ \text{cm}^3$.
b) Zweizylinder, $V_H = 594\ \text{cm}^3$, $V_c = 55\ \text{cm}^3$.
c) Vierzylinder, $V_H = 1{,}582\ \text{l}$, $V_c = 52{,}7\ \text{cm}^3$.
d) Vierzylinder, $V_H = 1{,}897\ \text{l}$, $V_c = 23{,}7\ \text{cm}^3$.
Berechnen Sie das Verdichtungsverhältnis ε!

6. Die Maße eines Motors sind:
a) Einzylinder, $V_H = 49\ \text{cm}^3$, $\varepsilon = 6{,}5 : 1$.
b) Dreizylinder, $V_H = 981\ \text{cm}^3$, $\varepsilon = 7{,}25 : 1$.
c) Vierzylinder, $V_H = 1{,}493\ \text{l}$, $\varepsilon = 7{,}2 : 1$.
d) Sechszylinder, $V_H = 4{,}58\ \text{l}$, $\varepsilon = 19{,}8 : 1$.
Wieviel cm^3 hat der Verdichtungsraum V_c?

7. An einem Vierzylindermotor wurde durch Auslitern ein Verdichtungsraum von 41,5 (64,5) cm^3 festgestellt. Wie groß ist der Motorhubraum bei einer Verdichtung von 8,8 (8,7) : 1?

8. Ein Motor hat folgende Abmessungen: Hub $s = 84$ (73,0) mm, Bohrung $d = 80$ (82) mm, Zylinderzahl 4 (6), Verdichtung 21 (8,7) : 1.
a) Wie groß ist der Motorhubraum in l?
b) Welchen Verdichtungsraum hat der Motor?

9. Ein Motor mit $d = 84$ (130) mm, $\varepsilon = 8{,}6$ (18,5) : 1 und $z = 4$ (8) hat einen Verdichtungsraum V_c von 51,78 (136,52) cm^3. Wie groß sind
a) der Kolbenhub, b) der Motorhubraum in cm^3?

$$\varepsilon = \frac{V_h}{V_c} + 1$$

$$V_h = V_c \cdot (\varepsilon - 1)$$

$$V_h = \frac{V_H}{z}$$

$$V_c = \frac{V_h}{\varepsilon - 1}$$

$$V_h = A \cdot s$$

Formelzeichen

V_h Zylinderhubraum
V_H Motorhubraum
V_c Verdichtungsraum
ε Verdichtungsverhältnis
s Kolbenhub
d Zylinderdurchmesser
z Zylinderzahl

Mittelwerte für ε:

Ottomotoren	6 ... 11 : 1
Dieselmotoren	14 ... 22 : 1

9.3 Verdichtungsänderung

Die Verdichtung ε eines Motors wird durch dünnere Zylinderkopfdichtungen oder durch Abschleifen des Zylinderkopfes erhöht und durch dickere Kopfdichtungen oder niedrigere Kolben vermindert.

Die Änderung des Verdichtungsraumes V_c' errechnet sich aus der Höhenabnahme s' und aus dem Zylinderquerschnitt A oder aus dem Unterschied der Verdichtungsräume V_{c1} und V_{c2}. $V_c' = s' \cdot A = V_{c1} - V_{c2}$. Daraus wird $s' = (V_{c1} - V_{c2}) : A$. Setzt man $V_c = V_h : (\varepsilon - 1) = A \cdot s : (\varepsilon - 1)$ in die Formel entsprechend ein, so ergibt sich für s':

$$\text{Höhenabnahme} = \frac{\text{Kolbenhub}}{\text{Verdichtung 1} - 1} - \frac{\text{Kolbenhub}}{\text{Verdichtung 2} - 1}$$

Bei Höhenzunahme werden ε_1 und ε_2 vertauscht.

Das neue Verdichtungsverhältnis erhält man aus dem Zylinderhubraum und dem neuen Verdichtungsraum:

$$\text{Verdichtungsverhältnis } \varepsilon_2 = \frac{\text{Zyl.-Hubraum} + \text{Verdichtungsraum 2}}{\text{Verdichtungsraum 2}}$$

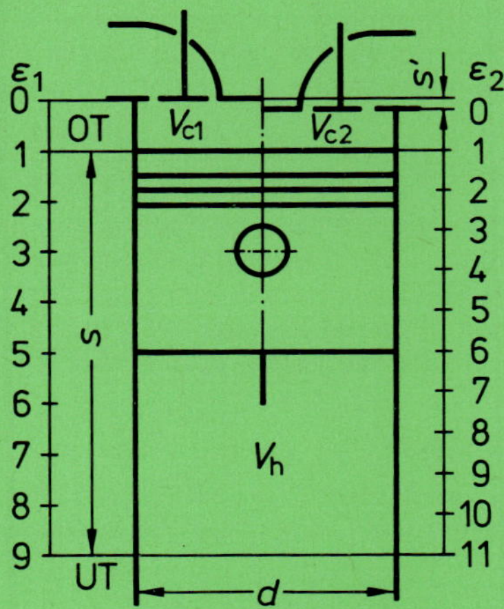

$$s' = \frac{s}{\varepsilon_1 - 1} - \frac{s}{\varepsilon_2 - 1}$$

$$\varepsilon_2 = \frac{V_h + V_{c2}}{V_{c2}}$$

Beispiel

Motorrad: $s = 84$ mm, $\varepsilon_1 = 8:1$, $\varepsilon_2 = 9:1$. Wie groß ist die Höhenabnahme s' in mm?

$$s' = \frac{84 \text{ mm}}{8-1} - \frac{84 \text{ mm}}{9-1} \qquad = 1{,}5 \text{ mm}$$

Aufgaben

10. Vierzylindermotor: Bohrung $d = 80$ (85) mm, Hub $s = 74$ (84) mm, $\varepsilon_2 = 7{,}25$ (9,2) : 1, $\varepsilon_1 = 7{,}0$ (8,6) : 1. Berechnen Sie
a) die Verdichtungsräume 1 und 2 in cm³!
b) die Höhenabnahme des Verdichtungsraumes!

11. Ein Motor hat 75 (90) mm Hub und ein Verdichtungsverhältnis von 9,0 (9,1) : 1. Um wieviel muß die Zylinderkopfdichtung dicker werden, wenn das Verdichtungsverhältnis auf 8,5 (8,2) : 1 vermindert werden soll?

12. Das Verdichtungsverhältnis ε eines Motors mit $s = 66$ (78) mm soll von 6,5 (7,5) : 1 auf 7,0 (8,5) : 1 erhöht werden. Wieviel mm müssen am Zylinderkopf abgeschliffen werden?

13. Von einem Pkw-Motor sind bekannt: $d = 84$ (88) mm, $s = 72$ (75) mm, $\varepsilon_1 = 7{,}4$ (8,5) : 1. Welches Verdichtungsverhältnis ε_2 entsteht, wenn eine um 1 (0,6) mm dünnere Zylinderkopfdichtung eingesetzt werden soll?

$$s' = \frac{V_{c1} - V_{c2}}{A}$$

$$V_c' = s' \cdot A$$

$$V_{c2} = V_{c1} - V_c'$$

Formelzeichen

- V_{c1} alter Verdichtungsraum
- V_{c2} neuer Verdichtungsraum
- V_c' Änderung des Verdichtungsraumes
- ε_1 altes Verdichtungsverhältnis
- ε_2 neues Verdichtungsverhältnis
- s Kolbenhub
- s' Höhenabnahme (-zunahme) des Verdichtungsraumes
- A Zylinderquerschnitt
- V_h Zylinderhubraum

10 Berechnungen an der Motorsteuerung

10.1 Steuerzeiten

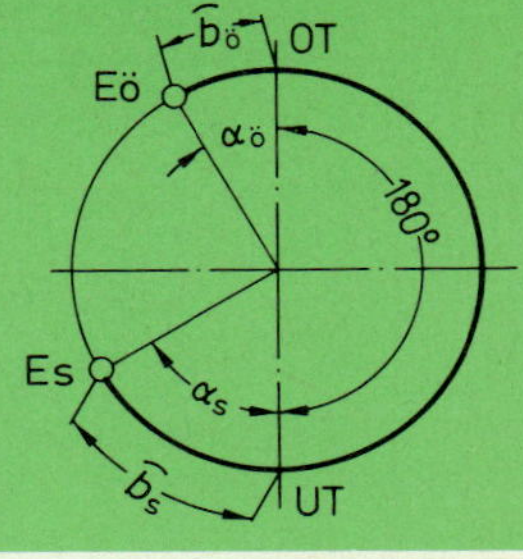

Die Zeitpunkte für das Öffnen und Schließen der Ventile (Steuerzeiten) sowie für die Zündung werden in Grad Kurbelwinkel (°KW) angegeben und auf dem Umfang des Schwungrades markiert.

$$\text{Bogenlänge} = \frac{\text{Schwungrad}\varnothing \times 3{,}14 \times \text{Kurbelwinkel}}{360}$$

Steuerwinkel: Kurbelwinkel vom Öffnen (Schließen) eines Ventils bis zum nächsten Totpunkt.

Öffnungswinkel: Kurbelwinkel vom Öffnen bis zum Schließen eines Ventils.

Ventilüberschneidung: Kurbelwinkel vom Öffnen des Einlaß- bis zum Schließen des Auslaßventils.

$$b = \frac{d \cdot \pi \cdot \alpha}{360}$$

$$d = \frac{360 \cdot b}{\pi \cdot \alpha} \qquad \alpha = \frac{360 \cdot b}{\pi \cdot d}$$

Beispiel

Eö 15° vor OT, $d = 260$ mm. Wie groß ist die Bogenlänge des Steuerwinkels am Umfang in mm?

$$\text{Bogenlänge} = \frac{260\ \text{mm} \cdot 3{,}14 \cdot 15°}{360°} = 34\ \text{mm}$$

Formelzeichen

b Bogenlänge
d Durchmesser
α Kurbelwinkel

Aufgaben

1. Steuerdiagramm eines Viertaktmotors (Abb. 10/1) Schwungraddurchmesser 360 (280) mm.
  a) Wie groß sind die Öffnungswinkel in Grad?
  b) Wieviel Grad hat die Ventilüberschneidung?
  c) Welche Bogenlängen haben die Steuerwinkel?

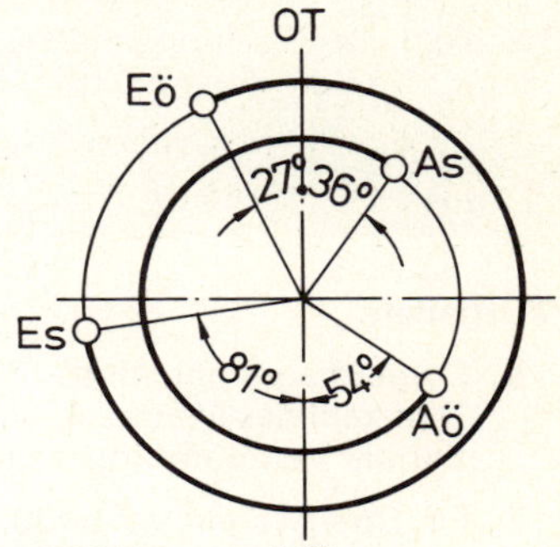

Abb. 10/**1**

2. Auf dem Umfang eines Schwungrades mit 340 (288) mm $\varnothing$ soll die Markierung für den Zündzeitpunkt von 18 (5)° vor OT eingeschlagen werden. Wieviel mm liegt die Marke vor OT?

3. Auf einem Schwungrad (Abb. 10/3) werden nebenstehende Bogenlängen für die Steuerzeiten gemessen. Berechnen Sie
  a) die Steuerwinkel für Ein- und Auslaßventil!
  b) die Öffnungswinkel in Grad!
  c) die Ventilüberschneidung in Grad!

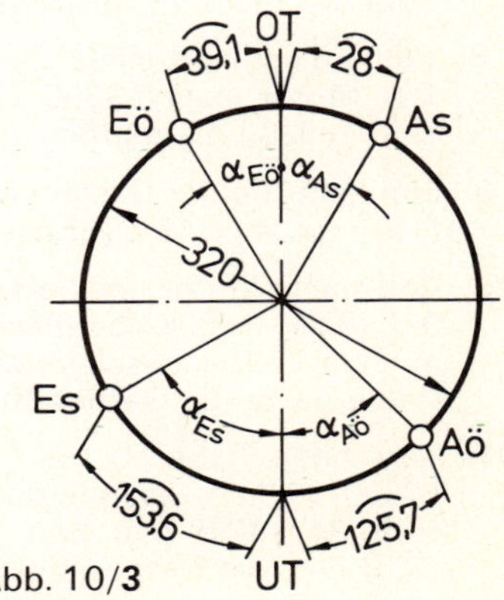

Abb. 10/**3**

4. Vom OT bis zur Markierung „Zündung" wird auf einem Schwungrad mit 160 (245) mm $\varnothing$ eine Bogenlänge von 21 (12,9) mm festgestellt. Ermitteln Sie die Grundeinstellung des Zündzeitpunktes in Grad Kurbelwinkel vor OT!

5. Auf dem Umfang eines Schwungrades wird für einen Kurbelwinkel von 13 (64)° eine Bogenlänge von 26,1 (159,2) mm gemessen. Wieviel mm Durchmesser hat das Schwungrad?

10.2 Ventilöffnungszeit

Unter der Ventilöffnungszeit versteht man die Zeit, in der das Ventil während eines Arbeitsspiels offen steht. Macht der Motor n Umdrehungen in 60 Sekunden, so ist die Zeit für $\alpha°$ Umdrehungen $= \frac{60 \cdot \alpha}{360 \cdot n}$. Somit ist

$$\text{Ventilöffnungszeit} = \frac{\text{Öffnungswinkel}}{6 \cdot \text{Motordrehzahl}}$$

Beispiel:: Öffnungswinkel 270°, Motordrehzahl 4500 1/min Gesucht: Ventilöffnungszeit.

$$t_V = \frac{\alpha}{6 \cdot n} = \frac{270}{6 \cdot 4500} = 0{,}01 \text{ s}$$

$$t_V = \frac{\alpha}{6 \cdot n}$$

t_V Ventilöffnungszeit
α Öffnungswinkel
n Motordrehzahl

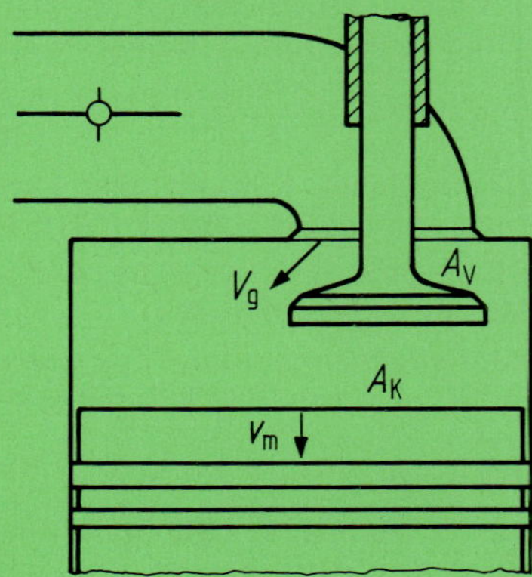

10.3 Gasgeschwindigkeit

Bei einer Strömung in einer Rohrleitung ist die Durchflußmenge an allen Stellen gleich. Verengt sich der Querschnitt auf die Hälfte, dann muß die Strömungsgeschwindigkeit doppelt so groß werden. Aus der Formel $S_1 \cdot v_1 = S_2 \cdot v_2$ ergibt sich somit
Gasgeschwindigkeit am Ventil

$$= \frac{\text{mittlere Kolbengeschwindigkeit mal Kolbenfläche}}{\text{Ventilöffnungsquerschnitt}}$$

Beispiel: Ventilöffnungsfläche 8 cm², Kolbengeschw. 12 m/s, Kolbenfläche 48 cm². Gasgeschwindigkeit?

$$v_g = \frac{v_m \cdot A_K}{A_V} = \frac{12 \text{ m/s} \cdot 48 \text{ cm}^2}{8 \text{ cm}^2} = 72 \text{ m/s}$$

$$v_g = \frac{v_m \cdot A_K}{A_V}$$

A_V Ventilöffnungsfläche
A_K Kolbenfläche
v_m mittl. Kolbengeschw.
v_g Gasgeschwindigkeit

Aufgaben

6. Steuerdiagramm eines Viertaktmotors (Abb. 10.6). Drehzahl des Motors 4200 (5400) 1/min. Berechnen Sie die Ventilöffnungszeiten in s!

7. Ein Sportwagen mit 5400 (6200) U/min hat folgende Steuerzeiten: Eö 34° vor OT, Es 74° nach UT, Aö 76° vor UT und As 44° nach OT. Wieviel Sekunden sind die Ein- und Auslaßventile offen?

8. Steuerdiagramm eines Zweitaktmotors (Abb. 10.8). Der Motor macht 3200 (3600) U/min. Wie lange sind Einlaß-, Überström- und Auslaßkanal offen?

9. Ermitteln Sie die Gasgeschwindigkeit aus $v_m = 14{,}5$ (16) m/s, $A_K = 49{,}2$ (55,5) cm², $A_V = 8{,}2$ (9,25) cm²!

10. Von einem Motor sind bekannt: Ventilöffnungsfläche 9,5 (8,8) cm², Kolbenfläche 51,3 (50,6) cm² und mittlere Kolbengeschwindigkeit 13,5 (13,8) m/s. Wie groß ist die Gasgeschwindigkeit am Ventil?

11. Berechnen Sie aus Motordrehzahl 4500 (4800) 1/min, Zylinderdurchmesser 82 (85) mm, Hub 84 (87,5 mm und Ventilöffnungsfläche 7,9 (8,6) cm² die Gasgeschwindigkeit am Ventil!

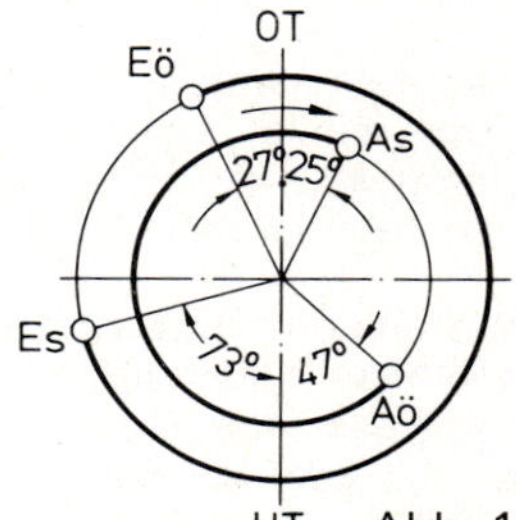

Abb. 10/**6**

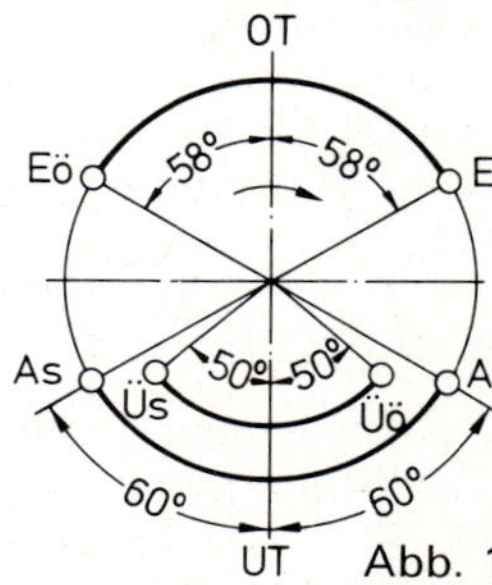

Abb. 10/**8**

10.4 Ventilöffnungsfläche

Unter der Öffnungsfläche eines Ventils versteht man den Strömungsquerschnitt im Ventilsitz beim vollen Ventilhub. Sie kann als Mantelfläche eines Kegelstumpfes angenommen werden mit dem Ventilteller∅ als mittleren Durchmesser, dem Ventilsitzwinkel α als Neigungswinkel und der Spaltbreite a als Mantelhöhe. Da der Sitzwinkel meist 45° beträgt und mit dem Ventilhub ein rechtwinkliges Dreieck bildet, läßt sich die Spaltbreite a aus dem Ventilhub ausrechnen: $a = 0{,}71 \cdot \text{Hub}$, allgemein $a = \sin\alpha \cdot h$. Die Mantelfläche eines Kegelstumpfes ist das Produkt der Mantelhöhe a und dem mittleren Kegelstumpfumfang $\pi \cdot d$. Somit ist: $A_V \approx a \cdot \pi \cdot d$ oder $A_V \approx 0{,}71 \cdot h \cdot \alpha \cdot d$.

Ventilöffnungsfläche für 45° Sitzwinkel = 0,71 × Ventilhub × π × Ventiltellerdurchmesser

Der wirkliche Strömungsquerschnitt ist kleiner als der Ventilöffnungsquerschnitt, da sich der Gasstrom von der Durchlaßwandung abhebt.

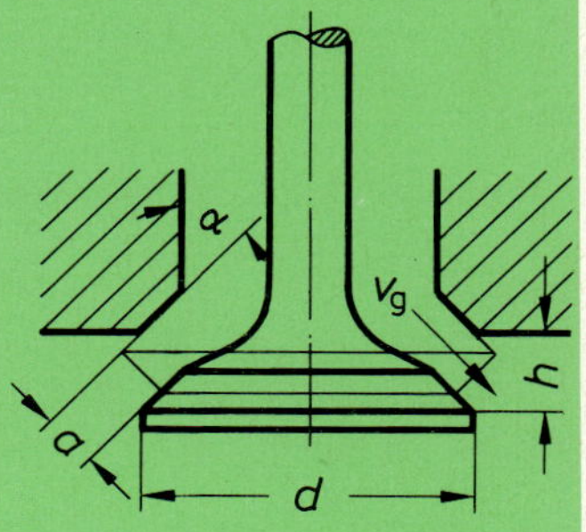

$$A_V \approx \sin\alpha \cdot h \cdot \pi \cdot d$$

Für $\alpha = 45°$ gilt:

$$A_V \approx 0{,}71 \cdot h \cdot \pi \cdot d$$

Beispiel

Auslaßventil: $d = 49$ mm, $h = 9$ mm, $\alpha = 45°$. Wie groß ist der Durchflußquerschnitt in mm²?

$A_V \approx 0{,}71 \cdot 9\ \text{mm} \cdot 49\ \text{mm} \cdot 3{,}14 \qquad = 983{,}7\ \text{mm}^2$

Aufgaben

12. Berechnen Sie die Öffnungsflächen der Ventile eines Pkw aus folgenden Angaben: Ventilteller∅ des Einlaßventils 45 (39) mm, des Auslaßventils 37 (33) mm, Hub für beide Ventile 7,5 (6,4) mm und Sitzwinkel 45 (45) °!

$$h = \frac{A_V}{0{,}71 \cdot \pi \cdot d}$$

13. Die Ventile eines Pkw-Motors haben folgende Abmessungen: Ventilteller∅ des Einlaßventils 39 (42) mm, des Auslaßventils 35 (38) mm, Ventilhub des Einlaßventils 11,5 (9,7) mm, des Auslaßventils 10,5 (8,9) mm, Ventilsitzwinkel für beide Ventile 45 (45) °. Wie groß sind die Öffnungsflächen der Ventile?

$$d = \frac{A_V}{0{,}71 \cdot \pi \cdot h}$$

$$v_g = \frac{A_K \cdot v_m}{A_V}$$

14. Das Ventil eines Vergasermotors mit 36 (39) mm Ventilteller∅ und 45 (45) ° Sitzwinkel hat eine Ventilöffnungsfläche von 723,38 (835,12) mm². Berechnen Sie den Ventilhub!

15. Die Öffnungsfläche eines Ventils beträgt 10,841 (6,273) cm², der Ventilhub 10,8 (7,4) mm. Wie groß ist der Ventiltellerdurchmesser?

Formelzeichen

- v_g Gasgeschwindigkeit
- h Ventilhub
- d Ventilteller∅
- a Spaltbreite
- α Ventilsitzwinkel
- A_V Ventilöffnungsfläche
- A_K Kolbenfläche
- v_m Kolbengeschwindigkeit

11 Geschwindigkeit

11.1 Durchschnittsgeschwindigkeit

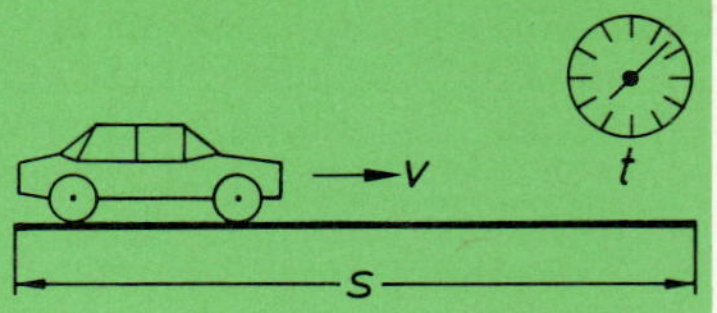

Bei Kraftfahrzeugen wird in der Regel die Durchschnittsgeschwindigkeit angegeben. Sie entspricht dem Mittelwert aus den verschiedenen Geschwindigkeiten während der Fahrt und errechnet sich aus dem zurückgelegten Weg und der dafür benötigten Fahrzeit.

$$\text{Durchschnittsgeschwindigkeit} = \frac{\text{Zurückgelegter Weg}}{\text{Fahrzeit}}$$

Beispiel

Ein Pkw benötigt für eine 108 km lange Strecke 1 h 30 min. Wie groß ist die Durchschnittsgeschwindigkeit in km/h und m/s?

$v = \dfrac{108\ \text{km}}{1{,}5\ \text{h}} = 72\ \text{km/h}$; $v = \dfrac{108 \cdot 1000\ \text{m}}{1{,}5 \cdot 3600\ \text{s}} = 20\ \text{m/s}$

$$v = \frac{s}{t}$$

$t = \dfrac{s}{v}$ $s = v \cdot t$

v Durchschnittsgeschwindigk.
s Zurückgelegter Weg
t Fahrzeit

Umrechnung: 1 m/s = 3,6 km/h

Aufgaben

1. Ein Pkw benötigt für 105 (189) km Autobahn 1 h 30 min (2 h 15 min). Wie groß ist seine Durchschnittsgeschwindigkeit in km/h und m/s?

2. Berechnen Sie nach Abb. 11/2 für a) die Durchschnittsgeschwindigkeit in km/h auf den Teilstrecken und für den ganzen Weg, für b) und c) die Fahrzeiten in Stunden und Minuten!
a) Start in A $8^{h}\ 20^{m}$, über B, Ankunft C $11^{h}\ 05^{m}$, Start in C $11^{h}\ 30^{m}$, über E, Ankunft D $12^{h}50^{m}$.
b) Strecke BE mit 90 km/h und ED mit 50 km/h.
c) Strecke AE mit 70 km/h und EC mit 80 km/h.

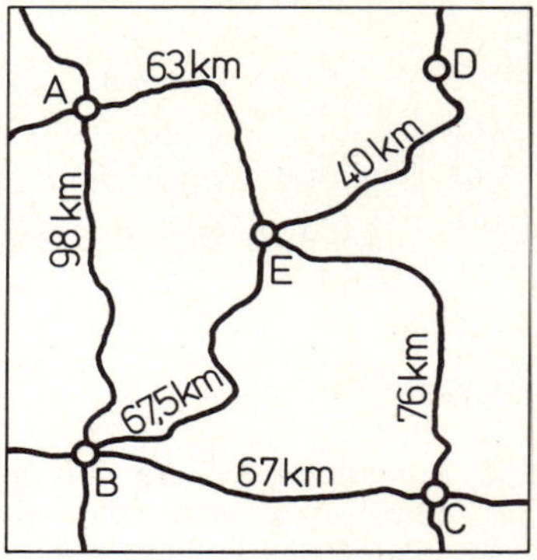

Abb. 11/2

3. Ein Schüler benötigt für seinen 9,6 (17,5) km langen Schulweg mit dem Moped 24 (35) min. Mit wieviel m/s und km/h ist er gefahren?

4. Eine Strecke von 500 (1000) m wird mit konstanter Geschwindigkeit durchfahren, wobei der Tachometer 53 (60) km/h anzeigt. Die gestoppte Zeit ist 40 (72) s. Berechnen Sie
a) die tatsächliche Geschwindigkeit in km/h!
b) die Abweichung der Tachoanzeige in % vom Skalenendwert (Abb. 11/4)!

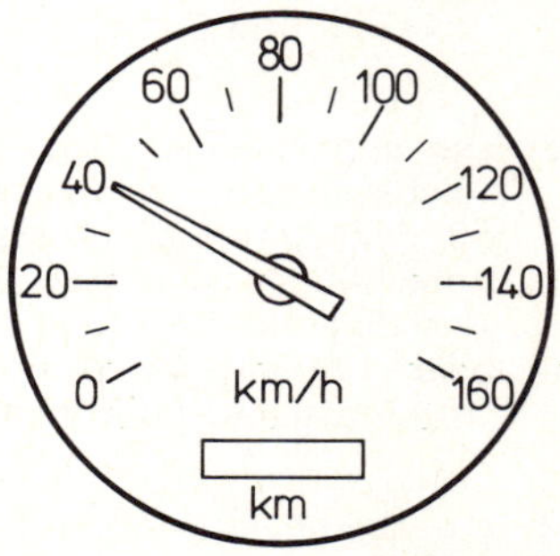

Abb. 11/4

5. Welche Strecke legt ein Kfz mit 84 (75) km/h Durchschnittsgeschwindigkeit in 1 h 45 min (2 h 20 min) zurück?

6. Eine 22,8 (10,4) km lange Rennstrecke wurde mit 144 (165) km/h Durchschnittsgeschwindigkeit gefahren. Wie groß ist die Rundenzeit?

7. Berechnen Sie die fehlenden Werte in der nebenstehenden Tabelle!

v	*s*	*t*
? km/h	3,8 km	342 s
12,4 m/s	458 m	? s
4,80 m/s	? m	3 min
70 km/h	245 km	? min

11.2 Fahrgeschwindigkeit

Bei 1 Radumdrehung ohne Schlupf legt das Fahrzeug den Weg des Reifen-Abrollumfangs zurück.

Weg bei 1 Radumdrehung	= Abrollumfang
Weg in 1 Minute	= Abrollumfang × Drehzahl
Weg in 1 Stunde	= Abrollumfang × Drehzahl × 60

Wird der Abrollumfang in m eingesetzt, so ergibt sich für die Fahrgeschwindigkeit in km/h:

$$\text{F'geschwindigkeit} = \frac{\text{Abrollumfang} \times \text{Drehzahl} \times 60}{1000}$$

Der Abrollumfang kann aus der Reifentabelle entnommen werden. Wird der dynamische Reifenhalbmesser angegeben, so ist:

Abrollumfang = 2 × dynam. Reifenhalbmesser × π

Beispiel

Pkw, Raddrehzahl 540 1/min, dynamischer Reifenhalbmesser 305 mm. Wie groß ist v in km/h?

$$v = \frac{2 \cdot 0{,}305 \cdot 3{,}14 \cdot 540 \cdot 60}{1000} = 62{,}06 \text{ km/h}$$

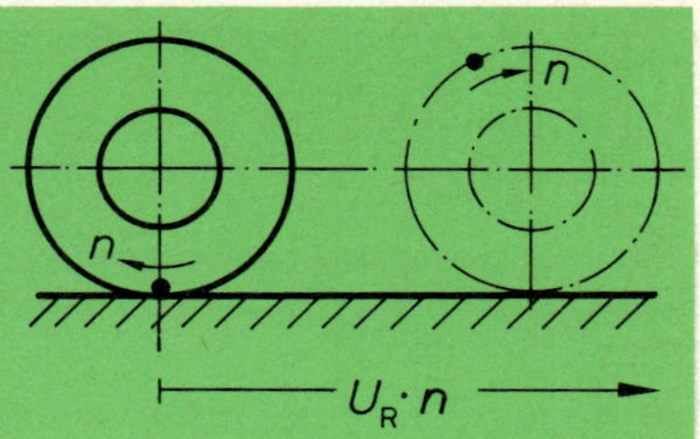

$$v = \frac{U_R \cdot n \cdot 60}{1000}$$

$$v = \frac{2 \cdot r_{dyn} \cdot \pi \cdot n \cdot 60}{1000}$$

$$n = \frac{v \cdot 1000}{U_R \cdot 60} \qquad U_R = \frac{v \cdot 1000}{n \cdot 60}$$

$$n = \frac{v \cdot 1000}{2 \cdot \pi \cdot r_{dyn} \cdot 60}$$

$$r_{dyn} = \frac{v \cdot 1000}{2 \cdot \pi \cdot n \cdot 60}$$

Aufgaben

8. Die Raddrehzahl eines Pkw beträgt 750 (900) 1/min. Der wirksame Reifenhalbmesser ist 305 (315) mm. Wie groß ist die Geschwindigkeit?

9. Die Antriebsräder eines Lkw haben einen dynamischen Reifenhalbmesser von 465 (505) mm und eine Drehzahl von 380 (250) 1/min. Wie groß ist die Fahrgeschwindigkeit in km/h?

10. Motordrehzahl eines Pkw (Abb. 11/10) n_M = 5400 (4800) 1/min, dynam. Reifenhalbmesser = 290 (265) mm, Verhältnis Motordrehzahl zu Raddrehzahl wie 4,3 : 1 (3,8 : 1). Wie groß ist die Fahrgeschwindigkeit in km/h?

11. Wie groß ist die Drehzahl der Antriebsräder in 1/min bei einer Fahrgeschwindigkeit von 150 (180) km/h und 300 (290) mm dynamischem Reifenhalbmesser?

12. Ein Pkw soll bei einer Raddrehzahl von 1325 (1520) 1/min eine Geschwindigkeit von 150 (180) km/h erreichen. Wie groß ist der wirksame dynamische Reifenhalbmesser in mm?

13. Ein Pkw hat bei Höchstgeschwindigkeit eine Raddrehzahl von 1580 (1640) 1/min. Durch Umrüsten auf Radialreifen ist der dynamische Reifenhalbmesser um 20 (25) mm größer geworden. Um wieviel km/h hat die Geschwindigkeit zugenommen?

14. Berechnen Sie die fehlenden Werte in der nebenstehenden Tabelle!

Formelzeichen

- v Fahrgeschwindigkeit in km/h
- U_R Abrollumfang des Reifens in m
- n Raddrehzahl in 1/min
- r_{dyn} dynamischer Reifenhalbmesser in m

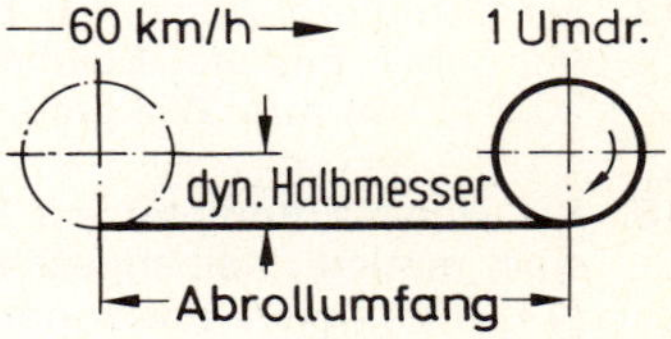

Abb. 11/**10**

v	r_{dyn}	n
? km/h	310 mm	800 1/min
80 km/h	? mm	700 1/min
90 km/h	320 mm	? 1/min
? m/s	300 mm	900 1/min
20 m/s	290 mm	? 1/min

11.3 Mittlere Kolbengeschwindigkeit

Die Geschwindigkeit des Kolbens steigt vom Wert Null im Totpunkt auf einen Höchstwert an und fällt dann wieder auf Null ab im anderen Totpunkt. Man rechnet daher mit einer mittleren Geschwindigkeit, die gleich dem Kolbenweg in m in der Zeiteinheit 1 Sekunde ist.

Kolbenweg bei 1 Kurbelwellenumdrehung = 2 × Hub
Kolbenweg in 1 Minute = 2 × Hub × Motordrehzahl
Kolbenweg in 1 Sekunde oder mittlere

$$\text{Kolbengeschwindigkeit} = \frac{2 \times \text{Hub} \times \text{Motordrehzahl}}{60}$$

Die größte Kolbengeschwindigkeit v_{max} wird dann erreicht, wenn Pleuelstange und Kurbelwange einen rechten Winkel bilden. Angenähert ist:
Größte Kolbengeschwindigkeit $v_{max} \approx 1{,}6 \cdot v_m$

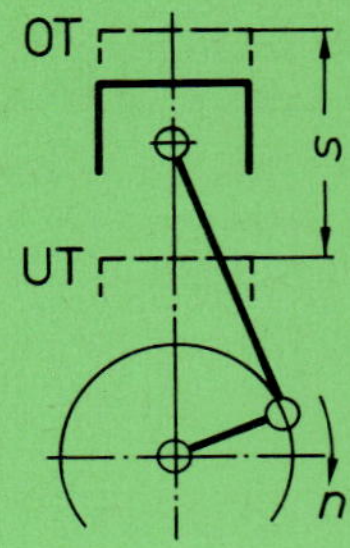

$$v_m = \frac{2 \cdot s \cdot n}{60}; \quad v_m = \frac{s \cdot n}{30}$$

$$s = \frac{v_m \cdot 30}{n} \qquad n = \frac{v_m \cdot 30}{s}$$

v_m Mittlere Kolbengeschwindigkeit in m/s
s Kolbenhub in m
n Motordrehzahl in 1/min

Beispiel

Ottomotor, Hub 70 mm, Motordrehzahl 3600 1/min.
Wie groß ist die mittlere Kolbengeschwindigkeit?

$$v_m = \frac{2 \cdot 0{,}070 \cdot 3600}{60} = \frac{0{,}070 \cdot 3600}{30} = 8{,}4 \text{ m/s}$$

Aufgaben

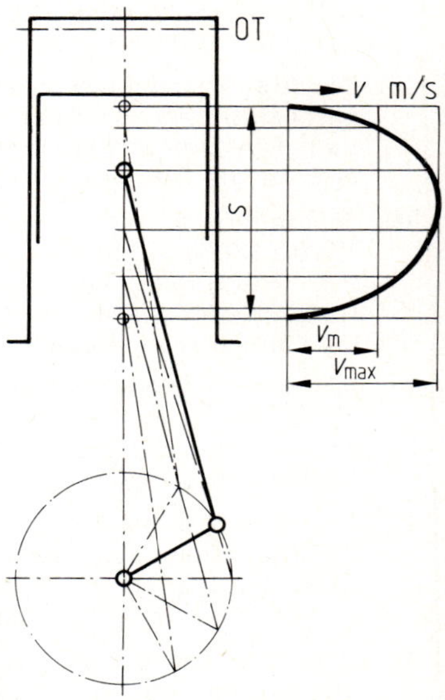

15. Dieselmotor, Hub $s = 120$ (140) mm, Drehzahl $n = 3000$ (2200) 1/min. Wie groß ist die mittlere Kolbengeschwindigkeit in m/s?

16. Ottomotor, Hub $s = 76$ (72) mm, Drehzahl $n =$ 4500 (5000) 1/min. Wie groß ist die mittlere und die größte Kolbengeschwindigkeit in m/s?

17. Ein Ottomotor hat einen Hub von 76 (63) mm und eine mittlere Kolbengeschwindigkeit von 10,8 (11,2) m/s. Wie groß ist die Drehzahl?

18. Bei einem Ottomotor mit 80 (70) mm Hub soll eine mittlere Kolbengeschwindigkeit von 12,5 (11,2) m/s nicht überschritten werden. Wie groß darf die Motordrehzahl höchstens sein?

19. Ein Dieselmotor hat bei einer Drehzahl von 1100 (1700) 1/min eine mittlere Kolbengeschwindigkeit von 6,6 (7,25) m/s. Wie groß ist der Hub in mm?

20. Wie groß ist der Hub eines Ottomotors, wenn er bei 5000 (5400) 1/min eine mittlere Kolbengeschwindigkeit von 15 (13) m/s hat?

21. Berechnen Sie die fehlenden Werte in der nebenstehenden Tabelle!

v_m	s	n
? m/s	80 mm	4200 1/min
12 m/s	? mm	4800 1/min
8 m/s	? mm	2000 1/min
14 m/s	66 mm	? 1/min
12 m/s	90 mm	? 1/min

11.4 Umfangsgeschwindigkeit

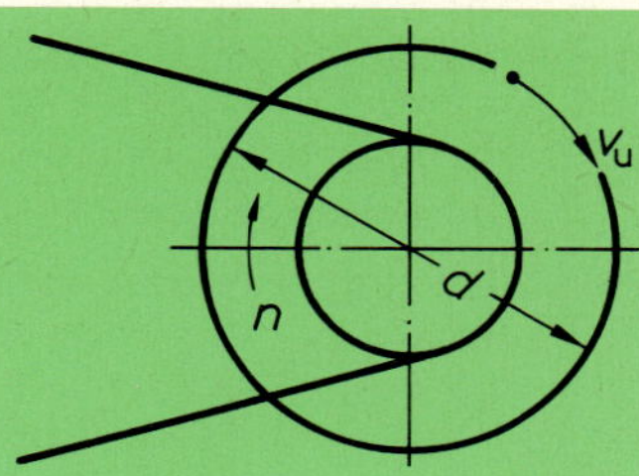

Dreht sich ein Körper um seine Achse, dann ergeben sich für alle Masseteilchen kreisförmige Drehbewegungen um die Drehachse. Die Geschwindigkeit eines Punktes am Umfang eines Drehkörpers nennt man Umfangsgeschwindigkeit. Sie ist gleich dem Weg dieses Punktes in m und in der Zeiteinheit 1 Sekunde.

Weg des Punktes bei 1 Umdrehung = Umfang
Weg bei Drehzahl n in 1 min = Umfang × Drehzahl
Weg in 1 Sekunde oder Umfangsgeschwindigkeit $= \dfrac{\text{Umfang} \times \text{Drehzahl}}{60}$

$$v_u = \frac{d \cdot \pi \cdot n}{60}$$

$$n = \frac{60 \cdot v_u}{d \cdot \pi} \qquad d = \frac{60 \cdot v_u}{n \cdot \pi}$$

v_u Umfangsgeschwindigkeit in m/s
d Durchmesser in m
n Drehzahl in 1/min

Beispiel

Eine Schleifscheibe mit 250 mm Durchmesser hat eine Drehzahl von 2800 1/min. Wie groß ist die Umfangsgeschwindigkeit in m/s?

$$v_u = \frac{0{,}250 \cdot 3{,}14 \cdot 2800}{60} = 36{,}6 \text{ m/s}$$

Aufgaben

22. Das Schwungrad eines Ottomotors hat einen Durchmesser von 280 (320) mm und eine Drehzahl von 4800 (5400) 1/min. Wie groß ist die Umfangsgeschwindigkeit in m/s?

23. Ein Dieselmotor hat ein Schwungrad (Abb. 11/23) mit $d = 450$ (480) mm. Die Drehzahl ist $n = 1800$ (2100) 1/min. Wie groß ist die Umfangsgeschwindigkeit in m/s?

24. Wie groß ist die Umfangsgeschwindigkeit einer Schleifscheibe mit 150 (180) mm Durchmesser und 2850 (1450) Umdrehungen je Minute?

25. Wie groß muß die Drehzahl einer Trennscheibe (Abb. 11/25) mit $d = 180$ (200) mm sein, damit eine Umfangsgeschwindigkeit von 80 (100) m/s erreicht wird?

26. Für einen Lüfter ist eine Umfangsgeschwindigkeit bis zu 110 (90) m/s zugelassen. Wie groß darf bei einem Durchmesser von 400 (380) mm die Drehzahl höchstens sein?

27. Eine Schleifscheibe von 220 (200) mm Durchmesser soll mit 35 (25) m/s laufen. Wie groß muß die Drehzahl sein?

28. Der Motor einer Schleifmaschine läuft mit 2800 (1450) 1/min. Wie groß darf der Durchmesser der Schleifscheibe höchstens sein, wenn 35 (25) m/s zugelassen sind?

29. Berechnen Sie die fehlenden Werte in der nebenstehenden Tabelle!

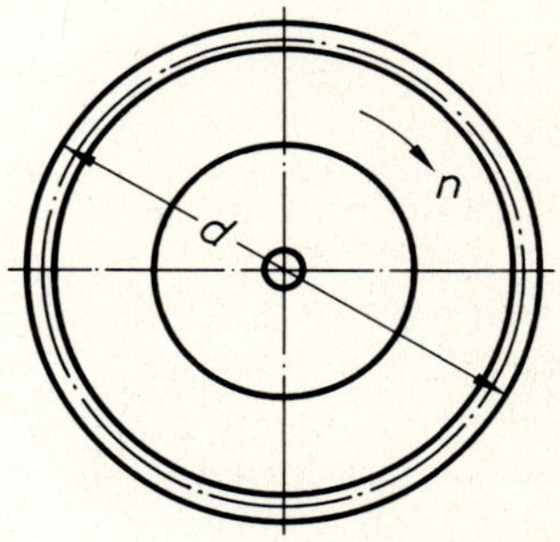

Abb. 11/**23**

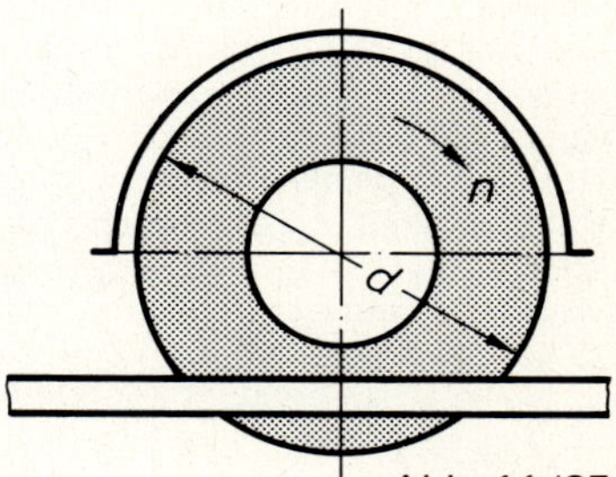

Abb. 11/**25**

v_u	d	n
? m/s	350 mm	4800 1/min
40 m/s	? mm	8000 1/min
15 m/s	? mm	5000 1/min
80 m/s	150 mm	? 1/min
45 m/s	200 mm	? 1/min

12 Beschleunigung, Verzögerung, Überholen

12.1 Anfahrbeschleunigung, Bremsverzögerung

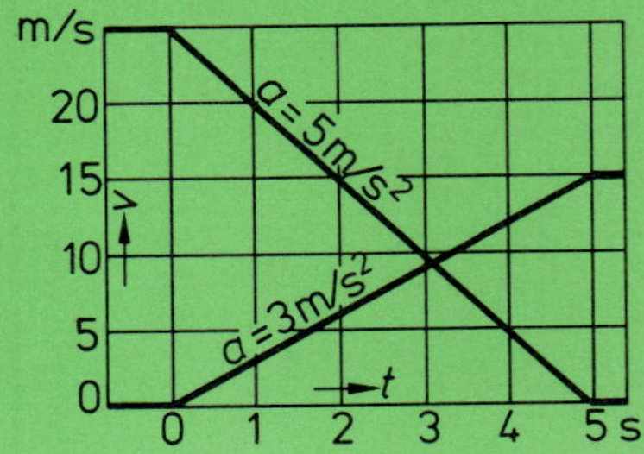

Beim Anfahren wird das Fahrzeug in der Zeit t von Null auf die Geschwindigkeit v beschleunigt. Die Geschwindigkeitszunahme je Sekunde ist die Beschleunigung. Verläuft sie gleichmäßig, so ist:

$$\text{Anfahrbeschleunigung } a = \frac{\text{Geschwindigkeit } v}{\text{Beschleunigungszeit } t}$$

Beim Bremsen wird das Fahrzeug in der Zeit t aus der Geschwindigkeit v bis zum Stillstand verzögert. Die Geschwindigkeitsabnahme je Sekunde ist die Bremsverzögerung. Sie ist eine Größe gleicher Art wie die Beschleunigung (negative Beschleunigung), deshalb gelten für beide Fälle dieselben Formeln.

$$\text{Bremsverzögerung } a = \frac{\text{Geschwindigkeit } v}{\text{Bremszeit } t}$$

Der Mittelwert aus der Geschwindigkeit Null und dem Wert v ist $v/2$, somit ist der Weg:

Beschleunigungsweg bzw. Bremsweg $s = \frac{v}{2} \cdot t$

Weitere Formeln ergeben sich durch einsetzen, z. B.

in Gleichung $a = \frac{v}{t}$ wird $\frac{2 \cdot s}{v}$ für t eingesetzt:

in $s = \frac{v \cdot t}{2}$ wird $a \cdot t$ für Wert v eingesetzt:

Beispiel

Ein Pkw wird in 5 Sekunden aus einer Geschwindigkeit von 90 km/h bis zum Stillstand gebremst. Wie groß ist die Bremsverzögerung in m/s²?

$v = \frac{90 \cdot 1000 \text{ m}}{3600 \text{ s}} = 25 \text{ m/s}$; $a = \frac{25 \text{ m/s}}{5 \text{ s}} = 5 \text{ m/s}^2$

$$a = \frac{v}{t} \qquad s = \frac{v \cdot t}{2}$$

$v = a \cdot t$ $\qquad t = \frac{v}{a}$

$v = \frac{2 \cdot s}{t}$ $\qquad t = \frac{2 \cdot s}{v}$

$$a = \frac{v^2}{2 \cdot s} \qquad s = \frac{a \cdot t^2}{2}$$

$s = \frac{v^2}{2 \cdot a}$ $\qquad a = \frac{2 \cdot s}{t^2}$

$v = \sqrt{2 \cdot a \cdot s}$ $\qquad t = \sqrt{\frac{2 \cdot s}{a}}$

a Anfahrbeschleunigung oder Bremsverzögerung in m/s²
v Geschwindigkeit in m/s
t Anfahr- oder Bremszeit in s
s Anfahr- oder Bremsweg in m

12.2 Anhalteweg

Die Zeitspanne vom Erkennen der Gefahr bis zum Ansprechen der Bremsen entsteht im wesentlichen durch die Reaktionszeit des Fahrers und durch die Ansprechzeit der Bremsen. Während dieser Zeit, kurz Reaktionszeit t_R genannt, legt das Fahrzeug ungebremst den Reaktionsweg zurück. Für den Anhalteweg s_H ergibt sich somit:

$$\text{Anhalteweg} = \text{Reaktionsweg } v \cdot t_R + \text{Bremsweg } \frac{v^2}{2 \cdot a}$$

Für Überschlagsrechnungen genügt die Näherungsformel mit $t_R = 1{,}08$ s und $a = 3{,}9$ m/s².

Beispiel

Pkw, Geschwindigkeit 72 km/h = 20 m/s, Bremsverzögerung 6,0 m/s², Reaktionszeit 0,8 s. Wie groß ist der Anhalteweg?

$$s_H = 20 \text{ m/s} \cdot 0{,}8 \text{ s} + \frac{20^2 \text{ m}^2/\text{s}^2}{2 \cdot 6 \text{ m/s}^2} = 49{,}3 \text{ m}$$

$$s_H = v \cdot t_R + \frac{v^2}{2 \cdot a}$$

s_H Anhalteweg in m
t_R Reaktionszeit in s
v Geschwindigkeit in m/s

Näherungsformel

$$s_H = 3 \cdot \frac{v}{10} + \left(\frac{v}{10}\right)^2$$

s_H Anhalteweg in m
v Geschwindigkeit in km/h

Aufgaben

1. Ein Pkw wird in 6 (7,4) s von Null auf 60 (80) km/h beschleunigt. Wie groß ist die Anfahrbeschleunigung in m/s^2?

2. Ein Sportwagen wird in 4 (8,8) s von Null auf 60 (100) km/h beschleunigt. Berechnen Sie die Beschleunigung in m/s^2 und den Weg in m!

3. Ein Pkw wird in 3,8 (4,1) s aus 70 (90) km/h Geschwindigkeit bis zum Stillstand gebremst. Wie groß ist die Bremsverzögerung in m/s^2 und der Bremsweg in m?

4. Ein Pkw mit 5,0 (6,0) m/s^2 Bremsverzögerung wird aus 45 (85) km/h bis zum Stillstand gebremst. Wie groß ist der Bremsweg in m und die Bremszeit in s?

5. Bei einer Bremsprobe wurde ein Pkw mit 80 (50) km/h Geschwindigkeit nach 41 (15) m zum Stehen gebracht. Wie groß ist die Bremsverzögerung des Fahrzeugs in m/s^2?

6. Ein Lkw kam bei einer Vollbremsung nach 25 (40) m zum Stehen. Wie groß war seine Geschwindigkeit in km/h, wenn eine Bremsverzögerung von 4,5 (5) m/s^2 angenommen wird?

7. Nach einem Unfall wurde eine Bremsspur von 30,8 (10,4) m gemessen. Wie groß war die Geschwindigkeit des Fahrzeugs in km/h, wenn eine Bremsverzögerung von 6,5 (7,5) m/s^2 zugrunde gelegt wird?

8. Ein Pkw mit 5,5 (6,5) m/s^2 Bremsverzögerung wird mit 90 (120) km/h gefahren. Wie groß ist der Anhalteweg in m, wenn
a) die Reaktionszeit 0,8 (0,9) Sekunden ist?
b) die Reaktionszeit infolge Alkoholeinwirkung auf den Fahrer doppelt so groß ist?

9. Die mittlere Bremsverzögerung eines Pkw beträgt 5,0 (6,0) m/s^2. Die Reaktionszeit wird mit 0,8 (1,0) s angenommen. Vergleichen Sie die Anhaltewege bei 50 km/h und 100 km/h!

10. Ein Kraftradfahrer hat bei 45 (90) km/h Geschwindigkeit und 0,8 (0,6) s Reaktionszeit einen Anhalteweg von 27,5 (93) m. Wie groß ist die Bremsverzögerung in m/s^2?

11. Berechnen Sie jeweils den Anhalteweg nach der Näherungsformel für die Geschwindigkeiten 35 km/h, 70 km/h, 80 km/h, 100 km/h!

Zusammenstellung

$$a = \frac{v}{t} = \frac{2 \cdot s}{t^2} = \frac{v^2}{2 \cdot s}$$

$$t = \frac{v}{a} = \frac{2 \cdot s}{v} = \sqrt{\frac{2 \cdot s}{a}}$$

$$s = \frac{v \cdot t}{2} = \frac{a \cdot t^2}{2} = \frac{v^2}{2 \cdot a}$$

$$v = a \cdot t = \frac{2 \cdot s}{t} = \sqrt{2 \cdot s \cdot a}$$

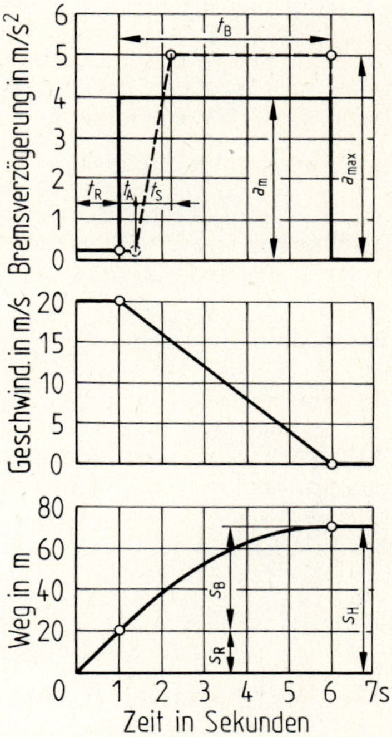

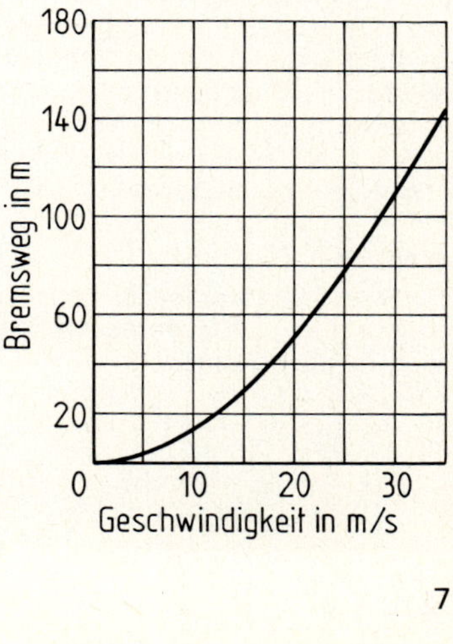

12.3 Beschleunigung aus der Bewegung

Wird ein Fahrzeug aus der Geschwindigkeit v_1 bis zu der Geschwindigkeit v_2 in der Zeit t beschleunigt, dann ist:

$$\text{Beschleunigung} = \frac{\text{Geschwindigkeitszunahme } v_2 - v_1}{\text{Beschleunigungszeit } t}$$

Da nun die Beschleunigung aus dem Stillstand $a = v^2/2 \cdot s$ ist, ergibt sich auch dementsprechend für die Beschleunigung aus der Geschwindigkeit v_1 bis zur Geschwindigkeit v_2:

$$\text{Beschleunigung } a = \frac{v_2^2}{2 \cdot s} - \frac{v_1^2}{2 \cdot s} = \frac{v_2^2 - v_1^2}{2 \cdot s}$$

Das Fahrzeug mit der Geschwindigkeit v_1 legt in der Zeit t den Weg $v_1 \cdot t$ zurück. Zu diesem Weg kommt noch der sich aus der Beschleunigung a ergebende Weg $a \cdot t^2/2$ hinzu, somit ist der gesamte Weg während der Beschleunigung:

$$\text{Beschleunigungsweg } s = v_1 \cdot t + \frac{a \cdot t^2}{2}$$

Ebenso läßt sich der Beschleunigungsweg aus der Gleichung $s = v^2/2 \cdot a$ bestimmen, indem sie auf die beiden Geschwindigkeiten v_1 und v_2 angewendet wird:

$$\text{Beschleunigungsweg } s = \frac{v_2^2}{2 \cdot a} - \frac{v_1^2}{2 \cdot a} = \frac{v_2^2 - v_1^2}{2 \cdot a}$$

Beispiel

Ein Kraftfahrzeug wird von 36 km/h mit 2 m/s² auf 72 km/h beschleunigt. Wie groß ist der Beschleunigungsweg in m?

$$v_1 = \frac{36 \text{ km/h}}{3{,}6} = 10 \text{ m/s}; \qquad v_2 = \frac{72 \text{ km/h}}{3{,}6} = 20 \text{ m/s}$$

$$s = \frac{20^2 \text{ m}^2/\text{s}^2 - 10^2 \text{ m}^2/\text{s}^2}{2 \cdot 2 \text{ m/s}^2} = \frac{300 \text{ m}^2/\text{s}^2}{4 \text{ m/s}^2} = 75 \text{ m}$$

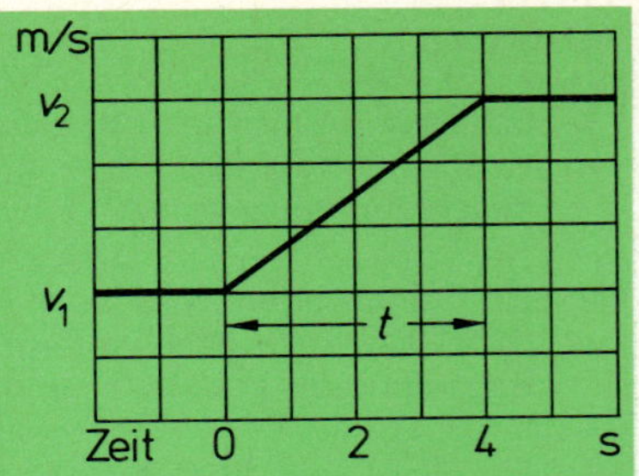

a Beschleunigung in m/s²
v_1 Geschwindigkeit vor dem Beschleunigen in m/s
v_2 Geschwindigkeit nach dem Beschleunigen in m/s
t Beschleunigungszeit in s

$$a = \frac{v_2 - v_1}{t}$$

$$a = \frac{v_2^2 - v_1^2}{2 \cdot s}$$

$$s = v_1 \cdot t + \frac{a \cdot t^2}{2}$$

$$s = \frac{v_2^2 - v_1^2}{2 \cdot a}$$

12.4 Verzögerung in der Bewegung

Die Bremsverzögerung ist eine Größe gleicher Art wie die Beschleunigung (negative Beschleunigung), deshalb können für die Bremsung dieselben Formeln wie für die Beschleunigung angewendet werden. Die Bedeutung der Indizes muß jedoch verändert werden, d.h. v_1 ist die Geschwindigkeit nach dem Bremsen und v_2 vor dem Bremsen.

Beispiel

Ein Kraftfahrzeug wird von 180 km/h auf 90 km/h abgebremst. Die Bremsverzögerung ist 5 m/s². Wie groß ist der Bremsweg in m?

$$v_1 = \frac{90 \text{ km/h}}{3{,}6} = 25 \text{ m/s}; \qquad v_2 = \frac{180 \text{ km/h}}{3{,}6} = 50 \text{ m/s}$$

$$s = \frac{50^2 \text{ m}^2/\text{s}^2 - 25^2 \text{ m}^2/\text{s}^2}{2 \cdot 5 \text{ m/s}^2} = \frac{1875 \text{ m}^2/\text{s}^2}{10 \text{ m/s}^2} = 187{,}5 \text{ m}$$

a Bremsverzögerung in m/s²
v_1 Geschwindigkeit nach dem Bremsen in m/s
v_2 Geschwindigkeit vor dem Bremsen in m/s
t Bremszeit in s

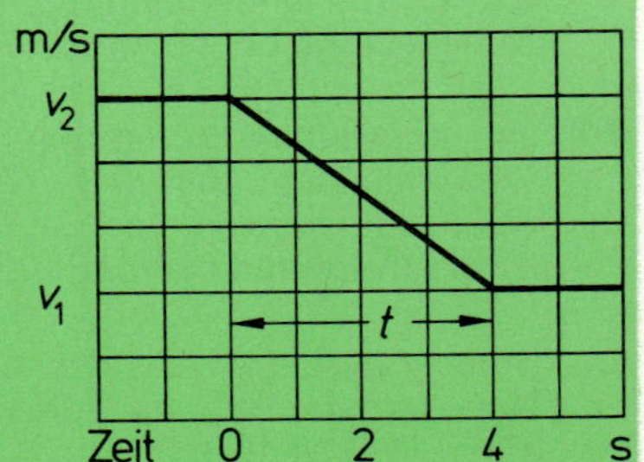

Aufgaben

12. Ein Pkw-Fahrer beschleunigt sein Fahrzeug gleichmäßig aus 40 (50) km/h in 6 (9) Sekunden auf eine Geschwindigkeit von 80 (100) km/h. Wie groß ist die Beschleunigung in m/s^2?

13. Ein Lastzug hat bei der Einfahrt auf die Autobahn eine Geschwindigkeit von 20 (15) km/h. Durch gleichmäßige Beschleunigung erreicht er nach 350 (300) m eine Geschwindigkeit von 80 (60) km/h. Wie groß ist die Beschleunigung?

14. Bei einer Prüfungsfahrt wird ein Pkw in 4,5 (8,0) Sekunden gleichmäßig von 60 (90) km/h auf eine Geschwindigkeit von 100 (150) km/h beschleunigt.
a) Wie groß ist die Beschleunigung in m/s^2?
b) Wie groß ist der Beschleunigungsweg in m?

15. Ein Fahrzeug wird aus einer Geschwindigkeit von 45 (20) km/h 6 (5) Sekunden lang gleichmäßig mit 2,0 (1,5) m/s^2 beschleunigt.
a) Wie groß ist der Beschleunigungsweg in m?
b) Welche Geschwindigkeit in km/h wurde am Ende der Beschleunigung erreicht?

16. Ein Kraftrad wird von 0 bis 30 km/h mit 2,5 (2,0) m/s^2 beschleunigt und von 30 km/h bis 80 km/h mit 2,0 (1,5) m/s^2 beschleunigt. Wie groß ist der gesamte Beschleunigungsweg in m?

17. Bei einer Testfahrt wird ein Pkw in 2,5 (3,0) Sekunden aus 100 (150) km/h Geschwindigkeit auf 50 (75) km/h abgebremst. Wie groß ist die Bremsverzögerung in m/s^2?

18. Ein Pkw hat eine Bremsverzögerung von 5,0 (6,0) m/s^2. Wieviel m Bremsweg werden benötigt, um das Fahrzeug aus einer Geschwindigkeit von 90 (120) km/h auf 50 (50) km/h abzubremsen?

19. Ein Pkw wird gleichmäßig aus einer Geschwindigkeit von 100 (90) km/h abgebremst. Nach 60 (50) m Bremsweg beträgt seine Geschwindigkeit noch 50 (20) km/h. Wie groß ist die Bremsverzögerung in m/s^2?

20. Ein Lkw-Fahrer bremst sein Fahrzeug auf der Autobahn infolge eines Hindernisses 4 (3) Sekunden lang ab, bis auf eine Geschwindigkeit von 20 (30) km/h. Die Bremsverzögerung beträgt 3,5 (4,0) m/s^2.
a) Wie groß ist der Bremsweg in m?
b) Aus welcher Geschwindigkeit in km/h wurde das Fahrzeug abgebremst?

21. Ein Fahrzeug wird auf einer Prüfstrecke in 8 (10) Sekunden von 0 auf 100 km/h beschleunigt. Nach 2 (5) Sekunden Fahrt mit 100 km/h Geschwindigkeit wird mit einer Bremsverzögerung von 6,5 (7,5) m/s^2 auf Null abgebremst.
a) Wie groß ist der gesamte zurückgelegte Weg in m?
b) Wie groß ist die Bremszeit in Sekunden?

22. Ein Rennwagen wird von 0 auf 100 km/h in 4 (5) Sekunden und von 100 km/h auf 200 km/h in 6 (7) Sekunden beschleunigt. Nach 8 (10) Sekunden Fahrt mit 200 km/h wird auf Null abgebremst. Die Bremsverzögerung beträgt 12 (10) m/s^2.
a) Wie groß ist der gesamte zurückgelegte Weg in m?
b) Wie groß ist die Bremszeit in Sekunden?

12.5 Überholen mit konstanter Geschwindigkeit

Beide Fahrzeuge halten ihre Geschwindigkeit während des Überholens konstant. Das langsamere legt in der Überholzeit t den Grundweg $s_1 = v_1 \cdot t$, das schnellere den Überholweg $s_2 = v_2 \cdot t$ zurück. Der Unterschied $s_2 - s_1$ ist der Aufholweg s_A. Er setzt sich zusammen aus den Fahrzeuglängen und den Abständen der Fahrzeuge voneinander.

$s_A = s_2 - s_1$; $\quad s_A = l_1 + l_2 + l_3 + l_4$

Werden in $s_A = s_2 - s_1$ die Werte $v_1 \cdot t$ für s_1 und $v_2 \cdot t$ für s_2 eingesetzt, dann ergibt sich:

$s_A = v_2 \cdot t - v_1 \cdot t$ oder $s_A = t \cdot (v_2 - v_1)$, somit

Überholzeit $t = \dfrac{s_A}{v_2 - v_1}$. Wird dieser Wert in die Gleichung $s_2 = v_2 \cdot t$ eingesetzt, dann ist:

Überholweg $s_2 = v_2 \cdot \dfrac{s_A}{v_2 - v_1}$ oder $s_2 = \dfrac{s_A \cdot v_2}{v_2 - v_1}$

Beispiel: Lkw, $v_1 = 54$ km/h (15 m/s) wird von Pkw mit $v_2 = 90$ km/h (25 m/s) überholt. Der Aufholweg beträgt 60 m. Wie groß ist der Überholweg?

$$s_2 = \frac{60\ \text{m} \cdot 90\ \text{km/h}}{90\ \text{km/h} - 54\ \text{km/h}} \text{ oder } \frac{60\ \text{m} \cdot 25\ \text{m/s}}{25\ \text{m/s} - 15\ \text{m/s}} = 150\ \text{m}$$

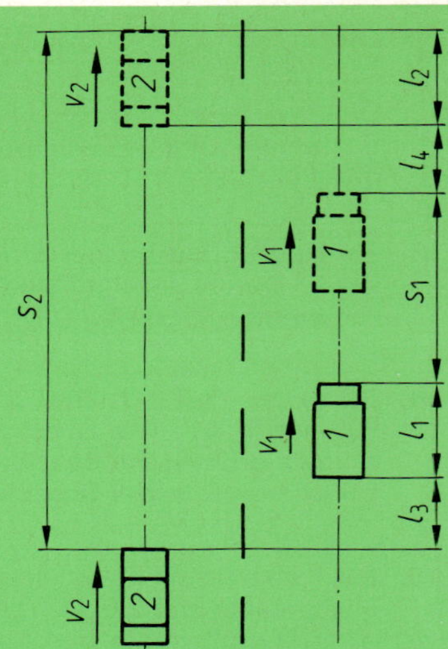

$s_1 = v_1 \cdot t \qquad s_2 = v_2 \cdot t$

$s_A = s_2 - s_1 \qquad s_2 = s_A + s_1$

$s_A = l_1 + l_2 + l_3 + l_4$

$$t = \frac{s_A}{v_2 - v_1}$$

$$s_2 = \frac{s_A \cdot v_2}{v_2 - v_1} \quad v \text{ in m/s oder km/h}$$

12.6 Überholen mit konstanter Beschleunigung

Bei Beginn des Überholvorgangs haben beide Fahrzeuge dieselbe Geschwindigkeit $v_1 = v_2$. Das Fahrzeug 1 fährt mit konstanter Geschwindigkeit und legt den Grundweg $s_1 = v_1 \cdot t$ zurück. Das überholende Fahrzeug 2 muß den Aufholweg s_A durch Beschleunigen zurücklegen. Bei konstanter Beschleunigung a ist der
Aufholweg $s_A = a \cdot t^2/2$.

Überholweg = Grundweg + Aufholweg, somit ist:

Überholweg $s_2 = v_1 \cdot t + \dfrac{a \cdot t^2}{2}$

Aus $s_A = \dfrac{a \cdot t^2}{2}$ ergibt sich $t = \sqrt{\dfrac{2 \cdot s_A}{a}}$

Beispiel: Lkw, $v_1 = 72$ km/h (20 m/s) wird von Pkw mit 1,5 m/s² Beschleunigung in 10 Sekunden überholt. Gesucht: Überholweg.

$$s_2 = 20\ \text{m/s} \cdot 10\ \text{s} + \frac{1{,}5\ \text{m/s}^2 \cdot 10^2\ \text{s}^2}{2} = 275\ \text{m}$$

$$s_2 = v_1 \cdot t + \frac{a \cdot t^2}{2}$$

$$t = \sqrt{\frac{2 \cdot s_A}{a}}$$

a	Beschleunigung	m/s²
l	Längen, Abstände	m
s_1	Grundweg	m
s_2	Überholweg	m
s_A	Aufholweg	m
t	Überholzeit	s
v_1	Geschwindigkeit des langsameren Kfz	m/s
v_2	Geschwindigkeit des schnelleren Kfz	m/s

Sicherheitsabstand

Als Sicherheitsabstand zum vorausfahrenden Fahrzeug wird in der Rechtsprechung meistens der in 1,5 Sekunden zurückgelegte Weg zugrunde gelegt:

$l_3 = 1{,}5 \cdot v_2$ und $l_4 = 1{,}5 \cdot v_1$

Aufgaben

Überholen mit konstanter Geschwindigkeit.

23. Ein Pkw, der mit einer Geschwindigkeit von 54 (63) km/h fährt, wird von einem zweiten Pkw mit 72 (81) km/h in 13 (12) s überholt. Wie groß ist a) der Grundweg des ersten Pkw? b) der Überholweg? c) der Aufholweg des 2. Pkw?

24. Ein Lkw fährt mit 45 (60) km/h. Er wird von einem Pkw in 8 (12) s überholt. Der Aufholweg beträgt 75 (70) m. Wie groß ist a) der Grundweg des Lkw? b) der Überholweg des Pkw?

25. Ein Pkw mit 4,0 (4,5) m Länge fährt im Abstand von 40 (35) m hinter einem 18,0 (15,5) m langen Lastzug. Er will nach dem Überholen 35 (25) m vor dem Lastzug wieder einscheren. Wie groß ist der Aufholweg des Pkw?

26. Ein Lkw, der mit 63 (54) km/h fährt, wird von einem Pkw überholt (Abb. 12/26). Die Überholzeit beträgt 10 (7) s. Wie groß ist a) der Grundweg des Lkw? b) der Aufholweg des Pkw? c) der Überholweg? d) die Geschwindigkeit des Pkw?

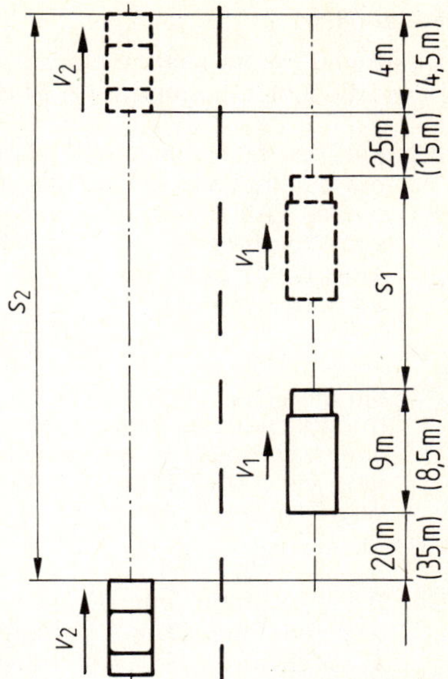

Abb. 12/**26**

27. Ein Pkw, der mit 80 (70) km/h fährt, wird von einem zweiten Pkw mit 120 (140) km/h überholt. Der Aufholweg ist 90 (105) m. Wie groß ist a) der Überholweg? b) die Überholzeit?

28. Ein Omnibus fährt mit 60 (75) km/h. Der mit einer Geschwindigkeit von 100 (120) km/h überholende Pkw hat einen Aufholweg von 100 (90) m. Wie groß ist a) die Überholzeit? b) der Überholweg? c) der Grundweg?

29. Ein Lastzug, der mit einer Geschwindigkeit von 45 (72) km/h fährt, wird von einem Pkw mit 90 (108) km/h überholt (Abb. 12/29). Wie groß ist a) der Aufholweg? b) der Überholweg, c) die Überholzeit? d) der Grundweg?

30. Ein Sattelfahrzeug von 15,0 (12,5) m Länge überholt mit 72 (81) km/h einen Lastzug von 18,0 (16,5) m Länge und 54 (63) km/h Geschwindigkeit. Zwischen den Fahrzeugen wird ein Sicherheitsabstand von $1{,}5 \cdot v$ gerechnet. Wie groß ist a) der Aufholweg? b) der Überholweg? c) die Überholzeit?

31. Ein Lkw, der mit 75 (80) km/h fährt, wird von einem Pkw überholt. Der Aufholweg beträgt 100 (60) m. Mit welcher Geschwindigkeit muß der Pkw-Fahrer mindestens fahren, wenn er einen Überholweg von 250 (300) m vor sich hat?

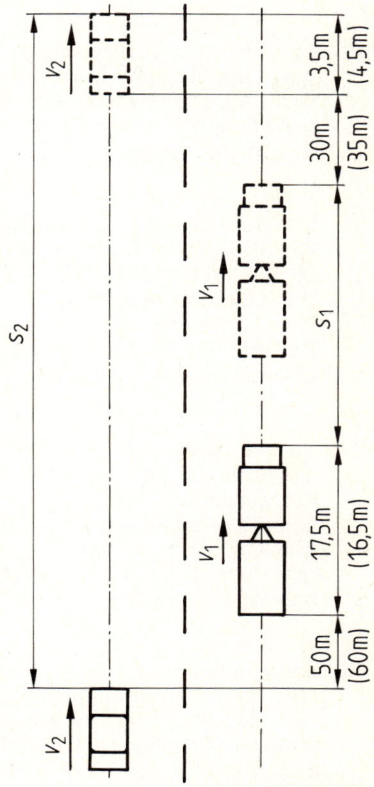

Abb. 12/**29**

Aufgaben

Überholen mit konstanter Beschleunigung. Die angegebenen Beschleunigungswerte sind Mittelwerte.

32. Ein Pkw fährt mit 54 (72) km/h und neben ihm auf der Überholspur ein zweiter mit gleicher Geschwindigkeit (Abb. 12/32). Der zweite Pkw beschleunigt zum Überholen 8 (12) s lang mit 1,2 (0,7) m/s². Wie groß ist a) der Grundweg? b) der Aufholweg? c) der Überholweg?

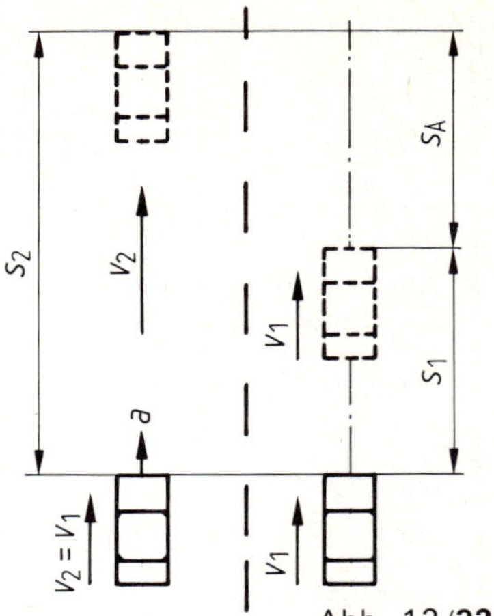

Abb. 12/**32**

33. Ein Lkw fährt mit 72 (80) km/h. Hinter ihm setzt ein mit gleicher Geschwindigkeit fahrender Sportwagen zum Überholen an und beschleunigt dabei 10 (9) s lang mit 2,0 (2,2) m/s². Wie groß ist a) der Grundweg? b) der Aufholweg? c) der Überholweg?

34. Ein Pkw fährt mit 90 (108) km/h hinter einem anderen Pkw. Zum Überholen beschleunigt er mit 1,5 (0,8) m/s². Der Aufholweg beträgt 108 (90) m. Wie groß ist a) die Überholzeit? b) der Grundweg? c) der Überholweg?

35. Ein Lastzug fährt auf ansteigender Straße mit 36 (45) km/h. Ein hinter ihm fahrender Lkw setzt zum Überholen an und beschleunigt mit 0,3 (0,4) m/s². Wie groß ist der Überholweg, wenn er für das Überholen 20 (15) s benötigt?

36. Ein Pkw von 4,0 (3,5) m Länge fährt im Abstand von 28 (16) m hinter einem Lastzug von 18 (16,5) m Länge und 54 (36) km/h Geschwindigkeit. Mit welcher Überholzeit und welchem Überholweg muß der Pkw-Fahrer rechnen, wenn er 25 (20) m vor dem Lastzug wieder einscheren will und während des Überholens mit 1,5 (1,75) m/s² beschleunigt?

37. Zwei Lastzüge fahren hintereinander mit 72 (81) km/h und hinter ihnen auf der Überholspur ein Pkw mit derselben Geschwindigkeit (Abb. 12/37). Zum Überholen beschleunigt der Pkw und erzielt über den ganzen Überholvorgang eine mittlere Beschleunigung von 1,0 (0,8) m/s². Wie groß ist a) der Aufholweg? b) die Überholzeit? c) der Überholweg?

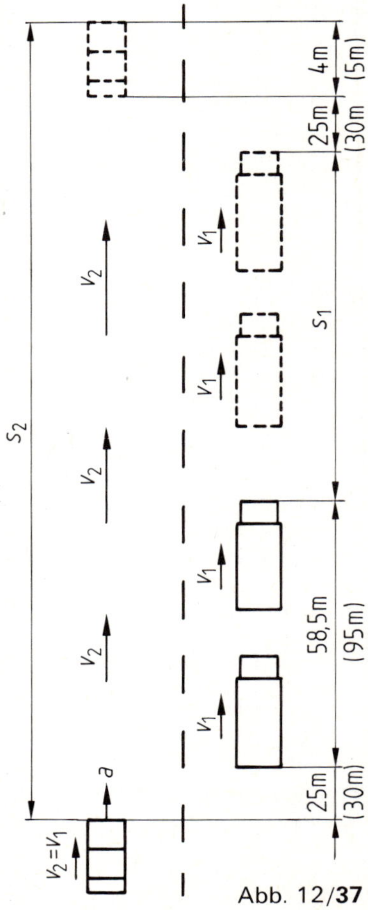

Abb. 12/**37**

38. Hinter einem 18 (13,4) m langen Lastzug mit 63 (72) km/h Geschwindigkeit fährt ein Pkw von 4,5 (5,0) m Länge. Der Pkw setzt zum Überholen an und beschleunigt dabei mit 1,5 (0,8) m/s². Gesucht: a) Aufholweg bei $1{,}5 \cdot v$ Sicherheitsabstand und b) Überholweg.

13 Kraft, Moment

13.1 Maßeinheiten, Darstellung einer Kraft

Die Maßeinheit der Kraft ist 1 Newton (Zeichen N). 1 Newton ist gleich der Kraft, die einem Körper der Masse 1 kg die Beschleunigung 1 m/s² erteilt. Weitere Einheiten: 1 Millinewton (mN) = $^1/_{1000}$ N, 1 Zentinewton (cN) = $^1/_{100}$ N, 1 Dezinewton (dN) = $^1/_{10}$ N, 1 Dekanewton (daN) = 10 N, 1 Hektonewton (hN) = 100 N, 1 Kilonewton (kN) = 1000 N, 1 Meganewton (MN) = 1000000 N.

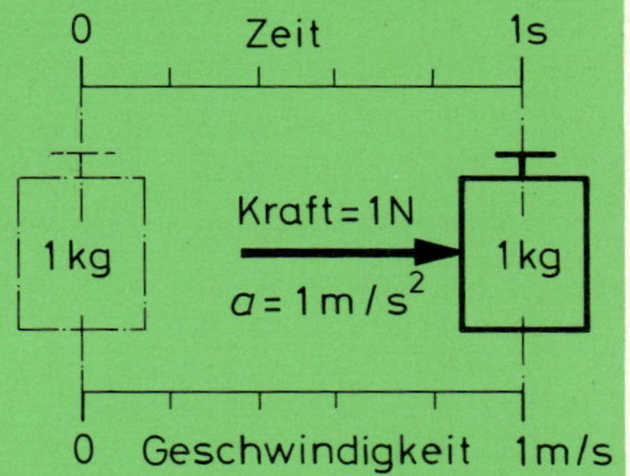

SI-Einheit: Newton (N)

$1\ N = 1\ kg \cdot 1\ m/s^2 = 1\ kg\ m/s^2$

Beispiel

528000 N sind in daN, hN und kN umzuwandeln.
528000 N = 52800,0 daN = 5280,00 hN = 528,000 kN

Darstellung einer Kraft

Eine Kraft wird zeichnerisch durch eine Pfeilstrecke dargestellt, deren Spitze die Kraftrichtung anzeigt. Auf der Wirkungslinie kann die Kraft verschoben werden. Die Größe der Kraft wird durch die Pfeillänge mittels des Kräftemaßstabes angegeben, z. B. 1 mm ≙ 5 N.

$$\text{Pfeillänge} = \frac{\text{Größe der darzustellenden Kraft}}{\text{Kraft je Längeneinheit}}$$

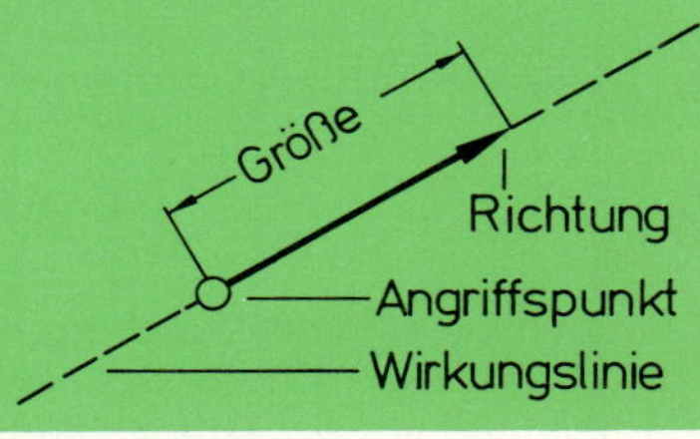

Beispiel

Kraft F = 50 N, Kräftemaßstab KM: 1 mm ≙ 2,5 N.

$$\text{Zeichnerische Pfeillänge} = \frac{50\ N}{2{,}5\ N/mm} = 20\ mm$$

Aufgaben

1. Verwandeln Sie in N!

a)	1,247 MN	30,150 MN	0,2493 MN	0,0075 MN
b)	54,26 kN	120,84 kN	0,5910 kN	0,0032 kN
c)	63,51 hN	287,50 hN	7,7400 hN	0,5293 hN
d)	2360 daN	65870 daN	69,18 daN	7,950 daN
e)	12800 dN	2242,5 dN	518,45 dN	53,280 dN
f)	76950 cN	5180,0 cN	321,40 cN	45,800 cN
g)	98560 mN	367000 mN	5280,0 mN	120,50 mN

2. Verwandeln Sie!

a)	in MN:	12385,6 kN	956800 N	524300 N
b)	in kN:	0,01380 MN	238563 N	442,85 N
c)	in daN:	8265,30 N	446,25 N	1,8420 kN
d)	in cN:	563,800 N	72,45 daN	523,00 mN
e)	in mN:	0,02360 N	0,008 daN	22,600 cN

3. Verwandeln Sie!

a)	in N:	22250 mN	763,82 cN	3,825 daN
b)	in daN:	7,1030 kN	56,800 N	22250 cN
c)	in kN:	0,0082 MN	121800 N	663,0 daN
d)	in MN:	428300 kN	325250 N	53820 daN

4. Stellen Sie zeichnerisch dar wie Abb. 13/4!

Kraft F	= 175 N	625 N	1,2 kN	6,3 kN
KM: 1 mm ≙	5 N	15 N	25 N	125 N
Winkel α	= 30°	45°	60°	75°

Umrechnung

kN	hN	daN	N
1	10	100	1000
0,1	1	10	100
0,01	0,1	1	10
0,001	0,01	0,1	1

N	dN	cN	mN
1	10	100	1000
0,1	1	10	100
0,01	0,1	1	10
0,001	0,01	0,1	1

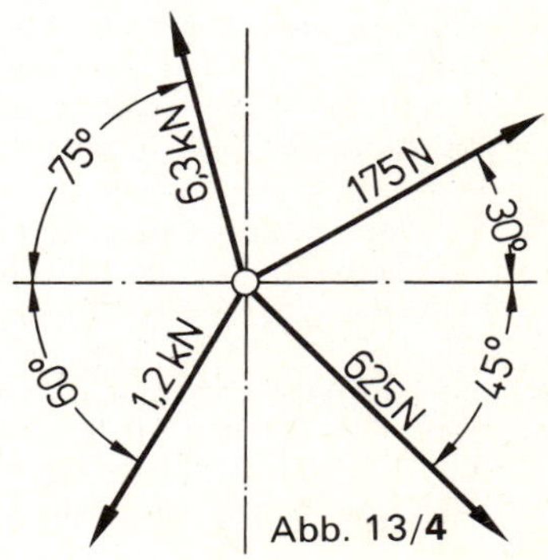

Abb. 13/4

13.2 Zusammensetzen von Kräften

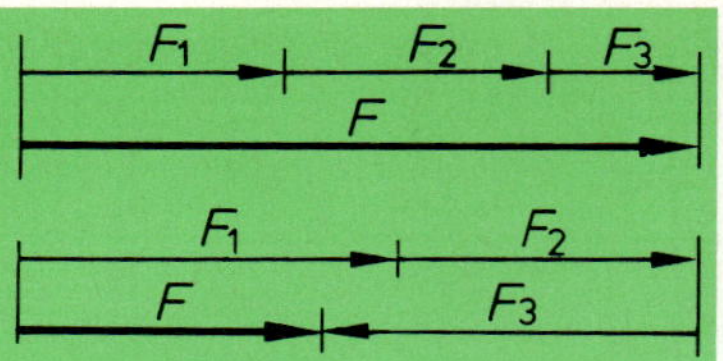

Kräfte in gleicher Richtung und Wirkungslinie werden zusammengezählt. Die Summe der Einzelkräfte ist die Ersatzkraft oder Resultierende.

Ersatzkraft = Summe der Einzelkräfte

Kräfte in entgegengesetzter Richtung bei gleicher Wirkungslinie werden voneinander abgezogen.

Ersatzkraft = Differenz der Einzelkräfte

$$F = F_1 + F_2 + F_3$$

$$F = F_1 + F_2 - F_3$$

Kräfte in verschiedener Richtung und Wirkungslinie werden zeichnerisch zu einem Parallelogramm ergänzt. Die Diagonale des Parallelogramms ist die Ersatzkraft oder Resultierende.

Ersatzkraft = Diagonale des Parallelogramms

Beispiel

$F_1 = 500$ N und $F_2 = 600$ N greifen im Punkt A unter einem Winkel von 60° an. Die Größe und Richtung der Ersatzkraft ist zeichnerisch zu ermitteln.

Kräftemaßstab 1 mm ≙ 10 N wählen. F_1 mit 50 mm, F_2 mit 60 mm aufzeichnen. Die Diagonale ergibt sich zu 85 mm. $F = 85$ mm · 10 N/mm $= 850$ N

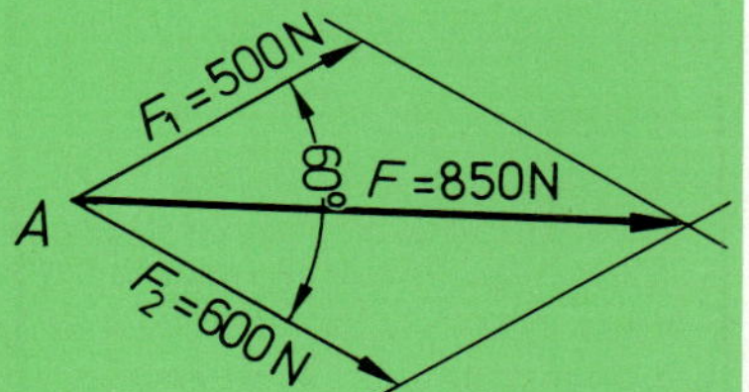

Aufgaben

5. Eine Einscheibenkupplung hat 6 (9) Druckfedern mit je 325 (455) N Spannkraft. Wie groß ist die Anpreßkraft der Druckplatte?

6. Ein Lkw-Anhänger hat 2,85 (3,05) kN Rollwiderstand, 650 (840) N Luftwiderstand und 5,75 (6,15) kN Steigungswiderstand. Wieviel kN Zugkraft sind erforderlich?

7. Ein Pkw hat 1650 (1800) N Antriebskraft. Dagegen wirken 158 (245) N Rollwiderstand, 185 (215) N Luftwiderstand und 325 (468) N Steigungswiderstand. Wieviel N bleiben noch für die Beschleunigung übrig?

8. Keilriemenscheibe nach Abb. 13/8, Riemenspannkraft $F_1 = F_2 = 180$ (240) N, Winkel $\alpha = 30°$ (20°). Bestimmen Sie zeichnerisch die Größe und Richtung der Kraft F auf das Lager!

9. Bei dem Handbremsseilzug nach Abb. 13/9 sind die Zugkräfte F_1 und F_2 je 350 (280) N, der Winkel $\alpha = 30°$ (45°). Wie groß ist F in N?

10. Die Antriebskraft eines Pkw (Abb. 13/10) beträgt $F_1 = 850$ (1050) N. Der Seitenwind wirkt mit $F_2 = 200$ (250) N. Bestimmen Sie zeichnerisch die Größe und Richtung der Ersatzkraft!

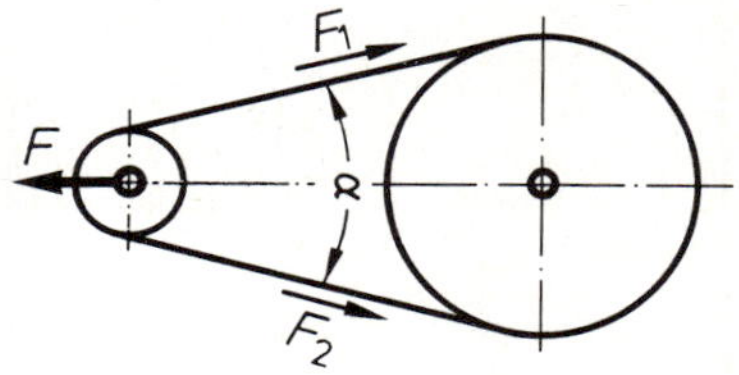

Abb. 13/**8**

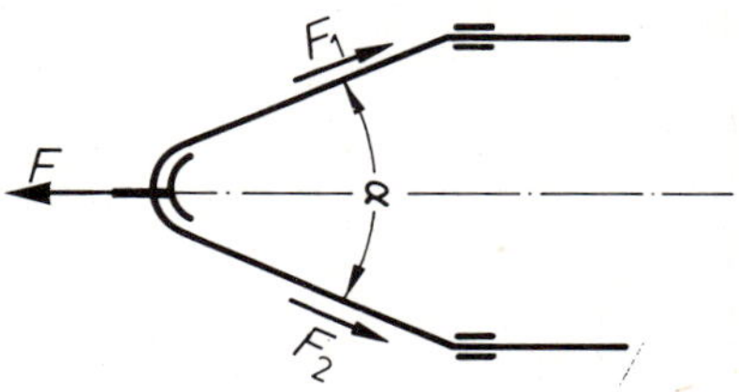

Abb. 13/**9**

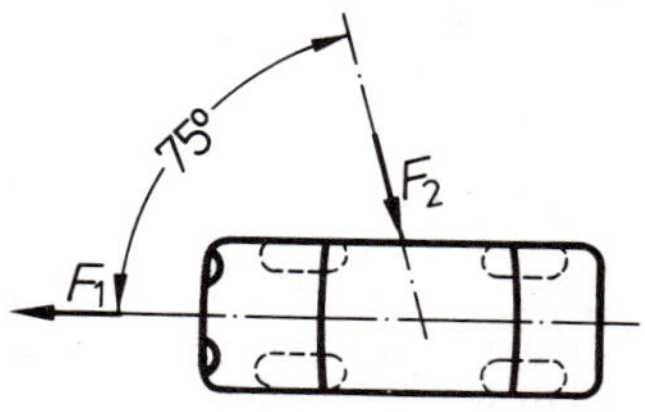

Abb. 13/**10**

13.3 Zerlegung einer Kraft

Eine Kraft F kann in zwei Teilkräfte zerlegt werden, wenn deren Wirkungslinien bekannt sind. Die Wirkungslinien werden zu einem Kräfteparallelogramm ergänzt, in welchem die zu zerlegende Kraft die Diagonale bildet. Größe und Richtung der Teilkräfte ergeben sich aus den Seiten des Parallelogramms.

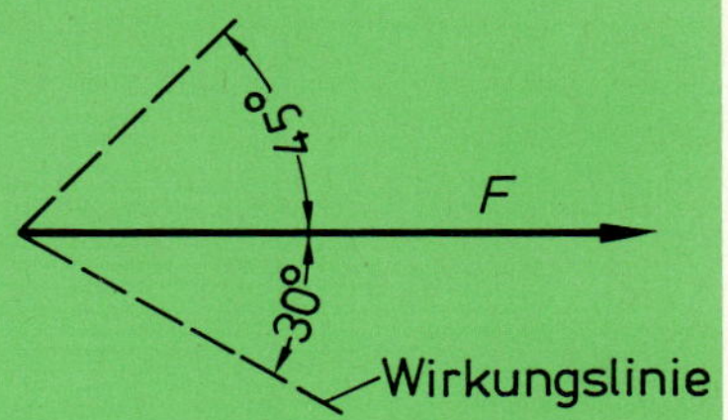

Teilkräfte = Seiten des Kräfteparallelogramms

Beispiel

Die Kraft $F = 850$ N soll in die Teilkräfte F_1 und F_2 zerlegt werden, deren Wirkungslinien unter den Winkeln $\alpha = 45°$ und $\beta = 30°$ verlaufen.

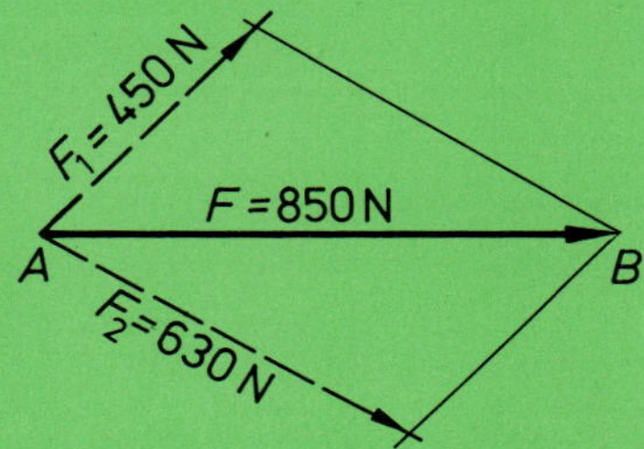

Kräftemaßstab 1 mm ≙ 10 N wählen. Kraft F als Strecke AB = 85 mm und Wirkungslinien durch A unter 45° und 30° aufzeichnen. Die Parallelen durch B ergeben die Teilkräfte F_1 und F_2.

F_1, gemessen 45 mm, = 45 mm · 10 N/mm = 450 N
F_2, gemessen 63 mm, = 63 mm · 10 N/mm = 630 N

Aufgaben

11. Anhängergabel nach Abb. 13/11. Länge $l = 1900$ (2100) mm, Breite $b = 1200$ (1400) mm, Zugkraft $F = 8500$ (12 000) N. Bestimmen Sie die Teilkräfte F_1 und F_2 durch zeichnerische Lösung! Zeichenmaßstab 1 : 20, Kräftemaßstab KM 1 mm ≙ 100 N.

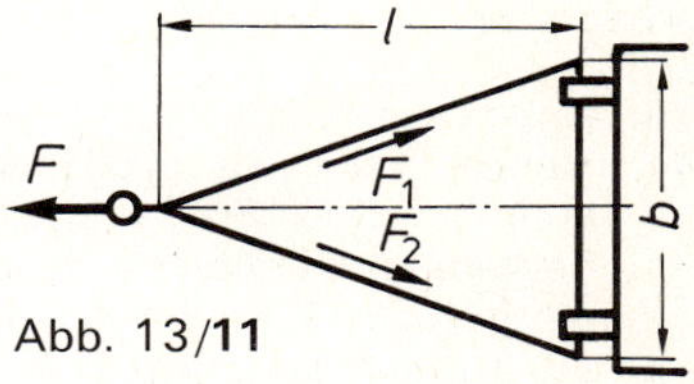

Abb. 13/**11**

12. Pkw auf einer Gefällestrecke nach Abb. 13/12. Gefälle der Strecke 20 (25) %, Gewichtskraft des Pkw $G = 14\,000$ (18 000) N. Bestimmen Sie die Normalkraft F_n und die Hangabtriebskraft F_H durch zeichnerische Lösung! Kräftemaßstab KM 1 mm ≙ 200 N.

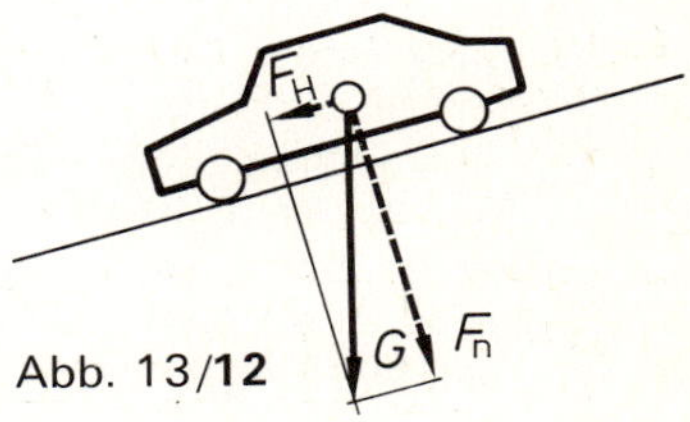

Abb. 13/**12**

13. Kurbeltrieb nach Abb. 13/13. Kurbelradius $r = 40$ (60) mm, Pleuellänge $l = 150$ (230) mm, Kurbelwinkel 45° (45°), Kolbenkraft $F = 20\,000$ (32 000) N. Bestimmen Sie folgende Kräfte durch zeichnerische Lösung:
a) Pleuelstangenkraft F_{Pl} in N,
b) Normalkraft oder Seitenkraft F_n in N,
c) Tangentialkraft oder Drehkraft F_T in N,
d) Radialkraft oder Lagerkraft F_R in N!
Zeichenmaßstab 1 : 2, Kräftemaßstab KM 1 mm ≙ 400 N.

14. Bestimmen Sie die in Aufgabe 13 verlangten Kräfte für einen Kurbeltrieb mit einem Kurbelverhältnis $l : r = 3 : 1$ (3,5 : 1) und einer Kolbenkraft $F = 12\,000$ (15 000) N bei 30° (60°) Kurbelwinkel! KM 1 mm ≙ 150 N.

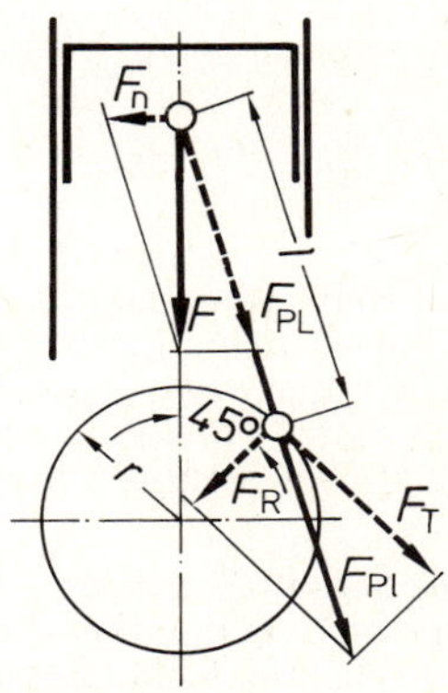

Abb. 13/**13**

13.4 Moment einer Kraft, Drehmoment

Greift eine Kraft an einem Hebelarm an, so entsteht eine Drehwirkung. Man nennt diese Drehwirkung das Drehmoment. Es ist um so größer, je länger der Hebelarm r und je größer die Kraft F ist. Der Hebelarm ist der kürzeste Abstand vom Drehpunkt bis zur Wirkungslinie der Kraft, also ein Halbmesser.

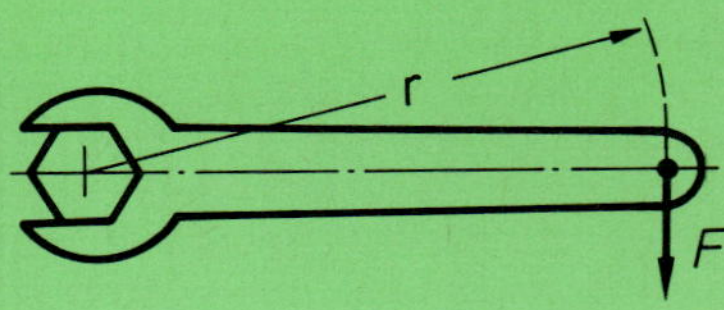

Moment der Kraft, Drehmoment = Kraft × Hebelarm

In manchen Fällen, z.B. an der Kurbelwelle eines Motors, ist das Drehmoment aus Kraft und Hebelarm nicht ohne weiteres vorstellbar. Es kann jedoch gemessen und errechnet werden.

$$M = F \cdot r$$

$$F = \frac{M}{r} \qquad r = \frac{M}{F}$$

M Drehmoment, Kraftmoment
F Kraft
r Hebelarm, Halbmesser

Beispiel

Schraubenschlüssel, wirksamer Hebelarm $r = 180$ mm, Kraft $F = 65$ N. Wie groß ist das Drehmoment in Nm zum Anziehen der Schraube?

Drehmoment $M = 65 \text{ N} \cdot 0{,}180 \text{ m} \qquad = 11{,}7 \text{ Nm}$

Aufgaben

15. An einem Ringschlüssel mit einem wirksamen Hebelarm $r = 135$ (150) mm wirkt eine Handkraft $F = 150$ (180) N. Wie groß ist das Anzugsdrehmoment in Nm?

16. Ein Steckschlüssel (Abb. 13/16) hat einen Hebelarm $r = 250$ (280) mm. Die Kraft F ist 85 (115) N. Wie groß ist das Drehmoment in Nm?

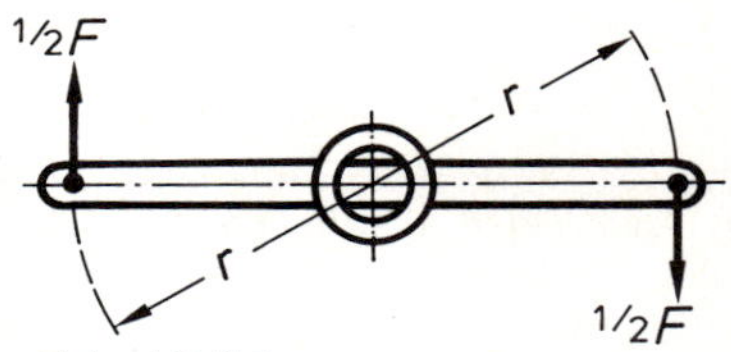

Abb. 13/**16**

17. Mit einem Drehmomentschlüssel (Abb. 13/17) werden Zylinderkopfschrauben angezogen. Das vorgeschriebene Drehmoment ist 75 (85) Nm. Wie groß ist die Handkraft $F/2$ bei einem Hebelarm $r = 180$ (190) mm?

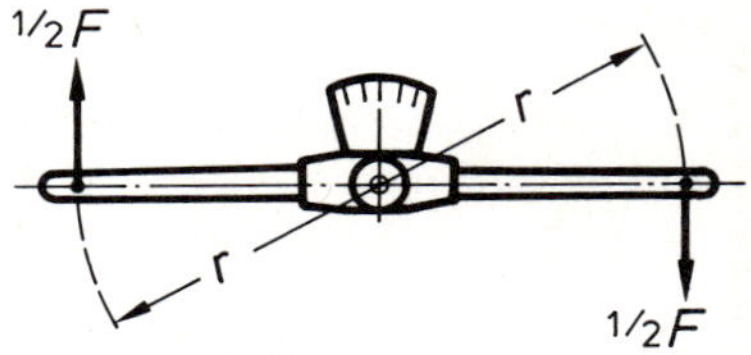

Abb. 13/**17**

18. Ein Starterritzel (Abb. 13/18) mit $d = 24$ (36) mm Teilkreisdurchmesser muß ein Drehmoment von 14 (27) Nm übertragen. Wie groß ist die Zahnkraft F in N?

19. Eine Einscheibenkupplung muß ein Drehmoment von 95 (120) Nm übertragen. Die Beläge haben 150 (180) mm Außen- und 100 (130) mm Innendurchmesser. Wie groß ist die Umfangskraft F im mittleren Durchmesser einer Belagseite?

20. Die beiden Antriebsräder eines Pkw mit einem wirksamen Durchmesser von 580 (610) mm übertragen zusammen ein Drehmoment von 0,9 (1,1) kNm. Wie groß ist die Umfangskraft an 1 Rad?

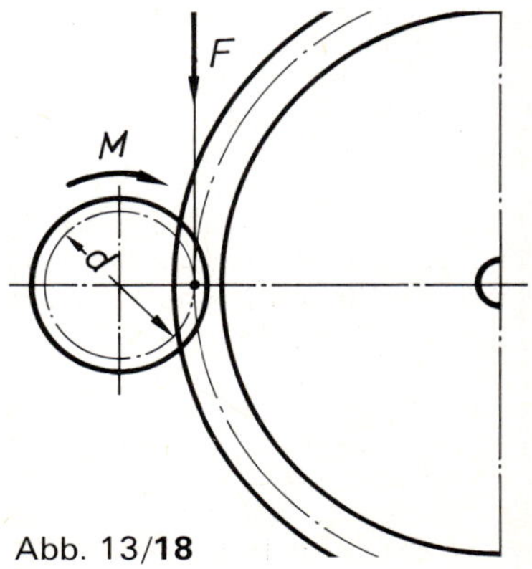

Abb. 13/**18**

13.5 Hebel, Hebelgesetz

Jeder starre Körper, der um eine Achse drehbar ist, stellt einen Hebel dar. Man unterscheidet:

a) zweiseitige Hebel, wenn die Kräfte auf beiden Seiten vom Drehpunkt angreifen,

b) einseitige Hebel, wenn die Kräfte nur auf einer Seite angreifen, und

c) Winkelhebel, wenn die Arme einen Winkel bilden.

Der senkrechte Abstand vom Drehpunkt bis zur Wirkungslinie einer Kraft ist ihr Hebelarm. Je nach Kraftrichtung ergeben sich links- und rechtsdrehende Kraftmomente. Ein Hebel ist im Gleichgewicht, wenn beide Momente gleich groß sind.

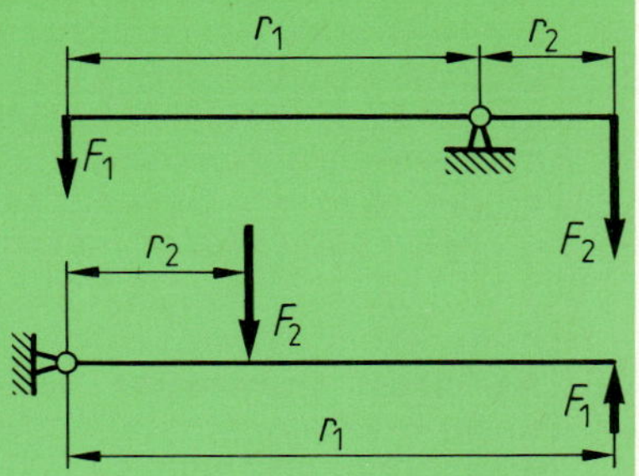

Kraft × Hebelarm linksdrehend
= Kraft × Hebelarm rechtsdrehend

$$F_1 \cdot r_1 = F_2 \cdot r_2$$

$$F_1 = \frac{F_2 \cdot r_2}{r_1} \qquad F_2 = \frac{F_1 \cdot r_1}{r_2}$$

$$r_1 = \frac{F_2 \cdot r_2}{F_1} \qquad r_2 = \frac{F_1 \cdot r_1}{F_2}$$

Bildet man aus den Kräften, Hebelarmen oder Kraftwegen ein Verhältnis, dann erhält man die Hebelübersetzung i, zum Beispiel:

$$\text{Übersetzung } i = \frac{\text{Kraft 1}}{\text{Kraft 2}} = \frac{\text{Hebelarm 2}}{\text{Hebelarm 1}} = \frac{\text{Kraftweg 2}}{\text{Kraftweg 1}}$$

Bei 2 Hebeln ist: Gesamtübersetzung $i = i_1 \cdot i_2$

$$i = \frac{F_1}{F_2} = \frac{r_2}{r_1} = \frac{s_2}{s_1}$$

F_1, F_2 Kräfte am Hebel
r_1, r_2 Hebelarme
s_1, s_2 Kraftwege
i Hebelübersetzung

Beispiel

Hebel, $F_1 = 60$ N, $r_1 = 450$ mm, $r_2 = 150$ mm. Wie groß ist die Kraft F_2 und die Übersetzung i?

$$F_2 = \frac{60\ \text{N} \cdot 450\ \text{mm}}{150\ \text{mm}} = 180\ \text{N}; \qquad i = \frac{150\ \text{mm}}{450\ \text{mm}} = \frac{1}{3}$$

Aufgaben

21. Bremspedal nach Abb. 13/21, Fußkraft $F_1 = 250$ (400) N, Hebelarme $r_1 = 200$ (225) mm, $r_2 = 40$ (50) mm. Wie groß ist die Kolbenstangenkraft F_2 in N und die Hebelübersetzung i?

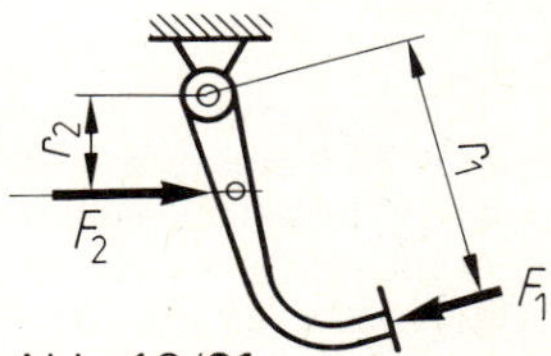

Abb. 13/**21**

22. An dem Bremspedal nach Abb. 13/21 ist bei Vollbremsung eine Kolbenstangenkraft $F_2 = 1500$ (1650) N erforderlich. Die Hebelarme sind $r_2 = 45$ (55) mm und $r_1 = 200$ (230) mm. Wieviel N Fußkraft müssen aufgebracht werden?

23. An der Kneifzange (Abb. 13/23) wird eine Handkraft $F_1 = 60$ (75) N ausgeübt. Die Hebelarme sind $r_1 = 125$ (130) mm und $r_2 = 20$ (25) mm.

a) Wie groß ist die Kraft an den Schneiden?

b) Wie groß ist die Hebelübersetzung?

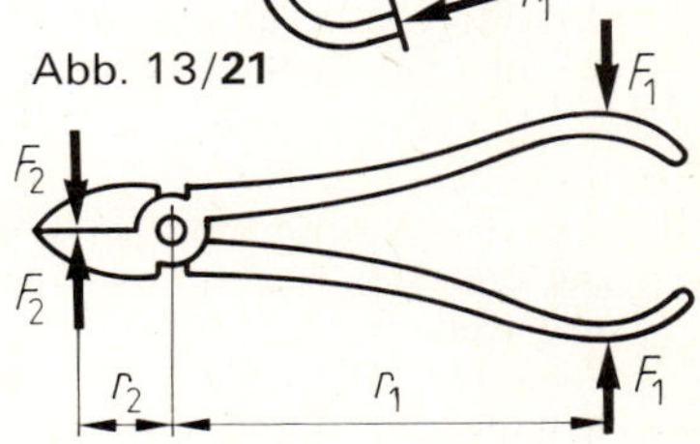

Abb. 13/**23**

24. Auf den Hebel eines Kickstarters (Abb. 13/24) wirkt eine Fußkraft $F_1 = 250$ (300) N. Die Hebelarme sind $r_1 = 135$ (140) mm und $r_2 = 45$ (40) mm. Berechnen Sie die Kraft F_2 in N und das Übersetzungsverhältnis i des Hebels!

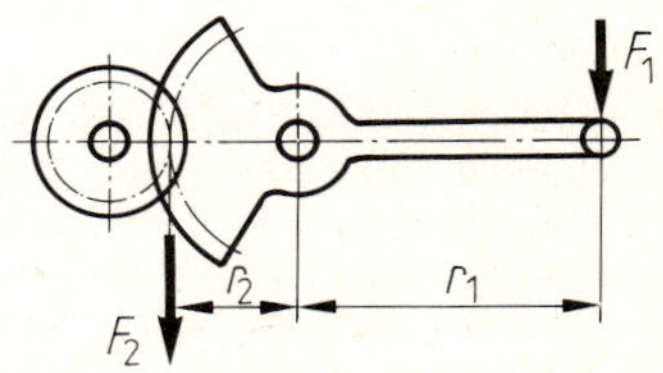

Abb. 13/**24**

25. Die Handbremse nach Abb. 13/25 wird mit einer Kraft $F_1 = 125$ (150) N angezogen. Die Länge der Hebelarme ist $r_1 = 480$ (495) mm und $r_2 = 75$ (90) mm. Berechnen Sie:
a) die Zugkraft F_2 in N im Bremsseil,
b) die Hebelübersetzung i,
c) den Weg des Bremsseiles, wenn der Handhebel 150 (120) mm angezogen wird!

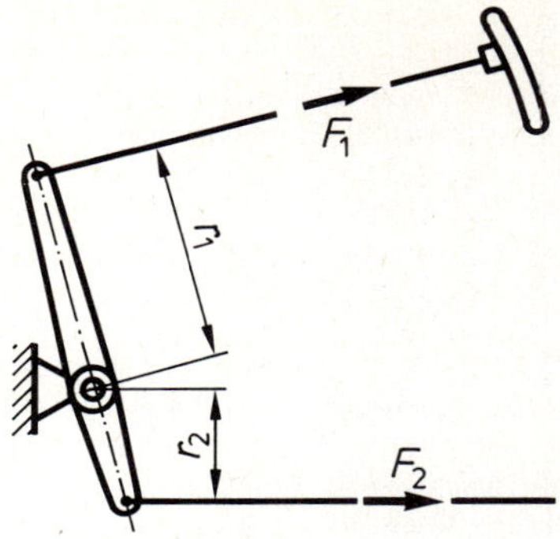

Abb. 13/**25**

26. An einem Bremspedal nach Abb. 13/26 mit einem Hebelarm $r_1 = 190$ (210) mm werden beim Bremsen durchschnittlich 800 (1260) N Kolbenstangenkraft benötigt. Die Fußkraft F_1 wird mit 240 (300) N angenommen. Wie groß muß der Hebelarm r_2 sein?

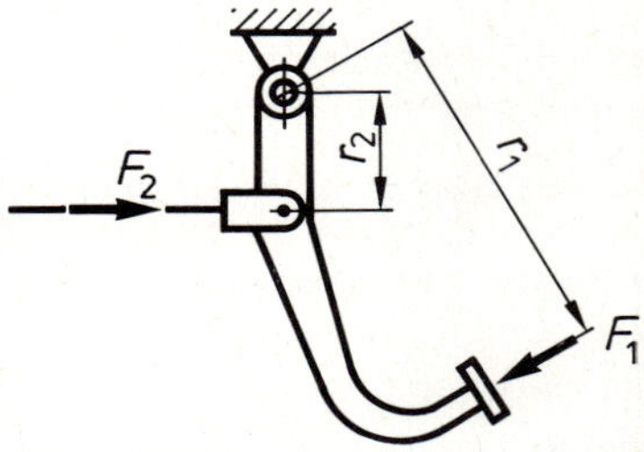

Abb. 13/**26**

27. An dem Kupplungspedal nach Abb. 13/27 ist zum Ausrücken der Kupplung eine Kraft $F_2 = 1250$ (810) N erforderlich. Der Hebelarm des Pedals ist $r_1 = 250$ (270) mm, die Fußkraft F_1 wird mit 225 (180) N angenommen. Wie groß muß der Hebelarm r_2 sein?

28. Zum Ausrücken einer Kupplung wird am Pedal eine Kraft $F_2 = 1200$ (900) N benötigt. Die Hebelarme sind $r_1 = 240$ (260) mm und $r_2 = 50$ (65) mm. Wieviel N Fußkraft F_1 sind zum Ausrücken der Kupplung nötig?

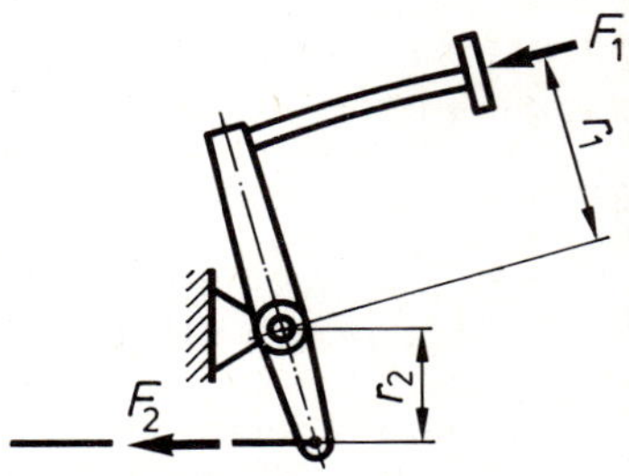

Abb. 13/**27**

29. Die Knüppelschaltung nach Abb. 13/29 wird mit einer Handkraft $F_1 = 12$ (15) N betätigt. Die Länge der Hebelarme beträgt $r_1 = 260$ (315) mm und $r_2 = 40$ (45) mm. Berechnen Sie:
a) die Kraft F_2 an der Schaltgabel,
b) die Hebelübersetzung i!

30. Bei der Knüppelschaltung nach Abb. 13/29 ist an der Schaltgabel eine Kraft $F_2 = 70$ (100) N erforderlich. Die Hebelarme des Schaltknüppels sind $r_1 = 280$ (300) mm und $r_2 = 32$ (36) mm. Welche Handkraft F_1 in N muß zum Schalten aufgewendet werden?

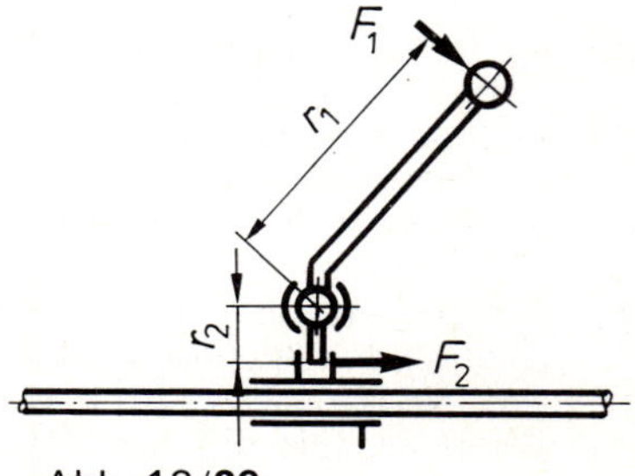

Abb. 13/**29**

31. Ein Radfahrer tritt mit seinem Körpergewicht $m = 65$ (72) kg in die Pedale. Die wirksame Hebellänge eines Pedals ist 170 (145) mm, der Halbmesser des Antriebskettenrades beträgt 90 (75) mm. Wie groß ist die Zugkraft in N in der Kette?

Aufgaben mit doppelter Hebelübersetzung

32. Bei der Kraftübertragung für eine Kupplung nach Abb. 13/32 wird eine Fußkraft $F_1 = 200$ (250) N zugrunde gelegt. Die Länge der Hebelarme beträgt $r_1 = 230$ (220) mm, $r_2 = 50$ (55) mm, $r_3 = 105$ (90) mm und $r_4 = 60$ (50) mm. Berechnen Sie:
a) die Hebelübersetzungen i_1 und i_2,
b) die gesamte Hebelübersetzung i,
c) die Kraft F_4 in N!

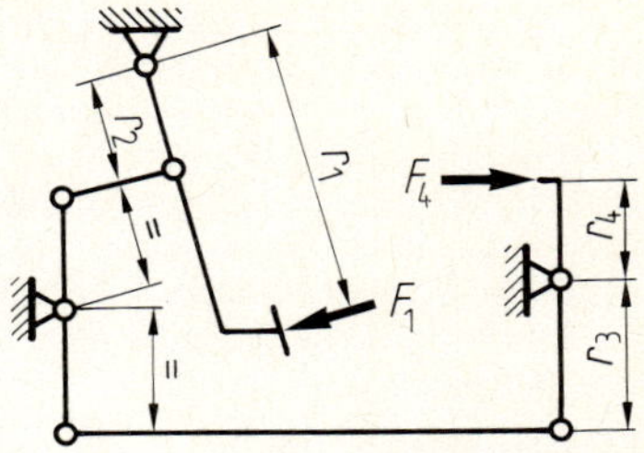

Abb. 13/**32**

33. Die Kraftübertragung für eine Kupplung nach Abb. 13/32 hat die Hebelarme $r_1 = 200$ (210) mm, $r_2 = 45$ (50) mm, $r_3 = 115$ (90) mm und $r_4 = 50$ (60) mm. Die Kraft F_4 zum Ausrücken beträgt 1950 (1260) N. Das Kupplungsspiel s zwischen Ausrückhebel und Ausrücklager ist 2,0 (2,5) mm. Berechnen Sie
a) die Hebelübersetzungen i_1 und i_2,
b) die gesamte Hebelübersetzung i,
c) die erforderliche Fußkraft F_1 in N!
d) den Pedalweg in mm zur Überwindung des Kupplungsspiels

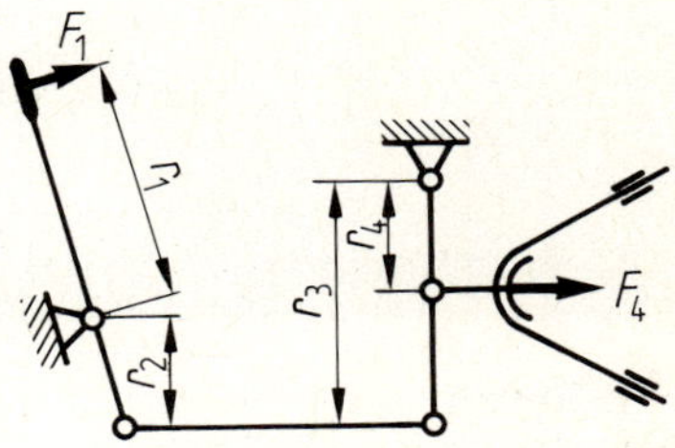

Ab. 13/**34**

34. Bei der Feststellbremse nach Abb. 13/34 beträgt die Handkraft $F_1 = 65$ (80) N. Die Länge der Hebelarme ist $r_1 = 450$ (480) mm, $r_2 = 75$ (90) mm, $r_3 = 105$ (120) mm und $r_4 = 30$ (40) mm. Berechnen Sie:
a) die Hebelübersetzungen i_1 und i_2,
b) die gesamte Hebelübersetzung i,
c) die Kraft F_4 in N am Ausgleichhebel!

35. An der Feststellbremse nach Abb. 13/34 wird in den beiden Bremsseilen eine Zugkraft von je 600 (500) N angenommen. Die Länge der Hebelarme ist $r_1 = 390$ (420) mm, $r_2 = 60$ (70) mm, $r_3 = 135$ (110) mm und $r_4 = 45$ (35) mm. Bestimmen Sie:
a) die Kraft F_4 in N, zeichnerisch,
b) die gesamte Hebelübersetzung i,
c) die Handkraft F_1 in N!

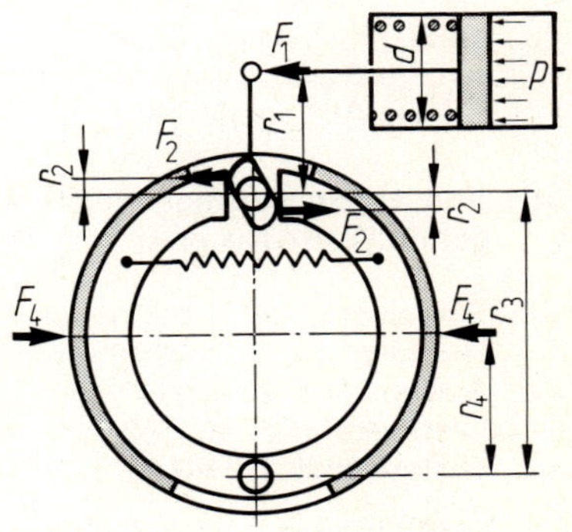

Abb. 13/**36**

36. Die Druckluftbremse eines Lkw nach Abb. 13/36 hat einen Einkammerbremszylinder mit $d = 125$ (100) mm Durchmesser und $p = 4{,}5$ (6,0) bar Betriebsdruck. Die Länge der Hebelarme ist $r_1 = 280$ (260) mm, $r_2 = 14$ (15) mm, $r_3 = 336$ (350) mm und $r_4 = 160$ (150) mm. Berechnen Sie:
a) die Kolbenkraft F_1 in N,
b) die Spreizkraft $F_2 = F_3$ des Nockens,
c) die Anpreßkraft F_4 ohne Servowirkung!

13.6 Auflagerkräfte

Die Auflagerkräfte F_A und F_B werden als Gegenkräfte dargestellt, die den Träger in A und B stützen. Zur Berechnung wird ein Auflager, zum Beispiel A, als Drehpunkt angenommen. Der Träger ist jetzt ein Hebel, an dem die Gewichtskräfte G_1 und G_2 sowie die Gegenkraft F_B wirken. Nach dem Hebelgesetz besteht Gleichgewicht, wenn die linksdrehenden Kraftmomente gleich groß sind wie die rechtsdrehenden Kraftmomente, oder:

Summe der linksdrehenden Kraftmomente
= Summe der rechtsdrehenden Kraftmomente

Ist eine Auflagerkraft, z. B. F_B, errechnet, dann ergibt sich F_A aus der Differenz zwischen der Summe der Gewichtskräfte und der Auflagerkraft F_B.

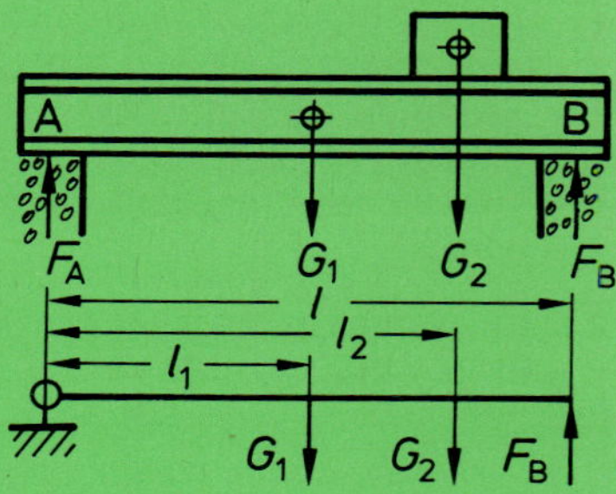

$$F_B \cdot l = G_1 \cdot l_1 + G_2 \cdot l_2$$

$$F_B = \frac{G_1 \cdot l_1 + G_2 \cdot l_2}{l}$$

$$F_A = G_1 + G_2 - F_B$$

F_A, F_B	Auflagerkräfte
G_1, G_2	Gewichtskräfte
l	Auflagerabstand
l_1, l_2	Abstände (Hebelarme) der Gewichtskräfte

Beispiel

Träger nach Abbildung, Gewichtskraft $G_1 = 3000$ N, Gewichtskraft der Last $G_2 = 6000$ N, Auflagerabstand $l = 260$ m, Hebelarme $l_1 = 1{,}30$ m, $l_2 = 2{,}0$ m. Gesucht sind die Auflagerkräfte F_A und F_B.

$$F_B = \frac{3000\ \text{N} \cdot 1{,}30\ \text{m} + 6000\ \text{N} \cdot 2{,}0\ \text{m}}{2{,}60\ \text{m}} = 6115\ \text{N}$$

$$F_A = 3000\ \text{N} + 6000\ \text{N} - 6115\ \text{N} = 2885\ \text{N}$$

Aufgaben

37. In einer Kfz-Werkstatt wird ein Träger nach Abb. 13/37 mit einer Gewichtskraft $G_1 = 2500$ (3000) N eingebaut. Am Hebezug wird mit einer Gewichtskraft $G_2 = 15\,000$ (20 000) N gerechnet. Die Abstände sind $l = 5{,}20$ (4,80) m, $l_1 = 2{,}60$ (2,40) m, $l_2 = 3{,}50$ (3,0) m. Wie groß sind die Auflagerkräfte F_A und F_B in N?

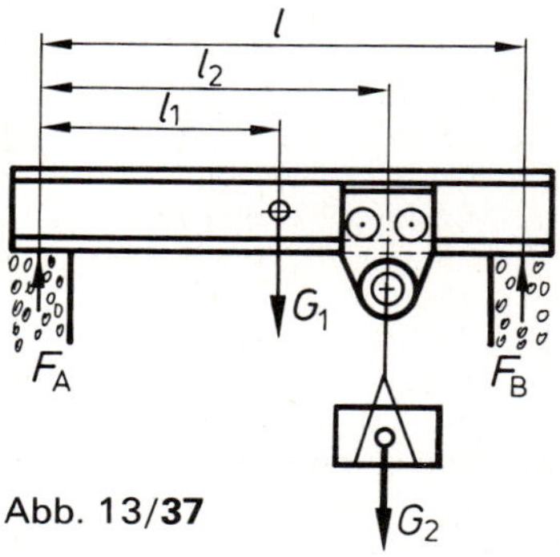

Abb. 13/**37**

38. Der Ausleger nach Abb. 13/38 hat eine Eigenlast $m_1 = 180$ (220) kg. Die Hublast m_2 des Hebezugs beträgt 1000 (1500) kg. Die Abstände sind $l = 2{,}40$ (2,60) m, $l_1 = 2{,}80$ (3,0) m, $l_2 = 5{,}0$ (4,80) m. Wie groß sind
a) die Gewichtskräfte G_1 und G_2 in N?
b) die Auflagerkräfte F_A und F_B in N?

39. Von einem Ausleger nach Abb. 13/38 sind folgende Werte bekannt:

		a)	b)	c)
Eigenlast	m_1	= 120 kg	180 kg	0,25 t
Hublast	m_2	= 1200 kg	2000 kg	3,50 t
Auflager	l	= 1,80 m	2,20 m	2,80 m
Lastabstand	l_1	= 1,80 m	2,00 m	1,90 m
Lastabstand	l_2	= 3,00 m	3,60 m	3,50 m

Berechnen Sie die Gewichtskräfte G_1 und G_2 in N und die Auflagerkräfte F_A und F_B in N!

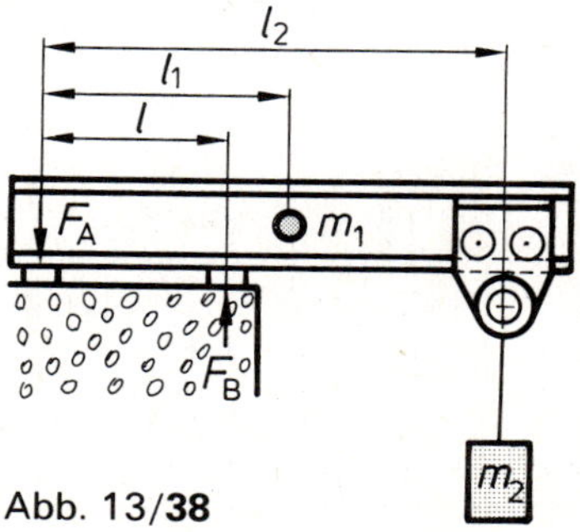

Abb. 13/**38**

13.7 Achskräfte

G	Gewichtskraft	l	Radstand
G_1	Achskraft vorn	l_1	Schwerpunktsabstand VA
G_2	Achskraft hinten	l_2	Schwerpunktsabstand HA
g	Fallbeschleunigung	m	Fahrzeuggewicht

Die Achskräfte ergeben sich aus Fahrzeug-Gewichtskraft, Radstand und Schwerpunktsabstand. Nach dem Hebelgesetz ist $G_1 \cdot l = G \cdot l_2$ oder $G_2 \cdot l = G \cdot l_1$.

$$G_1 = \frac{G \cdot l_2}{l} \qquad G_2 = \frac{G \cdot l_1}{l}$$

$$l_2 = \frac{G_1 \cdot l}{G} \qquad l_1 = \frac{G_2 \cdot l}{G}$$

Beispiel: $G = 12\,000$ N, $l = 2500$ mm, $l_2 = 1350$ mm.

$$G_1 = \frac{12000\ \text{N} \cdot 1350\ \text{mm}}{2500\ \text{mm}} = 6480\ \text{N}$$

$$G_2 = 12000\ \text{N} - 6480\ \text{N} = 5520\ \text{N}$$

Aufgaben

40. Personenkraftwagen nach Abb. 13/40. Berechnen Sie die Achskräfte der Vorder- und Hinterachse!

41. Ein Pkw hat ein zulässiges Gesamtgewicht von 1860 (2040) kg. Der Radstand beträgt 2790 (2820) mm, der Schwerpunktsabstand zur Hinterachse 1320 (1380) mm. Wie groß sind a) die Gewichtskraft des Fahrzeugs? b) die Achskräfte?

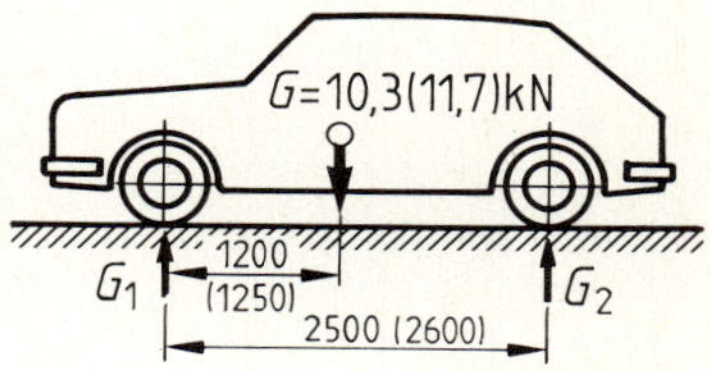

Abb. 13/**40**

42. Lkw, zulässiges Gesamtgewicht 7490 (15000) kg, Radstand 3000 (4360) mm, Schwerpunktsabstand zur Vorderachse 1948 (2860) mm. Gesucht: a) Gewichtskraft des Lkw b) beide Achskräfte.

43. Lkw nach Abb. 13/43. Berechnen Sie a) die Gewichtskraft des Lkw, b) den Schwerpunktsabstand l_2, c) das Fahrzeuggewicht!

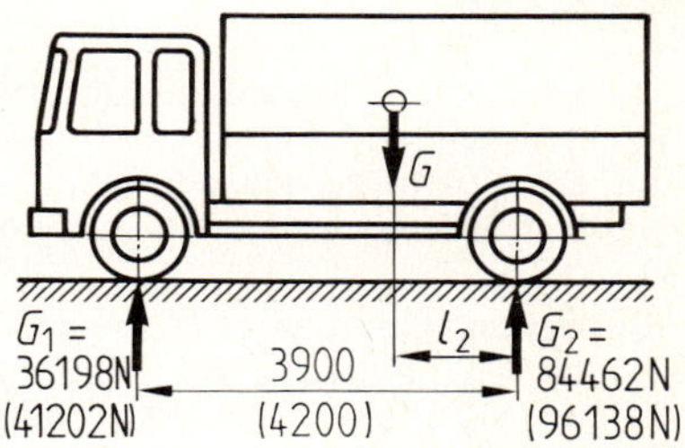

Abb. 13/**43**

44. Die Achskraft eines Pkw ist vorn 8338 (5395) N, hinten 9320 (7750,4) N. Der Radstand beträgt 2700 (1840) mm. Wie groß ist: a) das Fahrzeuggewicht? b) der Schwerpunktsabstand zur VA?

45. Sattelkraftfahrzeug (Abb. 13/45), Aufliegelast 9 (8) t, Radstand 3200 (2800) mm, Abstand des Sattelzapfens von der Hinterachse $l_2 = 800$ (840) mm. Wie groß sind a) die Gewichtskraft? b) die Achskräfte der Aufliegelast?

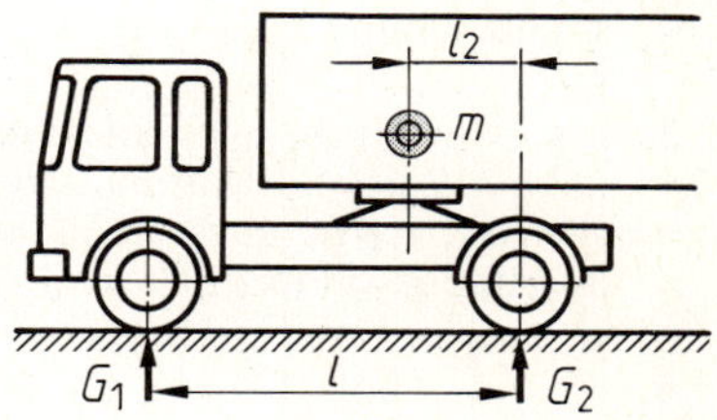

Abb. 13/**45**

46. Sattelkraftfahrzeug wie Abb. 13/45, Radstand 3000 (2800) mm, Abstand des Sattelzapfens von der Hinterachse 900 (800) mm. Wie groß darf die Aufliegelast höchstens sein, wenn die maximale Achskraft der Aufliegelast an der Hinterachse 41 200 (35100) N nicht übersteigen soll?

47. An einem Pkw (Abb. 13/47) beträgt die Stützlast auf die Anhängerkupplung 50 (70) kg. Um wieviel N wird dadurch die Hinterachskraft vergrößert und die Vorderachskraft vermindert?

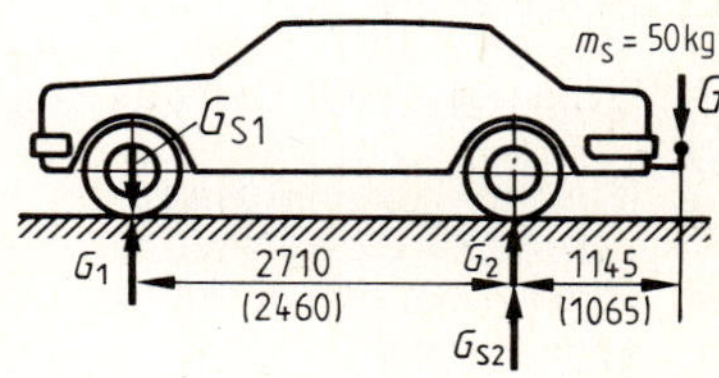

Abb. 13/**47**

14 Reibung

14.1 Haftreibung

Jeder auf seiner Unterlage ruhende Körper setzt seiner Verschiebung einen Widerstand, die Haftreibung, entgegen. Der Kraftmesser zeigt, daß die Haftreibung um so größer ist, je größer die Normalkraft F_n ist und je stärker die Reibwirkung der Werkstoffe und der Oberflächenbeschaffenheit ist. Die beiden letzteren Einflüsse werden durch die Haftreibungszahl μ_H erfaßt. Die Größe der Reibfläche ist ohne Einfluß, somit ist:

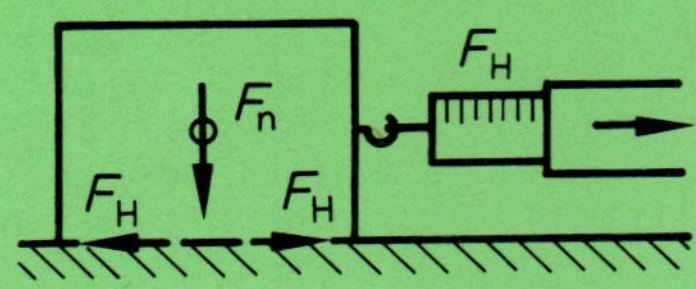

Haftreibung = Normalkraft × Haftreibungszahl

$$F_H = F_n \cdot \mu_H$$

$$F_n = \frac{F_H}{\mu_H} \qquad \mu_H = \frac{F_H}{F_n}$$

F_H Haftreibung
F_n Normalkraft
μ_H Haftreibungszahl

Beispiel

Stahlkörper, $m = 2$ kg, auf gußeiserner Platte, Haftreibungszahl $\mu_H = 0{,}18$. Wie groß ist die Normalkraft F_n und die Haftreibung F_H in N?

Normalkraft $F_n = 2\ \text{kg} \cdot 9{,}81\ \text{m/s}^2 \quad = 19{,}62$ N
Haftreibung $F_H = 19{,}62\ \text{N} \cdot 0{,}18 \quad = \ 3{,}53$ N

Aufgaben

1. Eine Einscheibenkupplung (Abb. 14/1) hat 9 Druckfedern mit je 600 (450) N Anpreßkraft. Die Haftreibungszahl ist 0,4 (0,3). Wieviel N Haftreibung entstehen auf einer Belagseite?

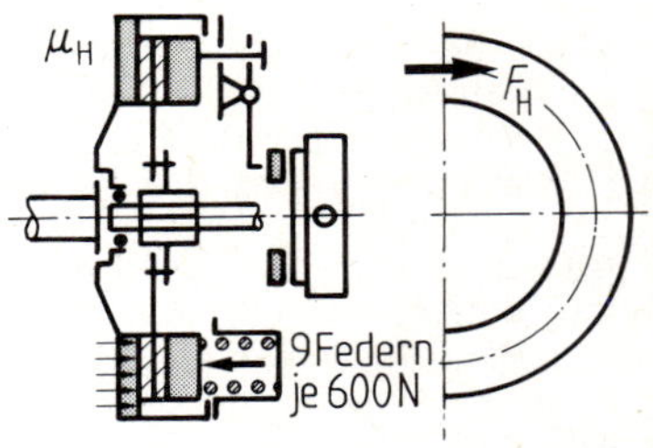

Abb. 14/**1**

2. Naßkupplung eines Mopeds (Abb. 14/2) mit 3 Lamellen, mittlerer Durchmesser der Reibflächen 90 (82) mm, Druckkraft 800 (650) N, Haftreibungszahl 0,12 (0,15). Wie groß ist
   a) die gesamte Haftreibung in N?
   b) das übertragbare Drehmoment in Nm?

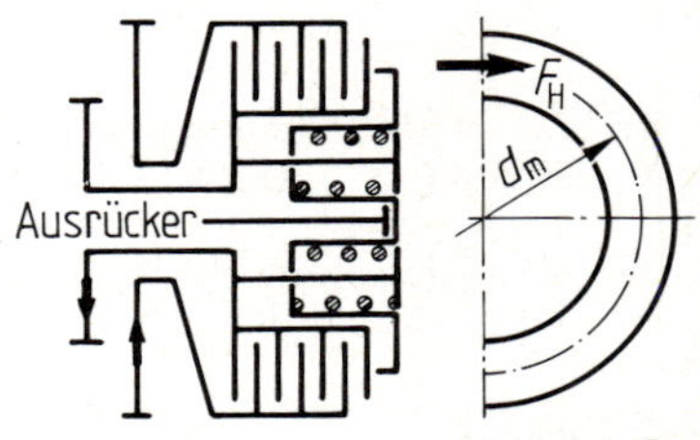

Abb. 14/**2**

3. Die Hinterachslast eines Lkw beträgt 10500 (14500) kg, die Haftreibungszahl ist 0,80 (0,65). Wieviel N Antriebskraft kann ein Rad höchstens übertragen ohne zu rutschen?

4. Ein Pkw (Abb. 14/4) hat 1320 (1980) kg Gesamtgewicht, das sich zu 45 (40)% auf die Vorderachse verteilt. Die Haftreibungszahl ist 0,85 (0,70). Wie groß ist die Haftreibung in N an der Vorderachse und Hinterachse?

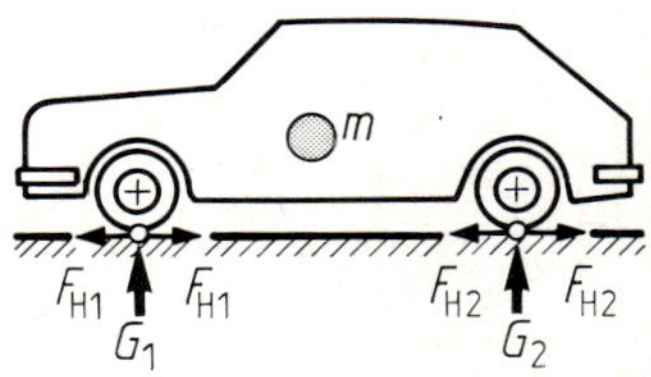

Abb. 14/**4**

5. Eine Einscheibenkupplung soll ein Drehmoment von 62,0 (82,0) Nm übertragen. Die Reibfläche hat 120 (140) mm mittleren Durchmesser, die Haftreibungszahl ist 0,40 (0,45). Gesucht:
   a) Umfangskraft in N,
   b) erforderliche Anpreßkraft in N.

14.2 Gleitreibung

Jeder Körper, der auf seiner Unterlage gleitet, erfährt infolge der Reibung einen Widerstand gegen seine Bewegung. Den Widerstand gleichförmig gleitender Körper gegen Bewegung nennt man die Gleitreibung F_G. Sie ist stets kleiner als die Haftreibung, weil die Reibflächen weniger in sich verzahnt sind. Die Größe der Gleitreibung hängt von der Normalkraft F_n und der Beschaffenheit der Reibflächen ab, welche durch die Gleitreibungszahl μ_G berücksichtigt wird. Somit ist:

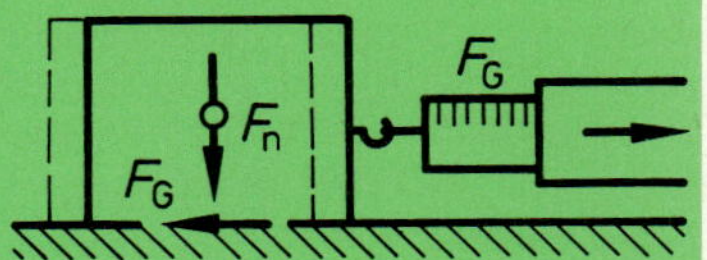

Gleitreibung = Normalkraft × Gleitreibungszahl

$$F_G = F_n \cdot \mu_G$$

$$F_n = \frac{F_G}{\mu_G} \qquad \mu_G = \frac{F_G}{F_n}$$

F_G Gleitreibung
F_n Normalkraft
μ_G Gleitreibungszahl

Beispiel

Scheibenbremse, Anpreßkraft der Bremsklötze $F_n = 24\,000$ N, Gleitreibungszahl $\mu_G = 0{,}35$. Wieviel N Bremskraft entstehen je Reibfläche?

Gleitreibung $F_G = 24\,000\ \text{N} \cdot 0{,}35 \qquad = 8400\ \text{N}$

Aufgaben

6. Bei der Außenbackenbremse nach Abb. 14/6 ist die Anpreßkraft $F_n = 7500$ (5850) N. Die Gleitreibungszahl ist 0,35 (0,32). Wie groß ist die Bremskraft in N an der Trommel?

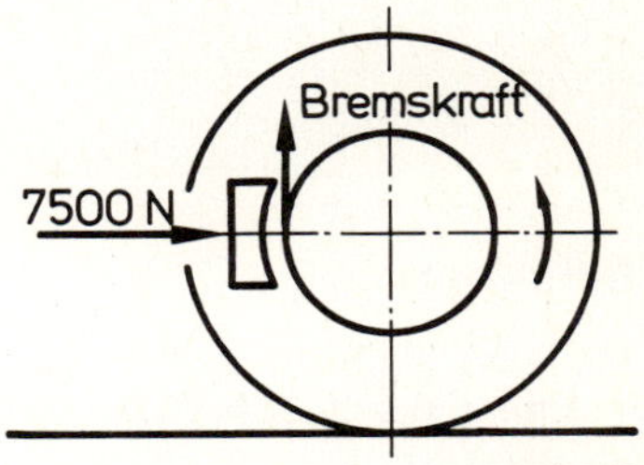

Abb. 14/**6**

7. Scheibenbremse nach Abb. 14/7, Anpreßkraft der Bremsklötze je $F_n = 21\,600$ (22460) N, Gleitreibungszahl $\mu_G = 0{,}35$ (0,38). Wieviel N Bremskraft entstehen an einer Achse?

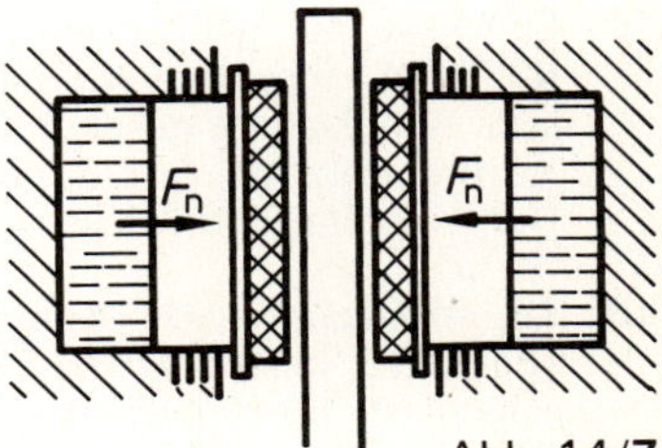

Abb. 14/**7**

8. Die Kurbelwellenlager eines Motors müssen 24500 (19800) N Lagerkraft aufnehmen. Wie groß ist die Gleitreibung in N bei einer Gleitreibungszahl von 0,008 (0,012)?

9. Ein Pkw hat 1250 (1460) kg Gesamtgewicht. Davon werden 55 (65) % von der Hinterachse aufgenommen. Die Haftreibungszahl zwischen Reifen und Fahrbahn ist 0,8 (0,6), die Gleitreibungszahl 0,5 (0,4). Berechnen Sie die Gesamtbremskraft für folgende Fälle:
a) alle Räder drehen sich gerade noch,
b) alle Räder blockieren gleichzeitig,
c) nur die Vorderräder blockieren,
d) nur die Hinterräder blockieren!

10. Außenbackenbremse nach Abb. 14/10, Radlast $m_R = 240$ (310) kg, wirksamer Halbmesser $r = 315$ (325) mm, Trommeldurchmesser $d = 230$ (250) mm, Haftreibungszahl $\mu_H = 0{,}8$ (0,7), Gleitreibungszahl $\mu_G = 0{,}35$ (0,36). Wie groß darf die Anpreßkraft F_n höchstens sein, ohne daß das Rad blockiert?

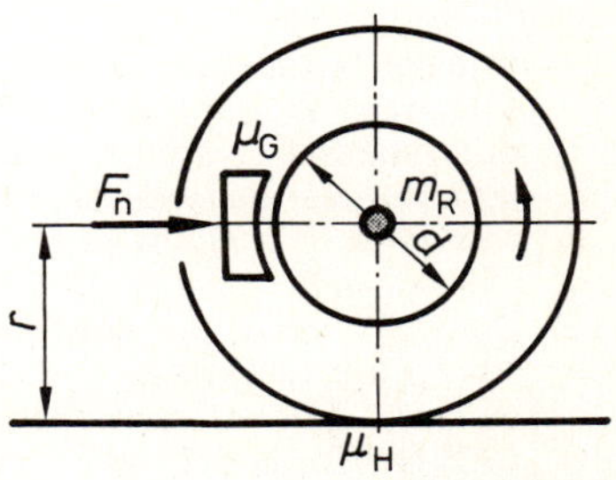

Abb. 14/**10**

14.3 Rollreibung

Ein rollendes Rad dringt durch die Wirkung der Normalkraft F_n in seine Unterlage ein. Dabei verschiebt sich ihre Gegenkraft um den Abstand f von der Radmitte und bildet ein Drehmoment $M_1 = F_n \cdot f$. Die Antriebskraft, die gleich der Rollreibung F_R ist, erzeugt das Drehmoment $M_2 = F_R \cdot r$. Zum Rollen des Rades muß das Drehmoment M_2 mindestens so groß sein wie M_1. Die Gleichsetzung der Momente, wobei der Abstand f mit Rollwiderstandszahl bezeichnet wird, ergibt:

Rollreibung × Halbmesser des Rades = Normalkraft × Rollreibungszahl, somit

$$\text{Rollreibung} = \frac{\text{Normalkraft} \times \text{Rollreibungszahl}}{\text{Halbmesser des Rades}}$$

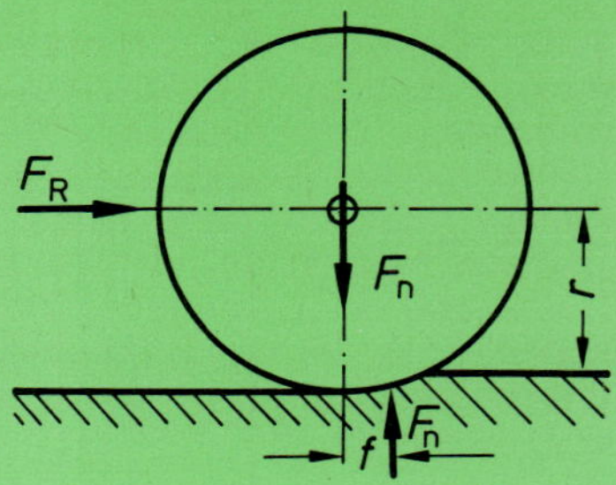

$$F_R = \frac{F_n \cdot f}{r}$$

$$F_n = \frac{F_R \cdot r}{f} \qquad f = \frac{F_R \cdot r}{F_n}$$

F_R Rollreibung
F_n Normalkraft
f Rollreibungszahl in cm
r Halbmesser in cm

Beispiel

Straßenwalze, Gewicht $m = 5000$ kg, Raddurchmesser $d = 1{,}60$ m, Rollreibungszahl $f = 7$ cm.

a) Wie groß ist die Normalkraft F_n in N?
b) Wieviel N sind zum Bewegen der Walze nötig?

a) Normalkraft $F_n = 5000\ \text{kg} \cdot 9{,}81\ \text{m/s}^2 = 49\,050\ \text{N}$

b) Rollreibung $F_R = \dfrac{49\,050\ \text{N} \cdot 7\ \text{cm}}{80\ \text{cm}} = 4\,292\ \text{N}$

Aufgaben

11. Eine Walze nach Abb. 14/11 mit $d = 950$ (1120) mm, wiegt 250 (375) kg. Die Rollreibungszahl ist $f = 3$ (5) cm. Wieviel N Zugkraft sind zum Bewegen der Walze erforderlich?

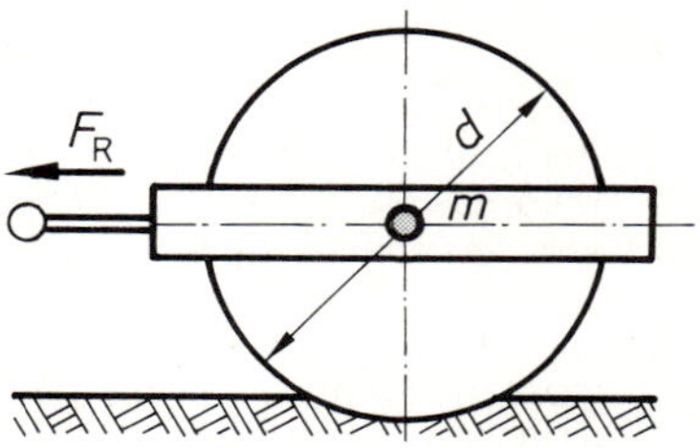

Abb. 14/**11**

12. Ein Pkw mit 980 (1540) kg Leergewicht und 625 (605) mm Reifendurchmesser soll auf lockerem Sandboden geschoben werden. Die Rollreibungszahl ist $f = 5$ (3) cm. Wie groß ist der Rollwiderstand in N?

13. Ein Hebezug nach Abb. 14/13 ist mit 1700 (2500) kg belastet. Der Durchmesser der Laufrollen ist 80 (100) mm, die Rollreibungszahl beträgt 0,05 (0,03) cm. Wieviel N sind zum Verschieben notwendig?

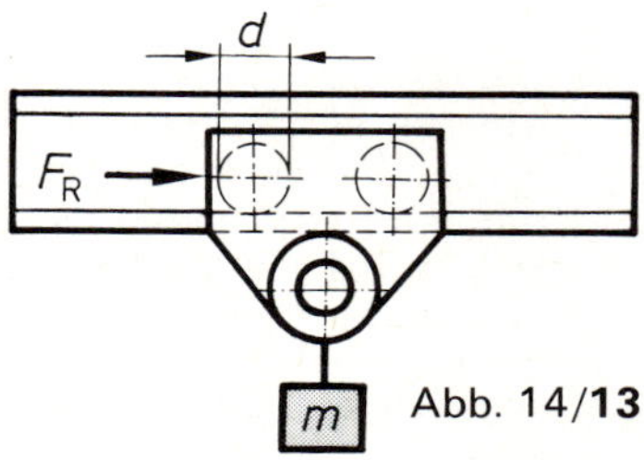

Abb. 14/**13**

14. Wieviel N müssen zum Rollen eines 50 (70) kg schweren Wagenhebers mit 120 (110) mm Raddurchmesser bei einer Belastung von 850 (630) kg aufgewendet werden, wenn die Rollreibungszahl $f = 0{,}2$ (0,3) cm ist?

15. Das 750 (450) kg schwere Hoftor nach Abb. 14/15 hat Laufrollen von 120 (150) mm Durchmesser. Zum Verschieben des Tores sind 50 (30) N erforderlich. Wie groß ist die Rollreibungszahl f in cm?

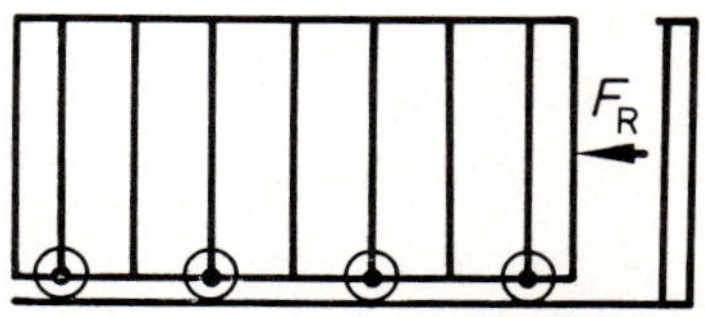

Abb. 14/**15**

15 Druck, mechanische Spannung

15.1 Begriff, Maßeinheiten, Bezeichnung

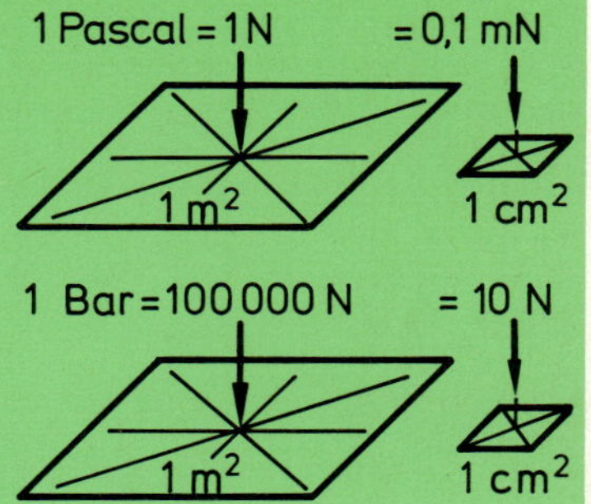

Unter Druck oder mechanischer Spannung versteht man die auf die Flächeneinheit wirkende Normalkraft. Die SI-Einheit des Druckes ist ein Pascal (Pa). 1 Pascal ist gleich dem Druck, bei dem senkrecht auf die Fläche 1 m² die Kraft 1 N ausgeübt wird. Da die Einheit Pa sehr klein ist, wird in der Technik meist die Einheit Bar verwendet. 1 Bar (bar) ist der besondere Name für 100 000 Pa. Weitere Einheiten: 1 N/mm² = 10 bar, 1 N/cm² = 0,1 bar, 1 Millibar (mbar) = 0,001 bar.

Beispiel

0,120 N/mm² = 1,2 bar = 12,0 N/cm² = 1200 mbar

Die verschiedenen Druckbezeichnungen sind:

p_b Atmosphärendruck = barometrischer Luftdruck
$p_ü$ Überdruck = Druck über dem Atmosphärendruck
p_u Unterdruck = Druck unter dem Atmosphärendruck
p_a Absoluter Druck = Druck bezogen auf den luftleeren (drucklosen) Raum.

Beispiel

Reifendruck $p_ü$ = 1,8 bar, Atmosphärendruck p_b = 1050 mbar. Wie groß ist der absolute Druck?
Absoluter Druck p_a = 1,8 bar + 1,05 bar = 2,85 bar

Si-Einheit: Pascal (Pa)

1 Pascal = 1 N/m²

1 Bar (bar) = 100 000 Pa

1 Bar = 10 N/cm²

1 N/mm² = 10 bar
1 N/cm² = 0,1 bar
1 mbar = 0,001 bar
1 Pa = 0,00001 bar

Aufgaben

1. Verwandeln Sie in bar!
a) 5,2 N/mm² 0,42 N/mm² 0,05 N/mm² 12 N/mm²
b) 100 N/cm² 4,80 N/cm² 98,5 N/cm² 43 N/cm²
c) 1050 mbar 945 mbar 286 mbar 567 mbar
d) 0,3 N/mm² 250 N/cm² 850 mbar 55 N/mm²

2. Verwandeln Sie in N/mm²!
a) 560 N/cm² 18,5 N/cm² 7,50 N/cm² 75 N/cm²
b) 2,55 bar 45,8 bar 0,65 bar 20 bar
c) 1000 mbar 950 mbar 450 mbar 50 mbar
d) 255 N/cm² 68,5 bar 850 mbar 10 bar

3. Verwandeln Sie in N/cm²!
a) 0,2 N/mm² 0,05 N/mm² 8,05 N/mm² 11 N/mm²
b) 22,5 bar 0,15 bar 0,05 bar 5 bar
c) 1080 mbar 750 mbar 250 mbar 50 mbar
d) 1,05 bar 0,01 N/mm² 1000 mbar 5 N/cm²

4. Verwandeln Sie in mbar!
a) 75 000 Pa 100 000 Pa 8500 Pa 450 Pa
b) 10 N/cm² 0,8 N/mm² 0,05 N/mm² 0,5 bar

5. Berechnen Sie die absoluten Drücke in bar!

	a)	b)	c)	d)	e)
$P_ü$ in bar	= 0,58	0,85	1,68	5,25	1,25
p_u in bar	= 0,15	0,25	0,50	0,75	0,66
p_b in mbar	= 1050	1020	1000	975	950

Umrechnung

N/mm²	bar	N/cm²	mbar
1	10	100	10 000
0,1	1	10	1000
0,01	0,1	1	100
0,001	0,01	0,1	10

bar	N/cm²	mbar	Pa
1	10	1000	100 000
0,1	1	100	10 000
0,01	0,1	10	1000
0,001	0,01	1	100

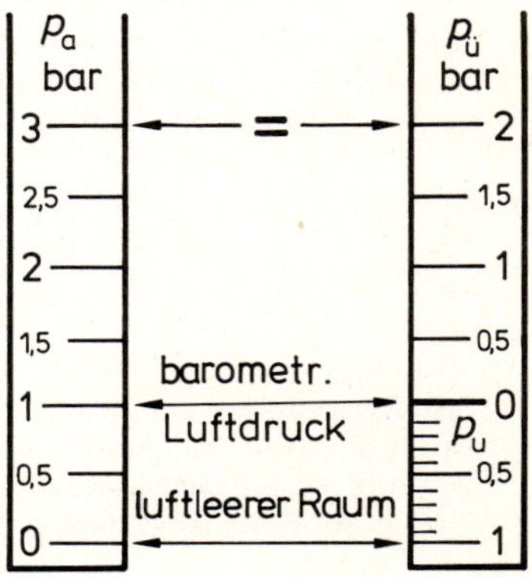

15.2 Druckberechnungen

Wirkt eine Kraft F in Achsrichtung auf den Kolben oder auf den festen Körper, so verteilt sich diese Kraft gleichmäßig auf jeden cm^2 der Kolbenfläche oder der Auflagefläche des Körpers. In der Flüssigkeit entsteht dadurch ein Druck und in der Auflagefläche des Körpers eine mechanische Druckspannung oder Flächenpressung.
Der Druck oder die mechanische Spannung ist um so größer, je größer die Kraft F und je kleiner die Fläche A ist. Hieraus ergibt sich:

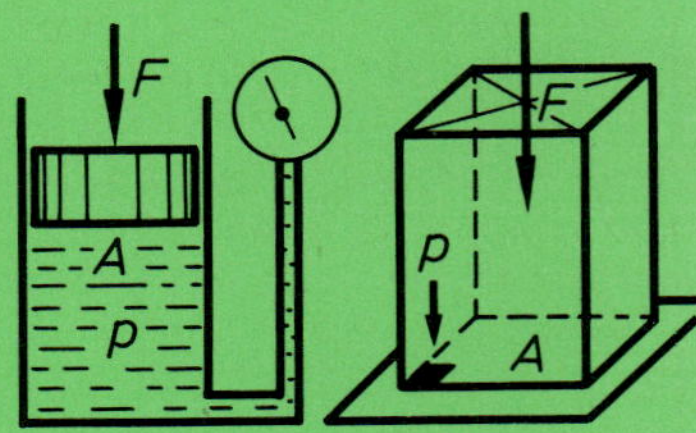

$$\text{Druck, mechanische Spannung} = \frac{\text{Kraft (Kolbenkraft)}}{\text{Fläche (Kolbenfläche)}}$$

$$p = \frac{F}{A}$$

$F = p \cdot A$ $\qquad A = \frac{F}{p}$

p Druck, mech. Spannung
F Kraft, Kolbenkraft
A Fläche, Kolbenfläche

Beispiel

Kolbenkraft $F = 500$ N, Kolbendurchmesser $d = 30$ mm. Wie groß ist der Flüssigkeitsdruck in bar?

$$p = \frac{500\ \text{N}}{3\ \text{cm} \cdot 3\ \text{cm} \cdot 0{,}785} = 70{,}7\ \text{N/cm}^2 \qquad = 7{,}07\ \text{bar}$$

Aufgaben

6. Auf einen Kupplungsbelag (Abb. 15/6) mit $d_1 = 160$ (200) mm und $d_2 = 110$ (130) mm wirkt eine Anpreßkraft $F = 1450$ (3200) N. Wie groß ist die mechanische Spannung (Flächenpressung) in N/cm^2 in den Reibflächen?

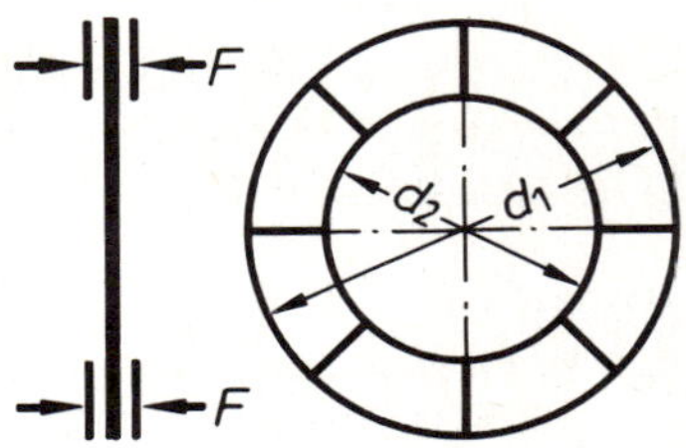

Abb. 15/**6**

7. Bei einer Scheibenbremse entsteht eine Anpreßkraft $F = 10$ (12) kN. Die Flächenpressung des Reibwerkstoffes soll 180 (185) N/cm^2 nicht überschreiten. Wieviel cm^2 Reibfläche muß ein Bremsklotz mindestens haben?

8. Auf den Kolben mit $d = 220$ (250) mm Durchmesser einer hydraulischen Hebebühne (Abb. 15/8) wirkt eine Gewichtskraft $G = 40000$ (70000) N. Wieviel bar Öldruck sind erforderlich?

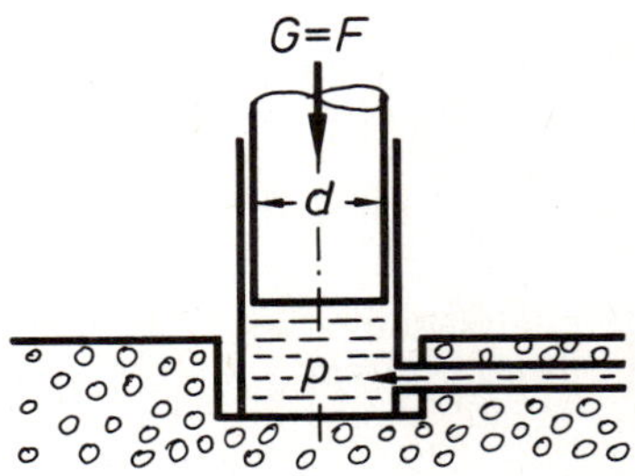

Abb. 15/**8**

9. Ein hydraulischer Wagenheber mit Kolbendurchmesser 80 (125) mm muß eine Last von 2,5 (10) t heben. Wieviel bar Öldruck sind erforderlich?

10. Auf die Kolbenstange eines Hauptzylinders (Abb. 15/10) wirkt eine Kraft $F = 1800$ (2000) N. Der Zylinderdurchmesser ist $d = 17{,}5$ (22,5) mm. Wie groß ist der Leitungsdruck in bar?

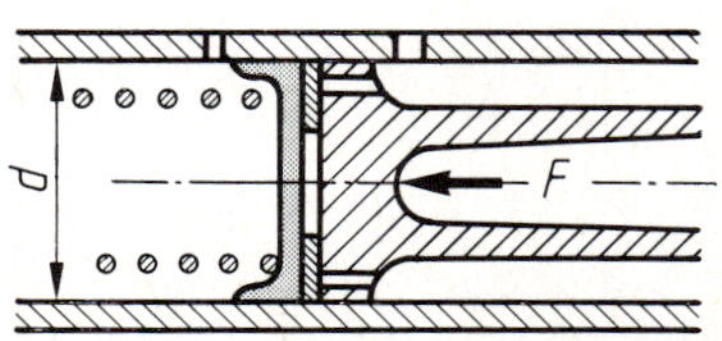

Abb. 15/**10**

11. Der Radzylinder der Trommelbremse eines Pkw hat einen Durchmesser von 17,5 (19) mm. Die Kolben müssen eine Spannkraft $F = 1200$ (1700) N erzeugen. Wieviel bar Leitungsdruck sind erforderlich?

12. Auf das Vordruckventil eines Hauptzylinders (Abb. 15/12) wirkt eine Federkraft $F=23$ (14) N. Der wirksame Ventildurchmesser ist $d=12$ (15) mm. Wie groß ist der Vordruck in bar?

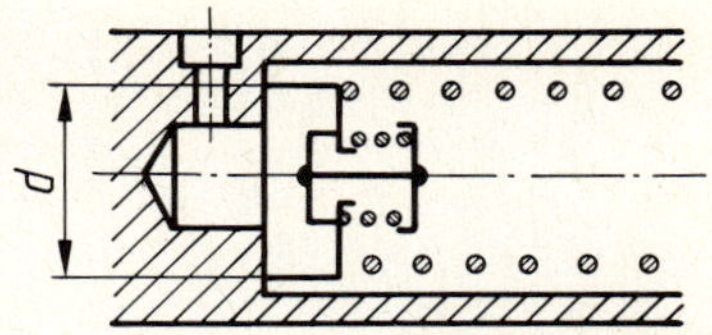

Abb. 15/**12**

13. Der Kolben des Radzylinders einer Scheibenbremse (Abb. 15/13) muß eine Anpreßkraft $F=10000$ (20000) N erzeugen. Der Durchmesser ist $d=45$ (57) mm. Wieviel bar Flüssigkeitsdruck sind erforderlich?

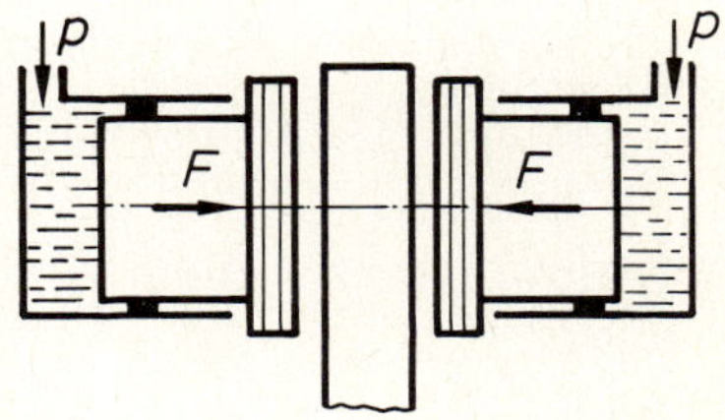

Abb. 15/**13**

14. Der Kolben eines Ottomotors (Dieselmotors) hat einen Durchmesser von 72 (115) mm. Der Verbrennungsdruck beträgt 40 (75) bar. Wie groß ist die Kolbenkraft in N?

15. Bei einem Ottomotor steigt der Verbrennungsdruck infolge Zündungsklopfens von 40 (45) bar auf 60 (70) bar. Der Kolbendurchmesser ist 77 (82) mm. Um wieviel N ist die Kolbenkraft durch das Klopfen größer geworden?

16. Ein Bremsgerät zur Bremskraftunterstützung (Abb. 15/16) hat 203 mm Kolbendurchmesser. Wieviel N Hilfskraft entstehen bei einem Druckunterschied von 0,35 (0,65) bar?

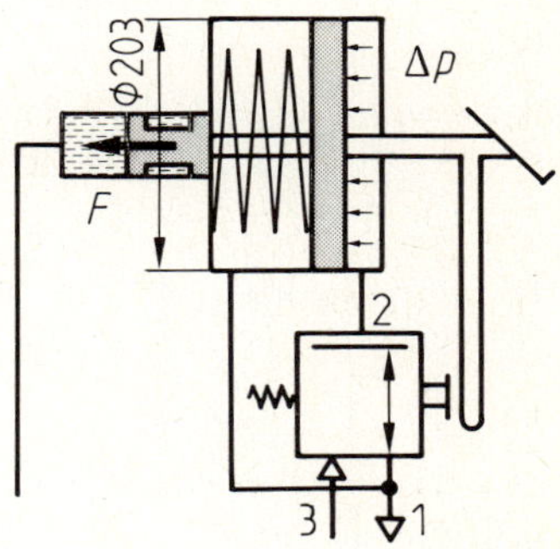

Abb. 15/**16**

17. In der Bremsanlage eines Pkw ist der Leitungsdruck $p=50$ (60) bar und der Durchmesser eines Radzylinders $d=25{,}4$ (19) mm (Abb. 15/17). Wie groß ist die Spannkraft F.

18. Der Förderdruck einer Kraftstoffpumpe soll 0,25 (0,20) bar betragen. Der Membrandurchmesser ist 36 (42) mm. Mit wieviel N muß die Feder auf die Membran drücken?

19. Servolenkung nach Abb. 15/19 $d=75$ (82) mm, $p=25$ (35) bar. Wie groß ist die Hilfskraft F?

Abb. 15/**17**

20. Der Einkammerbremszylinder einer Druckluftbremse soll bei einem Betriebsdruck von 4,5 (5) bar eine Kolbenkraft von 3500 (6000) N erzeugen. Wie groß muß der Durchmesser des Bremszylinders sein?

21. In einem automatischen Getriebe ist am Arbeitskolben für das Bremsband eine Spannkraft von 2692 (3797) N erforderlich. Wie groß muß der Kolbendurchmesser sein, bei einem Flüssigkeitsdruck von 7,0 (8,6) bar?

22. Der Servomotor einer Wählautomatik erzeugt eine Membrankraft von 530 (1155) N. Die Druckdifferenz zwischen Vorder- und Rückseite der Membran ist 0,3 (0,75) bar. Gesucht: Membrandurchmesser.

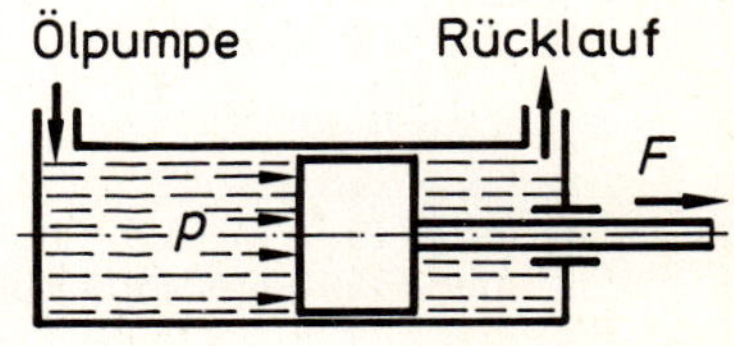

Abb. 15/**19**

15.3 Hydraulische Presse

In eingeschlossenen Flüssigkeiten pflanzt sich der Druck gleichmäßig fort, deshalb wirkt auf beide Kolbenflächen, A_1 und A_2, der gleichgroße Flüssigkeitsdruck p. Somit ist:

Kolbenkraft F_1 = Druck $p \times$ Kolbenfläche A_1
Kolbenkraft F_2 = Druck $p \times$ Kolbenfläche A_2

Ist der Durchmesser d_2 des Arbeitskolbens größer als der Durchmesser d_1 des Druckkolbens, dann erhält man eine Kraftübersetzung, die hydraulische Übersetzung i_h.

$$i_h = \frac{\text{Kolbenkraft } F_1}{\text{Kolbenkraft } F_2} \quad \text{oder auch} \quad i_h = \frac{\text{Kolbenfläche } A_1}{\text{Kolbenfläche } A_2}$$

Für die Kolbenwege ergibt sich, da das Volumen der verdrängten Flüssigkeit in beiden Zylindern gleich groß ist, folgende Beziehung:

Kolbenweg $s_1 \times$ Kolbenfläche A_1
= Kolbenweg $s_2 \times$ Kolbenfläche A_2

Je größer die Fläche, desto kleiner der Kolbenweg.

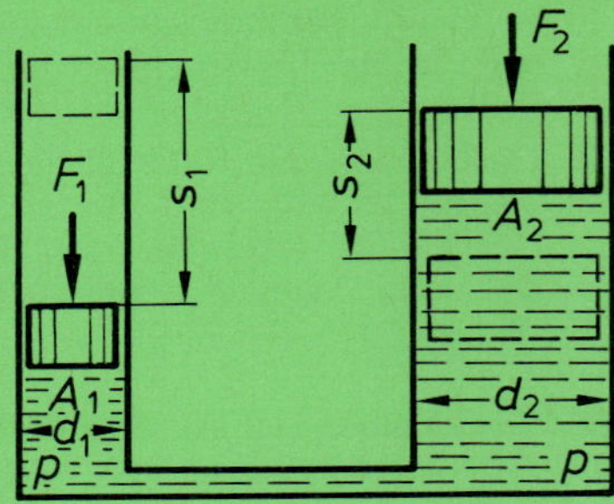

$$F_1 = p \cdot A_1 \qquad F_2 = p \cdot A_2$$

$$i_h = \frac{F_1}{F_2} \qquad i_h = \frac{A_1}{A_2}$$

$$s_1 \cdot A_1 = s_2 \cdot A_2$$

$$s_1 = \frac{s_2 \cdot A_2}{A_1} \qquad s_2 = \frac{s_1 \cdot A_1}{A_2}$$

F_1, F_2 Kolbenkräfte
A_1, A_2 Kolbenflächen
s_1, s_2 Kolbenwege
p Flüssigkeitsdruck
i_h hydr. Übersetzung

Beispiel

Kolbendurchmesser $d_1 = 20$ mm, $d_2 = 100$ mm, Kolbenkraft $F_1 = 300$ N, Kolbenweg $s_1 = 150$ mm. Wie groß sind: p in bar, F_2 in N, s_2 in mm und i_h?

$$p = \frac{300\text{ N}}{2\text{ cm} \cdot 2\text{ cm} \cdot 0{,}785} = 95{,}5\text{ N/cm}^2 \qquad = 9{,}55\text{ bar}$$

$$F_2 = 10\text{ cm} \cdot 10\text{ cm} \cdot 0{,}785 \cdot 95{,}5\text{ N/cm}^2 \qquad = 7500\text{ N}$$

$$s_2 = \frac{150\text{ mm} \cdot 2\text{ cm} \cdot 2\text{ cm} \cdot 0{,}785}{10\text{ cm} \cdot 10\text{ cm} \cdot 0{,}785} \qquad = 6{,}0\text{ mm}$$

$$i_h = \frac{300\text{ N}}{7500\text{ N}} \text{ oder } \frac{2\text{ cm} \cdot 2\text{ cm} \cdot 0{,}785}{10\text{ cm} \cdot 10\text{ cm} \cdot 0{,}785} \qquad = \frac{1}{25}$$

Aufgaben

23. Bei einer hydraulischen Ständerpresse nach Abb. 15/24 wirkt auf den Druckkolben mit $d_1 = 16$ (10) mm Durchmesser eine Kraft $F_1 = 500$ (400) N. Der Kolbenweg ist $s_1 = 90$ (100) mm bei einem Hub. Der Arbeitskolben hat einen Durchmesser $d_2 = 124$ (142) mm. Berechnen Sie
a) den Flüssigkeitsdruck p in N/cm² und bar!
b) den Weg s_2 des Arbeitskolbens in mm!
c) das hydraulische Übersetzungsverhältnis i_h!

24. Mit der hydraulischen Ständerpresse nach Abb. 15/24 soll am Arbeitskolben mit $d_2 = 55$ (65) mm Durchmesser eine Kraft $F_2 = 50\,000$ (75 000) N erzeugt werden. Der Durchmesser des Druckkolbens ist $d_1 = 10$ (12) mm, die Hebelübersetzung ist $i = 1 : 8{,}5$ (1 : 12,5). Berechnen Sie
a) den Flüssigkeitsdruck in N/cm² und bar!
b) die Kraft F_1 des Druckkolbens in N!
c) die erforderliche Handkraft am Hebel in N!

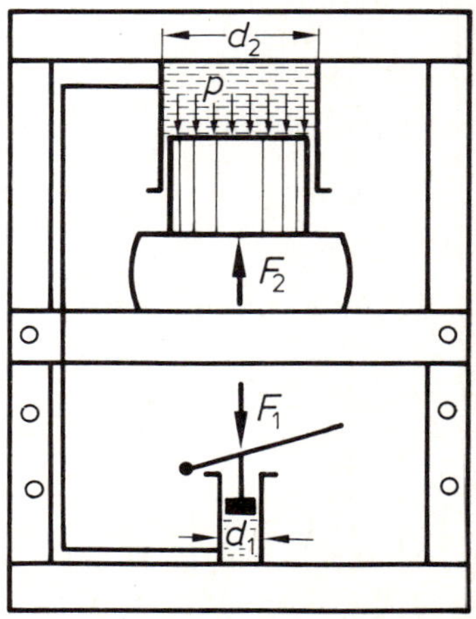

Abb. 15/**24**

Aufgaben über die Bremsanlage und Kupplung

25. Bremsanlage eines Pkw (Abb. 15/25). Kolbendurchmesser: Radzylinder vorn 45 (51) mm, hinten 15,9 (22,2) mm, Hauptzylinder 17,5 (19) mm. Kolbenstangenkraft des Hauptzylinders $F_1 =$ 1200 (1750) N. Wie groß ist

a) der Leitungsdruck in bar?

b) die Spannkraft in N eines vorderen und eines hinteren Radzylinders?

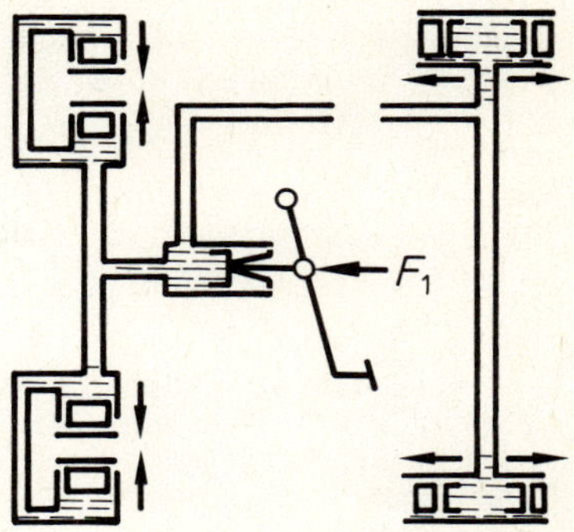

Abb. 15/**25**

26. Bremsanlage mit Scheibenbremsen vorn und hinten. Kolbendurchmesser: Radzylinder vorn 57 (45) mm, hinten 41 (38) mm, Hauptzylinder 23,8 (22,2) mm. Die Spannkraft an einem vorderen Radzylinder soll 8500 (8000) N betragen. Wie groß ist

a) der Leitungsdruck in bar?

b) die Spannkraft eines hinteren Radzylinders?

c) die Kolbenstangenkraft am Hauptzylinder?

27. Scheibenbremse mit Vakuum-Bremskraftunterstützung (Abb. 15/27). Kolbendurchmesser: Radzylinder vorn 57 (45) mm, hinten 38 (32) mm, Hauptzylinder 23,8 (19) mm, Bremsgerät 228 (203) mm. Bei Vollbremsung ist die Kolbenstangenkraft durch das Bremspedal 1200 (1000) N, der Unterdruck im Bremsgerät ist 0,75 (0,7) bar. Wie groß ist

a) die gesamte Kolbenstangenkraft in N?

b) der Leitungsdruck in bar ohne und mit Bremskraftunterstützung?

c) die Spannkraft der Radzylinder in N ohne und mit Bremskraftunterstützung?

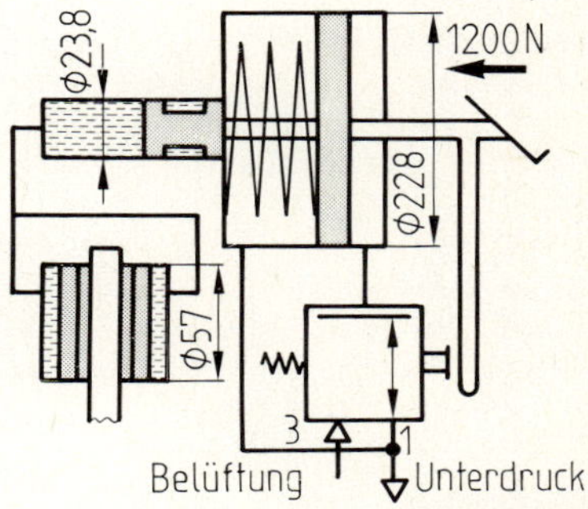

Abb. 15/**27**

28. Hydraulische Bremsanlage eines Lkw mit Druckluftunterstützung (Abb. 15/28). Kolbendurchmesser: Hilfskraftbremsgerät 125 (100) mm, Hauptzylinder 38 (28,5) mm, Radzylinder vorn 44,4 (41) mm, hinten 31,8 (25,4) mm. Bei Vollbremsung ist die Kolbenstangenkraft durch das Bremspedal 1400 (1500) N und der eingesteuerte Druck im Hilfskraftbremsgerät 4,5 (5) bar. Wie groß ist.

a) die gesamte Kolbenstangenkraft in N?

b) der Leitungsdruck in bar?

c) die Spannkraft der Radzylinder in N?

d) der Wert für b) und c) ohne Druckluft?

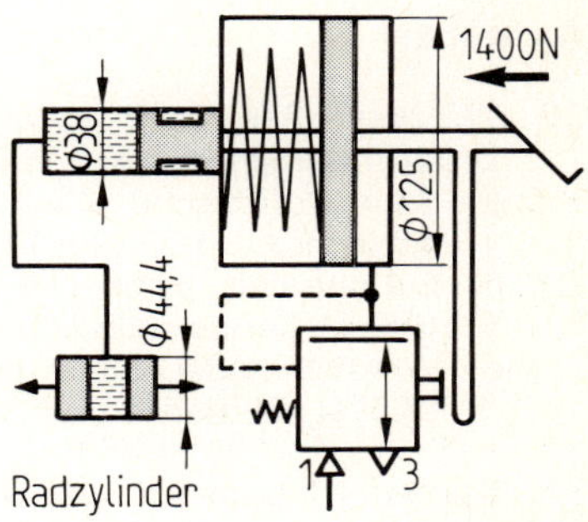

Abb. 15/**28**

29. Hydraulische Kraftübertragung an einer Kupplung (Abb. 15/29). Kolbendurchmesser: Geberzylinder 19 (20,6) mm, Nehmerzylinder 23,8 (28,6) mm. Hebelübersetzung des Pedals 1 : 4,5 (1 : 4,8), des Ausrückhebels 1 : 1,6 (1 : 1,5), Fußkraft 120 (150) N. Wie groß ist

a) das gesamte Kraftübersetzungsverhältnis?

b) die Kraft am Ausrücklager in N?

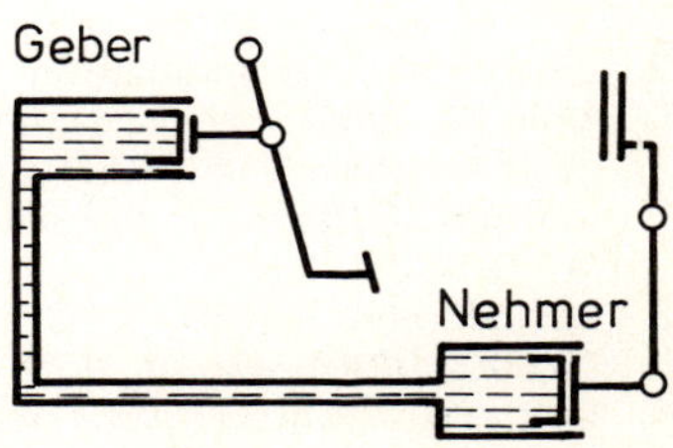

Abb. 15/**29**

15.4 Druck und Volumen in eingeschlossenen Gasen

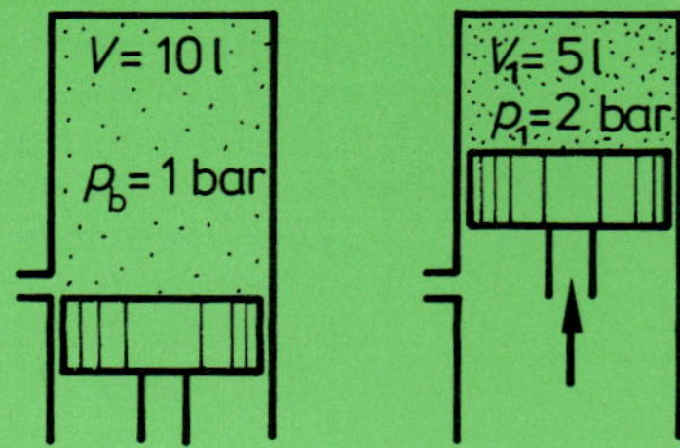

Gasförmige Stoffe lassen sich verdichten und bei kleinem Raumbedarf in Druckbehältern speichern. Wird z. B. das Luftvolumen $V = 10$ l, das unter dem barometr. Druck $p_b = 1$ bar steht, auf $V_1 = 5$ l verdichtet, dann steigt der Druck auf $p_1 = 2$ bar an. Somit ergibt sich, wenn man die Temperatur als gleichbleibend annimmt:

10 l · 1 bar = 5 l · 2 bar, oder $V \cdot p_b = V_1 \cdot p_1$

Das aus einem Druckbehälter entnommene, auf den barometr. Druck entspannte Gasvolumen ΔV ergibt sich aus dem Druckunterschied zwischen p_1 vor der Entnahme und p_2 nach der Entnahme zu:

$$\Delta V = \frac{V_1 \cdot p_1}{p_b} - \frac{V_1 \cdot p_2}{p_b} = \frac{V_1 \cdot (p_1 - p_2)}{p_b} = \frac{V_1 \cdot \Delta p}{p_b}$$

Bleibt der barometr. Druck unberücksichtigt und wird unabhängig vom Barometerstand für $p_b = 1$ bar eingesetzt, dann erhält man die Näherungsformel für das Volumen des entspannten Gases: $\Delta V \approx V_1 \cdot \Delta p$

$$V \cdot p_b = V_1 \cdot p_1$$

$$V = \frac{V_1 \cdot p_1}{p_b} \qquad p_1 = \frac{V \cdot p_b}{V_1}$$

$$\Delta V = \frac{V_1 \cdot \Delta p}{p_b}$$

$$\Delta V \approx V_1 \cdot \Delta p$$

V Gasvolumen, entspannt
V_1 Volumen des Behälters
ΔV Teilvolumen, entspannt
p_1 absol. Druck im Behälter
p_b barometrischer Druck
Δp Druckunterschied

Beispiel

Sauerstoffflasche, $V_1 = 40$ l, $p_1 = 128$ bar beim Beginn, $p_2 = 92$ bar am Ende der Schweißarbeit, $p_b = 1025$ mbar. Gesucht: Sauerstoffverbrauch.

$$V = \frac{40\ \text{l} \cdot (128 - 92)\ \text{bar}}{1{,}025\ \text{bar}} = 1404\ \text{l}$$

$$V \approx 40\ \text{l/bar} \cdot (128 - 92)\ \text{bar} = 1440\ \text{l}$$

Aufgaben

30. Wieviel l Sauerstoff bzw. Luft vom barometr. Druck 1 bar sind enthalten in
a) Sauerstoffflasche, $V_1 = 40$ (60) l, Manometeranzeige $p_ü = 150$ (200) bar?
b) Luftbehälter einer Druckluftbremse, $V_1 = 60$ (85) l, Betriebsdruck $p_ü = 4{,}8$ (7,35) bar?
c) Vorratsbehälter einer Luftfederung, $V_1 = 7{,}5$ (8,5) l, Betriebsdruck $p_ü = 13{,}5$ (16,5) bar?

31. Sauerstoffflasche, $V_1 = 40$ (60) l, $p_1 = 134$ (92) bar bei Beginn, $p_2 = 111$ (67) bar am Ende der Arbeit. Gesucht: Verbrauch in l.

32. Luftpresser, Förderleistung 120 (150) l/min bei 1 bar barometr. Druck. Volumen der Bremsanlage mit Behältern 144 (192) l. In welcher Zeit werden 4,8 (6,2) bar Überdruck erreicht?

33. Luftbehälter (Abb. 15/33), $d = 300$ (200) mm, $l = 600$ (400) mm, $p_ü = 7{,}5$ (15) bar. Wieviel l Luft von $p_b = 1{,}03$ (1,05) bar enthält er?

34. Berechnen Sie die fehlenden Tabellenwerte!

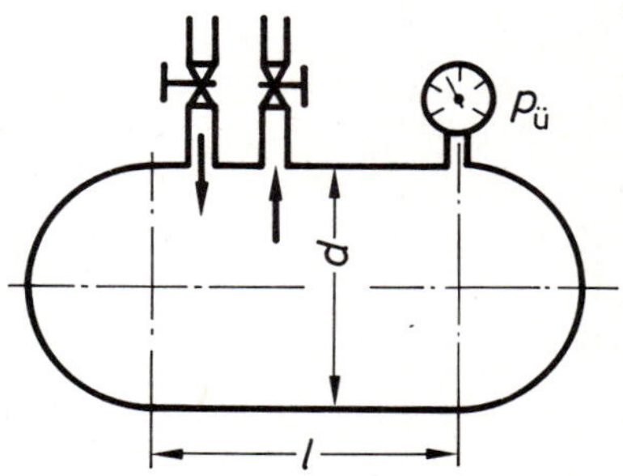

Abb. 15/**33**

p_b mbar	p_1 bar	V l	V_1 l
1013	150	?	40
1030	?	5200	60
985	7,25	?	30
1000	?	350	80
980	0,35	?	7,5

15.5 Hydrostatischer Druck

Jede Flüssigkeit übt unter dem Einfluß der Fallbeschleunigung auf den Boden und die Seitenwand des Gefäßes einen Druck aus, den Boden- bzw. Seitendruck. Dieser Druck ist umso größer, je höher die Flüssigkeitssäule ist und je größer die Dichte der Flüssigkeit ist. Die Höhe der Flüssigkeitssäule wird auch mit Druckhöhe bezeichnet. Die Form des Gefäßes hat keinen Einfluß auf die Größe des Druckes, somit ergibt sich:

Boden- bzw. Seitendruck = Druckhöhe × Dichte der Flüssigkeit × Fallbeschleunigung

$$p = h \cdot \varrho \cdot g$$

$$h = \frac{p}{\varrho \cdot g} \qquad \varrho = \frac{p}{h \cdot g}$$

p Boden-, Seitendruck in Pa
h Druckhöhe in m
ϱ Dichte in kg/m^3
g Fallbeschleunigung in m/s^2

Beispiel

Ein Ölfaß ist 80 cm hoch mit Schmieröl, Dichte 0,9 kg/dm^3, gefüllt. Wie groß ist der Druck in bar am Boden des Fasses?

$p = 0{,}80\ m \cdot 900\ kg/m^3 \cdot 9{,}81\ m/s^2 = 7063\ N/m^2$
$p = 7063\ N/m^2\ (Pa) : 100\,000 = 0{,}07063\ bar$

Aufgaben

35. Wie groß ist der Druck in Pa und bar
a) einer 10 m hohen Wassersäule, Dichte des Wassers 1,0 kg/dm^3?
b) einer 760 mm hohen Quecksilbersäule, Dichte des Quecksilbers 13,6 kg/dm^3?

36. Ein Heizöllagertank (Abb. 15/36) ist 8,25 (6,85) m hoch mit Heizöl gefüllt. Die Dichte ist 0,84 (0,86) kg/dm^3. Wie groß ist der Bodendruck in Pa und bar?

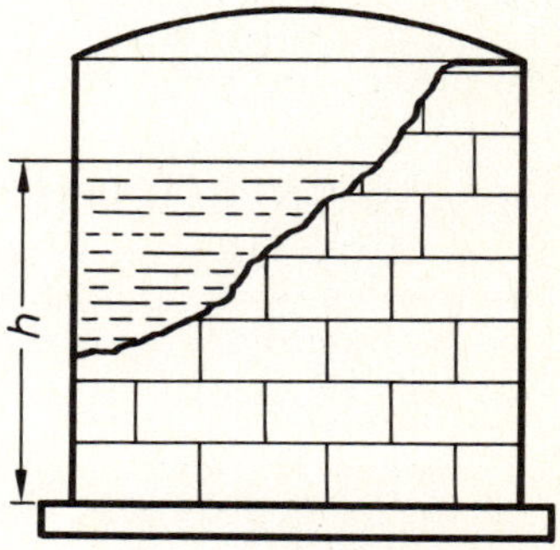

Abb. 15/**36**

37. Ein Lagertank für Vergaserkraftstoff (Dieselkraftstoff) ist 10,5 (9,8) m hoch gefüllt. Die Dichte des Kraftstoffes beträgt 0,78 (0,85) kg/dm^3. Wie groß ist der Bodendruck in bar?

38. An der Zapfsäule einer Tankstelle (Abb. 15/38) beträgt die Förderhöhe 3,5 (2,8) m. Die Dichte des Kraftstoffes ist 0,74 (0,78) kg/dm^3. Wie groß muß der Förderdruck der Pumpe sein?

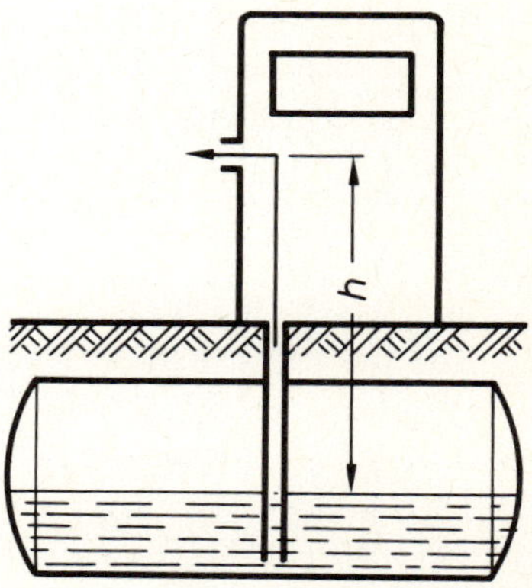

Abb. 15/**38**

39. In einer Erdölbohrung wird Rohöl mit einer Dichte von 0,9 (0,92) kg/dm^3 aus 2500 (3200) m Tiefe gefördert. Wie groß muß der Förderdruck in bar der Tiefpumpe sein?

40. Eine Kolbenpumpe erzeugt einen Druck von 200 (280) bar. Aus welcher Tiefe kann Rohöl, Dichte 0,91 (0,89) kg/dm^3, gefördert werden?

41. Eine Kraftstoff-Membranpumpe erzeugt einen Förderdruck von 0,2 (0,25) bar. Berechnen Sie die Druckhöhe in m bei einer Dichte des Kraftstoffes von 0,84 (0,87) kg/dm^3!

15.6 Auftrieb in Flüssigkeiten

Der Kraftmesser zeigt an, daß sich die Gewichtskraft eines Körpers beim Eintauchen in eine Flüssigkeit vermindert. Die Flüssigkeitssäule über der Fläche A_1 drückt mit ihrer Gewichtskraft G_1 den Körper nach unten. Auf die tiefer eingetauchte Fläche A_2 drückt eine höhere Flüssigkeitssäule mit der größeren Gewichtskraft G_2. Der Unterschied von G_2 und G_1 ist die Kraft, mit der die Flüssigkeit den eingetauchten Körper senkrecht nach oben drückt und dadurch seine Gewichtskraft vermindert. Man nennt diese Kraft Auftrieb oder Auftriebskraft F_A. Ihre Größe ist gleich der Gewichtskraft der verdrängten Flüssigkeit, somit ist:

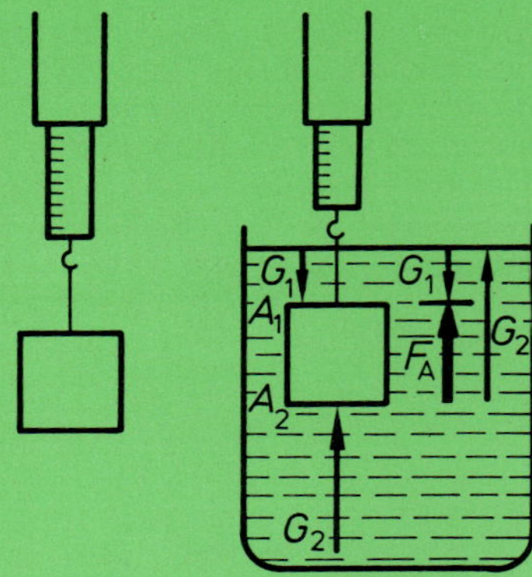

Auftriebskraft F_A
= Volumen der verdrängten Flüssigkeit V_F
× Dichte der Flüssigkeit ϱ_F × Fallbeschleunigung g

$$F_A = V_F \cdot \varrho_F \cdot g$$

F_A Auftriebskraft
V_F Volumen der verdrängten Flüssigkeit
ϱ_F Dichte der Flüssigkeit
g Fallbeschleunigung

Beispiel

Ein Körper mit 0,5 dm³ Volumen wird ganz in Wasser eingetaucht. Die Dichte des Wassers ist 1,0 kg/dm³. Wie groß ist die Auftriebskraft in N?

$F_A = 0{,}5\ \text{dm}^3 \cdot 1{,}0\ \text{kg/dm}^3 \cdot 9{,}81\ \text{m/s}^2 \qquad = 4{,}9\ \text{N}$

Eintauchtiefe schwimmender Körper

Ein schwimmender Körper taucht so tief in eine Flüssigkeit ein, bis die Auftriebskraft F_A der verdrängten Flüssigkeit gleich der Gewichtskraft G_K des gesamten Körpers ist. Da $F_A = G_K$ und somit auch $V_F \cdot \varrho_F \cdot g = G_K$ ist, ergibt sich:

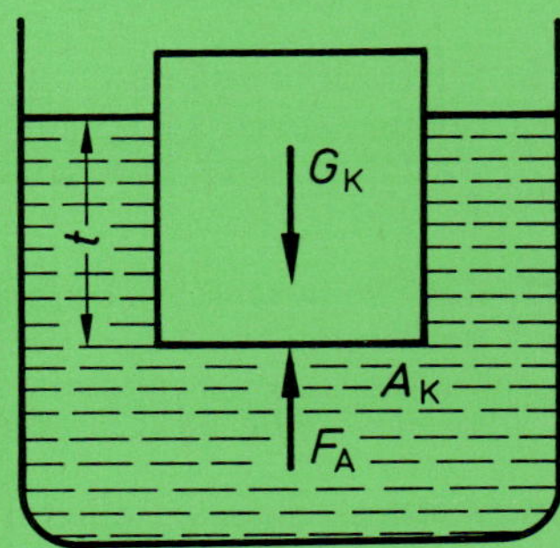

Volumen der verdrängten Flüssigkeit $V_F = \dfrac{G_K}{\varrho_F \cdot g}$

Aus dem Volumen der verdrängten Flüssigkeit und der Grundfläche des Schwimmkörpers läßt sich bei zylindrischen und prismatischen Körpern die Eintauchtiefe t bestimmen:

Tiefe $t = \dfrac{\text{Volumen der verdrängten Flüssigkeit } V_F}{\text{Grundfläche des Körpers } A_K}$

$t = \dfrac{V_F}{A_K}$ oder mit $V_F = \dfrac{G_K}{\varrho_F \cdot g}$ ist $t = \dfrac{G_K}{\varrho_F \cdot g \cdot A_K}$

$$V_F = \frac{G_K}{\varrho_F \cdot g}$$

$$t = \frac{V_F}{A_K} \qquad t = \frac{G_K}{\varrho_F \cdot g \cdot A_K}$$

V_F Volumen der verdrängten Flüssigkeit
G_K Gewichtskraft des Körpers
A_K Grundfläche des Körpers
ϱ_F Dichte der Flüssigkeit
t Eintauchtiefe
g Fallbeschleunigung

Beispiel

Zylindrischer Schwimmer, $d = 30$ mm, Gewichtskraft $G_K = 120$ mN, Dichte des Benzins $\varrho_F = 0{,}75$ kg/dm³. Gesucht ist die Eintauchtiefe t in cm.

$A_K = 3{,}0\ \text{cm} \cdot 3{,}0\ \text{cm} \cdot 0{,}785 \qquad = 7{,}06\ \text{cm}^2$

$t = \dfrac{120\ \text{g m/s}^2}{0{,}75\ \text{g/cm}^3 \cdot 9{,}81\ \text{m/s}^2 \cdot 7{,}06\ \text{cm}^2} \qquad = 2{,}3\ \text{cm}$

Aufgaben

42. Ein zylindrischer Schwimmer (Abb. 15/42) mit 42 (46) mm Durchmesser taucht 28 (25) mm tief in Benzin ein. Die Dichte des Benzins ist 0,74 (0,75) g/cm³. Wie groß ist
a) das Volumen des verdrängten Benzins in cm³?
b) die Auftriebskraft des Schwimmers in mN?

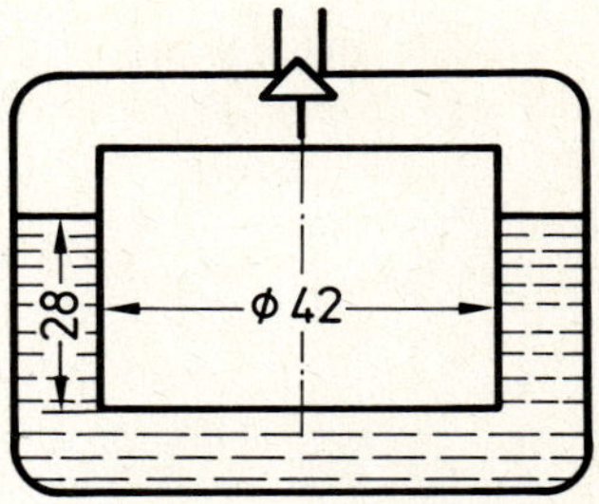

Abb. 15/**42**

43. Der Schwimmer nach Abb. 15/43 hat folgende Maße: $d_1 = 40$ (36) mm, $d_2 = 28$ (26) mm, $h = 30$ (29) mm. Er ist zu $^2/_3$ seiner Höhe in Benzin mit einer Dichte von 0,74 g/cm³ eingetaucht. Wie groß ist
a) das Volumen des verdrängten Benzins in cm³?
b) die Auftriebskraft des Schwimmers in mN?

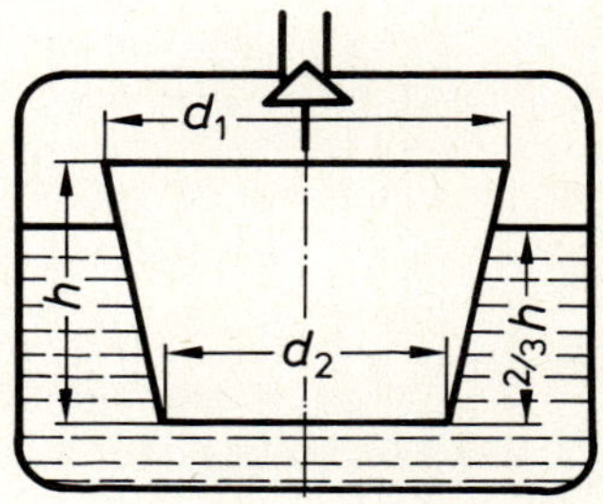

Abb. 15/**43**

44. Ein zylindrischer Schwimmer mit 34 (36) mm Durchmesser hat eine Gewichtskraft von 75 (84) mN. Die Dichte des Kraftstoffs ist 0,79 g/cm³. Wieviel mm tief taucht der Schwimmer ein?

45. Ein Schwimmer aus Messingblech hat die Form eines Zylinders mit 34 (32) mm Durchmesser und 26 (24) mm Höhe. Die Blechdicke ist 0,15 (0,12) mm, die Dichte von Messing beträgt 8,6 g/cm³. Wie groß ist
a) die Gewichtskraft des Schwimmers in mN?
b) die Eintauchtiefe in Benzin ($\varrho = 0{,}74$ g/cm³)?

46. Der Ringschwimmer eines Vergasers (Abb. 15/46) hat eine Gewichtskraft von 340 (280) mN. Seine Maße sind $d_1 = 80$ (60) mm und $d_2 = 40$ (30) mm. Er ist in Benzin, Dichte 0,74 (0,78) g/cm³, eingetaucht. Wie groß ist
a) das verdrängte Benzinvolumen in cm³?
b) die Eintauchtiefe in mm?

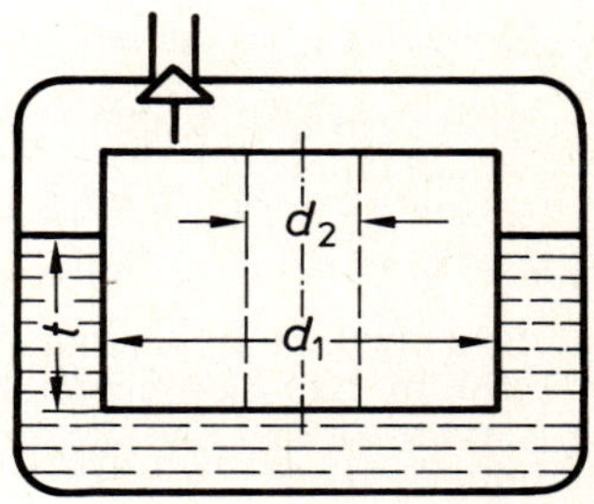

Abb. 15/**46**

47. Ein prismatischer Schwimmer (Abb. 15/47) mit einer Länge $l = 42$ (45) mm ist in Benzin mit einer Dichte von 0,74 g/cm³ eingetaucht. Er soll bei einer Eintauchtiefe von 12 (15) mm eine Auftriebskraft von 120 (180) mN erzeugen.
a) Wieviel cm³ Benzin muß er verdrängen?
b) Wieviel mm breit muß der Schwimmer sein?

48. Ein zylindrischer Schwimmer ist in Benzin, Dichte 0,72 (0,74) g/cm³, eingetaucht. Dabei sollen 102 (165) mN Auftriebskraft bei 15 (18) mm Eintauchtiefe entstehen.
a) Wieviel cm³ Benzin muß er verdrängen?
b) Wie groß muß der Durchmesser in mm sein?

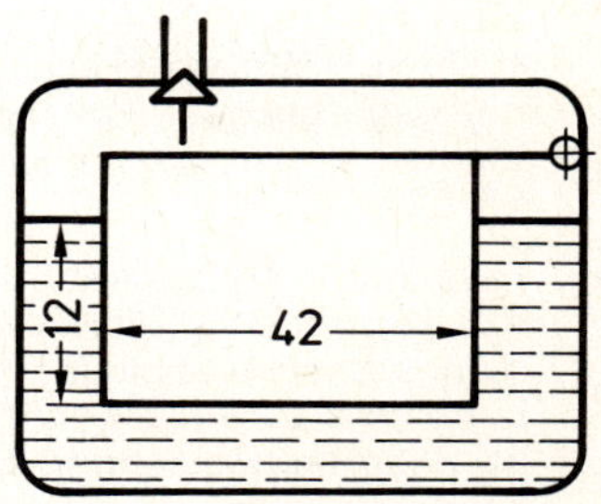

Abb. 15/**47**

49. Die Auftriebskraft eines zylindrischen Schwimmers soll in Benzin ($\varrho = 0{,}74$ g/cm³) bei 14 (16) mm Eintauchtiefe 110 (150) mN betragen. Gesucht: Durchmesser in mm.

15.7 Druck in bewegten Gasen

Bei einer Strömung in einer Rohrleitung ist nach Bernoulli die Energie bzw. Druckhöhe an jeder Stelle konstant. Setzt man für die statische Druckhöhe $p/(\varrho \cdot g)$ und für die Geschwindigkeitshöhe $v^2/(2 \cdot g)$, so ergibt sich:

$$\frac{p_1}{\varrho \cdot g}+\frac{v_1^2}{2 \cdot g}=\frac{p_2}{\varrho \cdot g}+\frac{v_2^2}{2 \cdot g} \quad \text{oder}$$

$$p_1+\frac{\varrho \cdot v_1^2}{2}=p_2+\frac{\varrho \cdot v_2^2}{2} \quad \text{und hieraus}$$

$$p_1-p_2=\frac{\varrho}{2} \cdot (v_2^2-v_1^2) \quad \text{oder} \quad \Delta p=\frac{\varrho}{2} \cdot (v_2^2-v^2) \text{ in Pa}$$

Da $1 \text{ Pa}=\frac{1}{100}$ mbar, ist $sp=\frac{\varrho}{200} \cdot (v_2^2-v_1^2)$ in mbar

Da in einer Rohrleitung die Durchflußmenge an allen Stellen gleich ist, ergibt sich: $S_1 \cdot v_1=S_2 \cdot v_2$, somit

Geschwindigkeit im Lufttrichter

$$=\frac{\text{Geschwindigkeit im Saugrohr} \cdot \text{Saugrohrquerschnitt}}{\text{Lufttrichterquerschnitt}}$$

Beispiel: $v_1=40$ m/s, $v_2=80$ m/s, Luftdichte $\varrho=1{,}2$ kg/m³. Gesucht: Druckunterschied.

$$sp=\frac{1{,}20}{200} \cdot (80^2-40^2) \qquad =28{,}8 \text{ mbar}$$

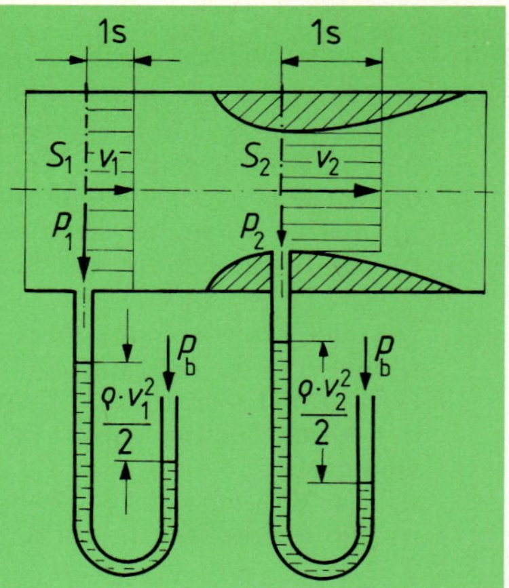

$$\Delta p=\frac{\varrho}{200} \cdot (v_2^2-v_1^2)$$

$$v_2=\frac{v_1 \cdot d_1^2}{d_2^2} \qquad v_2=\frac{v_1 \cdot S_1}{S_2}$$

Δp	Druckunterschied	mbar
S	Querschnitt	cm²
v	Geschwindigkeit	m/s
ϱ	Luftdichte	kg/m³
d	Durchmesser	

Aufgaben

50. Berechnen Sie die fehlenden Werte!

	a)	b)	c)	d)
v_1	=50 m/s	40 m/s	? m/s	50 m/s
v_2	=90 m/s	110 m/s	85 m/s	? m/s
ϱ	=1,2 kg/m³	1,2 kg/m³	1,2 kg/m³	1,2 kg/m³
Δp	= ? mbar	? mbar	35 mbar	45 mbar

51. Strömungsgeschwindigkeit im Saugrohr $v_1=45$ (60) m/s, im Lufttrichter $v_2=125$ (180) m/s, Dichte der Luft 1,30 (1,25) kg/m³. Wie groß ist der Druckunterschied?

52. Ottomotor: Drehzahl 3900 (4500) 1/min, Hub 90 (82) mm Zylinderbohrung 85 (77) mm, Saugrohrdurchmesser 51 (44) mm, Lufttrichterdurchmesser 25,5 (21) mm, Luftdichte 1,25 (1,30) kg/m³. Gesucht: a) Mittlere Kolbengeschwindigkeit, b) Strömungsgeschwindigkeit im Saugrohr und im Lufttrichter, c) Druckunterschied im Lufttrichter (Abb. 15/52).

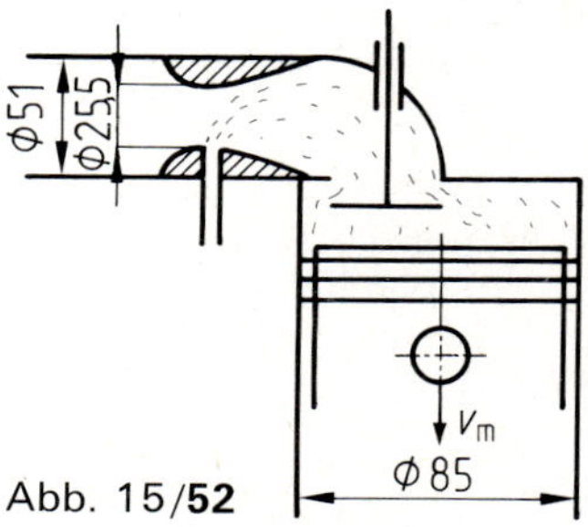

Abb. 15/**52**

53. Fallstrom-Vergaser (Abb. 15/53), $d_1=48$ (41) mm, $d_2=24{,}5$ (22,5) mm, $d_3=7{,}5$ (6,5) mm, Strömungsgeschwindigkeit im Saugrohr 60 (65) m/s, Luftdichte 1,30 (1,25) kg/m³. Zu berechnen sind:
a) Saugrohrquerschnitt, b) wirksamer Querschnitt im Lufttrichter, c) Strömungsgeschwindigkeit im Lufttrichter, d) Druckunterschied.

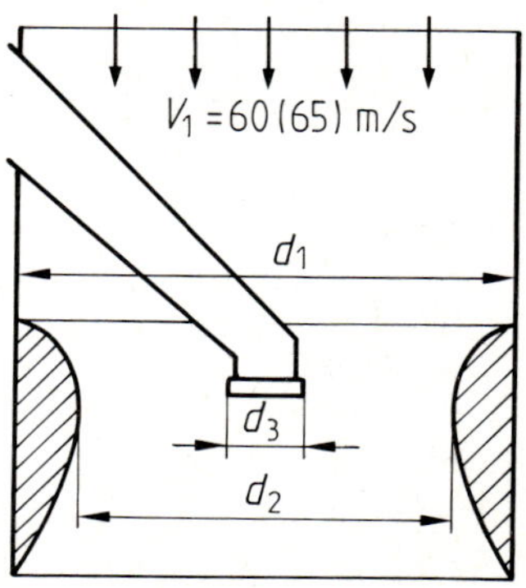

Abb. 15/**53**

16 Festigkeit

16.1 Zugbeanspruchung

Wird ein Werkstück durch eine Kraft F auf Zug beansprucht, so setzt jedes Werkstoffteilchen dieser Beanspruchung einen Widerstand entgegen. Der Widerstand eines mm^2 oder cm^2 der beanspruchten Querschnittsfläche ist die Zugspannung σ_z (sigma)

$$\text{Zugspannung } \sigma_z = \frac{\text{Zugkraft } F}{\text{Querschnittsfläche } S}$$

Die Zugspannung an der Bruchgrenze des Werkstoffes ist die Zugfestigkeit σ_B. Aus Sicherheit ist nur $^1/_3$ bis $^1/_{10}$ dieser Spannung zugelassen, somit ist:

$$\text{Zulässige Spannung } \sigma_{zul} = \frac{\text{Zugfestigkeit } \sigma_B}{\text{Sicherheitszahl } \nu \text{ (ny)}}$$

Beispiel

Flachstahl, 40×10 mm, $\sigma_B = 340$ N/mm², $F = 40\,000$ N.
Gesucht: Zugspannung und Sicherheitszahl.

$$\sigma_z = \frac{40\,000 \text{ N}}{400 \text{ mm}^2} = 100 \text{ N/mm}^2; \qquad \nu = \frac{340 \text{ N/mm}^2}{100 \text{ N/mm}^2} = 3{,}4$$

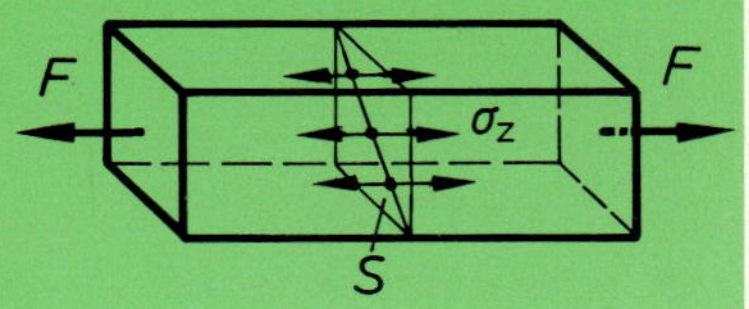

$$\sigma_z = \frac{F}{S} \qquad \sigma_{zul} = \frac{\sigma_B}{\nu}$$

$$F = \sigma_z \cdot S \qquad S = \frac{F}{\sigma_z} \qquad \nu = \frac{\sigma_B}{\sigma_{zul}}$$

F Zugkraft
S Querschnittsfläche
σ_z Zugspannung
σ_B Zugfestigkeit
σ_{zul} zulässige Spannung
ν Sicherheitszahl

Aufgaben

1. Ein Rundstahl mit 20 (15) mm Durchmesser reißt bei 125000 (70680) N. Wie groß ist die Zugfestigkeit in N/mm²?

2. Wie groß ist die zulässige Zugspannung für St 37 (St50) bei 4,5 (7,5)facher Sicherheit?

3. Rundstahlkette aus St 34 (Abb. 16/3), $d = 6$ (8) mm, Zugkraft $F = 2250$ (4000) N. Gesucht:
   a) Zugspannung in N/mm²,
   b) Zugkraft in N, bei der die Kette reißt.

4. Anhängergabel aus U-Profil (Abb. 16/4) aus St 34, Zugkraft 42500 (45000) N. Maße: $a = 70$ (80) mm, $b = 50$ (60) mm, $d = 4$ (5) mm, $R = d$. Berechnen Sie die Zugspannung in N/mm² und die Sicherheitszahl!

5. Ein Stahlrohr hat 30 (20) mm Außendurchmesser und 25 (16) mm Innendurchmesser. Mit wieviel N Zugkraft kann das Rohr belastet werden, wenn die zulässige Spannung 70 (65) N/mm² ist?

6. Ein Drahtseil besteht aus 114 Einzeldrähten zu je 0,5 (0,75) mm Durchmesser. Die Zugfestigkeit des Werkstoffes ist 1600 (1200) N/mm², die Sicherheitszahl 6,5 (7,5). Wieviel N Zugkraft sind zulässig?

7. Einzylindermotor (Abb. 16/7). Wie groß ist
   a) der Kernquerschnitt einer Schraube in mm² bei $\sigma_{zul} = 90$ N/mm²?
   b) der Nenndurchmesser des metr. Gewindes?

Abb. 16/**3**

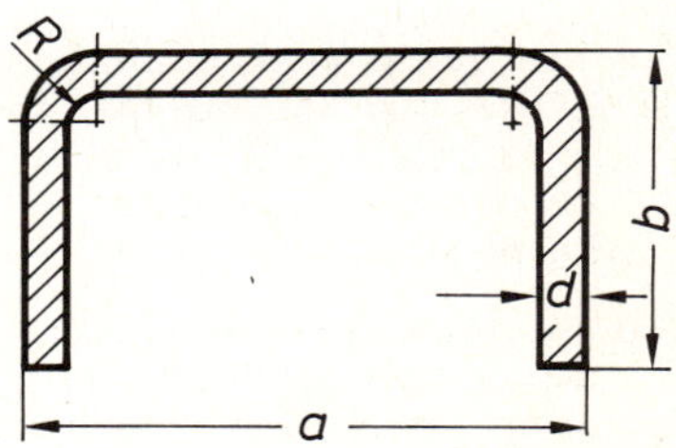

Abb. 16/**4**

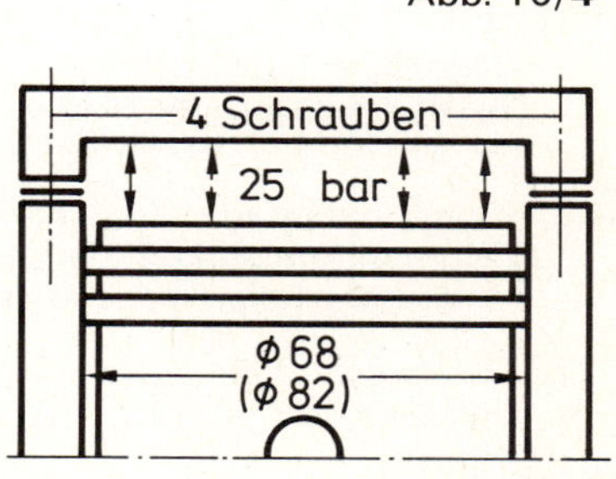

Abb. 16/**7**

16.2 Druckbeanspruchung, Flächenpressung

Bei der Beanspruchung eines Werkstückes durch eine Druckkraft F wird jedes Werkstoffteilchen mit einem Teil dieser Kraft gedrückt. Die Druckkraft je mm^2 oder cm^2 der beanspruchten Querschnittsfläche ist die Druckspannung σ_d.

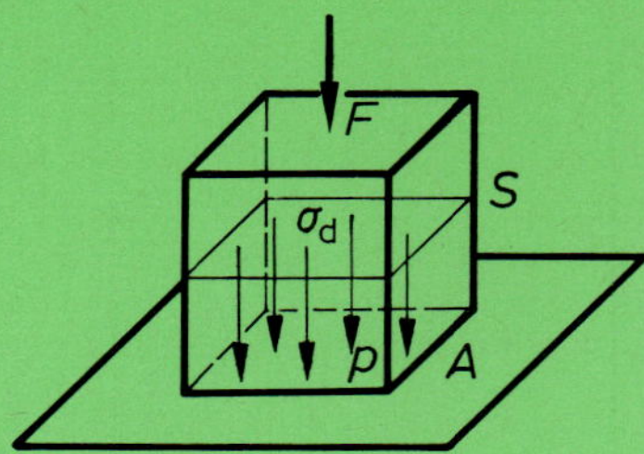

$$\text{Druckspannung } \sigma_d = \frac{\text{Druckkraft } F}{\text{Querschnittsfläche } S}$$

Die Druckspannung an der Bruchgrenze des Werkstoffes ist die Druckfestigkeit σ_{dB}. Aus Sicherheit ist nur ein Teil der Druckfestigkeit zugelassen, daher ist:

$$\text{Zulässige Druckspannung } \sigma_{dzul} = \frac{\text{Druckfestigkeit } \sigma_{dB}}{\text{Sicherheitszahl } \nu}$$

Die Druckspannung, die in der Auflagefläche eines druckbelasteten Werkstückes entsteht, ist die Flächenpressung p.

$$\text{Flächenpressung } p = \frac{\text{Druckkraft } F}{\text{Auflagefläche } A}$$

$$\sigma_d = \frac{F}{S} \qquad \sigma_{dzul} = \frac{\sigma_{dB}}{\nu}$$

$$F = \sigma_d \cdot S \qquad S = \frac{F}{\sigma_d}$$

$$p = \frac{F}{A}$$

$$F = p \cdot A \qquad A = \frac{F}{p}$$

Beispiel

Gußstück, 35 × 35 mm, $\sigma_{dB} = 700\ N/mm^2$, $F = 24{,}5\ kN$.
Gesucht: Druckspannung und Sicherheitszahl.

$$\sigma_d = \frac{24500\ N}{1225\ mm^2} = 20\ N/mm^2; \qquad \nu = \frac{700\ N/mm^2}{20\ N/mm^2} = 35$$

Aufgaben

8. Dieselmotor, Zylinderbohrung 82 (90) mm, Verbrennungsdruck 65 (70) bar. Gesucht: Druckspannung in N/mm^2 im Pleuelquerschnitt (Abb. 16/8).

9. Stütze aus Vierkantrohr für Werkstattanbau (Abb. 16/9), $a = 100$ (60) mm, $s = 5$ (3) mm, $\sigma_{dzul} = 85$ (95) N/mm^2. Wie groß ist die Druckkraft in N und die Last in t, die eine Stütze aufnehmen kann?

10. Abdrückschraube eines Abziehers, Druckkraft $F = 9500$ (22300) N, $\sigma_{dzul} = 125$ (155) N/mm^2. Wie groß muß das metrische Gewinde sein?

11. Hohlstütze für Werkstattdecke, Außendurchmesser 210 (190) mm, Belastungskraft 430 (210) kN, $\sigma_{dzul} = 40$ (34) N/mm^2. Wie groß muß der Innendurchmesser der Stütze sein?

12. Kupplungsbelag, $d_1 = 140$ (152) mm, $d_2 = 90$ (95) mm, Anpreßkraft der Federn 1750 (1950) N. Wie groß ist die Flächenpressung in N/cm^2?

13. Ottomotor, Zylinderbohrung 72 (80) mm, Verbrennungsdruck 45 (52) bar. Kolben (Abb. 16/13) $d = 18$ (22) mm, $l = 24$ (25) mm. Wie groß ist die Flächenpressung in den Kolbenaugen?

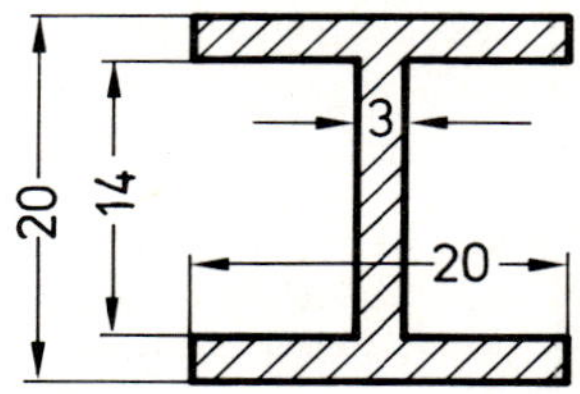

Abb. 16/**8**

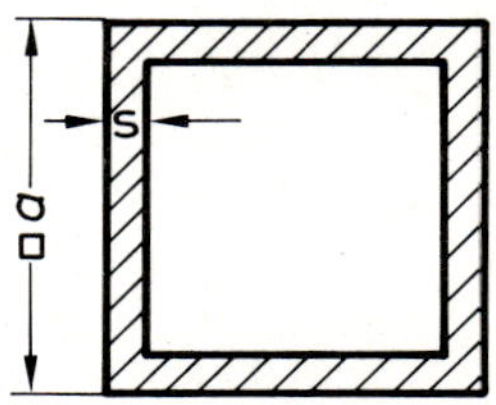

Abb. 16/**9**

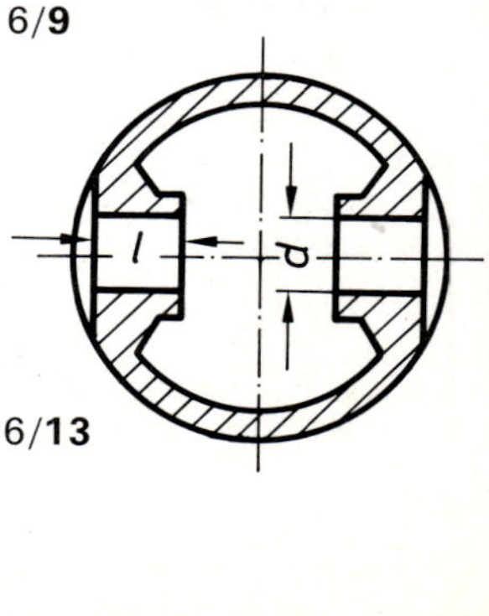

Abb. 16/**13**

16.3 Schubbeanspruchung

Die Scherkraft F erzeugt in den auf Abscheren beanspruchten Querschnitten Schubspannungen, die Scherspannungen τ_a genannt werden. Setzt man für praktische Berechnungen eine gleichmäßige Verteilung der Scherspannungen voraus, so ist die

$$\text{mittl. Scherspannung } \tau_a = \frac{\text{Scherkraft } F}{\text{Querschnittsfläche } S}$$

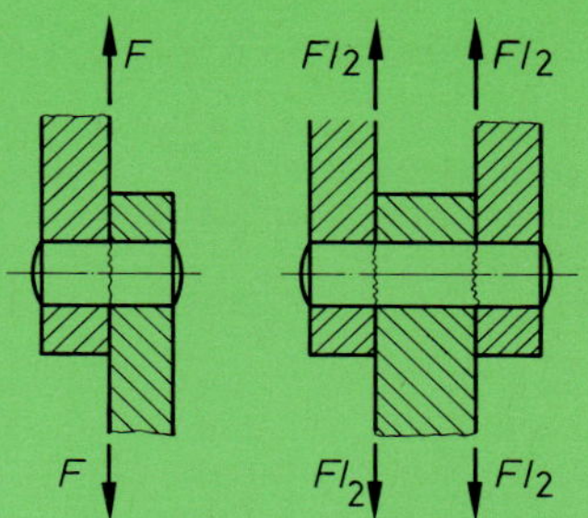

Sobald die Scherspannungen die Bruchgrenze erreichen, setzt das Abscheren ein. Die zum Abscheren erforderliche Scherspannung heißt Scherfestigkeit τ_{aB}. Aus Sicherheit ist

$$\text{zuläss. Scherspannung } \tau_{a\,zul} = \frac{\text{Scherfestigkeit}}{\text{Sicherheitszahl}}$$

Die Scherfestigkeit läßt sich aus der Zugfestigkeit ermitteln: $\tau_{aB} = 0{,}8 \cdot \sigma_B$

Anmerkung: Für Schubspannungen, die mit Biegespannungen infolge von Querkräften verbunden sind, gilt:

$$\text{max. Schubspannung } \tau_s = \text{Formzahl } c \cdot \frac{\text{Querkraft } F}{\text{Querschnitt } S}$$

Die querschnittsabhängige Formzahl c beträgt beim Rechteck 1,5, Kreis 1,33 und Kreisring 2,0.

$$\tau_a = \frac{F}{S} \qquad \tau_{a\,zul} = \frac{\tau_{aB}}{\nu}$$

$$F = \tau_a \cdot S \qquad S = \frac{F}{\tau_a}$$

F	Scherkraft
S	Querschnittsfläche
τ_a	Scherspannung
τ_{aB}	Scherfestigkeit
$\tau_{a\,zul}$	zulässige Scherspannung
ν	Sicherheitszahl

Beispiel

Bolzen aus St 50, einschnittig, $d = 12$ mm, $F = 2000$ N.
Gesucht: Scherspannung τ_a.

$$\tau_a = \frac{2000\ \text{N}}{12^2\ \text{mm}^2 \cdot 0{,}785} = 17{,}68\ \text{N/mm}^2$$

Aufgaben

14. Flachstahl St 34, 25×4 (60×5) mm, wird auf einer Schlagschere abgetrennt. Wieviel N Scherkraft sind erforderlich?

15. Anhängerkupplung (Abb. 16/14), Zugkraft $F =$ 200 (160) kN, Vorsteckbolzen $d = 40$ (35) mm. Wie groß ist die Scherspannung in N/mm²?

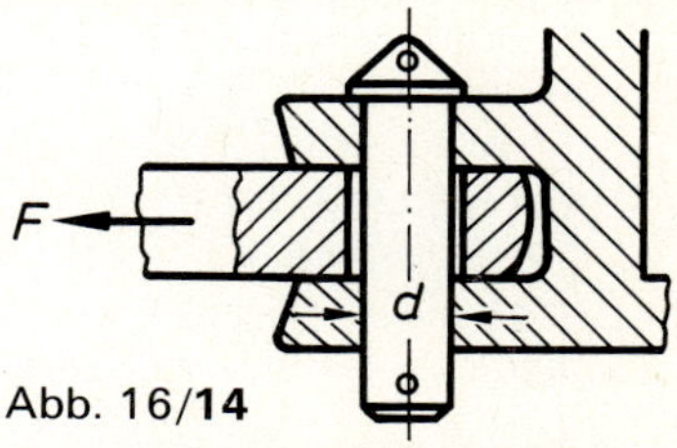

Abb. 16/**14**

16. Dieselmotor, Zylinderbohrung 95 (110) mm, Verbrennungsdruck 65 (60) bar, Kolbenbolzendurchmesser außen 32 (38) mm, innen 26 (30) mm. Wie groß ist die Scherspannung in N/mm²?

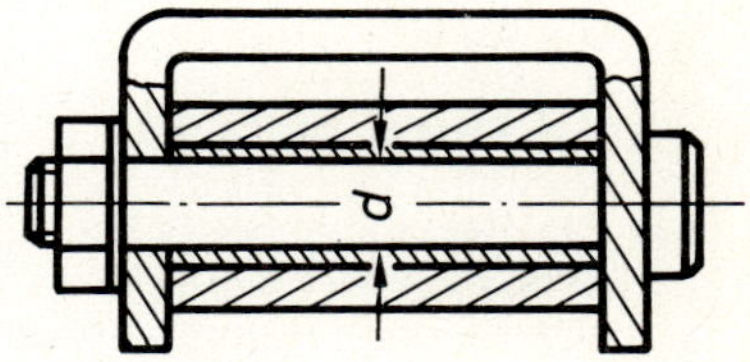

Abb. 16/**16**

17. Blattfeder-Aufhängung eines Lkw (Abb. 16/16), Federbolzen $d = 12$ (10) mm, $\tau_{a\,zul} = 120$ (90) N/mm². Gesucht: Zulässige Scherkraft in N.

18. Verteilerantrieb (Abb. 16/17), Drehmoment 5,4 (3,0) Nm, $d = 12$ (10) mm, $\tau_{a\,zul}$ des Stiftes 80 (120) N/mm². Gesucht: Stiftdurchmesser in mm.

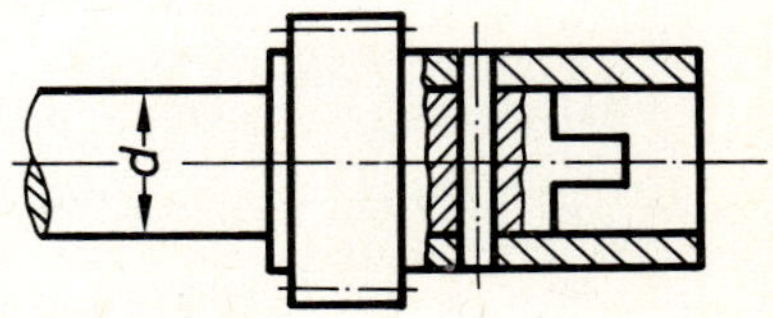

Abb. 16/**17**

19. Kronenmutter M 12 (M 16) mit Splint von 3 (4) mm Durchmesser und $\tau_{aB} = 280$ (320) N/mm². Bei welchem Drehmoment schert der Splint ab?

17 Riementrieb

17.1 Einfache Übersetzung

Zwei durch einen Riemen verbundene Scheiben haben, abgesehen vom Schlupf, gleiche Umfangsgeschwindigkeiten, deshalb ist:

$$\frac{d_1 \cdot \pi \cdot n_1}{60} = \frac{d_2 \cdot \pi \cdot n_2}{60} \quad \text{oder} \quad d_1 \cdot n_1 = d_2 \cdot n_2$$

Das Verhältnis der Drehzahlen in Richtung des Kraftflusses nennt man Übersetzungsverhältnis i. Es kann auch in umgekehrter Richtung aus den Durchmessern bestimmt werden:

$$i = \frac{\text{Drehzahl, treibend}}{\text{Drehzahl, getrieben}} = \frac{\text{Durchmesser, getrieben}}{\text{Durchmesser, treibend}}$$

Beispiel

$d_1 = 120$ mm, $d_2 = 300$ mm, $n_1 = 1500$ 1/min. Gesucht: Drehzahl n_2 und Übersetzungsverhältnis i.

$$n_2 = \frac{120\ \text{mm} \cdot 1500\ 1/\text{min}}{300\ \text{mm}} = 600\ 1/\text{min}$$

$$i = \frac{1500\ 1/\text{min}}{600\ 1/\text{min}} = \frac{2{,}5}{1} = 2{,}5 : 1 = 2{,}5$$

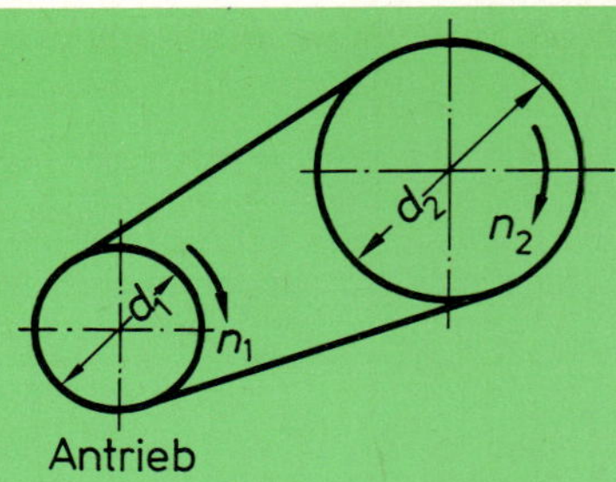

$$d_1 \cdot n_1 = d_2 \cdot n_2$$

$$d_1 = \frac{d_2 \cdot n_2}{n_1} \qquad n_1 = \frac{d_2 \cdot n_2}{d_1}$$

$$d_2 = \frac{d_1 \cdot n_1}{n_2} \qquad n_2 = \frac{d_1 \cdot n_1}{d_2}$$

$$i = \frac{n_1}{n_2} \qquad i = \frac{d_2}{d_1}$$

17.2 Doppelte Übersetzung

Die doppelte Übersetzung setzt sich aus den Einzelübersetzungen i_1 und i_2 zusammen, deren Produkt das Gesamtübersetzungsverhältnis ergibt. Dieses kann auch aus dem Verhältnis Anfangsdrehzahl n_1 zu Enddrehzahl n_4 bestimmt werden.

Beispiel

$n_1 = 500$ 1/min, $d_1 = 160$ mm, $d_2 = 100$ mm, $d_3 = 200$ mm, $d_4 = 80$ mm. Gesucht sind i und n_4.

$$i = \frac{100\ \text{mm} \cdot 80\ \text{mm}}{160\ \text{mm} \cdot 200\ \text{mm}} = \frac{1}{4} = \frac{0{,}25}{1} = 0{,}25$$

$$n_4 = \frac{500\ 1/\text{min}}{0{,}25} = 2000\ 1/\text{min}$$

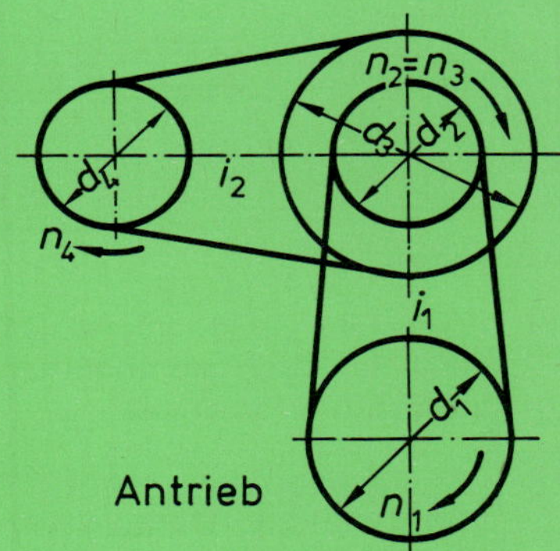

$$i = \frac{d_2 \cdot d_4}{d_1 \cdot d_3} \qquad i = \frac{n_1}{n_4}$$

$$n_1 = n_4 \cdot i \qquad n_4 = \frac{n_1}{i}$$

17.3 Keilriementrieb

Im Kraftfahrzeug werden Schmalkeilriemen verwendet, die wegen ihres kleinen Querschnittes besonders elastisch sind. Für die Berechnung der Übersetzung werden als Durchmesser die Wirkdurchmesser eingesetzt.

Wirkdurchmesser d_w = Durchmesser $d - 2 \times$ Abstand h_w

Abmessungen nach DIN 7860

Keilriemenhöhe h	= 8 mm	10 mm	13 mm	15 mm
Abstand h_w	= 2 mm	2,8 mm	3,5 mm	4 mm

Beispiel

$d = 120$ mm, $h = 10$ mm. Wie groß ist d_w in mm?

$d_w = 120\ \text{mm} - 2 \cdot 2{,}8\ \text{mm} = 114{,}4$ mm

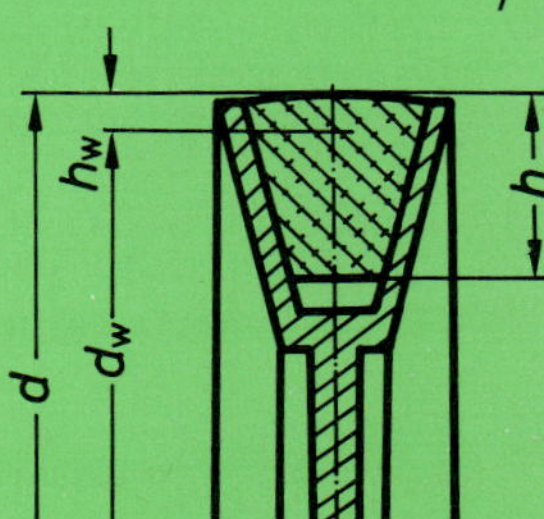

Aufgaben mit einfacher Übersetzung

1. Antrieb eines Verdichters (Abb. 17/1). Wie groß sind die fehlenden Werte?

	a)	b)	c)	d)	e)	
n_1	=2800	?	975	?	2750	1/min
d_1	=?	90	120	?	110	mm
n_2	=800	580	650	660	?	1/min
d_2	=385	225	?	540	?	mm
i	=?	?	?	4,25	2,5	–

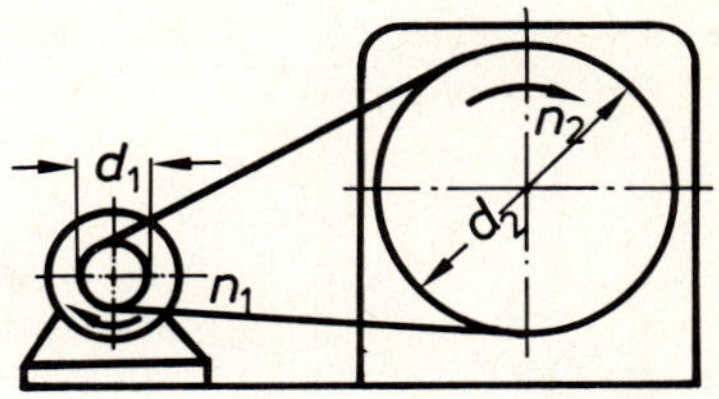

Abb. 17/**1**

2. Riementrieb mit Spannrolle (Abb. 17/2). Berechnen Sie die fehlenden Werte!

	a)	b)	c)	d)	e)	
n_1	=125	?	?	275	?	1/min
d_1	=425	380	?	320	?	mm
n_2	=625	1800	2000	?	2800	1/min
d_2	=?	95	70	?	75	mm
i	=?	?	0,4	0,25	0,2	–

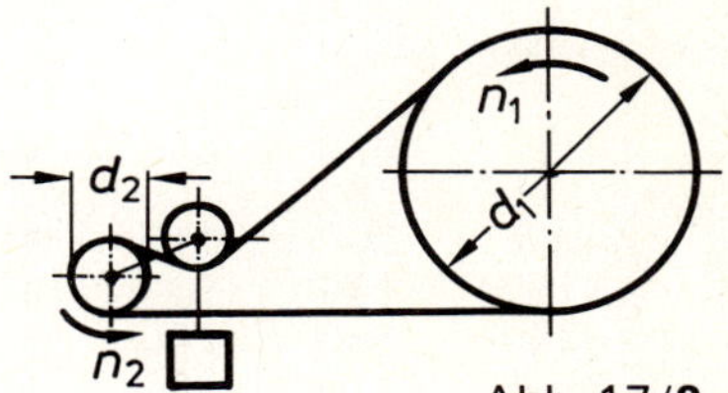

Abb. 17/**2**

3. Keilriementrieb (Abb. 17/3). Die fehlenden Werte sind zu berechnen!

		a)	b)	c)	d)	
Kurbelwelle	n	=3400	4200	4800	?	1/min
	d_w	=140	120	130	110	mm
Lüfter	n	=?	3150	?	?	1/min
	d_w	=115	?	100	140	mm
Generator	n	=3800	?	5200	4800	1/min
	d_w	=?	100	?	100	mm

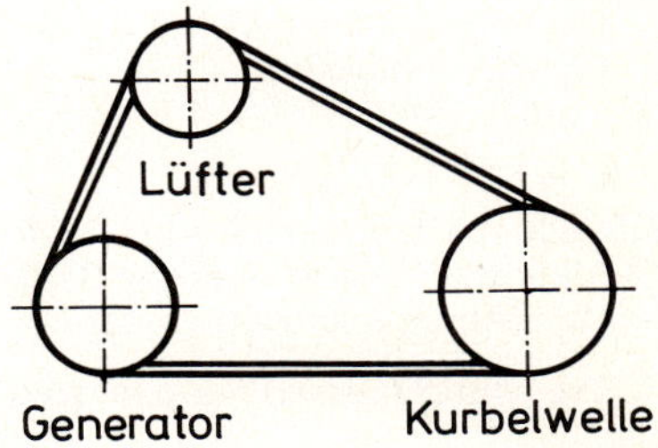

Abb. 17/**3**

4. Keilriementrieb für einen Verdichter. Berechnen Sie die fehlenden Werte!

		a)	b)	c)	d)	
Kurbelwelle	n	=2200	2100	?	2100	1/min
	d_w	=160	150	?	100	mm
Verdichter	n	=1800	1500	1800	?	1/min
	d_w	=?	?	120	?	mm
	i	=?	?	1,25	1,4	–

5. Antrieb einer Schleifmaschine durch einen Elektromotor (Abb. 17/5). Berechnen Sie die fehlenden Werte!

	a)	b)	c)	d)	e)	
n_1	=1475	4500	980	2800	2850	1/min
d_1	=110	90	190	50	70	mm
n_2	=?	?	?	?	?	1/min
d_2	=56	64	?	?	56	mm
d	=150	120	180	300	?	mm
v_u	=?	?	30	15	35	m/s

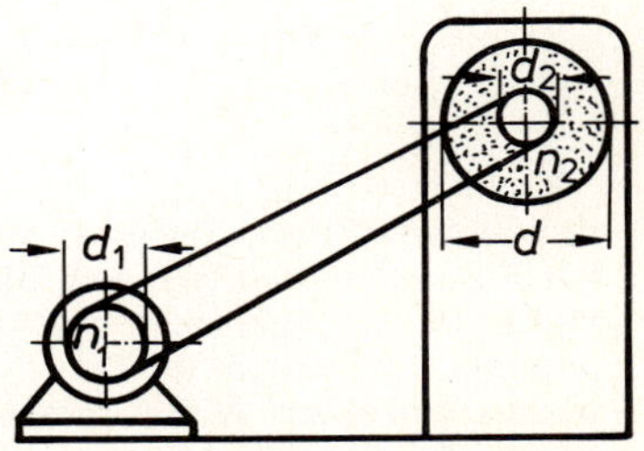

Abb. 17/**5**

Aufgaben mit doppelter Übersetzung

6. Antrieb einer Maschine nach Abb. 17/6. Wie groß sind die fehlenden Werte?

	a)	b)	c)	d)	e)	
$n_1 =$	125	140	?	500	800	1/min
$d_1 =$	320	300	360	?	450	mm
$d_2 =$	200	240	180	80	360	mm
$d_3 =$	240	280	280	55	210	mm
$d_4 =$	160	175	70	110	?	mm
$i\ =$	?	?	?	0,25	0,4	–
$n_4 =$	?	?	2400	?	?	1/min

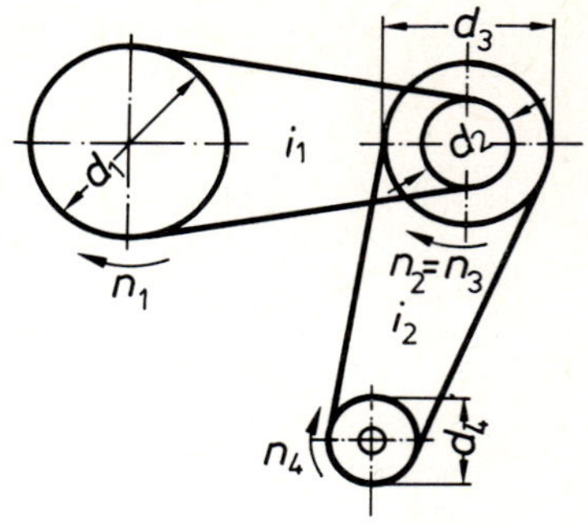

Abb. 17/**6**

7. Keilriemenantrieb für das Kühlluftgebläse und den Generator (Abb. 17/7).

	a)	b)	c)	d)	e)	
$n_1 =$	1600	1800	2000	2100	2400	1/min
$d_1 =$	200	200	112	180	150	mm
$d_2 =$	160	140	90	120	150	mm
$d_3 =$	224	180	160	135	180	mm
$d_4 =$	140	112	180	90	120	mm

Zu berechnen sind:
die Drehzahl n_2 des Kühlluftgebläses,
die Drehzahl n_4 des Generators,
das Gesamtübersetzungsverhältnis i!

Die angegebenen Werte für d_1, d_2, d_3 und d_4 sind Wirkdurchmesser.

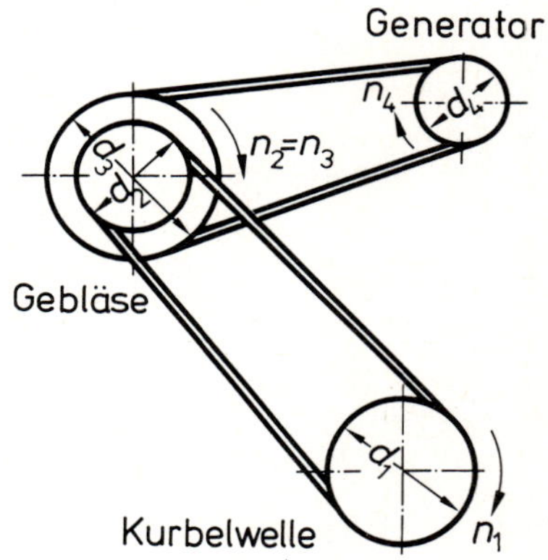

Abb. 17/**7**

8. Keilriementrieb nach Abb. 17/7. Berechnen Sie die fehlenden Werte und die Gesamtübersetzung von der Kurbelwelle zum Generator!

Die Durchmesserangaben sind Wirkdurchmesser.

	a)	b)	c)	d)	e)	
$n_1 =$	2500	3570	2500	3000	3200	1/min
$n_2 =$	?	?	3125	2400	4000	1/min
$n_4 =$	4800	6400	6250	?	5600	1/min
$d_1 =$	160	126	?	?	165	mm
$d_2 =$	125	190	160	140	?	mm
$d_3 =$	180	160	180	150	?	mm
$d_4 =$	?	?	?	80	110	mm

9. Keilriemenantrieb einer Bohrmaschine (Abb. 17/9) mit Schmalkeilriemen nach DIN 7860 von 13 mm Höhe. In der Abb. sind die Außendurchmesser d angegeben. Berechnen Sie
a) die einzelnen Wirkdurchmesser d_w in mm!
b) die Drehzahl der Bohrspindel in 1/min bei den verschiedenen Gängen!

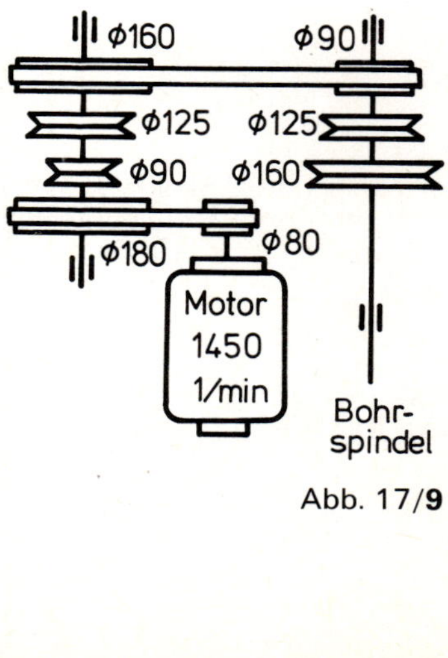

Abb. 17/**9**

18 Zahnradtrieb

18.1 Einfache Übersetzung

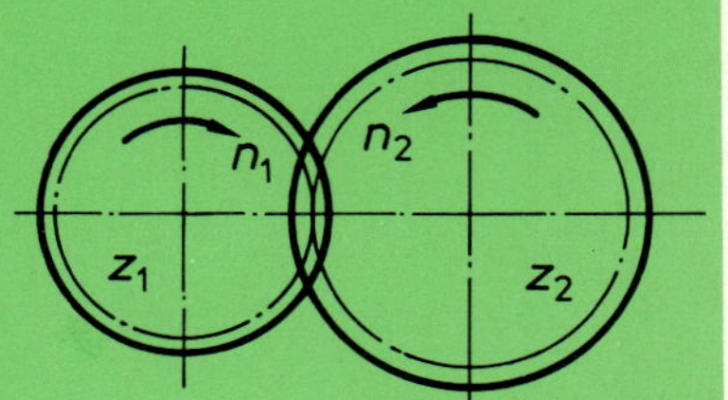

Sind zwei Zahnräder mit z. B. $z_1 = 20$ und $z_2 = 40$ Zähnen miteinander im Eingriff, so dreht sich das Rad mit 20 Zähnen zweimal, bis sich das Rad mit 40 Zähnen einmal gedreht hat. Das Produkt Zähnezahl mal Umdrehungen ist somit beim treibenden und getriebenen Rad gleich, oder:

$$\text{Zähnezahl}_1 \times \text{Drehzahl}_1 = \text{Zähnezahl}_2 \times \text{Drehzahl}_2$$

Das Verhältnis der Drehzahlen in Richtung des Kraftflusses ist ebenso wie beim Riementrieb das Übersetzungsverhältnis i. Es kann auch in umgekehrter Richtung aus den Zähnezahlen ermittelt werden:

$$i = \frac{\text{Drehzahl, treibend}}{\text{Drehzahl, getrieben}} = \frac{\text{Zähnezahl, getrieben}}{\text{Zähnezahl, treibend}}$$

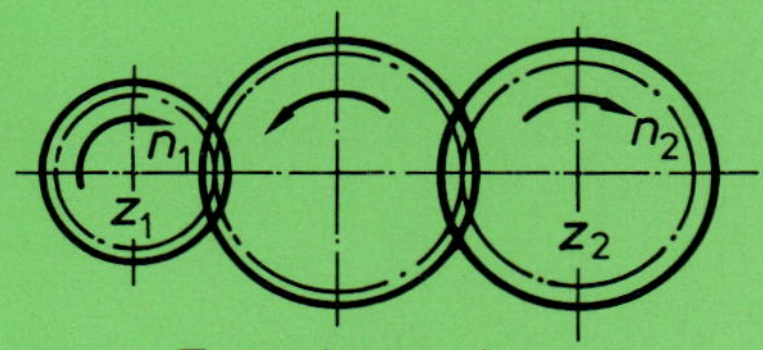

Zwischenrad

Zwischenräder

Jeder Zahn des Antriebsrades treibt jeweils einen Zahn des Zwischenrades und dieser wiederum nur einen Zahn des getriebenen Rades weiter, d. h.: Zwischenräder ändern das Übersetzungsverhältnis nicht, sie ändern nur die Drehrichtung.

$$z_1 \cdot n_1 = z_2 \cdot n_2$$

$$z_1 = \frac{z_2 \cdot n_2}{n_1} \qquad n_1 = \frac{z_2 \cdot n_2}{z_1}$$

$$z_2 = \frac{z_1 \cdot n_1}{n_2} \qquad n_2 = \frac{z_1 \cdot n_1}{z_2}$$

Beispiel

Zahnradtrieb, $z_1 = 32$, $z_2 = 48$, $n_1 = 1500$ 1/min. Gesucht: Drehzahl n_2 und Übersetzungsverhältnis i.

$$n_2 = \frac{32 \cdot 1500\ 1/\text{min}}{48} = 1000\ 1/\text{min}$$

$$i = \frac{1500\ 1/\text{min}}{1000\ 1/\text{min}} = \frac{48}{32} = \frac{1{,}5}{1} = 1{,}5 : 1 = 1{,}5$$

$$i = \frac{n_1}{n_2} \qquad i = \frac{z_2}{z_1}$$

$$n_1 = n_2 \cdot i \qquad n_2 = \frac{n_1}{i}$$

18.2 Doppelte Übersetzung

Die doppelte Übersetzung setzt sich aus den Einzelübersetzungen i_1 und i_2 zusammen, deren Produkt das Gesamtübersetzungsverhältnis i ergibt. Dieses kann auch aus dem Verhältnis der Anfangsdrehzahl n_1 zur Enddrehzahl n_4 bestimmt werden.

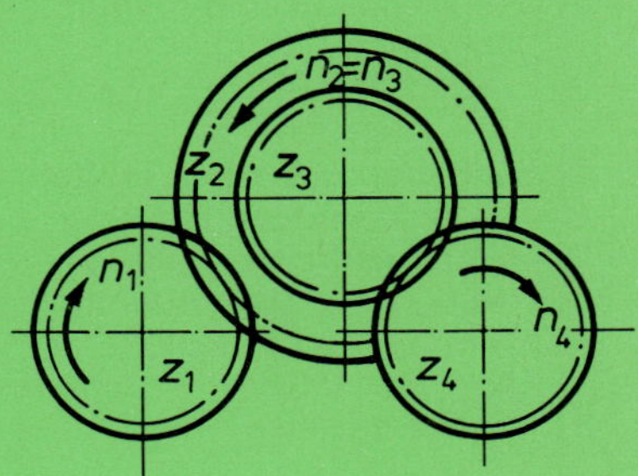

Beispiel

Zahnradtrieb für doppelte Übersetzung, $z_1 = 24$, $z_2 = 60$, $z_3 = 23$, $z_4 = 69$, $n_1 = 2850$ 1/min. Wie groß ist das Gesamtübersetzungsverhältnis i?

$$i = \frac{60 \cdot 69}{24 \cdot 23} = \frac{7{,}5}{1} = 7{,}5 : 1 = 7{,}5$$

$$i = \frac{z_2 \cdot z_4}{z_1 \cdot z_3} \qquad i = \frac{n_1}{n_4}$$

$$n_1 = n_4 \cdot i \qquad n_4 = \frac{n_1}{i}$$

Anmerkung

Übersetzungsverhältnisse möglichst mit einer 1 im Nenner oder in einem Dezimalbruch ausdrücken!
Übersetzungen mit Kettentrieben werden wie Zahnrädertriebe gerechnet.
Zahnrädertriebe wandeln das Drehmoment, das im umgekehrten Verhältnis zu den Drehzahlen steht. Unter Berücksichtigung des Wirkungsgrades ist:

$$i = \frac{\text{Drehzahl 1}}{\text{Drehzahl 2}} = \frac{\text{Drehmoment 2}}{\text{Drehmoment 1} \cdot \text{Wirkungsgrad}}$$

$$M_1 = \frac{M_2}{i \cdot \eta} \qquad M_2 = M_1 \cdot i \cdot \eta$$

Aufgaben

1. Starterritzel mit Schwungradzahnkranz nach Abb. 18/1. Berechnen Sie die fehlenden Werte!

	a)	b)	c)	d)	e)	
z_1	= 13	9	11	?	?	Zähne
n_1	= 845	?	?	?	?	1/min
z_2	= 169	96	105	195	154	Zähne
n_2	= ?	60	75	90	70	1/min
i	= ?	?	?	15	14	–

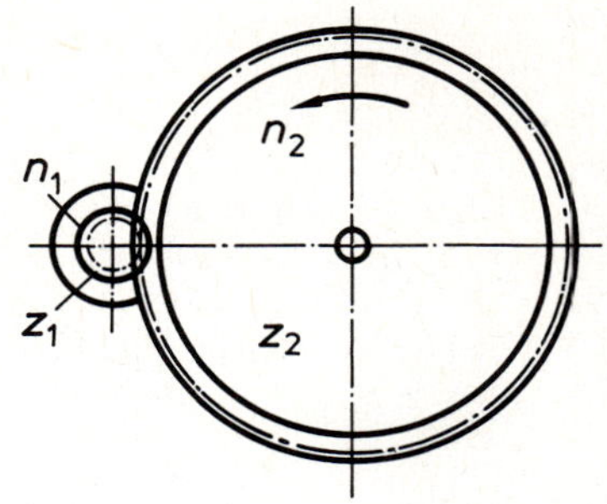

Abb. 18/**1**

2. Zahnradtrieb für einfache Übersetzung. Gesucht sind die fehlenden Werte!

	a)	b)	c)	d)	e)	
z_1	= ?	22	36	24	35	Zähne
n_1	= 2160	2475	?	2800	1560	1/min
z_2	= 45	?	25	84	?	Zähne
n_2	= 1200	450	900	?	?	1/min
i	= ?	?	?	?	2,4	–

3. Vierganggetriebe (Abb. 18/3). Zu berechnen sind für die vier Gänge:
a) das Übersetzungsverhältnis!
b) die Drehzahl n_2 der Getriebewelle bei einer Motordrehzahl $n_1 = 3600$ 1/min.

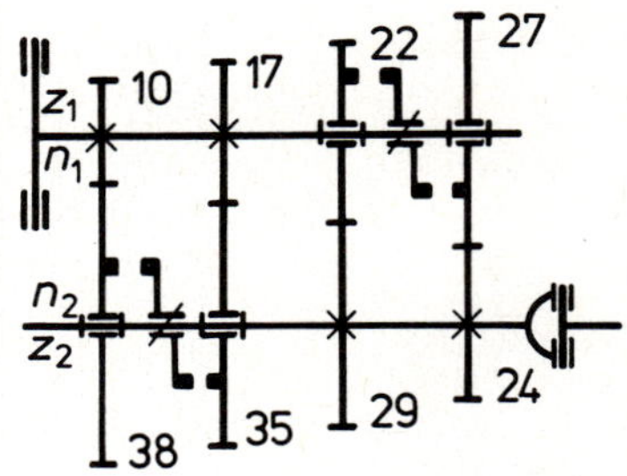

Abb. 18/**3**

4. Der Kettenantrieb eines Fahrrades (Abb. 18/4) hat $z_1 = 48$ (45) und $z_2 = 15$ (18) Zähne. Der wirksame Reifendurchmesser beträgt 660 (770) mm. Wie groß ist
a) das Übersetzungsverhältnis i?
b) die Anzahl der Umdrehungen des Tretrades auf 1 km Weg?

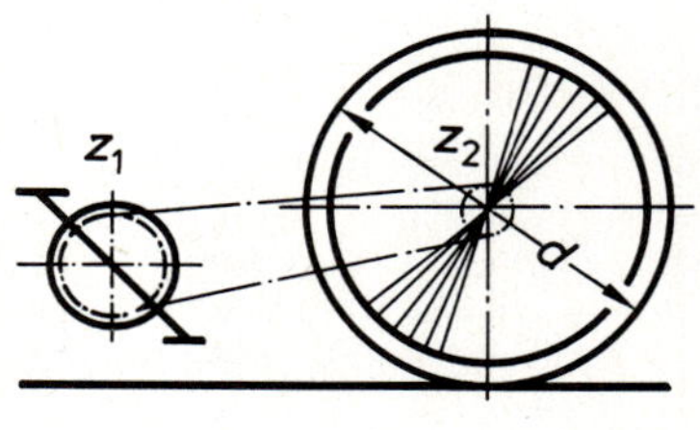

Abb. 18/**4**

5. Der Kettenantrieb eines Kraftrades hat am Getriebe $z_1 = 18$ (20) und am Hinterrad $z_2 = 45$ (48) Zähne. Die Antriebsdrehzahl ist $n_1 = 700$ (500) 1/min, der wirksame Reifendurchmesser beträgt 450 (420) mm. Wie groß ist
a) die Drehzahl des Hinterrades in 1/min?
b) die Fahrgeschwindigkeit in km/h?

6. Hinterachsantrieb eines Lkw (Abb. 18/6). Berechnen Sie die fehlenden Werte!

		a)	b)	c)	d)	
Gelenkwelle	n_1	= 2000	1500	?	?	1/min
Kegelrad	z_1	= 9	10	12	11	Zähne
Tellerrad	z_2	= 32	35	48	43	Zähne
Stirnrad	z_3	= 14	13	15	13	Zähne
Stirnrad	z_4	= 36	39	45	37	Zähne
Achswelle	n_4	= ?	?	100	120	1/min
Gesamtübers.	i	= ?	?	?	?	–

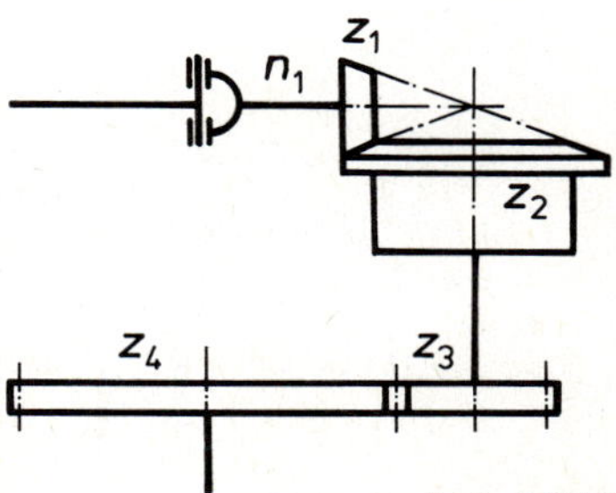

Abb. 18/**6**

Aufgaben über Getriebe

In den Aufgaben 7 bis 10 sind zu berechnen:

a) das Gesamtübersetzungsverhältnis der Kraftübertragung in den einzelnen Gängen!
b) das Drehmoment in Nm an der Hinterachswelle in den einzelnen Gängen!
c) die jeweilige Fahrgeschwindigkeit in km/h!
d) die Motordrehzahl in 1/min im schnellsten Gang bei einer Fahrgeschwindigkeit von 100 km/h!

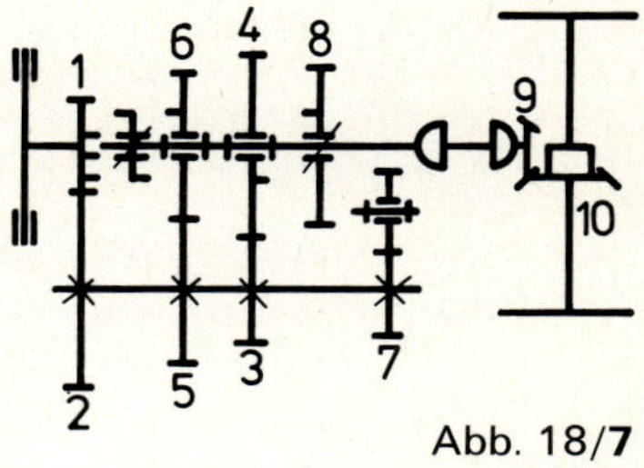

Abb. 18/**7**

7. Dreigang-Wechselgetriebe nach Abb. 18/7.
Konstante (1., 2., R.-Gang) $z_1/z_2=17/22$,
1. Gang $z_3/z_4=13/33$, 2. Gang $z_5/z_6=19/24$,
3. Gang direkt $=1:1$, R.-Gang $z_7/z_8=12/33$,
Achse $z_9/z_{10}=9/38$.
Motordrehzahl $n=4800$ 1/min, Drehmoment $M=$ 105 Nm bei 2500 1/min, wirksamer Reifendurchmesser $d=580$ mm.

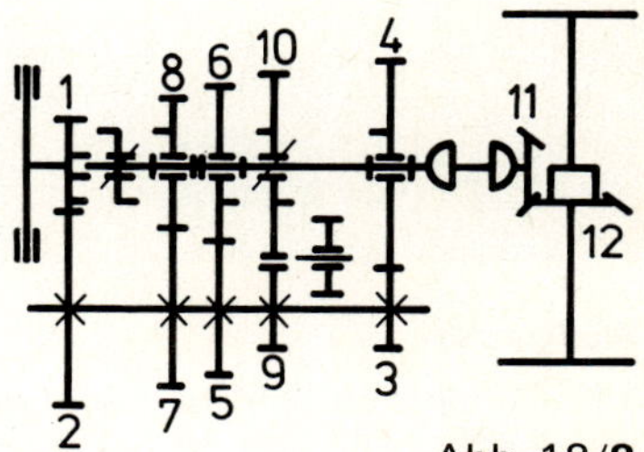

Abb. 18/**8**

8. Viergang-Wechselgetriebe nach Abb. 18/8.
Konstante (1., 2., 3., R.-Gang) $z_1/z_2=24/45$,
1. Gang $z_3/z_4=13/28$, 2. Gang $z_5/z_6=28/34$,
3. Gang $z_7/z_8=38/31$, 4. Gang direkt $=1:1$,
R.-Gang $z_9/z_{10}=12/25$, Achse $z_{11}/z_{12}=12/49$.
Motordrehzahl $n=5000$ 1/min, Drehmoment $M=$ 193 Nm bei 3900 1/min, wirksamer Reifendurchmesser $d=630$ mm.

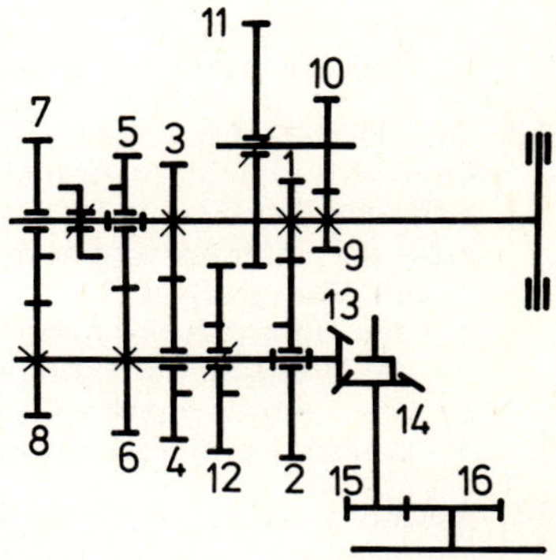

Abb. 18/**9**

9. Viergang-Wechselgetriebe mit Achsvorgelege nach Abb. 18/9.
1. Gang $z_1/z_2=10/38$, 2. Gang $z_3/z_4=17/35$,
3. Gang $z_5/z_6=23/28$, 4. Gang $z_7/z_8=28/23$,
R.-Gang $z_9/z_{10}=14/21$ und $z_{11}/z_{12}=17/44$,
Hinterachsantrieb $z_{13}/z_{14}=8/33$,
Hinterachsvorgelege $z_{15}/z_{16}=18/25$.
Motordrehzahl $n=4000$ 1/min, Drehmoment $M=$ 102 Nm bei 2000 1/min, wirksamer Reifendurchmesser $d=620$ mm.

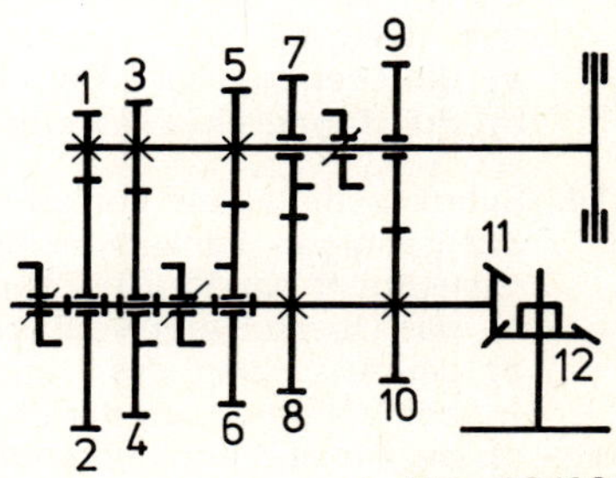

Abb. 18/**10**

10. Fünfgang-Wechselgetriebe nach Abb. 18/10.
1. Gang $z_1/z_2=11/32$, 2. Gang $z_3/z_4=18/32$,
3. Gang $z_5/z_6=23/28$, 4. Gang $z_7/z_8=27/25$,
5. Gang $z_9/z_{10}=29/22$, Achse $z_{11}/z_{12}=7/31$.
Motordrehzahl $n=6600$ 1/min, Drehmoment $M=$ 182 Nm bei 5200 1/min, wirksamer Reifendurchmesser $d=630$ mm.

18.3 Schneckentrieb

Bei 1 Umdrehung einer eingängigen Schnecke wird das Schneckenrad um 1 Zahn weiterbewegt, bei einer zweigängigen Schnecke um 2 Zähne usw. Die Gangzahl des Schneckengewindes entspricht also der Zähnezahl z_1 des treibenden Zahnrades, somit ergibt sich, wie beim Zahnradtrieb:

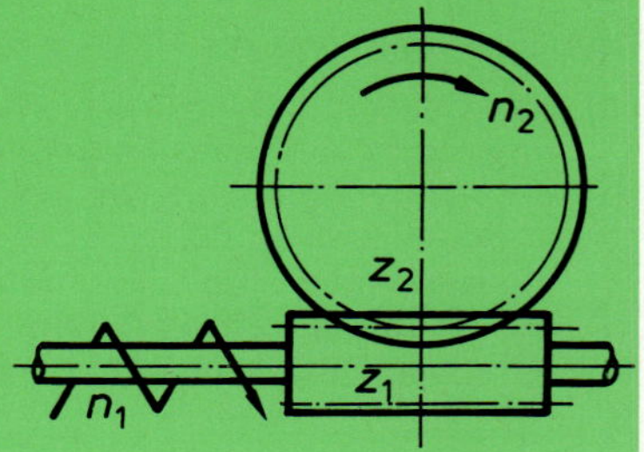

Gangzahl z_1 × Drehzahl n_1 der Schnecke = Zähnezahl z_2 × Drehzahl n_2 des Schneckenrades.

Das Übersetzungsverhältnis wird ebenso wie beim Zahnradtrieb berechnet.

$$z_1 \cdot n_1 = z_2 \cdot n_2$$

$$i = \frac{n_1}{n_2} \qquad i = \frac{z_2}{z_1}$$

Beispiel

Zweigängige Schnecke, $n_1 = 2800$ 1/min, Schneckenrad $z_2 = 50$ Zähne. Wie groß ist die Drehzahl n_2 des Schneckenrades?

$$n_2 = \frac{2 \cdot 2800\ 1/\text{min}}{50} = 112\ 1/\text{min}$$

Aufgaben

11. Schneckentrieb für Tachometerwelle nach Abb. 18/11. Die Antriebsschnecke auf der Getriebewelle ist 5 (3) gängig, ihre Drehzahl beträgt 1800 (2000) 1/min. Das Schneckenrad hat 12 (10) Zähne. Wie groß ist
a) die Drehzahl der Tachowelle in 1/min?
b) das Übersetzungsverhältnis?

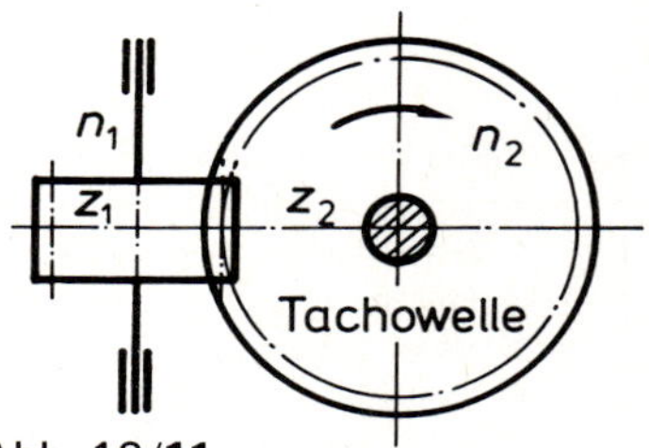

Abb. 18/**11**

12. Das Hinterachsgetriebe einer Zugmaschine hat eine 4 (5) gängige Antriebsschnecke und ein Schneckenrad mit 42 (47) Zähnen. Die Drehzahl der Antriebsschnecke beträgt 950 (800) 1/min. Wie groß ist
a) das Übersetzungsverhältnis?
b) die Drehzahl der Hinterachswelle in 1/min?
c) die Fahrgeschwindigkeit in km/h bei einem wirksamen Reifendurchmesser von 1150 mm?

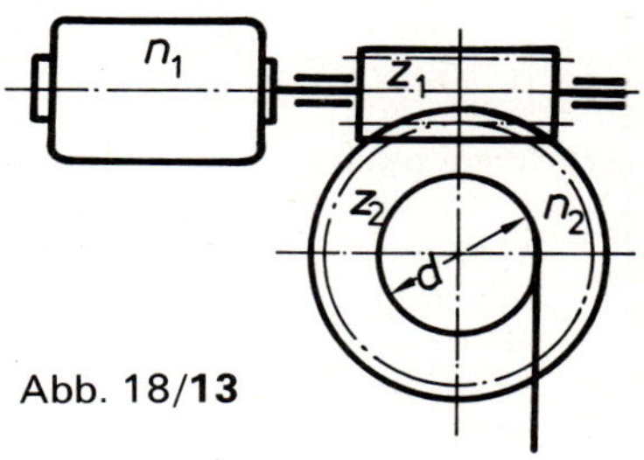

Abb. 18/**13**

13. Hebezug mit Schneckentrieb (Abb. 18/13). Drehzahl des Elektromotors $n_1 = 2890$ (1430) 1/min. Die Schnecke ist 2 (3) gängig, die Zähnezahl des Schneckenrades ist $z_2 = 70$ (78), der Durchmesser der Seiltrommel ist $d = 150$ (175) mm. Wie groß ist
a) die Drehzahl der Seiltrommel in 1/min?
b) die Hubgeschwindigkeit in m/s?

14. Schnecken-Segmentlenkung (Abb. 18/14) mit 3 (2) gängiger Lenkschnecke. Das Schneckenradsegment hat 12 (9) Zähne. Gesucht ist:
a) das Übersetzungsverhältnis,
b) der Ausschlag des Lenkstockhebels in Grad bei 1 Umdrehung der Lenkschnecke,
c) die Anzahl der Umdrehungen am Lenkrad bei 90° (80°) Ausschlag des Lenkstockhebels.

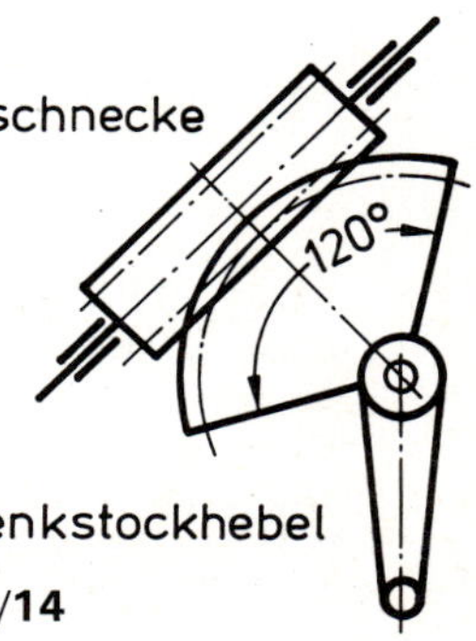

Abb. 18/**14**

19 Kupplung

d_{GZ}	Durchmesser des Geberzylinders
d_{NZ}	Durchmesser des Nehmerzylinders
F_A	Ausrückkraft am Ausrücker
F_D	Anpreßkraft der Druckplatte
F_P	Fußkraft am Kupplungspedal
i	Gesamtübersetzung
i_a	äußere Übersetzung
i_{a1}	–, mechanische K'betätigung
i_{a2}	–, hydraulische K'betätigung
i_i	innere Übersetzung
$l_{1,2}$	Hebelarme des Kupplungspedals
$l_{3,4}$	Hebelarme der Ausrückgabel
$l_{5,6}$	Hebelarme des Ausrückhebels

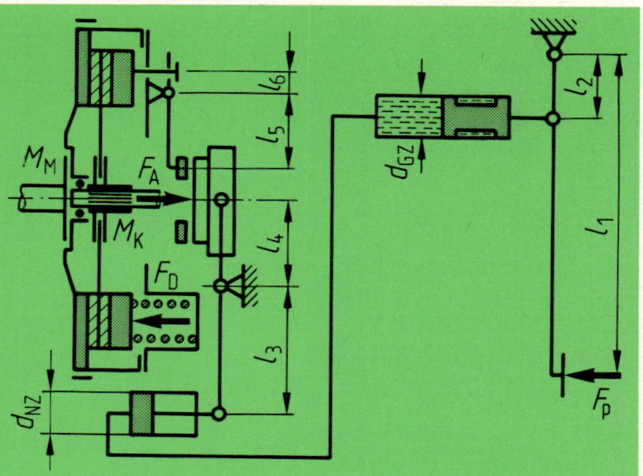

19.1 Übersetzungsverhältnisse

Die äußere Übersetzung i_a bezieht sich auf die mechanische und hydraulische Kupplungsbetätigung, die innere Übersetzung i_i auf den Kupplungsdeckel. Es ist äußere Übersetzung mit hydraulischer Betätigung i_{a2}

$$= \frac{\text{Hebelarm}_2 \cdot \text{Hebelarm}_4 \cdot \text{Geberzylinderdurchmesser}^2}{\text{Hebelarm}_1 \cdot \text{Hebelarm}_3 \cdot \text{Nehmerzylinderdurchmesser}^2}$$

$$i_a = \frac{F_P}{F_A} \qquad i_{a1} = \frac{l_2 \cdot l_4}{l_1 \cdot l_3}$$

$$i_i = \frac{F_A}{F_D} \qquad i_i = \frac{l_6}{l_5}$$

$$i = \frac{F_P}{F_D} \qquad i = i_a \cdot i_i$$

19.2 Fußkraft am Kupplungspedal

Die Fußkraft errechnet sich aus der Anpreßkraft oder aus der Ausrückkraft. Die Anpreß- bzw. Ausrückkraft ändert sich während des Auskuppelns, so daß die ermittelte Fußkraft nur ein Momentanwert ist.
Fußkraft = Ausrückkraft mal äußere Übersetzung
Fußkraft = Anpreßkraft mal Gesamtübersetzung

$$F_P = F_D \cdot i \qquad F_P = F_A \cdot i_a$$

$$F_A = F_P : i_a \qquad F_A = F_D \cdot i_i$$

$$F_D = F_P : i \qquad F_D = F_A : i_i$$

Aufgaben

1. Eine Kupplung mit mechanischer Betätigung hat folgende Abmessungen: $l_1 = 207$ (264) mm, $l_2 = 46$ (48) mm, $l_3 = 63$ (72) mm, $l_4 = 42$ (45) mm, $l_5 = 48$ (45) mm und $l_6 = 20$ (18) mm. Gesucht: a) Äußere Übersetzung, b) innere Übersetzung und c) Gesamtübersetzung.

2. Einscheibenkupplung für Pkw (Abb. 19.2).

	a)	b)	c)	d)
F_A	= ? N	? N	1650 N	2162 N
F_D	= 3570 N	? N	4620 N	? N
F_P	= ? N	158 N	? N	235 N
i_a	= 1:8,4	1:?	1:8,25	1:?
i_i	= 1:2,5	1:3,2	1:?	1:?
i	= 1:?	1:24,0	1:?	1:32,2

3. Die Kupplung eines Pkw hat eine innere Übersetzung von 1:3,25 (1:2,8) und eine äußere von 1:10,8 (1:12,5). Die Ausrückkraft am Ausrücker beträgt 1296 (1775) N. Wie groß ist a) die Fußkraft, b) die Anpreßkraft und c) die Gesamtübersetzung?

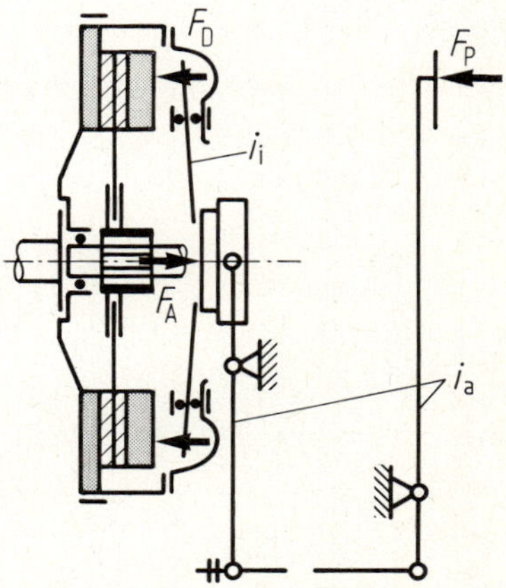

Abb. 19/**2**

Formelzeichen

A	Fläche des Reibbelags
$d_{a,i}$	Durchmesser der Reibflächen
F_D	Anpreßkraft der Druckplatte
F_R	Reibkraft der Kuppl'beläge
$F_{U\,max}$	größte Umfangskraft
M_K	übertragbares Kuppl'moment
$M_{M\,max}$	größtes Motormoment
p	Flächenpressung am Belag
r_m	mittlerer Reibradius
S	Sicherheitsfaktor
z	Anzahl der Reibflächen
μ_H	Haftreibungszahl der Beläge

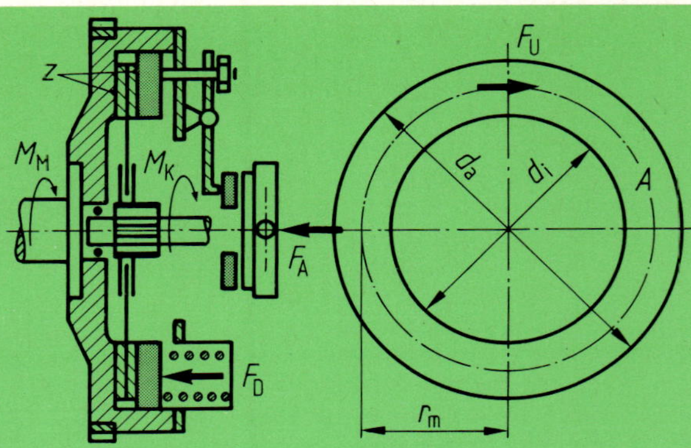

19.3 Belagpressung

Die Anpreßkraft der Druckplatte verteilt sich gleichmäßig auf die Fläche der Kupplungsscheibe. Die auf ein cm^2 wirkende Kraft heißt Belagpressung. Es ist

$$\text{Belagpressung} = \frac{\text{Anpreßkraft der Druckplatte}}{\text{Fläche des Reibbelags}}$$

$$p = \frac{F_D}{A} \qquad F_D = p \cdot A$$

$$A = \frac{\pi \cdot (d_a{}^2 - d_i{}^2)}{4}$$

19.4 Umfangskraft an der Kupplungsscheibe

Die größte Umfangskraft ergibt sich aus dem maximalen Motormoment und aus dem mittleren Reibradius. Es ist

$$\text{größte Umfangskraft} = \frac{\text{maximales Motormoment}}{\text{mittlerer Reibradius}}$$

$$F_{U\,max} = \frac{M_{M\,max}}{r_m}$$

$$r_m = \tfrac{1}{4} \cdot (d_a + d_i)$$

19.5 Übertragbares Kupplungsmoment

Das übertragbare Moment an der Kupplung errechnet sich aus der Reibkraft und dem mittleren Reibradius.

Reibkraft an der Kupplungsscheibe
= Anpreßkraft · Haftreibungszahl · Reibflächenanzahl

Übertragbares Kupplungsmoment
= Reibkraft · mittl. Reibradius der Kupplungsscheibe

$$M_K = F_R \cdot r_m$$

$$F_R = F_D \cdot \mu_H \cdot z$$

$$F_D = \frac{M_K}{\mu_H \cdot z \cdot r_m}$$

19.6 Sicherheit der Übertragungsfähigkeit

Damit die Kupplung das größte Motormoment auch in ungünstigen Fällen ausreichend überträgt, ist ein Sicherheitsfaktor in die Rechnung einzubeziehen.

$$\text{Sicherheitsfaktor} = \frac{\text{übertragbares Kupplungsmoment}}{\text{größtes Motormoment}}$$

$$S = \frac{M_K}{M_{M\,max}}$$

$$M_{M\,max} = \frac{M_K}{S}$$

$$M_K = S \cdot M_{M\,max}$$

Beispiel: Einscheibenkupplung, $F_D = 3000\,N$, $\mu_H = 0{,}4$, $A = 200\,cm^2$, $r_m = 80\,mm$, $M_M = 120\,Nm$. Gesucht: Belagpressung, Umfangskraft, Kuppl'moment, Sicherheit.

p	$= F_D : A$	$= 3000\,N : 200\,cm^2$	$= 15\ N/cm^2$
$F_{U\,max}$	$= M_{M\,max} : r_m$	$= 120\,Nm : 0{,}08\,m$	$= 1500\,N$
F_R	$= F_D \cdot \mu_H \cdot z$	$= 3000\,N \cdot 0{,}4 \cdot 2$	$= 2400\,N$
M_K	$= F_R \cdot r_m$	$= 2400\,N \cdot 0{,}08\,m$	$= 192\ Nm$
S	$= M_K : M_{M\,max}$	$= 192\,Nm : 120\,Nm$	$= 1{,}6$

Technische Daten

Belagpressung	$\approx 20\ N/cm^2$
Sicherheit	1,2 … 2,0

Haftreibungszahlen

organische Beläge	$\approx 0{,}3$
anorganische Beläge	$\approx 0{,}4$
Naßkupplungen	$\approx 0{,}1$

Aufgaben

4. Einscheibenkupplung nach Abb. 19.4.
Berechnen Sie die fehlenden Tabellenwerte!

	a)	b)	c)	d)
F_D	=3356 N	? N	4418 N	12855 N
d_a	=200 mm	180 mm	? mm	310 mm
d_i	=130 mm	125 mm	150 mm	? mm
p	= ? N/cm²	22 N/cm²	20 N/cm²	25 N/cm²

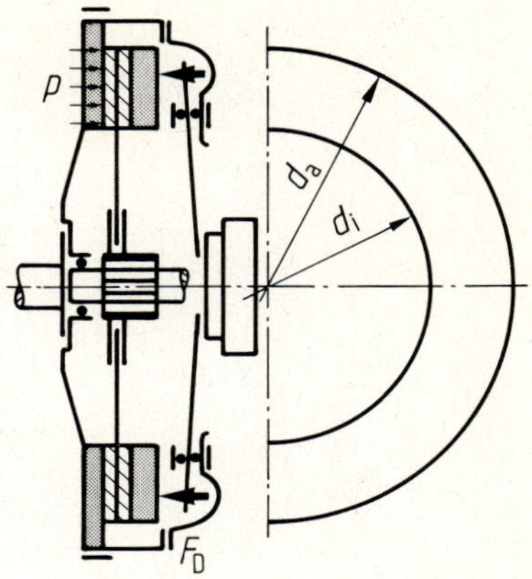

Abb. 19/**4**

5. Die Mitnehmerscheibe hat 220 (240) mm Außen- und 120 (130) mm Innendurchmesser. Die Anpreßkraft der Tellerfeder beträgt 3472 (4160) N. Wie groß ist die Flächenpressung in N/cm²?

6. Einscheibenkupplung für Pkw nach Abb. 19.6.

	a)	b)	c)	d)
$M_{M\,max}$	=185 Nm	? Nm	164 Nm	? Nm
r_m	=83,7 mm	95 mm	d_a=180 mm d_i=125 mm	250 mm 155 mm
$F_{U\,max}$	= ? N	2540 N	? N	2852 N

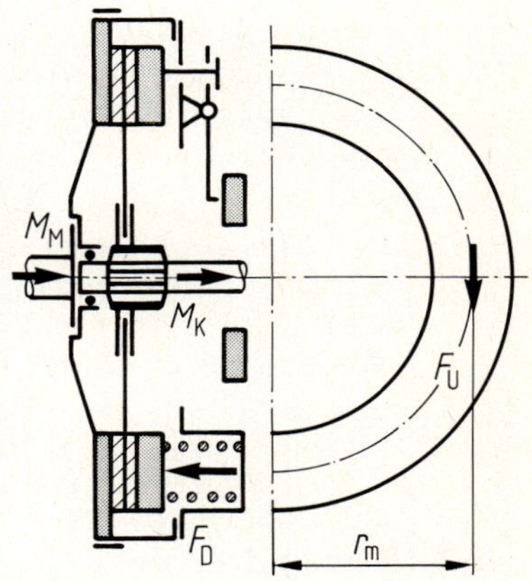

Abb. 19/**6**

7. Die Kupplungsbeläge einer Einscheibenkupplung haben einen Außendurchmesser von 160 (200) mm und einen Innendurchmesser von 110 (130) mm. Das maximale Motormoment beträgt 60 (130) Nm. Wie groß ist die Umfangskraft an der Mitnehmerscheibe?

8. An einer Belagseite der Mitnehmerscheibe einer Zweischeibenkupplung ist eine Umfangskraft von 1652 (2069) N wirksam. Der äußere Durchmesser ist 350 (380) mm, der innere 195 (200) mm. Wie groß ist das Drehmoment des Motors in Nm?

9. Kupplung eines Kraftwagens (Abb. 19.9).

	a)	b)	c)	d)
M_K	= ? Nm	284 Nm	372 Nm	1245 Nm
F_D	=3460 N	? N	5638 N	7426 N
μ_H	=0,30	0,35	0,32	?
z	=2	2	2	4
r_m	=83,7 mm	95 mm	? mm	149,1 mm

10. Die Mitnehmerscheibe einer Einscheibenkupplung hat folgende Maße: Außendurchmesser 225 (280) mm, Innendurchmesser 150 (165) mm, Haftreibungszahl 0,35 (0,32). Die Anpreßkraft der Membranfeder beträgt 5534 (8410) N, der Sicherheitsfaktor 1,6 (1,8). Wie groß ist a) das übertragbare Kupplungsmoment, b) das zulässige Moment des Motors?

11. Die Beläge einer Lkw-Zweischeibenkupplung haben 420 (380) mm Außen- und 220 (200) mm Innendurchmesser, die Haftreibungszahl ist 0,38 (0,34). Die Kupplung soll mit 1,5 (1,8) facher Sicherheit ein Motormoment von 1500 (1200) Nm übertragen. Wieviel N Anpreßkraft müssen die Schraubenfedern der Kupplung aufbringen?

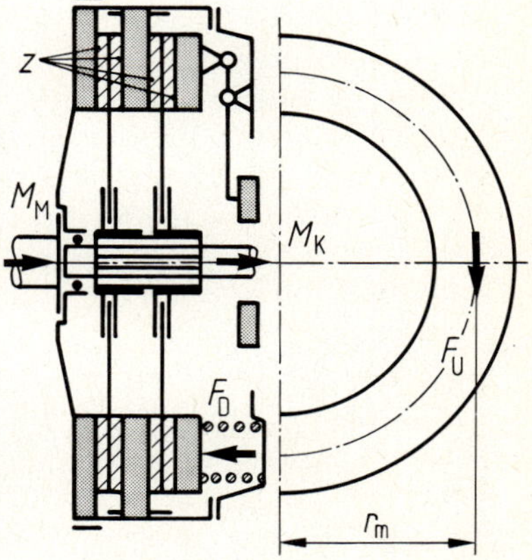

Abb. 19/**9**

20 Bremsen

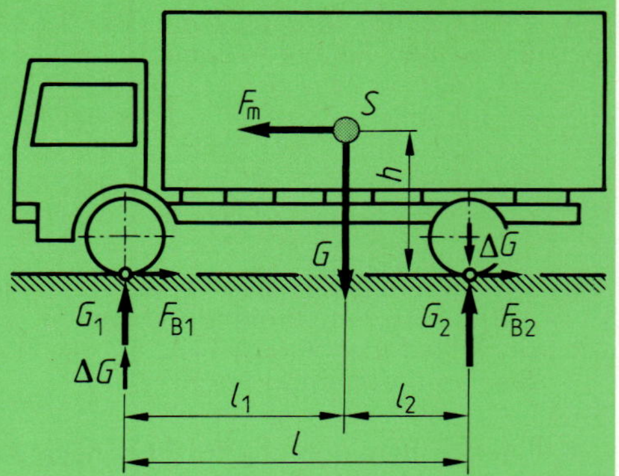

a	Bremsverzögerung
a_{max}	größte Bremsverzögerung
F_B	Gesamtbremskraft des Fahrzeugs
F_{B1}	Bremskraft an der Vorderachse
F_{B2}	Bremskraft an der Hinterachse
G	Gewichtskraft des Fahrzeugs
G_1	statische Achskraft an der VA
G_2	statische Achskraft an der HA
g	Fallbeschleunigung 9,81 m/s²
ΔG	Achskraftverlagerung beim Bremsen
h	Schwerpunktshöhe
l	Radstand
m	Fahrzeuggewicht, Fahrzeugmasse
z	Abbremsung im Dezimalwert
ε	Haftwertausnutzung (Gütegrad)
μ_H	Haftreibungszahl Reifen/Fahrbahn

20.1 **Bremskraft** (Verzögerungskraft)

Die Bremskraft 1 Newton erteilt dem Fahrzeuggewicht 1 kg beim Bremsen eine Verzögerung von 1 m/s², somit

$$F_B = m \cdot a$$

$$a = \frac{F_B}{m} \qquad m = \frac{F_B}{a}$$

Gesamtbremskraft
= Fahrzeuggewicht · Bremsverzögerung

Beispiel: Fahrzeuggewicht 1450 kg, Bremsverzögerung 5,8 m/s². Gesucht: Erforderliche Gesamtbremskraft.

$F_B = m \cdot a = 1450\ \text{kg} \cdot 5{,}8\ \text{m/s}^2 = 8410\ \text{N}$

20.2 Maximale Bremskraft

Die maximale Bremskraft ergibt sich aus der Haftreibungszahl zwischen Reifen und Fahrbahn und der Fahrzeuggewichtskraft bzw. den Achskräften beim Bremsen. Die Haftreibungszahl gibt das Verhältnis der Bremskraft zu der Gewichtskraft an. $\mu_H = F_B : G$, daher ist:

$$F_{B\,max} = G \cdot \mu_H$$

$$F_{B\,max} = m \cdot g \cdot \mu_H$$

Größte erreichbare Bremskraft am Fahrzeug
= Gewichtskraft des Fahrzeugs mal Haftreibungszahl

Größte erreichbare Bremskraft an den Achsen
= Achskräfte beim Bremsen mal Haftreibungszahl

$$F_{B1\,max} = (G_1 + \Delta G) \cdot \mu_H$$

$$F_{B2\,max} = (G_2 - \Delta G) \cdot \mu_H$$

$$\Delta G = G \cdot \mu_H \cdot \frac{h}{l}$$

$$F_B = F_{B1} + F_{B2}$$

Beispiel: Statische Achskraft vorn 7540 N, hinten 6360 N, Achskraftverlagerung beim Bremsen 2260 N, Haftreibungszahl 0,75. Bremskräfte an den Achsen?

$F_{B1\,max} = (7540\ \text{N} + 2260\ \text{N}) \cdot 0{,}75 = 7350\ \text{N}$
$F_{B2\,max} = (6360\ \text{N} - 2260\ \text{N}) \cdot 0{,}75 = 3075\ \text{N}$

20.3 Maximale Bremsverzögerung

Die maximale Bremsverzögerung wird aus der Haftreibungszahl berechnet. Aus $m \cdot a_{max} = m \cdot g \cdot \mu_H$ wird:

$$a_{max} = g \cdot \mu_H$$

$$a_{max} = g \cdot z_{max}$$

Größte erreichbare Bremsverzögerung
= Fallbeschleunigung mal Haftreibungszahl

$$a_{max} = \frac{F_{B\,max}}{m}$$

Beispiel: Betonstraße $\mu_H = 0{,}80$. Bremsverzögerung?
$a_{max} = g \cdot \mu_H = 9{,}81\ \text{m/s}^2 \cdot 0{,}80 = 7{,}8\ \text{m/s}^2$

Aufgaben

1. Ein Pkw (Lkw) mit einem Fahrzeuggewicht von 1265 (16000) kg wird mit einer Verzögerung von 6,2 (5,4) m/s^2 abgebremst. Gesucht: Bremskraft

2. Ein Pkw (Lkw) hat 1375 (11325) kg Leergewicht und eine Nutzlast von 520 (14675) kg. Die Bremsverzögerung beträgt 6,4 (5,6) m/s^2. Ermitteln Sie die wirksame Bremskraft am Fahrzeug in N!

3. Beim Abbremsen eines Pkw (Bus) mit 1460 (14200) kg Fahrzeuggewicht entsteht an der Vorderachse die Bremskraft 6326 (50765) N, an der Hinterachse 2726 (27335) N. Wie groß ist die Bremsverzögerung?

4. Die Gewichtskraft eines Fahrzeugs beträgt 18340 (14715) N. Die Haftreibungszahl der Fahrbahn ist 0,85 (0,8). Errechnen Sie die größte erreichbare Bremskraft bei voller Ausnutzung des Haftwertes!

5. Ein Personenwagen (Lkw) mit 1340 (22000) kg Gesamtgewicht wird auf trockener Asphaltstraße mit einer Haftreibungszahl von 0,75 (0,70) abgebremst. Wie groß ist die maximale Bremskraft?

6. Berechnen Sie die größte Bremskraft eines Pkw (Krad) mit 1680 (325) kg Fahrzeuggewicht auf einer Betonstraße, trocken $\mu_H = 0{,}9$, naß $\mu_H = 0{,}52$, schmierig $\mu_H = 0{,}36$ und vereist $\mu_H = 0{,}15$!

7. Nach einem Wolkenbruch bildet sich auf der Fahrbahn ein 2 mm dicker Wasserfilm (Abb. 20.7). Welche Bremskraft ist bei Aquaplaning höchstens möglich bei einem Fahrzeuggewicht von 1580 (1820) kg? Die Haftreibungszahl ist bei 8 mm Profiltiefe $\mu_H = 0{,}6$, bei 4 mm $\mu_H = 0{,}3$ bei 1 mm $\mu_H = 0{,}15$.

8. Lastkraftwagen nach Abb. 20.8: Statische Achskraft vorn 27465 (44145) N, hinten 46105 (80455) N, Achskraftverlagerung beim Bremsen 19315 (22250) N. Die Haftreibungszahl beträgt 0,7 (0,6). Welche Bremskräfte sind an jeder Achse erreichbar?

9. Kraftfahrzeug Abb. 20.9. Ermitteln Sie für $m_1 = 715$ (4500) kg, $m_2 = 850$ (9100) kg, $\Delta G = 2166$ (36562) N und $\mu_H = 0{,}7$ (0,6) a) die maximalen Bremskräfte an jeder Achse, b) die Gesamtbremskraft am Fahrzeug bei idealer Haftwertausnutzung!

10. Ein Fahrzeug mit Frontantrieb Abb. 20/10.1 (mit Heckantrieb Abb. 20.10.2) wird auf trockenem Beton $\mu_H = 0{,}8$ (auf Glatteis $\mu_H = 0{,}15$) abgebremst. Bestimmen Sie a) die maximalen Bremskräfte an beiden Achsen in N und in % der Gesamtbremskraft, b) das Verhalten der Räder, wenn der festgelegte Bremskraftanteil an der Vorderachse 70 (60)% beträgt!

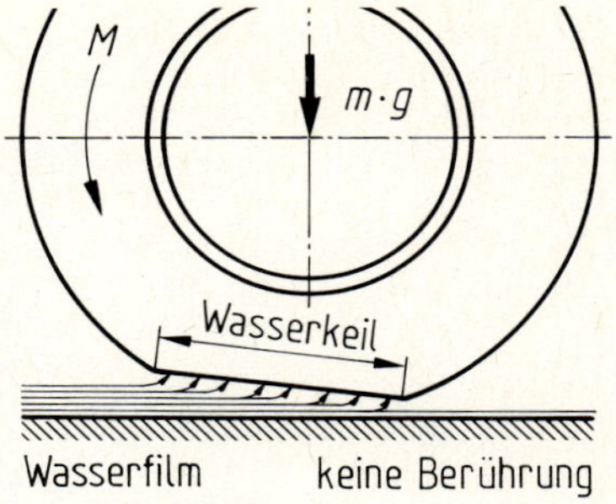

Abb. 20/**7**

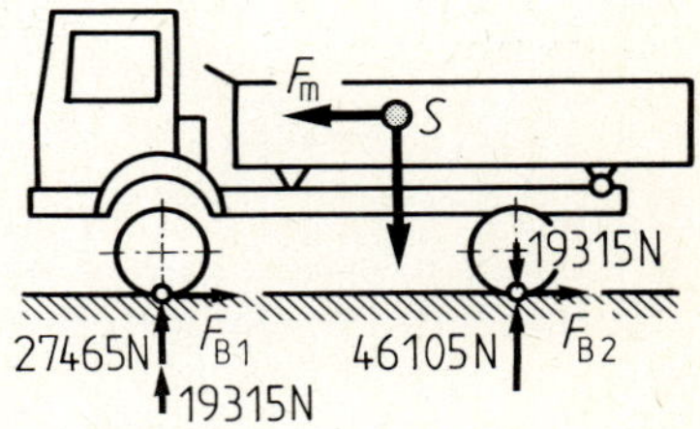

Abb. 20/**8**

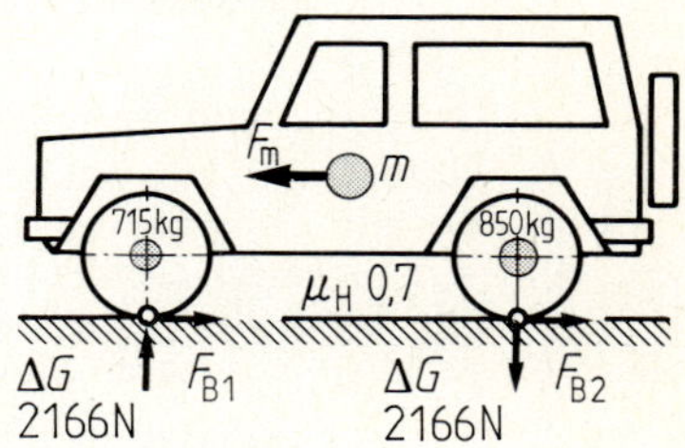

Abb. 20/**9**

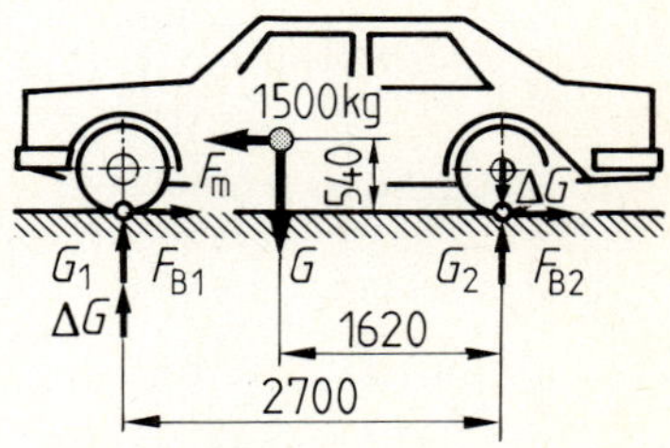

Abb. 20/**10.1**

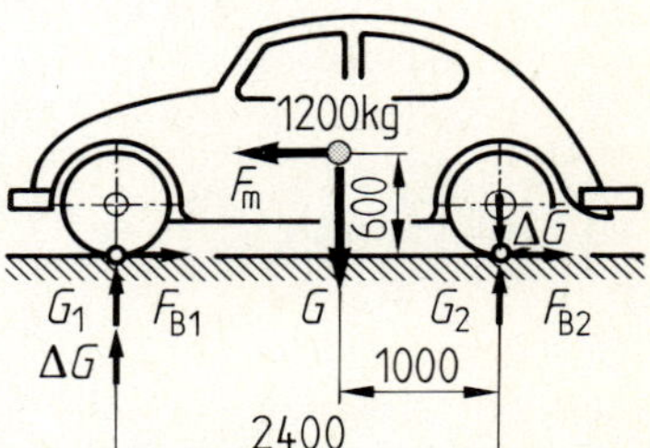

Abb. 20/**10.2**

20.4 Bremskraftverteilung

Die Gesamtbremskraft soll auf die Achsen des Fahrzeugs so verteilt werden, daß in jedem Fahrzustand die Reifen mit der Fahrbahn durch Haftreibung kraftschlüssig verbunden sind. Die „ideale" Bremskraftverteilung ist von der Haftreibungszahl und von den Achskräften beim Bremsen abhängig. Bei der heute üblichen „festen" Auslegung werden der Vorderachse 70 bis 75%, der Hinterachse 25 bis 30% der Gesamtbremskraft zugeteilt.

$$F_{B1,2} = \frac{F_B \cdot \text{Anteil in \%}}{100}$$

$$F_{B1,2} \text{ in \%} = \frac{100 \cdot F_{B1,2}}{F_B}$$

Bremskräfte an den Achsen bei fester Auslegung

$$= \frac{\text{Gesamtbremskraft} \cdot \text{Bremskraftanteile in Prozent}}{100}$$

Bremskräfte an den Achsen bei lastabhängiger Regelung

$$= \frac{\text{Ges'bremskraft} \cdot (\text{Achskraft} \pm \text{Achskraftverlagerung})}{\text{Achskraft 1} + \text{Achskraft 2}}$$

$$F_{B1} = \frac{F_B \cdot (G_1 + \Delta G)}{G_1 + G_2}$$

$$F_{B2} = \frac{F_B \cdot (G_2 - \Delta G)}{G_1 + G_2}$$

$$F_{B2} = F_B - F_{B1}$$

$$F_{B1} = F_B - F_{B2}$$

Beispiel: Gesamtbremskraft 10425 N, stat. Achskraft vorn 7540 N, hinten 6360 N, Achskraftverlagerung beim Bremsen 2260 N. Gesucht: Bremskraft an VA und HA.

$$F_{B1} = \frac{10425\text{ N} \cdot (7540\text{ N} + 2260\text{ N})}{7540\text{ N} + 6360\text{ N}} = 7350\text{ N}$$

$$F_{B2} = 10425\text{ N} - 7350\text{ N} = 3075\text{ N}$$

20.5 Haftwertausnutzung (Gütegrad)

Die Haftwertausnutzung ist der Gütegrad einer Bremsanlage und ein wichtiger Wert für die Beurteilung der gewählten Bremskraftverteilung. Sie ergibt sich aus dem Verhältnis „vorhandene Bremskraft $m \cdot a$ zu maximaler Bremskraft $m \cdot g \cdot \mu_H$", somit ist

$$\varepsilon = \frac{z \text{ vorhanden}}{\mu_H}$$

$$\varepsilon = \frac{m \cdot a}{m \cdot g \cdot \mu_H} = \frac{a}{g \cdot \mu_H}; \quad \text{mit } \frac{a}{g} = z \text{ wird} \quad \varepsilon = \frac{z}{\mu_H}$$

$$\text{Haftwertausnutzung} = \frac{\text{vorhandene Abbremsung}}{\text{Haftreibungszahl}}$$

$$\varepsilon = \frac{a}{g \cdot \mu_H}$$

$$\varepsilon = \frac{F_B \text{ vorhanden}}{F_{B\,max}}$$

Beispiel: Trockene Asphaltstraße, $\mu_H = 0{,}78$, vorhandene Abbremsung 0,65. Gesucht: Haftwertausnutzung.

$$\varepsilon = \frac{z \text{ vorhanden}}{\mu_H} = \frac{0{,}65}{0{,}78} = 0{,}83$$

20.6 Abbremsung

Die Abbremsung ist das Verhältnis der Gesamtbremskraft zur Gewichtskraft des Fahrzeugs. Sie gibt an, welchen Anteil die Gesamtbremskraft von der Gewichtskraft des Fahrzeugs ausmacht. Auf Meßgeräten und in der StVZO wird die Abbremsung meist in % angegeben.

$$z = \frac{F_B}{G}$$

$$\text{Abbremsung} = \frac{\text{Gesamtbremskraft des Fahrzeugs}}{\text{Gewichtskraft des Fahrzeugs}}$$

$$z = \frac{F_B}{m \cdot g}$$

$$z = \frac{a}{g}$$

Beispiel: Gesamtbremskraft 9880 N, Gewichtskraft des Fahrzeugs 15200 N. Gesucht: Abbremsung.

$$z = 9880\text{ N} : 15200\text{ N} = 0{,}65 = 65\%$$

11. Berechnen Sie die größte erreichbare Bremsverzögerung auf Beton $\mu_H = 0{,}84$, Teermakadam $\mu_H = 0{,}62$, Kleinpflaster $\mu_H = 0{,}48$, Eis $\mu_H = 0{,}15$!

12. Mit dem Bremsprüfgerät (Abb. 26.3) wird eine Abbremsung von 65 (58) % ermittelt. Wie groß ist die maximale Bremsverzögerung in m/s^2?

13. Ermitteln Sie die größte Bremsverzögerung aus: Gesamtbremskraft auf dem Rollenprüfstand 9144 (8224) N, Fahrzeuggewicht 1524 (1285) kg!

14. Die Bremskraft eines Pkw beträgt 10680 (9686) N, davon nimmt die Vorderachse 65 (72) % auf. Berechnen Sie die Bremskräfte an beiden Achsen!

15. Ein Pkw (Lkw) mit 1340 (13500) kg Fahrzeuggewicht wird mit 5,8 (6,2) m/s^2 abgebremst. Der Bremskraftanteil ist vorn 75 (72) %. Wieviel N Bremskraft wirken an der Vorder- und Hinterachse?

16. Auf dem Bremsenprüfstand werden an der Vorderachse eines Pkw 6804 (6630) N, an der Hinterachse 2646 (3120) N gemessen. Wieviel % der Gesamtbremskraft betragen die Bremskraftanteile?

17. Berechnen Sie die notwendigen Haftreibungszahlen an der Vorder- und Hinterachse (Abb. 20/17) bei einer Bremsverzögerung von 6,2 (5,4) m/s^2 und einer festen Bremsauslegung von 75:25 (65:35)!

18. Gesamtgewicht eines Lkw 16000 (11800) kg, Achslast vorn 6000 (4100) kg, Bremsverzögerung 5,5 (6,2) m/s^2. a) Berechnen Sie die erforderliche Gesamtbremskraft, b) verteilen Sie die Bremskraft auf die Achsen im Verhältnis der Achslasten ohne Berücksichtigung der Achskraftverlagerung!

19. Von einem Pkw sind bekannt: Bremskraft 14600 (8370) N, statische Achskraft vorn 8636 (7360) N, hinten 9614 (6140) N, Achskraftverlagerung beim Bremsen 2854 (1740) N. Gesucht: Bremskräfte an den Achsen bei lastabhängiger Verteilung.

20. Bei einer Bremsprüfung auf trockener Betonstraße $\mu_H = 0{,}76$ (0,85) zeigt das Prüfgerät eine Abbremsung von 57 (66) %. Gesucht: Haftwertausnutzung.

21. Ein Pkw (Lkw) wird auf nasser Asphaltstraße $\mu_H = 0{,}51$ (0,524) mit einer Verzögerung von 4,0 (3,6) m/s^2 abgebremst. Gesucht: Haftwertausnutzung!

22. Berechnen Sie die Abbremsung!

	a) Pkw	b) Pkw	c) Lkw	d) Lkw
$F_B =$	6771,5 N	8035,4 N	40414 N	55917 N
$m =$	–	1260 kg	–	9500 kg
$G =$	11675 N	–	73480 N	–

Haftreibungszahlen

Fahrbahndecke:

Beton, Asphalt und Bitumen	
a) trocken	0,76...0,85
b) naß	0,48...0,52
c) schmierig	0,35...0,40
Teermakadam	
a) trocken	0,58...0,62
b) naß	0,38...0,42
c) schmierig	0,25...0,30
Kleinpflaster	
a) trocken	0,48...0,52
b) naß	0,25...0,30
c) schmierig	0,15...0,20
Schnee	0,10...0,50
Eisdecke	
a) trocken	0,15...0,20
b) naß	0,05...0,10

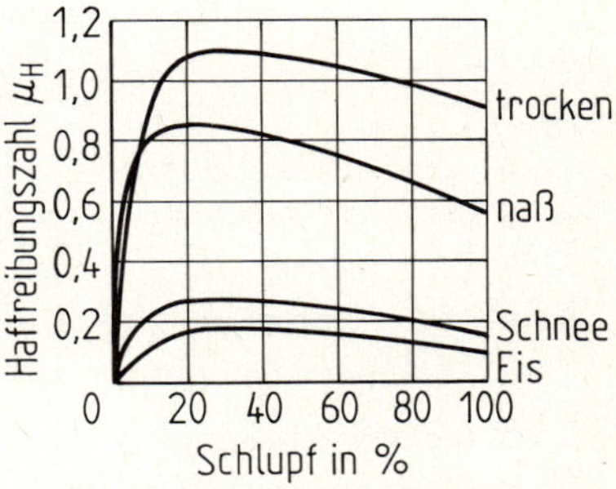

Haftreibungszahlen in Abhängigkeit des Schlupfes auf Asphaltstraßen und Breitreifen mit 90% tiefem Profil

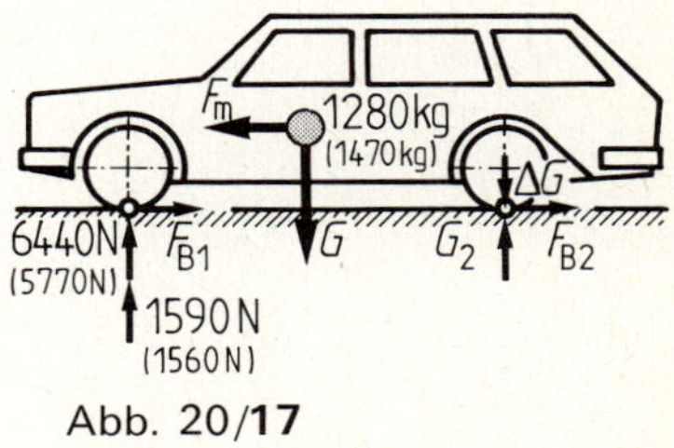

Abb. 20/**17**

Formelzeichen

A_{HZ} Kolbenfläche des Hauptzylinders
A_{RZ} Kolbenfläche des Radzylinders
d_{HZ} Durchmesser des Hauptzylinders
d_{RZ} Durchmesser des Radzylinders
F_P Fußkraft am Bremspedal
F_K Kolbenstangenkraft
F_S Spannkraft am Radzylinder
i_h hydraulische Übersetzung
i_m mechanische Übersetzung
l_P Hebelarm der Fußkraft
l_K Hebelarm der Kolbenstangenkraft
p Bremsdruck, Leitungsdruck

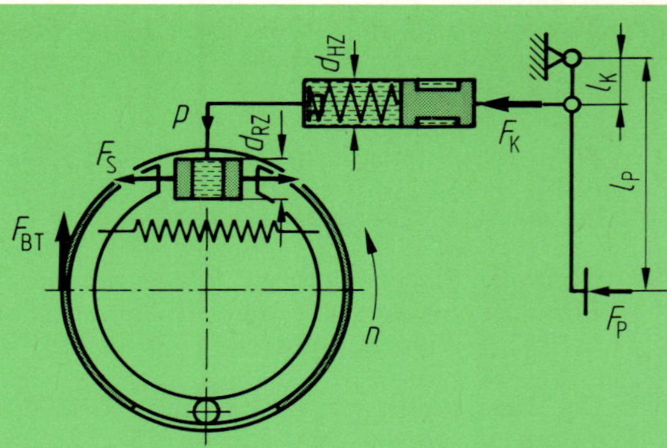

20.7 Kolbenstangenkraft

Die Fußkraft wird durch das Bremspedal übersetzt und auf die Kolbenstange des Hauptzylinders übertragen.

$$\text{Kolbenstangenkraft} = \frac{\text{Fußkraft} \cdot \text{Hebelarm Fußkraft}}{\text{Hebelarm Kolbenstangenkraft}}$$

$$F_K = \frac{F_P \cdot l_P}{l_K} = \frac{F_P}{i_m}$$

$$F_P = \frac{F_K \cdot l_K}{l_P} = F_K \cdot i_m$$

20.8 Bremsdruck (Leitungsdruck)

Die Kolbenstangenkraft verteilt sich gleichmäßig auf die Kolbenfläche des Hauptzylinders. Daher ist

$$\text{Bremsdruck} = \frac{\text{Kolbenstangenkraft}}{\text{Kolbenfläche des Hauptzylinders}}$$

$$p = \frac{F_K}{A_{HZ}} = \frac{F_S}{A_{RZ}}$$

$$p = \frac{4 \cdot F_K}{\pi \cdot d_{HZ}^2}$$

20.9 Spannkraft (Anpreßkraft)

Der im Hauptzylinder durch die Kolbenstangenkraft erzeugte Bremsdruck pflanzt sich in die Radzylinder gleichmäßig fort. Nach dem Gesetz der hydr. Presse ist

Spannkraft am Radzylinder

$$= \frac{\text{Kolbenstangenkraft} \cdot \text{Kolbenfläche des Radzylinders}}{\text{Kolbenfläche des Hauptzylinders}}$$

$$F_S = \frac{F_K \cdot A_{RZ}}{A_{HZ}} = \frac{F_K}{i_h}$$

$$F_S = \frac{F_K \cdot d_{RZ}^2}{d_{HZ}^2}$$

20.10 Übersetzungsverhältnis

Aus dem Verhältnis der Hebelarme des Bremspedals bzw. der Kolbenflächen der Bremszylinder ergibt sich

$$\text{mech. Übersetzung} = \frac{\text{Hebelarm der Kolbenstangenkraft}}{\text{Hebelarm der Fußkraft}}$$

$$\text{hydr. Übersetzung} = \frac{\text{Hauptzylinderdurchmesser}^2}{\text{Radzylinderdurchmesser}^2}$$

$$i_m = \frac{l_K}{l_P} \qquad i_h = \frac{d_{HZ}^2}{d_{RZ}^2}$$

$$i_m = \frac{F_P}{F_K} \qquad i_h = \frac{F_K}{F_S}$$

Beispiel: Fußkraft 200 N, Hebelarm $l_P = 250$ mm, $l_K = 50$ mm, Hauptzylinder $d = 19$ mm, Radzylinder $d = 24$ mm. Gesucht: Kolbenstangenkraft, Spannkraft, Bremsdruck, mechanische und hydraulische Übersetzung.

$$F_K = \frac{200\ \text{N} \cdot 250\ \text{mm}}{50\ \text{mm}} = 1000\ \text{N}$$

$$F_S = \frac{1000\ \text{N} \cdot 24^2\ \text{mm}^2}{19^2\ \text{mm}^2} = 1596\ \text{N}$$

$$p = \frac{4 \cdot 1000\ \text{N}}{\pi \cdot 1{,}9^2\ \text{cm}^2} = 353\ \text{N/cm}^2 = 35{,}3\ \text{bar}$$

$$i_m = 50 : 250 = 1 : 5 \qquad i_h = 19^2 : 24^2 = 1 : 1{,}6$$

Bremsdrücke
Trommelbremse bis 70 bar
Scheibenbremse bis 120 bar

Übersetzungsverhältnisse

mechanisch	≈ 1 : 5,0
hydraulisch	
Trommelbremse	≈ 1 : 1,6
Scheibenbremse	≈ 1 : 4,5

Aufgaben

23. Auf ein Bremspedal mit den Hebelarmen $l_P = 265$ (247) mm und $l_K = 53$ (52) mm wirkt eine Fußkraft von 175 (224) N. Gesucht: Kolbenstangenkraft.

24. Welcher Bremsdruck entsteht in der Bremsleitung, wenn auf den Kolben des Hauptzylinders mit $d = 19{,}0$ (22,2) mm eine Kraft von 1283 (2245) N ausgeübt wird?

25. Ein Hauptzylinder $d = 23{,}8$ (25,4) mm wird über ein Bremspedal $l_P = 228$ (273) mm und $l_K = 48$ (52) mm mit einer Fußkraft von 328 (250) N betätigt. Berechnen Sie den hydraulischen Bremsdruck in bar!

26. In einem Hauptzylinder mit der Bohrung 31,7 (17,5) mm entsteht ein Bremsdruck von 56 (42) bar. Wieviel N wirken auf den Kolben?

27. Von der hydraulischen Bremsanlage eines Pkw (Lkw) sind bekannt: Kolbenstangenkraft 2140 (7230) N, Hauptzylinder $d = 22{,}2$ (42,9) mm, Radzylinder $d = 23{,}8$ (50,8) mm. Gesucht: Spannkraft am Radzylinder.

28. Beim Abbremsen eines Pkw wird am Radzylinder mit $d = 22{,}2$ (45,0) mm eine Spannkraft von 2650 (8793) N erzeugt. Der Hauptzylinder hat 19,0 (22,2) mm Durchmesser. Berechnen Sie die Kolbenstangenkraft!

29. Hydraulische Bremsanlage eines Pkw mit Trommelbremse nach Abb. 20/29: $F_P = 350$ (260) N, $l_P = 264$ (273) mm, $l_K = 55$ (52) mm, $d_{HZ} = 19{,}0$ (20,6) mm, $d_{RZ} = 22{,}2$ (23,8) mm. Gesucht: a) Kolbenstangenkraft, b) Spannkraft am Radzylinder, c) Bremsdruck, d) mechanische und hydraulische Übersetzung.

30. Scheibenbremse eines Pkw nach Abb. 20/30. Wie groß sind a) die Kolbenstangenkraft, b) die Spannkraft der Bremszangenkolben, c) der Bremsdruck, d) die mechanische und hydraulische Übersetzung?

31. Zweikreisbremsanlage eines Pkw (Abb. 20/31) mit folgenden Daten: Fußkraft 260 (150) N, Bremspedal $l_P = 270$ (231) mm, $l_K = 50$ (44) mm, Hauptzylinder $d = 22{,}2$ (20,6) mm, Radzylinder der Scheibenbremse $d = 46{,}8$ (44,4) mm, Radzylinder der Trommelbremse $d = 25{,}4$ (23,8) mm. Ermitteln Sie a) die Spannkraft an den Radzylindern, b) den Bremsdruck, c) die mechanische und hydraulische Übersetzung!

32. Am Radzylinder einer hydraulischen Bremsanlage wirkt eine Spannkraft von 2042 (1757) N. Der Radzylinder hat 30,2 (27,8) mm, der Hauptzylinder 26,9 (22,2) mm Durchmesser. Das Hebelverhältnis am Bremspedal ist 1:5,4 (1:5,6). Welche Fußkraft muß am Bremspedal aufgewendet werden?

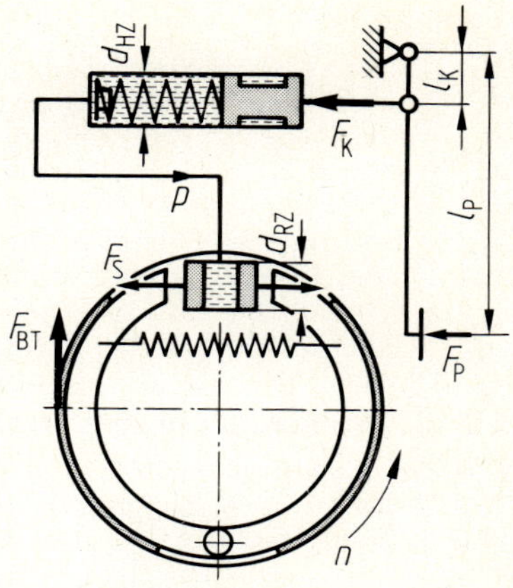

Abb. 20/**29**

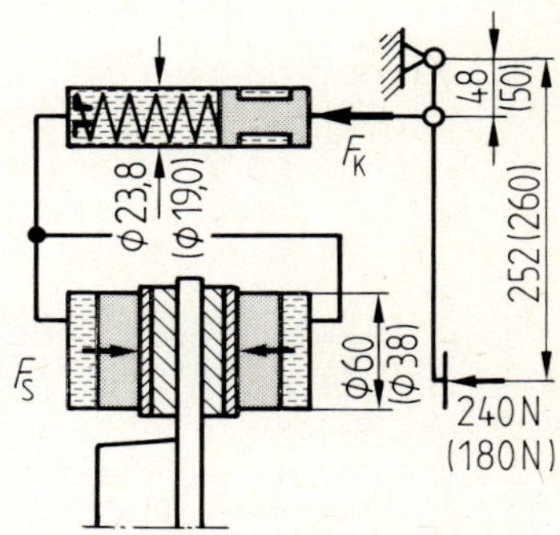

Abb. 20/**30**

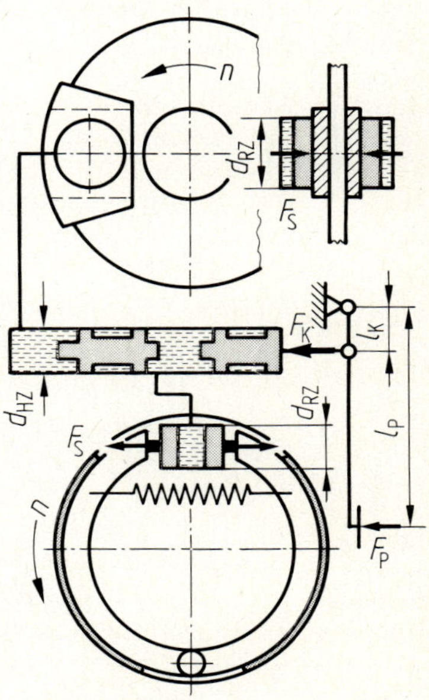

Abb. 20/**31**

Formelzeichen

C	Bremsenkennwert
F_{BR}	Bremskraft am Reifenumfang
F_{BS}	Bremskraft an der Bremsscheibe
F_{BT}	Bremskraft an der Bremstrommel
F_S	Spannkraft am Radzylinder
r_{dyn}	dynamischer Reifenhalbmesser
r_w	wirksamer Radbremshalbmesser
z	Zylinderzahl des Festsattels
μ_G	Gleitreibungszahl des Belags

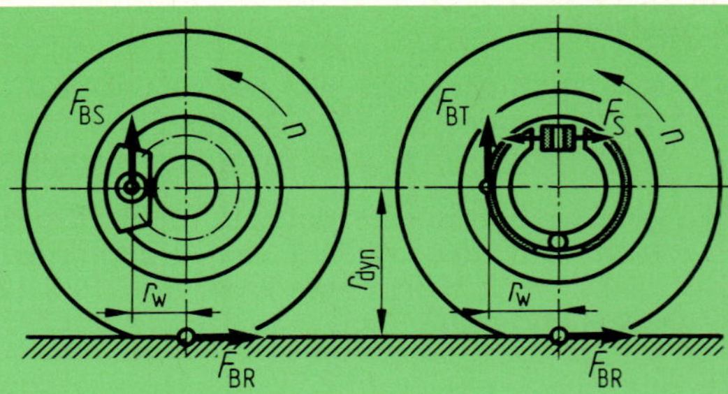

20.11 Bremskraft an der Radbremse

Die Bremskraft an der Trommel ergibt sich aus dem

$$\text{Bremsenkennwert} = \frac{\text{Bremskraft an der Trommel}}{\text{Spannkraft am Radzylinder}}.$$

Bremskraft an der Bremstrommel
= Spannkraft am Radzylinder mal Bremsenkennwert

Die Bremskraft an der Bremsscheibe ergibt sich aus der Reibung „Normalkraft mal Reibungszahl" und der Zylinderzahl des Festsattels. Es ist

Bremskraft an der Bremsscheibe
= Spannkraft mal Gleitreibungszahl mal Zylinderzahl

$$F_{BT} = F_S \cdot C$$

$$F_S = \frac{F_{BT}}{C} \qquad F_S = \frac{F_{BS}}{\mu_G \cdot z}$$

$$F_{BS} = F_S \cdot \mu_G \cdot z$$

20.12 Bremskraft am Reifenumfang

Mit der Bremskraft und dem wirksamen Halbmesser der Radbremse, sowie dem dynamischen Reifenhalbmesser errechnet sich aus den Gleichgewichtsbedingungen der Momente am Rad $F_{BR} \cdot r_{dyn} = F_{BT}(F_{BS}) \cdot r_w$ die Bremskraft am Reifenumfang

$$= \frac{\text{Bremskraft der Radbremse} \cdot \text{Radbremshalbmesser}}{\text{dynamischer Reifenhalbmesser}}$$

Beispiel: Simplexbremse, Spannkraft am Radzylinder 1600 N, Bremsenkennwert 1,9, Trommelhalbmesser 115 mm dynamischer Reifenhalbmesser 305 mm. Gesucht: Bremskraft am Trommel- und am Reifenumfang.

$$F_{BT} = 1600\ \text{N} \cdot 1{,}9 \qquad = 3040\ \text{N}$$

$$F_{BR} = \frac{3040\ \text{N} \cdot 115\ \text{mm}}{305\ \text{mm}} \qquad = 1146\ \text{N}$$

$$F_{BR} = \frac{F_{BT}(F_{BS}) \cdot r_w}{r_{dyn}}$$

$$F_{BT}(F_{BS}) = \frac{F_{BR} \cdot r_{dyn}}{r_w}$$

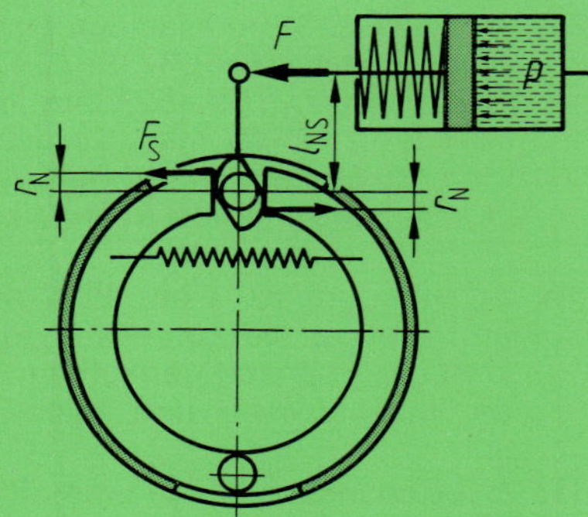

20.13 Spannkraft durch den Bremsnocken

Beim Lkw wird die Spannkraft durch Bremsnocken erzeugt. Aus der Momentengleichung $F_K \cdot l_{NS} = F_S \cdot 2 \cdot r_N$ wird ohne Berücksichtigung des Wirkungsgrades.

$$\text{Spannkraft} = \frac{\text{Kolbenkraft} \cdot \text{Nockenstellerlänge}}{2 \cdot \text{wirks. Bremsnockenhalbmesser}}$$

Beispiel: Kolbenkraft 7700 N, Bremsnocken $r_N = 15$ mm, Nockenstellerlänge 135 mm. Gesucht: Spannkraft.

$$F_S = \frac{7700\ \text{N} \cdot 135\ \text{mm}}{15\ \text{mm}} \qquad = 69\,300\ \text{N}$$

$$F_S = \frac{F_K \cdot l_{NS}}{2 \cdot r_N}$$

$$F_K = \frac{2 \cdot F_S \cdot r_N}{l_{NS}}$$

F_S	Spannkraft
F_K	Kolbenkraft
l_{NS}	Nockenstellerlänge
r_N	Bremsnockenradius

Aufgaben

33. Die Spannkraft an der Trommelbremse eines Pkw (Lkw) ist 2950 (15400) N. Der Bremsenkennwert beträgt 1,9 (2,25). Gesucht: Bremskraft an der Trommel.

34. An einem Pkw (Lkw) wirken an der Bremstrommel 7052 (39405) N Bremskraft. Wie groß ist die Spannkraft am Radzylinder bei einem Bremsenkennwert von 2,15 (1,85)?

35. Zweizylinder-Scheibenbremse, Spannkraft eines Kolbens 12800 (11750) N, Gleitreibungszahl des Belags 0,35 (0,38). Gesucht: Bremskraft an der Scheibe.

36. Bei einer Zweizylinder-Scheibenbremse wirken an der Bremsscheibe 8460 (9350) N Bremskraft. Wie groß ist die Spannkraft an einem Kolben, wenn die Gleitreibungszahl des Belags 0,36 (0,34) beträgt?

37. Berechnen Sie die Bremskraft am Reifen eines Pkw (Lkw) aus folgenden Daten: Bremskraft an der Trommel 7290 (42860) N, Trommelhalbmesser 115 (205) mm, dyn. Reifenhalbmesser 300 (512,5) mm!

38. Eine Bremskraft von 8918 (9225) N ist am Scheibenhalbmesser von 105 (96) mm wirksam. Welche Bremskraft entsteht am Reifen, wenn der dynamische Halbmesser 294 (288) mm beträgt?

39. Ermitteln Sie die Bremskraft an der Trommel eines Pkw (Lkw) aus: Bremskraft am Reifen 2860 (18040) N, Trommelhalbmesser 100 (205) mm und dynamischer Reifenhalbmesser 275 (520) mm!

40. Die Trommelbremse eines Lkw hat einen Bremsnockensteller von 145 (140) mm Länge und einen Bremsnockenradius von 14 (13) mm. Gesucht: Spannkraft des Bremsnockens bei 7700 (5850) N Kolbenkraft.

41. Simplex-Trommelbremse eines Pkw (Abb. 20/41) $F_P = 260$ (180) N, $l_P = 270$ (275,6) mm, $l_K = 54$ (52) mm, $d_{HZ} = 22{,}2$ (19,0) mm, $d_{RZ} = 25{,}4$ (23,8) mm, $C = 2{,}1$ (1,9), $r_w = 114$ (105) mm, $r_{dyn} = 305$ (285) mm. Wie groß ist die Bremskraft am Reifenumfang?

42. Zweizylinder-Scheibenbremse nach (Abb. 20/42). Wie groß ist die erforderliche Fußkraft am Bremspedal bei einer Belagreibungszahl von 0,32 (0,36)?

43. Von einer Druckluft-Bremsanlage (Abb. 20/43) sind bekannt: Druck im Bremszylinder 6 (4,5) bar, Kolbendurchmesser 128 (115) mm, Bremsnockensteller $l = 140$ (145) mm, Bremsnockenradius 13 (15) mm, Bremsenkennwert 1,9 (2,0), Bremstrommeldurchmesser 408 (390) mm, dynamischer Reifenhalbmesser 524 (510) mm. Gesucht: Bremskraft am Reifen.

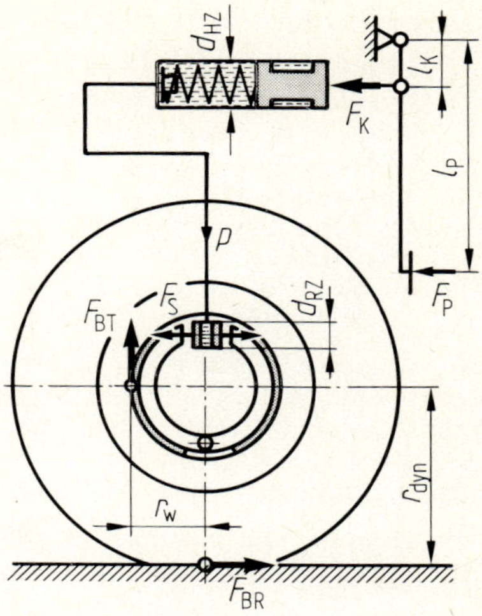

Abb. 20/**41**

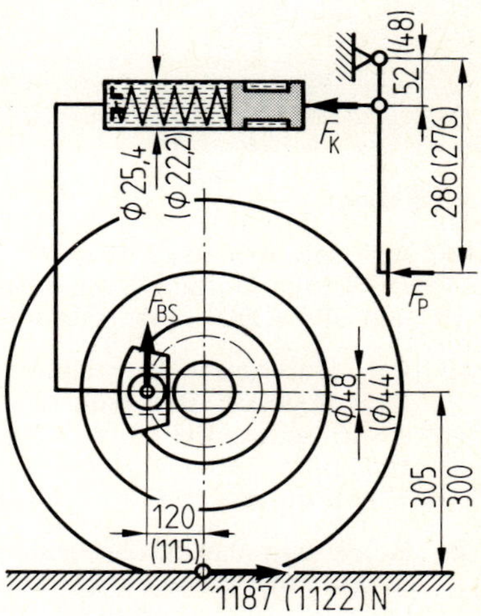

Abb. 20/**42**

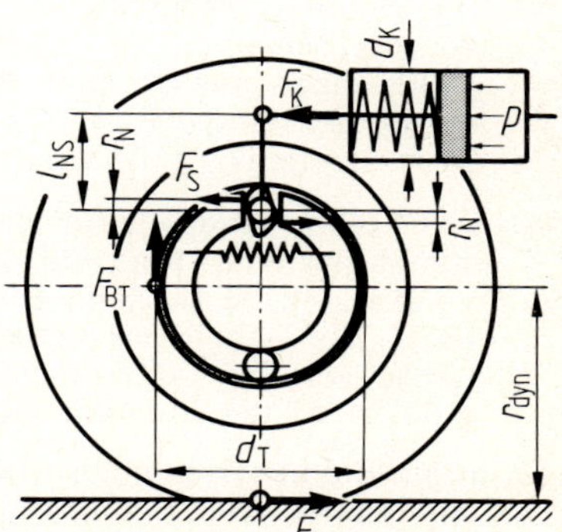

Abb. 20/**43**

20.14 Bremskraftverstärker

A_M Membranfläche
d_M Membrandurchmesser
F_D Druckstangenkraft
F_K Kolbenstangenkraft
F_M Membrankraft
p_v abs. Druck vor der Membran
p_h abs. Druck hinter der Membran
d_p Druckunterschied an der Membran
v Verstärkungsfaktor

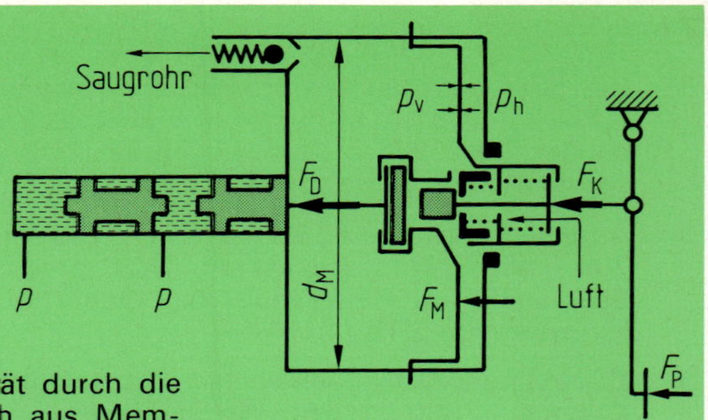

Die Kolbenstangenkraft wird im Bremsgerät durch die Membrankraft verstärkt. Sie berechnet sich aus Membranfläche und Druckunterschied zwischen Vorder- und Rückseite der Membrane. Das Verhältnis „Druckstangen- zu Kolbenstangenkraft" heißt Verstärkungsfaktor.

Druckstangenkraft = Kolbenstangenkraft + Membrankraft
Membrankraft = Membranfläche mal Druckunterschied

$$F_D = F_K + F_M = F_K \cdot v$$

$$F_K = F_D - F_M = \frac{F_K}{v}$$

$$F_M = A_M \cdot \Delta p$$

$$F_M = \frac{\pi \cdot d_M^2}{4} \cdot \Delta p$$

$$\Delta p = p_h - p_v$$

Beispiel: Kolbenstangenkraft 1000 N, Membrane $d = 230$ mm, Δp 450 mbar. Druckstangenkraft?

$$F_M = \frac{\pi \cdot 23^2\,\text{cm}^2}{4} \cdot 4{,}5\ \text{N/cm}^2 = 1870\ \text{N}$$

$$F_D = 1000\ \text{N} + 1870\ \text{N} = 2870\ \text{N}$$

Aufgaben

44. Auf den Arbeitskolben eines Bremsgeräts mit 205 (178) mm Durchmesser wirkt ein Druckunterschied von 600 (350) mbar. Gesucht: Membrankraft in N.

45. Ein Unterdruck-Bremsgerät hat 228 (254) mm Durchmesser. Bei einer Teilbremsung (Vollbremsung) beträgt der Unterdruck auf der Vorderseite der Membran 750 (780) mbar, auf der Rückseite 300 (0) mbar. Wie groß ist die Membrankraft in N?

46. Berechnen Sie die Druckstangenkraft eines Bremsgeräts mit einem Verstärkungsfaktor von 3,4 (1,9) bei 1250 (930) N Kolbenstangenkraft!

47. Bei einem Bremsgerät beträgt der absolute Druck vor der Membran 250 (280) mbar, dahinter 900 (730) mbar, der Durchmesser 203 (152) mm und die Kolbenstangenkraft 1137 (710) N. Gesucht: a) Druckstangenkraft, b) Verstärkungsfaktor.

48. Am Kolben eines Hauptzylinders greift die Druckstange mit einer Kraft von 3402 (5264) N an. Der Verstärkungsfaktor des Bremsgeräts beträgt 3,6 (3,5). Die Hebelarme des Bremspedals haben eine Länge von 297 (235) mm und 55 (50) mm. Wie groß ist a) die Membrankraft, b) die Fußkraft?

49. Hydr. Bremsanlage eines Pkw (Abb. 20.49). Belagreibungszahl der Scheibenbremse 0,38, Kennwert der Trommelbremse 1,9. Gesucht: Bremskraft, a) an den Reifen, b) an den Achsen, c) am Fahrzeug.

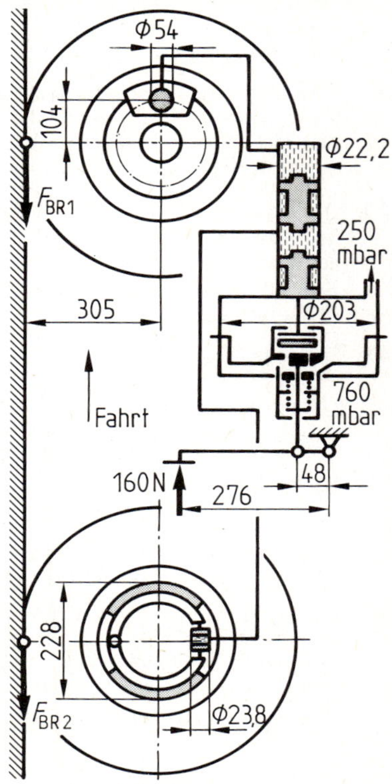

Abb. 20/**49**

21 Wärme

21.1 Maßeinheiten für die Temperatur

Die Temperatur ist der Wärmezustand eines Körpers. Die SI-Einheit für die Temperatur ist 1 Kelvin (Einheitenzeichen K). 1 Kelvin ist der 273ste Teil der thermodynamischen Temperatur des Tripelpunktes (vereinfacht: Gefrierpunkt) des Wassers.
Der Grad Celsius (°C) ist der besondere Name für Kelvin bei der Angabe von Celsius-Temperaturen. Die Celsius-Temperatur t ist die Differenz einer beliebigen Kelvin-Temperatur T gegenüber der Temperatur $T_0 = 273$ K.

Celsius-Temperatur = Kelvin-Temperatur − 273 K

Wird eine Kelvin-Temperatur als Summe von T_0 und der Celsius-Temperatur t dargestellt, so wird für die Celsius-Temperatur die Einheit K benützt.

Kelvin-Temperatur = 273 K + Celsius-Temperatur

Beispiel

Die Temperatur $t = 25$ °C ist in Kelvin anzugeben.

Kelvin-Temperatur $T = 273$ K + 25 K = 298 K

Die Differenz Δt zweier Celsius-Temperaturen kann in Kelvin oder Grad Celsius angegeben werden. Die Temperatur-Differenz ist:

$\Delta t = t_1 - t_2 = T_1 - T_2 = T$

Beispiel

$t_1 = 68$ °C, $t_2 = 23$ °C. Temperatur-Differenz = ?

$\Delta t = 68$ °C − 23 °C = 45 °C = 45 K

SI-Einheit: Kelvin (K)

Grad Celsius: °C

$t = T - T_0$

$T = T_0 + t$

$\Delta t = t_1 - t_2 = \Delta T$
$\Delta T = T_1 - T_2$

T	Kelvin-Temperatur
T_0	Kelvin-Temperatur 273 K
t	Celsius-Temperatur
ΔT	Temperatur-Differenz
Δt	Temperatur-Differenz

Aufgaben

1. Kühlwassertemperatur $t = 78$ (85) °C. Wie groß ist die Kelvin-Temperatur?
2. Die Abgastemperatur eines Ottomotors ist bei Vollast 850 (925) °C und im Leerlauf 350 (480) °C. Wieviel Kelvin sind dies jeweils?
3. An einem Dieselmotor wurden folgende Öltemperaturen gemessen: im Zylinder 514 K, Pleuellager 338 K, Hauptlager 368 K, in der Ölwanne 345 K. Wieviel °C sind dies jeweils?
4. Temperaturmessungen an einem Ottomotor ergaben: Auslaßventil 923 (1020) K, Einlaßventil 598 (653) K. Gesucht: Celsius-Temperaturen.
5. Gesucht sind die fehlenden Temperaturen.

a)	b)	c)	d)	e)	f)
37 °C	235 °C	− 28,5 °C	? °C	? °C	? °C
? K	? K	? K	353 K	248 K	198 K

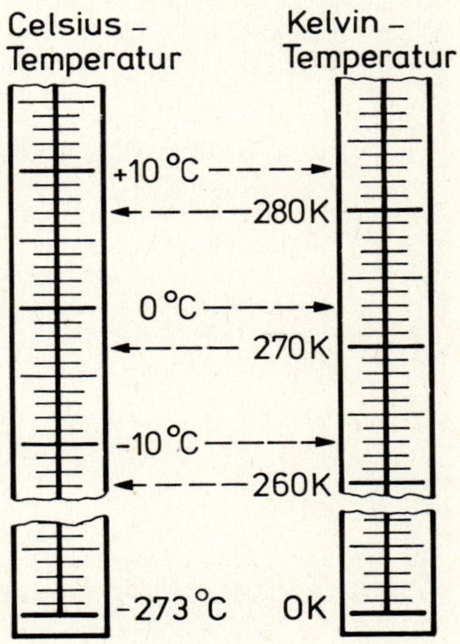

21.2 Maßeinheiten für die Wärmemenge

Die SI-Einheit für die Wärmemenge ist 1 Joule (J). Die Wärmemenge von 1 Joule ist gleich der elektrischen Arbeit von 1 Wattsekunde (Ws) und gleich der mechanischen Arbeit von 1 Newtonmeter (Nm). Weitere Einheiten für die Wärmemenge sind 1 Kilojoule (kJ) = 1000 J, 1 Megajoule (MJ) = 1000 kJ, 1 Gigajoule (GJ) = 1000 MJ.
Bei der Umwandlung dezimaler Vielfache oder Teile in die nächst größere oder kleinere Einheit wird mit 1000 multipliziert oder geteilt.

Beispiel

5280000 J sind in kJ, MJ und GJ umzuwandeln.

5280000 J = 5280 kJ = 5,280 MJ = 0,00528 GJ

SI-Einheit: Joule (J)

1 Joule = 1 Wattsekunde (Ws)
= 1 Newtonmeter (Nm)

1 kJ = 1000 J
1 MJ = 1000 kJ
1 GJ = 1000 MJ

GJ	MJ	kJ	J
1	10^3	10^6	10^9
10^{-3}	1	10^3	10^6
10^{-6}	10^{-3}	1	10^3
10^{-9}	10^{-6}	10^{-3}	1

21.3 Spezifischer Heizwert

Der spezifische Heizwert H_u ist diejenige Wärmemenge in kJ, die bei der vollständigen Verbrennung von 1 kg eines festen oder flüssigen Brennstoffes frei wird. Bei gasförmigen Brennstoffen wird der spezifische Heizwert in kJ je m³ Normvolumen des Gases angegeben. Soll die Wärmemenge Q eines Brennstoffes der Masse m berechnet werden, so ist:

Wärmemenge Q = Masse m × spezifischer Heizwert H_u

Beispiel

Wie groß ist die Wärmemenge, die bei der Verbrennung von 5 l Benzin, Dichte 0,74 kg/dm³, Heizwert 43000 kJ/kg, frei wird?

Masse m = 5 l · 0,74 kg/l = 3,7 kg
Wärmemenge Q = 3,7 kg · 43000 kJ/kg = 159100 kJ

$$Q = m \cdot H_u$$

$$m = \frac{Q}{H_u} \qquad H_u = \frac{Q}{m}$$

Q Wärmemenge
m Masse (Gewicht)
H_u spezifischer Heizwert

Heizwert (Mittelwert)	kJ/kg
Fahrbenzin	43000
Superkraftstoff	42700
Dieselkraftstoff	42300
Motorenbenzol	40200
Äthylalkohol	26800

21.4 Spezifische Wärmekapazität

Die spezifische Wärmekapazität ist diejenige Wärmemenge in kJ, die notwendig ist, um 1 kg eines Stoffes um 1 K (Kelvin) oder 1 °C zu erwärmen. Um zum Beispiel 1 kg Wasser um 1 K zu erwärmen, sind 4,1868 kJ Wärmemenge erforderlich. Soll ein Stoff der Masse m um ΔT Kelvin (oder °C) erwärmt werden, so ist:

Wärmemenge =
Masse × spez. Wärmekapazität × Temperaturzunahme

Beispiel

Wieviel kJ Wärmemenge sind erforderlich, um 5 l Wasser von 20 °C auf 35 °C zu erwärmen?

Q = 5 kg · 4,1868 kJ/kgK · 15 K = 314 kJ

$$Q = m \cdot c \cdot \Delta T$$

$$m = \frac{Q}{c \cdot \Delta T} \qquad \Delta T = \frac{Q}{m \cdot c}$$

Q Wärmemenge
m Masse (Gewicht)
c spez. Wärmekapazität
ΔT Temperaturzunahme

Spez. Wärmekapazität	kJ/kgK
Wasser	4,1868
Mineralöl	1,8840
Stahl	0,4814
Gußeisen	0,5340
Aluminium	0,9043

Aufgaben

6. Verwandeln Sie!
a) in kJ: 2850 J, 950 J, 57230 J, 0,258 MJ, 1,042 MJ, 0,75860 GJ
b) in MJ: 924500 J, 34,8 kJ, 27865 kJ, 0,0125 GJ, 8,3 GJ, 0,524 GJ
c) in GJ: 833000 kJ, 4250 kJ, 8880000 J, 26,6 MJ, 112 MJ, 2380 MJ

7. Der Ottomotor eines Pkw verbraucht 12,5 (14,2) kg Fahrbenzin mit einem Heizwert von 43000 kJ/kg. Wieviel MJ Wärmemenge werden bei vollständiger Verbrennung des Kraftstoffes im Zylinder frei?

8. Ein Lkw-Motor benötigt 19,4 (28,3) l Dieselkraftstoff, Dichte 0,85 (0,84) kg/dm³. Wieviel MJ Wärmemenge werden bei vollständiger Verbrennung frei?

9. Wieviel kg Dieselkraftstoff (H_u = 42300 kJ/kg) sind für eine Wärmemenge von 116,325 (1078,65) MJ erforderlich?

10. Bei einem Dieselmotor werden je Einspritzpumpenhub 30 (40) mm³ Dieselkraftstoff in einen Zylinder eingespritzt. Die Dichte des Kraftstoffes ist 0,82 (0,84) kg/dm³, der spezifische Heizwert ist 42300 kJ/kg. Wieviel J Wärmemenge werden bei einer Einspritzung im Zylinder erzeugt?

11. Für die Heizung der Werkstätten eines Kfz-Betriebes wird im Winter durchschnittlich mit einem Wärmebedarf von 1,25 (2,8) GJ je Tag gerechnet. Der spezifische Heizwert des Heizöls beträgt 42500 kJ/kg, die Dichte ist 0,84 kg/dm³. Wieviel l Heizöl werden an einem Tag benötigt, wenn die Heizanlage mit einem Wirkungsgrad von 80 (85)% arbeitet?

12. In einem Kalorimeter (Meßgerät zur Bestimmung des Heizwertes) werden 5 g Kraftstoff verbrannt und dabei 8,4 (11,3) l Wasser von 18 (19,3) °C auf 24 (23,8) °C erwärmt. Wie groß ist der spezifische Heizwert des Kraftstoffes?

13. In einem Motor werden 5,5 (7,3) l Kühlwasser von 20 (18) °C auf 90 (92) °C erwärmt. Wieviel kJ hat das Kühlwasser aufgenommen?

14. Von der Wasserkühlung eines Motors sind die in der Tabelle angegebenen Werte bekannt. Gesucht sind die fehlenden Werte.

	a)	b)	c)	d)
Aufgenommene Wärmemenge	Q = 2490 kJ	2320 kJ	4463 kJ	3852 kJ
Wasservolumen	V = 8,5 l	7,2 l	13,0 l	11,5 l
Anfangstemperatur	t_1 = 15 °C	? °C	8 °C	? °C
Endtemperatur	t_2 = ? °C	95 °C	? °C	85 °C

15. Wieviel l Wasser können mit einer Wärmemenge von 1,905 (2,732) MJ von 14 (13) °C auf 84 (88) °C erwärmt werden?

16. In einem Motor befinden sich 5,0 (7,2) l Öl von 0,90 (0,92) kg/dm³ Dichte und einer spezifischen Wärmekapazität von 1,885 kJ/kgK. Das Öl erwärmt sich von 12 (8) °C auf 65 (82) °C. Wie groß ist die Wärmemenge in kJ, die vom Öl aufgenommen wurde?

17. Eine Bremsscheibe aus Gußeisen hat eine Masse von 7 (8,5) kg. Die spezifische Wärmekapazität ist 0,534 kJ/kgK. Die Scheibe, die eine Temperatur von 18 (15) °C hat, muß beim Abbremsen eine Wärmemenge von 272 (292) kJ aufspeichern. Wie groß ist die Temperatur nach dem Abbremsen?

21.5 Kühlung des Motors

Abzuführende Wärmemenge

Von der im Motor entstehenden Wärmemenge werden etwa 33 % (Wärmefluß 0,33) entweder direkt durch Luftkühlung oder indirekt durch Wasserkühlung an die Luft abgeführt.

Abzuführende Wärmemenge Q_K = Kraftstoffverbrauch × spez. Heizwert × Wärmefluß

Beispiel

Kraftstoffverbrauch des Motors 9 kg/h, spez. Heizwert 43000 kJ/kg, Wärmefluß 33 %. Wieviel kJ Wärmemenge muß der Kühler in 1 Stunde abführen?

$Q_K = 9\ \text{kg/h} \cdot 43\,000\ \text{kJ/kg} \cdot 0{,}33 \qquad = 127\,710\ \text{kJ/h}$

$$Q_K = B \cdot H_u \cdot f$$

$$f = \frac{Q_K}{B \cdot H_u}$$

Q_K abzuführende Wärmemenge in kJ/h
B Kraftstoffverbrauch kg/h
H_u spezifischer Heizwert in kJ/kg
f Wärmefluß an das Wasser

Kühlwasserdurchsatz

Der Kühlwasserdurchsatz ist die zum Betrieb des Motors erforderliche umlaufende Kühlwassermenge in der Zeiteinheit. Der Kühlwasserdurchsatz muß um so größer sein, je größer die abzuführende Wärmemenge ist und je kleiner die Temperaturdifferenz zwischen Ein- und Austritt des Kühlwassers ist.

$$\text{Kühlwasserdurchsatz } m = \frac{\text{Abzuführende Wärmemenge } Q_K}{\text{Temperaturdifferenz } \Delta T \times \text{spez. Wärmekapazität } c}$$

Beispiel

Abzuführende Wärmemenge 129,12 MJ/h, Temperaturdifferenz 12 K, spez. Wärmekapazität 4,18 kJ/kgK. Wie groß ist der Kühlwasserdurchsatz in l/h?

$$m = \frac{129\,120\ \text{kJ/h}}{12\ \text{K} \cdot 4{,}18\ \text{kJ/kgK}} = 2574\ \text{kg/h} \qquad = 2574\ \text{l/h}$$

$$m = \frac{Q_K}{\Delta T \cdot c}$$

$$\Delta T = \frac{Q_K}{m \cdot c} \qquad Q_K = m \cdot \Delta T \cdot c$$

m Kühlwasserdurchsatz kg/h
Q_K abzuführende Wärmemenge in kJ/h
ΔT Temperaturdifferenz in K oder °C zwischen Ein- und Austritt des Kühlwassers
c spezifische Wärmekapazität in kJ/kgK des Kühlwassers

Anzahl der Kühlwasserumläufe

Die Anzahl der Kühlwasserumläufe ist um so größer, je größer der Kühlwasserdurchsatz ist und je kleiner die Füllmenge des Kühlsystems ist.

$$\text{Anzahl der Umläufe } z = \frac{\text{Kühlwasserdurchsatz } m}{\text{Füllmenge des Kühlers } m_K}$$

Beispiel

Kühlwasserdurchsatz 2574 l/h, Füllmenge des Kühlsystems 6 l. Gesucht: Kühlwasserumläufe je Stunde.

$$\text{Kühlwasserumläufe } z = \frac{2574\ \text{l}}{6\ \text{l}} \qquad = 429 \text{ je Stunde}$$

$$z = \frac{m}{m_K}$$

$$m = z \cdot m_K \qquad m_K = \frac{m}{z}$$

z Anzahl der Umläufe des Kühlwassers in 1 h
m Kühlwasserdurchsatz l/h
m_K Füllmenge des Kühlsystems in l

Frostschutz

$$\text{Frostschutzmenge in l} = \frac{\text{Kühlsysteminhalt in l} \times \text{Frostschutzanteil}}{\text{Wasseranteil} + \text{Frostschutzanteil}}$$

Beispiel

Inhalt des Kühlsystems 6 l, Gefrierpunkt −20 °C. Wieviel l Frostschutz werden benötigt?

$$\text{Frostschutzmenge} = \frac{6\ \text{l} \cdot 1}{2+1} \qquad = 2{,}0\ \text{l}$$

Gefrierpunkt in °C	Wasseranteil	Frostschutzanteil
−10	4	1
−20	2	1
−25	6	4
−30	5	4

Aufgaben

18. Ein Motor verbraucht in 1 Stunde 11,0 (9,7) kg Kraftstoff mit 43000 (42300) kJ/kg spezifischem Heizwert. Der Wärmefluß an das Kühlwasser ist 33%. Wieviel kJ Wärmemenge muß das Kühlwasser in 1 Stunde aufnehmen?

19. Bei 9 (11,5) kg/h Kraftstoffverbrauch eines Motors muß das Kühlwasser 125,2 (162) MJ/h Wärmemenge abführen. Der spezifische Heizwert des Kraftstoffes ist 43000 (42700) kJ/kg. Wie groß ist der Wärmefluß an das Kühlwasser in %?

20. Die Temperaturdifferenz des Kühlwassers zwischen Ein- und Austritt am Kühler beträgt 15 (12) K, die spezifische Wärmekapazität ist 4,18 kJ/kgK, die abzuführende Wärmemenge beträgt 162,8 (140,43) MJ/h. Wie groß muß der Kühlwasserdurchsatz in l/h und l/min sein?

21. Ein Kfz verbraucht in 1 Stunde 12 (24,7) kg Kraftstoff mit 43100 kJ/kg spezifischem Heizwert. Das Kühlwasser mit 4,18 kJ/kgK spezifischer Wärmekapazität nimmt 32 (33)% der Verbrennungswärme auf, bei einer Temperaturdifferenz von 12 (17) K. Wie groß ist der Kühlwasserdurchsatz in l/h?

22. Bei einem Kühlwasserdurchsatz von 2358 (3175) l/h sollen 133,28 (98,37) MJ Wärmemenge abgeführt werden. Wie groß muß die Temperaturdifferenz des Kühlwassers sein, wenn die spezifische Wärmekapazität 4,18 kJ/kgK ist?

23. Der Motor eines Pkw verbraucht bei 120 (80) km/h Geschwindigkeit 10 (12) l Kraftstoff auf 100 km. Die Dichte des Kraftstoffes ist 0,72 (0,74) kg/dm^3, der spezifische Heizwert 43000 (42500) kJ/kg. Der Wärmefluß an das Kühlwasser beträgt 34 (33)%, die spezifische Wärmekapazität ist 4,18 kJ/kgK, die Fördermenge der Wasserpumpe beträgt 2840 (3100) l/h.
a) Wie groß ist die abzuführende Wärmemenge in kJ/h?
b) Wie groß ist die Temperaturdifferenz des Kühlwassers?

24. Die Wasserpumpe eines Motors bringt in 1 Stunde 3270 (2840) l Kühlwasser mit 4,18 kJ/kgK spezifischer Wärmekapazität in Umlauf. Wieviel kJ Wärmemenge werden bei 12 (8) K Temperaturdifferenz an die Luft abgegeben?

25. Das Kühlsystem eines Motors hat 13,6 (16,4) l Inhalt. Das Kühlwasser läuft in der Minute 6,3 (7,2) mal um. Wie groß ist der Kühlwasserdurchsatz in l/h?

26. Aus den Werten der Tabelle sind zu berechnen:
Die abzuführende Wärmemenge in kJ/h, der Kühlwasserdurchsatz in l/h und die Anzahl der Umläufe in 1 Stunde und in 1 Minute!

		a)	b)	c)	d)
Kraftstoffverbrauch	B	= 7,0 kg/h	7,8 kg/h	6,3 kg/h	7,5 kg/h
Spezifischer Heizwert	H_u	= 43 MJ/kg	42 MJ/kg	43 MJ/kg	41 MJ/kg
Füllmenge (Kühlsystem)	m_K	= 8,0 l	9,5 l	8,5 l	12,0 l
Wärmefluß an Kühlwasser	f	= 33%	33%	34%	32%
Temperaturdifferenz	ΔT	= 8 K	12 K	15 K	17 K
Spez. Wärmekapazität	c	= 4,18 kJ/kgK für alle Beispiele			

27. Berechnen Sie die Wassermenge und Frostschutzmenge in l!

	a)	b)	c)	d)
Inhalt des Kühlsystems	= 5,1 l	7,5 l	9,6 l	16,8 l
Gefrierpunkt	= −10 °C	−20 °C	−25 °C	−30 °C

21.6 Wärmeausdehnung

Fast alle Stoffe dehnen sich bei Erwärmung aus. Die Ausdehnung erstreckt sich nach allen Seiten, deshalb unterscheidet man Raumausdehnung und Längenausdehnung. Der Längenzuwachs in m, den ein Stab von 1 m Länge bei Erwärmung um 1 K (1 °C) erfährt, heißt Längenausdehnungszahl α (alpha). Die Größe der Längenausdehnung hängt von der Länge, vom Werkstoff (Längenausdehnungszahl) und von der Temperaturzunahme des Körpers ab, somit ist:

Längenausdehnung
= Länge × Ausdehnungszahl × Temperaturdifferenz

Bei Temperaturabnahme schrumpft der Körper. Die dabei entstehende Verkürzung (negative Verlängerung) wird in derselben Weise errechnet. In der Gleichung ändert sich das Vorzeichen. Sie lautet dann: $l_2 = l_1\,(1 - \alpha \cdot \Delta T)$.

Beispiel

Die Temperatur einer 30 m langen Leitplanke aus Stahl steigt von −10 °C im Winter auf +40 °C im Sommer. Wie groß ist die Längenausdehnung in m?

$\Delta l = 30\text{ m} \cdot 0{,}0000115\text{ m/mK} \cdot 50\text{ K} \qquad = 0{,}01725\text{ m}$

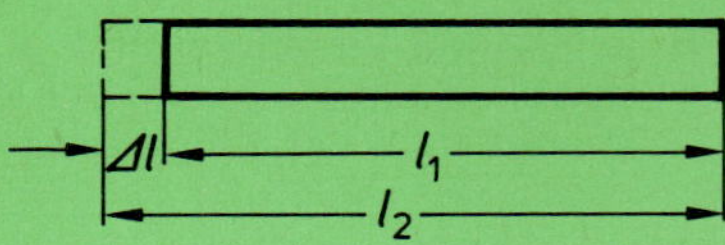

$$\Delta l = l_1 \cdot \alpha \cdot \Delta T$$

$$l_2 = l_1\,(1 + \alpha \cdot \Delta T)$$

Δl Längenausdehnung
l_1 Länge vor der Erwärmung
l_2 Länge nach der Erwärmung
α Längenausdehnungszahl
ΔT Temperaturdifferenz

Längenausdehnungszahlen	m/mK
Aluminium	0,0000238
Aluminiumleg.	0,0000220
Gußeisen	0,0000105
Kupfer	0,0000170
Stahl	0,0000115

Aufgaben

28. Eine 224 (195) mm lange Stößelstange aus Stahl wird im Betrieb von 14 °C auf 72 °C (15 °C auf 85 °C) erwärmt. Um wieviel mm wird sie dabei länger?

29. Berechnen Sie die Längenausdehnung eines 128 (148) mm langen Ventils bei einer Temperaturerhöhung um 160 (185) K (°C) und der Längenausdehnungszahl von 0,000009 m/mK!

30. Ein 130 (140) mm langes Auslaßventil erwärmt sich im Betrieb von 20 °C auf 470 °C (20 °C auf 550 °C). Um wieviel mm wird das Ventil länger, wenn die Längenausdehnungszahl 0,000008 m/mK beträgt?

31. Die Temperatur eines Vollschaftkolbens aus Aluminiumlegierung steigt während des Betriebs von 15 °C auf 145 °C, die Temperatur des Zylinders aus Gußeisen von 15 °C auf 85 °C. Der Nenndurchmesser ist 80 (128) mm. Gesucht:
a) Vergrößerung des Kolben- und Zylinderdurchmessers in mm,
b) Unterschied zwischen Kolben- und Zylinderdurchmesser in 1/100 mm.

32. Eine Stahlwelle erwärmt sich beim Drehen von 20 °C auf 60 °C (20 °C auf 70 °C). Unmittelbar nach der Bearbeitung wird ein Durchmesser von 80,060 (125,110) mm gemessen. Um wieviel mm ist der Durchmesser kleiner, wenn das Werkstück auf 20 °C abgekühlt ist?

33. Bei einer Temperatur von 20 °C ist der Außendurchmesser eines Ventilsitzringes 38,085 (52,600) mm und der Durchmesser der entsprechenden Bohrung im Zylinderkopf 38,000 (52,500) mm. Vor dem Einbau wird der Ring auf −65 °C abgekühlt und der Zylinderkopf auf +100 °C erwärmt. Die Längenausdehnungszahl des Ringes ist 0,0000178 m/mK und des Zylinderkopfes 0,000022 m/mK.
a) Wie groß ist der Außendurchmesser des Ventilsitzringes bei −65 °C?
b) Wie groß ist der Durchmesser der Bohrung im Zylinderkopf bei +100 °C?

22 Arbeit, Energie, Leistung, Wirkungsgrad

22.1 Maßeinheiten für Arbeit, Energie

Die SI-Einheit der Arbeit und Energie ist 1 Joule (Einheitenzeichen J). 1 J ist gleich der Arbeit, die verrichtet wird, wenn der Angriffspunkt der Kraft 1 N in Kraftrichtung um 1 m verschoben wird. Gleichartige Einheiten sind:

1 Joule = 1 Newtonmeter (Nm) = 1 Wattsekunde (Ws)

Weitere Einheiten sind 1 Kilojoule (kJ) = 1000 J, 1 Kilonewtonmeter (kNm) = 1000 Nm, 1 Wattstunde (Wh) = 3600 Ws, 1 Kilowattstunde (kWh) = 1000 Wh.

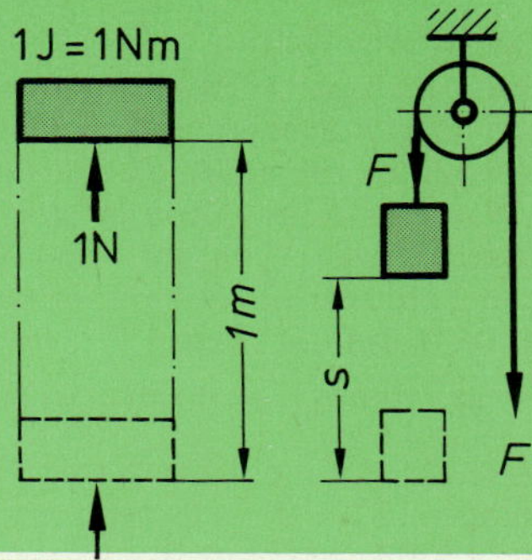

SI-Einheit: Joule (J)

1 J = 1 Nm = 1 Ws

22.2 Mechanische Arbeit

Die mechanische Arbeit ist die Wirkung einer Kraft längs eines Weges, somit ergibt sich:

Mechanische Arbeit W = Kraft $F \times$ Kraftweg s

Beispiel

Ein Werkstück wird mit $F = 400$ N um 0,75 m vom Boden auf die Werkbank gehoben. Gesucht: Arbeit.

$W = 400 \text{ N} \cdot 0{,}75 \text{ m} = 300 \text{ Nm} = 300 \text{ J} = 300 \text{ Ws}$

$$W = F \cdot s$$

$$F = \frac{W}{s} \qquad s = \frac{W}{F}$$

Aufgaben

1. Verwandeln Sie a) in kJ, b) in Wh, c) in kWh!
   a) 1000 Nm, 3600 Ws, 2500 Nm, 7200 J, 8500 J
   b) 1 800 000 Nm, 900 000 J, 450 000 Ws, 360 J
   c) 10 800 Nm, 90 000 J, 45 000 Ws, 135 000 J

2. Verwandeln Sie in Nm!
   a) 0,075 kJ, 1,25 kNm, 2,055 kJ, 22,775 kNm
   b) 1,5 Wh, 0,75 Wh, 0,05 Wh, 2,8 Wh, 3,5 Wh
   c) 0,001 kWh, 0,005 kWh, 0,75 kWh, 0,02 kWh

3. Ein Pkw wird mittels einer Hebebühne (Abb. 22/3) mit $F = 10{,}5$ (11,45) kN Hubkraft um 1,75 (1,8) m gehoben. Gesucht: Arbeit in kNm und Wh.

4. Ein Lkw-Anhänger wird auf einer 1,25 (0,75) km langen Steigung mit 8,5 (11,5) kN Zugkraft gezogen. Gesucht: Arbeit in kNm und kWh.

5. Ein Ottomotor hat 80 (85) mm Zylinderbohrung, 78 (82) mm Hub und 12 (9) bar mittleren Verbrennungsdruck. Wieviel Nm Arbeit entstehen bei einem Arbeitshub?

6. Beim Gesenkschmieden von Pleuelstangen wird ein Fallhammer mit 42 (45) kNm Arbeitsaufwand auf 2,80 (3,75) m Höhe gehoben. Wie groß ist
   a) die Gewichtskraft des Fallhammers in N?
   b) die Masse des Fallhammers in kg?

Weitere Einheiten

1 kJ = 1000 J
1 kNm = 1000 Nm
1 Wh = 3600 Ws
1 kWh = 3 600 000 Ws

Umrechnung

J	kJ	Wh	kWh
1	0,001	$\frac{1}{3600}$	–
1000	1	$\frac{1}{3,6}$	$\frac{1}{3600}$
3600	3,6	1	0,001
3 600 000	3600	1000	1

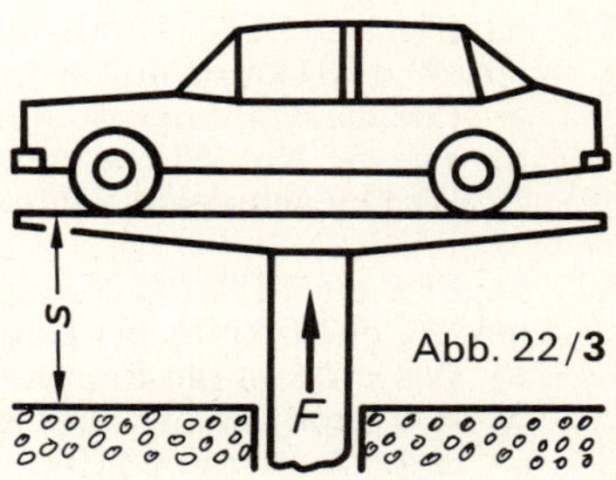

Abb. 22/3

22.3 Mechanische Energie

Energie der Ruhe

Unter Energie versteht man gespeicherte Arbeit. In dem angehobenen Fallhammer ist die Arbeit = Kraft (Gewichtskraft) × Weg gespeichert. Man nennt dieses Arbeitsvermögen Energie der Lage oder potentielle Energie oder Energie der Ruhe. Beispiele sind: Speicherseen für Kraftwerke, gespannte Federn, unter Druck stehende Gase.

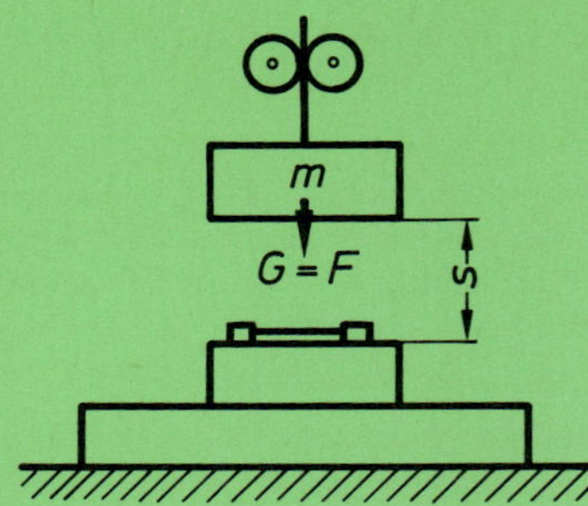

Energie der Ruhe = Kraft (Gewichtskraft) × Weg

$$W = F \cdot s$$

W Energie der Ruhe
F Kraft (Gewichtskraft)
s Kraftweg

Beispiel: Gewichtskraft des Fallhammers = 3000 N, Fallhöhe 2,25 m. Wie groß ist die Energie der Ruhe?
$W = 3000\ \text{N} \cdot 2{,}25\ \text{m} \qquad = 6750\ \text{Nm}$

Energie der Bewegung

In einem Körper, der in Bewegung ist, z. B. in einem fahrenden Kraftwagen, ist Energie der Bewegung gespeichert, auch kinetische Energie oder Wucht genannt. Sie hängt von der Masse des Körpers und vom Quadrat seiner Geschwindigkeit ab.

$$\text{Energie der Bewegung} = \frac{\text{Masse} \times \text{Geschwindigkeit}^2}{2}$$

$$W = \frac{m \cdot v^2}{2}$$

W Energie der Bewegung
m Masse
v Geschwindigkeit

Beispiel: Pkw, Gesamtgewicht 1200 kg, Geschwindigkeit 25 m/s. Gesucht: Energie der Bewegung.

$$W = \frac{1200\ \text{kg} \cdot 25^2\ \text{m}^2/\text{s}^2}{2} = 375\,000\ \text{Nm} \qquad = 375\ \text{kNm}$$

Aufgaben

7. Pkw auf einer Hebebühne (Abb. 22/7), Gesamtgewicht 1175 (1325) kg, $s = 1{,}70$ (1,80) m. Wie groß ist die Energie der Lage in Nm?

8. Federspeicherbremszylinder (Abb. 22/8), Kolbendurchmesser 125 (140) mm, Luftdruck zum Spannen 4,5 (5,0) bar, Federweg 120 (130) mm. Wieviel Nm sind in der Feder gespeichert?

9. Ein Kraftrad wiegt mit Fahrer 150 kg. Wie groß ist die Energie der Bewegung in Nm bei 50 km/h und 100 km/h Fahrgeschwindigkeit?

10. Ein Pkw von 1150 (1250) kg Gesamtgewicht fährt mit 40 (50) km/h auf einen haltenden Lastzug.
a) Wieviel Nm Wucht kommen zur Auswirkung?
b) Wieviel Nm Wucht wirken dabei auf den 65 (75) kg schweren Fahrer ein?

11. Ein Pkw mit 1375 (1525) kg Gesamtgewicht wird aus 90 (120) km/h bis zum Stillstand gebremst.
a) Wie groß ist die Bremsarbeit in Nm?
b) Wie groß ist der Bremsweg in m bei einer Bremskraft von 6360 (9500) N?

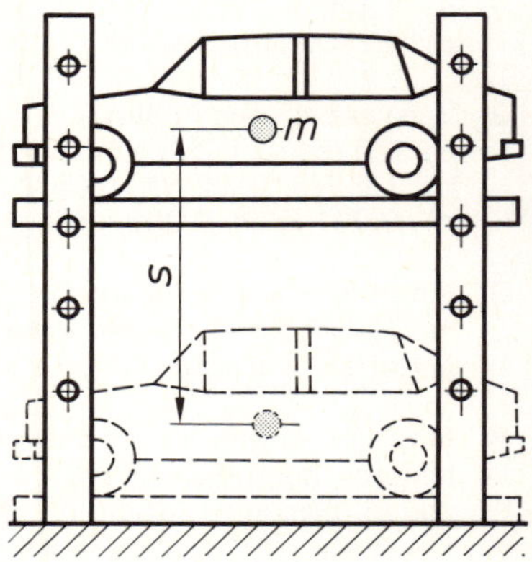

Abb. 22/**7**

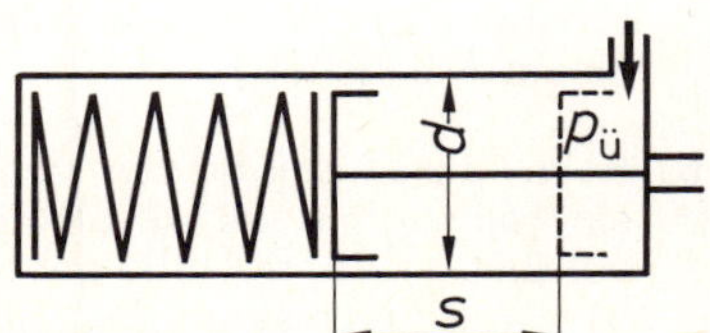

Abb. 22/**8**

22.4 Maßeinheiten für Leistung

Die SI-Einheit der Leistung ist 1 Watt (Einheitenzeichen W). 1 Watt ist gleich der Leistung, bei der während der Zeit 1 s die Energie 1 J umgesetzt wird. Wenn z.B. ein Körper mit der Kraft 1 N in 1 s um 1 m gehoben wird, dann ist die Leistung 1 W = 1 Nm/s = 1 J/s.
Weitere Einheiten sind 1 Kilowatt (kW) = 1000 W, 1 Kilonewtonmeter je Sekunde (kNm/s) = 1000 Nm/s, 1 Kilojoule je Sekunde (kJ/s) = 1000 J/s, 1 Megawatt (MW) = 1 000 000 W.

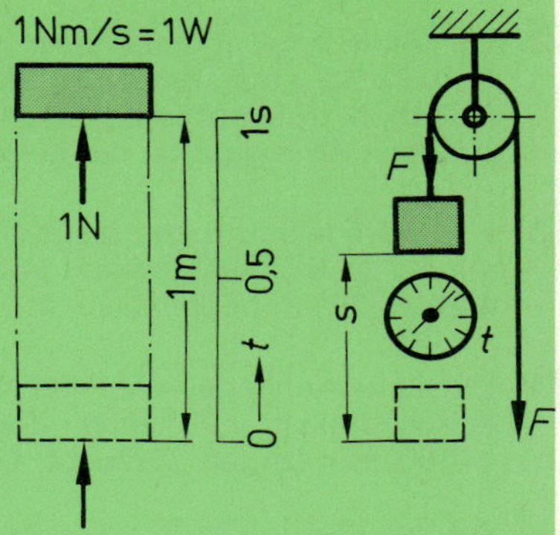

Beispiel
Die Leistung 22 000 Watt ist in kW, kNm/s (kJ/s) und MW zu verwandeln.
22 000 W = 22,0 kW = 22,0 kNm/s (kJ/s) = 0,022 MW

22.5 Mechanische Leistung

Die mechanische Leistung ist die Arbeit in der Zeiteinheit. Je kürzer die Zeit ist, die für eine bestimmte Arbeit benötigt wird, desto größer ist die Leistung, somit ist:

Mechanische Leistung $P = \frac{\text{Arbeit } W}{\text{Zeit } t}$

Da die Arbeit gleich dem Produkt aus Kraft × Weg ist, ergibt sich durch Einsetzen:

Mechanische Leistung $P = \frac{\text{Kraft } F \times \text{Weg } s}{\text{Zeit } t}$

Setzt man für Weg durch Zeit die Geschwindigkeit ein, so ist:

Mech. Leistung P = Kraft F × Geschwindigkeit v

Beispiel
Eine Last wird mit einer Kraft von 12 000 N in 35 s um 1,75 m gehoben. Gesucht: Leistung in kW.

$$P = \frac{12\,000\text{ N} \cdot 1{,}75\text{ m}}{35\text{ s}} = 600\text{ Nm/s} = 600\text{ W} = 0{,}6\text{ kW}$$

SI-Einheit: Watt (W)

1 W = 1 Nm/s = 1 J/s
1 kW = 1000 W = 1000 Nm/s
1 MW = 1 000 000 W

$$P = \frac{W}{t} \qquad P = \frac{F \cdot s}{t}$$

$$W = P \cdot t \qquad F = \frac{P \cdot t}{s}$$

$$t = \frac{W}{P} \qquad t = \frac{F \cdot s}{P}$$

$$P = F \cdot v$$

$$F = \frac{P}{v} \qquad v = \frac{P}{F}$$

22.6 Wirkungsgrad

In jeder Maschine ist die abgegebene Leistung wegen der Reibungs- und Wärmeverluste kleiner als die zugeführte Leistung. Das Verhältnis von abgegebener zu zugeführter Leistung ist:

Wirkungsgrad $\eta = \frac{\text{abgegebene Leistung } P_{ab}}{\text{zugeführte Leistung } P_{zu}}$

Sind mehrere Wirkungsgrade zu berücksichtigen, dann ist der Gesamtwirkungsgrad gleich dem Produkt der Einzelwirkungsgrade.

Beispiel
Schaltgetriebe, zugeführte Leistung 50 kW, abgegebene Leistung 46 kW. Gesucht: Wirkungsgrad.

$$\eta = \frac{46\text{ kW}}{50\text{ kW}} = 0{,}92 \text{ oder } 0{,}92 \cdot 100\% = 92\,\%$$

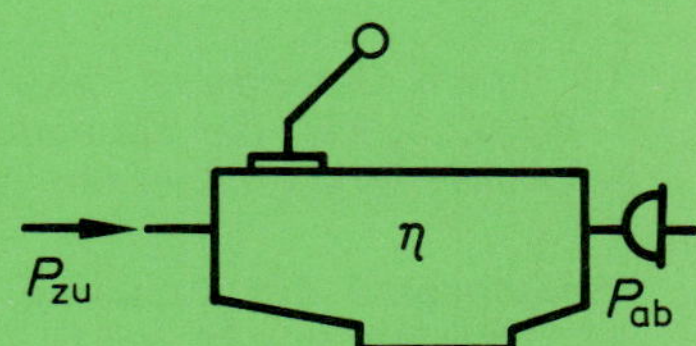

$$\eta = \frac{P_{ab}}{P_{zu}}; \qquad \eta = \eta_1 \cdot \eta_2 \ldots$$

$$P_{ab} = P_{zu} \cdot \eta \qquad P_{zu} = \frac{P_{ab}}{\eta}$$

Aufgaben

12. Ein Pkw wird mittels einer Hebebühne nach Abb. 22/12 mit einer Hubkraft von 12500 (9750) N in 20 (25) Sekunden um 1,6 (2,0) m gehoben. Wie groß ist die Leistung in kW?

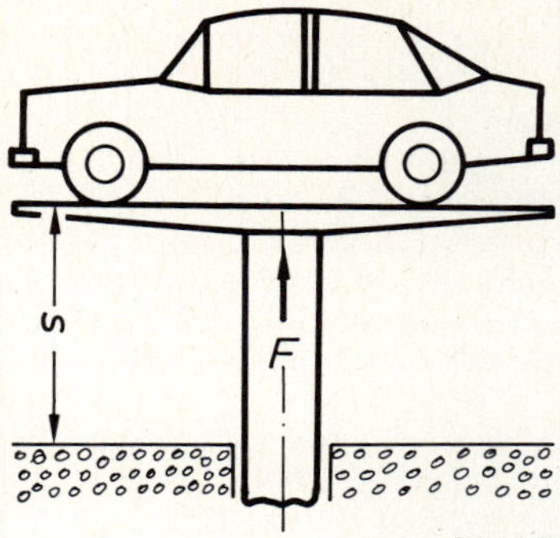

Abb. 22/**12**

13. Ein Verladekran (Abb. 22/13) hebt einen Lkw mit 5,7 (4,5) t Leergewicht in 30 (40) Sekunden 4,20 (5,60) m hoch. Gesucht: Leistung in kW.

14. Ein Lkw-Anhänger wird bei 45 (60) km/h Geschwindigkeit mit einer Zugkraft von 2400 (3600) N gezogen. Gesucht: Leistung in kW.

15. Wieviel kW sind an den Antriebsrädern eines Pkw erforderlich, wenn bei 72 (90) km/h ein Fahrwiderstand von 1200 (1500) N wirksam ist?

16. Ein Pkw fährt mit 125 (160) km/h. Dabei werden 80 (75)% der Motorleistung von 36 (75) kW an den Antriebsrädern wirksam. Wie groß ist die Antriebskraft F an den Rädern?

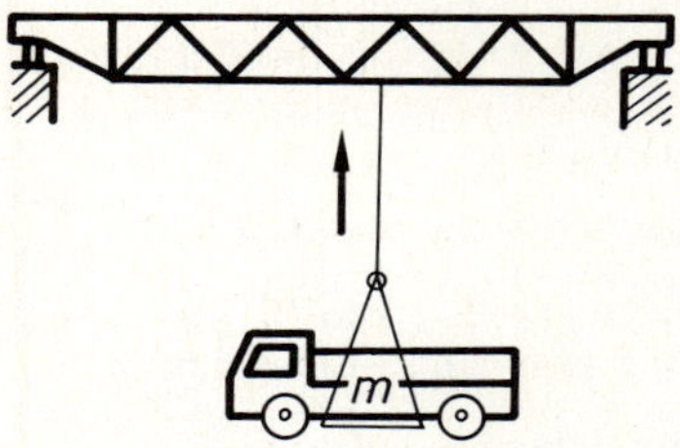

Abb. 22/**13**

17. Ein Lkw fährt mit 18 (25) km/h auf einer Steigung. Von den 110 (132) kW Motorleistung sind 80 (82)% an den Antriebsrädern wirksam. Wie groß ist die Antriebskraft in N?

18. Bei einer Planierraupe kommen 75 (70)% der Motorleistung von 110 (130) kW an den Antriebsketten zur Wirkung. Wie groß ist die Schubkraft in kN bei einer Arbeitsgeschwindigkeit von 2,5 (2,0) m/s?

19. Berechnen Sie die fehlenden Werte!

a)	b)	c)	d)
$P = 1{,}8$ kW	1,05 kW	36 Nm/s	? kNm/s
$F = ?$	2100 N	320 N	1500 N
$s = 2{,}80$ m	? m	1,35 m	0,9 m
$t = 7{,}0$ s	15,0 s	? s	1,5 s

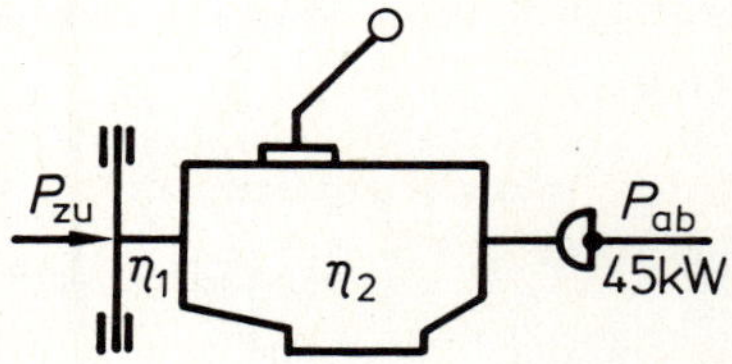

Abb. 22/**21**

20. Bei einem Getriebe ist die zugeführte Leistung 51,5 (42,5) kW, die abgegebene Leistung 49,5 (41,4) kW. Wie groß ist der Wirkungsgrad?

21. Wirkungsgrad der Kupplung $\eta_1 = 99{,}5$ (99,2)%, des Getriebes $\eta_2 = 94$ (95,5)% (Abb. 22/21).
a) Wie groß ist der Gesamtwirkungsgrad?
b) Wie groß ist der Leistungsverlust in kW?

22. Kraftübertragung (Abb. 22/22), Wirkungsgrade: $\eta_1 = 0{,}995$ (0,996), $\eta_2 = 0{,}955$ (0,935), $\eta_3 = 0{,}985$ (0,98). Die Motorleistung ist 25 (70) kW.
a) Wie groß ist der Gesamtwirkungsgrad?
b) Wie groß ist die Leistung an den Rädern?

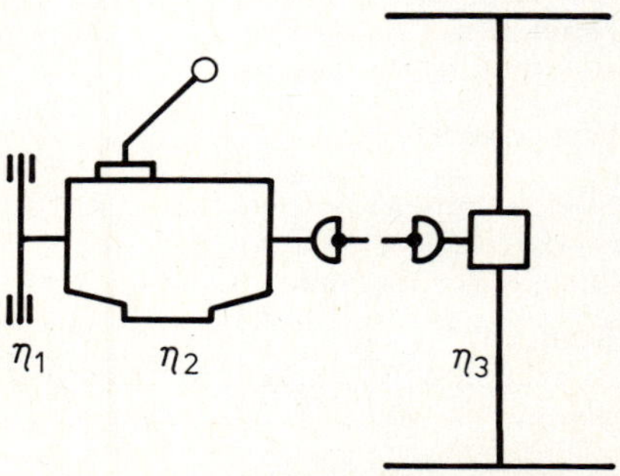

Abb. 22/**22**

22.7 Leistung bei Drehbewegung

Bei Drehbewegungen verläuft der Weg der Kraft F auf einer Kreisbahn. In die Gleichung $P = F \cdot v$ wird für v die Umfangsgeschwindigkeit $\frac{d \cdot \pi \cdot n}{60}$ eingesetzt und für Einheit kW durch 1000 geteilt:

$$\text{Leistung in kW} = \frac{F \cdot d \cdot \pi \cdot n}{1000 \cdot 60} = \frac{F \cdot 2 \cdot r \cdot \pi \cdot n}{1000 \cdot 60}$$

Mit $F \cdot r = M$ ist $P = \frac{M \cdot n \cdot \pi}{1000 \cdot 30} \approx \frac{M \cdot n}{9550}$

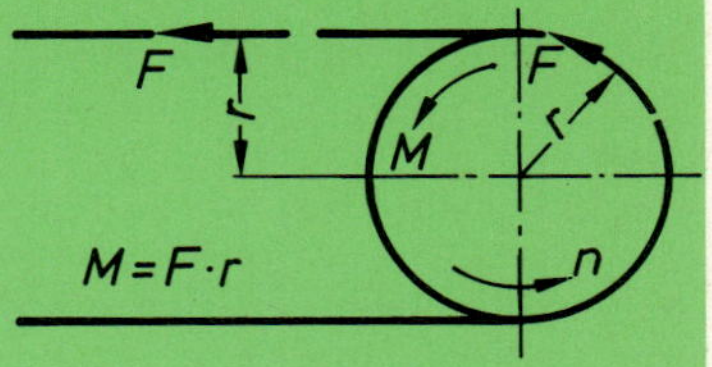

$$P \approx \frac{M \cdot n}{9550}$$

$$M \approx \frac{P \cdot 9550}{n} \qquad n \approx \frac{P \cdot 9550}{M}$$

P Leistung in kW
M Drehmoment in Nm
n Drehzahl in 1/min

Beispiel

Keilriemenscheibe, $d = 130$ mm, $n = 1200$ 1/min, Riemenzugkraft $F = 60$ N. Wie groß ist das Drehmoment in Nm und die Leistung in kW?

Drehmoment $M = 60\ \text{N} \cdot 0{,}065\ \text{m} = 3{,}9\ \text{Nm}$

Leistung $P \approx \frac{3{,}9\ \text{Nm} \cdot 1200\ 1/\text{min}}{9550} = 0{,}49\ \text{kW}$

Aufgaben

23. Ein Pkw-Motor hat laut Kenndaten sein größtes Drehmoment von 115 (160) Nm bei 2400 (2800) 1/min. Wie groß ist die Leistung in kW?

24. Bei einem Lkw-Motor wird das größte Drehmoment von 480 (280) Nm bei 1600 (1800) 1/min erreicht. Wieviel kW leistet der Motor?

25. Keilriementrieb nach Abb. 22/25, zulässige Riemenzugkraft $F = 100$ (150) N, Durchmesser $d =$ 110 (160) mm, Drehzahl $n = 1500$ (975) 1/min. Wiviel kW können übertragen werden?

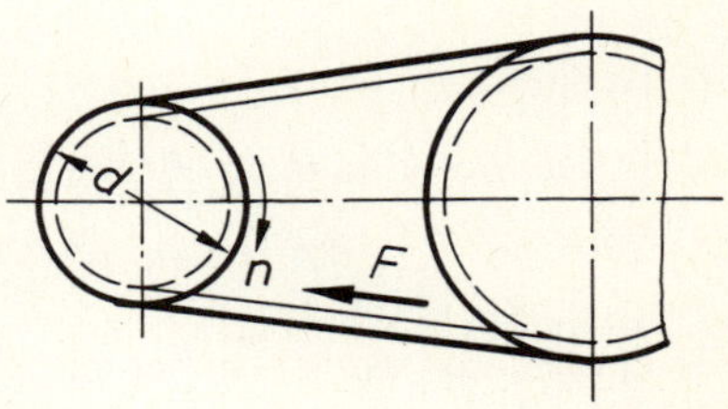

Abb. 22/**25**

26. Beim Überdrehen eines Werkstückes (Abb. 22/26) mit $d = 120$ (180) mm Durchmesser entsteht ein Schnittwiderstand $F = 4500$ (5000) N bei einer Drehzahl $n = 80$ (40) 1/min. Wieviel kW muß der Antriebsmotor abgeben?

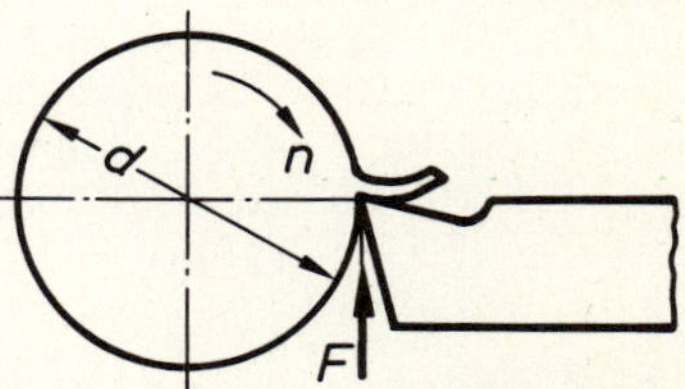

Abb. 22/**26**

27. Aus dem Typenschild eines Motors geht hervor: Leistung 70 (95) kW bei 4800 (5400) 1/min. Wie groß ist das Drehmoment in Nm?

28. Ein Starter gibt bei $n = 750$ (900) 1/min eine Leistung von 1,3 (1,8) kW ab (Abb. 22/28).
a) Wie groß ist das Drehmoment in Nm?
b) Wie groß ist die Zahnkraft F in N bei einem Teilkreisdurchmesser $d = 24$ (36) mm?

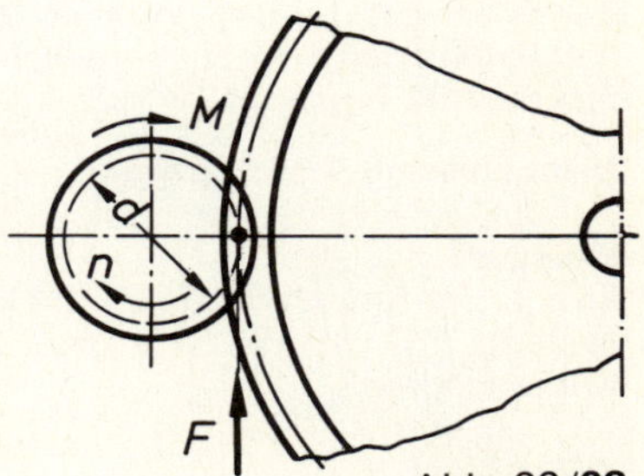

Abb. 22/**28**

29. Berechnen Sie die fehlenden Werte!

	a)	b)	c)	d)
P =	? kW	2,1 kW	1,4 kW	20,1 kW
M =	? Nm	? Nm	? Nm	? Nm
n =	750 1/min	955 1/min	? 1/min	1500 1/min
F =	50 N	? N	120 N	450 N
d =	120 mm	140 mm	225 mm	? mm

23 Leistung bei Verbrennungsmotoren

23.1 Innenleistung aus dem Arbeitsdruck

Die Abbildung zeigt den Druckverlauf im Zylinder während des Verdichtungs- und Arbeitshubes. Wird die sich daraus ergebende Fläche in ein Rechteck mit der Länge s verwandelt, dann ist die Höhe des Rechtecks gleich dem mittleren indizierten Arbeitsdruck p_i, aus dem die indizierte Leistung oder Innenleistung bestimmt wird. Aus der Beziehung: Leistung = Kraft × Geschwindigkeit, ergibt sich:

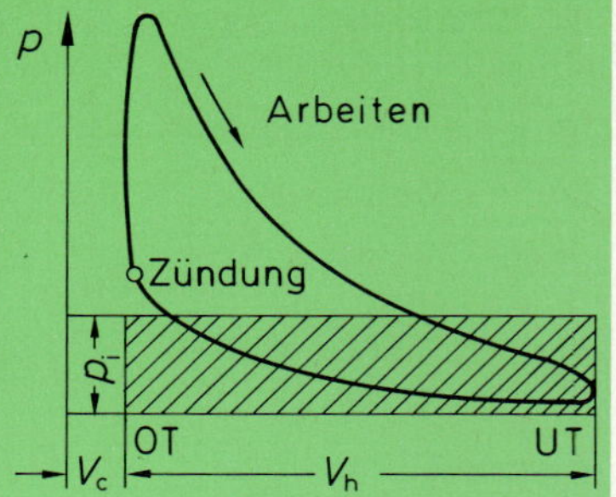

Motorleistung = Kolbenkraft × Kolbengeschwindigkeit

mit $F = A \cdot p_i$ und $v = \frac{s \cdot n}{30}$: $\quad A \cdot p_i \cdot \frac{s \cdot n}{30}$

jeder 4. Hub ist Arbeitshub: $\quad \frac{A \cdot p_i \cdot s \cdot n}{4 \cdot 30}$

mit Zylinderzahl z erweitert: $\quad \frac{A \cdot p_i \cdot s \cdot n \cdot z}{4 \cdot 30}$

mit P in kW $\left(\frac{A \cdot p_i}{100} = \text{kN}\right)$: $\quad \frac{A \cdot p_i \cdot s \cdot n \cdot z}{4 \cdot 30 \cdot 100}$

Viertaktmotor $\quad P = \frac{A \cdot p_i \cdot s \cdot n \cdot z}{12000}$

Zweitaktmotor $\quad P = \frac{A \cdot p_i \cdot s \cdot n \cdot z}{6000}$

Wird der Motorhubraum V_H in l eingesetzt, so ist

$A \cdot 100\ \text{dm}^2 \cdot \frac{s}{10}\ \text{dm} \cdot z = V_H$; $\quad P_i = \frac{V_H \cdot p_i \cdot n}{1200}$

Zweitaktmotor, dementsprechend $\quad P_i = \frac{V_H \cdot p_i \cdot n}{600}$

Viertaktmotor

$$P_i = \frac{A \cdot p_i \cdot s \cdot n \cdot z}{12000}$$

$$P_i = \frac{V_H \cdot p_i \cdot n}{1200}$$

Zweitaktmotor

$$P_i = \frac{A \cdot p_i \cdot s \cdot n \cdot z}{6000}$$

$$P_i = \frac{V_H \cdot p_i \cdot n}{600}$$

P_i Innenleistung in kW
A Kolbenfläche in cm^2
p_i mittlerer indizierter Arbeitsdruck in bar
s Kolbenhub in m
n Motordrehzahl in 1/min
z Zylinderzahl
V_H Motorhubraum in l

Beispiel
Viertaktmotor, Bohrung $d = 80$ mm, Hub $s = 72$ mm, Drehzahl $n = 5200$ 1/min, mittlerer indizierter Arbeitsdruck $p_i = 10$ bar, Zylinderzahl 4. Wie groß ist die Innenleistung in kW?

$$P = \frac{8{,}0^2 \cdot 0{,}785 \cdot 10 \cdot 0{,}072 \cdot 5200 \cdot 4}{12000} = 62{,}7\ \text{kW}$$

23.2 Mechanischer Wirkungsgrad

Die Nutzleistung am Schwungrad ist kleiner als die Innenleistung, weil durch Reibung und Leistungsabgabe an Nebenantriebe (Ölpumpe, Ventilsteuerung, Zündverteiler, Lüfter) Verluste entstehen. Das Verhältnis Nutzleistung zur Innenleistung ist der mechanische Wirkungsgrad.

$$\text{Mechanischer Wirkungsgrad} = \frac{\text{Nutzleistung } P_{eff}}{\text{Innenleistung } P_i}$$

$$\eta_m = \frac{P_{eff}}{P_i}$$

$P_{eff} = P_i \cdot \eta_m \qquad P_i = \frac{P_{eff}}{\eta_m}$

η_m mech. Wirkungsgrad
P_{eff} Nutzleistung
P_i Innenleistung

Beispiel
Errechnete Innenleistung $P_i = 54$ kW, gebremste Nutzleistung $P_{eff} = 46$ kW. Wie groß ist der mechanische Wirkungsgrad?

$\eta_m = \frac{46\ \text{kW}}{54\ \text{kW}} = 0{,}85$; $\quad 0{,}85 \cdot 100\% = 85\%$

Erfahrungswerte für η_m:
Ottomotor 0,80 … 0,92
Dieselmotor 0,75 … 0,85

Aufgaben

1. Einzylinder-Viertakt-(Zweitakt-)Motor, Bohrung 62 (48) mm, Hub 58 (40) mm, Drehzahl 6500 (5000) 1/min, mittlerer indizierter Arbeitsdruck 12,5 (4,7) bar, mechanischer Wirkungsgrad 0,85 (0,82). Wie groß ist die Innenleistung und die Nutzleistung in kW?

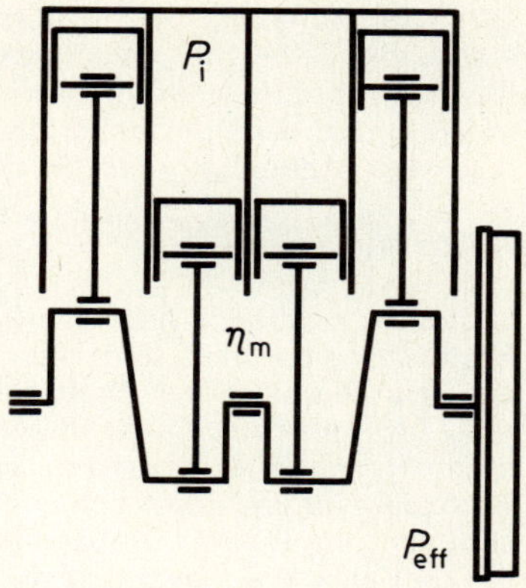

2. Viertakt-(Zweitakt-)Dieselmotor, $d = 97$ (120) mm, $s = 128$ (140) mm, $n = 2900$ (2000) 1/min, $p_i = 7{,}1$ (5,5) bar, $z = 6$ (6), $\eta_m = 0{,}75$ (0,8). Gesucht: Innenleistung und Nutzleistung in kW.

3. Viertakt-(Zweitakt-)Ottomotor, $V_H = 1498$ (100) cm³, $n = 4600$ (6300) 1/min, $p_i = 10{,}5$ (6,6) bar, $\eta_m = 0{,}88$ (0,85). Gesucht: P_i und P_{eff}.

4. Bei welcher Drehzahl erreicht ein Viertakt-(Zweitakt-)Ottomotor mit 1195 (47) cm³ Hubraum und 10,8 (5,75) bar mittlerem Arbeitsdruck eine Innenleistung von 58 (2,5) kW?

5. Sechszylinder-Viertakt-Dieselmotor, $P_i = 142$ (170) kW, $p_i = 7{,}8$ (8,1) bar, $d = 120$ (140) mm, $s = 140$ (105) mm. Wie groß ist die Motordrehzahl in 1/min?

6. Von einem Vierzylinder-Viertakt-Ottomotor sind bekannt: Nutzleistung 36 (72) kW, mechanischer Wirkungsgrad 0,85 (0,9), mittlerer indizierter Arbeitsdruck 8,85 (9,2) bar, Drehzahl 4000 (5500) 1/min, Bohrung 77 (89) mm.
a) Wie groß ist die Innenleistung in kW?
b) Wie groß ist der Hub in mm?

7. Ein Sechszylinder-Viertakt-Dieselmotor hat bei 2100 (2200) 1/min eine Nutzleistung von 145 (150) kW. Der mechanische Wirkungsgrad ist 0,8 (0,75), der Hub 125 (128) mm, der mittlere Arbeitsdruck 7,8 (9,2) bar. Wie groß ist die Zylinderbohrung in mm?

8. Berechnen Sie die fehlenden Werte in der Tabelle für Viertaktmotoren!

		a)	b)	c)	d)	e)	f)
d	mm	?	60	125	86	85	?
s	mm	71	?	150	?	88	75
z	–	4	1	6	4	6	4
V_H	cm³	?	?	?	1988	?	1585
p_i	bar	9,5	10,5	8,8	?	?	8,9
n	1/min	5700	5750	?	5200	5400	?
P_i	kW	71	?	170	81	?	?
η_m	–	0,85	0,86	?	0,89	0,91	0,88
P_{eff}	kW	?	7,5	145	?	160	42

Umgeformte Gleichungen für die Berechnung der Leistung:

$$A = \frac{P_i \cdot 12\,000}{p_i \cdot s \cdot n \cdot z}$$

$$s = \frac{P_i \cdot 12\,000}{A \cdot p_i \cdot n \cdot z}$$

$$n = \frac{P_i \cdot 12\,000}{A \cdot p_i \cdot s \cdot z}$$

$$p_i = \frac{P_i \cdot 12\,000}{A \cdot s \cdot n \cdot z}$$

$$V_H = \frac{P_i \cdot 1200}{p_i \cdot n}$$

$$n = \frac{P_i \cdot 1200}{p_i \cdot V_H}$$

$$p_i = \frac{P_i \cdot 1200}{n \cdot V_H}$$

Bei Zweitaktmotoren wird der Wert 6000 bzw. 600 eingesetzt

Durchmesser der Zylinderbohrung aus der Fläche A:

$$d = \sqrt{\frac{4 \cdot A}{\pi}} = \sqrt{\frac{A}{0{,}785}}$$

23.3 Nutzleistung aus dem Drehmoment

Das Drehmoment eines Motors kann auf dem Prüfstand mit Hilfe von Wasserströmungsbremsen oder Induktionsbremsen ermittelt werden. Aus dem Drehmoment und der Drehzahl ergibt sich die Nutzleistung nach der Leistungsformel für die Drehbewegung.

$$\text{Nutzleistung} = \frac{\text{Motordrehmoment} \times \text{Motordrehzahl}}{9550}$$

Um einen Überblick über das Betriebsverhalten eines Motors zu gewinnen, trägt man das Drehmoment und die Leistung über der Drehzahl in einem Schaubild auf. Im mittleren Drehzahlbereich hat das Drehmoment seinen Höchstwert, während es bei hoher Drehzahl infolge der schlechteren Zylinderfüllung abnimmt. Im unteren Drehzahlbereich sinkt es infolge der größeren Wärmeverluste ab.

Beispiel

Beim Abbremsen eines Motors wurde ein Drehmoment von 85 Nm bei einer Drehzahl von 5000 1/min gemessen. Wie groß ist die Nutzleistung in kW?

$$P_{eff} = \frac{85\ \text{Nm} \cdot 5000\ 1/\text{min}}{9550} = 44{,}5\ \text{kW}$$

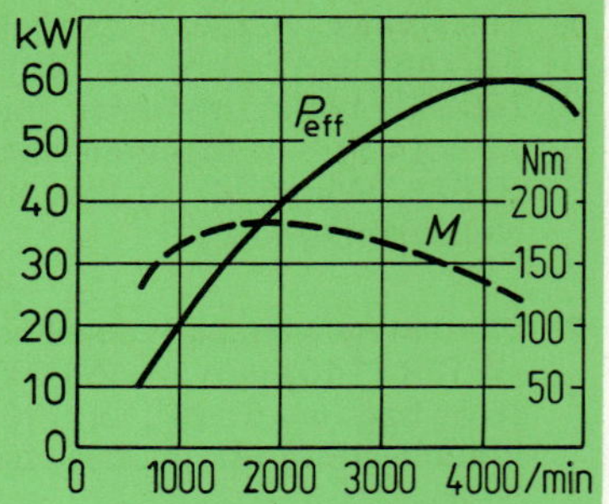

$$P_{eff} = \frac{M \cdot n}{9550}$$

$$M = \frac{P_{eff} \cdot 9550}{n} \qquad n = \frac{P_{eff} \cdot 9550}{M}$$

P_{eff} Nutzleistung in kW
M Motordrehmoment in Nm
n Motordrehzahl in 1/min

Aufgaben

9. Ein Vergasermotor entwickelt bei 4800 (5200) 1/min ein Drehmoment von 87,5 (124) Nm. Wie groß ist die Nutzleistung in kW?

10. Ein Dieselmotor hat bei 2200 (2800) 1/min ein Drehmoment von 677 (320) Nm (Abb. 23/10). Wie groß ist die Nutzleistung in kW?

11. Auf dem Prüfstand wurden an einem Ottomotor folgende Werte gemessen:

		a)	b)	c)	d)	e)	f)
n	1/min	1500	2000	3000	4000	5000	6000
M	Nm	98	110	120	115	106	85

a) Berechnen Sie die Leistungen in kW!
b) Tragen Sie die Werte in ein Schaubild ein entsprechend der Abb. 23/11!

12. Ein Vergasermotor hat bei 5000 (3800) 1/min eine Leistung von 33 (48) kW. Wie groß ist das Drehmoment in Nm?

13. Ein Dieselmotor hat bei seiner Höchstleistung von 110 (150) kW ein Drehmoment von 457 (754) Nm. Wie groß ist seine Drehzahl in 1/min?

14. Berechnen Sie die fehlenden Werte!

		a)	b)	c)	d)	e)
P_{eff}	kW	?	92	55,7	33,7	125
M	Nm	440	?	380	?	207
n	1/min	2500	5400	?	2800	?

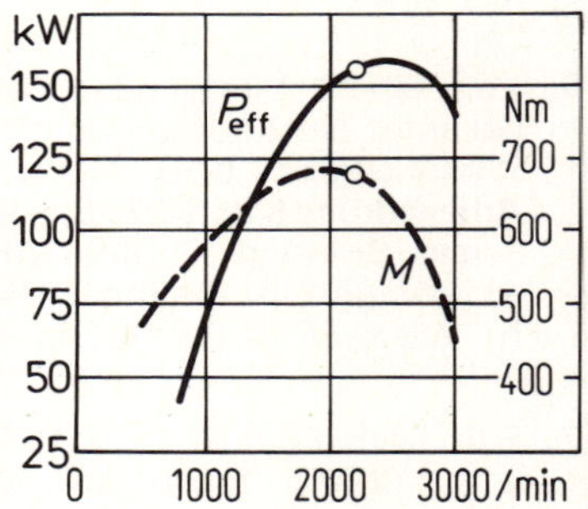

Abb. 23/10

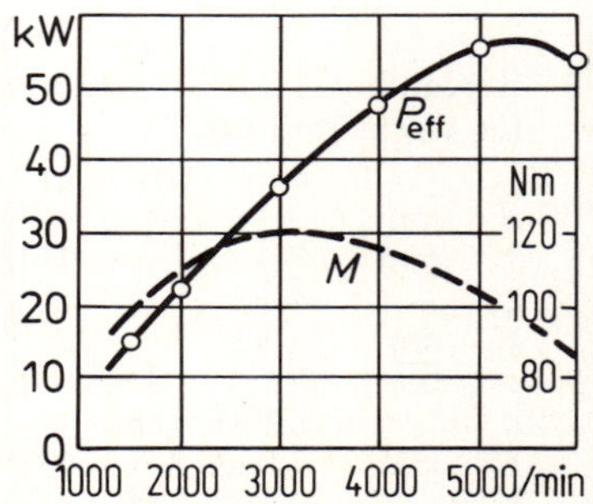

Abb. 23/11

23.4 Nutzleistung aus der Wärmemenge

Die Wärmeenergie, die bei der Verbrennung des Kraftstoffes im Motor entsteht, wird nur zum Teil, beim Ottomotor zu etwa 25%, in mechanische Arbeit umgesetzt. Der Prozentsatz der zur Wirkung kommenden Wärmeenergie ist der Nutzwirkungsgrad des Motors. Aus dem Kraftstoffverbrauch B in kg/h und dem spezifischen Heizwert des Kraftstoffes H_u in kJ/kg ergibt sich die Arbeit in der Stunde. Da Arbeit in der Zeiteinheit gleich Leistung ist, ergibt sich:

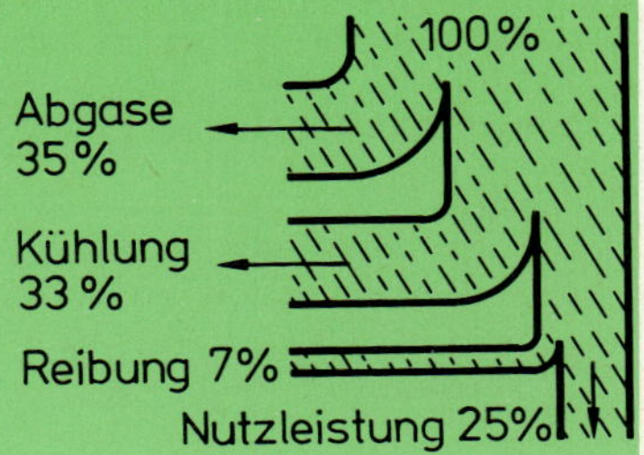

Nutzleistung

$$= \frac{\text{K.-Verbrauch} \times \text{spez. Heizwert} \times \text{Wirkungsgrad}}{3600}$$

$$\frac{\text{kg} \cdot \text{kJ}}{\text{h} \cdot \text{kg} \cdot 3600} = \frac{\text{kJ}}{\text{h} \cdot 3600} = \frac{\text{kWs}}{\text{h} \cdot 3600} = \frac{\text{kW} \cdot \text{h}}{\text{h}} = \text{kW}$$

$$P_{\text{eff}} = \frac{B \cdot H_u \cdot \eta_e}{3600}$$

$$\eta_e = \frac{P_{\text{eff}} \cdot 3600}{B \cdot H_u}$$

P_{eff} Nutzleistung kW
B Kraftstoffverbrauch kg/h
H_u spez. Heizwert kJ/kg
η_e Nutzwirkungsgrad

Beispiel

Ottomotor, $B = 8$ kg/h, $H_u = 43\,000$ kJ/kg, $\eta_e = 0{,}25$.
Wie groß ist die Nutzleistung in kW?

$$P_{\text{eff}} = \frac{8\ \text{kg/h} \cdot 43\,000\ \text{kJ/kg} \cdot 0{,}25}{3600} = 23{,}88\ \text{kW}$$

Aufgaben

15. Ein Ottomotor verbraucht in 1 Stunde 9 (8,2) kg Benzin mit einem spezifischen Heizwert von 43000 kJ/kg. Der Nutzwirkungsgrad ist 0,25 (0,24). Wieviel kW Leistung gibt der Motor ab?

16. Ein Dieselmotor verbraucht 21,9 (29,2) l Kraftstoff auf 100 km bei einer Geschwindigkeit von 50 (40) km/h. Der Nutzwirkungsgrad ist 0,32 (0,30), die Dichte des Kraftstoffes beträgt 0,84 (0,85) kg/dm^3, der spezifische Heizwert 42300 kJ/kg. Wie groß ist die Nutzleistung des Motors in kW?

17. Der Ottomotor eines Pkw verbraucht bei 40 (50) kW Nutzleistung 12,6 (14,2) l Kraftstoff auf 100 km, bei einer Geschwindigkeit von 140 (150) km/h. Die Dichte des Kraftstoffes beträgt 0,74 (0,72) kg/dm^3, der spezifische Heizwert ist 42700 kJ/kg. Wie groß ist der Nutzwirkungsgrad des Motors?

18. Ein Dieselmotor hat auf dem Prüfstand eine Leistung von 106 (195) kW. Er verbraucht dabei 100 (500) cm^3 Kraftstoff in 10 (30) Sekunden. Die Dichte des Kraftstoffes ist 0,84 (0,85) kg/dm^3, der Heizwert 42300 (42500) kJ/kg. Wie groß ist der Nutzwirkungsgrad des Motors?

19. Berechnen Sie die fehlenden Werte in der Tabelle!

		a)	b)	c)	d)
Kraftstoffverbrauch	B	= 9,7 kg/h	? kg/h	52,4 kg/h	? kg/h
Spezifischer Heizwert	H_u	= 43 MJ/kg	42 MJ/kg	43,2 MJ/kg	42 MJ/kg
Nutzwirkungsgrad	η_e	= 0,25	0,26	?	0,25
Nutzleistung	P_{eff}	= ? kW	47 kW	190 kW	68 kW

20. Auf dem Rollprüfstand wurden an einem Pkw folgende Werte ermittelt: Geschwindigkeit 72 (90) km/h, Nutzleistung des Motors 32 (55) kW, Kraftstoffverbrauch 100 (100) cm^3 in 24 (15) Sekunden, Dichte des Kraftstoffes 0,72 (0,74) kg/dm^3, spezifischer Heizwert 43000 (42500) kJ/kg. Wie groß ist der Nutzwirkungsgrad des Motors?

23.5 Hubraumleistung

Die Hubraumleistung gibt an, wieviel kW Nutzleistung ein Motor je Liter Hubraum hat.

Hubraumleistung $P_H = \frac{\text{Größte Nutzleistung } P_{eff}}{\text{Motorhubraum } V_H}$

$$P_H = \frac{P_{eff}}{V_H}$$

Erfahrungswerte in kW/l

Ottomotor, Krad	30 ... 70
Ottomotor, Pkw	25 ... 50
Dieselmotor Pkw	18 ... 25
Dieselmotor, Lkw	18 ... 28

Beispiel

Ottomotor, Hubraum 1595 cm³, Nutzleistung 58 kW. Wie groß ist die Hubraumleistung?

Hubraumleistung $P_H = \frac{58 \text{ kW}}{1{,}595 \text{ l}} = 34{,}2 \text{ kW/l}$

23.6 Leistungsgewicht des Motors

Das Leistungsgewicht des Motors gibt an, wieviel kg Motorgewicht auf 1 kW Nutzleistung kommen.

Leistungsgewicht $m_P = \frac{\text{Motorgewicht } m}{\text{Größte Nutzleistung } P_{eff}}$

$$m_P = \frac{m}{P_{eff}}$$

Erfahrungswerte in kg/kW

Ottomotor, Krad	5 ... 2,5
Ottomotor, Pkw	4 ... 2
Dieselmotor, Pkw	6,5 ... 5
Dieselmotor, Lkw	9,5 ... 5,5

Beispiel

Ottomotor, Gewicht 270 kg, Nutzleistung 72 kW. Wie groß ist das Leistungsgewicht?

Leistungsgewicht $m_P = \frac{270 \text{ kg}}{72 \text{ kW}} = 3{,}75 \text{ kg/kW}$

23.7 Gewichtsleistung des Fahrzeugs

Die Gewichtsleistung gibt an, wieviel kW Nutzleistung auf 1 t Gesamtgewicht zur Verfügung stehen.

Gewichtsleistung $P_m = \frac{\text{Größte Nutzleistung } P_{eff}}{\text{Zulässiges Gesamtgewicht } m_g}$

$$P_m = \frac{P_{eff}}{m_g}$$

Nach § 35 StVZO für Lkw, Züge, KOM, Sattelschlepper mindestens 4,4 kW/t

Beispiel

Lastzug, Gesamtgewicht 34 t, Motorleistung 160 kW. Wie groß ist die Gewichtsleistung?

Gewichtsleistung $P_m = \frac{160 \text{ kW}}{34 \text{ t}} = 4{,}7 \text{ kW/t}$

Aufgaben

21. Berechnen Sie die fehlenden Werte für Ottomotoren!

		a)	b)	c)	d)	e)
Nutzleistung	P	= 2,2 kW	? kW	65 kW	? kW	? kW
Motorhubraum	V_H	= 49 cm³	98 cm³	1698 cm³	2,49 l	1,49 l
Hubraumleistung	P_H	= ? kW/l	63,8 kW/l	? kW/l	44,2 kW/l	? kW/l
Motorgewicht	m	= 10,6 kg	? kg	208 kg	264 kg	145 kg
Leistungsgewicht	m_P	= ? kg/kW	2,8 kg/kW	? kg/kW	? kg/kW	3,5 kg/kW

22. Berechnen Sie die fehlenden Werte für Dieselmotoren!

		a)	b)	c)	d)	e)
Nutzleistung	P	= 40 kW	? kW	125 kW	? kW	? kW
Motorhubraum	V_H	= 1,99 l	3,0 l	8,72 l	7,03 l	9,57 l
Hubraumleistung	P_H	= ? kW/l	19,7 kW/l	? kW/l	16,4 kW/l	? kW/l
Motorgewicht	m	= 248 kg	? kg	740 kg	865 kg	1020 kg
Leistungsgewicht	m_P	= ? kg/kW	5,2 kg/kW	? kg/kW	? kg/kW	6,8 kg/kW

23. Berechnen Sie die fehlenden Werte für Lastzüge!

		a)	b)	c)	d)	e)
Zulässiges Gesamtgewicht	m_g	= 38 000 kg	32,0 t	28,0 t	? t	? t
Nutzleistung des Motors	P	= 185 kW	140 kW	? kW	235 kW	110 kW
Gewichtsleistung	P_m	= ? kW/t	? kW/t	6,5 kW/t	5,8 kW/t	4,4 kW/t

24 Kraftstoffe, Schmierstoffe

24.1 Luftbedarf

Die Luftmenge in kg, die zur vollständigen Verbrennung von 1 kg Kraftstoff erforderlich ist, nennt man den theoretischen Luftbedarf L_{th}.

Theor. Luftbedarf in kg/kg (Mittelwerte)

Fahrbenzin	14,8
Superkraftstoff	14,2
Dieselkraftstoff	14,5
Motorenbenzol	13,5
Äthylalkohol	9,0
Methanol	6,4

24.2 Luftverhältnis

Das Verhältnis der tatsächlich der Verbrennung zugeführten Luftmenge L zum theoretischen Luftbedarf L_{th} ist das Luftverhältnis λ (lambda).

$$\text{Luftverhältnis} = \frac{\text{Zugeführte Luftmenge kg/kg}}{\text{Theoretischer Luftbedarf kg/kg}}$$

Ottomotor	λ	Dieselmotor	λ
Größte Leistung	0,9	Leerlauf	6 ... 10
Kleinster Verbrauch	1,1	Vollast	1,1 ... 1,15

$$\lambda = \frac{L}{L_{th}}$$

$$L = \lambda \cdot L_{th} \qquad L_{th} = \frac{L}{\lambda}$$

λ Luftverhältnis
L zugeführte Luftmenge in kg je kg Kraftstoff
L_{th} theoretische Luftmenge in kg je kg Kraftstoff

Beispiel
Ein Motor benötigt zur Verbrennung von 6,5 kg Benzin 105,82 kg Luft. Der theoretische Luftbedarf ist 14,8 kg/kg. Gesucht: Luftverhältnis.

$$\text{Für 1 kg Benzin } L = \frac{105{,}82\text{ kg}}{6{,}5\text{ kg}} = 16{,}28\text{ kg/kg}$$

$$\text{Luftverhältnis } \lambda = \frac{16{,}28\text{ kg/kg}}{14{,}8\text{ kg/kg}} = 1{,}1$$

Aufgaben

1. Zur motorischen Verbrennung von 1 kg Fahrbenzin (Superkraftstoff) werden 13,32 (14,91) kg Luft benötigt. Der theoretische Luftbedarf ist 14,8 (14,2) kg/kg. Wie groß ist das Luftverhältnis?

2. Bei einem Ottomotor ergeben sich folgende Luftverhältnisse: Vollast 0,9, Teillast 1,15, Leerlauf 0,75. Der theoretische Luftbedarf ist 14,2 kg/kg. Wieviel kg und m³ Luft werden zur Verbrennung von 1 kg Kraftstoff in den verschiedenen Betriebszuständen benötigt? (Dichte der Luft 1,29 kg/m³)

3. Die Luftverhältnisse bei einem Dieselmotor sind: Vollast 1,25, Teillast 1,4, Leerlauf 8,0. Der theoretische Luftbedarf ist 14,5 kg/kg. Wieviel kg und m³ Luft (Dichte 1,29 kg/m³) werden jeweils für 1 kg Kraftstoff benötigt?

4. Ein Dieselmotor verbraucht in 1 Stunde 25 (34,5) l Kraftstoff, Dichte 0,84 (0,82) kg/dm³. Das Luftverhältnis ist 1,15 (1,2), der theoretische Luftbedarf 14,5 kg/kg. Wieviel kg und m³ Luft (Dichte 1,29 kg/m³) werden in 1 Stunde vom Motor angesaugt?

5. Die Zündgrenze von Benzin liegt bei einem Luftverhältnis von 1,4 wegen zu magerem und 0,6 wegen zu fettem Kraftstoffluftgemisch. Der theoretische Luftbedarf ist 14,8 kg/kg. Die Kraftstoffdichte ist 0,72 kg/dm³, die Luftdichte 1,29 kg/m³. Bei welcher zugeführten Luftmenge in kg/kg und m³/l wird jeweils die Zündgrenze erreicht?

6. Ein Ottomotor verbraucht 15 (9,5) l Kraftstoff auf 100 km. Der Luftbedarf ist 15 (16) kg/kg, die Luftdichte 1,29 kg/m³, die Kraftstoffdichte 0,74 kg/dm³. Staubgehalt der Luft 8 (12) mg je m³, Abscheidung durch den Filter 90 (95)%. Wieviel mg Staub gelangen bei 100 km Fahrt in die Zylinder?

24.3 Kraftstoffverbrauch nach DIN 70030-1

Der Kraftstoffverbrauch C in l/100 km für Pkw wird auf dem Fahrleistungsprüfstand bestimmt:
1. Im Fahrzyklus, der den Stadtfahrbetrieb simuliert,
2. bei konstanter Prüfgeschwindigkeit von 90 km/h,
3. bei konstanter Prüfgeschwindigkeit von 120 km/h.

Je nach Art der Messung (Volumen oder Gewicht) ist:

$$C = \frac{100 \cdot \text{gemessenes Kraftstoffvolumen in l}}{\text{zurückgelegte Wegstrecke in km}}$$

$$C = \frac{100 \cdot \text{gemessene Kraftstoffmenge in kg}}{\text{Kraftstoffdichte in kg/l} \cdot \text{Wegstrecke in km}}$$

Beispiel: Stadtzyklus, $m = 144$ g, $s = 2$ km, $\varrho = 0{,}72$ kg/l.

Stadtzyklus $C = \frac{100 \cdot 0{,}144}{0{,}72 \cdot 2{,}0} = 10{,}0$ l/100 km

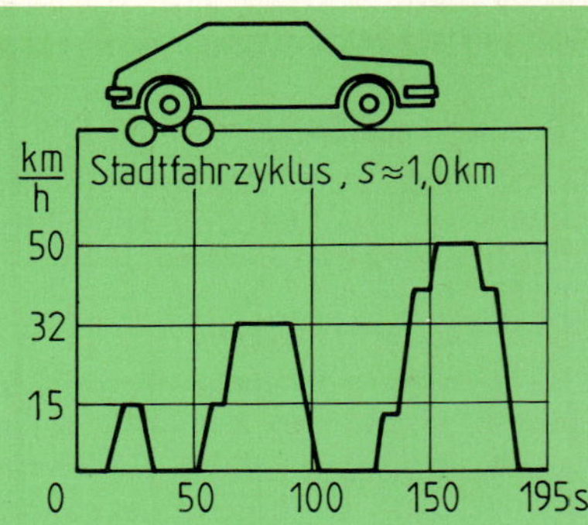

$$C = \frac{100 \cdot V_K}{s}$$

$$C = \frac{100 \cdot m}{\varrho \cdot s}$$

$$k = 1{,}1 \cdot \frac{100 \cdot V_K}{s}$$

$$k_S = \frac{100 \cdot V_K}{s}$$

$$s_F = \frac{100 \cdot V_B}{k}$$

$$V_B = \frac{k \cdot s_F}{100} \qquad k = \frac{100 \cdot V_B}{s_F}$$

24.4 Kraftstoffverbrauch nach DIN 70030-2

Der Kraftstoffverbrauch k in l/100 km für Lkw, Bus und Krafträder wird auf einer etwa 10 km langen Prüfstrecke ermittelt, die hin und zurück durchfahren wird. Der gemessene Verbrauch wird zur Berücksichtigung ungünstiger Umstände um 10% (Faktor 1,1) erhöht. Es ist:

$$k = 1{,}1 \cdot \frac{100 \cdot \text{gemessenes Kraftstoffvolumen in l}}{\text{zurückgelegte Wegstrecke in km}}$$

Beispiel: Lkw, gemessen $V_K = 3{,}6$ l, $s = 20{,}0$ km.

Normverbrauch $k = 1{,}1 \cdot \frac{100 \cdot 3{,}6}{20{,}0} = 19{,}8$ l/100 km

24.5 Kraftstoff-Streckenverbrauch

Der Streckenverbrauch ist ein Durchschnittsverbrauch, der im normalen Straßenverkehr bei halber Nutzlast des Fahrzeugs ermittelt wird. Es ist

$$k_S = \frac{100 \cdot \text{gemessenes Kraftstoffvolumen in l}}{\text{zurückgelegte Wegstrecke in km}}$$

Beispiel: Pkw, gemessen $V_K = 11{,}4$ l bei $s = 120$ km.

Streckenverbrauch $k_S = \frac{100 \cdot 11{,}4}{120} = 9{,}5$ l/100 km

24.6 Fahrbereich nach DIN 70020

Der Fahrbereich ist die Fahrstrecke in km (theoretischer Wert), die ein Kfz mit einer Füllung der festeingebauten Kraftstoffbehälter zurücklegen kann. Es ist:

$$s_F = \frac{100 \cdot \text{Behältervolumen in l}}{\text{Kraftstoffverbrauch nach DIN 70030-2}}$$

Beispiel: Reisebus, $V_B = 135$ l, $k = 18$ l/100 km.

Fahrbereich $s_F = \frac{100 \cdot 135}{18} = 750$ km

C	Kraftstoffverbrauch nach DIN 70030-1	l/100 km
k	Kraftstoffverbrauch nach DIN 70030-2	l/100 km
k_S	Kraftstoff-Streckenverbrauch	l/100 km
m	gemessene Kraftstoffmenge	kg
s	Wegstrecke	km
s_F	Fahrbereich	km
V_K	gemessenes Kraftstoffvolumen	l
V_B	Behältervolumen	l
ϱ	Kraftstoffdichte	kg/l

Aufgaben

7. Kraftstoffverbrauch nach DIN 70030-1.

	a) Stadtzyklus	b) 90 km/h	c) 120 km/h
V_K =	296 cm³	786 cm³	1550 cm³
s =	2,0 km	8,15 km	12,6 km

Gesucht: Kraftstoffverbrauch in l/100 km.

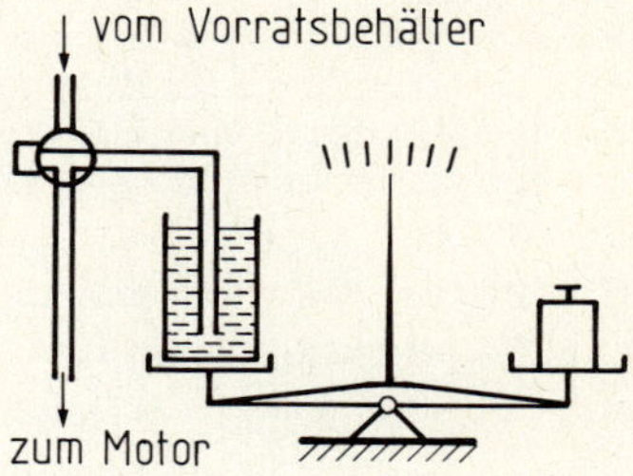

Abb. 24/**8**

8. Gravimetrische Verbrauchsmessung (Abb. 24/8).

	a) Stadtzyklus	b) 90 km/h	c) 120 km/h
m =	185 g	325 g	902 g
s =	2,0 km	6,25 km	12,6 km
ϱ =	0,74 kg/l	0,72 kg/l	0,83 kg/l

Gesucht: Kraftstoffverbrauch in l/100 km.

9. Kraftstoffverbrauch nach DIN 70030-2.

	a) Lkw	b) Bus	c) Krad
V_K =	8,40 l	5,95 l	995 cm³
s =	28,0 km	26,4 km	21,3 km

Gesucht: Kraftstoffverbrauch in l/100 km.

10. Der DIN-Verbrauch eines Lkw ist mit 21,2 (34,5) l/100 km angegeben. Die Meßfahrt ergab einen Verbrauch von 6,0 (8,7) l auf 27,5 (23,5) km. Berechnen Sie, ob die Abweichung innerhalb der Toleranz von +5% liegt!

11. Fahrbereich. Gesucht: Fehlende Tabellenwerte.

	a)	b)	c)
k =	32,5 l/100 km	? l/100 km	4,4 l/100 km
V_B =	299 l	145 l	? l
s_F =	? km	780 km	410 km

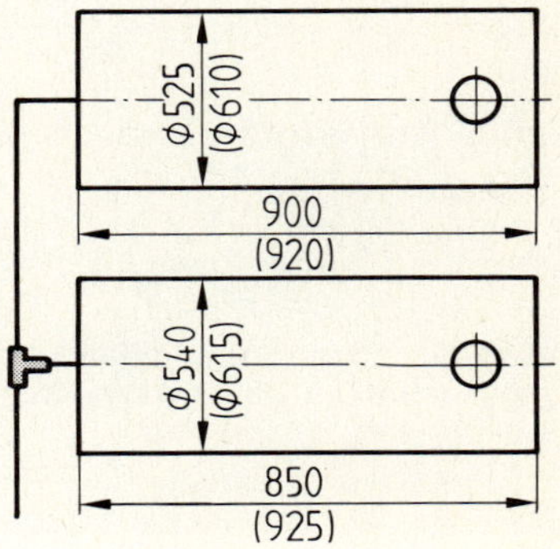

Abb. 24/**12**

12. Der Kraftstoffverbrauch eines Lkw beträgt nach DIN 42,5 (45,8) l/100 km. Wie groß ist der Fahrbereich bei vollständig gefüllten Kraftstoffbehältern nach Abb. 24/12?

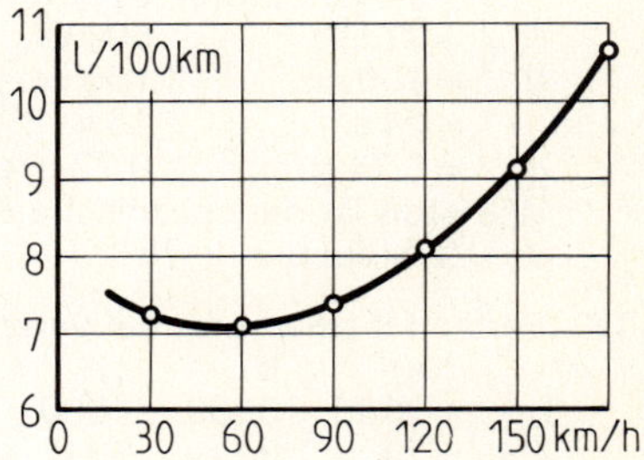

Abb. 24/**14**

13. Kraftstoff-Streckenverbrauch. Berechnen Sie die in der Tabelle fehlenden Werte.

	a) Lkw	b) Pkw	c) Krad
V_K =	45,0 l	55,8 l	20,4 l
k_S =	? l/100 km	? l/100 km	6,3 l/100 km
s =	125,0 km	450 km	? km

14. Meßfahrten auf einer 5,2 km langen Prüfstrecke ergaben folgende Werte:

v =	30	60	90	120	150	180 km/h
V_K =	375	370	383	425	470	535 cm³

Gesucht ist ein Diagramm wie Abb. 24/14.

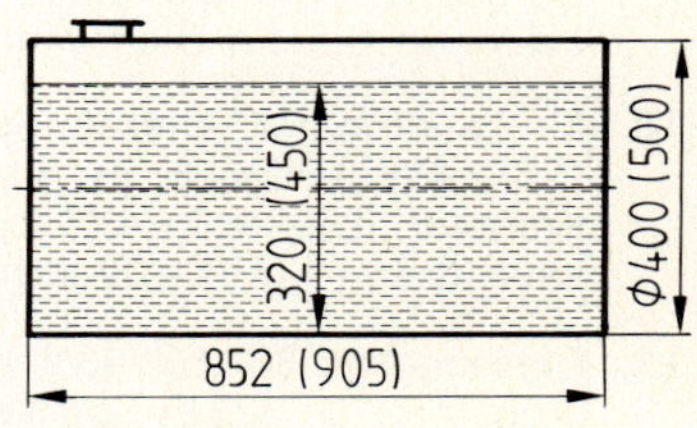

Abb. 24/**15**

15. Ein Lkw mit einem Streckenverbrauch von 18,5 (22,4) l/100 km hat einen Kraftstoffbehälter wie Abb. 24/15. Wie groß ist die Reichweite der Behälterfüllung in km?

24.7 Spezifischer Kraftstoffverbrauch (DIN 1940)

Der spezifische Kraftstoffverbrauch gibt an, wieviel g Flüssigkraftstoff ein Motor je kW Nutzleistung in einer Stunde verbraucht. Zur Bestimmung des Verbrauchs wird die Durchflußzeit von 100 cm³ oder 200 cm³ Kraftstoff bei konstanter Leistung und Drehzahl auf dem Prüfstand gemessen.

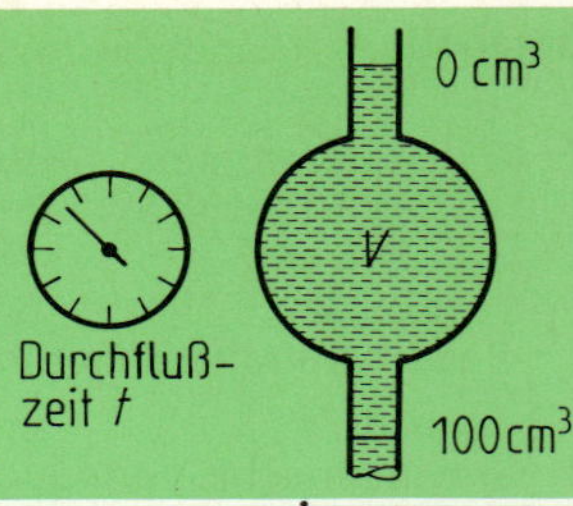

Spezifischer Kraftstoffverbrauch b_{eff} in g/kWh

$$= \frac{3600 \cdot \text{Meßvolumen in cm}^3 \cdot \text{Dichte in g/cm}^3}{\text{Durchflußzeit in s} \cdot \text{Nutzleistung in kW}}$$

$$b_{eff} = \frac{3600 \cdot V \cdot \varrho}{t \cdot P_{eff}}$$

$$B = \frac{b_{eff} \cdot P_{eff}}{1000}$$

Beispiel: Prüfung eines Ottomotors, Durchfluß von 100 cm³ Kraftstoff in 20 s, Dichte 0,74 g/cm³, Nutzleistung 45 kW. Spezifischer Kraftstoffverbrauch?

$$b_{eff} = \frac{3600 \cdot V \cdot \varrho}{t \cdot P_{eff}} = \frac{3600 \cdot 100 \cdot 0{,}74}{20 \cdot 45} = 296 \text{ g/kWh}$$

24.8 Kraftstoffverbrauch je Stunde (DIN 1940)

Kraftstoffverbrauch B in kg/h

$$= \frac{\text{spez. Verbrauch in g/kWh} \cdot \text{Nutzleistung in kW}}{1000}$$

Beispiel: Ottomotor, Nutzleistung 45 kW, spez. Kraftstoffverbrauch 296 g/kWh. Gesucht: B in kg/h.

$$B = \frac{b_{eff} \cdot P_{eff}}{1000} = \frac{296 \cdot 45}{1000} = 13{,}32 \text{ kg/h}$$

$$b_{eff} = \frac{1000 \cdot B}{P_{eff}}$$

B	Kraftstoffverbrauch	kg/h
b_{eff}	spezifischer Kraftstoffverbrauch	g/kWh
P_{eff}	Nutzleistung	kW
t	Durchflußzeit	s
V	Meßvolumen	cm³
ϱ	Kraftstoffdichte	g/cm³

Aufgaben

16. Kraftstoffverbrauchsmessung auf dem Prüfstand.

	a) Ottomotor	b) Ottomotor	c) Dieselmotor
P_{eff}	= 37 kW	50 kW	124 kW
V	= 100 cm³	100 cm³	200 cm³
t	= 24 s	16 s	22 s
ϱ	= 0,74 g/cm³	0,72 g/cm³	0,85 g/cm³

Wie groß ist der spezifische Kraftstoffverbrauch und der Verbrauch in kg/h?

17. Verbrauchsmessung bei verschiedenen Drehzahlen.

	a)	b)	c)	d)	e)	
n	= 2000	3000	4000	5000	6000	1/min
P_{eff}	= 24	32	38,8	42,5	43,6	kW
t	= 36	28	23	20	18	s

$V = 100$ cm³ und $\varrho = 0{,}72$ kg/l für a bis e

Berechnen Sie den spez. Kraftstoffverbrauch und zeichnen Sie ein Diagramm wie Abb. 24/17.

18. Ein stationärer Dieselmotor verbraucht bei 130 (268) kW Leistung in der Stunde 32,50 (63,2) l Kraftstoff, Dichte 0,84 (0,85) g/cm³. Wie groß ist der spezifischer Kraftstoffverbrauch?

19. Dieselmotor, 38 (52) kW, spezifischer Kraftstoffverbrauch 210 (212) g/kWh, Dichte 0,84 (0,86) g/cm³. Gesucht: Kraftstoffverbrauch in l/h.

Spezifischer Kraftstoffverbrauch	g/kWh
Ottomotoren:	
Kraftrad, 2-Takt	550 … 380
Kraftrad, 4-Takt	340 … 260
Personenwagen	350 … 270
Dieselmotoren:	
Personenwagen	350 … 230
Lastwagen	250 … 210

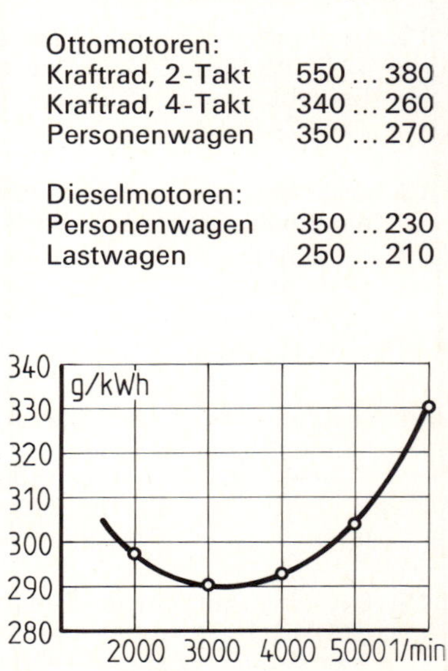

Abb. 24/**17**

24.9 Ölverbrauch bei Umlaufschmierung

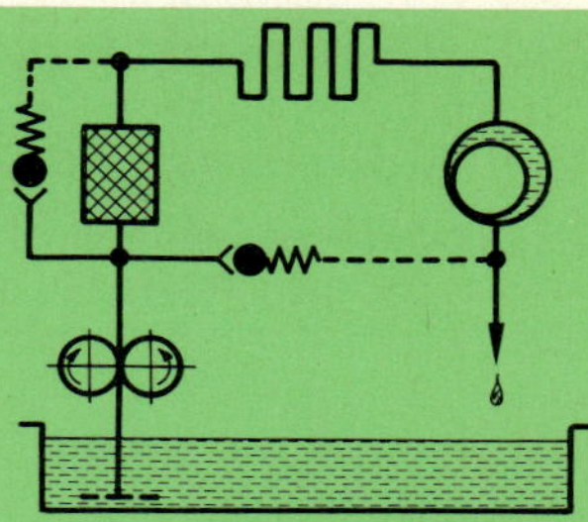

Der Ölverbrauch wird durch Meßfahrten über längere Strecken ermittelt. Die beim Ölwechsel abgelassene Ölmenge wird nicht einbezogen. Aus der verbrauchten Ölmenge und der Wegstrecke ergibt sich:

Ölverbrauch in l/100 km

$$= \frac{100 \cdot \text{verbrauchte Ölmenge in kg}}{\text{Dichte des Öls in kg/l} \cdot \text{Wegstrecke in km}}$$

Beispiel: Pkw, Meßfahrt 300 km, Ölverbrauch 225 g, Dichte 0,92 kg/l. Gesucht: Ölverbrauch in l/100 km.

$$v_S = \frac{100 \cdot m}{\varrho \cdot s} = \frac{100 \cdot 0{,}225}{0{,}92 \cdot 300} = 0{,}08 \text{ l/100 km}$$

24.10 Ölverbrauch bei Mischungsschmierung

Das Öl ist dem Benzin im Verhältnis $1:z$ (z.B. 1:25) beigemischt. Aus dem Verbrauch an Zweitaktmischung und aus dem Mischungsverhältnis ergibt sich:

$$\text{Ölverbrauch} = \text{verbrauchte Zweitaktmischung} \cdot \frac{1}{z+1}$$

Beispiel: Verbrauch 13 l Mischung 1:25 auf 250 km.

$$V_S = \frac{13 \text{ l} \cdot 1}{25+1} = 0{,}5 \text{ l};$$

$$v_S = \frac{100 \cdot 0{,}5}{250} = 0{,}2 \text{ l/100 km}$$

$$v_S = \frac{100 \cdot m_S}{\varrho \cdot s}; \quad v_S = \frac{100 \cdot V_S}{s}$$

$$V_S = V_M \cdot \frac{1}{z+1}; \quad V_S = V_K \cdot \frac{1}{z}$$

m_S	Ölmenge	kg
s	Wegstrecke	km
V_K	Kraftstoffvolumen	l
V_M	Zweitaktmischung	l
V_S	Ölverbrauch	l
v_S	Ölverbrauch l/100	km
ϱ	Dichte des Öls	kg/l
$1:z$	Mischungsverhältnis	

Aufgaben

20. Aus den Meßwerten ist der Schmierölverbrauch in l/100 km zu berechnen.

		a)	b)	c)	d)	e)
Ölmenge	m_S	= 90 g	220 g	455 g	1660 g	1175 g
Wegstrecke	s	= 500 km	300 km	710 km	2980 km	2540 km
Öldichte	ϱ	= 0,90 kg/l	0,91 kg/l	0,91 kg/l	0,92 kg/l	0,92 kg/l

21. Der Ölverbrauch eines Pkw beträgt 0,045 (0,075) l/100 km. Wieviel l Öl werden für eine Fahrstrecke von 6400 (3240) km verbraucht?

22. Ein Pkw hat eine Motorölfüllung von höchstens 3,5 (5,5) l und mindestens 2,25 (3,75) l. Der Ölverbrauch beträgt 0,04 (0,025) l/100 km. Nach wieviel km Fahrt ist der Ölstand an der unteren Grenze angelangt?

23. Die Ölfüllung eines Motors beträgt 3,5 (4,5) l. Bei Ölstandskontrollen wurden insgesamt 2,25 (1,25) l nachgefüllt und beim Ölwechsel nach 5000 (10000) km Fahrt 3,25 (3,75) l abgelassen. Wie groß ist der Ölverbrauch in l/100 km?

24. Mischungsschmierung bei Kleinkrafträdern. Wie groß ist der Ölverbrauch in l und der Ölverbrauch in l/100 km?

	a)	b)	c)
s	= 200 km	625 km	500 km
V_M	= 6,5 l	32,5 l	20,5 l
$1:z$	= 1:25	1:25	1:40

	d)	e)	f)
s	= 400 km	280 km	520 km
V_K	= 9,5 l	8,75 l	10,4 l
$1:z$	= 1:25	1:25	1:40

25. Ein Kleinkraftrad verbraucht 2,1 (3,9) l Mischung 1:20 (1:25) auf 100 km. Wieviel l Öl werden für eine Fahrstrecke von 12560 (19500) km verbraucht?

26. Wieviel l Öl sind in 65 (10,25) l Mischung 1:25 (1:40) enthalten?

25 Fahrmechanik

25.1 Rollwiderstand

Der Rollwiderstand entsteht durch die Formänderungsarbeit an den Reifen während des Fahrens. Er wird mit Hilfe der Rollwiderstandszahl errechnet.

Rollwiderstand =
Gewichtskraft des Fahrzeugs × Rollwiderstandszahl

Rollwiderstandszahl f für Luftreifen auf:

Asphalt und Beton	0,015	Steinpflaster	0,015
Schotter, gewalzt	0,020	Erdweg, fest	0,050

Beispiel
Pkw, $m = 1420$ kg, auf Betonstraße. Gesucht: F_R.

$F_R = 1420\ \text{kg} \cdot 9{,}81\ \text{m/s}^2 \cdot 0{,}015 \quad = 209\ \text{N}$

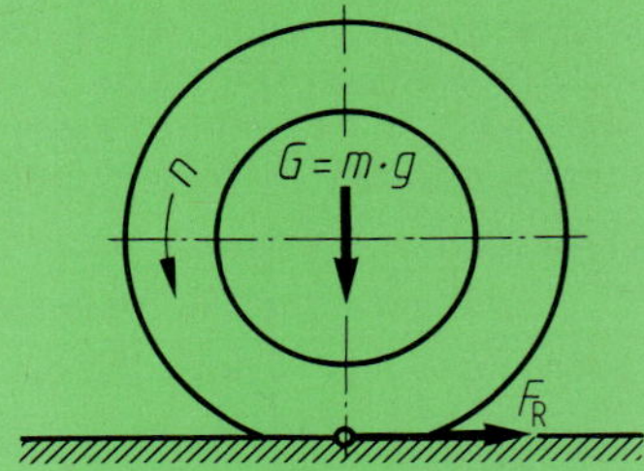

$$F_R = m \cdot g \cdot f$$

F_R Rollwiderstand
m Fahrzeuggewicht (Masse)
g Fallbeschleunigung
f Rollwiderstandszahl

25.2 Luftwiderstand

Der Luftwiderstand eines Fahrzeugs ist um so größer, je größer Luftdichte, Stirnfläche und Fahrgeschwindigkeit sind. Der Einfluß der Form wird durch die Luftwiderstandszahl c_w berücksichtigt. Luftwiderstandszahlen:

Personenkraftwagen, geschlossen	$c_w = 0{,}3 \ldots 0{,}4$
Lastkraftwagen mit Kastenaufbau	$c_w = 0{,}8 \ldots 1{,}5$
Omnibus mit Normalaufbau	$c_w = 0{,}4 \ldots 0{,}6$

Stirnfläche $A \approx 0{,}8 \times$ Breite × Höhe des Fahrzeugs

Beispiel
Pkw, $b = 1800$ mm, $h = 1400$ mm, $v = 90$ km/h $= 25$ m/s, $\varrho = 1{,}2$ kg/m³, $c_w = 0{,}4$. Gesucht: Luftwiderstand.

$A \approx 0{,}8 \cdot 1{,}80\ \text{m} \cdot 1{,}40\ \text{m} \quad = 2{,}016\ \text{m}^2$

$F_L = 0{,}5 \cdot 1{,}2\ \text{kg/m}^3 \cdot 2{,}0\ \text{m}^2 \cdot 25^2\ \text{m}^2/\text{s}^2 \cdot 0{,}4 \quad = 300\ \text{N}$

$$F_L = 0{,}5 \cdot \rho \cdot A \cdot v^2 \cdot c_w$$

F_L Luftwiderstand in N
ϱ Luftdichte in kg/m³
A wirks. Stirnfläche in m²
v Geschwindigkeit in m/s
c_w Luftwiderstandszahl

25.3 Steigungswiderstand

Aus dem Kräfteparallelogramm ergibt sich $F_S : G = \sin\alpha$, oder $F_S = G \cdot \sin\alpha$. Bei kleinen Winkeln kann für $\sin\alpha$ auch $\tan\alpha = h : l$ gesetzt werden, somit ist der Steigungswiderstand:

$F_S \approx G \cdot \frac{h}{l}$, mit $G = m \cdot g$ ist $\quad F_S \approx \frac{m \cdot g \cdot h}{l}$

Bei Steigungsangabe in % ist $\quad F_S \approx \frac{m \cdot g \cdot p}{100\%}$

Beispiel
Pkw, $m = 1320$ kg, Steigung 5%. Gesucht: F_S in N.

$$F_S \approx \frac{1320\ \text{kg} \cdot 9{,}81\ \text{m/s}^2 \cdot 5\%}{100\%} = 647{,}5\ \text{N}$$

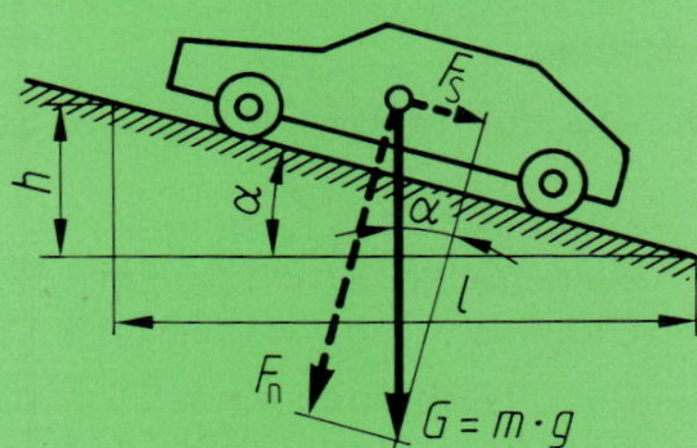

$$F_S \approx \frac{m \cdot g \cdot h}{l}$$

$$F_S \approx \frac{m \cdot g \cdot p}{100\%}$$

F_S Steigungswiderstand
m Fahrzeuggewicht (Masse)
g Fallbeschleunigung
h Höhenunterschied
l Entfernung, waagrecht
p Steigung in %

25.4 Gesamtfahrwiderstand

Der Gesamtfahrwiderstand ist gleich der Summe der Einzelfahrwiderstände, somit:
Gesamtfahrwiderstand F_W = Rollwiderstand F_R + Luftwiderstand F_L + Steigungswiderstand F_S

$$F_W = F_R + F_L + F_S$$

Aufgaben

1. Wieviel N Rollwiderstand hat ein Pkw mit 1080 (1475) kg Gesamtgewicht auf einer Asphaltstraße mit $f=0{,}015$?

2. Ein Lkw mit 7,8 (12,4) t Gesamtgewicht fährt auf der Autobahn. Die Rollwiderstandszahl ist $f=0{,}013$. Wie groß ist der Rollwiderstand in N?

3. Ein Lkw, Leergewicht 6400 (8500) kg, wird mit 3,5 (4,5) m^3 Erde (1,75 t/m^3) beladen. Wieviel N Rollwiderstand entstehen auf einem Erdweg zur Baustelle?

4. Ein Anhänger hat 4250 (5800) kg Leergewicht. Wieviel N sind zum Verschieben des Anhängers auf betoniertem Boden ($f=0{,}015$) erforderlich?

5. Pkw, $v=45$ (90) km/h, wirksame Stirnfläche $A=1{,}8$ (1,9) m^2, Luftdichte $\rho=1{,}22$ (1,20) kg/m^3, Luftwiderstandszahl $c_w=0{,}3$ (0,4). Wie groß ist F_L in N?

6. Ein Omnibus ist 2500 (2450) mm breit und 3050 (2980) mm hoch. Die Fahrgeschwindigkeit ist 60 (80) km/h, die Luftdichte 1,15 (1,20) kg/m^3 und die Luftwiderstandszahl 0,5 (0,6). Wie groß ist der Luftwiderstand in N?

7. Ein Lkw mit 2450 (2795) mm Breite und 2700 (2490) mm Höhe fährt mit 50 (80) km/h. Die Luftdichte ist 1,22 (1,20) kg/m^3, die Luftwiderstandszahl beträgt 0,9 (1,3). Wie groß ist der Luftwiderstand in N?

8. Ein Sportwagen ist 1750 mm breit und 1430 mm hoch. Die Luftwiderstandszahl ist 0,23, die Luftdichte 1,20 kg/m^3. Berechnen Sie den Luftwiderstand in N für 120 km/h und 240 km/h Fahrgeschwindigkeit!

9. Ein Pkw mit 1180 (1410) kg Gesamtgewicht fährt auf einer Straße mit 5 (7,5)% Steigung. Wie groß ist der Steigungswiderstand in N?

10. Ein Omnibus, Leergewicht 6800 (7200) kg, wird mit 41 (48) Personen besetzt. Je Person rechnet man mit 75 kg einschließlich Gepäck. Wieviel N Steigungswiderstand entstehen auf einer Paßstraße mit 18 (23)% Steigung?

11. Berechnen Sie den Steigungswiderstand in kN von einem Lkw mit 14,5 (21,5) t Gesamtgewicht auf einer Straße mit 6 (14)% Steigung!

12. Ein 32-(38-) t-Lastzug fährt auf einer Straße mit 8 (12,5)% Gefälle. Wie groß ist die Hangabtriebskraft (negativer Steigungswiderstand) in N?

13. Ein Lkw mit 10 (12) t Gesamtgewicht fährt auf einer Baustellenstraße (Schotter, gewalzt), deren Steigung 5 (10)% beträgt. Wie groß ist der Gesamtfahrwiderstand in N bei Vernachlässigung des Luftwiderstandes?

14. Eine Autobahnstrecke mit 4 (6)% Steigung wird von einem 1755 (1850) kg schweren Pkw mit 90 (120) km/h befahren. Weitere Daten sind: Rollreibungszahl 0,015 (0,012), wirksame Stirnfläche des Fahrzeugs 2,1 (2,0) m^2, Luftwiderstandszahl 0,4 (0,35), Luftdichte 1,20 (1,15) kg/m^3. Berechnen Sie die Einzelfahrwiderstände und den Gesamtfahrwiderstand in N!

15. Berechnen Sie den Gesamtfahrwiderstand eines 850 (1125) kg schweren Pkw aus den folgenden Angaben: Geschwindigkeit 60 (90) km/h, Gefälle 2 (3)%, Rollwiderstandszahl 0,015 (0,012), wirksame Stirnfläche 1,75 (1,85) m^2, Luftwiderstandszahl 0,35 (0,40), Luftdichte 1,20 (1,18) kg/m^3!

25.5 Fahrleistung

Die Fahrleistung ist die Leistung an den Antriebsrädern zur Überwindung der Fahrwiderstände. Aus der Leistungsformel $P = F \cdot v$ mit Fahrwiderstand F_W für F und $v : 3{,}6$ (v in km/h) ergibt sich:

Fahrleistung $P_W = \frac{F_W \cdot v}{3{,}6}$, in kW: $P_W = \frac{F_W \cdot v}{1000 \cdot 3{,}6}$

Beispiel

Ein Pkw hat bei $v = 90$ km/h einen Fahrwiderstand $F_W = 1800$ N. Wie groß ist die Fahrleistung in kW?

$$P_W = \frac{1800\ \text{N} \cdot 90\ \text{km/h}}{3600} \qquad = 45\ \text{kW}$$

$$P_W = \frac{F_W \cdot v}{3600}$$

P_W Fahrleistung in kW
F_W Gesamtfahrwiderstand in N
v Geschwindigkeit in km/h

25.6 Antriebskraft

Die Antriebskraft an den Antriebsrädern ergibt sich aus dem vom Motor auf die Räder übertragenen Drehmoment geteilt durch den dynamisch wirksamen Reifenhalbmesser. Unter Berücksichtigung von Übersetzung und Wirkungsgrad der Kraftübertragung ist somit:

$$\text{Antriebskraft } F_A = \frac{\text{Motordrehmoment} \cdot i \cdot \eta}{\text{Dynamischer Reifenhalbmesser}}$$

Beispiel

Pkw, Motor $M = 110$ Nm, Gesamtübersetzung der Kraftübertragung $i = 12{,}32$, Gesamtwirkungsgrad $\eta = 0{,}82$, Reifen $r = 300$ mm. Gesucht: F_A in N.

$$F_A = \frac{110\ \text{Nm} \cdot 12{,}32 \cdot 0{,}82}{0{,}300\ \text{m}} \qquad = 3704\ \text{N}$$

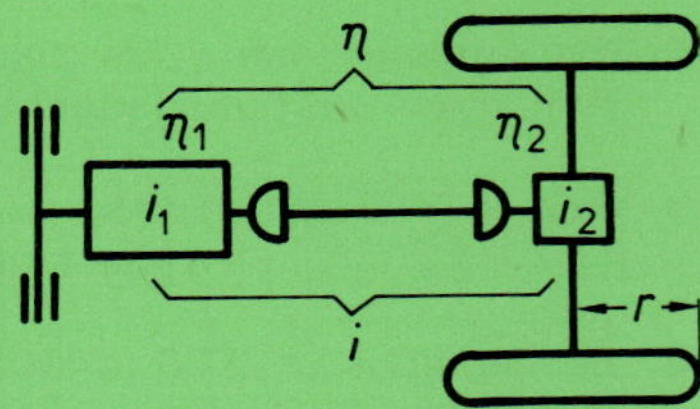

$$F_A = \frac{M \cdot i \cdot \eta}{r}$$

F_A Antriebskraft
M Motordrehmoment
i Gesamtübersetzung der Kraftübertragung
η Gesamtwirkungsgrad der Kraftübertragung
r dynam. Reifenhalbmesser

25.7 Beschleunigungskraft

Beim Beschleunigen ist außer der Kraft zur Überwindung der Fahrwiderstände noch zusätzlich die Kraft zum Beschleunigen des Fahrzeugs erforderlich.
Beschleunigungskraft = Masse × Beschleunigung

Beispiel

Pkw, $m = 1250$ kg, Anfahrbeschleunigung $a = 2\ \text{m/s}^2$.
Wie groß ist die Beschleunigungskraft in N?

$$F_B = 1250\ \text{kg} \cdot 2\ \text{m/s}^2 = 2500\ \text{kgm/s}^2 \qquad = 2500\ \text{N}$$

$$F_B = m \cdot a$$

F_B Beschleunigungskraft
m Fahrzeuggewicht (Masse)
a Beschleunigung

25.8 Fliehkraft

Die Fliehkraft beim Kurvenfahren ist um so größer, je größer die Fahrzeugmasse und je kleiner der Kurvenhalbmesser ist. Außerdem nimmt die Fliehkraft mit dem Quadrat der Geschwindigkeit zu.

$$\text{Fliehkraft} = \frac{\text{Fahrzeugmasse} \times \text{Geschwindigkeit}^2}{\text{Kurvenhalbmesser}}$$

Beispiel

Pkw, $v = 90\ \text{km/h} = 25\ \text{m/s}$, $m = 1500$ kg, Kurve $r = 120$ m. Wie groß ist die Fliehkraft in N?

$$F_Z = \frac{1500\ \text{kg} \cdot 25^2\ \text{m}^2/\text{s}^2}{120\ \text{m}} = 8712\ \text{kgm/s}^2 \qquad = 7812\ \text{N}$$

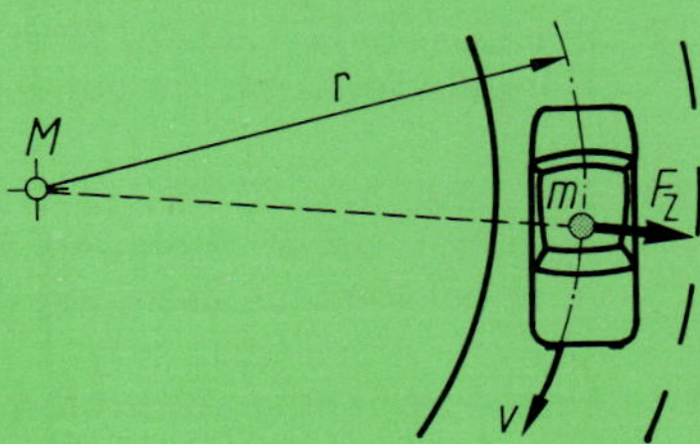

$$F_Z = \frac{m \cdot v^2}{r}$$

F_Z Fliehkraft
m Fahrzeuggewicht (Masse)
r Kurvenhalbmesser
v Geschwindigkeit

Aufgaben

16. Ein Pkw hat bei einer Geschwindigkeit von 50 (90) km/h einen Fahrwiderstand von 1050 (1400) N. Wie groß ist die Fahrleistung in kW an den Antriebsrädern?

17. Ein Lastzug mit 30 (38) t Gesamtgewicht soll eine Autobahnsteigung von 1,5 (1,8)% mit einer Geschwindigkeit von 60 (50) km/h befahren können. Die Rollwiderstandszahl wird mit 0,02 angenommen. Berechnen Sie
a) den Gesamtfahrwiderstand in N bei Vernachlässigung des Luftwiderstandes!
b) die Fahrleistung in kW an den Antriebsrädern!
c) die Nutzleistung des Motors bei 78 (75)% Gesamtwirkungsgrad!

18. Berechnen Sie mit Hilfe der Tabellenwerte den Gesamtfahrwiderstand, die Fahrleistung an den Antriebsrädern und die Nutzleistung des Motors!

		a)	b)	c)	d)	e)
Fahrzeuggewicht (Masse)	m	=1250 kg	1500 kg	1900 kg	13 t	36 t
Fahrzeugstirnfläche	A	=1,60 m²	1,70 m²	2,0 m²	5,2 m²	6,0 m²
Fahrgeschwindigkeit	v	=90 km/h	120 km/h	150 km/h	80 km/h	80 km/h
Steigung bzw. Gefälle (−)	p	=7,5%	2,5%	−1,5%	5,5%	−1,5%
Rollwiderstandszahl	f	=0,015	0,015	0,015	0,02	0,02
Luftwiderstandszahl	c_w	=0,25	0,35	0,4	1,2	1,5
Luftdichte	ρ	=1,2 kg/m³	1,2 kg/m³	1,2 kg/m³	1,2 kg/m³	1,2 kg/m³
Gesamtwirkungsgrad	η	=0,82	0,86	0,85	0,78	0,75

19. Der Motor eines Pkw hat ein Drehmoment von 89 (157) Nm. Die Übersetzung im Getriebe ist im 1. Gang 3,8 (4,09), im 4. Gang 0,8 (1,0), im Achsantrieb 4,125 (4,08). Der Gesamtwirkungsgrad der Kraftübertragung ist 0,85 (0,87), der dynamische Reifenhalbmesser beträgt 320 (305) mm. Wie groß ist die Antriebskraft an den Rädern in N im 1. Gang und 4. Gang?

20. Bei einem Reisebus mit 10000 (8500) kg Gesamtgewicht ist das größte Motordrehmoment 640 (480) Nm, die Übersetzung im Getriebe im 1. Gang 4,24 (4,30) und im Achsantrieb 6,14 (6,28). Der Gesamtwirkungsgrad der Kraftübertragung beträgt 0,85 (0,86), der dynamische Reifenhalbmesser ist 510 (470) mm, die Rollwiderstandszahl ist 0,02 (0,025). Berechnen Sie
a) die Antriebskraft an den Antriebsrädern in N!
b) die Steigfähigkeit in % bei Vernachlässigung des Luftwiderstandes!

21. Ein Pkw mit 1250 (1420) kg Gewicht wird in 12 (15) Sekunden gleichmäßig von 0 auf 72 (90) km/h beschleunigt.
a) Wie groß ist die Anfahrbeschleunigung in m/s²?
b) Wie groß ist die Beschleunigungskraft in N?

22. Ein Sportwagen mit 1225 (1175) kg Gewicht wird in 5 (5,6) Sekunden auf ebener Straße von 0 auf 60 (72) km/h beschleunigt. Die Rollwiderstandszahl ist 0,015 (0,020), der Luftwiderstand wird vernachlässigt.
a) Wie groß ist die Beschleunigungskraft in N?
b) Wieviel N Antriebskraft sind an den Rädern erforderlich?
c) Wieviel kW Fahrleistung sind bei 60 (72) km/h Geschwindigkeit erforderlich?

23. Berechnen Sie die Fliehkraft in N aus den Werten in der Tabelle!

		a)	b)	c)	d)	e)
Fahrzeuggewicht (Masse)	m	=1180 kg	1480 kg	1850 kg	8500 kg	16,0 t
Fahrgeschwindigkeit	v	=36 km/h	50 km/h	60 km/h	40 km/h	50 km/h
Kurvenhalbmesser	r	=50 m	75 m	130 m	120 m	250 m

26 Prüfungen am Fahrzeug

26.1 Bremsprüfung

Abbremsung

Für die Bremswirkung der Bremsanlage ist eine Mindestabbremsung vorgeschrieben. In der Tabelle sind die internationalen Werte und in Klammern die z.Z. noch gültigen Werte nach StVZO angegeben. Bei der Prüfung werden die Bremskräfte am Radumfang gemessen, meist durch Rollen- oder Plattenprüfstände, seltener durch Fahrversuch. Das Verhältnis der gesamten Bremskraft des Fahrzeugs zu seiner Gewichtskraft ist die Abbremsung z. Sie wird in % angegeben:

$$\text{Abbremsung } z = \frac{\text{Gesamte Bremskraft } F_B}{\text{Fahrzeuggewichtskraft } G} \times 100\%$$

Da die Bremskraft gleich Fahrzeugmasse × Bremsverzögerung und die Gewichtskraft gleich Fahrzeugmasse × Fallbeschleunigung ist, ergibt sich für die Abbremsung auch:

$$\text{Abbremsung } z = \frac{m \cdot a}{m \cdot g} \cdot 100\% \text{ oder } z = \frac{a}{g} \cdot 100\%$$

Abweichung der Bremskräfte

Der Unterschied zwischen den Bremskräften an den Rädern einer Achse soll bei Plattenprüfständen nicht mehr als 20%, bei Rollenprüfständen nicht mehr als 30% vom größeren Wert betragen. Die Abweichung in % ist:

$$\text{Abweichung } U = \frac{\text{Bremskraftunterschied}}{\text{Größere Bremskraft}} \times 100\%$$

Mittlere Bremsverzögerung

Die mittlere Bremsverzögerung a_m ist kleiner als der sich aus der Abbremsung ergebende Wert a. Sie kann wegen der unterschiedlichen Ansprech- und Schwellzeit der einzelnen Bremsen nur annähernd bestimmt werden:

Mittlere Bremsverzögerung $a_m \approx 0{,}7 \cdot a$

Beispiel

Gemessene Bremskräfte vorn 1750/1450 N, hinten 1150/1250 N, Fahrzeugmasse 950 kg. Gesucht: Abbremsung z in %, Abweichung U in %, Bremsverzögerung a und mittlere Bremsverzögerung a_m in m/s².

$$F_B = 1750\text{ N} + 1450\text{ N} + 1150\text{ N} + 1250\text{ N} = 5600\text{ N}$$

$$z = \frac{5600\text{ N (kgm/s}^2)}{950\text{ kg} \cdot 9{,}81\text{ m/s}^2} \cdot 100\% = 60\%$$

$$U = \frac{1750\text{ N} - 1450\text{ N}}{1750\text{ N}} \cdot 100\% = 17{,}1\%$$

$$a = \frac{60\% \cdot 9{,}81\text{ m/s}^2}{100\%} = 5{,}88\text{ m/s}^2$$

$$a_m \approx 0{,}7 \cdot 5{,}88\text{ m/s} = 4{,}12\text{ m/s}^2$$

Betriebsbremse

Fahrzeug	Mindestabbremsung %	Betätigungskraft N
Pkw	60 (40)	500 (800)
Bus	51 (40)	700 (800)
Lkw	45 (40)	700 (800)
Hänger	45 (40)	– –

Hilfsbremse

Jeweils mindestens die Hälfte der Abbremsung der Betriebsbremse

$$z = \frac{F_B}{G} \cdot 100\%$$

$$z = \frac{F_B}{m \cdot g} \cdot 100\%$$

$$F_B = \frac{z \cdot m \cdot g}{100\%} \qquad F_B = \frac{z \cdot G}{100\%}$$

$$z = \frac{a}{g} \cdot 100\%$$

$$a = \frac{z \cdot g}{100\%}$$

z Abbremsung in %
F_B Gesamtbremskraft in N
G Gewichtskraft in N
m Fahrzeugmasse in kg
g Fallbeschleunigung in m/s²
a Bremsverzögerung in m/s²

$$U = \frac{F_{B1} - F_{B2}}{F_{B1}} \cdot 100\%$$

U Unterschied der Bremskräfte in %
F_{B1} größere Bremskraft in N
F_{B2} kleinere Bremskraft in N

$$a_m \approx 0{,}7 \cdot a$$

a_m mittlere Bremsverzögerung
a maximale Bremsverzögerung

Aufgaben

1. Die Bremsprüfung an einem Pkw mit 8000 (8650) N Gewichtskraft ergab folgende Werte:
Betriebsbremse, vorn 1600/1750 (1700/1500) N,
Betriebsbremse, hinten 1000/850 (900/1100) N,
Feststellbremse 1250/1100 (1150/1400) N.
Zu berechnen sind:
a) Abbremsung in % und Abweichung in %,
b) größte Bremsverzögerung in m/s^2.

2. An einem Lkw mit 2,5 (6) t Leergewicht wurden folgende Bremskräfte ermittelt:
Betriebsbremse, v. 4000/3750 (9000/ 8500) N,
Betriebsbremse, h. 4500/4250 (10000/10000) N,
Feststellbremse 4250/4000 (10000/10000) N.
a) Wie groß ist die Abbremsung in %?
b) Wie groß ist die maximale und die mittlere Bremsverzögerung in m/s^2?

3. Bremsprüfung mit einem Siemens-Bremsprüfgerät (Abb. 26/3). Prüfgewicht des Fahrzeugs 980 (785) kg, Abbremsung 65 (60) %, Bremskraftanteil der Vorderachse 60 (55) %. Wie groß ist
a) die Gesamtbremskraft in N?
b) die Bremskraft der Vorderachse in N?
c) die mittlere Bremsverzögerung in m/s^2?

4. Bremsprüfung durch Fahrversuch mit einem schreibenden Meßgerät (Abb. 26/4). Größte Bremsverzögerung 6,2 (6,5) m/s^2, Prüfgewicht des Fahrzeugs 1200 (1000) kg. Gesucht:
a) mittlere Bremsverzögerung in m/s^2,
b) Abbremsung in % und Gesamtbremskraft in N.

5. Rollen-Bremsprüfstand (Abb. 26/5), $d = 310$ (110) mm, $n = 80$ (96) 1/min, Antriebsmotor $P = 6$ (3,5) kW, $\eta = 0{,}9$ (0,85). Gesucht:
a) Fahrgeschwindigkeit beim Prüfen in km/h,
b) Umfangskraft an der Rolle in N.

6. Bremsprüfung mittels Platten-Bremsprüfstand (Abb. 26/6). Bremskräfte vorn 1900/2150 (3400/3100) N, hinten 1250/1400 (2500/2700) N, Fahrzeugmasse 1050 (1635) kg, Fahrgeschwindigkeit 10 (8) km/h. Gesucht:
a) Abbremsung in % und Abweichung in %,
b) mittlere Bremsverzögerung in m/s^2,
c) Bremsweg in m.

7. Messung der Bremswirkung durch Fahrversuche mit dem Schußverfahren und einer Stoppuhr. Bremsweg 35 (65,6) m, Bremszeit 4 (6,4) s, Fahrzeugmasse 960 (800) kg. Gesucht:
a) Ausgangsgeschwindigkeit in km/h,
b) Bremsverzögerung in m/s^2,
c) Abbremsung in % und Gesamtbremskraft in N.

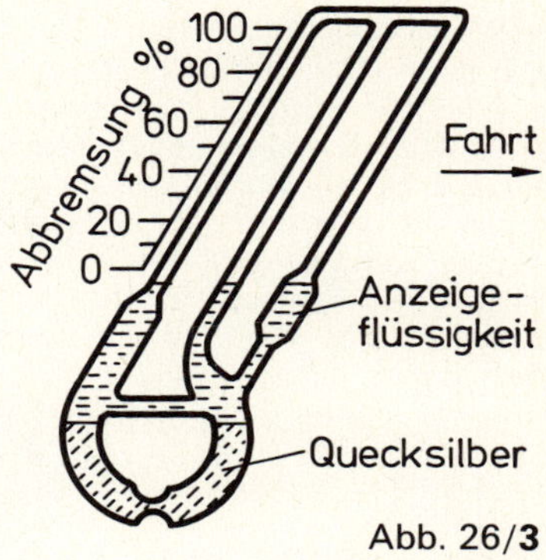

Abb. 26/3

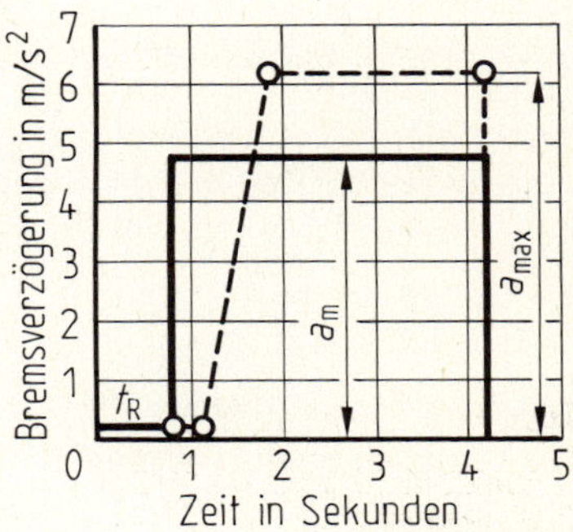

Abb. 26/4

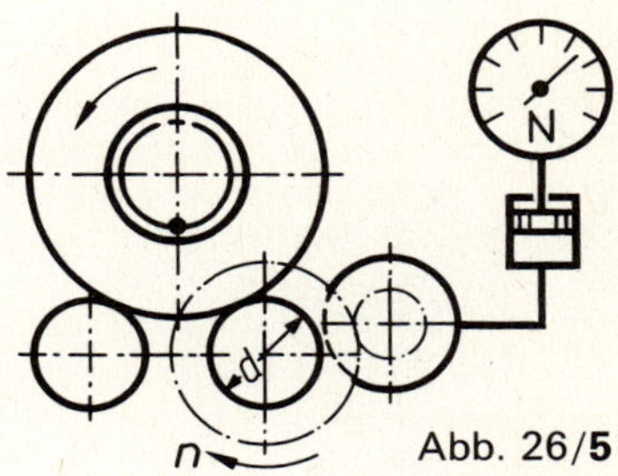

Abb. 26/5

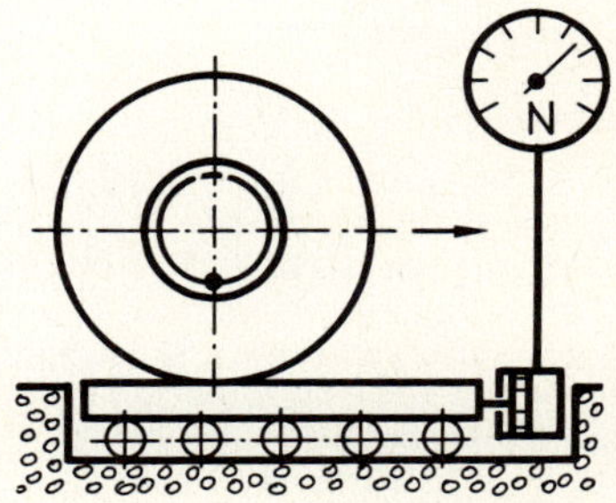

Abb. 26/6

26.2 Achsvermessung

Spur, Vorspur

Die Spur ist die Stellung der beiden Räder zueinander. Laufen die Räder vorne zusammen, so ist die Spur positiv, laufen sie auseinander, dann ist sie negativ und bei parallelen Rädern ist sie Null. Die Spur wird entweder in mm angegeben, wobei in Höhe der Radmitten von Felgenhorn zu Felgenhorn gemessen wird, oder sie wird als Winkel in Grad und Minuten ausgedrückt. Mit Vorspur wird die positive Spur bezeichnet, sie ist:

Vorspur c in mm = Spurweite l_1 − Spurweite l_2

$$\text{Vorspur } c \text{ in mm} = \frac{2 \times \text{Felgen}\varnothing \times \pi \times \text{Spur in Grad}}{360°}$$

Wird die Spur mit einem Radspanner im gedrückten Zustand gemessen, so erhält man das Gelenkspiel:
Gelenkspiel = Spur ungedrückt − Spur gedrückt

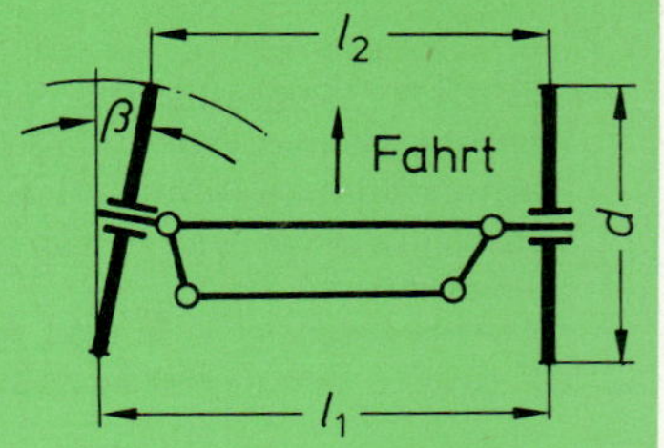

$$c = l_1 - l_2$$

$$c = \frac{2 \cdot d \cdot \pi \cdot \beta}{360°}$$

c Vorspur in mm
l_1 Spurweite hinten in mm
l_2 Spurweite vorn in mm
d Felgenhorndurchmesser
β Vorspur in Grad

Beispiel

Vorspur 0° 45′, Felgenhorndurchmesser 300 mm. Wie groß ist die Vorspur in mm?

$$\text{Vorspur } c = \frac{2 \cdot 300 \text{ mm} \cdot 3{,}14 \cdot 0{,}75°}{360°} = 3{,}9 \text{ mm}$$

Spurdifferenzwinkel

Die Winkeldifferenz zwischen dem kurveninneren und dem kurvenäußeren Rad bei 20° Einschlag des kurveninneren Rades heißt Spurdifferenzwinkel.
Spurdifferenzwinkel δ = Einschlagwinkel kurveninneres Rad α_i − Einschlagwinkel kurvenäußeres Rad α_a
Bei richtiger Einstellung des Lenktrapezes ist:
Spur, Linkseinschlag = Spur, Rechtseinschlag
Doppelter Sollwert = doppelter Istwert
Doppelter Istwert: 2 × Spurdifferenzwinkel.
Doppelter Sollwert: Spur bei 20° Linkseinschlag + Spur bei 20° Rechtseinschlag + 2 × Spur bei 0°.

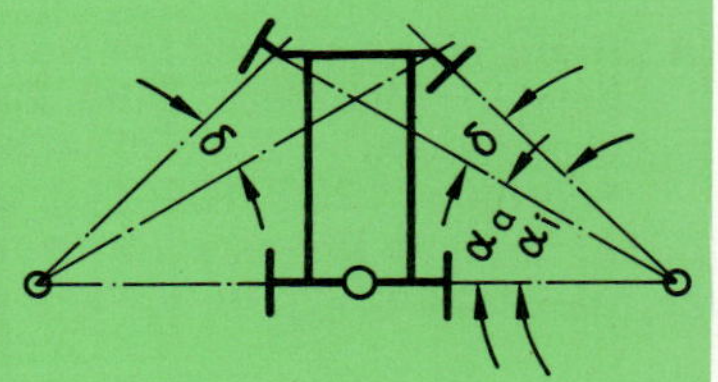

$$\delta = \alpha_i - \alpha_a$$

Sturz

Der Sturz ist die Neigung (γ) in Grad der Radebene zur Senkrechten. Bei positivem Sturz ist die Radebene oben nach außen, bei negativem Sturz nach innen geneigt. Der Sturz soll möglichst an beiden Rädern gleich sein.

Nachlauf

Die Neigung (ε) in Grad des Achsschenkelbolzens zur Senkrechten heißt Nachlauf. Ist der Bolzen nach hinten geneigt, so ist der Nachlauf positiv, ist er nach vorne geneigt, negativ. Der Nachlauf kann direkt gemessen oder aus der Sturzdifferenz bei 20° Links- und Rechtseinschlag berechnet werden. Eine Sturzdifferenz von 40′ entspricht 1° Nachlauf, somit ist:

$$\text{Nachlauf } \varepsilon \text{ in Grad} = \frac{\text{Sturzdifferenz } \Delta\gamma \text{ in Minuten}}{40}$$

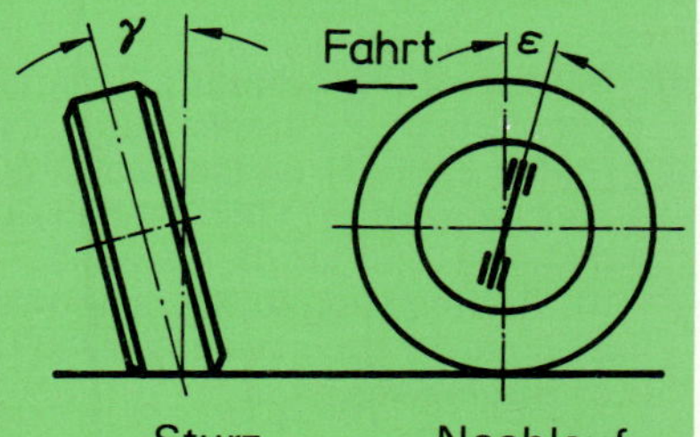

Sturz Nachlauf

$$\varepsilon = \frac{\Delta\gamma}{40}$$

$\Delta\gamma$ Sturzdifferenz in Minuten
ε Nachlauf in Grad

Aufgaben

8. Vorderräder eines Lkw (Abb. 26/8), Spurweite $l_1 = 1827$ (1882) mm, $l_2 = 1824$ (1880) mm, Felgenhorn $d = 515$ (564) mm. Wie groß ist
a) die Vorspur in mm?
b) die Vorspur in Grad und Minuten?

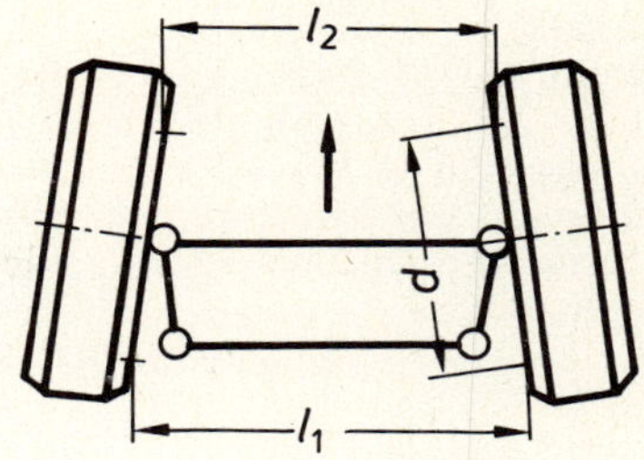

Abb. 26/**8**

9. Pkw, Vorspur 0° 45′ (1° 10′), Felgenhorn $d = 310$ (260) mm. Gesucht: Vorspur in mm.

10. Spurmeßwerte der Vorderräder (Abb. 26/10), ungedrückt +5′ (+30′), gedrückt −10′ (+5′). Wie groß ist das Gelenkspiel in Minuten?

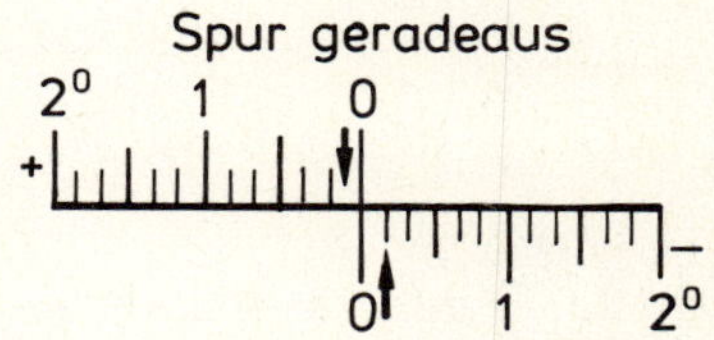

Abb. 26/**10**

11. Pkw, Spurdifferenzwinkel 2° 15′ (1° 38′). Gesucht: Einschlagwinkel des kurvenäußeren Rades.

12. Die Achsvermessung ergibt folgende Spurwerte (Abb. 26/12): 0°-Stellung +20′ (−5′), 20°-Linkseinschlag 2° 10′ (1° 30′), 20°-Rechtseinschlag 1° 50′ (1° 40′). Der Sollwert des Spurdifferenzwinkels ist 2° 10′ (1° 40′). Wie groß ist
a) der doppelte Ist- und Sollwert?
b) die Abweichung vom doppelten Sollwert?
c) der Unterschied Links- zu Rechtseinschlag?

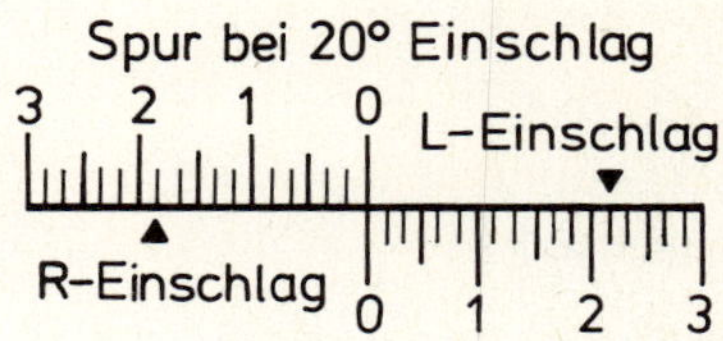

Abb. 26/**12**

13. Sturzmeßwerte der Vorderräder in Geradeausstellung (Abb. 26/13), links +1° 25′ (+35′), rechts +1° 10′ (+25′). Sollwert +1° 20′ (+30′).
a) Wieviel % weicht der Ist- vom Sollwert ab?
b) Wie groß ist der Unterschied beider Seiten?

14. Gemessene Sturzwerte bei 20° Einschlag: Rechtes Rad: L-Einschlag −40′ (−15′), R-Einschlag +1° 50′ (+50′). Linkes Rad: L-Einschlag +1° 40′ (+35′), R-Einschlag −20′ (−25′). Der Sollwert des Nachlaufs ist 3° 20′ (1° 25′). Gesucht:
a) Sturzunterschied eines Rades in Minuten,
b) Nachlauf eines Rades in Grad und Minuten,
c) Abweichung des Nachlaufs vom Sollwert,
d) Unterschied des Nachlaufs beider Räder.

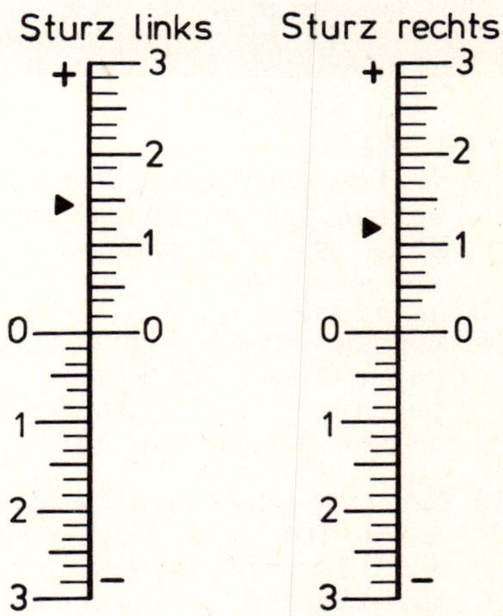

Abb. 26/**13**

15. Die Meßwerte sind in eine Meßkarte einzutragen, der Nachlauf ist zu berechnen!

Spur

geradeaus ungedrückt =	+0° 15′	+0° 35′	+0° 50′
gedrückt =	−0° 05′	+0° 05′	+0° 20′
gedrückt und belastet =	−0° 15′	−0° 10′	0°
bei 20° Linkseinschlag =	1° 30′	1° 45′	0° 50′
bei 20° Rechtseinschl. =	1° 40′	2° 10′	0° 20′
Sturz ger. linkes Rad =	+0° 35′	+0° 40′	+1° 35′
bei 20° Linkseinschlag =	+1° 05′	+1° 15′	+2° 05′
bei 20° Rechtseinschl. =	−0° 20′	−1°	−0° 25′
Sturz ger. rechtes Rad =	+0° 25′	+0° 50′	+1° 20′
bei 20° Linkseinschlag =	−0° 30′	−0° 45′	−0° 50′
bei 20° Rechtseinschl. =	+1°	+1° 20′	+1° 40′

26.3 Achslast, Lastverteilung

Achslast

Der Anteil des Fahrzeuggewichts, den eine Achse aufnimmt, ist die Achslast. Sie wird durch Wiegen ermittelt. Für Nutzfahrzeuge sind in der StVZO § 34 Höchstwerte festgelegt. Bei Berechnungen wird die prozentuale Verteilung des Fahrzeuggewichts auf die einzelnen Achsen angegeben.

$$\text{Achslast} = \frac{\text{Fahrzeuggewicht mal Lastanteil in \%}}{100}$$

Beispiel

Lkw, Gesamtgewicht 11 800 kg, Lastanteil der Vorderachse 35%. Gesucht: Achslasten in kg.

Achslast vorn $m_1 = \frac{11\,800 \text{ kg} \cdot 35}{100} = 4130 \text{ kg}$

Achslast hinten $m_2 = 11\,800 \text{ kg} - 4130 \text{ kg} = 7670 \text{ kg}$

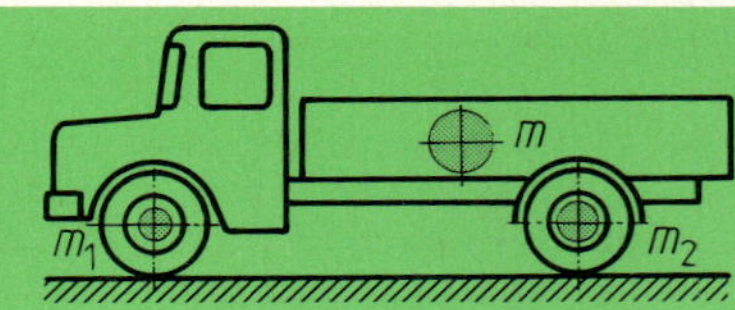

$$m_{1,2} = \frac{m \cdot \text{Anteil in \%}}{100}$$

$m_1 = m - m_2 \quad m_2 = m - m_1$

m Fahrzeuggewicht
m_1 Achslast, Vorderachse
m_2 Achslast, Hinterachse

Lastverteilung

Wird eine Nutzlast m_N zugeladen, so ist z. B. der Lastanteil m_{N1} der Vorderachse gleich 40 % der Nutzlast, wenn der Schwerpunktsabstand l_2 gleich 40 % des Radstandes l beträgt. Der Lastanteil der Vorderachse zur Nutzlast steht im gleichen Verhältnis wie der Schwerpunktsabstand der Hinterachse zum Radstand, somit:

$$\text{Lastanteil VA} = \frac{\text{Nutzlast mal Schwerpunktsabstand HA}}{\text{Radstand}}$$

$$\text{Lastanteil HA} = \frac{\text{Nutzlast mal Schwerpunktsabstand VA}}{\text{Radstand}}$$

Beispiel

Anhänger, Zuladung $m_N = 6000$ kg, Schwerpunktsabstand $l_2 = 2400$ mm, Radstand $l = 3600$ mm.

Lastanteil VA $m_{N1} = \frac{6000 \text{ kg} \cdot 2400 \text{ mm}}{3600 \text{ mm}} = 4000 \text{ kg}$

Lastanteil HA $m_{N2} = 6000 \text{ kg} - 4000 \text{ kg} = 2000 \text{ kg}$

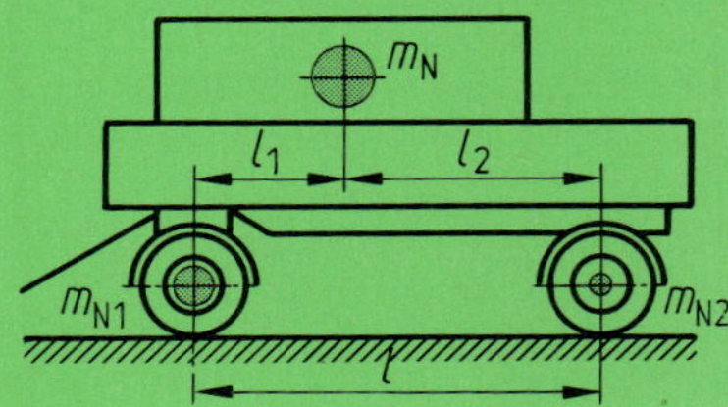

$$m_{N1} = \frac{m_N \cdot l_2}{l}$$

$$m_{N2} = \frac{m_N \cdot l_1}{l}$$

$m_{N1} = m_N - m_{N2} \quad m_{N2} = m_N - m_{N1}$

l Radstand
l_1 Schwerpunktsabstand VA
l_2 Schwerpunktsabstand HA
m_N^2 Nutzlast, Zuladung
m_{N1} Lastanteil, Vorderachse
m_{N2} Lastanteil, Hinterachse

Aufgaben

16. Ein Pkw wiegt leer 950 kg, voll besetzt 1320 kg. Die vordere Achslast beträgt unbeladen 54 %, beladen 45 %. Wie groß sind jeweils die Achslasten vorn und hinten in kg?

17. Omnibus, Leergewicht 9,4 t, Besetzung: 55 Personen je 65 kg + 8 kg Gepäck. Die Belastung der Hinterachse ist leer 58 % und beladen 52 %. Wie groß sind die Achslasten in kg?

18. An einem Pkw wird durch Wiegen ermittelt: Leergewicht 1050 (850) kg, Vorderachslast leer 546 (493) kg, mit 5 (4) Personen je 65 kg besetzt 660 (578) kg. Wie groß sind die Achslasten in % beim leeren und beim besetzten Fahrzeug?

Zulässige Achslast nach § 34 der StVZO für:

Einzelachse	10 t
Doppelachse	16 t

Zulässiges Gesamtgewicht nach § 34 der StVZO für:

Lkw mit 2 Achsen	16 t
mehr als 2 Achsen	22 t
Omnibus, Gelenkfahrzeug	28 t
Sattelkraftfahrzeug	38 t
Lastzug (unter Beachtung der Vorschriften über Einzelfahrzeuge)	38 t

19. Lkw (Abb. 26/19), Leergewicht 7760 (7850) kg, Radstand $l = 4500$ (4800) mm, Abstand von der Hinterachse bis Mitte Ladefläche $l_2 = 900$ (1000) mm. Die Zuladung von 8250 (8400) kg ist gleichmäßig auf die Ladefläche verteilt. Das Leergewicht verteilt sich zu 58 (60)% auf die Vorderachse. Berechnen Sie
a) die Achslasten des unbeladenen Fahrzeugs!
b) die Lastverteilung der Zuladung!
c) die Achslasten des beladenen Fahrzeugs!

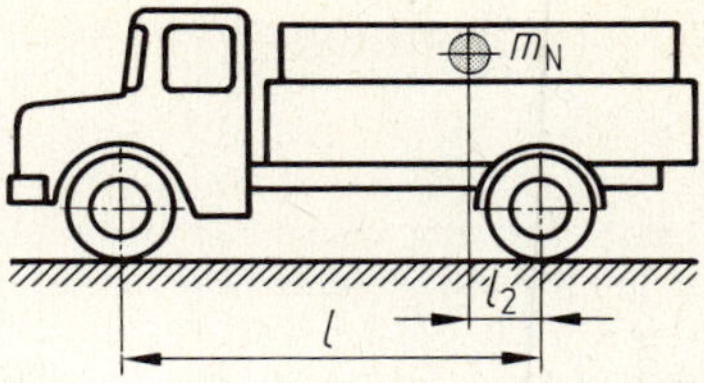

Abb. 26/**19**

20. Lkw nach Abb. 26/19, Leergewicht 3,5 (2,8) t, Radstand 4200 (3600) mm, Abstand von der Hinterachse bis Mitte Ladefläche $l_2 = 840$ (700) mm. Die Vorderachslast ist unbeladen 2050 (1540) kg, zulässig sind 2800 (2100) kg.
a) Bei wieviel kg Zuladung wird die zulässige Vorderachslast gerade erreicht?
b) Wie groß ist dann die Hinterachslast?

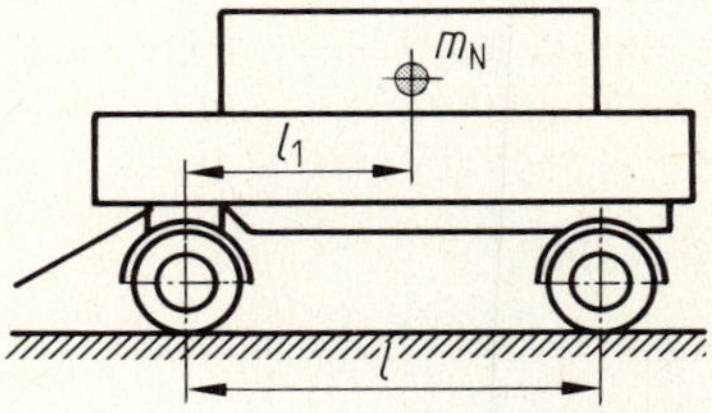

Abb. 26/**21**

21. Anhänger (Abb. 26/21), Radstand $l = 4200$ (3600) mm, Achslast unbeladen: vorn 1800 (1000) kg, hinten 3000 (1500) kg. Die Last $m_N = 7000$ (4050) kg soll so verladen werden, daß die zulässige Hinterachslast von 7500 (3750) kg gerade erreicht wird. Gesucht:
a) Abstand l_1 der Ladung von der Vorderachse,
b) Vorderachslast des beladenen Anhängers.

22. Lkw mit Doppelachse (Abb. 26/22), Maß $l = 3874$ (3900) mm, $l_2 = 390$ (300) mm, Achslasten unbeladen: vorn 4883 (5135) kg, hinten je 3176 (3000) kg. Die Nutzlast von 10728 (10855) kg ist gleichmäßig auf die Ladefläche verteilt. Berechnen Sie
a) die Achslasten des beladenen Fahrzeugs!
b) das Gesamtgewicht des Fahrzeugs!

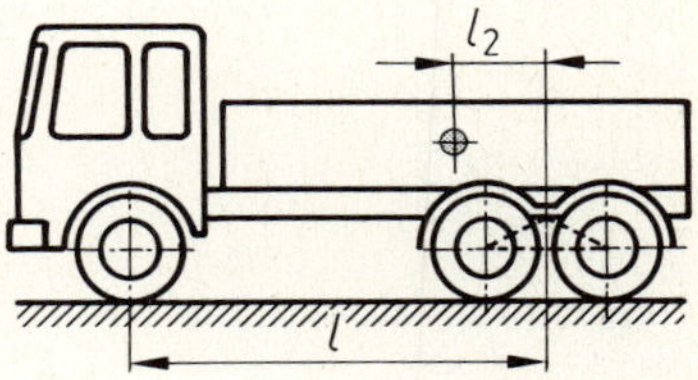

Abb. 26/**22**

23. Sattelkraftfahrzeug (Abb. 26/23), Radstand $l = 3500$ (3600) mm, Sattelvormaß $l_2 = 600$ (600) mm, Achslasten ohne Aufliegelast: vorn 4395 (4510) kg, hinten 2185 (2170) kg. Die Aufliegelast beträgt 9310 (9210) kg. Gesucht:
a) Achslasten mit Aufliegelast,
b) Gesamtgewicht der Sattelzugmaschine.

24. Sattelkraftfahrzeug nach Abb. 26/23, Radstand $l = 4200$ (3200) mm, Sattelvormaß $l_2 = 600$ (500) mm, Achslasten ohne Aufliegelast: vorn 4380 (3285) kg, hinten 2200 (2160) kg. Wie groß darf die Aufliegelast höchstens sein, wenn die zulässige Hinterachslast der Sattelzugmaschine 10000 (9800) kg beträgt?

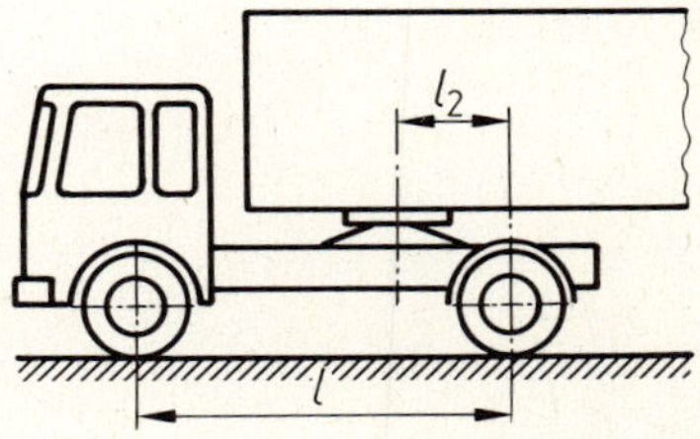

Abb. 26/**23**

26.4 Leistungsprüfung am Motor

Der zu prüfende Motor wird mittels einer Wasserströmungsbremse oder einer Induktionsbremse belastet. Bei der Wasserströmungsbremse (siehe Abb.) ist die Kurbelwelle des Motors mit einem mit Schaufeln bestückten Rotor verbunden, der zentrisch im beschaufelten Gehäuse der Bremse läuft. Durch einen Wasserring wird das Drehmoment vom Rotor auf das pendelnd gelagerte Gehäuse übertragen, das mit einem Hebelarm auf eine Waage oder eine Kraftmeßdose drückt. Aus der Kraft und dem Hebelarm erhält man das Motordrehmoment.

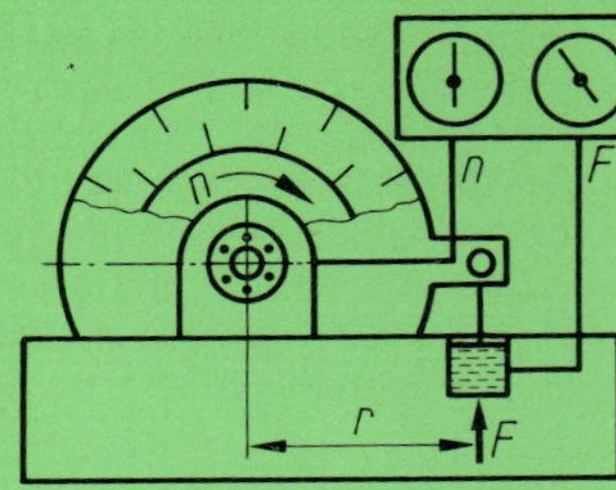

Motordrehmoment $M = $ Kraft $F \times$ Hebelarm r

Aus dem Motordrehmoment und der dazugehörigen Drehzahl kann die Nutzleistung des Motors mit der Leistungsformel für die Drehbewegung bestimmt werden, somit ist:

$$\text{Nutzleistung } P_{\text{eff}} \approx \frac{\text{Motordrehmoment } M \times \text{Drehzahl } n}{9550}$$

$$P_{\text{eff}} \approx \frac{M \cdot n}{9550}$$

$$P_{\text{eff}} \approx \frac{F \cdot r \cdot n}{9550}$$

$$F \approx \frac{P_{\text{eff}} \cdot 9550}{r \cdot n} \qquad n \approx \frac{P_{\text{eff}} \cdot 9550}{r \cdot F}$$

P_{eff} Nutzleistung in kW
M Motordrehmoment in Nm
F Kraft in N
r Hebelarm in m
n Drehzahl in 1/min

Beispiel

Motorprüfstand mit Hebelarm $r = 955$ mm. Gemessen wurde $F = 280$ N bei Drehzahl $n = 2500$ 1/min. Wie groß ist die Nutzleistung in kW?

$$\text{Nutzleistung } P_{\text{eff}} \approx \frac{280 \cdot 0{,}955 \cdot 2500}{9550} = 70 \text{ kW}$$

26.5 Leistungsprüfung am Fahrzeug

Die Antriebsräder des Fahrzeugs laufen auf den Rollen des Prüfstandes (siehe Abb.). Eine Laufrolle ist durch eine Kupplung mit einer Hydrobremse verbunden, die mit einem Hebelarm auf eine Meßdose wirkt. Die von den Rädern übertragene Antriebskraft wird von der Meßdose auf eine Anzeigeeinrichtung übertragen, auf der auch die gefahrene Geschwindigkeit abgelesen werden kann. Moderne Prüfstände zeigen an Stelle der Antriebskraft die Leistung an. Aus der Antriebskraft und der gefahrenen Geschwindigkeit läßt sich die auf die Rollen übertragene Leistung ermitteln. Die Nutzleistung des Motors ist wegen der Übertragungsverluste um 20% bis 30% höher. Nach der Formel für die Fahrleistung ist:

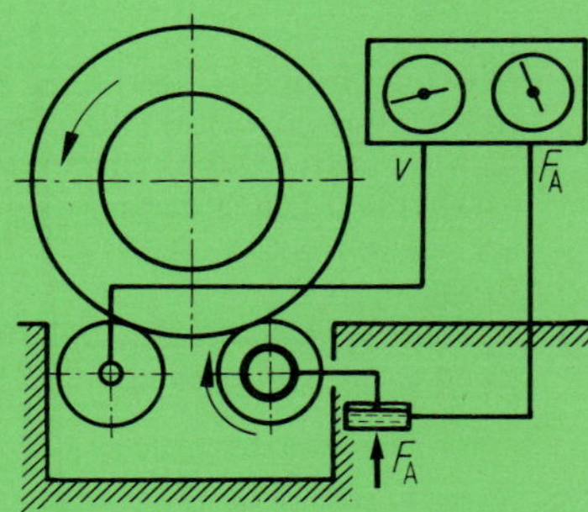

$$\text{Nutzleistung} = \frac{\text{Antriebskraft} \times \text{Geschwindigkeit}}{3600 \times \text{Wirkungsgrad}}$$

$$P_{\text{eff}} = \frac{F_A \cdot v}{3600 \cdot \eta}$$

$$F_A = \frac{P_{\text{eff}} \cdot 3600 \cdot \eta}{v}$$

$$v = \frac{P_{\text{eff}} \cdot 3600 \cdot \eta}{F_A}$$

P_{eff} Nutzleistung in kW
F_A Antriebskraft in N
v Geschwindigkeit in km/h
η Wirkungsgrad

Beispiel

Pkw auf dem Leistungsprüfstand, gemessen wurde $F_A = 2700$ N bei $v = 50$ km/h. Wirkungsgrad 0,75. Wie groß ist die Nutzleistung des Motors?

$$\text{Nutzleistung } P_{\text{eff}} = \frac{2700 \cdot 50}{3600 \cdot 0{,}75} = 50 \text{ kW}$$

Aufgaben

25. Ein Dieselmotor erreichte auf dem Prüfstand bei $n=2200$ (1800) 1/min ein Drehmoment von 434 (690) Nm. Wie groß ist die Nutzleistung in kW?

26. Auf einem Motorprüfstand mit Hebelarm $r=716$ mm wurde von einem Pkw-Motor bei $n=4500$ (4800) 1/min eine Kraft $F=119$ (140) N gemessen. Wie groß ist die Nutzleistung in kW?

27. Die Nutzleistung eines Ottomotors wird mit 40 (118) kW bei 4500 (6600) 1/min angegeben. Auf dem Prüfstand mit Hebelarm $r=358$ mm wurden bei dieser Drehzahl 190 (585) N abgelesen. Wieviel % der Nutzleistung wurden erreicht?

28. Ein Pkw-Motor soll bei 4200 (5250) 1/min eine Nutzleistung von 40 (68) kW abgeben. Wieviel N werden am Prüfstand mit Hebelarm $r=358$ mm angezeigt?

29. Die Nutzleistung eines Lkw-Motors wird mit 110 (156) kW bei 2300 (2200) 1/min angegeben. Wieviel N müssen auf dem Prüfstand mit einem Hebelarm $r=716$ mm bei dieser Drehzahl erreicht werden?

30. Berechnen Sie die fehlenden Werte in der Tabelle!

	a)	b)	c)	d)	e)	f)
n	=5400 1/min	2100 1/min	? 1/min	6000 1/min	? 1/min	7500 1/min
F	=120 N	? N	? N	? N	285 N	? N
r	=716 mm	650 mm	358 mm	716 mm	358 mm	500 mm
M	=? Nm	? Nm	191 Nm	144 Nm	? Nm	? Nm
P_{eff}	=? kW	72 kW	80 kW	? kW	45 kW	74 kW

31. Bei der Prüfung eines Pkw auf dem Leistungsprüfstand werden folgende Werte festgestellt: Antriebskraft $F_A=1350$ (2110) N, Fahrgeschwindigkeit $v=48$ (60) km/h. Der Wirkungsgrad ist 0,75 (0,7). Wie groß ist die Nutzleistung?

32. Fahrversuch mit einem Pkw auf dem Leistungsprüfstand mit 265 mm Rollendurchmesser. Abgelesene Werte: im 2. Gang $v=60$ km/h, $F_A=1440$ N, im 3. Gang $v=100$ km/h, $F_A=780$ N, im 4. Gang $v=125$ km/h, $F_A=720$ N. Der Wirkungsgrad ist 0,8, die Motorleistung ist mit 35 kW angegeben.
a) Wieviel kW Nutzleistung werden in den einzelnen Gängen erreicht?
b) Wieviel % der angegebenen Motorleistung werden jeweils erreicht?
c) Wie groß ist die Drehzahl der Laufrollen in 1/min in den 3 Gängen?

33. Von einem Leistungsprüfstand sind folgende technische Daten bekannt: Durchmesser der Laufrollen 260 (220) mm, maximale Drehzahl der Rollen 2850 (2890) 1/min, größte Antriebskraft 4000 (3300) N.
a) Wie groß ist die höchste Prüfgeschwindigkeit in km/h?
b) Mit wieviel kW kann der Prüfstand höchstens belastet werden?

34. Die Prüfung eines Pkw auf einem Leistungsprüfstand ergibt eine Nutzleistung von 40 (80) kW bei einer Prüfgeschwindigkeit von 140 (170) km/h. Der Wirkungsgrad ist mit 0,75 (0,8) angegeben, der Durchmesser der Laufrollen beträgt 200 (280) mm.
a) Wie groß ist die Antriebskraft in N an den Laufrollen?
b) Wie groß ist die Drehzahl der Laufrollen in 1/min?

35. Ein Pkw mit einer Nutzleistung von 45 (62) kW erzeugt bei einem Wirkungsgrad von 0,65 (0,7) an den Laufrollen eine Antriebskraft von 1170 (1395) N. Wie groß ist die Prüfgeschwindigkeit in km/h?

27 Elektrotechnik im Kraftfahrzeug

27.1 Ohmsches Gesetz

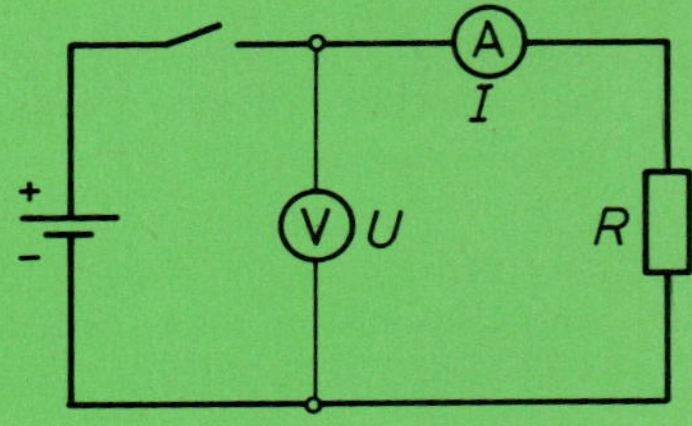

Ein einfacher elektrischer Stromkreis besteht aus Spannungsquelle, Hinleitung, Schalter, Verbraucher und Rückleitung. Im Kraftfahrzeug wird in der Regel die Fahrzeugmasse (Karosserie, Fahrgestell) als Rückleitung benützt. Die Beziehungen zwischen den Grundgrößen Spannung, Strom und Widerstand in einem Stromkreis sind durch das Ohmsche Gesetz festgelegt, zum Beispiel:

Der Strom I ist um so größer, je höher die Spannung U ist und je kleiner der Widerstand R ist.

Ohmsches Gesetz: Strom $I = \frac{\text{Spannung } U}{\text{Widerstand } R}$

$$I = \frac{U}{R}$$

$R = \frac{U}{I}$ $\qquad U = R \cdot I$

I Strom in Ampere (A)
U Spannung in Volt (V)
R Widerstand in Ohm (Ω)

Beispiel

Ein Zigarrenanzünder für 12 V hat 1,25 Ω Widerstand. Wieviel A fließen durch den Glühdraht?

Strom im Glühdraht $I = \frac{12\text{ V}}{1{,}25\ \Omega} = 9{,}6\text{ A}$

Aufgaben

1. An der Primärwicklung einer Zündspule (Abb. 27/1) liegen 11,8 (10,5) V Spannung. Der Widerstand der Wicklung ist 3,25 (2,5) Ω. Wieviel A Ruhestrom fließen bei geschlossenem Unterbrecher?

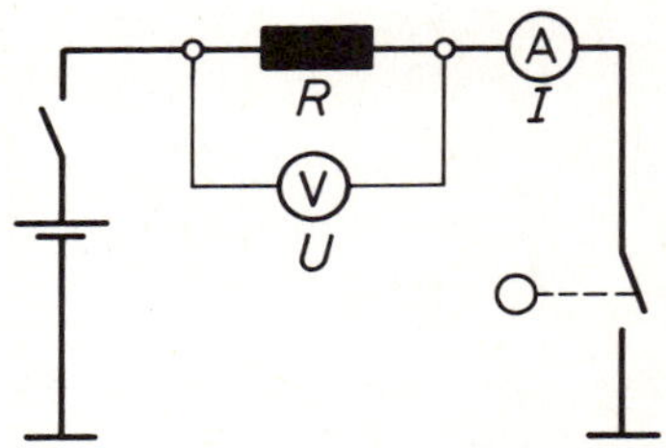

Abb. 27/**1**

2. Die Wicklung eines Starter-Magnetschalters hat 0,84 (1,75) Ω Widerstand. Wieviel A Steuerstrom fließen bei 11,4 (23,2) V Spannung?

3. Eine Glühlampe nimmt bei 12,2 (24,5) V Spannung einen Strom von 1,84 (0,82) A auf. Wieviel Ω Widerstand hat die Glühwendel?

4. Ein Relais nimmt bei 11,5 (23,8) V Spannung einen Strom von 0,54 (0,15) A auf. Wie groß ist der Widerstand der Wicklung in Ω?

5. In einer Glühkerze (Abb. 27/5) mit 0,026 (0,031) Ω Widerstand fließt ein Strom von 35 (40) A. Für wieviel V ist die Glühkerze ausgelegt?

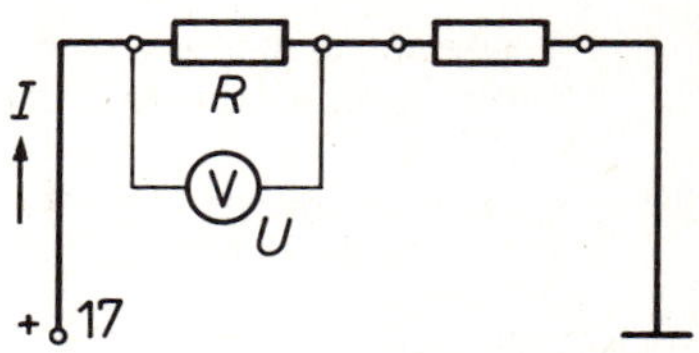

Abb. 27/**5**

6. Eine Glühstiftkerze hat 1,18 (4,6) Ω Widerstand. Wieviel V Spannung sind erforderlich, damit 8,9 (4,9) A Betriebsstrom fließen?

7. Berechnen Sie die fehlenden Werte!

	U	I	R
a) Starter	7,8 V	1180 A	? Ω
b) Feldwicklung	14,2 V	? A	5,6 Ω
c) Glühkerze	? V	37 A	0,046 Ω
d) Halogenlampe	12,2 V	4,5 A	? Ω
e) Heizflansch	? V	35 A	0,350 Ω

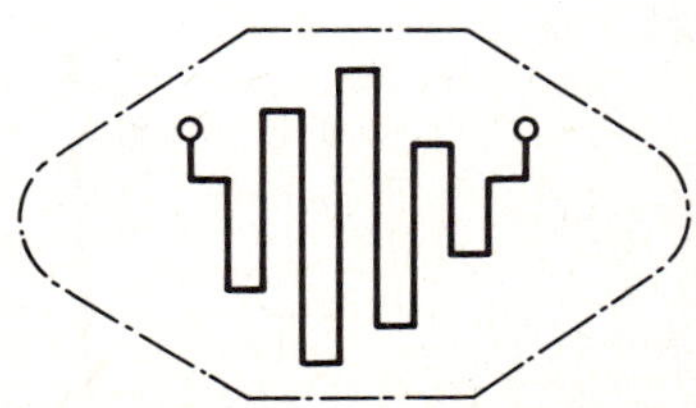

Abb. 27/**7e**

27.2 Leiterwiderstand

Der spezifische Widerstand ρ (rho) ist der Widerstand eines Leiters von 1 m Länge und 1 mm^2 Querschnitt. Der Kehrwert des spezifischen Widerstandes $1/\rho$ ist die Leitfähigkeit κ (kappa). Sie gibt an, wieviel m Draht von 1 mm^2 Querschnitt benötigt werden, um 1 Ω Widerstand zu erhalten.

Kupfer: $\rho = 0{,}0178\,\Omega\,mm^2/m$; $\kappa = \frac{1}{0{,}0178} = 56\,m/\Omega\,mm^2$.

Der Widerstand einer Leitung ist um so größer, je größer der spezifische Widerstand oder je kleiner die Leitfähigkeit ist, je länger der Leiter und je kleiner der Querschnitt ist.

$$\text{Leiterwiderstand} = \frac{\text{Spezifischer Widerstand} \times \text{Länge}}{\text{Querschnitt}}$$

$$\text{Leiterwiderstand} = \frac{\text{Länge}}{\text{Leitfähigkeit} \times \text{Querschnitt}}$$

Beispiel

Kupferdraht, $l = 100$ m, $S = 0{,}75\ mm^2$. Gesucht: R.

$$\text{Widerstand } R = \frac{0{,}0178\,\Omega\,mm^2/m \cdot 100\,m}{0{,}75\,mm^2} = 2{,}37\,\Omega$$

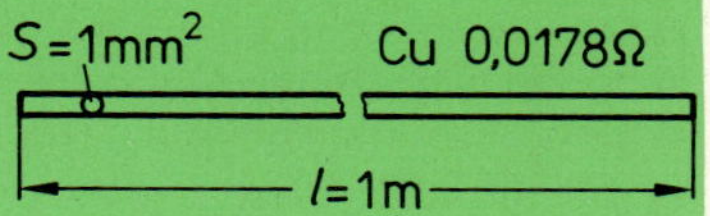

$$R = \frac{\varrho \cdot l}{S} \qquad R = \frac{l}{\kappa \cdot S}$$

$$l = \frac{R \cdot S}{\varrho} \qquad l = R \cdot S \cdot \kappa$$

$$S = \frac{\varrho \cdot l}{R} \qquad S = \frac{l}{R \cdot \kappa}$$

R Leiterwiderstand in Ω
ϱ spez. Widerstand Ω mm^2/m
κ Leitfähigkeit m/Ω mm^2
l Leiterlänge in m
S Leiterquerschnitt in mm^2

Aufgaben

8. Wieviel Ω Widerstand hat ein zweiadriges Verlängerungskabel aus Kupfer von 50 (30) m Länge und 1,5 (2,5) mm^2 Querschnitt?

9. Für eine Erregerwicklung wurden 140 (132) m Kupferdraht mit 0,8 (1,0) mm Durchmesser verwendet. Wie groß ist der Widerstand in Ω?

10. Die Primärwicklung einer Zündspule besteht aus 34,8 (28,2) m Kupferdraht von 0,5 (0,4) mm Durchmesser. Gesucht: Widerstand in Ω.

11. Eine Relaisspule hat 700 (500) Windungen aus Kupferdraht mit $d = 0{,}3$ (0,2) mm. Der mittlere Windungsdurchmesser ist 18 (16) mm (Abb. 27/11).
a) Wieviel m Draht sind aufgewickelt?
b) Wieviel Ω Widerstand hat die Wicklung?

12. Wieviel m Kupferdraht von 0,6 (0,8) mm Durchmesser sind für eine Erregerwicklung von 3,5 (1,5) Ω Widerstand erforderlich?

13. Eine Feldwicklung aus Aluminiumdraht von 0,7 (0,8) mm Durchmesser hat 3,0 (2,5) Ω Widerstand. Gesucht: Drahtlänge in m.

14. Berechnen Sie den Querschnitt einer 1,75 (1,5) m langen Starterleitung (Abb. 27/14), deren Widerstand höchstens 0,9 (0,54) mΩ sein darf!

15. Starterleitung, Leitfähigkeit $\kappa = 56\,m/\Omega\,mm^2$, $l =$ 1,75 (1,50) m, $R = 2$ (1) mΩ. Gesucht: S.

Gerundete Werte für ϱ und κ

	Ω mm^2/m	m/Ω mm^2
Kupfer	0,018	56
Aluminium	0,028	36
Messing	0,070	14,3
Eisen	0,130	7,7
Nickelin	0,4	2,5

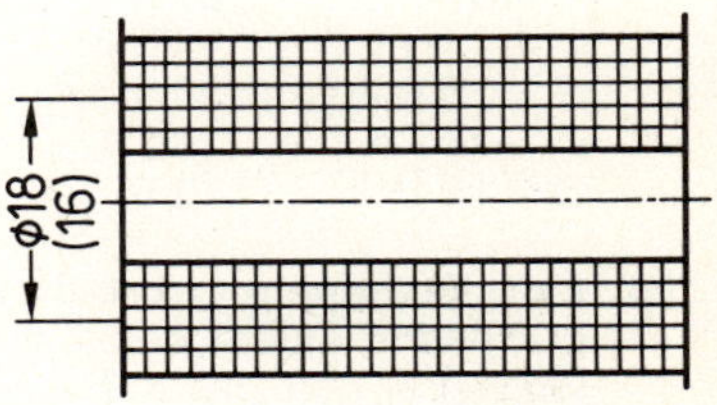

Abb. 27/**11**

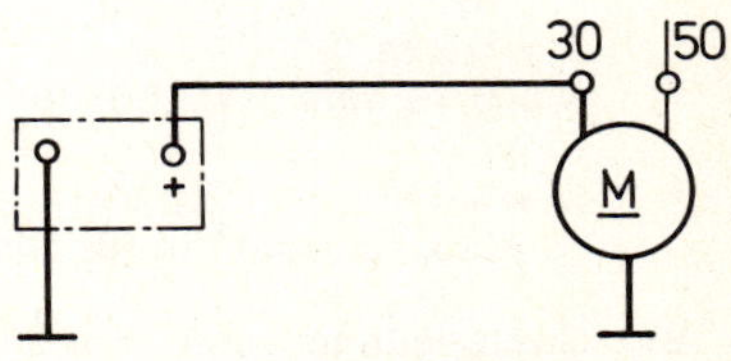

Abb. 27/**14**

27.3 Spannungsverlust in Leitungen

Wenn Strom fließt, wird zur Überwindung des Leiterwiderstandes Spannung verbraucht. Die in der Zuleitung und Rückleitung verlorengegangene Spannung fehlt am Verbraucher. Der Spannungsverlust oder Spannungsabfall U_v ist um so größer, je größer der Leiterwiderstand ist und je größer der Strom ist, der in der Leitung fließt.

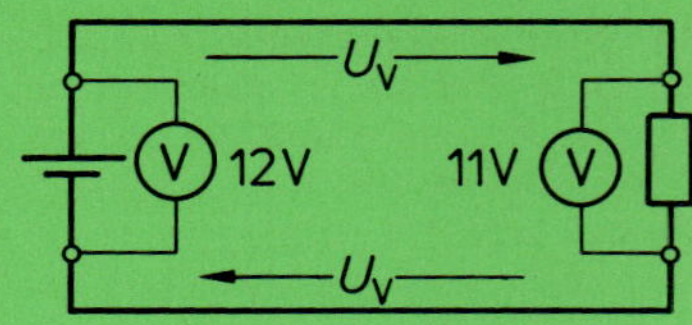

Spannungsverlust = Leiterwiderstand × Leiterstrom

Mit $\frac{\varrho \cdot l}{S}$ für R ergibt sich: $U_v = \frac{\varrho \cdot l}{S} \cdot I$

$$U_v = R \cdot I; \qquad U_v = \frac{\varrho \cdot l \cdot I}{S}$$

U_v Spannungsverlust in V
R Leiterwiderstand in Ω
I Leiterstrom in A
S Leiterquerschnitt in mm²
l Leiterlänge in m
ϱ spez. Widerstand in Ω mm²/m

Beispiel

Starterleitung aus Kupfer, $l = 1{,}5$ m, $S = 35$ mm², $I = 700$ A. Wie groß ist der Spannungsverlust?

$$U_v = \frac{0{,}018\ \Omega\ \text{mm}^2/\text{m} \cdot 1{,}5\ \text{m}}{35\ \text{mm}^2} \cdot 700\ \text{A} \qquad = 0{,}54\ \text{V}$$

Aufgaben

16. In der 2,5 (4,5) m langen Leitung vom Fahrtschalter zur Zündspule (Abb. 27/16) mit 1,5 mm² Querschnitt fließen 5,5 (4) A Strom. Wie groß ist der Spannungsverlust in V?

17. Leitungen für die Lichtanlage, gesucht: Spannungsabfall in V und in % der Nennspannung.

	a)	b)	c)	d)
l =	4,5 m	5,2 m	4,8 m	6,4 m
S =	1,5 mm²	1,5 mm²	1,5 mm²	2,5 mm²
I =	3,75 A	2,35 A	4,5 A	4,6 A
U =	12 V	24 V	12 V	24 V

18. Starterleitungen, gesucht: Spannungsverlust in V und in % der Nennspannung U (Abb. 27/18).

	a)	b)	c)	d)
l =	1,5 m	1,75 m	2,5 m	2,4 m
S =	25 mm²	35 mm²	50 mm²	70 mm²
I =	200 A	280 A	800 A	1000 A
U =	12 V	12 V	24 V	24 V

19. Ein Verlängerungskabel für 220 V mit 0,75 (1,5) mm² Querschnitt ist 25 (50) m lang. Mit wieviel A darf das Kabel belastet werden, wenn $U_v = 12$ (18) V zugelassen sind?

20. Gesucht sind die fehlenden Werte.

	a)	b)	c)	d)
l =	5,2 m	12 m	1,4 m	? m
S =	0,75 mm²	0,196 mm²	? mm²	50 mm²
I =	? A	? A	350 A	1200 A
U_v =	1,0 V	2,2 V	0,25 V	1,0 V

$\varrho = 0{,}018$ Ω mm²/m für alle Aufgaben

21. Starterleitung aus Kupfer, $l = 1{,}10$ (1,80) m, $I = 250$ (500) A, $U_v = 0{,}25$ (0,5) V. Gesucht S.

Umgeformte Gleichungen

$$I = \frac{U_v \cdot S}{\rho \cdot l} \qquad l = \frac{U_v \cdot S}{\rho \cdot I}$$

$$S = \frac{\rho \cdot l \cdot I}{U_v}$$

Gleichungen mit Leitwert κ

$$U_v = \frac{l \cdot I}{\kappa \cdot S} \qquad S = \frac{l \cdot I}{\kappa \cdot U_v}$$

$$I = \frac{U_v \cdot S \cdot \kappa}{l} \qquad l = \frac{U_v \cdot S \cdot \kappa}{I}$$

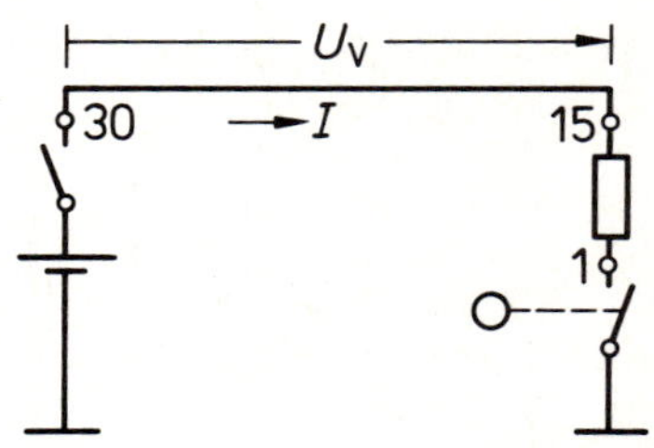

Abb. 27/**16**

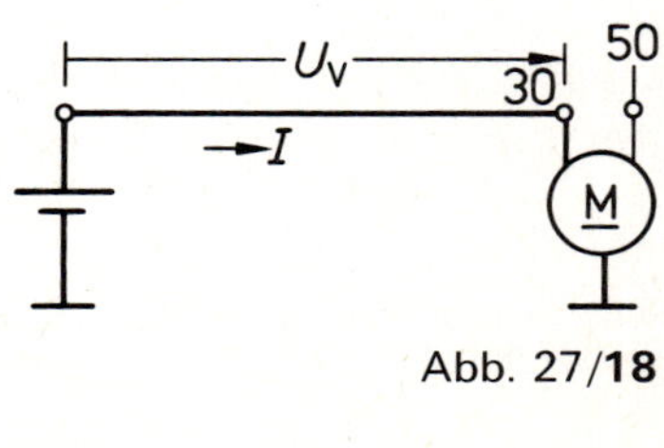

Abb. 27/**18**

27.4 Berechnung von Leitungen

Der Mindestquerschnitt einer Leitung richtet sich nach dem zulässigen Spannungsverlust und wegen der Erwärmung nach der zulässigen Stromdichte. Aus der Gleichung für den Spannungsabfall

$U_v = \frac{\varrho \cdot l}{S}$ ergibt sich der Querschnitt $S = \frac{\varrho \cdot l \cdot I}{U_v}$

Die Stromdichte ist der Strom in A, der in 1 mm² des Leitungsquerschnittes fließt, somit ist:

$$\text{Stromdichte } J = \frac{\text{Strom } I}{\text{Leitungsquerschnitt } S}$$

Bei Starterleitungen wird zur Bestimmung des Querschnittes der Kurzschlußstrom (bei blockiertem Starter) zugrunde gelegt. Die Masserückleitung bleibt unberücksichtigt, nur die isolierte Rückleitung wird berechnet.

Beispiel

Starterleitung aus Kupfer, $l = 1{,}60$ m, $I = 600$ A, zulässiger Spannungsabfall $U_v = 0{,}5$ V, zulässige Stromdichte $J = 20$ A/mm². Gesucht ist der Mindestquerschnitt und der zu wählende Normquerschnitt.

$$S = \frac{0{,}018\ \Omega\text{mm}^2/\text{m} \cdot 1{,}60\ \text{m} \cdot 600\ \text{A}}{0{,}5\ \text{V}} = 34{,}5\ \text{mm}^2$$

$$S = \frac{600\ \text{A}}{20\ \text{A/mm}^2} = 30\ \text{mm}^2;\ \text{Normquerschnitt} = 35\ \text{mm}^2$$

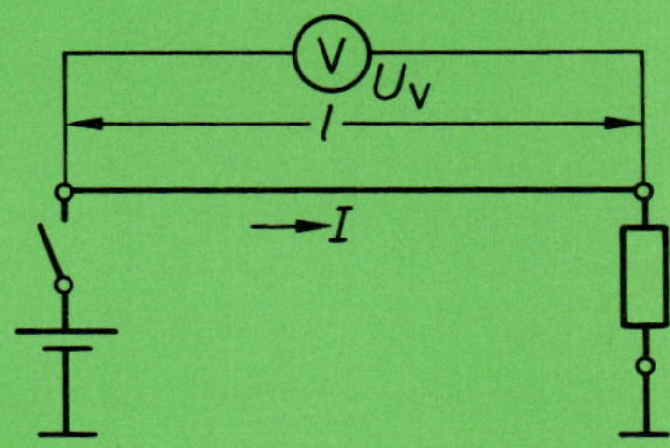

$$S = \frac{\varrho \cdot l \cdot I}{U_v}$$

S Leitungsquerschnitt in mm²
l Leitungslänge in m
I Höchststrom in A
U_v zul. Spannungsabfall in V
ϱ spez. Widerstand Ωmm²/m

$$J = \frac{I}{S}$$

$S = \frac{I}{J}$ $\qquad I = J \cdot S$

J Stromdichte in A/mm²

Aufgaben

22. Der maximale Ladestrom eines Generators beträgt 35 (55) A. Für die 1,80 (3,60) m lange Ladeleitung sind 0,4 (0,8) V Spannungsverlust und 10 A/mm² Stromdichte zugelassen. Gesucht ist der Mindest- und der Normquerschnitt.

23. In einer 2,50 (3,40) m langen Lichtleitung fließen 7,5 (9,2) A. Wie groß ist der Mindest- und der Normquerschnitt bei 0,2 V zulässigem Spannungsabfall?

24. In einem Omnibus ist die Steuerleitung für den Starter 8,50 (7,50) m lang und mit 25 (45) A belastet. Zulässig sind 3,4 (4) V Spannungsabfall und 20A/mm² Stromdichte. Welcher Normquerschnitt in mm² ist erforderlich?

25. Starterleitungen aus Kupfer, gesucht: Mindest- und Normquerschnitt in mm² (Abb. 27/25).

	a)	b)	c)	d)	e)
l =	1,85 m	1,20 m	2,10 m	2,60 m	1,75 m
I =	750 A	500 A	1000 A	1300 A	1400A
U_v =	0,5 V	0,5 V	1,0 V	1,0 V	1,0 V

J = 20 A/mm² für alle Aufgaben von a bis e

26. Glühlampe, Durchmesser des Glühdrahtes 0,03 (0,07) mm, $I = 0{,}25$ (1,5) A. Gesucht: J in A/mm².

Zulässiger Spannungsabfall

bei Anlagen mit	12 V	24 V
Lichtleitung	0,2 V	0,2 V
Ladeleitung	0,4 V	0,8 V
Starterleitung	0,5 V	1,0 V
Startersteuerleitung	2,4 V	2,8 V
Steuerleitung, allgemein	0,5 V	1,0 V

Zulässige Stromdichte

Starterleitung	20 A/mm²
Steuerleitung, Starter	20 A/mm²
Übrige Leitungen bis 6 mm² Querschnitt	10 A/mm²

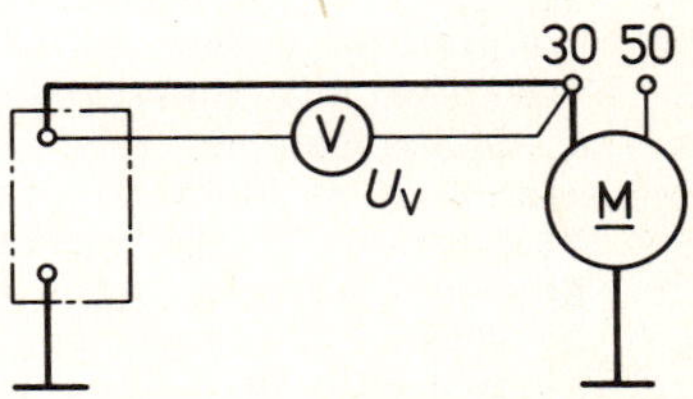

Abb. 27/**25**

27.5 Reihenschaltung

In der Reihenschaltung ist der Strom I an allen Stellen gleich. Die angelegte Spannung U teilt sich in die Teilspannungen U_1, U_2 und U_3 auf, im gleichen Verhältnis wie die Widerstände. Am größeren Widerstand liegt die höhere Spannung, z. B.

$U_1 = R_1 \cdot I$ $\qquad$ $U_2 = R_2 \cdot I$ $\qquad$ $U_3 = R_3 \cdot I$

Der Gesamtwiderstand R ist gleich der Summe der Einzelwiderstände R_1, R_2 und R_3.

Einen Widerstand in Reihe mit einem Verbraucher nennt man Vorwiderstand. Er dient zur Verminderung der Spannung am Verbraucher. In Reihe geschaltete Spannungserzeuger (Batteriezellen) ergeben die Summe der Einzelspannungen.

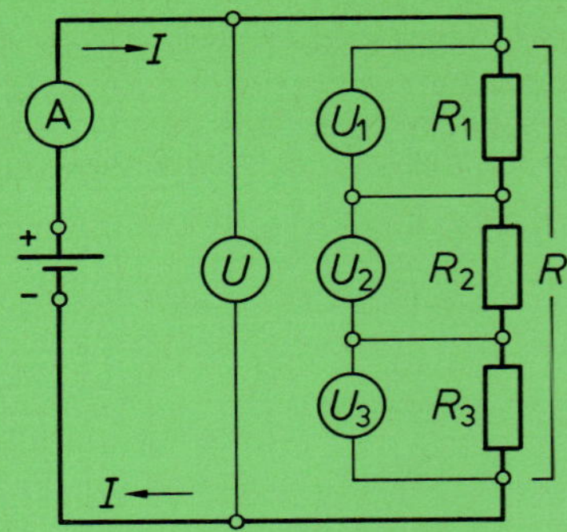

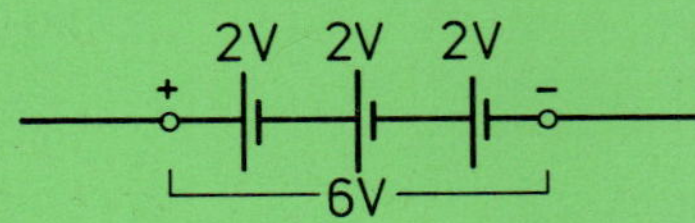

$$U = U_1 + U_2 + U_3 + \cdots$$
$$R = R_1 + R_2 + R_3 + \cdots$$

Beispiel

$R_1 = 2\,\Omega$, $R_2 = 4\,\Omega$, $R_3 = 6\,\Omega$ in Reihe an $U = 24\,\text{V}$. Gesucht: Gesamtwiderstand, Strom, Teilspannungen.

$R = 2\,\Omega + 4\,\Omega + 6\,\Omega = 12\,\Omega$; $\qquad I = \frac{24\,\text{V}}{12\,\Omega} = 2\,\text{A}$

$U_1 = 2\,\Omega \cdot 2\,\text{A} = 4\,\text{V}$; $\quad U_2 = 4\,\Omega \cdot 2\,\text{A} = 8\,\text{V}$; $\quad U_3 = 12\,\text{V}$

Aufgaben

27. In der Schaltung nach Abb. 27/27 sind: $U = 12$ (24) V, $R_1 = 2{,}5$ (2,4) Ω, $R_2 = 7{,}5$ (9,6) Ω, $U_3 = 4{,}0$ (9,6) V. Gesucht: Strom I in A, Spannungen U_1 und U_2 in V, Widerstand R_3 in Ω.

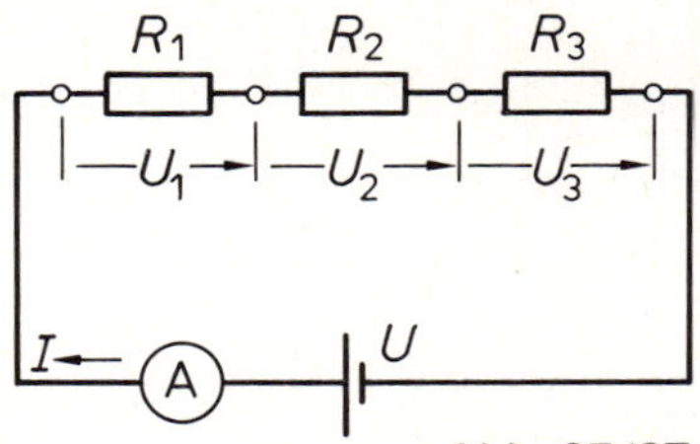

Abb. 27/**27**

28. Vorglühanlage nach Abb. 27/28, Überwacher $R_1 = 0{,}0325$ (0,057) Ω, Vorwiderstand $R_2 = 0{,}05$ (0,064) Ω, 4 Glühkerzen R_3 bis R_6 je 0,019 (0,015) Ω, Strom $I = 60$ (58) A. Gesucht: Gesamtwiderstand R in Ω, Teilspannungen U_1 bis U_6 in V, Gesamtspannung U in V.

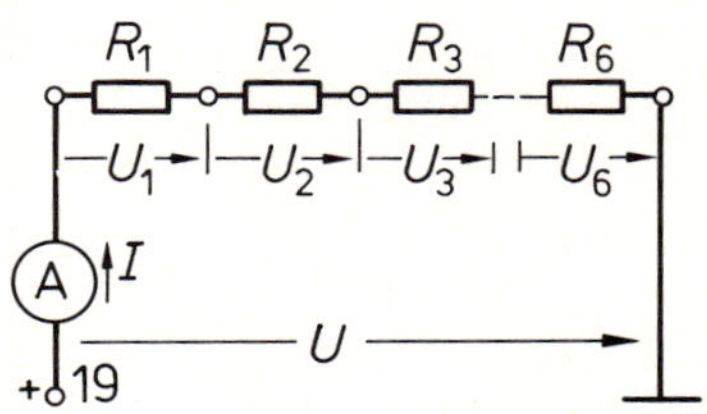

Abb. 27/**28**

29. In einer Vorglühanlage für einen Sechszylinder-Motor sind in Reihe geschaltet: Überwacher $R_1 = 32{,}5$ (35) mΩ, Vorwiderstand $R_2 = 275$ (230) mΩ, 6 Glühkerzen R_3 bis R_8 je 24 (46) mΩ. Die Betriebsspannung ist 22,5 (20,5) V. Gesucht: Gesamtwiderstand R in Ω, Strom I in A, Teilspannungen U_1 bis U_8 in Volt.

30. Vorglühanlage nach Abb. 27/30. Überwacher $R_1 = 60$ (36) mΩ, Vorwiderstand $R_2 = 50$ (80) mΩ, 4 Glühkerzen je 1,7 (1,4) V. Die Betriebsspannung ist während des Vorglühens (Kl. 19) 11,2 (11,4) V und während des Startens an Klemme 17 nur noch 9,9 (10,4) V.

a) Wieviel A fließen beim Vorglühen?
b) Wieviel Ω Widerstand hat eine Glühkerze?
c) Wieviel A fließen beim Starten?

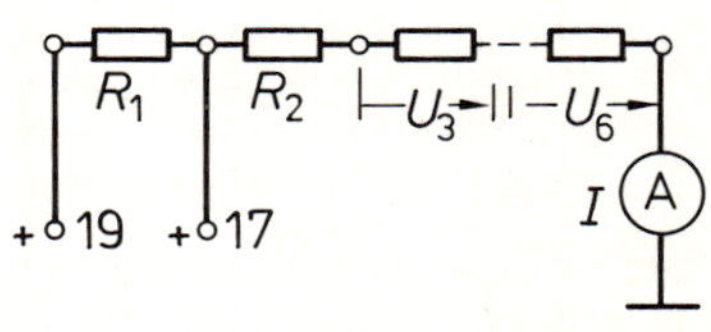

Abb. 27/**30**

27.6 Parallelschaltung

In einer Parallelschaltung liegt an allen Verbrauchern (Widerständen) dieselbe Spannung. Der Gesamtstrom ergibt sich aus der Summe der Einzelströme I_1, I_2 und I_3. Die Einzelströme sind:

$$I_1 = \frac{U}{R_1} \qquad I_2 = \frac{U}{R_2} \qquad I_3 = \frac{U}{R_3}$$

Durch Einsetzen in $I = I_1 + I_2 + I_3$ erhält man:

$$\frac{U}{R} = \frac{U}{R_1} + \frac{U}{R_2} + \frac{U}{R_3}, \quad \text{durch } U \text{ geteilt} \quad \frac{1}{R} = \frac{1}{R_1} + \frac{1}{R_2} + \frac{1}{R_3}$$

R ist der Ersatzwiderstand, der die parallel geschalteten Einzelwiderstände ersetzt. Er ist immer kleiner als der kleinste Einzelwiderstand.

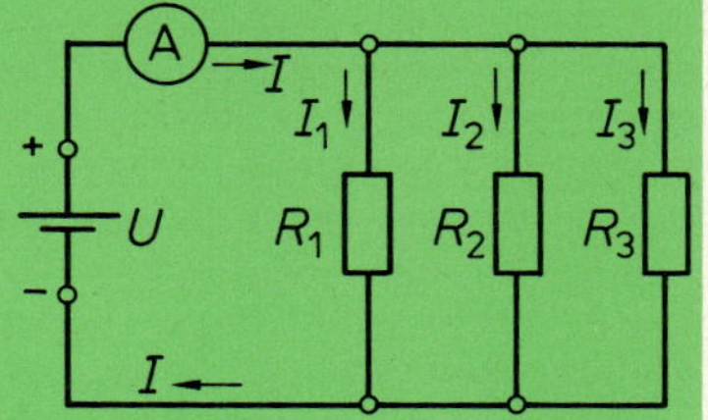

$$I = I_1 + I_2 + I_3 + \cdots$$

$$\frac{1}{R} = \frac{1}{R_1} + \frac{1}{R_2} + \frac{1}{R_3} + \cdots$$

Für 2 Parallelwiderstände:

$$R = \frac{R_1 \cdot R_2}{R_1 + R_2}$$

Beispiel

$R_1 = 5\,\Omega$, $R_2 = 10\,\Omega$, $R_3 = 30\,\Omega$ liegen in Parallelschaltung an 24 V. Gesucht: Ersatzwiderstand R, Einzelströme I_1, I_2, I_3 und Gesamtstrom I.

$$\frac{1}{R} = \frac{1}{5}\,\Omega + \frac{1}{10}\,\Omega + \frac{1}{30}\,\Omega = \frac{10}{30}\,\Omega; \qquad R = \frac{30}{10}\,\Omega = 3\,\Omega$$

$$I_1 = \frac{24\,\text{V}}{5\,\Omega} = 4{,}8\,\text{A}; \qquad I_2 = \frac{24\,\text{V}}{10\,\Omega} = 2{,}4\,\text{A}; \qquad I_3 = 0{,}8\,\text{A}$$

$$I = 4{,}8\,\text{A} + 2{,}4\,\text{A} + 0{,}8\,\text{A} = 8\,\text{A}; \qquad I = \frac{24\,\text{V}}{3\,\Omega} = 8\,\text{A}$$

Aufgaben

31. Berechnen Sie für die Schaltung Abb. 27/31 den Ersatzwiderstand R und den Strom I!

	a)	b)	c)	d)	e)	f)
$R_1 =$	2,4 Ω	4,8 Ω	30 Ω	24 Ω	250 Ω	1500 Ω
$R_2 =$	3,6 Ω	9,6 Ω	20 Ω	36 Ω	750 Ω	1000 Ω
$U =$	12 V	12 V	24 V	24 V	220 V	220 V

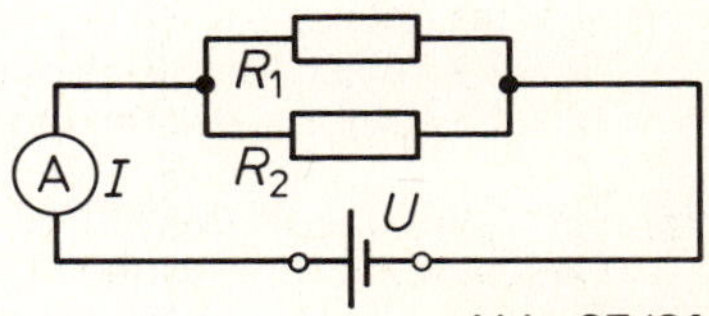

Abb. 27/**31**

32. Berechnen Sie den Ersatzwiderstand R von je 3 parallel geschalteten Einzelwiderständen!

	a)	b)	c)	d)	e)	f)
$R_1 =$	5 Ω	6 Ω	20 Ω	25 Ω	100 Ω	1200 Ω
$R_2 =$	10 Ω	9 Ω	40 Ω	50 Ω	200 Ω	2400 Ω
$R_3 =$	15 Ω	15 Ω	60 Ω	75 Ω	300 Ω	3600 Ω

33. Schaltung Abb. 27/33. $R_1 = 8$ (10) Ω, $R_2 = 4{,}8$ (16) Ω, $R_3 = 2{,}5$ (20) Ω, $U = 12$ (24) V. Gesucht: Teilströme I_1, I_2, I_3 und Strom I.

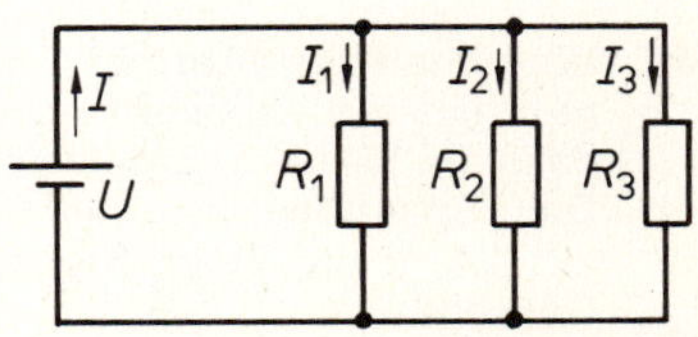

Abb. 27/**33**

34. Vorglühanlage (Abb. 27/34) mit je 4 (6) parallel geschalteten Glühstiftkerzen von je 1,18 (4,6) Ω. $U = 10{,}5$ (22,5) V. Gesucht: Teilstrom I_1 in einer Glühstiftkerze, Gesamtstrom I und Ersatzwiderstand R der Anlage.

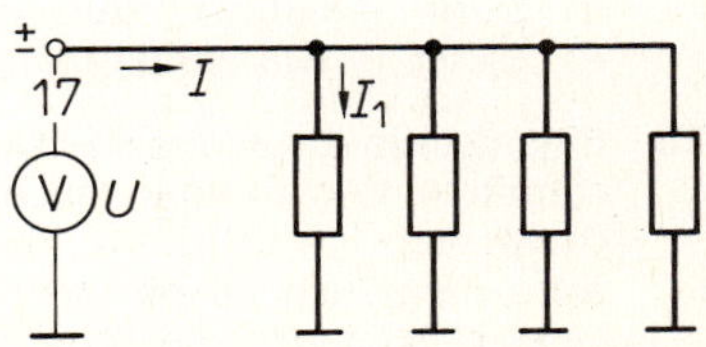

Abb. 27/**34**

35. Eine Heckscheibenheizung besteht aus 12 (15) parallel geschalteten Heizdrähten von je 9,6 (8,25) Ω Widerstand. Gesucht: Strom I bei 12 V.

27.7 Gemischte Schaltung

Die gemischte Schaltung oder Gruppenschaltung setzt sich aus Reihen- und Parallelschaltungen zusammen. Man unterscheidet erweiterte Reihenschaltungen und erweiterte Parallelschaltungen.

Bei der erweiterten Reihenschaltung wird zuerst die Parallelschaltung berechnet.

Bei der erweiterten Parallelschaltung wird zuerst die Reihenschaltung berechnet.

Erweiterte Reihenschaltung

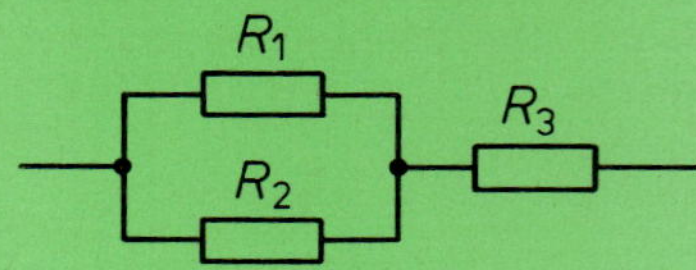

Beispiel 1

$R_1 = 10\,\Omega$ und $R_2 = 15\,\Omega$ sind parallel geschaltet. In Reihe dazu liegt $R_3 = 5\,\Omega$. Wie groß ist R?

$$R_{\mathrm{I}} = \frac{10\,\Omega \cdot 15\,\Omega}{10\,\Omega + 15\,\Omega} = 6\,\Omega; \qquad R = 6\,\Omega + 5\,\Omega = 11\,\Omega$$

Erweiterte Parallelschaltung

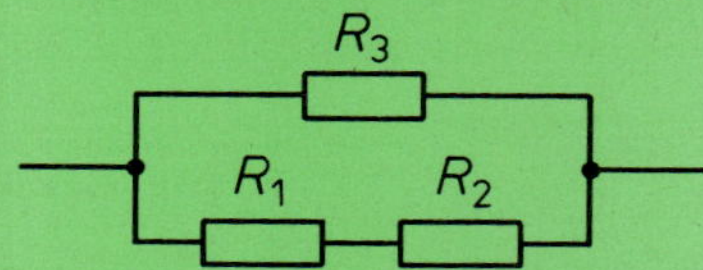

Beispiel 2

$R_1 = 10\,\Omega$ und $R_2 = 15\,\Omega$ sind in Reihe geschaltet. Parallel dazu liegt $R_3 = 5\,\Omega$. Wie groß ist R?

$$R_{\mathrm{I}} = 10\,\Omega + 15\,\Omega = 25\,\Omega; \qquad R = \frac{25\,\Omega \cdot 5\,\Omega}{25\,\Omega + 5\,\Omega} = 4{,}16\,\Omega$$

Aufgaben

36. Erweiterte Reihenschaltung nach Abb. 27/36.

Gegeben:	Gesucht:		
$R_1 = 10\ (12)\,\Omega$	a) Ersatzwiderstand	R	in Ω
$R_2 = 30\ (24)\,\Omega$	b) Gesamtstrom	I	in A
$R_3 = 2{,}5\ (8)\,\Omega$	c) Teilspannungen	U_1, U_3	in V
$U = 12\ (24)$ V	d) Teilströme	I_1, I_2	in A

37. Erweiterte Parallelschaltung nach Abb. 27/37.

Gegeben:	Gesucht:		
$R_1 = 12\ (40)\,\Omega$	a) Ersatzwiderstand	R	in Ω
$R_2 = 8\ (10)\,\Omega$	b) Gesamtstrom	I	in A
$R_3 = 12\ (50)\,\Omega$	c) Teilströme	I_1, I_3	in A
$U = 24\ (12)$ V	d) Teilspannungen	U_1, U_2	in V

38. Vorglühanlage (Abb. 27/38) mit je 4 (6) parallel geschalteten Glühstiftkerzen von je 3,4 (4,8) Ω, dazu in Reihe 1 Überwacher mit 0,6 (0,3) Ω. Die Spannung ist beim Vorglühen (Kl. 19) 22 (24) V und beim Starten (Kl. 17) 18 (21) V. Gesucht:
a) Ersatzwiderstand R der Anlage,
b) Gesamtstrom I während des Vorglühens,
c) Spannungsabfall am Überwacher,
d) Strom je Glühstiftkerze beim Vorglühen,
e) Strom je Glühstiftkerze beim Starten.

39. Eine Magnetisiervorrichtung hat 4 parallel geschaltete Wicklungen mit je 60 (80) m Kupferdraht von 1,4 (1,5) mm Durchmesser. In Reihe dazu liegt ein Widerstand von 0,32 (0,6) Ω. Wieviel A nimmt die Vorrichtung an 12 (24) V Gleichspannung auf?

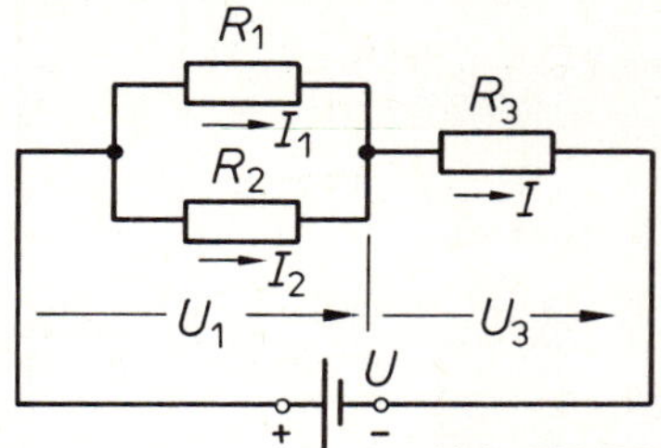

Abb. 27/**36**

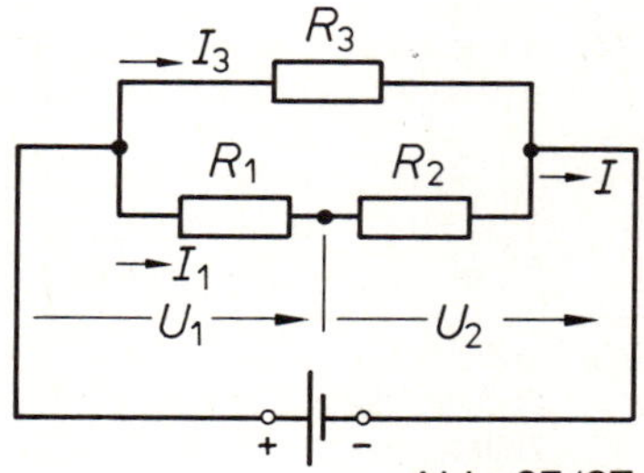

Abb. 27/**37**

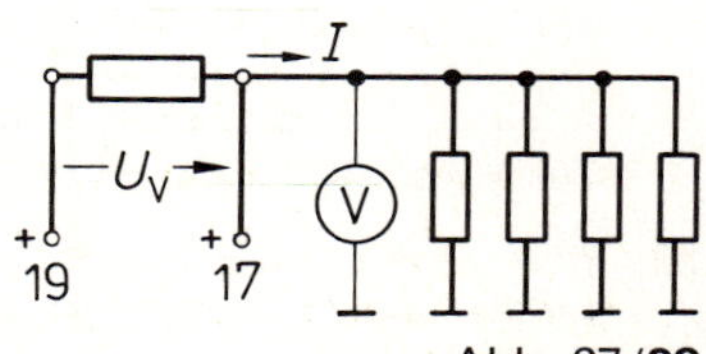

Abb. 27/**38**

27.8 Elektrische Leistung

Die elektrische Leistung ist das Produkt aus der Spannung und dem Strom. Bei 1 V Spannung und 1 A Strom ist die Leistung 1 Watt (W).

Elektrische Leistung P = Spannung $U \times$ Strom I

Wird in der Gleichung $P = U \cdot I$ die Spannung U durch $I \cdot R$ ersetzt, so ist $P = I \cdot R \cdot I = I^2 \cdot R$. Ebenso kann der Strom I durch U/R ersetzt werden, dann ist $P = U \cdot U/R = U^2/R$.
Der Wirkungsgrad bei elektrischer Leistung ist:

$$\text{Wirkungsgrad } \eta = \frac{\text{Abgegebene Leistung } P_{ab}}{\text{Zugeführte Leistung } P_{zu}}$$

Bei elektrischen Maschinen wird die abgegebene, bei elektr. Geräten die zugeführte Leistung im Typenschild angegeben.

Beispiel

Generator im Kfz, $U = 14{,}2$ V, $I = 35$ A, $\eta = 0{,}66$.
Gesucht: Abgegebene und zugeführte Leistung in W.

$P_{ab} = 14{,}2\text{ V} \cdot 35\text{ A} = 497\text{ W}$; $\quad P_{zu} = \frac{497\text{ W}}{0{,}66} = 753\text{ W}$

SI-Einheit: Watt (W)

$1\text{ W} = 1\text{ V} \cdot 1\text{ A}$

$$P = U \cdot I$$

$$I = \frac{P}{U} \qquad U = \frac{P}{I}$$

$$P = I^2 \cdot R \qquad P = \frac{U^2}{R}$$

$$I = \sqrt{\frac{P}{R}} \qquad U = \sqrt{P \cdot R}$$

$$\eta = \frac{P_{ab}}{P_{zu}}$$

$$P_{ab} = P_{zu} \cdot \eta \qquad P_{zu} = \frac{P_{ab}}{\eta}$$

Aufgaben

40. Spannung und Strom wurden gemessen, die Leistung der Glühlampen ist zu berechnen!
Fernlicht $U = 13{,}2\ (25{,}8)$ V, $I = 3{,}40\ (2{,}19)$ A
Abblendlicht $U = 12{,}8\ (24{,}7)$ V, $I = 3{,}12\ (2{,}02)$ A
Halogenlicht $U = 13{,}5\ (26{,}5)$ V, $I = 4{,}07\ (2{,}64)$ A

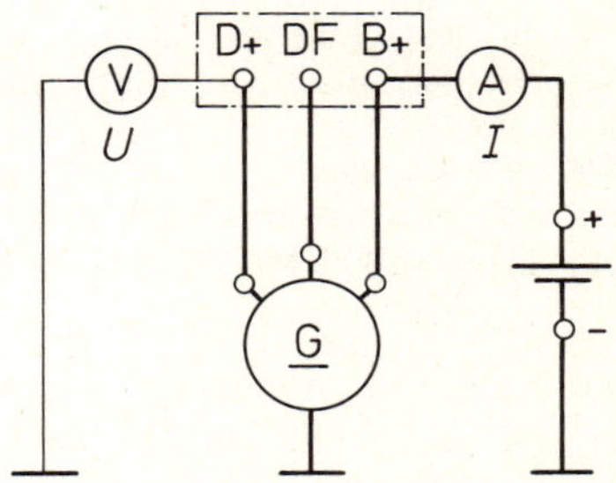

Abb. 27/**41**

41. Generator (Abb. 27/41), die fehlenden Werte sind zu berechnen!

	a)	b)	c)	d)	e)
U	= 14,4 V	14,2 V	28,5 V	28,2 V	? V
I	= 34,7 A	? A	? A	26,5 A	48 A
η	= 0,55	0,62	0,58	?	0,58
P_{ab}	= ? W	750 W	600 W	? W	? W
P_{zu}	= ? W	? W	? W	1,2 kW	1,2 kW

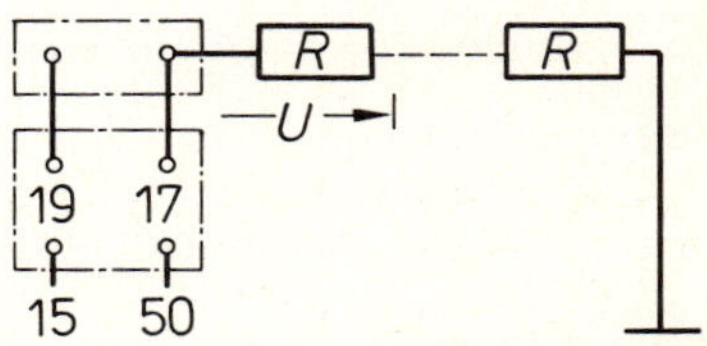

Abb. 27/**42**

42. Glühkerzen (Abb. 27/42). Gesucht sind die fehlenden Werte der Tabelle.

	a)	b)	c)	d)	e)
U	= 0,9 V	1,1 V	1,2 V	? V	? V
R	= 0,026 Ω	? Ω	? Ω	0,039 Ω	0,046 Ω
P	= ? W	64 W	60 W	50 W	62,8 W

43. Glühstiftkerzen (Abb. 27/43). Gesucht sind die fehlenden Werte in der Tabelle.

	a)	b)	c)	d)	e)
I	= 9,1 A	8,9 A	9,1 A	? A	? A
R	= 1,04 Ω	? Ω	? Ω	3,5 Ω	4,6 Ω
P	= ? W	90 W	110 W	95 W	110 W

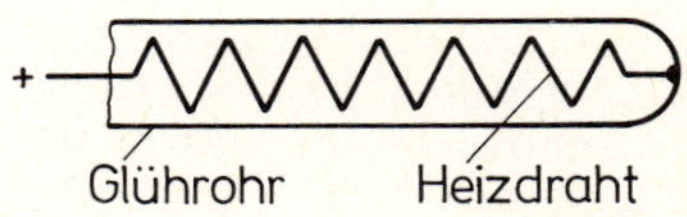

Abb. 27/**43**

44. Starter, $I = 225\ (420)$ A, $\eta = 0{,}35\ (0{,}34)$, $P_{ab} = 0{,}75\ (1{,}5)$ kW. Gesucht: Spannung U.

27.9 Elektrische Arbeit

Die elektrische Arbeit W eines Verbrauchers oder Generators ist um so größer, je größer die Leistung P und je länger die Einschaltdauer t ist. Bei 1 W Leistung und 1 s Einschaltdauer ist die elektrische Arbeit 1 Wattsekunde (Ws). Eine Wattsekunde ist die SI-Einheit der elektrischen Arbeit. Weitere Einheiten sind 1 Wattstunde (Wh) = 3600 Ws, 1 Kilowattstunde (kWh) = 1000 Wh.

Elektrische Arbeit = elektrische Leistung × Zeit

Wird in die Gleichung $W = P \cdot t$ die Leistung P durch $U \cdot I$ ersetzt, so ist $W = U \cdot I \cdot t$.

Beispiel

Ein Heizstrahler für 220 V nimmt 9 A Strom auf. Wieviel kWh elektrische Arbeit werden dem Netz entnommen, wenn er 2,5 h lang eingeschaltet ist?

$W = 220\ \text{V} \cdot 9\ \text{A} \cdot 2{,}5\ \text{h} = 4950\ \text{Wh} \qquad = 4{,}95\ \text{kWh}$

SI-Einheit: Wattsekunde

1 Ws = 1 V · 1 A · 1 s

$W = P \cdot t \qquad W = U \cdot I \cdot t$

$P = \frac{W}{t} \qquad I = \frac{W}{U \cdot t}$

$t = \frac{W}{P} \qquad t = \frac{W}{U \cdot I}$

W elektrische Arbeit
P elektrische Leistung
t Zeit, Einschaltdauer
U Spannung
I Strom

Aufgaben

45. In einer Kfz-Werkstatt sind 6 (12) Glühlampen je 60 W, 4 (5) Stück je 75 W und 4 (6) Stück je 100 W täglich 5,5 (4,5) Stunden lang eingeschaltet. 1 kWh kostet 0,12 DM.
a) Wieviel kWh werden täglich verbraucht?
b) Wie hoch sind die Stromkosten?

46. Ein Ladegerät für 220 V Netzspannung und 5,8 (3,5) A Stromaufnahme ist 8,5 (24) h in Betrieb. Gesucht: Stromkosten bei 0,12 DM/kWh.

47. Ein Starter ist 12 (15) Sekunden lang eingeschaltet (Abb. 27/47). Die Spannung ist 10,5 (18,5) V, die Stromaufnahme 950 (650) A. Wieviel Wh werden der Batterie entnommen?

48. Eine Kfz-Batterie wird mit 2,2 (2,8) A in 18,5 (19,5) h entladen (Abb. 27/48). Die mittlere Entladespannung ist 11,5 (11,2) V. Wieviel kWh wurden von der Batterie abgegeben?

49. Ein Generator gibt beim Probelauf 6,5 (10,75) Stunden lang 32 (21) A ab, bei 14,2 (28,6) V. Gesucht: Elektrische Arbeit in kWh.

50. Wie lange kann eine Glühlampe von 60 (75) W eingeschaltet sein, bis 1 kWh verbraucht ist?

51. Gesucht sind die fehlenden Werte.

		a)	b)	c)	d)
Spannung	U =	10,5 V	220 V	28 V	10,5 V
Strom	I =	480 A	1,75 A	? A	? A
Zeit	t =	12 s	? h	45 min	20 s
Arbeit	W =	? kWh	7,5 kWh	500 Wh	1870 Ws

Weitere Einheiten:

1 Wh = 3600 Ws
1 kWh = 1000 Wh
1 kWh = 3 600 000 Ws

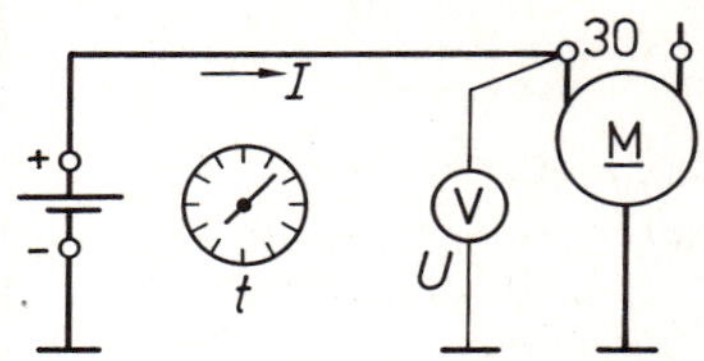

Abb. 27/**47**

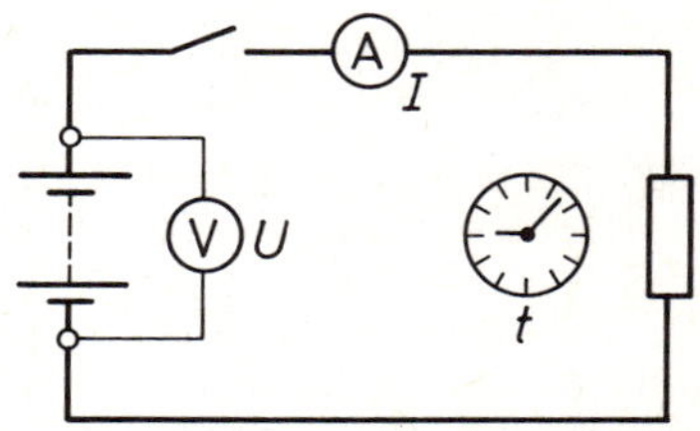

Abb. 27/**48**

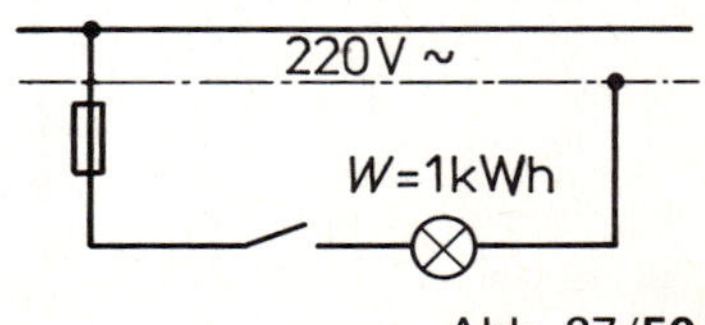

Abb. 27/**50**

27.10 Kfz-Batterie (Bleiakkumulator)

Kapazität, Wirkungsgrad

Das Speichervermögen einer Kfz-Batterie wird durch die Nennkapazität K_{20} angegeben. Man versteht darunter die Strommenge in Ah, die eine geladene Batterie bei 20stündiger Entladung und 27 °C Elektrolyttemperatur bis zur Entladeschlußspannung von 1,75 V je Zelle abgibt. Bei höherem Entladestrom und tieferer Temperatur ist die entnehmbare Strommenge kleiner. Beim Entladen ist:

Entladekapazität = Entladestrom × Entladezeit

$$K_E = I_E \cdot t_E$$

$$I_E = \frac{K_E}{t_E} \qquad t_E = \frac{K_E}{I_E}$$

Beim Laden entstehen Verluste durch Wärme und durch das Gasen, deshalb entstehen Wirkungsgrade:

$$\text{Strommengenwirkungsgrad} = \frac{\text{Entladestrommenge}}{\text{Ladestrommenge}}$$

$$\eta_{Ah} = \frac{I_E \cdot t_E}{I_L \cdot t_L}$$

$$\text{Energie-Wirkungsgrad} = \frac{\text{El. Arbeit beim Entladen}}{\text{El. Arbeit beim Laden}}$$

$$\eta_{Wh} = \frac{U_E \cdot I_E \cdot t_E}{U_L \cdot I_L \cdot t_L}$$

Beispiel

Eine Batterie wird in 20 h mit 2,2 A bei 11,5 V mittlerer Spannung entladen und in 11 h mit 4,4 A und 14 V mittlerer Spannung wieder aufgeladen. Gesucht: Strommengen- und Energie-Wirkungsgrad.

$$\eta_{Ah} = \frac{2{,}2\,\text{A} \cdot 20\,\text{h}}{4{,}4\,\text{A} \cdot 11\,\text{h}} = 0{,}9 \text{ oder } 0{,}9 \cdot 100\,\% \qquad = 90\,\%$$

$$\eta_{Wh} = \frac{11{,}5\,\text{V} \cdot 2{,}2\,\text{A} \cdot 20\,\text{h}}{14{,}0\,\text{V} \cdot 4{,}4\,\text{A} \cdot 11\,\text{h}} = 0{,}74 \qquad = 74\,\%$$

K_E Entladekapazität
I_E Entladestrom
U_E Entladespannung, Mittelw.
t_E Entladezeit
I_L Ladestrom
U_L Ladespannung, Mittelwert
t_L Ladezeit
η_{Ah} Strommengen-Wirkungsgr.
η_{Wh} Energie-Wirkungsgrad

Aufgaben

52. Eine geladene Batterie, 12 V 84 Ah, wurde 3,5 (1,25) h mit 16,5 (42) A entladen (Abb. 27/52). Wie groß ist die Entladekapazität in Ah und in % der Nennkapazität?

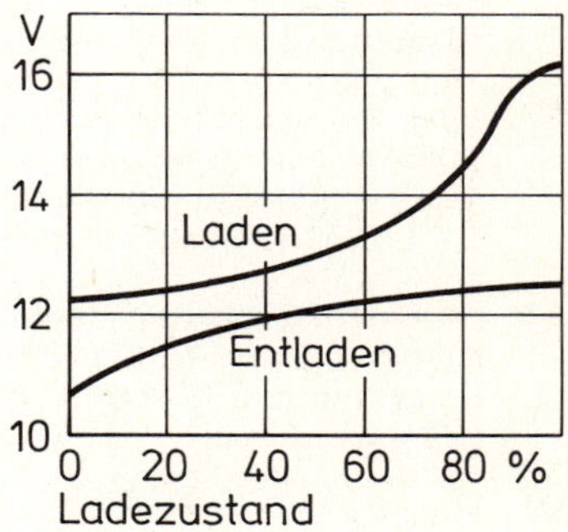

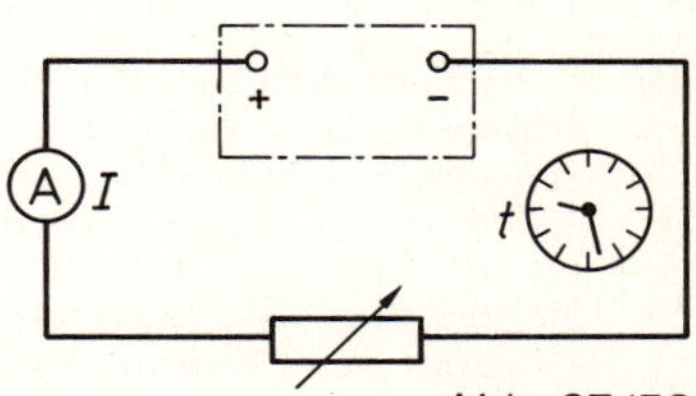

Abb. 27/**52**

53. Für die Ladung einer leeren 12 V 56 Ah (12 V 105 Ah) Batterie müssen 110 (115)% der Nennkapazität aufgewendet werden. Wie lange dauert die Ladung mit 6,5 (8,5) A Ladestrom?

54. Eine geladene Batterie, 12 V 44 Ah (12 V 56 Ah), ist bei 4,4 (4,0) A Belastung nach 8,5 (10,5) h leer. Sie wird wieder mit 3,2 (4,5) A in 13,5 (10,25) h aufgeladen. Gesucht:
a) Entladekapazität in Ah und in % von K_{20}.
b) Strommengenwirkungsgrad.

55. Zu berechnen sind: Entladekapazität, Strommengen- und Energie-Wirkungsgrad!

	a)	b)	c)	d)
I_E	= 2,75 A	4,2 A	6,7 A	0,4 A
U_E	= 11,4 V	11,2 V	11,5 V	5,6 V
t_E	= 20,5 h	19,5 h	20,25 h	19,5 h
I_L	= 5,6 A	8,4 A	14,5 A	0,8 A
U_L	= 14,2 V	14,0 V	14,1 V	7,1 V
t_L	= 11,5 h	12,25 h	10,5 h	11,5 h

27.10 Kfz-Batterie (Bleiakkumulator)

Klemmenspannung und Innenwiderstand

Wird eine Batterie mit dem Entladestrom I durch den Verbraucher R belastet, dann entsteht am Innenwiderstand R_1 der Spannungsabfall $U_1 = R_1 \cdot I$. Die Klemmenspannung im belasteten Zustand U_2 ist daher um den Spannungsabfall kleiner als die Ruhespannung U_0 der unbelasteten Batterie.

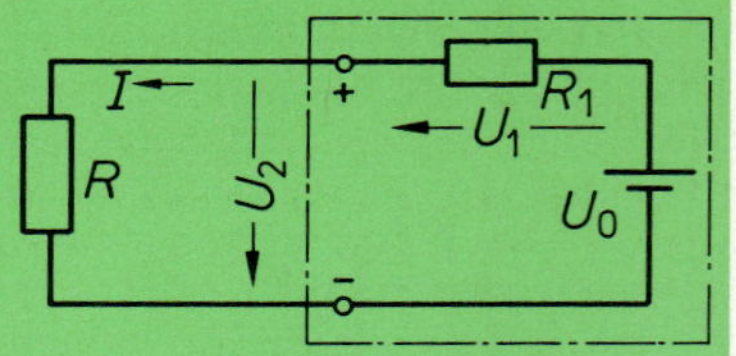

Spannung, belastet $U_2 = U_0 - U_1$ oder $U_2 = U_0 - R_1 \cdot I$

Soll der Innenwiderstand aus dem Spannungsabfall bestimmt werden, so ist nach dem Ohmschen Gesetz:

$$\text{Innenwiderstand}\, R_1 = \frac{\text{Ruhespannung}\, U_0 - \text{Spannung}\, U_2}{\text{Belastungsstrom}\, I}$$

Der Innenwiderstand ist um so kleiner, je größer die Kapazität und je besser der Ladezustand der Batterie ist. Bei niedriger Temperatur nimmt der Innenwiderstand zu. Die Berechnung aus der Kapazität ergibt daher nur angenäherte Werte.

$$U_2 = U_0 - R_1 \cdot I$$

$$R_1 = \frac{U_0 - U_2}{I}$$

Näherungsformel

$$R_1 \approx \frac{0{,}1}{K_{20}} \cdot \text{Zellenzahl}$$

Beispiel

Batterie, 12 V 36 Ah, $U_0 = 12{,}7$ V, $U_2 = 10{,}4$ V bei Belastung mit 150 A. Gesucht: Innenwiderstand.

$$R_1 = \frac{12{,}7\ \text{V} - 11{,}5\ \text{V}}{150\ \text{A}} = 0{,}0153\ \Omega \qquad = 15{,}3\ \text{m}\Omega$$

U_0 Ruhespannung, unbelastet
U_2 Klemmenspannung, bel.
I Belastungsstrom
R_1 Innenwiderstand
K_{20} Nennkapazität

Aufgaben

56. Eine Batterie, 12 V 44 Ah (6 V 10 Ah) hat 17,5 (25) mΩ Innenwiderstand und 12,3 (6,1) V Ruhespannung. Auf wieviel V sinkt die Klemmenspannung bei 180 (60) A Belastung (Abb. 27/56)?

57. Eine voll geladene Batterie 6 V 56 Ah (12 V 105 Ah) hat 6,4 (12,7) V Ruhespannung. Bei Belastung mit 150 (250) A sinkt die Spannung auf 5,4 (10,5) V. Gesucht: Innenwiderstand.

58. An einer sulfatierten Batterie sinkt die Klemmenspannung von 12,2 (12) V auf 6,5 (7,2) V bei Belastung mit 80 (50) A. Wie groß ist der Innenwiderstand in Ω?

59. Eine Batterie mit 55 (66) Ah Nennkapazität hat 12,7 (12,5) V Ruhespannung. Gesucht:
a) Innenwiderstand in Ω angenähert,
b) Klemmenspannung bei 45 (150) A Belastung.

60. Eine Starterbatterie wird mit 280 (210) A Kälteprüfstrom 30 s lang bei −18 °C belastet. Die Spannung sinkt dabei von 12,5 (12,7) V auf 8,2 (8,4) V. Gesucht: Innenwiderstand.

61. Starterbatterie, $K_{20} = 45$ (135) Ah, $U_0 = 12$ (12,2) V, Strom beim Starten 180 (750) A. Auf wieviel V sinkt angenähert die Spannung?

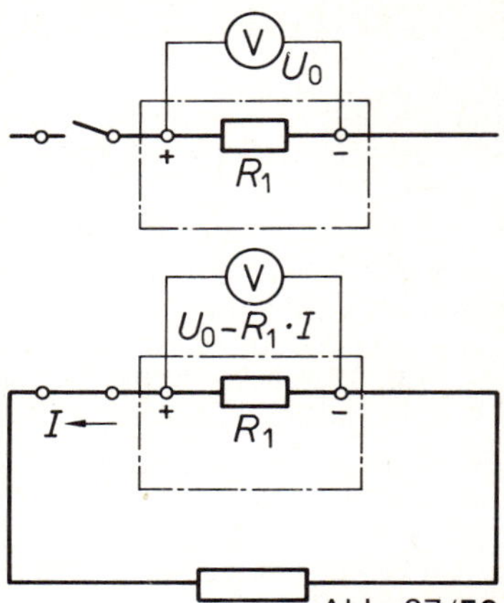

Abb. 27/**56**

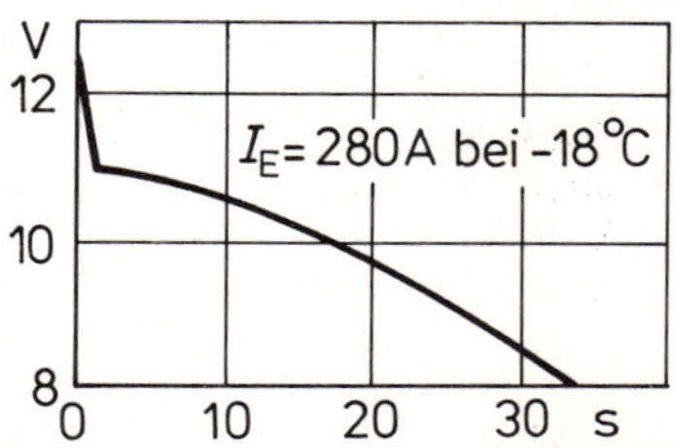

Abb. 27/**60**

27.11 Elektrische Anlage des Kfz

Aufgaben über die Beleuchtungsanlage

62. Für die Montage von Halogen-Nebelscheinwerfern, 12 V 55 W (24 V 70 W), wurden 3,70 (4,30) m Kupferleitung mit 1,5 mm^2 für 1 Scheinwerfer benötigt. Wieviel V Spannungsverlust entstehen in der Leitung?

63. Für die Anbringung einer Nebelschlußleuchte, 12 V 35 W (24 V 35 W), werden 7,50 (8,80) m Kupferleitung benötigt. Welcher Leitungsquerschnitt muß mindestens verlegt werden, wenn 0,2 V Spannungsverlust zulässig sind?

64. Für die Montage von Halogen-Fernscheinwerfern, 12 V 55 W (24 V 70 W), werden 4,80 (5,50) m Kupferleitung je Scheinwerfer benötigt. Der zulässige Spannungsabfall ist 0,2 V. Welcher Leitungsquerschnitt ist mindestens erforderlich?

65. Wie lange kann eine Warnblinkanlage für 12 (24) V und 80 (180) W Leistung mit voll geladenen Batterien, 12 V 44 Ah (12 V 105 Ah), betrieben werden?

66. An einem nachts geparkten Fahrzeug sind folgende Verbraucher $7^3/_4$ $(6^1/_2)$ Stunden lang eingeschaltet: 2 Begrenzungsleuchten je 4 (5) W, 2 Schlußleuchten je 5 (10) W, 1 Kennzeichenleuchte mit 5 (10) W. Wieviel % der Nennkapazität der Batterie, 12 V 38 Ah (12 V 84 Ah), werden verbraucht?

67. Ein Kraftfahrzeug mit 12-(24-)V-Anlage wurde versehentlich mit eingeschalteter Beleuchtung geparkt. In Betrieb sind: Abblendlicht 2 × 40 W (2 × 50 W), Begrenzungsleuchten 2 × 4 W (4 × 6 W), Schlußleuchten 2 × 5 W (2 × 10 W), Kennzeichenbeleuchtung 6 W (10 W). Nach welcher Zeit sind die zu 80% geladenen Batterien, 12 V 44 Ah (2 × 12 V 84 Ah), leer?

Aufgaben über die Starteranlage

68. An einem Pkw-Starter wurden 275 (175) A und 9,8 (10,2) V gemessen. Der Wirkungsgrad ist 0,35 (0,42). Wieviel kW Leistung gibt der Starter ab?

69. Ein Lkw-Starter hat bei 730 (490) A Stromaufnahme eine Klemmenspannung von 8,5 (16,7) V. Der Wirkungsgrad ist 0,38 (0,45). Wieviel kW gibt er ab?

70. Zum Starten eines Pkw-(Lkw-)Motors sind 0,75 (4,5) kW erforderlich. Mit wieviel A wird die Batterie belastet, wenn für den Starter 9,5 (18,5) V Klemmenspannung und 36 (44)% Wirkungsgrad angenommen werden?

71. Eine Starterleitung von 1,10 (1,90) m Länge ist mit 500 (850) A belastet. Der zulässige Spannungsabfall ist 0,5 (1) V. Gesucht: Normquerschnitt in mm^2.

72. Eine Starterleitung von 25 (35) mm^2 Querschnitt ist mit 250 (500) A belastet, wobei 0,25 (0,5) V Spannungsabfall zugelassen sind. Wieviel m lang darf die Starterleitung höchstens sein?

73. Ein Starter mit 2,2 (4,5) kW Leistungsabgabe bringt einen Dieselmotor auf eine Drehzahl von 110 (120) 1/min. Das Starterritzel hat 11 (13) Zähne, der Zahnkranz 143 (182) Zähne. Die Klemmenspannung am Starter ist 9,5 (16) V, der Wirkungsgrad 0,35 (0,38). Für die 1,90 (2,20) m lange Starterleitung sind 0,5 (1) V Spannungsabfall zugelassen. Berechnen Sie
a) die Drehzahl des Starters in 1/min und das Drehmoment in Nm!
b) den Strom in A und den genormten Mindestquerschnitt der Leitung in mm^2!

Aufgaben über Generatoren

74. An einem Gleichstromgenerator wurden 14,4 (14,6) V Spannung und eine Stromabgabe von 19,5 (28,7) A gemessen. Der Wirkungsgrad des Generators ist 0,55 (0,56). Wieviel kW Leistung werden zum Antrieb benötigt?

75. Ein Drehstromgenerator gibt bei Höchstbelastung 55 (35) A ab, wobei die Klemmenspannung 14,2 (28,4) V beträgt. Wieviel kW werden zum Antrieb des Generators benötigt, wenn der Wirkungsgrad 0,58 (0,62) beträgt?

76. Ein Drehstromgenerator gibt bei 1150 (950) 1/min Strom ab. Der Wirkdurchmesser der Keilriemenscheibe ist beim Generator 65 (80) mm, am Motor 140 (150) mm. Bei welcher Motordrehzahl beginnt die Stromabgabe?

77. An den Plusdioden und Minusdioden eines Drehstromgenerators entstehen jeweils 0,7 (0,75) V Spannungsabfall bei einer Belastung von 55 (35) A. Wieviel W Leistung gehen im Gleichrichter verloren?

78. Die Läuferwicklung eines 14-(28-) V-Drehstromgenerators besteht aus 90 (125) m Kupferdraht von 0,7 (0,6) mm Durchmesser.
a) Wie groß ist der Widerstand der Läuferwicklung in Ω?
b) Wie groß ist der Erregerstrom in A bei Vollerregung?

79. Bei der Vorerregung eines Drehstromgenerators fließt Strom von der Batterie 12 (24) V über die Kontrollampe von 2 (3) W, über die Läuferwicklung mit 4 (8) Ω Widerstand zur Masse. Wie groß ist der Vorerregerstrom in A?

Aufgaben über die Zündanlage

80. Die Primärwicklung einer 12-V-Zündspule besteht aus 18 (28) m Kupferdraht von 0,4 (0,6) mm Durchmesser. Der Zündspule ist ein Widerstand mit 0,6 (0,8) Ω vorgeschaltet. Wie groß ist der Primärstrom (Ruhestrom) in A?

81. Ein Vierzylindermotor hat eine Drehzahl von 4500 (5200) 1/min. Wie groß ist die Zündfunkenzahl je Sekunde?

82. Berechnen Sie die Anzahl der Zündfunken je Sekunde bei einem Sechszylindermotor mit einer Drehzahl von 5200 (6100) 1/min!

83. Ein Vierzylindermotor hat eine Drehzahl von 4000 (4800) 1/min und einen Schließwinkel von 52 (58)%. Wie groß ist der Schließwinkel in Grad und die Schließzeit des Unterbrechers in Sekunden je Zündung?

84. Ein Sechszylindermotor hat eine Drehzahl von 5000 (5400) 1/min und einen Schließwinkel von 62 (68)%. Wie groß ist der Schließwinkel in Grad und die Schließzeit des Unterbrechers in Sekunden je Zündung?

85. Die fehlenden Werte sind zu berechnen!

	a)	b)	c)	d)	e)
Motordrehzahl	4500 1/min	5200 1/min	5800 1/min	? 1/min	? 1/min
Zylinderzahl	4	6	6	4	6
Schließwinkel	? Grad	39 Grad	? Grad	50 Grad	40 Grad
Schließwinkel	55%	?%	71%	?%	?%
Schließzeit	? ms	? ms	? ms	0,005 s	2 ms

28 Vorbereitung auf die Abschluß- und Meisterprüfung

28.1 Berechnungen am Motor

1. Verbrennungsraum

a)	Kolbenhub	71 mm	? mm	88 mm
	Zylinderbohrung	84 mm	69 mm	? mm
	Zylinderzahl	4	4	6
	Motorhubraum	? cm^3	897 cm^3	2996 cm^3
b)	Zylinderhubraum	498 cm^3	497 cm^3	? cm^3
	Verdichtungsraum	66,4 cm^3	? cm^3	47 cm^3
	Verdichtungsverhältnis	? : 1	21 : 1	8 : 1

2. Kräfte am Kurbeltrieb

a)	Verbrennungsdruck	48 bar	? bar	75 bar
	Zylinderbohrung	87 mm	78 mm	? mm
	Kolbenkraft	? N	21 500 N	39 600 N
b)	Kolbenkraft	20 000 N	? N	? N
	Seitenkraft	? N	? N	? N
	Pleuelstangenkraft	? N	25 000 N	? N
	Tangentialkraft	? N	? N	20 000 N
	Lagerkraft	? N	? N	? N
	Kurbelverhältnis $l : r$	3,8	3,5	3,2
	Kurbelwinkel	30°	45°	60°
c)	Drehmoment	148 Nm	? Nm	525 Nm
	Umfangskraft	? N	4250 N	7500 N
	Kurbelradius	40 mm	42 mm	? mm

3. Festigkeit am Kurbeltrieb

a)	Kolbenkraft	27 700 N	? N	75 500 N
	Kolbenbolzen-Außen∅	25 mm	22 mm	42 mm
	Kolbenbolzen-Innen∅	18 mm	16 mm	? mm
	Schubspannung	? N/mm^2	65 N/mm^2	65 N/mm^2
b)	Pleuelstangenkraft	? N	29 900 N	33 000 N
	Querschnitt	265 mm^2	325 mm^2	? mm^2
	Druckspannung	74 N/mm^2	? N/mm^2	120 N/mm^2
c)	Seitenkraft	3960 N	? N	8694 N
	Zylinderbohrung	80 mm	84 mm	90 mm
	Kolbenlänge	90 mm	95 mm	? mm
	Flächenpressung	? N/cm^2	72 N/cm^2	92 N/cm^2

4. Geschwindigkeiten am Motor

a)	Kolbenhub	85 mm	? mm	78 mm
	Motordrehzahl	4200 1/min	5400 1/min	? 1/min
	Kolbengeschwindigkeit	? m/s	13,5 m/s	11,7 m/s
b)	Umfangsgeschwindigkeit	? m/s	54,9 m/s	49,0 m/s
	Motordrehzahl	4200 1/min	? 1/min	3900 1/min
	Schwungrad-Durchmesser	226 mm	233 mm	? mm
c)	Kolbengeschwindigkeit	12 m/s	? m/s	13,2 m/s
	Gasgeschwindigkeit	? m/s	140 m/s	148 m/s
	Zylinderbohrung	80 mm	84 mm	77 mm
	Lufttrichter-Durchmesser	25 mm	23 mm	? mm

5. Motorleistung

a) Zylinderbohrung	85 mm	–	75 mm
Kolbenhub	88 mm	–	61 mm
Zylinderzahl/Verfahren	6/4 Takt	– /4 Takt	4/4 Takt
Motorhubraum	–	1990 cm^3	? cm^3
mittlerer Arbeitsdruck	10,7 bar	? bar	8,5 bar
Motordrehzahl	5400 1/min	5500 1/min	? 1/min
Innenleistung	? kW	83 kW	38,2 kW
b) Nutzleistung	? kW	68 kW	51,6 kW
Innenleistung	140 kW	? kW	60 kW
mechanischer Wirkungsgrad	0,88	0,85	?
c) Nutzleistung	75,8 kW	? kW	165 kW
Motordrehzahl	? 1/min	4500 1/min	2100 1/min
Drehmoment	181 Nm	132 Nm	? Nm

6. Motorische Verbrennung

a) Kraftstoffverbrauch	8 kg/h	15,4 kg/h	? kg/h
spezifischer Heizwert	42 000 kJ/kg	42 000 kJ/kg	42 000 kJ/kg
Nutzwirkungsgrad	0,24	?	0,32
Nutzleistung	? kW	44,9 kW	135 kW
b) Kraftstoffverbrauch	100 cm^3	80 cm^3	? cm^3
Nutzleistung	50 kW	? kW	56 kW
Prüfzeit	24 s	10,5 s	17 s
spez. Kraftstoffverbrauch	? g/kWh	343 g/kWh	363 g/kWh
Kraftstoffdichte	0,85 g/cm^3	0,75 g/cm^3	0,80 g/cm^3

7. Steuerung

a) Einlaß öffnet	20° v. OT	25° v. OT	32° v. OT
Einlaß schließt	70° n. UT	75° n. UT	?° n. UT
Motordrehzahl	4500 1/min	? 1/min	4080 1/min
Ventilöffnungszeit	? s	$\frac{1}{90}$ s	$\frac{1}{85}$ s
b) Einlaß öffnet	24° v. OT	?° v. OT	30° v. OT
Einlaß öffnet	? mm v. OT	42 mm v. OT	62,8 mm v. OT
Schwungrad-Durchmesser	234 mm	219 mm	? mm
c) Länge des Ventils	148 mm	? mm	116 mm
Temperaturerhöhung	75 K	84 K	? K
Verlängerung	? mm	0,14 mm	0,12 mm
Längenausdehnungszahl	0,0000115 mm/mmK		

8. Kraftstoffanlage

a) Schwimmer-Durchmesser	24 mm	28 mm	? mm
Gewicht des Schwimmers	? g	7,9 g	12 g
Eintauchtiefe	18 mm	? mm	20 mm
Dichte des Kraftstoffs	0,74 g/cm^3	0,8 g/cm^3	0,85 g/cm^3
b) Kraftstoffbehälter			
Länge	750 mm	680 mm	? mm
Breite	360 mm	350 mm	420 mm
Höhe	240 mm	? mm	250 mm
Volumen	? l	59,5 l	? l
Masse des Kraftstoffs	? kg	47,6 kg	75 kg
Dichte des Kraftstoffs	0,75 kg/l	? kg/l	0,85 kg/l

28.2 Berechnungen am Triebwerk

9. Kraftschluß der Kupplung

a)	Motordrehmoment	147 Nm	? Nm	891 Nm
	Kupplungsscheibe Außen∅	208 mm	236 mm	350 mm
	Kupplungsscheibe Innen∅	128 mm	148 mm	? mm
	Umfangskraft	? N	1850 N	6600 N
b)	Umfangskraft	1920 N	? N	5760 N
	Belagreibungszahl	0,32	0,35	0,30
	Reibflächen	2	2	4
	Sicherheitszuschlag	1,8	2,0	?
	Anpreßkraft	? N	6300 N	8880 N
c)	Anpreßkraft	4081 N	? N	6042 N
	Kupplungsscheibe Außen∅	200 mm	228 mm	? mm
	Kupplungsscheibe Innen∅	128 mm	150 mm	128 mm
	Flächenpressung	? N/cm²	25 N/cm²	30 N/cm²

10. Betätigung der Kupplung

a)	Kupplungspedal Hebelarm	250 mm	273 mm	299 mm
	Kupplungspedal Hebelarm	50 mm	42 mm	52 mm
	Geberzylinder-Durchmesser	18 mm	20 mm	20 mm
	Nehmerzyl.-Durchmesser	24 mm	24 mm	? mm
	Ausrückgabel Hebelarm	81 mm	? mm	69 mm
	Ausrückgabel Hebelarm	48 mm	54 mm	46 mm
	gesamte Übersetzung	1 : ?	1 : 13	1 : 13,8
b)	Kupplungspedal Hebelarm	248 mm	? mm	270 mm
	Kupplungspedal Hebelarm	62 mm	55 mm	45 mm
	Ausrückhebel Hebelarm	60 mm	56 mm	68,4 mm
	Ausrückhebel Hebelarm	15 mm	16 mm	? mm
	gesamte Hebelübersetzung	1 : ?	1 : 18,2	1 : 22,8

11. Ausrückkraft und Ausrückweg

a)	Kupplungsfedern	9	9	1
	Spannkraft einer Feder	490 N	? N	6890 N
	Hebelübersetzung	1 : 21	1 : 24	1 : ?
	Betätigungskraft	? N	162 N	260 N
b)	Ausrückweg am Ausrücker	8 mm	? mm	10 mm
	Kupplungsspiel Ausrücker	2 mm	1,5 mm	2 mm
	Hebelübersetzung	1 : 9	1 : 10,4	1 : ?
	Weg am Kupplungspedal	? mm	78 mm	102 mm

12. Stufengetriebe

a)	Zähnezahl Antriebsrad	25	?	24
	Zähnezahl Vorgelegerad 1	35	48	42
	Zähnezahl Vorgelegerad 2	12	26	40
	Zähnezahl Gangrad	33	39	?
	Übersetzungsverhältnis	? : 1	2,4 : 1	1,4 : 1
b)	Drehzahl Kupplungswelle	4750 1/min	? 1/min	3850 1/min
	Drehmoment Kupplungsw.	160 Nm	? Nm	175 Nm
	Drehzahl Gelenkwelle	? 1/min	1760 1/min	2750 1/min
	Drehmoment Gelenkwelle	? Nm	460 Nm	? Nm
	Übersetzungsverhältnis	3,8 : 1	2,5 : 1	? : 1

13. Zahnradabmessungen

a)	Zähnezahl	32	?	42
	Modul	2,5 mm	3 mm	? mm
	Teilkreis-Durchmesser	? mm	144 mm	? mm
	Kopfkreis-Durchmesser	? mm	? mm	143 mm
b)	Zähnezahl 1	36	?	25
	Zähnezahl 2	48	45	39
	Modul	2,75 mm	2,5 mm	? mm
	Achsabstand	? mm	97,5 mm	96 mm

14. Kräfte am Zahnrad

a)	Drehmoment	651 Nm	? Nm	741 Nm
	Teilkreis-Durchmesser	84 mm	112 mm	? Nm
	Zahnkraft	? N	6500 N	9500 N
b)	Kraft am Zahnfuß	8460 N	? N	9464 N
	Zahndicke	5 mm	6 mm	? mm
	Zahnbreite	18 mm	24 mm	28 mm
	Schubspannung	? N/mm^2	75 N/mm^2	65 N/mm^2

15. Stufenloses Reibgetriebe und Strömungswandler

a)	Durchmesser treibend	85 mm	95 mm	112 mm
	Durchmesser getrieben	204 mm	152 mm	? mm
	Drehzahl treibend	4200 1/min	? 1/min	4250 1/min
	Drehzahl getrieben	? 1/min	2850 1/min	3400 1/min
	Drehmoment treibend	135 Nm	? Nm	160 Nm
	Drehmoment getrieben	? Nm	280 Nm	? Nm
b)	Pumpendrehzahl	3600 1/min	4000 1/min	4230 1/min
	Turbinendrehzahl	2400 1/min	? 1/min	2350 1/min
	Pumpenmoment	180 Nm	225 Nm	? Nm
	Turbinenmoment	243 Nm	450 Nm	459 Nm
	Wirkungsgrad[1])	?	0,8	0,85

16. Automatikgetriebe

a)	Sonnenrad 50 Zähne	treibend	fest	treibend
	Hohlrad 75 Zähne	fest	treibend	getrieben
	Träger	getrieben	getrieben	fest
	Übersetzung[1])	? : 1	? : 1	? : 1
b)	Arbeitsdruck	6,5 bar	? bar	2,5 bar
	Kolben-Durchmesser	90 mm	85 mm	? mm
	Anpreßkraft	? N	2724 N	1210 N

17. Achsantrieb

a)	Zähnezahl Antriebsrad	12	10	?
	Zähnezahl Tellerrad	45	39	36
	Drehzahl Antriebsrad	4500 1/min	? 1/min	3840 1/min
	Drehzahl Achswelle	? 1/min	450 1/min	? 1/min
	Drehmoment Antriebsrad	224 Nm	? Nm	185 Nm
	Drehmoment Achswelle	? Nm	312 Nm	370 Nm
b)	Antriebskegelrad	248 Umdr.	171 Umdr.	? Umdr.
	Tellerrad	62 Umdr.	? Umdr.	? Umdr.
	kurveninneres Rad	58 Umdr.	? Umdr.	34 Umdr.
	kurvenäußeres Rad	? Umdr.	48 Umdr.	22 Umdr.
	Übersetzungsverhältnis[2])	? : 1	3,8 : 1	3,5 : 1

28.3 Berechnungen am Fahrwerk

18. Achslasten und Achskräfte

a)	Fahrzeuggewicht	1250 kg	? kg	? kg
	Schwerpunktslage von VA	1377 mm	? mm	1440 mm
	Radstand	2550 mm	2750 mm	? mm
	Vorderachslast	? kg	885 kg	472 kg
	Hinterachslast	? kg	1055 kg	708 kg
b)	Fahrzeuggewicht	1540 kg	1350 kg	? kg
	Bremsverzögerung	6 m/s^2	? m/s^2	6,5 m/s^2
	Schwerpunktshöhe	580 mm	560 mm	600 mm
	Radstand	2233 mm	2500 mm	2700 mm
	dyn. Achskraftänderung [2])	? N	1633 N	2600 N

19. Lenkung

a)	Lenkradeinschlagwinkel	595°	?°	1078°
	Radeinschlagwinkel	35°	45°	?°
	Winkelübersetzung [3])	? : 1	18 : 1	15,4 : 1
b)	Bogenlänge am Lenkrad	? mm	164 mm	357 mm
	Lenkrad-Einschlagwinkel	24°	?°	100°
	Lenkrad-Durchmesser	421 mm	385 mm	? mm

20. Übersetzung des Lenkgetriebes

a)	Gangzahl der Schnecke	2	?	3
	Zähnezahl Schneckenrad	30	36	?
	Übersetzungsverhältnis	? : 1	18 : 1	14 : 1
b)	Spindelsteigung	10 mm	? mm	8 mm
	Hebelarm der Lenkwelle	30 mm	22,5 mm	? mm
	Übersetzungsverhältnis [3])	? : 1	15,7 : 1	22 : 1

21. Federung

a)	Federkraft	4200 N	? N	6375 N
	Federkonstante [3])	60 N/mm	46 N/mm	? N/mm
	Federweg	? mm	124 mm	85 mm
b)	Federbolzen-Durchmesser	10 mm	12 mm	? mm
	Auflagerkraft	2800 N	? N	5542 N
	Schubspannung	? N/mm^2	40 N/mm^2	32 N/mm^2
c)	Einrohr-Stoßdämpfer			
	Gasdruck	30 bar	? bar	34 bar
	Kolbenstangen∅	8 mm	9 mm	? mm
	K'stangenaustrittskraft [4])	? N	175 N	193 N

22. Gasfeder

a)	Kolben-Durchmesser	115 mm	78 mm	? mm
	Federkraft	8832 N	? N	8970 N
	Arbeitsdruck	? bar	6,5 bar	7,8 bar
b)	Arbeitsdruck 1	7,5 bar	8,4 bar	? bar
	Arbeitsdruck 2	? bar	9,2 bar	8,0 bar
	Gasvolumen 1	4050 cm^3	4250 cm^3	3600 cm^3
	Gasvolumen 2	3796 cm^3	? cm^3	2475 cm^3

Anmerkung

Formeln siehe Tabellenbuch Kraftfahrtechnik Best.-Nr. 351

[1]) Seite 66 [2]) Seite 67 [3]) Seite 68 [4]) Seite 157

23. Trommelbremse

a)	Fahrerfußkraft	150 N	? N	240 N
	Pedalübersetzung	1 : 5	1 : 5,8	1 : 7,2
	Hauptzylinder-Durchmesser	22 mm	21 mm	? mm
	Radzylinder-Durchmesser	24 mm	25 mm	38 mm
	Spannkraft Radzylinder	? N	1340 N	2437 N
b)	Spannkraft Radzylinder	850 N	? N	1560 N
	innere Übersetzung[5])	3,2	1,8	?
	Umfangskraft Trommel	? N	2250 N	4056 N

24. Scheibenbremse

a)	Leitungsdruck	65 bar	? bar	54 bar
	Kolben-Durchmesser	57 mm	38 mm	? mm
	Bremsbelagreibzahl	0,4	0,35	0,45
	Umfangskraft (2 Seiten)	? N	5716 N	13739 N
b)	Anpreßkraft Bremsbelag	13200 N	? N	7112 N
	Bremsbelagfläche	48 cm^2	36 cm^2	? cm^2
	Flächenpressung	? N/cm^2	236 N/cm^2	254 N/cm^2

25. Handbremse[6])

a)	Bremshebelarm 1 } zwei-	30 mm	32 mm	28 mm
	Bremshebelarm 2 } seitig	105 mm	112 mm	? mm
	Handkraft	120 N	? N	? N
	Handbremshebel-Übers.	1 : 6	1 : 7	1 : 6,5
	Spannkraft vorn	? N	? N	3250 N
	Spannkraft hinten	? N	3234 N	2600 N

26. Bremskraftverstärkung

a)	Fahrerfußkraft	150 N	? N	75 N
	Pedalübersetzung	1 : 5	1 : 6	1 : 5,4
	Membran-Durchmesser	203 mm	178 mm	152 mm
	Unterdruck	0,8 bar	0,5 bar	? bar
	Hauptzylinder-Durchmesser	24 mm	22 mm	21 mm
	Leitungsdruck	? bar	50,9 bar	27,5 bar

27. Bremsprüfung

a)	Bremskraft	7500 N	? N	8556 N
	Fahrzeugprüfgewicht	1250 kg	1530 kg	? kg
	Abbremsung	?	?	0,63
	Verzögerung	? m/s^2	5,6 m/s^2	? m/s^2
b)	Bremskraft links	2728 N	2350 N	? N
	Bremskraft rechts	3100 N	? N	2625 N
	Abweichung	?%	18% v. li	25% v. li

28. Bremskräfte an den Rädern[5])

a)	Umfangskraft Scheibe	4380 N	? N	3680 N
	Scheiben-Durchmesser	230 mm	250 mm	? mm
	Reifenhalbmesser	310 mm	305 mm	295 mm
	Bremskraft am Reifen	? N	2152 N	1250 N
b)	Bremskraft am Reifen	1260 N	? N	2070 N
	Fahrbahn-Reibungszahl	0,7	0,8	?
	Radkraft	? N	3200 N	2760 N

28.4 Berechnungen am Kraftfahrzeug

29.

Zylinderbohrung	87 mm	128 mm
Kolbenhub	92,4 mm	140 mm
Zylinderzahl/Verfahren	4/4 Takt	6/4 Takt
Verdichtung	8,7 : 1	16,2 : 1
Motordrehzahl	4800/min	2200/min
mittl. Arbeitsdruck	9,0 bar	8,0 bar
Motor-Wirkungsgrad	0,85	0,84
Triebwerk-Übersetzung	4,08 : 1	6,8 : 1
dyn. Reifenhalbmesser	300 mm	450 mm
Schwungrad-Durchmesser	260 mm	350 mm
spez. K'verbrauch	350 g/kWh	250 g/kWh

Berechnen Sie
a) Motorhubraum
b) Verdichtungsraum
c) Kolbengeschwindigkeit
d) Innenleistung
e) Nutzleistung
f) Umfangsgeschwindigkeit des Schwungrades
g) Fahrgeschwindigkeit
h) K'verbrauch für 30 s in g
i) mittl. Kolbenkraft

30.

Fahrgeschwindigkeit	157 km/h	82 km/h
Kolbengeschwindigkeit	13,0 m/s	12,0 m/s
Motorhubraum	2292 cm^3	5676 cm^3
Zylinderzahl/Verfahren	6/4 Takt	6/4 Takt
Verdichtungsraum	49,6 cm^3	59,1 cm^3
dyn. Reifenhalbmesser	300 mm	448,5 mm
Triebwerk-Übersetzung	3,89 : 1	5,8 : 1
Motor-Innenleistung	101,5 kW	110,4 kW
Motor-Nutzleistung	88,3 kW	92,7 kW
K'verbrauch in 45 s	397,4 g	283,9 g

Berechnen Sie
a) Motordrehzahl
b) Kolbenhub
c) Verdichtung
d) Zylinderbohrung
e) mittl. Arbeitsdruck
f) Motor-Wirkungsgrad
g) spezifischen Kraftstoffverbrauch

31.

Motor-Drehmoment	211 Nm	395 Nm
Motor-Drehzahl	4500/min	1600/min
K'scheibe Außen∅	238 mm	310 mm
K'scheibe Innen∅	150 mm	162 mm
Belagreibungszahl	0,32	0,35
Sicherheitszuschlag	1,8	2,0
Schaltgetriebe		
Konstante 1 z_1	28	15
Konstante 2 z_2	43	34
Gangrad 1 z_3	26	12
Gangrad 2 z_4	39	39
Achsantrieb		
Antriebskegelrad z_5	12	7
Tellerrad z_6	47	40
Triebwerk-Wirkungsgrad	0,92	0,9
dyn. Reifenhalbmesser	310 mm	455 mm

Berechnen Sie
a) Nutzleistung
b) Umfangskraft an der Kupplungsscheibe
c) Anpreßkraft der Druckplatte
d) Flächenpressung der Kupplungsscheibe
e) Übersetzung im Schaltgetriebe und Achsantrieb
f) Triebwerk-Übersetzung
g) Drehmoment an den Hinterachswellen
h) Antriebskraft an der Hinterachse
i) Fahrgeschwindigkeit

32.

Fahrzeuggewicht	1850 kg	7490 kg
Rollwiderstandszahl	0,015	0,015
Luftdichte	1,2 kg/m^3	1,2 kg/m^3
Luftwiderstandszahl	0,35	0,8
Stirnfläche des Kfz	2,04 m^2	4,8 m^2
Fahrgeschwindigkeit	108 km/h	54 km/h
Steigung	4%	6%
Übersetzung		
Achsantrieb	4,08 : 1	5,6 : 1
Schaltgetriebe	1,41 : 1	1,5 : 1
Triebwerk-Wirkungsgrad	0,94	0,92
dyn. Reifenhalbmesser	305 mm	460 mm

Berechnen Sie
a) Rollwiderstand
b) Luftwiderstand
c) Steigungswiderstand
d) Fahrwiderstand
e) Fahrleistung
f) Nutzleistung des Motors
g) Drehmoment der H'achse
h) Triebwerk-Übersetzung
i) Drehzahl des Motors
k) Drehmoment des Motors

Anmerkung
Formeln siehe Tabellenbuch Kraftfahrtechnik Best.-Nr. 351
[5]) Seite 69 [6]) Seite 161

33.	Fahrzeug-Leergewicht	1355 kg	1125 kg	Berechnen Sie
	Schwerpunktslage v. VA	1320 mm	1206 mm	a) zuläss. Gesamtgewicht
	zulässige Nutzlast	520 kg	415 kg	b) Achslasten fahrfertig
	Lage der Nutzlast v. VA	1815 mm	1876 mm	c) zulässige Achslasten
	Radstand	2750 mm	2680 mm	d) Belastungskräfte VA/HA
	ungespannte Länge der			e) Einbauhöhe der V'feder
	Schraubenfeder	431 mm	440 mm	f) Niveauänderung durch
	Federkonstante	45 N/mm	38 N/mm	Nutzlast vorn/hinten
	Reifenluftdruck	2,2 bar	2,1 bar	g) Reifenaufstandsflächen
	Straßenhaftreibungszahl	0,75	0,75	h) maximale Bremskraft

34.	Zulässiges Gesamtgewicht	1350 kg	7490 kg	Berechnen Sie
	Schwerpunktslage v. VA	1350 mm	2814 mm	a) Achslasten
	Schwerpunktshöhe	540 mm	1350 mm	b) dynamische Achskräfte
	Bremsverzögerung	6,2 m/s^2	4,6 m/s^2	c) maximale Bremskraft
	Straßenhaftreibungszahl	0,7	0,8	d) wirkliche Bremskraft
	dyn. Reifenhalbmesser	285 mm	450 mm	e) Bremskraftverteilung
	Bremsscheiben∅ vorn	220 mm	–	nach dyn. Achskräfte
	Bremstrommel∅ vorn	–	400 mm	f) Umfangskraft an der
	Radzylinder-Durchmesser	44 mm	38 mm	Bremsscheibe/-trommel
	Belagreibungszahl	0,35	–	g) Anpreßkraft Radzylinder
	innere Übersetzung	–	2,6	h) Leitungsdruck
	Radstand	2500 mm	4200 mm	i) Betätigungskraft
	Bremsfläche	32 cm^2	–	k) Flächenpressung
	Übersetzung der Bremse	1 : 75,1	1 : 64	l) Abbremsung

35.	Betätigungskraft	215 N	160 N	Berechnen Sie
	Bremspedal Hebelarm l_1	285 mm	286 mm	a) Druckstangenkraft
	Bremspedal Hebelarm l_2	57 mm	52 mm	b) Kolbenstangenkraft
	Bremsgerät-Durchmesser	203 mm	229 mm	c) Leitungsdruck
	Bremsgerät-Unterdruck	0,75 bar	0,5 bar	d) Anpreßkraft Radzylinder
	Hauptzylinder∅	23,8 mm	31,6 mm	e) Umfangskraft B'scheibe
	Radzylinder∅ vorn	50,8 mm	60 mm	f) Bremskraft an der Vor-
	Radzylinder∅ hinten	38 mm	38 mm	der- und Hinterachse
	Belagreibungszahl	0,35	0,38	g) Belastungskraft der Vor-
	Bremsscheiben∅ vorn	234 mm	250 mm	der- und Hinterachse
	Bremsscheiben∅ hinten	240 mm	254 mm	h) Bremsverzögerung
	dyn. Reifenhalbmesser	302 mm	308 mm	i) gesamte Übersetzung
	Fahrzeug-Gesamtgewicht	1865 kg	1920 kg	der Bremse vorn/hinten
	Straßenhaftreibungszahl	0,8	0,6	

36.	Vorspur gerade	25′	21′	Berechnen Sie
	Felgendurchmesser	356 mm	330 mm	a) Vorspur in mm
	Radeinschlag innen max.	43°	45°	b) Spurdifferenzwinkel
	Radeinschlag außen max.	34°	40°	c) Lenkradeinschlag in °
	Lenkrad-Durchmesser	410 mm	390 mm	d) Lenkradeinschlag in mm
	Radstand	2865 mm	2705 mm	e) kleinster Spurkreis-
	Spurweite	1525 mm	1430 mm	halbmesser außen
	dyn. Reifenhalbmesser	308 mm	304 mm	f) Fliehkraft
	Fahrgeschwindigkeit	90 km/h	126 km/h	g) max. Bodenhaftung
	bei Kurvenradius	120 m	180 m	h) kleinster Kurvenradius
	und Kurvenwinkel	135°	180°	bei gegeb. Geschwind.
	Fahrzeug-Gesamtgewicht	2130 kg	1460 kg	i) Wegunterschied der
	Straßenhaftreibungszahl	0,7	0,75	Hinterräder in der Kurve
	Lenkübersetzung innen	22,7 : 1	18,3 : 1	k) Drehzahlausgleich

28.5 Berechnungen an der elektrischen Anlage

37. Glühlampen

a)	Spannung	12,4 V	11,5 V	24,5 V
	Strom	1,50 A	? A	? A
	Leistung	? W	36,8 W	? W
	Betriebswiderstand	? Ω	? Ω	12 Ω
b)	Glühdrahtdurchmesser	0,05 mm	? mm	0,08 mm
	Strom	1,50 A	3,90 A	? A
	Stromdichte	? A/mm²	500 A/mm²	750 A/mm²

38. Kfz-Batterie (Akkumulator)

a)	Entladestrom	2,2 A	3,85 A	? A
	Entladezeit	21,5 h	? h	28 h
	Entladekapazität	? Ah	77 Ah	105 Ah
b)	Ladestrom	5,8 A	3,75 A	? A
	Ladezeit	11,5 h	? h	7,5 h
	Ladekapazität	? Ah	45 Ah	? Ah
	Entladestrom	7,5 A	? A	4,0 A
	Entladezeit	8,0 h	18,0 h	? h
	Entladekapazität	? Ah	? Ah	48,4 Ah
	Ah-Wirkungsgrad	?	0,86	0,88
c)	Entladekapazität	43,5 Ah	? Ah	76,8 Ah
	Entladespannung	11,2 V	11,1 V	11,4 V
	Ladekapazität	48,5 Ah	61,5 Ah	? Ah
	Ladespannung	13,2 V	13,5 V	13,8 V
	Energie-Wirkungsgrad	?	0,74	0,72
d)	Ruhespannung	12,2 V	12,1 V	12,0 V
	Belastungsstrom	75 A	45 A	? A
	Innenwiderstand	0,022 Ω	? Ω	0,016 Ω
	Klemmenspannung, bel.	? V	9,8 V	9,2 V

39. Starteranlage

a)	Starterstrom	175 A	? A	750 A
	Starterspannung	9,2 V	8,75 V	? V
	Abgegebene Leistung	? kW	? kW	4,86 kW
	Zugeführte Leistung	? kW	2,4 kW	13,5 kW
	Starter-Wirkungsgrad	0,38	0,35	?
b)	Starterleitung, Länge	1,40 m	1,80 m	? m
	Leitungsquerschnitt	25 mm²	? mm²	50 mm²
	Belastungsstrom	240 A	540 A	? A
	Spannungsverlust	? V	0,5 V	0,9 V
	Stromdichte	? A/mm²	? A/mm²	20 A/mm²
c)	Starterdrehzahl	900 1/min	750 1/min	? 1/min
	Abgegebene Leistung	1,1 kW	? kW	4,5 kW
	Starter-Drehmoment	? Nm	11,5 Nm	47,7 Nm
	Teilkreis∅, Ritzel	34 mm	28 mm	? mm
	Zahnkraft	? N	? N	2650 N
d)	Starterspannung	8,5 V	17,7 V	? V
	Kurzschlußstrom	560 A	? A	625 A
	Starterwiderstand	? Ω	0,012 Ω	0,014 Ω

40. Vorglühanlage, 4 Glühkerzen in Reihe

a)	Glühkerzenwiderstand	0,024 Ω	0,052 Ω	? Ω
	Glühüberwacher	0,056 Ω	0,032 Ω	0,055 Ω
	Vorwiderstand	0,088 Ω	? Ω	0,085 Ω
	Gesamtspannung	10,8 V	19,5 V	? V
	Strom	? A	? A	50 A
	Glühkerzenleistung	? W	130 W	37,5 W
b)	Glühkerzenspannung	1,4 V	0,9 V	? V
	Widerstand	0,039 Ω	? Ω	0,024 Ω
	Leistung	? W	32,4 W	60 W

41. Vorglühanlage, 4 Glühstiftkerzen parallel

a)	Glühstiftkerzenwid.	1,18 Ω	? Ω	1,04 Ω
	Spannung	10,5 V	? V	9,5 V
	Gesamtstrom	? A	20,8 A	? A
	Ersatzwiderstand	? Ω	1,15 Ω	? Ω
	Leistung je Kerze	? W	? W	? W
b)	Vorglühdauer	20 s	25 s	? s
	Strom je Kerze	4,0 A	? A	9,1 A
	Spannung an 1 Kerze	22,5 V	24 V	12 V
	Wärmemenge je Kerze	? J	3120 J	5460 J

42. Drehstromgenerator mit Gleichrichter

a)	Generatorspannung	14,4 V	28,8 V	? V
	Generatorstrom	32,5 A	? A	55 A
	Abgegebene Leistung	? W	1008 W	781 W
	Zugeführte Leistung	? W	1550 W	? W
	Wirkungsgrad	0,65	?	0,64
b)	Läuferwiderstand	? Ω	11,4 Ω	4,0 Ω
	Drahtlänge, Wicklung	52 m	? m	62,8 m
	Drahtdurchmesser	0,5 mm	0,35 mm	? mm
	Spannung	14,3 V	? V	14,0 V
	Erregerstrom	? A	2,5 A	? A
c)	Sp.-Abfall je Diode	0,65 V	0,75 V	? V
	Belastungsstrom	35 A	? A	55 A
	Gleichrichter-Verlust	? W	42 W	66 W

43. Zündanlage

a)	Schließwinkel (4 Z.-M)	50°	?°	48°
	Schließwinkel	?%	60%	?%
	Motordrehzahl	4000 1/min	3600 1/min	? 1/min
	Schließzeit	? s	? s	0,008 s
b)	Motordrehzahl	4200 1/min	? 1/min	? 1/min
	Zylinderzahl	4	6	?
	Gesamtfunkenzahl	? 1/min	9600 1/min	9600 1/min
	Funkenzahl/Zylinder	? 1/s	? 1/s	40 1/s
c)	Primärwicklung	? Ω	2,6 Ω	1,8 Ω
	Drahtlänge	48 m	? m	50 m
	Drahtdurchmesser	0,6 mm	0,7 mm	? mm
	Primärstrom	? A	4,5 A	? A
	Primärspannung	11,6 V	? V	8,1 V

29 Berechnungen aus der Werkstatt

29.1 Kegelverhältnis, Neigung

Unter dem Kegelverhältnis 1 : x versteht man das Verhältnis von Durchmesserunterschied (Verjüngung) zu Kegellänge. Der Kegel 1 : 5 verjüngt sich z. B. um 1 mm im Durchmesser auf 5 mm Kegellänge.

$$\text{Kegelverhältnis} = \frac{\text{Durchmesser } d_1 - \text{Durchmesser } d_2}{\text{Kegellänge } l}$$

Die Schräge der Mantellinie eines Kegels zu seiner Achse wird mit Neigung 1 : 2x bezeichnet. Der Kegel 1 : 5 hat z. B. eine Neigung von 1 : 10.

$$\text{Kegelneigung} = \frac{\text{Durchmesser } d_1 - \text{Durchmesser } d_2}{2 \times \text{Kegellänge } l}$$

Beim Keil versteht man unter der Neigung das Verhältnis von Höhenunterschied zu Keillänge.

$$\text{Keilneigung } 1 : n = \frac{\text{Keilhöhe } h_1 - \text{Keilhöhe } h_2}{\text{Keillänge } l}$$

Beispiel

Kegel, $d_1 = 32$ mm, $d_2 = 26$ mm, $l = 60$ mm. Wie groß ist das Kegelverhältnis?

$$\text{Kegel } 1 : x = \frac{32\text{ mm} - 26\text{ mm}}{60\text{ mm}} = \frac{1}{10} \qquad = 1 : 10$$

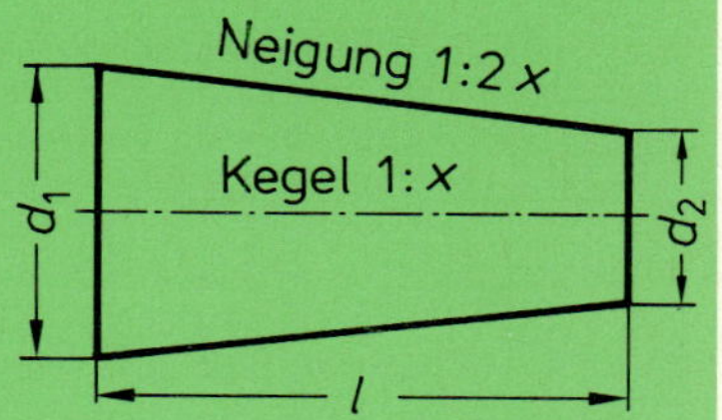

$$1 : x = \frac{d_1 - d_2}{l}$$

$$d_1 = \frac{l}{x} + d_2 \qquad d_2 = d_1 - \frac{l}{x}$$

$$1 : 2x = \frac{d_1 - d_2}{2l}$$

$$1 : n = \frac{h_1 - h_2}{l}$$

Aufgaben

1. Der Kegellehrdorn nach Abb. 29/1 hat folgende Maße: $d_1 = 16{,}9$ (17,3) mm, $d_2 = 12{,}5$ (10,8) mm, $l = 22$ (39) mm. Wie groß ist das Kegelverhältnis und das Neigungsverhältnis?

2. Der Kegelschaft (Morsekegel) eines Bohrers hat die Maße $d_1 = 9{,}21$ (12,24) mm, $d_2 = 6{,}4$ (9,37) mm, $l = 54$ (57,5) mm. Berechnen Sie das Kegelverhältnis und das Neigungsverhältnis!

3. Ein Kugelbolzen (Abb. 29/3) hat einen Kegel mit $d_1 = 16{,}2$ (18,3) mm, und $d_2 = 14{,}4$ (16,2) mm. Wieviel mm lang ist der Kegel?

4. Der Kegelstift nach Abb. 29/4 hat einen Durchmesser $d_2 = 5$ (8) mm und eine Länge $l = 40$ (65) mm. Wie groß ist der Durchmesser d_1?

5. Die fehlenden Werte sind zu berechnen!

	a)	b)	c)	d)
d_1	= 36,5 mm	34,5 mm	72,5 mm	? mm
d_2	= 29,5 mm	28 mm	? mm	75 mm
l	= 105 mm	? mm	125 mm	180 mm
1 : x	= ?	1 : 12	1 : 10	1 : 20

6. Ein Flachkeil 1 : 100 mit $h_1 = 5$ (6) mm soll 36 (56) mm lang werden. Wieviel mm ist h_2?

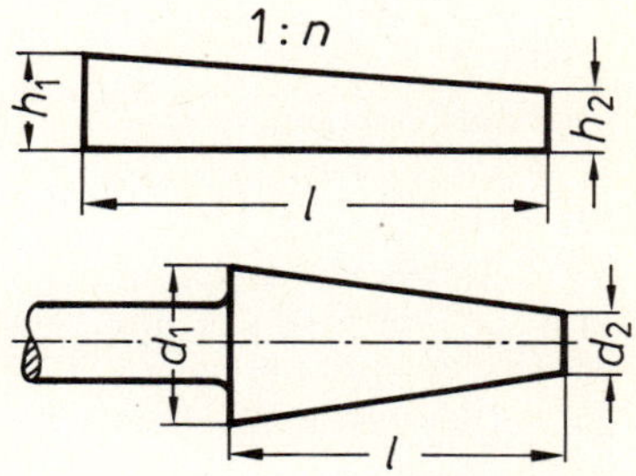

Abb. 29/**1**

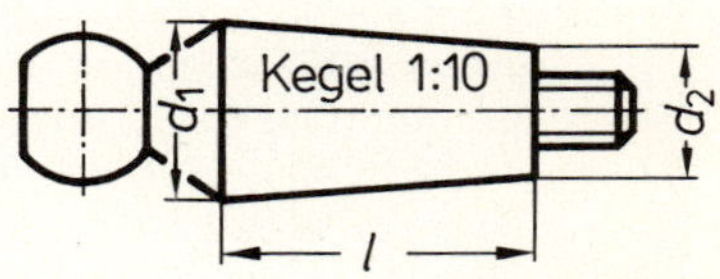

Abb. 29/**3**

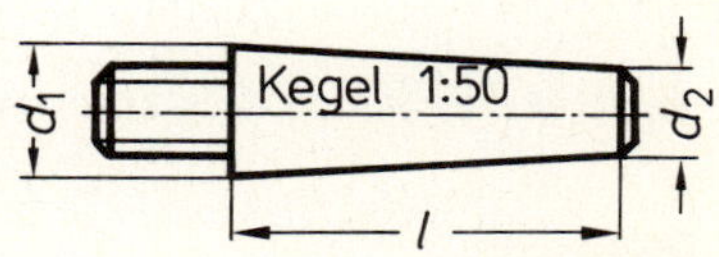

Abb. 29/**4**

29.2 Kegeldrehen

Einstellwinkel

Kurze Kegel und solche mit großer Verjüngung werden in der Regel durch Verdrehen des Oberschlittens hergestellt. Der Einstellwinkel am Oberschlitten ist gleich dem halben Kegelwinkel.

$$\text{Einstellwinkel am Oberschlitten} = \frac{\text{Kegelwinkel}}{2} = \frac{\alpha}{2}$$

Der Einstellwinkel läßt sich aus einem rechtwinkligen Dreieck mit Hilfe der Tangensfunktion errechnen. Der Tangens des Einstellwinkels ist auch gleich der Kegelneigung.

$$\tan\frac{\alpha}{2} = \frac{\text{Gegenkathete}}{\text{Ankathete}} = \frac{d_1 - d_2}{2 \cdot l} \quad \text{oder} \quad \tan\frac{\alpha}{2} = \frac{1}{2 \cdot x}$$

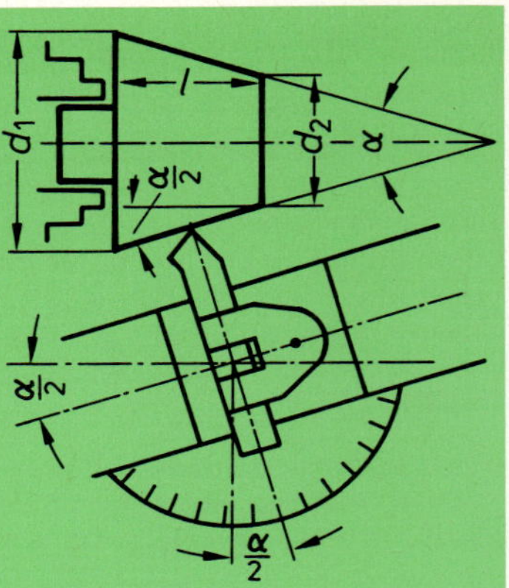

$$\tan\frac{\alpha}{2} = \frac{d_1 - d_2}{2 \cdot l}$$

Beispiel

Kegel, $d_1 = 60$ mm, $d_2 = 40$ mm, $l = 120$ mm. Wie groß ist der Einstellwinkel $\alpha/2$?

$$\tan\frac{\alpha}{2} = \frac{60\text{ mm} - 40\text{ mm}}{2 \cdot 120\text{ mm}} = \frac{20\text{ mm}}{240\text{ mm}} = \frac{1}{12} \quad = 0{,}0833$$

Aus der Tangenstabelle ergibt sich $\frac{\alpha}{2} = 4^\circ 40'$.

Reitstockverstellung, Kegel ohne Ansatz

Lange Kegel mit kleiner Verjüngung werden durch Verstellen des Reitstocks hergestellt. Dabei darf die Reitstockverstellung V_R nicht größer als $^1/_{50}$ der Werkstückslänge sein. Aus der Abbildung geht hervor:

$$\text{Reitstockverstellung } V_R = \frac{\text{Durchmesserunterschied}}{2}$$

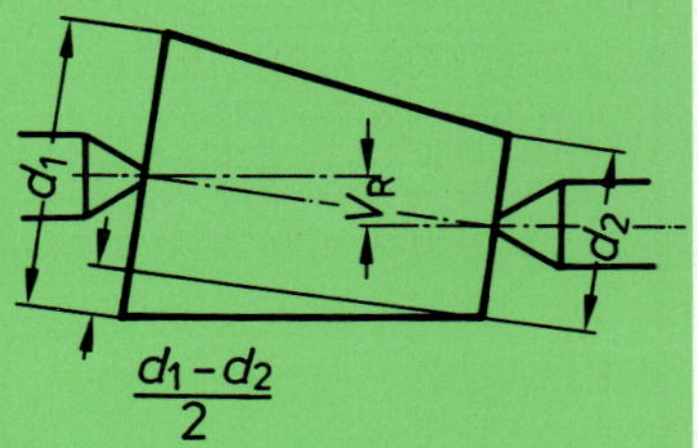

$$V_R = \frac{d_1 - d_2}{2}$$

Beispiel

Eine Stahlwelle ist kegelig zu drehen, $d_1 = 19{,}5$ mm, $d_2 = 17{,}1$ mm, $l = 250$ mm. Wie groß ist die Reitstockverstellung in mm?

$$V_R = \frac{19{,}5\text{ mm} - 17{,}1\text{ mm}}{2} \quad = 1{,}2\text{ mm}$$

Reitstockverstellung, Kegel mit Ansatz

Bei Kegeln mit Ansätzen muß das Verstellmaß auf die ganze Werkstücklänge bezogen werden, weil die Spitzenentfernung gleich der Werkstücklänge ist. Somit ergibt sich:

$$\text{Verstellung } V_R = \frac{d_1 - d_2}{2} \cdot \frac{l_1}{l} = \frac{d_1 - d_2}{2 \cdot l} \cdot l_1$$

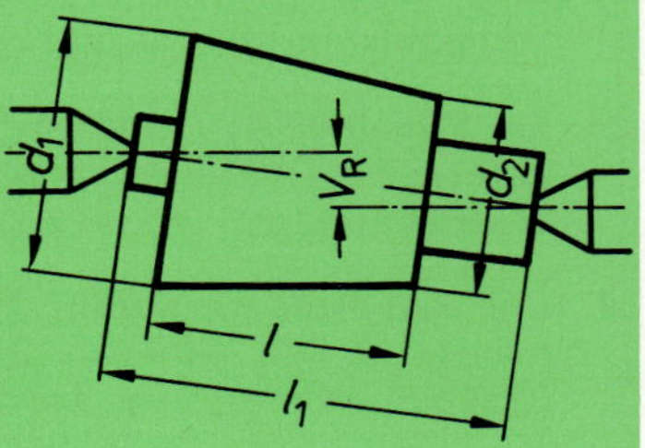

$$V_R = \frac{d_1 - d_2}{2 \cdot l} \cdot l_1$$

Beispiel

Kegelreibahle, $d_1 = 32{,}5$ mm, $d_2 = 29{,}7$ mm, Kegellänge $l = 140$ mm, Werkstücklänge $l_1 = 210$ mm. Wie groß ist die Reitstockverstellung in mm?

$$V_R = \frac{32{,}5\text{ mm} - 29{,}7\text{ mm}}{2 \cdot 140\text{ mm}} \cdot 210\text{ mm} \quad = 2{,}10\text{ mm}$$

V_R Reitstockverstellung
d_1, d_2 Kegeldurchmesser
l Kegellänge
l_1 Werkstücklänge

Aufgaben

7. Das Wellenende mit einem Kegelzapfen nach Abb. 29/7 hat folgende Maße: $d_1 = 17$ (25) mm, $d_2 = 13{,}4$ (22,2) mm, $l = 18$ (28) mm.
a) Wie groß ist der Einstellwinkel $\alpha/2$?
b) Wie groß ist das Kegelverhältnis $1 : x$?

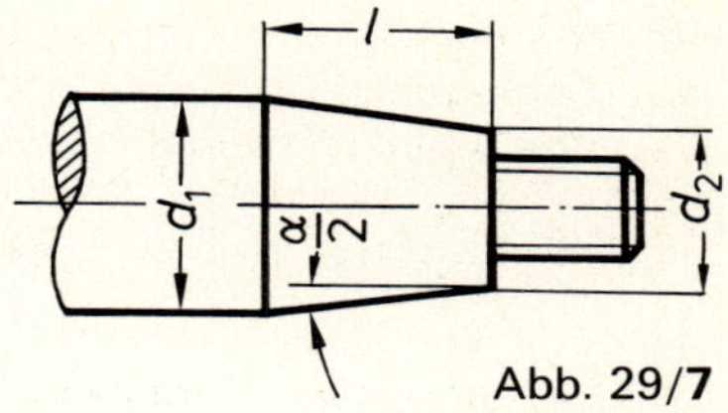

Abb. 29/**7**

8. Eine Kegellehre nach Abb. 29/8 hat die Abmessungen: $d_1 = 18{,}7$ (24,8) mm, $d_2 = 15{,}2$ (23,3) mm, $l = 21$ (22,5) mm. Zu berechnen sind:
a) der Einstellwinkel für den Kegelschaft!
b) der Einstellwinkel für die Kegellehre!
c) das Kegelverhältnis der Kegellehre!

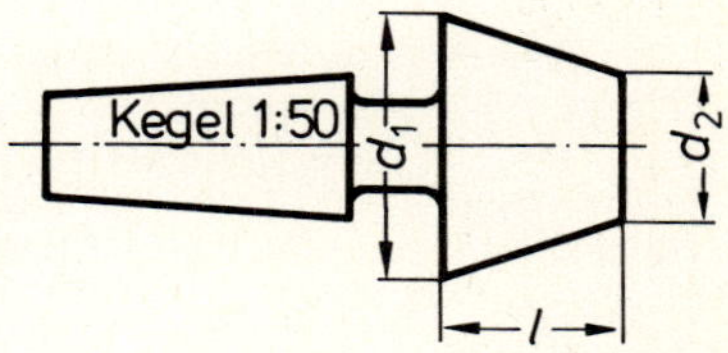

Abb. 29/**8**

9. Ein Gegengewicht aus Stahl soll die Form eines Kegelstumpfes erhalten. Die Maße sind: $d_1 = 88$ (110) mm, $d_2 = 52$ (40) mm, $l = 72$ (140) mm. Gesucht ist der Einstellwinkel $\alpha/2$.

10. Ein Rundstahl von 350 mm Länge soll ohne Ansatz kegelig gedreht werden. Die Durchmesser sind: $d_1 = 42$ (25,2) mm, $d_2 = 37$ (21,4) mm. Wie groß ist die Reitstockverstellung in mm?

11. Der Kegelgriff nach Abb. 29/11 hat folgende Abmessungen: Durchmesser $d_1 = 10$ (13) mm, $d_2 = 7$ (9) mm, Kegellänge $l = 56$ (70) mm, Werkstücklänge $l_1 = 72$ (90) mm. Wie groß ist die Reitstockverstellung V_R in mm?

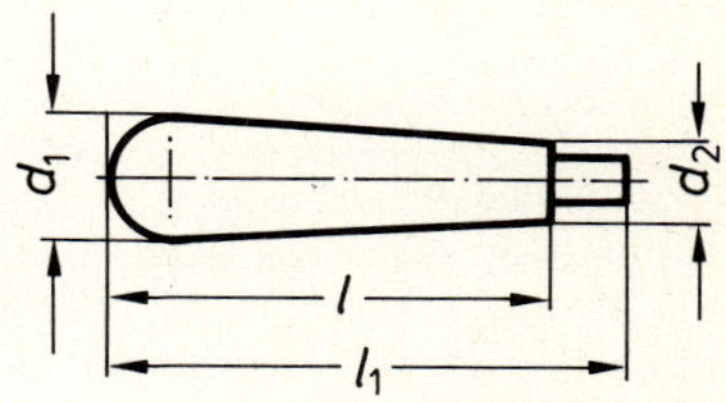

Abb. 29/**11**

12. Für die Kegelwelle nach Abb. 29/12 sind die fehlenden Werte in der Tabelle zu berechnen!

	a)	b)	c)	d)
$1:x$	$=1:30$	?	1 : 50	?
d_1	$=95$ mm	80 mm	62 mm	15 mm
d_2	$=?$ mm	73,5 mm	56,1 mm	8 mm
l_1	$=420$ mm	390 mm	350 mm	136 mm
l	$=345$ mm	325 mm	? mm	116 mm
V_R	$=?$ mm	? mm	? mm	? mm

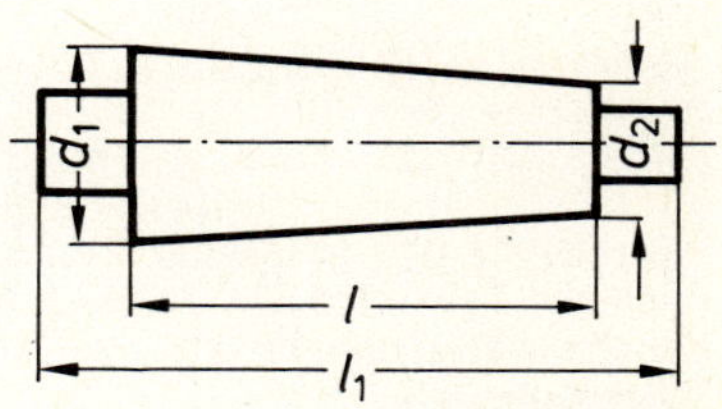

Abb. 29/**12**

13. Der Preßling für ein Antriebskegelrad nach Abb. 29/13 soll vorgedreht werden. Berechnen Sie aus den Werten der Tabelle:
die Reitstockverstellung V_R (langer Kegel)
und den Einstellwinkel $\alpha/2$ (kurzer Kegel)!

	a)	b)	c)	d)
D_1	$=35$ mm	50 mm	60 mm	31 mm
D_2	$=24$ mm	34 mm	41 mm	22,5 mm
L	$=22$ mm	30 mm	37 mm	20,5 mm
d_1	$=21$ mm	30 mm	36 mm	20 mm
d_2	$=18$ mm	25 mm	30 mm	23 mm
l	$=80$ mm	125 mm	150 mm	75 mm
l_1	$=160$ mm	225 mm	280 mm	155 mm

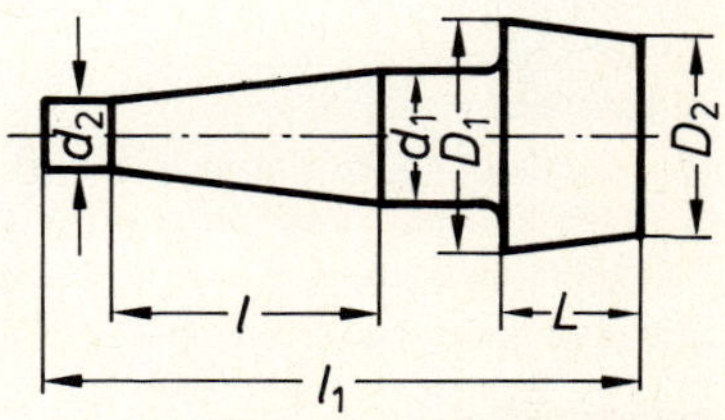

Abb. 29/**13**

29.3 Berechnungen an Zahnrädern

Bezeichnungen am Zahnrad

d	Teilkreisdurchmesser	h	Zahnhöhe
d_a	Kopfkreisdurchmesser	h_a	Zahnkopfhöhe
d_f	Fußkreisdurchmesser	h_f	Zahnfußhöhe
m	Modul	p	Teilung
z	Zähnezahl	a	Achsenabstand

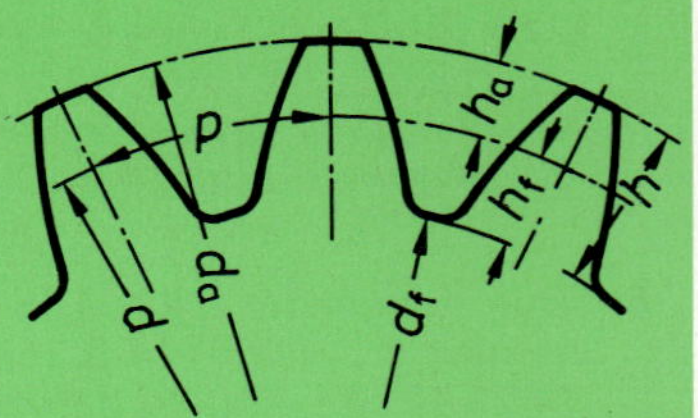

Abmessungen am Zahnrad

Der Abstand von Zahnmitte zu Zahnmitte, auf dem Teilkreis gemessen, wird mit Teilung bezeichnet. Teilung × Zähnezahl gibt den Teilkreisumfang. Um für den Teilkreisdurchmesser gerade Zahlen zu erhalten, nimmt man als Teilung ein Vielfaches von π, z. B. $2 \cdot \pi$ oder $3 \cdot \pi$. Diese Vervielfachungszahl 2 oder 3 nennt man den Modul m des Zahnrades. Der Modul ist genormt, seine Maßeinheit ist mm.

Teilung $p =$ Modul $m \times \pi$

Da Teilung × Zähnezahl gleich dem Teilkreisumfang ist, ergibt sich:

Teilkreisdurchmesser $d = \frac{m \cdot \pi \cdot z}{\pi} = m \cdot z$

Die Abmessungen der Zähne richten sich nach dem Modul. Die Höhe des Zahnkopfes ist immer gleich dem Modul. Der Zahnfuß ist wegen des erforderlichen Kopfspiels der zusammenarbeitenden Zahnräder um $^1/_6$ Modul (manchmal $^1/_4$) höher, somit ist:

Zahnkopfhöhe $h_a =$ Modul m — $h_a = m$

Zahnfußhöhe $h_f =$ Modul $+ ^1/_6$ Modul — $h_f = ^7/_6\, m$

Zahnhöhe $h =$ Zahnkopf- + Zahnfußhöhe — $h = ^{13}/_6\, m$

Aus dem Teilkreisdurchmesser und der Höhe des Zahnkopfes und des Zahnfußes ergeben sich:

Kopfkreisdurchmesser $d_a = m \cdot z + 2 \cdot m = m(z+2)$

Fußkreisdurchmesser $d_f = m \cdot z - \frac{14}{6} \cdot m = m\left(z - \frac{7}{3}\right)$

Arbeiten zwei Zahnräder zusammen, dann berühren sich die Teilkreise. Da beide denselben Modul haben, ist der Achsenabstand a gleich der Summe der Teilkreishalbmesser, somit:

$$a = \frac{d_1 + d_2}{2} = \frac{m \cdot z_1 + m \cdot z_2}{2} = \frac{m(z_1 + z_2)}{2}$$

Bei einer Innenverzahnung ist der Achsenabstand gleich der Differenz der Teilkreishalbmesser.

Beispiel

Zahnrad mit 26 Zähnen, Modul 3,0 mm. Gesucht: Teilkreis-, Kopfkreis- und Fußkreisdurchmesser.

Teilkreisdurchmesser $d = 3{,}0\text{ mm} \cdot 26 = 78\text{ mm}$

Kopfkreisdurchmesser $d_a = 3{,}0\text{ mm} \cdot (26+2) = 84\text{ mm}$

Fußkreisdurchmesser $d_f = 3{,}0\text{ mm} \cdot \left(26 - \frac{7}{3}\right) = 71\text{ mm}$

$$p = m \cdot \pi$$

$$d = m \cdot z$$

$z = \frac{d}{m}$ $\quad$ $m = \frac{d}{z}$

$$d_a = m \cdot z + 2 \cdot m$$

$$d_a = m(z+2)$$

$m = \frac{d_a}{z+2}$ $\quad$ $z = \frac{d_a}{m} - 2$

$$d_f = m \cdot z - \frac{14}{6} \cdot m$$

$$d_f = m\left(z - \frac{7}{3}\right)$$

$m = \frac{d_f}{z - 7/3}$ $\quad$ $z = \frac{d_f}{m} + \frac{7}{3}$

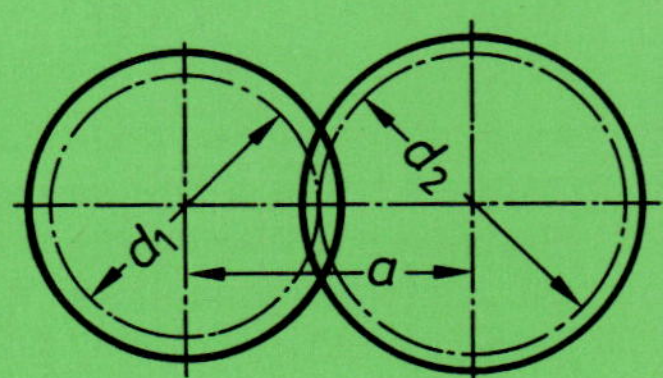

$$a = \frac{d_1 + d_2}{2}$$

$$a = \frac{m(z_1 + z_2)}{2}$$

Aufgaben

14. Von den beiden zusammenarbeitenden Zahnrädern nach Abb. 29/14 sind bekannt: Zähnezahl $z_1 = 20$ (35), $z_2 = 75$ (90), Modul $m = 2{,}5$ (3,5) mm. Zu berechnen sind: Teilung p, Teilkreisdurchmesser d, Kopfkreisdurchmesser d_a, Fußkreisdurchmesser d_f beider Zahnräder sowie der Achsenabstand a.

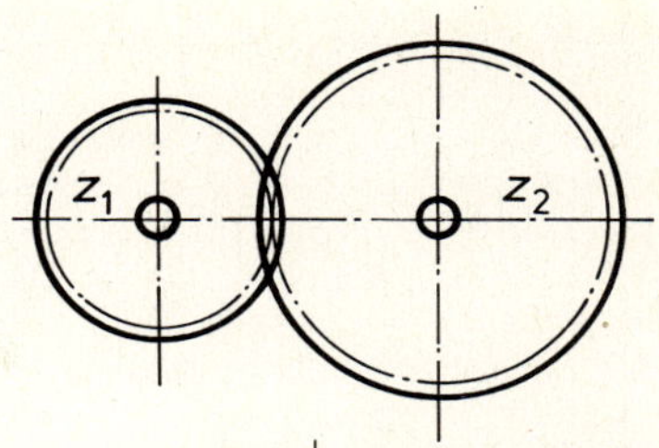

Abb. 29/**14**

15. Planetengetriebe nach Abb. 29/15, Zähnezahl des Sonnenrades $z_1 = 48$ (55), der Planetenräder $z_2 = 24$ (22), Modul $m = 1{,}5$ (2,25) mm. Wie groß ist der Achsenabstand a in mm?

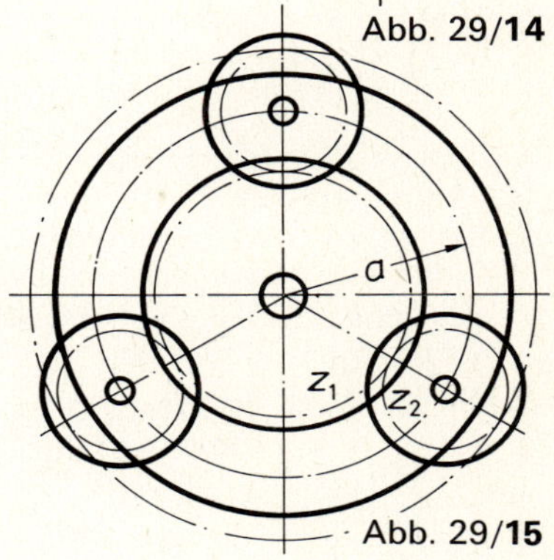

Abb. 29/**15**

16. Eine Zahnradölpumpe nach Abb. 29/16 hat zwei gleich große Zahnräder mit je 9 (11) Zähnen und einem Außendurchmesser von je 33 (32,5) mm. Wie groß ist der Achsenabstand a in mm?

17. An einem Schwungradzahnkranz wurden 98 (126) Zähne gezählt und ein Außendurchmesser von 250 (384) mm gemessen. Wie groß ist der Modul des Zahnkranzes in mm?

18. An einem abgenützten Stirnrad, für das Ersatz angefertigt werden soll, wurde ein Fußkreisdurchmesser von 41,5 (187,5) mm gemessen und eine Zähnezahl von 30 (44) festgestellt. Wie groß ist der Modul und der Außendurchmesser?

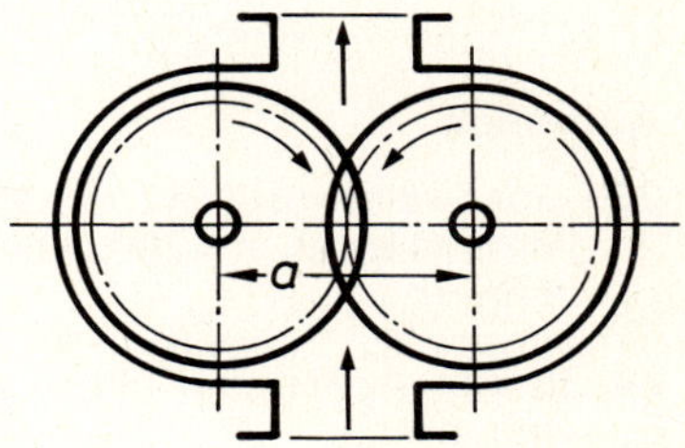

Abb. 29/**16**

19. Zwischenradgetriebe nach Abb. 29/19, Zähnezahl $z_1 = 37$ (44), $z_2 = 43$ (68), Modul $m = 2{,}5$ (2,25) mm. Wie groß muß die Zähnezahl des Zwischenrades sein, wenn der Achsenabstand $a = 260$ (180) mm betragen soll?

20. Ein Stirnräderpaar mit Modul 3,0 (1,5) mm soll eine Übersetzung von 2,5 : 1 (1,8 : 1) ergeben. Der Achsenabstand beträgt 94,5 (105) mm. Wie groß müssen die Zähnezahlen z_1 und z_2 der beiden Zahnräder werden?

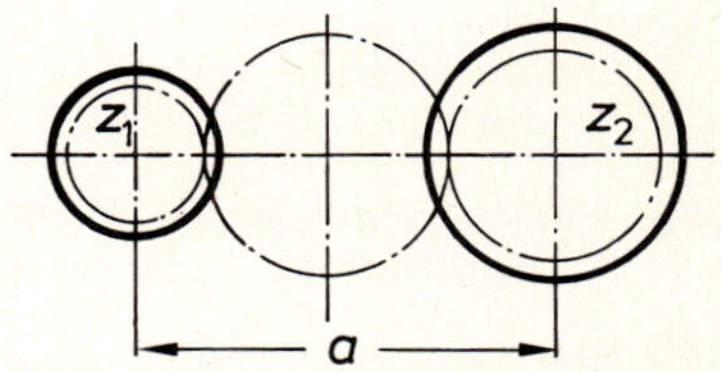

Abb. 29/**19**

21. Innenverzahnung nach Abb. 29/21, Zähnezahl $z_1 = 30$ (24), $z_2 = 96$ (84), Modul $m = 1{,}5$ (1,25) mm. Berechnen Sie: Teilkreis-, Kopfkreis- und Fußkreisdurchmesser des innenverzahnten Rades sowie den Achsenabstand a

22. Bei einer Innenverzahnung nach Abb. 29/21 soll das treibende Rad einen Teilkreisdurchmesser $d_1 = 90$ (60) mm haben. Das getriebene Rad hat $z_2 = 225$ (175) Zähne und Modul $m = 2{,}5$ (1,5) mm. Berechnen Sie den Teilkreisdurchmesser d_2 und den Achsenabstand a!

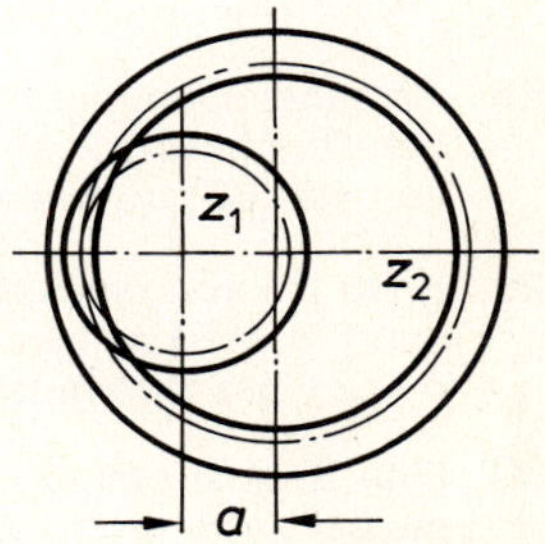

Abb. 29/**21**

29.4 Schnittgeschwindigkeit

Die Geschwindigkeit, mit der ein Span bei der spanenden Bearbeitung abgenommen wird, nennt man die Schnittgeschwindigkeit v_s. Sie ist beim Drehen gleich der Umfangsgeschwindigkeit des Werkstücks in m/min. Beim Bohren und Fräsen ist sie gleich der Umfangsgeschwindigkeit des Werkzeugs in m/min. Aus dem Durchmesser d in mm und der Drehzahl n in 1/min ergibt sich:

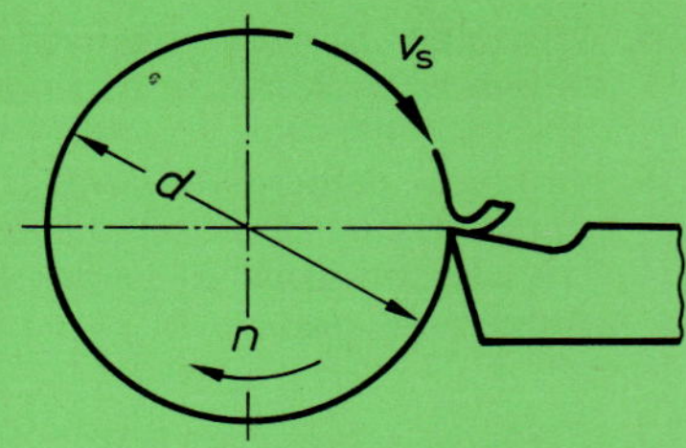

$v_s = d \frac{\text{m}}{1000} \cdot \pi \cdot n \frac{1}{\text{min}}$ oder $v_s = \frac{d \cdot \pi \cdot n}{1000} \frac{\text{m}}{\text{min}}$

$$v_s = \frac{d \cdot \pi \cdot n}{1000}$$

$d = \frac{v_s \cdot 1000}{\pi \cdot n}$ $\qquad$ $n = \frac{v_s \cdot 1000}{\pi \cdot d}$

v_s Schnittgeschwindigkeit in m/min
d Durchmesser in mm
n Drehzahl in 1/min

Beispiel

a) Dreharbeit, Werkstückdurchmesser $d = 120$ mm, Drehzahl $n = 60$ 1/min,

b) Bohrarbeit, Bohrerdurchmesser $d = 12$ mm, Drehzahl $n = 450$ 1/min.

Wie groß ist die Schnittgeschwindigkeit in m/min?

a) Drehen: $v_s = \frac{120 \cdot 3{,}14 \cdot 60}{1000} = 22{,}6$ m/min

b) Bohren: $v_s = \frac{12 \cdot 3{,}14 \cdot 450}{1000} = 16{,}9$ m/min

Aufgaben

23. Eine Welle aus St 42 mit 40 (60) mm Durchmesser wird überdreht. Die Drehzahl der Maschine ist $n = 200$ (160) 1/min. Wie groß ist die Schnittgeschwindigkeit in m/min?

24. In eine gußeiserne Platte werden Löcher mit 6 (10) mm Durchmesser gebohrt. Die Bohrmaschine hat eine Drehzahl von 1475 (950) 1/min. Mit wieviel m/min Schnittgeschwindigkeit arbeitet der Bohrer?

25. Die kleinste Drehzahl einer Handbohrmaschine beträgt 1200 (800) 1/min, der größte Bohrerdurchmesser ist 10 (12) mm. Wie groß ist hierbei die Schnittgeschwindigkeit in m/min?

26. Ein Walzenfräser von 50 (65) mm Durchmesser hat eine Drehzahl von 120 (80) 1/min. Wie groß ist die Schnittgeschwindigkeit in m/min?

27. Die niedrigste Drehzahl einer Tischbohrmaschine ist $n = 475$ (320) 1/min. Welcher größte Bohrerdurchmesser ist zulässig, wenn eine Schnittgeschwindigkeit von 15 (12) m/min nicht überschritten werden soll?

28. An einer Drehmaschine ist die niedrigste Drehzahl 125 (250) 1/min. Wie groß darf der Durchmesser eines Drehteils höchstens sein, wenn eine Schnittgeschwindigkeit von 40 (60) m/min zulässig ist?

29. Beim Bohren eines Werkstücks aus St 50 soll mindestens eine Schnittgeschwindigkeit von 18 (15) m/min erreicht werden. Wie groß muß die Drehzahl des Bohrers von 4 (12) mm Durchmesser sein?

30. Eine Bremstrommel von 210 (420) mm Durchmesser wird mit einem Hartmetalldrehmeißel ausgedreht. Wie groß darf die Drehzahl sein, wenn eine Schnittgeschwindigkeit von 50 (60) m/min möglich ist?

29.5 Hauptzeit bei Maschinenarbeiten

Unter der Hauptzeit versteht man die Zeit, während der das Werkstück verformt wird, z. B. die spanende Verformung beim Drehen oder Bohren.

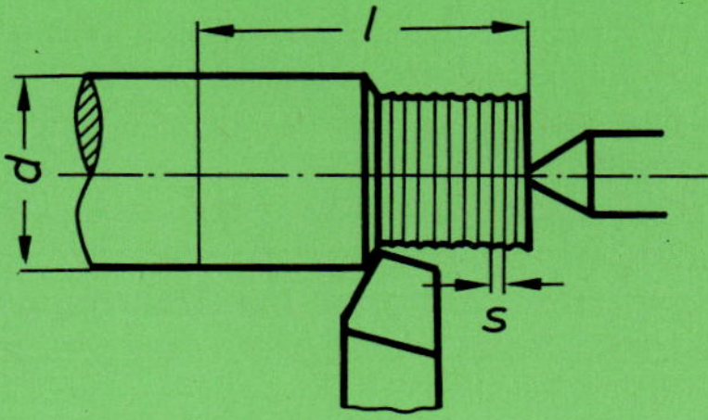

Für das Überdrehen eines Werkstücks von l mm Länge und s mm Vorschub je Umdrehung sind $l:s$ Umdrehungen und bei i Schnitten $l:s \cdot i$ Umdrehungen erforderlich. Da die Maschine für n Umdrehungen die Zeit von 1 Minute benötigt, ist:

$$\text{Hauptzeit} = \frac{\text{Umdrehungen für das Überdrehen}}{\text{Maschinendrehzahl je Minute}}\ \text{min},$$

oder $t_h = \frac{l \cdot i}{s}$ geteilt durch n, somit $t_h = \frac{l \cdot i}{s \cdot n}$

Wird die Hauptzeit aus der Schnittgeschwindigkeit errechnet, so setzt man anstelle von n den Wert $\frac{v_s \cdot 1000}{\pi \cdot d}$ ein, somit ist $t_h = \frac{\pi \cdot d \cdot l \cdot i}{v_s \cdot 1000 \cdot s}$

Beispiel
Stahlwelle überdrehen, $d = 30$ mm, $l = 360$ mm, $s = 0{,}6$ mm/Umdrehung, $v_s = 18$ m/min, $i = 2$ Schnitte.
Gesucht: Hauptzeit in min.

$$t_h = \frac{3{,}14 \cdot 30 \cdot 360 \cdot 2}{18 \cdot 1000 \cdot 0{,}6} = 6{,}28\ \text{min}$$

$$t_h = \frac{l \cdot i}{s \cdot n}$$

$$t_h = \frac{\pi \cdot d \cdot l \cdot i}{v_s \cdot 1000 \cdot s}$$

t_h Hauptzeit in min
l Drehlänge in mm
s Vorschub in mm/Umdr.
n Drehzahl in 1/min
d Rohdurchmesser in mm
v_s Schnittgeschwindigkeit in m/min
i Anzahl der Schnitte

Aufgaben

31. Die Zylinderlaufbuchse mit den Rohmaßen nach Abb. 29/31 soll vorgedreht werden.
a) Außen, 1 Schnitt, Schnittgeschwindigkeit 20 m/min, Vorschub 0,3 mm/Umdrehung.
b) Innen, 2 Schnitte, Schnittgeschwindigkeit 25 m/min, Vorschub 0,1 mm/Umdrehung.
Wie groß ist die Hauptzeit in Minuten?

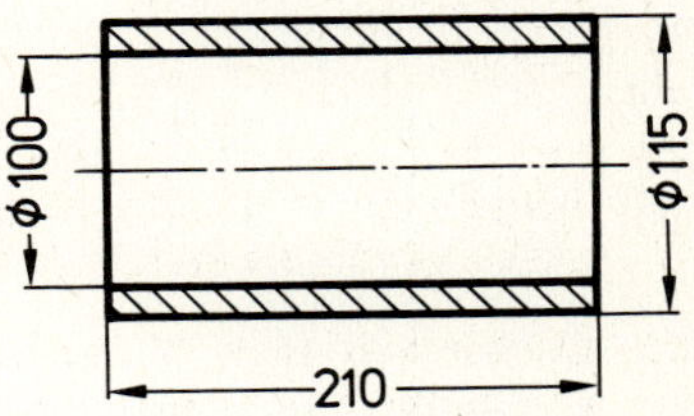

Abb. 29/**31**

32. Eine Zylinderlaufbuchse mit 150 (180) mm Länge wird mit je 1 Schnitt außen und innen vorgedreht. Der Vorschub ist auf $s = 0{,}5$ (0,4) mm/Umdrehung, die Drehzahl der Maschine auf $n = 250$ (350) 1/min eingestellt. Wie groß ist die Hauptzeit in Minuten?

33. Die Reibfläche einer Bremstrommel nach Abb. 29/33 mit $d = 220$ (320) mm und $l = 65$ (90) mm wird mit 2 Schnitten ausgedreht. Die Schnittgeschwindigkeit ist 25 (20) m/min, der Vorschub 0,2 (0,15) mm/Umdrehung. Wie groß ist die Hauptzeit in Minuten?

34. Eine Scheibe aus Gußeisen mit $d = 150$ (360) mm Durchmesser wird mit 1 Schnitt plangedreht. Die Schnittgeschwindigkeit beträgt 18 (25) m/min, der Vorschub ist 0,3 (0,5) mm/Umdrehung. Gesucht: Hauptzeit in Minuten.

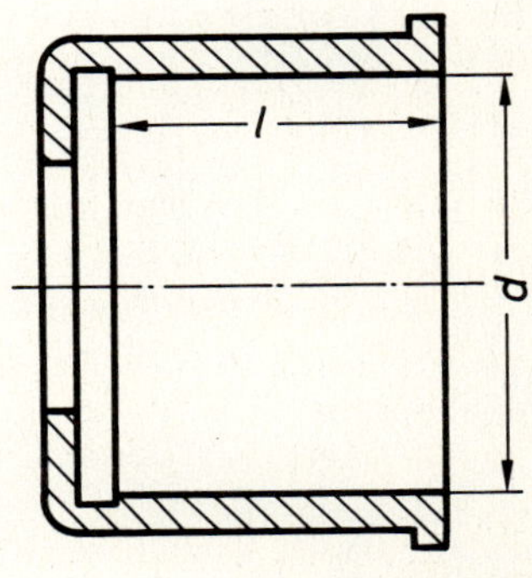

Abb. 29/**33**

29.6 Toleranzen und Passungen

Die ISO-Toleranzen sind die internationalen Normen für die Maßbestimmung in bezug auf die verlangte Genauigkeit (Qualität) bei der Fertigung. Die verschiedenen Passungsarten erhält man durch die Auswahl entsprechender ISO-Toleranzen. Man unterscheidet beim Zusammenbau von Teilen: Spielpassung, Preßpassung und Übergangspassung, bei der sowohl Spiel als auch Pressung entstehen kann.

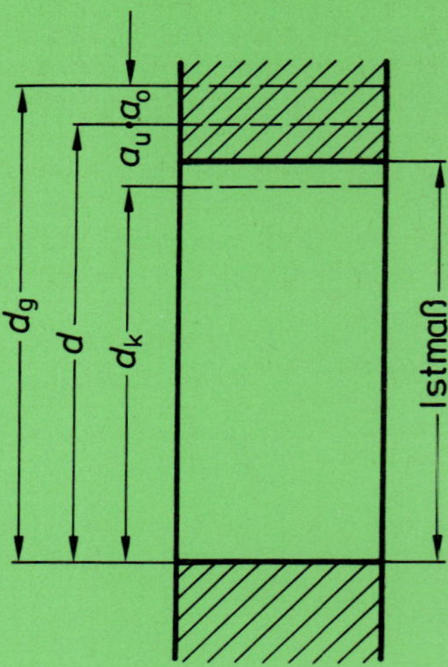

Begriffe der Maßtoleranzen

Nennmaß = in der Zeichnung angegebenes Maß
Größtmaß = größtes zulässiges Maß (Grenzmaß)
Kleinstmaß = kleinstes zulässiges Maß (Grenzmaß)
Oberes Abmaß = Unterschied, Größtmaß – Nennmaß
Unteres Abmaß = Unterschied, Kleinstmaß – Nennmaß
Toleranz = zulässige Abweichung vom Nennmaß
Spiel = Innenmaß (Bohrung) – Außenmaß
Übermaß = Außenmaß (Welle) – Innenmaß

$$d_g = d \pm a_o$$

$$d_k = d \pm a_u$$

$$t = d_g - d_k$$

d_g Größtmaß
d_k Kleinstmaß
d Nennmaß
a_o oberes Abmaß
a_u unteres Abmaß
t Toleranz

Bestimmung wichtiger Maße

Größtmaß = Nennmaß ± oberes Abmaß
Kleinstmaß = Nennmaß ± unteres Abmaß
Toleranz = Größtmaß – Kleinstmaß

ISO-Toleranzen, Beispiel

Nennmaß über ... bis	Bohrung H7	Welle, Außenmaß d9	f7	h6	k6	p6
24 ... 30	+21 0	–65 –117	–20 –41	0 –13	+15 +2	+35 +22
30 ... 40	+25 0	–80 –142	–25 –50	0 –16	+18 +2	+42 +26

Die Buchstaben H, d, f usw. bezeichnen die Lage der Toleranzen zum Nennmaß, das heißt ob Spiel oder Übermaß zwischen Bohrung und Welle besteht. Die Zahlen 6, 7, 9 bezeichnen die Größe der Toleranz oder die Qualität.

Beispiel für eine Spielpassung

Bohrung ⌀ 40^{H7}, dazugehörige Welle ⌀ 40_{d9}.

a) Größtmaß
   Bohrung 40,000 mm + 0,025 mm = 40,025 mm
   Welle 40,000 mm – 0,080 mm = 39,920 mm

b) Kleinstmaß
   Bohrung 40,000 mm + 0,000 mm = 40,000 mm
   Welle 40,000 mm – 0,142 mm = 39,858 mm

c) Toleranz
   Bohrung 40,025 mm – 40,000 mm = 0,025 mm
   Welle 39,920 mm – 39,858 mm = 0,062 mm

d) Größtspiel 40,025 mm – 39,858 mm = 0,167 mm

e) Kleinstspiel 40,000 mm – 39,920 mm = 0,080 mm

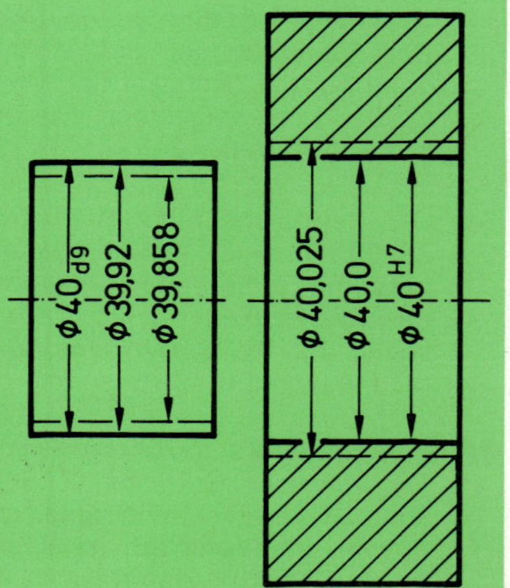

Aufgaben

35. Berechnen Sie die fehlenden Werte in der Tabelle!

		a)	b)	c)	d)	e)	f)
Nennmaß	d	$=40$ mm	50 mm	30 mm	60 mm	50 mm	40 mm
Oberes Abmaß	a_o	$=+0{,}014$	$-0{,}019$	0,000	$-0{,}060$	$+?$	?
Unteres Abmaß	a_u	$=-0{,}006$	?	$-0{,}019$	$-?$	$+0{,}007$	?
Toleranz	t	$=?$	0,016	?	0,046	0,018	?
Größtmaß	d_g	$=?$	?	?	?	?	39,938
Kleinstmaß	d_k	$=?$	?	?	?	?	39,891

36. Eine Grenzrachenlehre für 40 (68) mm Durchmesser trägt auf der Gutseite die Aufschrift +0,035 (−0,010), auf der Ausschußseite +0,018 (−0,023).
a) Wie groß sind die beiden Grenzdurchmesser?
b) Wie groß ist die Toleranz?

37. Die Bohrung eines Zylinders hat einen Durchmesser von 85 (75) mm. Das obere Abmaß beträgt +0,022 (+0,019) mm, das untere Abmaß 0 (0) mm. Wie groß sind: Größtmaß, Kleinstmaß und Toleranz?

38. Eine Ventilführung hat im Normalmaß 14,0 mm und in der Reparaturstufe 14,2 mm Außendurchmesser. Die Abmaße betragen +0,039 mm und +0,028 mm. Berechnen Sie jeweils das Größtmaß, das Kleinstmaß und die Toleranz.

39. Eine Ventilführung hat außen folgende Maße: Nennmaß 14,0 mm, Größtmaß 14,013 mm, Kleinstmaß 14,007 mm. Die Maße für die Bohrung im Zylinderkopf sind: Größtmaß 14,006 mm, Kleinstmaß 14,0 mm. Berechnen Sie die oberen und unteren Abmaße sowie das größte und kleinste Übermaß!

40. Das Nennmaß eines Ventilsitzringes ist 48 mm, seine Abmaße sind +0,100 mm und +0,090 mm. Die Abmaße der Bohrung betragen +0,016 mm und 0 mm.
a) Wie groß sind Größtmaß, Kleinstmaß und Toleranz jeweils von Bohrung und Ventilsitzring?
b) Wie groß ist das größte und das kleinste Übermaß?

41. Die Pleuellagerung auf der Kurbelwelle hat einen Nenndurchmesser von 50 mm. Die Abmaße der Welle sind −0,035 mm und −0,045 mm, die Abmaße der Lagerbohrung sind +0,020 mm und −0,010 mm.
a) Bestimmen Sie Größtmaß, Kleinstmaß und Toleranz von Bohrung und Welle!
b) Wie groß ist das Größtspiel und das Kleinstspiel?

42. Entnehmen Sie aus der Tafel für ISO-Toleranzen die oberen und die unteren Abmaße für die folgenden Nennmaße!

a)	b)	c)	d)	e)	f)
$\varnothing\, 8^{H6}_{h5}$	$\varnothing\, 20^{H7}_{p6}$	$\varnothing\, 145^{H8}_{e9}$	$\varnothing\, 38^{H7}_{n6}$	$\varnothing\, 90^{H7}_{f7}$	$\varnothing\, 53^{H6}_{g5}$

43. Für die Bohrung $\varnothing\, 60^{H7}$ sind die Abmaße 0 mm und +0,030 mm und für die Welle $\varnothing\, 60_{e8}$ sind sie −0,060 mm und −0,106 mm.
a) Wie groß sind Größtmaß, Kleinstmaß und Toleranz?
b) Wie groß ist das Größtspiel und das Kleinstspiel?

30 Kostenrechnen im Kfz-Betrieb

30.1 Lohnberechnung

Zeitlohn

Der Zeitlohn wird nach der Dauer der Arbeitszeit, also nach Stunden, Wochen oder Monaten berechnet.

Beispiel

Arbeitszeit 176 Stunden, Stundenlohnsatz 13,75 DM.
Zeitlohn (brutto) = 13,75 DM/h · 176 h = 2420,– DM

Leistungslohn

Leistungslohn liegt vor, wenn der Lohn nach dem Ergebnis der Arbeitsleistung berechnet und die zur Ausführung der Arbeit notwendige Zeit oder das für die Arbeit zu zahlende Entgelt vorher festgelegt wird, z. B. bei Akkord-, Prämien-, Stück- oder AW-Lohn.

Der Leistungslohn errechnet sich aus den Leistungslohnstunden und dem Leistungslohnsatz oder aus dem Lohn für Normalleistung und der Zulage für Mehrleistung. Die Normalleistung ist die Leistung, die von einem geeigneten Arbeiter nach ausreichender Einarbeitung bei normalem Kräfteeinsatz erzielt wird. Mehrleistung ist der Unterschied zwischen erzielter Istleistung und verlangter Solleistung unter Anrechnung der Mitarbeit der Auszubildenden. Der Werkstattfaktor gibt die Solleistung, der Leistungsfaktor die Istleistung eines Gesellen in der Stunde an.

Nicht verschuldete Arbeitsunterbrechungen während der Arbeit im Leistungslohn, Arbeiten ohne Vorgabewerte und Aufträge der eigenen Werkstatt werden im Einzelfall besonders erfaßt und in der Regel mit dem durchschnittlichen Leistungslohnsatz vergütet.

Beispiel

Arbeitszeit im Leistungslohn 175 h, Stundenlohnsatz 13,20 DM, Mehrarbeit 525 AW, AW-Zulage 1,04 DM.

Lohn für Normalleistung	= 13,20 DM · 175	= 2310 DM
Mehrleistungszulage	= 525 · 1,04 DM	= 546 DM
Leistungslohn (brutto)		= 2856 DM

Lohnzuschläge

Zum Stundenlohn werden folgende Zuschläge bezahlt: Für Mehrarbeit 25%, für Nachtarbeit von 19.00 bis 6.00 Uhr 50%, für Arbeit an Sonntagen 50% und an gesetzlichen Feiertagen 100%.

Die Zuschläge werden bei Zeitlohnarbeitern aus dem tatsächlichen Stundenverdienst, bei Leistungslohnarbeitern aus dem Durchschnittslohn der laufenden Lohnperiode errechnet. Beim Zusammentreffen mehrerer Zuschläge gelten besondere Tarif-Vereinbarungen.

Bruttoarbeitslohn
= Zeit- bzw. Leistungslohn
+ Lohnzuschläge

Zeitlohn
= Zeitlohnstunden
× Stundenlohnsatz

Leistungslohn
= Leistungslohnstunden
× Leistungslohnsatz

Leistungslohn
= Lohn für Normalleistung
+ Mehrleistungszulage

Lohn für Normalleistung
= Leistungslohnstunden
× Stundenlohnsatz

Mehrleistungszulage
= Mehrleistung in AW
× AW-Zulage

Mehrleistung in AW
= gesamte Istleistung
– Solleistung
– Anrechnung Azubi

Mehrleistung in %

$$= \frac{\text{Mehrleistung in AW} \cdot 100}{\text{Solleistung in AW}}$$

AW-Zulage entweder nach Betriebsvereinbarung oder
AW-Zulage

$$= \frac{\text{Stundenlohnsatz}}{\text{Werkstattfaktor}}$$

Leistungsfaktor (LF)

$$= \frac{\text{Istleistung in AW}}{\text{Zeitaufwand in Std.}}$$

Leistungsfaktor in %

$$= \frac{\text{Istleistung in AW} \cdot 100}{\text{Solleistung in AW}}$$

Leistungslohnsatz

$$= \frac{\text{Stundenlohnsatz} \cdot \text{LF in \%}}{100}$$

Aufgaben

Die für die Lohnberechnung erforderlichen Daten in den folgenden Aufgaben wurden aus den Lohnkarten eines Kfz-Betriebs entnommen. Der Abrechnungszeitraum ist ein Monat.

1. Arbeitszeit 174 (176) h
Stundenlohnsatz 13,52 (13,65) DM
Gesucht: Bruttoarbeitslohn.

2. Arbeitszeit 178 (172) h
Arbeitslohn 2358,50 (2227,40) DM
Gesucht: Stundenlohnsatz.

3. Stundenlohnsatz 13,65 (13,78) DM
Arbeitslohn 2484,30 (2411,50) DM
Gesucht: Arbeitszeit.

4. Arbeit im Leistungslohn 164 (178) h
Bruttolohn 2525,60 (2883,60) DM
Gesucht: Leistungslohnsatz.

5. Regelmäßige Arbeitszeit 168 (176) h
Mehrarbeit 16 (12) h
Stundenlohnsatz 12,84 (13,28) DM
Gesucht: Bruttoarbeitslohn.

6. Arbeitszeit 174 (182) h
davon Nachtarbeit 8 (16) h
Stundenlohnsatz 12,96 (13,60) DM
Gesucht: Bruttoarbeitslohn.

7. Arbeit im Leistungslohn 172 (180) h
Leistungsfaktor 120 (125)%
Stundenlohnsatz 12,75 (13,40) DM
Gesucht: Bruttoarbeitslohn.

8. Arbeit im Leistungslohn 176 (168) h
Stundenlohnsatz 13,50 (13,60) DM
Mehrleistung 22 (17,5)%
Gesucht: Bruttoarbeitslohn.

9. Arbeit im Leistungslohn 175 (164) h
Stundenlohnsatz 13,44 (13,64) DM
Mehrleistung 375 (364) AW
AW-Zulage 1,12 (1,10) DM
Gesucht: Bruttoarbeitslohn.

10. Arbeit im Leistungslohn 194 (183) h
davon Mehrarbeit 18 (15) h
Leistungsfaktor 115 (120)%
Stundenlohnsatz 12,80 (13,60) DM
Gesucht: Bruttoarbeitslohn.

11. Arbeit im Leistungslohn 178 (172) h
Istleistung 2670 (2580) AW
Solleistung 2136 (2150) AW
Stundenlohnsatz 13,56 (13,48) DM
AW-Zulage 1,20 (1,15) DM
Gesucht: Bruttoarbeitslohn.

12. Arbeit im Leistungslohn 175 (172) h
Istleistung 2520 (2580) AW
Werkstattfaktor 12 (12,5) AW/h
Stundenlohnsatz 12,84 (13,75) DM
AW-Zulage 1,– (1,10) DM
Gesucht: Bruttoarbeitslohn.

13. Arbeit im Leistungslohn 170 (168) h
Werkstattfaktor 12,5 (12) AW/h
Istleistung 2555 (2420) AW
Stundenlohnsatz 14,– (14,40) DM
Gesucht: Bruttoarbeitslohn.

14. Arbeit im Leistungslohn 180 (172) h
Mitarbeit eines Azubi 60 (48) h
gesamte Istleistung 2826 (2762) AW
Werkstattfaktor 12 (12,5) AW/h
Anrechnung Azubi 3 (2) AW/h
Stundenlohnsatz 13,08 (13,54) DM
AW-Zulage 1,10 (1,15) DM
Gesucht: Bruttoarbeitslohn.

15. Arbeit im Leistungslohn 184 (186) h
davon in Mehrarbeit 16 (12) h
Mitarbeit eines Azubi 44 (62) h
gesamte Istleistung 2760 (2942) AW
Werkstattfaktor 12,5 (12) AW/h
Anrechnung Azubi 3 (2,5) AW/h
Stundenlohnsatz 13,25 (13,68) DM
Gesucht: Bruttoarbeitslohn.

16. Arbeitszeit 175 (176) h
Leistungslohnanteil 72 (75)%
Istleistung 1890 (1980) AW
Werkstattfaktor 12 (12,5) AW/h
Stundenlohnsatz 13,20 (14,–) DM
Gesucht: Bruttoarbeitslohn, wenn der Zeitlohnanteil a) mit dem Stundenlohnsatz (wegen Leerlauf), b) mit dem Leistungslohnsatz (Lohnfortzahlung bei Krankheit) vergütet wird.

17. Arbeitszeit 177 (168) h
Zeitlohnanteil 32 (40) h
Mitarbeit eines Azubi 52 (65) h
gesamte Istleistung 2192 (2179) AW
Werkstattfaktor 12 (12,5) AW/h
Anrechnung Azubi 2 (3) AW/h
Stundenlohnsatz 13,80 (13,75) DM
Gesucht: Bruttoarbeitslohn, wenn der Zeitlohnanteil (Urlaub) mit dem Leistungslohnsatz vergütet wird.

30.2 Lohnabrechnung

Steuerpflichtiger Arbeitslohn

Zum steuerpflichtigen Arbeitslohn rechnen alle laufende und einmalige Einnahmen, die der Arbeitnehmer aus einem Dienstverhältnis erhält: Löhne, Gehälter, Provisionen, Zuschläge für Mehrarbeit, Lohnfortzahlung bei Krankheit, Urlaubslohn, Urlaubsgeld, Lohn für bezahlte Feiertage sowie vermögenswirksame Leistungen (VL) des Arbeitgebers bis 624 DM im Jahr.

Steuerfreie Bezüge

Steuer- und sozialversicherungsfrei sind unter anderem:
- Zuschläge für Nacht-, Sonntags-, Feiertagsarbeit,
- Jubiläumsgeschenke (nach 25 Jahren bis 1200 DM),
- Heirats- und Geburtsbeihilfen bis 700 bzw. 500 DM.

Bei vermögenswirksamer Leistung erhält der Arbeitnehmer eine steuerfreie Sparzulage in Höhe von 30% der VL (40% bei 3 und mehr Kindern).

Lohnsteuer

Der Arbeitgeber muß die Lohnsteuer einbehalten. Die Grundlage für die Berechnung bilden die Steuertabellen und die Lohnsteuerkarte. Letztere enthält: Steuerklasse, Familienstand, Kinderzahl, Religion und ggf. einen Freibetrag, der vor Anwendung der Steuertabelle vom steuerpflichtigen Lohn abgezogen wird.

Kirchensteuer

Die Kirchensteuer wird von allen Arbeitnehmern erhoben, die einer kirchensteuerberechtigten Konfession (ev, rk, ak) angehören. Sie beträgt 8% bzw. 9% (je nach Bundesland) der einbehaltenen Lohnsteuer.

Sozialversicherungsbeiträge

Die Beiträge zur Kranken-, Renten- und Arbeitslosenversicherung werden vom Arbeitgeber und Arbeitnehmer je zur Hälfte getragen und an Hand von Beitragsabzugstabellen an die Krankenkasse abgeführt.

Beispiel: Lohnabrechnung vom 01.03. bis 31.03.1980

Lohn = 13,20 DM/h · 176 h	= 2323,20 DM
VL des Arbeitgebers	= 52,00 DM
Steuerpflichtiger Arbeitslohn	= 2375,20 DM
Lohnsteuer, Steuerklasse I	= 401,90 DM
Kirchensteuer (8%)	= 32,15 DM
Krankenversicherungsbeitrag	= 130,53 DM
Rentenversicherungsbeitrag	= 213,59 DM
Arbeitslosenversicherungsbeitrag	= 35,60 DM
VL (vermögenswirksam angelegt)	= 52,00 DM
Nettobetrag	= 1509,43 DM
Sparzulage = 52,00 DM · 0,3	= 15,60 DM
Auszahlungsbetrag	= 1525,03 DM

Steuerklassen:

I	Ledige unter 50 Jahren ohne Kinder
II	Ledige ab 50 Jahre und Ledige mit Kindern
III	Verheiratete, Ehegatte kein Arbeitslohn
IV	Verheiratete, beide mit Arbeitslohn
V	Verheiratete, beide Arbeitslohn, Ehegatte in III
VI	Arbeitnehmer mit mehreren Arbeitsverhältnissen

Zeit- bzw. Leistungslohn
+ Mehrarbeitszuschlag
+ Lohnfortzahlung
+ Urlaubslohn
+ Urlaubsgeld
+ Feiertagslohn
+ VL des Arbeitgebers

steuerpflichtiger Lohn
+ steuerfreie Bezüge

Bruttoarbeitslohn

Steuerpflichtiger Lohn
− Lohnsteuer
− Kirchensteuer
− KV-Beitrag
− RV-Beitrag
− AV-Beitrag
− VL (Anlage)
− Vorschuß, Abschlag

Nettobetrag
+ steuerfreie Bezüge
+ Sparzulage

Auszahlungsbetrag

Steuerpflichtiger Betrag in der Steuertabelle
= steuerpflichtiger Lohn
− Freibeträge der LSt-Karte

Beitragssätze für 1980:

Krankenversicherung	≈ 11%
Rentenversicherung	18%
Arbeitslosenversicherung	3%

vom sozialversicherungspflichtigen Lohn bis zur Beitragsbemessungsgrenze

Aufgaben

Die Aufgaben beziehen sich auf monatliche Lohnabrechnung. Die Abzugsbeträge sind den Tabellen für Lohnsteuer und Sozialversicherungs-Beiträge zu entnehmen.

1. Arbeitslohn 2380,80 (2259,84) DM
Mehrarbeitszuschlag 32,– (64,20) DM
Nachtarbeitszuschlag 84,–(102,70) DM
Umsatzbeteiligung 25,– (46,10) DM
Gesucht: Steuerpflichtiger Arbeitslohn und Bruttobezüge.

2. Arbeit im Zeitlohn 158 (162) h
davon Mehrarbeit 18 (16) h
bezahlter Urlaub 24 (32) h
Stundenlohnsatz 13,90 (14,68) DM
VL des Arbeitgebers 52,– (52,–) DM
Heiratsbeihilfe 350,– (485,–) DM
Gesucht: Steuerpflichtiger Arbeitslohn und Bruttobezüge.

3. Arbeit im Leistungslohn 152 (159) h
davon Nachtarbeit 16 (24) h
Lohnfortzahlung (krank) 8 (16) h
Stundenlohnsatz 13,80 (14,30) DM
Leistungsfaktor 125 (120)%
VL des Arbeitgebers 52,– (52,–) DM
Gewinnbeteiligung 32,– (25,80) DM
Gesucht: Steuerpflichtiger Arbeitslohn und Bruttoarbeitslohn.

4. Gesellenlohn 2279,20 (2426,40) DM
VL des Arbeitgebers 52,– (52,–) DM
Lohnsteuer St-Kl. I 387,– (437,–) DM
Kirchensteuer (8%) 30,96 (34,96) DM
KV-Beitrag 128,05 (136,17) DM
RV-Beitrag 209,54 (222,82) DM
AV-Beitrag 34,92 (37,14) DM
Sparzulage 15,60 (15,60) DM
Vorschuß 750,– (850,–) DM
Gesucht: Auszahlungsbetrag

5. Geselle, 22 Jahre, ledig, ohne Kinder, Konfession ev.

Arbeitslohn 2376,– (2217,25) DM
VL des Arbeitgebers 52,– (52,–) DM
Gesucht: Auszuzahlender Lohn.

6. Angestellte unter 50 Jahre, 1 Kind, ledig, Konfession rk.

Gehalt 2364,– (2470,80) DM
VL des Arbeitgebers 52,– (52,–) DM
Jubiläumsgeschenk 250,– (300,–) DM
Gesucht: Auszahlungsbetrag.

7. Auszubildender, 18 Jahre, ledig, ohne Kinder, Konfession ev.

Ausbildungsvergütung 578,– (631,–) DM
VL des Arbeitgebers 26,– (26,–) DM
VL des Arbeitnehmers –,– (26,–) DM
Vorschuß 150,– (250,–) DM
Gesucht: Auszahlungsbetrag.

8. Arbeitnehmer, verheiratet, 3 (4) Kinder, Ehegatte ohne Arbeitslohn, Rel. rk., Freibetrag 80,– (90,–) DM.

Arbeitslohn 3215,– (2951,20) DM
VL des Arbeitgebers 52,– (52,–) DM
Umsatzbeteiligung 32,– (48,–) DM
Vorschuß 1000,– (1250,–) DM
Gesucht: Auszahlungsbetrag.

9. Arbeitnehmer, verheiratet, ohne Kinder, Ehegatte mit Arbeitslohn, Religion –, Freibetrag 75,– (60,–) DM.

Arbeit im Leistungslohn 172 (168) h
davon Nachtarbeit 32 (84) h
Stundenlohnsatz 13,80 (14,20) DM
Leistungsfaktor 120 (115)%
VL des Arbeitgebers 52,– (52,–) DM
Vorschuß 1200,– (950,–) DM
Gesucht: Auszahlungsbetrag.

10. Kfz-Mechaniker, verheiratet, 1 Kind, Ehegatte mit Arbeitslohn in V, Rel. ev.

Arbeit im Leistungslohn 168 (166) h
Mehrarbeit 24 (16) h
Lohnfortzahlung (krank) 16 (8) h
Stundenlohnsatz 14,80 (15,60) DM
VL des Arbeitgebers 52,– (52,–) DM
Vorschuß 750,– (850,–) DM
Gesucht: Auszahlungsbetrag.

11. Arbeitnehmer, 65 Jahre, ohne Kinder, Ehegatte ohne Arbeitslohn, Rel. –, Altersentlastungsbetrag 250,– DM

Arbeitszeit 118 (104) h
Lohnfortzahlung (krank) 32 (40) h
bezahlter Urlaub 16 (24) h
Stundenlohnsatz 16,60 (16,80) DM
Provision 35,– (40,–) DM
VL des Arbeitgebers 52,– (52,–) DM
Gesucht: Auszahlungsbetrag.

30.3 Kostenarten

Fertigungslöhne

Lohnkosten, die für jeden Auftrag direkt erfaßbar und jedem Auftrag einzeln zurechenbar sind, heißen Fertigungslöhne oder produktive Löhne. Sie gehören zu den Einzelkosten. In den Fertigungslöhnen werden erfaßt:

a) Löhne für Kundenaufträge (K-Aufträge),
b) Löhne für innerbetriebliche Aufträge (I-Aufträge),
c) Ausbildungsvergütungen für produktive Mitarbeit.

Die Fertigungslöhne der Werkstatt ergeben sich aus der Lohnbuchhaltung oder errechnen sich aus der produktiven Arbeitszeit, dem Werkstatt-Schnittlohn und den Zuschlägen für Mehrleistung und Mehrarbeit. Mehrleistung ist der Unterschied zwischen erzielter Istleistung und verlangter Solleistung, wobei die Mitarbeit der Auszubildenden anzurechnen ist.

Hilfslöhne

Die Lohnkosten für Arbeiten, welche die Monteure im Auftrag der eigenen Werkstatt ausführen, sind Hilfslöhne. Entgelte für diese Leistungen liegen nicht vor, die anfallenden Löhne muß die Werkstatt selbst tragen. Sie werden über Gemeinkosten verrechnet. Werkstatteigene Aufträge (W-Aufträge) sind:

W1 allgemeine Arbeiten für die Werkstatt,
W2 Leerlauf und Wartezeiten,
W3 Instandsetzung werkstatteigener Fahrzeuge,
W4 eigene Gewähr- und Kulanzleistungen für Kunden,
W5 Urlaub, gesetzliche Feiertage, Lohnfortzahlung.

Die Hilfslöhne ergeben sich aus der Lohnbuchhaltung oder errechnen sich angenähert bei Zeitlohnarbeitern aus dem Werkstatt-Schnittlohn und bei Leistungslohnarbeitern aus dem Leistungs-Schnittlohn. Der Anteil der Hilfslohnstunden an der gesamten Arbeitszeit beträgt im Jahresdurchschnitt etwa 30%.

Beispiel

Kfz-Werkstatt: 3 Gesellen je 176 h, davon je 132 h produktiv, 2 Azubi je 80 h produktiv. Istleistung 6084 AW, Werkstattfaktor 12 AW/h, Azubi 2,4 AW/h, Werkstatt-Schnittlohn 13,20 DM/h, Leistungs-Schnittlohn 15,84 DM/h, Azubi 3,50 DM/h, AW-Zulage 1,10 DM.

Gesamte Istleistung		= 6086 AW
Solleistung	= 3 · 132 h · 12 AW/h	= 4752 AW
Anrechnung Azubi	= 2 · 80 h · 2,4 AW/h	= 384 AW
Mehrleistung der Gesellen		= 950 AW
Normallöhne	= 3 · 132 h · 13,20 DM/h	= 5227,20 DM
Mehrleistung	= 950 AW · 1,10 DM/AW	= 1045,00 DM
Azubi-Verg.	= 2 · 80 h · 3,50 DM/h	= 560,00 DM
Fertigungslöhne		= 6832,20 DM
Hilfslöhne	= 3 · 44 h · 15,84 DM/h	= 2090,88 DM

$$\text{Fertigungslöhne} = \frac{\text{Gesamtlohn} \cdot \text{Anteil in \%}}{100}$$

Fertigungslöhne
= Löhne für Normalleistung
+ Mehrleistungszulage
+ weitere Lohnzuschläge
+ prod. Azubi-Vergütung

Löhne für Normalleistung
= Fertigungslohnstunden
× Werkstatt-Schnittlohn

$$\text{Fertigungslohnstunden} = \frac{\text{Gesamtzeit} \cdot \text{Anteil in \%}}{100}$$

Mehrleistungszulage
= Mehrleistung in AW
× AW-Zulage

Mehrleistung der Gesellen
= gesamte Istleistung
− Solleistung
− Mitarbeit der Azubi

Solleistung
= Leistungslohnstunden
× Werkstattfaktor

Anrechnung Azubi
= Mitarbeitstunden
× Anrechnung in AW/h

prod. Azubi-Vergütung
= Mitarbeitsstunden
× Vergütung je Stunde

$$\text{Leistungs-Schnittlohn der Werkstatt} = \frac{\text{Leistungslöhne}}{\text{Fertigungslohnstunden}}$$

Hilfslöhne bei Zeitlohnarbeitern
= Hilfslohnstunden
× Werkstatt-Schnittlohn

Hilfslöhne bei Leistungslohnarbeitern
= Hilfslohnstunden
× Leistungs-Schnittlohn

Aufgaben

1. In einer Kfz-Werkstatt werden in drei Monaten folgende Löhne ermittelt: Löhne für Normalleistung 42704,– (134350,–) DM, Mehrleistungszulagen 8573,– (24180,–) DM, Mehrarbeitszuschläge 1213,– (3975,–) DM, Vergütung für Azubi-Mitarbeit 2025,– (6650,–) DM, Gesamtlöhne der Gesellen 68328,– (206152,–) DM. Gesucht: a) Fertigungslöhne, b) Hilfslöhne der Gesellen.

2. Die gesamten Arbeitslöhne betragen 62948,– (96350,–) DM, der Hilfslohnanteil ist 25 (28)%. Wie groß sind die Fertigungslöhne und die Hilfslöhne?

3. Die Gesamtarbeitszeit eines Kfz-Betriebs betrug im 1. Quartal 6325 (10575) h. Davon werden 24 (28)% für W-Aufträge gerechnet. Wie groß sind die Fertigungs- und Hilfslöhne bei einem Werkstatt-Schnittlohn von 14,80 (14,25) DM?

4. Ein Kfz-Betrieb verbucht 12961,42 (43471,60) DM Leistungslöhne bei 874 (2845) Leistungslohnstunden. Wie hoch ist der Leistungs-Schnittlohn?

5. Berechnen Sie die Fertigungs- und Hilfslöhne aus den Tabellenwerten!

	a)	b)	c)	d)
Gesamte Arbeitsstunden	3696 h	8448 h	7392 h	9504 h
davon: Hilfslohnstunden	–	–	1774 h	2128 h
Fertigungslohnstunden	2772 h	6038 h	–	–
Leistungsfaktor der Werkstatt	120%	118%	–	–
Mehrleistung	–	–	25%	16%
Schnittlohn für Normalleistung	13,40 DM	13,50 DM	13,60 DM	13,25 DM

6. Im Abrechnungszeitraum von 3 (6) Monaten arbeiten 8 (5) Monteure je 175 (172) Stunden im Monat und erzielten dabei einen Leistungs-Schnittlohn von 16,20 (15,85) DM. Der Anteil an W-Aufträgen beträgt 22 (25)% der Gesamtstundenzahl. Wie groß sind die Fertigungslöhne und die Hilfslöhne?

7. Aus den Werkstatt-Aufzeichnungen lassen sich folgende Daten entnehmen: Gesamtzahl der Lohnstunden 7857 (4221) h davon Hilfslohnstunden 1521 (1036) h, Istleistung insgesamt 92782 (46661) AW, Werkstattfaktor 12 (12,2) AW/h, Werkstatt-Schnittlohn 13,56 (13,84) DM, AW-Zulage 1,15 (1,20) DM. Wie groß sind die Fertigungslöhne und die Hilfslöhne?

8. Ermitteln Sie die gesamten Fertigungslöhne und die Hilfslöhne der Gesellen! Gesamte Lohnstunden 2112 (9504) h davon Fertigungslohnstunden 1690 (7415) h, Mitarbeit der Azubi 300 (1440) h, gesamte Istleistung 25242 (114126) AW, Werkstattfaktor 12 (12,4) AW/h, Anrechnung der Azubi 3 (2) AW/h, Werkstatt-Schnittlohn 13,68 (13,64) DM, Azubi-Vergütung 4,00 (4,20) DM/h.

9. Berechnen Sie die Fertigungs- und Hilfslöhne aus den Tabellenwerten:

	a)	b)	c)	d)
Abrechnungszeitraum	1 Monat	3 Monate	2 Monate	4 Monate
Anzahl der Gesellen	9	8	6	8
Arbeitszeit im Monat	176 h	175 h	172 h	175 h
davon für K- und I-Aufträge	75%	80%	75%	70%
Azubi-Mitarbeit im Monat	–	–	160 h	225 h
gesamte Istleistung	17226 AW	48384 AW	23106 AW	62028 AW
Werkstattfaktor	12 AW/h	12,4 AW/h	12 AW/h	12,2 AW/h
Anrechnung Azubi-Mitarbeit	–	–	2 AW/h	2,4 AW/h
Werkstatt-Schnittlohn	13,65	13,82	13,80	14,03
AW-Zulage	1,20 DM	1,15 DM	1,15 DM	1,15 DM
Azubi-Vergütung	–	–	3,90 DM/h	4,20 DM/h

Gemeinkosten

Gemeinkosten sind Kosten, die nicht für den einzelnen Auftrag, sondern nur für einen bestimmten Zeitraum erfaßt werden können. Es gibt Gemeinkosten, denen tatsächliche Ausgaben gegenüberstehen und solche, die keine Aufwendungen verursachen. Letztere heißen kalkulatorische Kosten. Zu den Gemeinkosten gehören:

- Hilfslöhne, z. B. Löhne für allgemeine Werkstattarbeiten, Leerlauf, Urlaub, Reparatur an Werkstattwagen.
- Gehälter, z. B. Gehälter des Meisters, KD-Beraters oder Buchhalters, kalkulatorischer Unternehmerlohn.
- Sozialkosten, z. B. Arbeitgeberanteile für Sozialversicherungen, Umlage der Berufsgenossenschaft.
- Raumkosten, z. B. Miete oder kalkulatorischer Mietwert, Aufwand für kleinere Instandsetzungen.
- Abschreibung, Instandsetzung, z. B. AfA oder kalkulatorische Abschreibung, Aufwand für Betriebswagen.
- Gemeinkostenmaterial, z. B. Ausgaben für Heizung, Gas, Strom, Wasser, Verbrauchs- und Kleinmaterial.
- Steuern, Gebühren, Beiträge, Versicherungen, z. B. Gewerbesteuer, Betriebsversicherungen, kalkul. Zins.
- Sonstige verschiedene Kosten, z. B. Ausgaben für Porto, Fracht, Telefon, Dienstreisen, Bewirtung.

Beispiel Gemeinkosten für einen Kfz-Betrieb:

Hilfslöhne	= 22380,– DM
Gehälter	= 35960,– DM
Sozialkosten	= 27580,– DM
Raumkosten	= 15280,– DM
Abschreibung, Instandsetzung	= 21730,– DM
Gemeinkostenmaterial	= 12390,– DM
Steuern, Versicherungen, Gebühren	= 8620,– DM
Sonstige verschiedene Kosten	= 6540,– DM
Summe der Gemeinkosten	= 150480,– DM

Gemeinkostenzuschlag

Die Gemeinkosten müssen in den Erlösen wieder hereingeholt werden. Dazu gibt es mehrere Bezugsgrundlagen. Im Kfz-Betrieb werden sie über die Fertigungslöhne verrechnet. Der Zuschlagsatz ermittelt sich aus der Gemeinkostensumme für einen bestimmten Zeitraum und den Fertigungslöhnen; er wird in Prozent ausgedrückt.

$$\text{Gemeinkostenzuschlag in \%} = \frac{\text{Gemeinkostensumme} \cdot 100}{\text{Fertigungslöhne}}$$

Beispiel

Gemeinkostensumme 118800,– DM, Fertigungslöhne 47520,– DM. Gesucht: Zuschlagsatz für Gemeinkosten.

$$\text{Gemeinkostenzuschlag} = \frac{118800,\text{– DM} \cdot 100}{47520,\text{– DM}} = 250\%$$

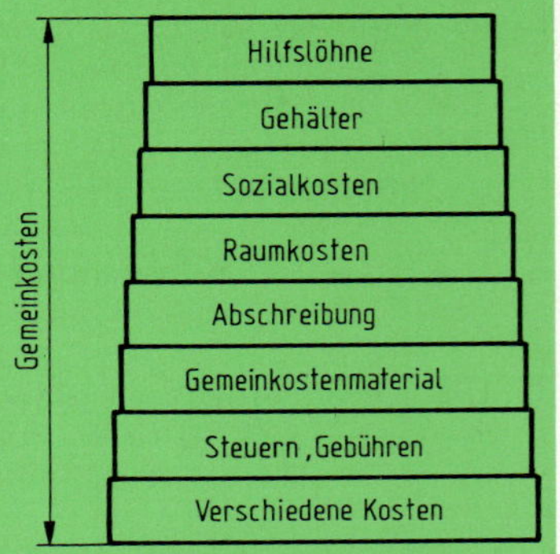

Gemeinkostensumme des Betriebs
= Hilfslöhne
+ Gehälter
+ Sozialkosten
+ Raumkosten
+ Abschreibung
+ Gemeinkostenmaterial
+ Steuern, Gebühren
+ verschiedene Kosten

Kalkulatorische Kosten
= kalkul. Unternehmerlohn
+ kalkul. Abschreibung
+ kalkul. Mietwert
+ kalkul. Zinsen

Kalkul. Unternehmerlohn
= durchschnittliches Gehalt eines leitenden Angestellten in vergleichbarer Tätigkeit

Kalkul. Mietwert
= ortsübliche Miete für vergleichbare Räume

Kalkul. Abschreibung
= tatsächliche Wertminderung der Anlage auf gleichbleibende Jahresbeträge verteilt

Kalkul. Zins des betriebsnotwendigen Kapitals im J.

$$= \frac{\text{Kapital} \cdot \text{Zinsfuß}}{100}$$

Gemeinkostenzuschlag in %

$$= \frac{\text{Gemeinkostensumme} \cdot 100}{\text{Fertigungslöhne}}$$

Aufgaben

10. In einem Kfz-Betrieb entstanden im Halbjahr Gemeinkosten in Höhe von 239976,– (308355,–) DM bei einer Fertigungslohnsumme von 95040,– (126375,–) DM. Ermitteln Sie den Gemeinkostenzuschlag in Prozent der Fertigungslöhne!

11. Die Buchhaltung eines Kfz-Betriebs weist folgende Summen der Kostenarten auf:

Fertigungslöhne 53075,– (80450,–) DM
Hilfslöhne 19966,– (27217,–) DM
Gehälter 32840,– (49260,–) DM
Sozialkosten 25460,– (38190,–) DM
Raumkosten 13740,– (20610,–) DM
Abschreibung 18920,– (28362,–) DM
GK-Material 9480,– (14220,–) DM
Steuern, Gebühren 6190,– (9285,–) DM
verschiedene Kosten 5030,– (7545,–) DM

Ermitteln Sie für die Zuschlagskalkulation a) die Summe der Gemeinkosten des Betriebs und b) den Gemeinkostenzuschlag in Prozent der Fertigungslöhne!

12. Eine Kfz-Werkstatt hatte im vergangenen Jahr folgende Kosten in DM:

Kostenarten	1.1.–31.3.	1.4.–30.6.	1.7.–30.9.	1.10.–31.12.
Fertigungslöhne	89340,–	82700,–	75920,–	91575,–
Hilfslöhne	25355,–	29024,–	41975,–	22926,–
Unternehmerlohn, kalkul.	13000,–	13000,–	13000,–	13000,–
Gehälter	64175,–	65682,–	64951,–	66832,–
Soziale Aufwendungen	32968,–	33827,–	35418,–	36124,–
Mietwert, kalkulatorisch	15539,–	15539,–	15539,–	15539,–
Raumkosten	1358,–	6197,–	2945,–	906,–
Geschäftsausstattung	4067,–	825,–	2134,–	1638,–
Abschreibung, kalkul.	6875,–	6875,–	6875,–	6875,–
Gemeinkostenmaterial	15724,–	16348,–	12193,–	11821,–
Steuern, Beiträge	5482,–	4413,–	3627,–	2326,–
Zinsen, kalkulatorisch	1600,–	1600,–	1600,–	1600,–
Verschiedene Kosten	5938,–	4323,–	4727,–	10889,–

Zu berechnen sind die Gemeinkostensummen und die Gemeinkostenzuschläge in Prozent der Fertigungslöhne a) für jedes Quartal, b) für das erste Halbjahr, c) für das zweite Halbjahr und d) für das vergangene Jahr.

13. Kfz-Betrieb im eigenen Betriebsgebäude.
Berechnen Sie die kalkulatorischen Kosten im Jahr aus den folgenden Angaben:

a) Kalkulatorischer Unternehmerlohn 4200,– (4500,–) DM im Monat.
b) Kalkulatorischer Mietwert: Gebäude 365 (476) m² je 5,60 (6,20) DM/m² im Monat, Freigelände 615 (768) m² je 2,80 (3,10) DM/m² im Monat.
c) Verzinsung des betriebsnotwendigen Kapitals: Betriebsvermögen 756400,– (895700,–) DM, davon nicht betriebsnotwendig für Gebäude und Grundstück 235800,– (258300,–) DM, Zinsfuß 8 (7,5)% im Jahr.
d) Kalkulatorische Abschreibung: Maschinen, Anlagen und Werkzeuge mit einem Anschaffungswert von 285600,– (428400,–) DM und 12 (15)% linearer Abschreibung im Jahr, Geschäftsfahrzeuge mit 94800,– (72400,–) DM Anschaffungswert und einem linearen Abschreibungssatz von 15 (20)% im Jahr.

14. In einem Kfz-Betrieb entstanden im abgelaufenen Jahr folgende Kosten:

Lohnsumme 344675,– (440352,–) DM, davon Fertigungslohnanteil 72 (75)%, Summe der Gemeinkosten ohne Hilfslöhne 523906,– (798138,–) DM.

Wie groß sind a) die Fertigungslöhne, b) die Hilfslöhne, c) die Gemeinkosten und d) der Zuschlagsatz in Prozent für die Gemeinkosten?

Abschreibung

Die Abschreibung berücksichtigt die Wertminderung einer Anlage durch Abnutzung, Beschädigung, Umwelteinflüsse, technische Entwicklung, Preisschwankungen und Nutzungsdauer. Nach dem Zweck der Abschreibung unterscheidet man bilanzmäßige und kalkulatorische Abschreibung. Die bilanzmäßige Abschreibung dient zur Feststellung des steuerlich absetzbaren Aufwands und zur Ermittlung der Buch- und Bilanzwerte. Die kalkulatorische Abschreibung umfaßt die tatsächliche Wertminderung für eine genaue Kostenaufstellung und einheitliche Kostenrechnung, sowie eine Rücklage für die Sicherung des Ersatzbedarfs.

Es gibt drei Methoden, den Abschreibungsbetrag aus dem Anschaffungs-, Buch- oder Wiederbeschaffungswert zu berechnen: gleichbleibende (lineare) Abschreibung, fallende (degressive) Abschreibung und Abschreibung nach der betrieblichen Leistung einer Anlage.

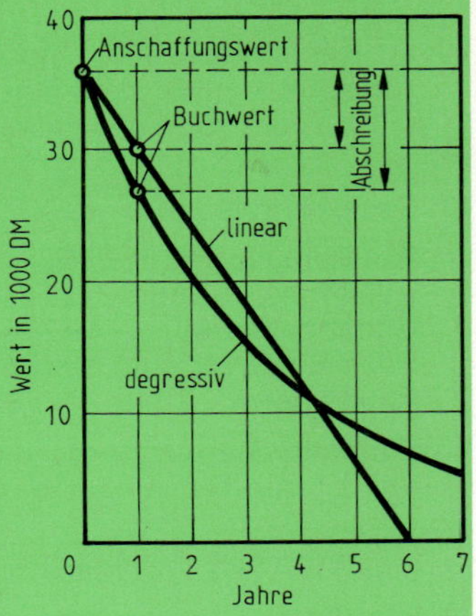

Lineare Abschreibung

Bei der linearen Abschreibung bleiben die jährlichen Abschreibungsbeträge gleich. Sie ergeben sich aus der betrieblichen Nutzungsdauer der Anlage.

$$\text{Abschreibungsbetrag im Jahr} = \frac{\text{Anschaffungswert}}{\text{Nutzungsdauer}}$$

Beispiel: Hebebühne, Anschaffungswert 12000 DM, Nutzungsdauer 10 Jahre. Gesucht: Abschreibung.

$$\text{Abschreibungsbetrag im Jahr} = \frac{12000\ \text{DM}}{10\ \text{Jahre}} = 1200\ \text{DM}$$

Degressive Abschreibung

Bei der degressiven Abschreibung wird der Abschreibungsbetrag jährlich kleiner. Er errechnet sich aus dem gleichbleibenden Abschreibungssatz vom Buchwert.

$$\text{Abschreibungsbetrag} = \frac{\text{Buchwert} \cdot \text{Abschreibungssatz}}{100}$$

Beispiel: Fahrleistungsprüfstand, Buchwert 24000 DM, Abschreibungssatz 25%. Gesucht: Abschreibungsbetrag.

$$\text{Abschreibungsbetrag i.J.} = \frac{24000\ \text{DM} \cdot 25}{100} = 6000\ \text{DM}$$

Abschreibung nach Leistung

Bei der Abschreibung nach Leistung richtet sich der Abschreibungsbetrag nach der Ausnutzung der Anlage während des Betriebs (Betriebsstunden, Fahr-km).

$$\text{Abschreibungsbetrag} = \frac{\text{Anschaffungswert} \cdot \text{Jahresleistg.}}{\text{Gesamtleistung}}$$

Beispiel: Abschleppwagen, Anschaffungswert 72000 DM, Gesamtleistung 300000 km, Jahresleistung 60000 km. Wie groß ist der Abschreibungsbetrag?

$$\text{Abschreibungsbetrag} = \frac{72000\ \text{DM} \cdot 60000}{300000} = 14400\ \text{DM}$$

Abschreibungsbetrag bei linearer Abschreibung

$$= \frac{\text{Anschaffungswert}}{\text{Nutzungsdauer}}$$

Anschaffungswert (A-Wert)
= Einkaufspreis
+ Bezugskosten
+ Aufstellkosten

Abschreibungsbetrag linear

$$= \frac{\text{A-Wert} \cdot \text{Abschr.-Satz}}{100}$$

Abschreibungsbetrag bei degressiver Abschreibung

$$= \frac{\text{Buchwert} \cdot \text{Abschr.-Satz}}{100}$$

Buchwert
= Anschaffungswert
− Summe der Abschreibungsbeträge

Abschreibungsbetrag nach betrieblicher Leistung

$$= \frac{\text{A-Wert} \cdot \text{Jahresleistung}}{\text{Gesamtleistung}}$$

Wiederbeschaffungswert
= Anschaffungswert
+ Teuerungszuschlag
+ Umbaukosten
− Erlös aus dem Verkauf der gebrauchten Anlage

Aufgaben

15. Die Rahmenrichtbank und 3 Richtwinkelsätze haben einen Anschaffungswert von 14790,– (15860,–) DM und eine 6- (5)-jährige Nutzungsdauer. Wie groß ist a) der lineare Abschreibungsbetrag im Jahr, b) der Buchwert nach 2 (3) Jahren?

16. Ein Leistungsprüfstand kostet 28640,– (32820,–) DM. Jährlich sollen 12,5 ($16\frac{2}{3}$)% vom Anschaffungswert linear abgeschrieben werden. Berechnen Sie a) den Abschreibungsbetrag im Jahr und b) den Buchwert nach 5 (2) Jahren!

17. Kauf und Aufstellung einer Hebebühne: Einkaufspreis 7200,– (7800,–) DM, Transportkosten 180,– (190,–) DM, Maurerarbeiten 710,– (850,–) DM, Anschlußkosten 120,– (160,–) DM, Aufstellkosten 220,– (240,–) DM. Die Hebebühne soll in 6 (8) Jahren linear abgeschrieben werden. Wie hoch ist a) der Abschreibungsbetrag, b) der Buchwert nach viermaliger (dreimaliger) Abschreibung?

18. Der Anschaffungswert einer Radauswuchtmaschine beträgt 11680,– (9420,–) DM. Sie soll nach 5 (4) Jahren Nutzungsdauer mit einem Restwert von 2560,– (2440,–) DM verkauft werden. Wie groß ist a) der lineare Abschreibungsbetrag und b) der Buchwert nach 3 (2) Jahren?

19. Für eine Kfz-Werkstatt wird ein Bremsenprüfstand zum Anschaffungswert von 18640,– (15760,–) DM gekauft. Die voraussichtliche Nutzungsdauer beträgt 10 (8) Jahre. Für die Wiederbeschaffung eines gleichwertigen Prüfstandes nach 10 (8) Jahren wird eine Preissteigerung von 4,5 (5)% im Jahr angenommen. Der alte Prüfstand soll mit 2900,– (2450,–) DM in Zahlung genommen werden. Der Umbau wird mit 872,– (786,–) DM veranschlagt. Wie groß ist der kalkulatorische Abschreibungsbetrag im Jahr vom Wiederbeschaffungswert?

20. Ein Fahrleistungsprüfstand mit einem Anschaffungswert von 22000,– (25200,–) DM soll in der Werkstatt 8 (6) Jahre genutzt werden. Aus steuerlichen Gründen wird eine bilanzmäßige Abschreibung auf 5 (6) Jahre angenommen. Wie groß ist a) der kalkulatorische Abschreibungsbetrag und b) der bilanzielle Abschreibungsbetrag im Jahr?

21. Ein Lkw mit 123750,– (125720,–) DM Anschaffungswert soll für die Kalkulation nach der Fahrleistung abgeschrieben werden, wobei eine Gesamtfahrstrecke von 450000 (560000) km und eine jährliche Fahrleistung von 60000 (68000) km zugrunde gelegt wird. Wie groß ist a) der kalkulatorische Abschreibungsbetrag für 100 km, b) der kalkulatorische Abschreibungsbetrag im Jahr?

22. Der Kaufpreis eines Achsmeßgerätes beträgt 3800,– (4825,–) DM. Der Einbau kostet 472,– (425,–) DM. Der degressive Abschreibungssatz beträgt 25 (20)% vom Buchwert. Wie groß ist der Buchwert am Ende des 2. (3.) Jahres?

23. Ein Motorenprüfstand kostet mit Montage 55000,– (48000,–) DM. Die Abschreibung soll zunächst 3 (2) Jahre degressiv mit 20 (25)% vom Buchwert, später linear vorgenommen werden. Die voraussichtliche Nutzungsdauer des Prüfstandes beträgt 8 (6) Jahre. Wie groß ist a) der Buchwert nach 3 (2) Jahren, b) der lineare Abschreibungsbetrag und c) der Buchwert nach 5 (4) Jahren?

24. Bilanzielle Abschreibung eines Kfz-Betriebs für Monat Oktober.

	Buchwert am 1.10.	Anschaffungswert	Abschreibungssatz
Gebäude	163305,– DM	171000,– DM	linear 2% im Jahr
Maschinen	53520,– DM	58500,– DM	degressiv 20% im Jahr
Fahrzeuge	35045,– DM	39120,– DM	linear 25% im Jahr

Gesucht: a) Abschreibungsbeträge im Oktober, b) Buchwerte am 1. November.

Verkaufs-Sonderkosten

Verkaufs-Sonderkosten sind Kosten, die hauptsächlich mit dem Fahrzeug-Verkauf zusammenhängen. In der Werkstatt und im Lager fallen sie nur geringfügig an, deshalb sind sie in den Abschnitten 30.5 bis 30.10 nicht gesondert aufgeführt. Verkaufs-Sonderkosten sind Einzelkosten und werden bei der Zuschlagskalkulation dem Verkaufspreis zugerechnet oder bei der vereinfachten Kalkulation in den Kalkulationsfaktor einbezogen. Zu den Verkaufs-Sonderkosten gehören:

- Fertigmachen und abliefern von Kraftfahrzeugen,
- vertraglicher Kundendienst,
- vom Werk nicht vergütete Gewährleistung (Garantie),
- eigene Gewährleistung, Kulanz, Schätzungsgebühren.

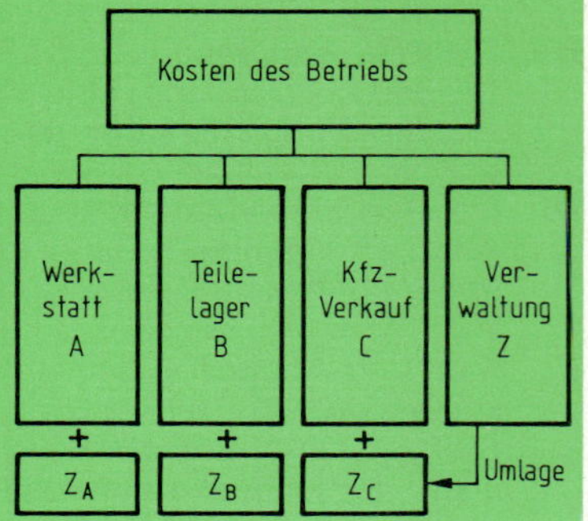

30.4 Kostenstellenrechnung

Kostenverteilung

Bei der Kostenstellenrechnung werden die Kosten des Betriebs nach dem Verursacherprinzip auf die Abteilungen (Kostenstellen) umgelegt, bei denen sie entstanden sind. Stehen die Kosten für die einzelnen Kostenstellen nicht unmittelbar fest, dann müssen sie aufgeschlüsselt werden. Der Verteilungsschlüssel soll dabei der Kostenverursachung entsprechen, z.B. Umlage der Heizungskosten nach Flächenanteilen.

Aufteilung der Kosten auf die Kostenstellen

$$= \frac{\text{Summe der Kostenart mal Anteile der Kostenstelle}}{\text{gesamte Anteile des Betriebs}}$$

Beispiel: Betrieb: Fläche 380 m², Heizungskosten 4560 DM. Werkstatt: Fläche 152 m², Kostenanteil? DM.

$$\text{Heizungskosten} = \frac{4560\,\text{DM} \cdot 152\,\text{m}^2}{380\,\text{m}^2} = 1824,-\ \text{DM}$$

Kostenverrechnung

Nach Aufteilung der verschiedenen Kostenarten auf die einzelnen Kostenstellen und Ermittlung der Gemeinkostensumme können die Zuschlagsätze für die Kalkulation errechnet werden. In der Werkstatt werden die Gemeinkosten in Prozent vom Fertigungslohn angegeben, im Teilelager und im Verkauf in Prozent der Anschaffungskosten.

Gemeinkostenzuschlag in der Werkstatt in Prozent

$$= \frac{\text{Gemeinkostensumme der Werkstatt mal 100}}{\text{Fertigungslöhne}}$$

Gemeinkostenzuschlag im Lager oder Verkauf in Prozent

$$= \frac{\text{Gemeinkostensumme des Lagers oder Verkaufs mal 100}}{\text{Anschaffungskosten der verkauften Ware}}$$

Beispiel: Gemeinkosten der Werkstatt 12000 DM, Fertigungslöhne 4800 DM. Gesucht: Gemeinkostenzuschlag.

$$\text{Gemeinkostenzuschlag} = \frac{12000,-\ \text{DM} \cdot 100}{4800,-\ \text{DM}} = 250\%$$

Hauptkostenstellen:
A Werkstatt
B Teilelager
C Verkauf
D ....
Hilfskostenstelle:
Z Verwaltung

Verteilungsgrundlagen:

Kapital	Lohnsumme
Anlagen	Verbrauch
Personal	Nutzfläche

Aufteilung der Kosten auf die Kostenstellen (KSt)

$$= \frac{\text{Kosten} \cdot \text{Anteile der KSt}}{\text{gesamte Anteile}}$$

Gemeinkostensumme der Kostenstellen
= Hilfslöhne
+ Gehälter
+ Sozialkosten
+ Raumkosten
+ Abschreibung
+ Gemeinkostenmaterial
+ Steuern, Gebühren
+ verschiedene Kosten
+ Kostenanteil an der Verwaltung

Gemeinkostenzuschlag in der Werkstatt in %

$$= \frac{\text{Gemeinkostensumme} \cdot 100}{\text{Fertigungslöhne}}$$

Gemeinkostenzuschlag im Lager und Verkauf in %

$$= \frac{\text{Gemeinkostensumme} \cdot 100}{\text{Anschaffungskosten}}$$

Aufgaben

1. Die Kosten für Porto, Fracht, Telefon, Dienstreisen, Bewirtung und Werbung betragen 24600,– (32800,–) DM. Der Umlageschlüssel ist: Werkstatt 48 (56)%, Lager 26 (25)%, Verkauf 19 (10)% und Verwaltung 7 (9)%. Berechnen Sie den Kostenanteil für die einzelnen Kostenstellen!

2. Die Kosten für Hilfs- und Betriebsstoffe in Höhe von 38456,– (41550,–) DM sollen im Verhältnis 14:5:3:1 (16:7:5:2) auf die Kostenstellen Werkstatt, Lager, Verkauf und Verwaltung umgelegt werden. Berechnen Sie den Kostenanteil für jede Kostenstelle!

3. Ein Kfz-Betrieb zahlt im Monat 2940,– (3217,5) DM Miete. Die Nutzflächen betragen: Werkstatt 425 (564) m^2, Lager 135 (152) m^2, Verkauf 73 (60) m^2 und Verwaltung 102 (82) m^2. Wie groß ist die Jahresmiete für jede Kostenstelle?

4. Die Sozialkosten eines Kfz-Betriebs betragen 47600,– (69000,–) DM im Jahr. Die Aufteilung ist nach den Löhnen vorzunehmen: Werkstatt 145600,– (213300,–) DM, Lager 18200,– (23700,–) DM, Verkauf 54600,– (71100,–) DM und Verwaltung 36400,– (47400,–) DM. Gesucht: Sozialkosten für jede Kostenstelle.

5. Ein Unternehmer setzt für seine Arbeit monatlich 4250,– (4500,–) DM in die Betriebsabrechnung ein. Er arbeitet durchschnittlich für die Werkstatt 80 (72) h, das Lager 20 (9) h, den Verkauf 40 (54) h und die Verwaltung 30 (45) h. Mit welchem Betrag sind die einzelnen Kostenstellen zu belasten?

6. Die Kostenstelle Verwaltung eines Kfz-Betriebs hat vom 1.1. bis zum 31.3. eine Gemeinkostensumme von 148200,– (126000,–) DM verbucht. Die Verteilung dieser Summe auf die Hauptkostenstellen wird nach der Inanspruchnahme vorgenommen: Werkstatt 338 (283,5) h, Lager 130 (147) h, Verkauf 52 (94,5) h. Mit welchem Betrag wird jede Hauptkostenstelle belastet?

7. Die kalkulatorischen Zinsen eines Kfz-Betriebs in Höhe von 36800,– (46400,–) DM sollen entsprechend der Kapitalausstattung auf die einzelnen Kostenstellen verteilt werden: Werkstatt 101068,– (179614,–) DM, Lager 192948,– (214378,–) DM, Verkauf 142414,– (156438,–) DM, Verwaltung 22970,– (28970,–) DM. Berechnen Sie die kalkulatorischen Zinsen für jede Kostenstelle!

8. Eine Kfz-Werkstatt hat im Jahr 504827,– (464875,–) DM Gemeinkosten bei einer Fertigungslohnsumme von 214820,– (185950,–) DM. Wie hoch ist der Gemeinkostenzuschlag in Prozent für die Werkstatt?

9. Im Ersatzteillager entstehen im Jahr 256484,– (184660,–) DM Gemeinkosten. Die Anschaffungskosten der verkauften Ware betragen 693200,– (527600,–) DM. Wie hoch ist der Gemeinkostenzuschlag in Prozent für das Lager?

10. Die Betriebsabrechnung eines Kfz-Betriebs in Miete weist für die Kostenstelle Werkstatt folgende Summen der Kostenarten auf:

Fertigungslöhne	249980,–	(52850,–) DM	Abschreibung	36305,–	(8447) DM
Hilfslöhne	87820,–	(19365,–) DM	GK-Material	46609,–	(10529) DM
Gehälter	191712,–	(36782,–) DM	Steuern, Gebühren	13510,–	(4053) DM
Sozialkosten	104189,–	(22398,–) DM	verschied. Kosten	15085,–	(5171) DM
Raumkosten	48125,–	(9632,–) DM	Verwaltungskosten	69096,–	(10463) DM

Berechnen Sie: a) die Gemeinkostensumme der Werkstatt, b) den Gemeinkostenzuschlag in Prozent der Fertigungslöhne!

30.5 Betriebsabrechnung

Die Verteilung der Kostenarten – Einzelkosten und Gemeinkosten – eines bestimmten Zeitabschnittes auf die einzelnen Kostenstellen erfolgt im Betriebsabrechnungsbogen (BAB). Links stehen die von der Buchhaltung gelieferten Gesamtbeträge nach Kostenarten geordnet, rechts die für jede Kostenstelle aufgeschlüsselten Anteile an den einzelnen Kostenarten.

Nach Verteilung der Kostenarten auf die einzelnen Kostenstellen sind auf dem Betriebsabrechnungsbogen folgende Abschlußarbeiten vorzunehmen:

a) Umlage der Summe der Kostenstelle Verwaltung auf die Kostenstellen Werkstatt, Teilelager, Verkauf,
b) Ermittlung der Gemeinkosten für jede Kostenstelle,
c) Errechnung der einzelnen Gemeinkostenzuschläge.

Aufteilung der Kosten auf einzelne Kostenstellen

$$= \frac{\text{Kosten} \cdot \text{Anteile der KSt}}{\text{gesamte Anteile}}$$

Gemeinkostenzuschlag für die Werkstatt in %

$$= \frac{\text{Gemeinkostensumme} \cdot 100}{\text{Fertigungslöhne}}$$

Gemeinkostenzuschlag für Lager und Verkauf in %

$$= \frac{\text{Gemeinkostensumme} \cdot 100}{\text{Anschaffungskosten}}$$

Beispiel für einen einfachen Betriebsabrechnungsbogen (Zahlen in DM)

Kostenarten	Gesamtbetrag	Werkstatt A	Teilelager B	Verkauf C	Verwaltung Z
Anschaffungskosten	174375,–	–	40000,–	134375,–	–
Fertigungslöhne	18125,–	18125,–	–	–	–
Verkaufs-Sonderkosten	8204,–	–	1072,–	7132,–	–
Einzelkosten	200704,–	18125,–	41072,–	141507,–	–
Hilfslöhne	4008,–	4008,–	–	–	–
Gehälter	11400,–	2800,–	2000,–	3000,–	3600,–
Unternehmerlohn, kalk.	5000,–	3000,–	500,–	500,–	1000,–
Soziale Aufwendungen	9016,–	7168,–	560,–	840,–	448,–
Miete bzw. Mietwert, kalk.	5390,–	3120,–	840,–	950,–	480,–
Raumkosten, sonstige	549,–	328,–	92,–	84,–	45,–
Abschreibungen, kalk.	4573,–	2875,–	731,–	642,–	325,–
Instandsetzungskosten	1560,–	810,–	120,–	630,–	–
Geschäfts-, Vorführwagen	3892,–	1112,–	–	2780,–	–
Material für Nacharbeit	408,–	–	408,–	–	–
Gemeinkostenmaterial	5122,–	3317,–	1080,–	677,–	48,–
Instandhaltungskosten	1230,–	485,–	280,–	465,–	–
Steuern, Gebühren	13908,–	4833,–	2452,–	5572,–	1051,–
Versicherungen, Beiträge	1557,–	536,–	276,–	620,–	125,–
Zinsen, kalkulatorisch	5400,–	3750,–	1125,–	350,–	175,–
Porto, Fracht, Telefon	777,–	112,–	124,–	215,–	326,–
Reisekosten, Bewirtung	965,–	–	–	965,–	–
Fachliteratur	120,–	120,–	–	–	–
Verschiedenes	2925,–	1205,–	487,–	1014,–	219,–
Zwischensumme	77800,–	39579,–	11075,–	19304,–	7842,–
Verwaltungskosten	–	3921,–	1725,–	2196,–	↵
Gemeinkostensumme	77800,–	43500,–	12800,–	21500,–	–
Gemeinkostenzuschläge	–	240%	32%	16%	–

Aufgaben

1. Einfacher Betriebsabrechnungsbogen eines Kfz-Betriebs.

Kostenarten	Gesamtbetrag in DM	Werkstatt in DM	Lager in DM	Verkauf in DM	Verwaltung in DM
Anschaffungskosten	2219100,–	–	489500,–	. . . .,–	–
Fertigungslöhne	218702,–	218700,–	–	–	–
Hilfslöhne	120414,–	76843,–	27298,–	16273,–	–
Gehälter	423523,–	167748,–	90620,–	108730,–	. . . .,–
Sozialkosten	143809,–	91166,–	18322,–	21485,–	. . . .,–
Raumkosten	74697,–	42110,–	11340,–	17329,–	. . . .,–
Abschreibungen	79590,–	31767,–	9544,–	32537,–	. . . .,–
GK-Material	69939,–	40877,–	4958,–	15742,–	. . . .,–
Steuern, Beiträge	48942,–	11821,–	3588,–	23946,–	. . . .,–
Verschiedenes	57227,–	13199,–	14084,–	19164,–	. . . .,–
Zwischensumme	. . . .,–	. . . .,–	. . . .,–	. . . .,–	. . . .,–
Verwaltungskosten	–	. . . .,–	. . . .,–	. . . .,–	↵
Gemeinkostensummen	. . . .,–	. . . .,–	. . . .,–	. . . .,–	–

a) Ermitteln Sie die Kosten für Verwaltung! b) Verteilen Sie die Summe der Verwaltungskosten im Verhältnis 14:6:5 auf Werkstatt, Lager und Verkauf! c) Berechnen Sie die Gemeinkostensummen und die Gemeinkostenzuschläge in %!

2. Die Buchhaltung liefert folgende Gesamtbeträge des Kfz-Betriebs:

Kostenarten	Gesamtbeträge	Verteilungsschlüssel Gesamtbetrieb: Werkstatt
Fertigungslöhne	178505,38 DM	Fertigungslöhne 100%: 100%
Hilfslöhne	83430,– DM	Lohnsumme 352700,– DM: 282160,– DM
Gehälter	178620,– DM	Anzahl Angestellte 5:2
Sozialkosten	135560,– DM	Lohn + Gehalt 531300,– DM: 345345,– DM
Raumkosten	56840,– DM	Flächenbedarf 520 m²: 364 m²
Abschreibung u.a.	42650,– DM	Kapital 648300,– DM: 518640,– DM
GK-Material	37860,– DM	Verbrauch 100 Einheiten: 85 Einheiten
Steuern, Beiträge	14680,– DM	Umsatz 1528400,– DM: 687780,– DM
Verschiedenes	23950,– DM	Prozentsatz 100%: 68%
Verwaltungskosten	85340,– DM	Anzahl Beschäftigte 20:14

Ermitteln Sie für die Hauptkostenstelle Werkstatt: a) die Gemeinkostensumme, b) den Gemeinkostensatz in Prozent!

3.

Kostenarten	Gesamtbeträge	Verteilungsschlüssel A: B: C: Z
Hilfslöhne	7250,– (10860,–) DM	8:1:1:0 (9:2:1:0)
Gehälter	43656,– (59304,–) DM	2:1:2:1 (2:1:3:1)
Sozialkosten	12975,– (19350,–) DM	19:2:3:1 (21:3:4:2)
Raumkosten	6528,– (9024,–) DM	21:8:3:2 (20:7:3:2)
Abschreibung u.a.	12495,– (16340,–) DM	10:4:2:1 (11:5:3:1)
GK-Material	6150,– (9376,–) DM	9:3:2:1 (10:3:2:1)
Steuern, Beiträge	7306,– (11280,–) DM	4:3:5:1 (5:3:6:2)
Verschiedenes	5780,– (8400,–) DM	2:3:4:1 (4:2:5:1)
Verwaltungskosten	. . . . .,– (. . . . . .,–) DM	3:2:1:0 (4:2:1:0)

Fertigungslöhne 22467,– (29940,–) DM. Anschaffungskosten der verkauften Ware im Teilelager 51552,– (68757,–) DM, im Fahrzeugverkauf 166037,– (287180,–) DM. Ermitteln Sie die Gemeinkostenzuschläge der Kostenstellen!

30.6 Kostenrechnen in der Kfz-Werkstatt

Zuschlagskalkulation

Bei der Zuschlagskalkulation werden Teilekosten und Lohnkosten je Auftrag festgehalten (Einzelkosten). Kosten, die nicht für den einzelnen Auftrag erfaßbar sind (Gemeinkosten), werden mit Hilfe entsprechender Prozentsätze den Teilekosten und Lohnkosten zugeschlagen. Auf die Selbstkosten wird ein Zuschlag für Gewinn und Wagnis berechnet. Die Teilekosten werden bei der Zuschlagskalkulation mit dem Bezugspreis in die Kalkulation eingesetzt.

Bezugspreis der Teile
+ Lager-Gemeinkosten

Selbstkosten der Teile
+ Lohnkosten
+ Werkstatt-Gemeinkosten

Selbstkosten der Reparatur
+ Gewinn-, Wagniszuschlag

Reparaturkosten

Beispiel

Bezugspreis der Teile 340 DM, Lager-Gemeinkosten 20%, Lohnkosten 132 DM, Werkstatt-Gemeinkosten 250%, Gewinn- und Wagniszuschlag 10%. Reparaturkosten? DM.

Bezugspreis der Teile		= 340,– DM
Lager-Gemeinkosten	= 340,– DM · 0,2	= 68,– DM
Selbstkosten der Teile		= 408,– DM
Lohnkosten		= 132,– DM
Werkstatt-Gemeinkosten	= 132,– DM · 2,5	= 330,– DM
Selbstkosten der Reparatur		= 870,– DM
Gewinn-, Wagniszuschlag	= 870,– DM · 0,1	= 87,– DM
Reparaturkosten		= 957,– DM

Lager-Gemeinkosten (LGK)

$$= \frac{\text{Bezugspreis} \cdot \text{LGK in \%}}{100}$$

Werkstatt-Gemeinkosten (WGK)

$$= \frac{\text{Lohnkosten} \cdot \text{WGK in \%}}{100}$$

Gewinn- und Wagniszuschlag (GWZ)

$$= \frac{\text{Selbstkosten} \cdot \text{GWZ in \%}}{100}$$

Vereinfachte Kalkulation

Um die Kostenrechnung in der Kfz-Werkstatt zu vereinfachen, werden Gemeinkosten, Gewinn, Wagniszuschlag und gegebenenfalls Verkaufs-Sonderkosten den Fertigungslöhnen zugerechnet und die Gesamtsumme (Soll-Lohnerlöse) in Beziehung zu den Fertigungslöhnen gesetzt. Das Verhältnis Soll-Lohnerlöse zu Fertigungslöhnen heißt Kostenindex (Werkstattindex). Wird der Werkstatt-Schnittlohn mit dem Kostenindex multipliziert, so ergibt sich der Stunden-Verrechnungssatz. Mit dem Stunden-Verrechnungssatz und der angefallenen Arbeitszeit läßt sich der Arbeitspreis für den einzelnen Auftrag errechnen.

Kostenindex

$$= \frac{FL + GK + GWZ}{\text{Fertigungslöhne}}$$

FL Fertigungslöhne
GK Gemeinkosten
GWZ Gewinnzuschlag

Stunden-Verrechnungssatz
= Werkstatt-Schnittlohn × Kostenindex

Arbeitspreis
= Stunden-Verrechnungssatz × Fertigungslohnstunden

Reparaturkosten
= Arbeitspreis
+ Teilekosten zum Listenpreis
+ Fremdleistungen
+ Sonderleistungen

Beispiel

Betriebsabrechnung: Fertigungslöhne 72 000 DM, Gemeinkosten 180 000 DM, Gewinnzuschlag 25 200 DM, Stundenlohn 13,20 DM. Kundenauftrag: Arbeitszeit 10 h, Listenpreis der Teile 448,80 DM. Gesucht: Kostenindex, Stunden-Verrechnungssatz, Reparaturkosten.

$$\text{Kostenindex} = \frac{(72\,000 + 180\,000 + 25\,200)\ \text{DM}}{72\,000\ \text{DM}} = 3{,}85$$

Std.-Verrechnungssatz	= 13,20 DM · 3,85	= 50,82 DM
Arbeitspreis	= 50,82 DM/h · 10 h	= 508,20 DM
Listenpreis der Teile		= 448,80 DM
Reparaturkosten		= 957,00 DM

Aufgaben

1. Auszuführende Arbeit: Windschutzscheibe ersetzen. Ersatzteilkosten zum Bezugspreis 246,80 (265,50) DM, Fertigungslöhne 12,50 (28,40) DM, Gemeinkosten im Lager 25 (24)%, Gemeinkosten in der Werkstatt 240 (245)%, Gewinnzuschlag 8 (5)%. Wie groß sind die Reparaturkosten?

2. Auszuführende Arbeit: beide Radlager erneuern. Ersatzteile zum Bezugspreis 54,25 (62,50) DM, Arbeitszeit 1,6 h (2 h 12 min). Leistungslohnsatz der Werkstatt 15,50 (15,–) DM, Gemeinkosten im Lager 28 (20)%, in der Werkstatt 245 (250)%, Gewinnzuschlag 10 (8)%. Berechnen Sie die Reparaturkosten!

3. Auszuführende Arbeit: Kupplung instandsetzen. Ersatzteile zum Bezugspreis: Kupplungsscheibe 66,40 (79,80) DM, Druckplatte 98,– (85,20) DM, Drucklager 32,45 (25,60) DM. Arbeitszeiten: Kupplungsscheibe und Druckplatte ersetzen 120 min (3,2) h, Drucklager ersetzen 12 min (–). Werkstatt-Schnittlohn 14,60 (15,–) DM, Gemeinkosten im Lager 20 (25)%, in der Werkstatt 250 (242)%, Gewinnzuschlag 6 (10)%. Wie groß sind die Reparaturkosten?

4. Kalkulationsunterlagen der Buchhaltung: Fertigungslöhne 244224,– (318385,–) DM, Gemeinkosten 610560,– (764124,–) DM. Als Gewinn sind 8 (10)% und als Werkstatt-Schnittlohn 13,50 (14,–) DM einzurechnen. Ermitteln Sie: a) den Kostenindex und b) den Stunden-Verrechnungssatz!

5. Ein Kfz-Betrieb hat im letzten Abrechnungszeitraum folgende Kosten ermittelt: Fertigungslöhne 87500,– (142800,–) DM, Gemeinkosten 223372,– (347455,–) DM. Der Werkstatt-Schnittlohn betrug 14,50 (14,80) DM. Die Fertigungslöhne erhöhen sich um 6 (5)%, die Gemeinkosten um 1,5 (2)%. Als Gewinnzuschlag werden 8 (10)% angesetzt. Gesucht sind: a) Kostenindex, b) Stundenverrechnungssatz.

6. In einer Kfz-Werkstatt wird mit einem Kostenindex von 3,8 (3,75) und einem Werkstatt-Schnittlohn von 14,– (14,40) DM kalkuliert. Berechnen Sie: a) den Stunden-Verrechnungssatz und b) den Arbeitspreis für folgende Arbeiten:

   Motor aus-, einbauen 3 h 18 min, Getriebe aus-, einbauen 2 h 45 min, Motor zerlegen und zusammenbauen 4 h 42 min, Handbremsseil aus-, einbauen 1 h 36 min, Hinterachse aus-, einbauen 3,5 h, beide Federbeine aus-, einbauen 2,2 h.

7. Auszuführende Arbeit: Auspuffanlage komplett erneuern. Ersatzteilkosten 261,20 (283,40) DM, Zeitaufwand 1 h 24 min (1,5 h), Werkstatt-Schnittlohn 15,– (15,50) DM, Kostenindex 3,65 (3,72). Ermitteln Sie die Kosten für diese Reparatur!

8. Auszuführende Arbeiten: Wasserpumpe und Thermostat erneuern. Ersatzteilpreise: Wasserpumpe 79,90 (92,80) DM, Thermostat 26,30 (29,10) DM, Keilriemen 7,40 (7,60) DM, 2 l Frostschutz je 4,80 (5,10) DM. Zeitaufwand: Wasserpumpe aus-, einbauen 0,9 (1,2) h, Thermostat aus-, einbauen 0,5 (0,4) h, Kühlmittelschlauch ab- und anbauen 0,1 (0,15) h. Der Stunden-Verrechnungssatz beträgt 55,20 (56,40) DM. Berechnen Sie die Reparaturkosten!

9. Im abgelaufenen Quartal betrugen die Fertigungslöhne 47650,– (63850,–) DM, die Gemeinkosten 114794,– (146619,–) DM und der Werkstatt-Schnittlohn 15,20 (15,–) DM. Als Gewinn werden 10 (8)% zugeschlagen.

   Auszuführende Arbeit: beide Stoßdämpfer vorn erneuern. Ersatzteilpreise: 2 Stoßdämpfer je 112,40 (121,60) DM, 2 Anschlaggummi je 16,70 (18,50) DM. Zeitaufwand: beide Federbeine aus-, einbauen 0,7 (0,75) h, beide Stoßdämpfer ersetzen 1,1 (1,25) h. Zu berechnen sind: a) der Kostenindex, b) der Stunden-Verrechnungssatz, c) der Arbeitspreis und e) die Reparaturkosten.

Arbeitswerte

Arbeitswerte (AW) sind vorgegebene Werte für den Umfang einzelner Arbeitspositionen. Sie können aus dem Arbeitswertbuch der Kfz-Hersteller entnommen werden. Angenähert sind 12 AW gleich 60 Minuten.

Arbeitsumfang

Nach dem Arbeitsumfang unterscheidet man:

- Hauptpositionen, die in sich vollständig abgeschlossen sind und allein ausgeführt werden können,
- Verbundpositionen, die nur mit den dazugehörigen Hauptpositionen durchgeführt werden können,
- kombinierte Arbeiten, welche die Instandsetzung mehrerer Einzelaggregate umfassen.

Die AW-Vorgaben beziehen sich auf Fahrzeuge mit durchschnittlicher Kilometerzahl und normalem Pflegezustand. Arbeitserschwernisse oder zusätzliche Arbeiten, die sich durch mangelhafte Pflege ergeben, können durch einen Zuschlag berücksichtigt werden.

Arbeitswertung

Die Arbeitswertung erfolgt durch 3 Reparaturstufen:

1	geringer Schwierigkeitsgrad,	AW-Preis z. B. 3,80 DM
2	mittlerer Schwierigkeitsgrad	AW-Preis z. B. 4,10 DM
3	hoher Schwierigkeitsgrad,	AW-Preis z. B. 4,40 DM

Werkstattfaktor

Die ausführbaren AW je Stunde sind von den Werkstattverhältnissen abhängig. Daher soll jede Werkstatt in einer Zeitstudie die normale Solleistung eines Monteurs in einer Stunde bestimmen. Der ermittelte Wert heißt Werkstattfaktor. Er beträgt im Mittel 12 AW/h.

AW-Verrechnungssatz (AW-Preis)

Werkstätten, die im Leistungslohn nach AW arbeiten, verwenden bei der Kostenrechnung anstelle des Std.-Verrechnungssatzes den AW-Verrechnungssatz. Dieser errechnet sich aus dem Werkstatt-Schnittlohn, dem Kostenindex und dem Werkstattfaktor. Wird der AW-Verrechnungssatz mit der AW-Vorgabe multipliziert, so erhält man den Arbeitspreis der Arbeitsposition.

$$\text{AW-Verrechnungssatz} = \frac{\text{Werkstatt-Schnittlohn mal Kostenindex}}{\text{Werkstattfaktor}}$$

Beispiel: Schnittlohn 13,20 DM, Werkstattfaktor 12 AW, Kostenindex 3,8. AW-Vorgabe 45 AW, Teile 171,– DM. AW-Verrechnungssatz, Reparaturkosten?

$$\text{AW-Verrechnungssatz} = \frac{13{,}20\ \text{DM} \cdot 3{,}8}{12\ \text{AW}} = 4{,}18\ \text{DM/AW}$$

Arbeitspreis = 4,18 DM/AW · 45 AW	= 188,10 DM
Teile zum Listenpreis	= 171,– DM
Reparaturkosten	= 359,10 DM

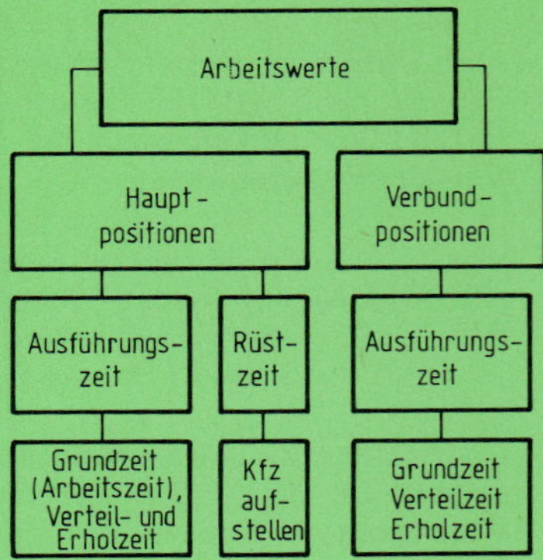

Zeitvorgaben
12 AW ≈ 1 Stunde
1 AW ≈ 5 Minuten

Zeitvorgabe für 1 AW

$$= \frac{60\ \text{Minuten}}{\text{Werkstattfaktor}}$$

Zeitvorgabe für eine Arbeitsposition
= AW-Vorgabe
× Zeitvorgabe für 1 AW

Zeitvorgabe für eine Arbeitsposition in h

$$= \frac{\text{AW-Vorgabe}}{\text{Werkstattfaktor}}$$

Werkstattfaktor

$$= \frac{\text{Vorgabewerte der Studie}}{\text{Zeitaufwand in h}}$$

Werkstatt-Leistungsfaktor

$$= \frac{\text{Istleistung der Werkstatt}}{\text{Zeitaufwand in h}}$$

Leistungsfaktor eines Gesellen

$$= \frac{\text{Istleistung des Gesellen}}{\text{Zeitaufwand in h}}$$

AW-Verrechnungssatz

$$= \frac{\text{Schnittlohn} \cdot \text{Kostenindex}}{\text{Werkstattfaktor}}$$

Arbeitspreis
= AW-Verrechnungssatz
× AW-Vorgabe

Aufgaben

10. Eine Kfz-Werkstatt rechnet mit einem Werkstattfaktor von 12 (12,5) AW. Berechnen Sie die Zeitvorgabe in Minuten für folgende Arbeitspositionen:

Motor aus-, einbauen 82 (120) AW, Getriebe tauschen 44 (40) AW, Fahrzeug optisch vermessen und einstellen 16 (15) AW, Gelenkwelle erneuern 18 (25) AW, Vorderkotflügel ab-, anbauen 32 (55) AW, Motorhaube lackieren 38 (45) AW.

11. Zeitstudie zur Ermittlung des Werkstattfaktors: Vorgabewerte der ausgeführten Arbeiten 12871 (17600) AW, Zeitaufwand 1055 (1408) h. Wie groß ist der Werkstattfaktor, d.h. die Solleistung der Werkstatt in einer Stunde?

12. Leistungserfassung für einzelne Kfz-Mechaniker und für die gesamte Werkstatt: Anzahl der Kfz-Mechaniker 6 (A ··· F), Werkstattfaktor 12,0 (12,4) AW.

	Istleistung	Zeitaufwand		Istleistung	Zeitaufwand
A	2088 (2033) AW	145 (132) h	D	1985 (2223) AW	132 (154) h
B	2482 (2396) AW	176 (168) h	E	2149 (2251) AW	148 (165) h
C	2635 (2821) AW	180 (175) h	F	2046 (2330) AW	155 (162) h

Gesucht: a) Leistungsfaktor in AW/h für A und B, b) Solleistung in AW für C und D, c) Mehrleistung in AW und % für E und F, d) Werkstatt-Leistungsfaktor.

13. Ermitteln Sie die AW-Verrechnungssätze aus: Werkstattfaktor 12 (12,4) AW, Werkstatt-Schnittlohn 13,80 (13,64) DM, Kostenindex der Reparaturstufe I 3,2 (3,3), Reparaturstufe II 3,5 (3,6) und Reparaturstufe III 3,8 (3,9)!

14. Berechnen Sie den AW-Verrechnungssatz aus folgenden Angaben: Fertigungslöhne 95040,– (60192,–) DM, Gemeinkosten 234967,– (142272,–) DM, Gewinnzuschlag 8 (10)%, Werkstatt-Schnittlohn 13,92 (14,64) DM, Werkstattfaktor 12 (12,2) AW.

15. Eine Kfz-Werkstatt rechnet mit 3,64 (3,68) Kostenindex, 15,– (15,50) DM Werkstatt-Schnittlohn und 12,0 (12,4) AW Werkstattfaktor. Bestimmen Sie a) den AW-Verrechnungssatz und b) den Arbeitspreis für folgende Arbeitspositionen:

Ventilpartie bearbeiten 95 (123) AW, Getriebe zerlegen und zusammenbauen 54 (70) AW, Lenkschloß erneuern 15 (22) AW, Abdichtringe für Hinterachswelle erneuern 23 (28) AW, Lagerbolzen u. -buchsen für Querlenker erneuern 12 (14) AW.

16. Auszuführende Arbeit: Sämtliche Ventilabdichtringe erneuern 42 (58) AW. Ersatzteilkosten 56,40 (84,30) DM. Berechnen Sie a) den AW-Preis, b) den Arbeitspreis und c) die Reparaturkosten bei 14,40 (14,88) DM Werkstatt-Schnittlohn, 12,0 (12,4) AW Werkstattfaktor und 3,75 (3,8) Kostenindex!

17. Auszuführende Arbeiten: Bremsanlage überprüfen 14 (16) AW, beide Bremsscheiben vorn erneuern 26 (28) AW, Hauptbremszylinder erneuern 9 (12) AW, Bremsanlage entlüften 4 (5) AW. Ersatzteilpreise: 2 Bremsscheiben je 72,– (92,–) DM, 1 Satz Bremsklötze 42,– (56,–) DM, 1 Hauptbremszylinder 124,80 (142,–) DM, 0,5 l Bremsflüssigkeit zu 20,40 (21,20) DM/l. Der AW-Verrechnungspreis der Werkstatt ist 4,50 (4,80) DM. Wie hoch sind die Reparaturkosten?

18. Ein Kfz-Betrieb ermittelt den AW-Preis aus folgenden Daten: Fertigungslöhne 148600,– (185240,–) DM, Gemeinkosten 369773,– (432227,–) DM, Gewinnzuschlag 7,5 (8)%, Werkstatt-Schnittlohn 14,88 (15,86) DM und Werkstattfaktor 12 (12,2) AW.

Auszuführende Arbeiten: Sämtliche Gummilager für Motoraufhängung erneuern 15 (29) AW, beide Spurstangen erneuern 7 (8) AW, Vorderachse vermessen und einstellen 12 (14) AW. Ersatzteilpreise: 2 Gummilager je 24,40 (28,30) DM, 1 Gummilager 19,80 (21,20) DM, 2 Spurstangen je 43,40 (48,70) DM. Berechnen Sie a) den Kostenindex, b) den AW-Verrechnungssatz und c) die Reparaturkosten!

30.7 Kostenrechnen im Warenhandel

Zuschlagskalkulation

Der Verkaufspreis einer Ware enthält die Aufwendungen für Einkaufspreis, Bezugskosten und Gemeinkosten des Handels, sowie einen Zuschlag für Gewinn und Wagnis. Hinzu kommen gegebenenfalls noch Verkaufs-Sonderkosten, Kundenrabatt und Kundenskonto.

Als Einkaufspreis ist der Rechnungsbetrag abzüglich Liefererrabatt und Liefererskonto in die Kostenrechnung einzusetzen. Die Gemeinkosten werden in einem Prozentsatz vom Bezugspreis, der Gewinn in einem Prozentsatz von den Selbstkosten berechnet. Da der Kunde Rabatt und Skonto nacheinander vom vollen Wert abzieht, müssen beide in der Kostenrechnung dem verminderten Wert zugeschlagen werden.

Beispiel

Einkaufspreis		$=580,-$ DM
Bezugskosten		$=\ 20,-$ DM
Bezugspreis (Anschaffungskosten)		$=600,-$ DM
Gemeinkosten	$=\dfrac{600,-\ \text{DM}\cdot 20}{100}$	$=120,-$ DM
Selbstkosten		$=720,-$ DM
Gewinnzuschlag	$=\dfrac{720,-\ \text{DM}\cdot 10}{100}$	$=\ 72,-$ DM
Verkaufspreis		$=792,-$ DM
Rabatt	$=\dfrac{792,-\ \text{DM}\cdot 12}{(100-12)}$	$=108,-$ DM
Endverkaufspreis		$=900,-$ DM

Vereinfachte Kalkulation

Um die Kostenrechnung zu vereinfachen, werden die in einem bestimmten Zeitraum anfallenden Anschaffungskosten, Gemeinkosten und Zuschläge für Gewinn, Verkaufs-Sonderkosten, Rabatt und Skonto auf die Anschaffungskosten bezogen. Die sich dabei ergebende Verhältniszahl heißt Kalkulationsfaktor. Er gibt an, wieviel mal höher der Verkaufspreis einer Ware ist als ihr Bezugspreis. Die Zuschläge für Verkaufs-Sonderkosten, Rabatt und Skonto sind in der Formel für den Kalkulationsfaktor der Einfachheit halber nicht gesondert aufgeführt.

Beispiel

Anschaffungskosten 72000 DM, Gemeinkosten 18000 DM, Gewinn 8%. Bezugspreis einer Ware 500 DM. Gesucht: a) Kalkulationsfaktor, b) Verkaufspreis der Ware.

a) $\text{GWZ}=\dfrac{(72000+18000)\ \text{DM}\cdot 8}{100}=7200,-\ \text{DM}$

$\text{KF}=\dfrac{(72000+18000+7200)\ \text{DM}}{72000,-\ \text{DM}}=1{,}35$

b) $\text{Endverkaufspreis}=500,-\ \text{DM}\cdot 1{,}35=675,-\ \text{DM}$

Einkaufspreis
+ Bezugskosten
Bezugspreis
+ Gemeinkosten im Handel
Selbstkosten
+ Gewinnzuschlag
Verkaufspreis
+ Verkaufs-Sonderkosten
Barverkaufspreis
+ Kundenskonto
Zielverkaufspreis
+ Kundenrabatt
Endverkaufspreis

Rechnungspreis
– Liefererrabatt
Zieleinkaufspreis
– Liefererskonto
Einkaufspreis
+ Bezugskosten
Bezugspreis oder Anschaffungskosten

Gemeinkosten im Handel (GKH)
$=\dfrac{\text{Bezugspreis}\cdot \text{GKH in }\%}{100}$

Gewinnzuschlag (GWZ)
$=\dfrac{(\text{Ak}+\text{GKH})\cdot \text{GWZ in }\%}{100}$

Ak Anschaffungskosten
GKH Gemeinkosten Handel

Kundenskonto (KS)
$=\dfrac{\text{Barverkaufspreis}\cdot \text{KS in }\%}{100-\text{KS in }\%}$

Kundenrabatt (KR)
$=\dfrac{\text{Zielverkaufspreis}\cdot \text{KR in }\%}{100-\text{KR in }\%}$

Kalkulationsfaktor (KF)
$=\dfrac{\text{AK}+\text{GKH}+\text{GWZ}}{\text{AK}}$

AK Anschaffungskosten
GKH Gemeinkosten Handel
GWZ Gewinnzuschlag

Endverkaufspreis
= Bezugspreis
× Kalkulationsfaktor

Aufgaben

1. Ein Reifengroßhändler bezieht 150 (180) Reifen zum Listenpreis von je 136,– (148,–) DM und erhält 28 (25)% Rabatt und 2,5 (3)% Skonto. Fracht und Rollgeld betragen 229,20 (239,40) DM. Wie hoch ist der Bezugspreis je Reifen?

2. Der Einkaufspreis eines Tauschmotors beträgt 1200,– (1280,–) DM, die Bezugskosten belaufen sich auf 50,– (70,–) DM. Für Gemeinkosten werden 18 (24)% und für den Gewinn 8 (10)% zugeschlagen. Wie hoch ist der Verkaufspreis?

3. Der Bezugspreis einer Starterbatterie beträgt 125,– (112,–) DM. Für Gemeinkosten werden 28 (25)% und für den Gewinnzuschlag 6 (8)% berechnet. Wie hoch ist der Endverkaufspreis anzusetzen, wenn die Kunden 20 (10)% Rabatt erhalten?

4. Ein Kfz-Betrieb nimmt einen Gebrauchtwagen mit 3420,– (5650,–) DM in Zahlung. Bei der Instandsetzung fallen 1380,– (350,–) DM Kosten an. Die Verkaufsabteilung verrechnet 15 (12,5)% Gemeinkosten und 5 (8)% Gewinn. Der Verkäufer erhält 104,– (160,–) DM Provision. Gesucht: Endverkaufspreis.

5. Ein Kfz-Betrieb bezieht 3 (4) Frontscheiben zu je 293,33 (325,–) DM abzüglich 25 (30)% Rabatt. Verpackung und Zufuhr kosten 33,40 (90,–) DM, die Gemeinkosten betragen 20 (25)%, der Gewinnzuschlag ist 6 (8)%. Wie hoch ist der Endverkaufspreis für eine Frontscheibe anzusetzen, wenn den Kunden 2 (10)% Rabatt gewährt werden?

6. Der Einkaufspreis für einen Kühler beträgt 178,45 (140,60) DM. Wieviel Prozent Gewinn, bezogen auf die Selbstkosten, hat der Betrieb, wenn er 15,30 (12,84) DM Frachtauslagen hat, für Gemeinkosten 20 (25)% berechnet und den Kühler für 246,45 (201,39) DM verkauft?

7. Ein Schaltgetriebe soll für 762,72 (1037,88) DM verkauft werden. Wie hoch darf der Einkaufspreis höchstens sein, wenn mit 28 (24)% Gemeinkosten, 5 (8)% Gewinn und 19,20 (23,70) DM Bezugskosten kalkuliert wird?

8. Das Ersatzteillager eines Kfz-Betriebs hatte im vergangenen Jahr Gemeinkosten von 203469,– (156189,–) DM. Die Anschaffungskosten der verkauften Waren betrugen 581340,– (624756,–) DM. Als Gewinn werden für das kommende Jahr 6 (8)% zugeschlagen. Wie groß ist der Kalkulationsfaktor, wenn die Anschaffungskosten und die Gemeinkosten unverändert bleiben sollen?

9. Im letzten Geschäftsjahr betrugen die Gemeinkosten eines Ersatzteillagers 148837,50 (273569,40) DM und die Anschaffungskosten der verkauften Ware 459375 (675480) DM. Mit welchem Kalkulationsfaktor ist zu rechnen, wenn die Einkaufspreise um 8 (12,5)% gestiegen sind und ein Gewinnzuschlag von 10 (5)% berücksichtigt werden soll?

10. Der Kalkulationsfaktor eines Ersatzteillagers ist 1,45 (1,42). Berechnen Sie aus den Bezugspreisen die Endverkaufspreise der folgenden Waren:

Autoradio	192,00 (262,50) DM	Teil-Motor	1444,80 (1890,50) DM
Vergaser	365,20 (432,00) DM	Automatikgetriebe	1983,00 (2147,00) DM
Zylinderkopf	238,60 (462,50) DM	Ausgleichgetriebe	941,40 (1045,50) DM

11. Der Endverkaufspreis eines Teil-Motors beträgt 836,– (928,–) DM. Der Kfz-Betrieb rechnet mit einem Kalkulationsfaktor von 1,52 (1,45). Wie hoch darf der Rechnungsbetrag beim Einkauf sein, wenn der Lieferer 2 (3)% Skonto gewährt und 20,80 (19,20) DM Bezugskosten entstehen?

30.8 Deckungsbeitragsrechnung

Bei unterschiedlichem Beschäftigungsgrad und schwankender Marktlage ist die Vollkostenrechnung unzureichend. Besser geeignet sind hierfür die Methoden der Teilkalkulation. Dabei geht man von einer Aufteilung der Kosten in variable und fixe Kosten aus.

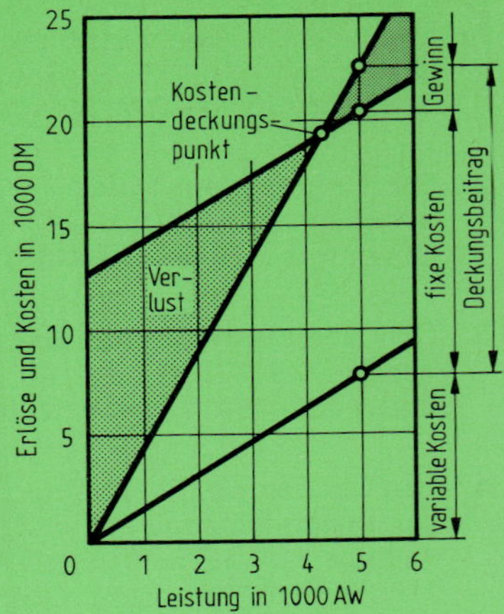

Variable Kosten

Mengenabhängige Kosten heißen variable (bewegliche) Kosten. Je größer die erstellte Menge ist, desto größer sind die variablen Kosten. Auf die Einheit bezogen bleiben sie konstant, deshalb werden sie je Leistungseinheit erfaßt. Zu den variablen Kosten gehören: Fertigungslöhne, Ersatzteilkosten, Verkaufs-Sonderkosten und die leistungsabhängigen Anteile der Gemeinkosten. Stehen die einzelnen Anteile nicht unmittelbar fest, dann müssen sie aus der Summe der jeweiligen Kostenart aufgeschlüsselt werden.

Fixe Kosten

Mengenunabhängige Kosten heißen fixe (feste) Kosten. Sie werden als Zeitkosten erfaßt und auf die Leistungseinheiten desselben Zeitraums verteilt. Je größer die erstellte Menge ist, desto kleiner sind die fixen Kosten je Einheit. Zu den fixen Kosten gehören die leistungsunabhängigen Gemeinkosten wie Kosten der Betriebsbereitschaft, kalkulatorische Zinsen, Miete u.a.

Deckungsbeitrag

Der Überschuß der Verkaufserlöse über die variablen Kosten ergibt den Deckungsbeitrag für die fixen Kosten. Ist der Deckungsbeitrag größer als die fixen Kosten, so entsteht ein Gewinn. Das Verhältnis des Deckungsbeitrags zu den erstellten Leistungseinheiten ist der spezifische Deckungsbeitrag. Der Kostendeckungspunkt „fixe Kosten durch spezifischen Deckungsbeitrag" ist die Leistungsmenge, die zur Abdeckung der variablen und der fixen Kosten erforderlich ist.

Beispiel: Lohnerlöse 22500,– DM für 5000 AW, variable Kosten 1,60 DM/AW, fixe Kosten 12700,– DM. Gesucht: Deckungsbeitrag, Gewinn in %, spezifischer Deckungsbeitrag und Kostendeckungspunkt.

Lohnerlöse	= 22500,– DM
Variable Kosten = 5000 · 1,60 DM	= 8000,– DM
Deckungsbeitrag	= 14500,– DM
Fixe Kosten	= 12700,– DM
Gewinn	= 1800,– DM

$$\text{Gewinn in Prozent} = \frac{1800,-\ \text{DM} \cdot 100}{22500,-\ \text{DM}} = 8{,}0\,\%$$

$$\text{Spez. Deckungsbeitrag} = \frac{14500,-\ \text{DM}}{5000,-\ \text{DM}} = 2{,}90\ \text{DM/AW}$$

$$\text{Kostendeckungspunkt} = \frac{12700,-\ \text{DM}}{2{,}90\ \text{DM/AW}} = 4379\ \text{AW}$$

Variable Kosten
= Einzelkosten
+ variable Gemeinkosten

Variable Gemeinkosten (VGK)

$$= \frac{\text{Bezugswert} \cdot \text{VGK in \%}}{100}$$

Deckungsbeitrag
= Verkaufserlöse
– variable Kosten

Betriebsgewinn
= Deckungsbeitrag
– fixe Kosten

Spezifischer Deckungsbeitrag

$$= \frac{\text{Deckungsbeitrag}}{\text{Leistungseinheiten}}$$

Deckungsbeitrag in %

$$= \frac{\text{Deckungsbeitrag} \cdot 100}{\text{Verkaufs-Lohnerlöse}}$$

Kostendeckungspunkt

$$= \frac{\text{fixe Kosten}}{\text{spez. Deckungsbeitrag}}$$

Kostendeckende Erlöse

$$= \frac{\text{fixe Kosten} \cdot 100}{\text{Deckungsbeitrag in \%}}$$

Kosten je Leistungseinheit
= variable Kosten je LE

$$+ \frac{\text{fixe Kosten}}{\text{Leistungseinheiten}}$$

Aufgaben

1. Die Buchhaltung eines Kfz-Betriebs weist folgende Zahlen aus: Lohnerlöse 87120,– (322560,–) DM, variable Kosten 26136,– (90316,80) DM, fixe Kosten 54014,40 (212889,60) DM. Die Werkstatt verrechnet 1584 (6144) Fertigungslohnstunden. Berechnen Sie: a) den Deckungsbeitrag in %, b) den Gewinn in DM und %, c) den spezifischen Deckungsbeitrag, d) den Kostendeckungspunkt!

2. Die Betriebsabrechnung einer Kfz-Werkstatt liefert folgende Daten: Lohnerlöse 276567,– (269100,–) DM, Fertigungslöhne 50758,– (58903,–) DM, Gemeinkosten 214746,– (191360,–) DM, davon 15 (10)% variable Kosten. Die Werkstatt verkauft 56940 (58500) AW. Berechnen Sie: a) den Deckungsbeitrag in DM, b) den Werkstattgewinn in DM und % und c) den Kostendeckungspunkt in AW!

3. Eine Werkstatt verkauft im Vierteljahr 3564 (8100) Stunden zum Verrechnungssatz von 56,– (54,80) DM. Werkstatt-Schnittlohn 17,92 (15,07) DM, fixe Kosten 125738,– (277425,–) DM. Gesucht: a) Lohnerlöse, b) variable Kosten, c) Deckungsbeitrag in DM, d) Werkstattgewinn, e) Kostendeckungspunkt in Stunden.

4. Aus der Betriebsabrechnung eines Kfz-Betriebs ergeben sich: Fertigungslohnstunden 6380 (7960), Stunden-Verrechnungssatz 54,50 (50,–) DM, variable Kosten 97358,– (135320,–) DM, fixe Kosten 232956,– (297693,–) DM. Gesucht: a) Deckungsbeitrag in %, b) kostendeckende Erlöse, c) Gewinn (Verlust) in DM und %.

5. Von einem Ersatzteillager sind bekannt: Anschaffungskosten der verkauften Ware 293940,– (429660,–) DM, fixe Kosten 81650,– (147312,–) DM, Verkaufserlöse 408250,– (613800,–) DM. Berechnen Sie: a) den Deckungsbeitrag in %, b) die kostendeckenden Erlöse und c) den Gewinn in DM und %!

6. Eine Kfz-Werkstatt ermittelt für die Berechnung des AW-Preises folgende Daten: Variable Kosten 1,40 (1,44) DM/AW, fixe Kosten 194688,– (65550,–) DM im Monat, geplante Werkstattleistung 74880 (23750) AW. Ermitteln Sie: a) die Kosten je AW und b) den AW-Verrechnungssatz mit 12 (10)% Gewinnzuschlag!

7. Die Betriebsabrechnung ermittelt 38325,– (72225,–) DM fixe Kosten im Monat. Der Werkstatt-Schnittlohn ist 14,60 (15,–) DM, die variablen Gemeinkosten betragen 40 (25)% vom Lohn. Die Werkstatt rechnet im nächsten Monat mit 1250 (2140) Fertigungslohnstunden. Wie groß sind a) die Kosten für eine Stunde und b) der Stunden-Verrechnungssatz mit einem Gewinnzuschlag von 10 (8)%?

8. Kfz-Betrieb: Fixe Kosten im Monat 51348,– (33670,–) DM, variable Kosten 1,56 (1,82) DM je AW. Der AW-Preis wird aus Konkurrenzgründen auf 4,20 (4,42) DM gehalten. Wieviel AW müssen verkauft werden, damit die Kosten gedeckt sind?

9. Führen Sie die Deckungsbeitragsrechnung für einen Rollenprüfstand (ein optisches Achsmeßgerät) mit folgenden Daten durch: Fixe Kosten im Jahr 11655,– (8616,–) DM, variable Kosten 39,75 (42,50) DM/h, Betriebszeit 700 (1200) h im Jahr, Zeitaufwand für 1 Test 12 (75) min, Arbeitspreis 12,– (67,50) DM. Gesucht sind: a) Lohnerlöse und Deckungsbeitrag im Jahr, b) der spezifische Deckungsbeitrag für einen Test, c) der Kostendeckungspunkt, d) der Jahresgewinn in DM und %.

10. Werte für die Kalkulation einer Radauswuchtmaschine: Fixe Kosten im Jahr 3360 (5184) DM, Werkstatt-Schnittlohn 15,– (16,–) DM, variable Gemeinkosten 110 (90)% vom Lohn, Laufzeit im Jahr 160 (240) h, Zeitaufwand zum Auswuchten eines Rades 4 (6) min. Berechnen Sie: a) die Kosten für das Auswuchten eines Rades, b) den Arbeitspreis mit 8 (10)% Gewinnzuschlag, c) den Kostendeckungspunkt, wenn ein Festpreis von 4,– (6,–) DM je Rad angenommen wird!

30.9 Werkstattabrechnung

In der Kostenstelle Werkstatt werden Lohnerlöse, Fertigungslöhne und Gemeinkosten getrennt erfaßt. Durch Gegenüberstellung der verschiedenen Kosten lassen sich genaue Werkstattergebnisse und sichere Anhaltspunkte für unternehmerische Dispositionen ermitteln. Außerdem ist eine kostengerechte Kalkulation der Verkaufspreise für Lohnleistungen möglich.

Bruttolohnertrag = Lohnerlöse − Fertigungslöhne

Werkstattgewinn = Bruttolohnertrag − Gemeinkosten

$$\text{Bruttolohnertrag in \%} = \frac{\text{Bruttolohnertrag mal 100}}{\text{Lohnerlöse}}$$

$$\text{Werkstattgewinn in \%} = \frac{\text{Werkstattgewinn mal 100}}{\text{Lohnerlöse}}$$

$$\text{Erlöster Index (Erlösindex)} = \frac{\text{Lohnerlöse}}{\text{Fertigungslöhne}}$$

$$\text{Erlöster Std.-Verrechnungssatz} = \frac{\text{Lohnerlöse}}{\text{Fertigungslohnstunden}}$$

$$\text{Erlöster AW-Verrechnungssatz} = \frac{\text{Lohnerlöse}}{\text{Anzahl d. Arbeitswerte}}$$

$$\text{Gemeinkosten in Prozent} = \frac{\text{Gemeinkosten mal 100}}{\text{Fertigungslöhne}}$$

$$\text{Wirtschaftlichkeit} = \frac{\text{Lohnerlöse}}{\text{Fertigungslöhne} + \text{Gemeinkosten}}$$

$$\text{Lohnerlöse je Monteur} = \frac{\text{Lohnerlöse}}{\text{Anzahl der Monteureinheiten}}$$

Beispiel

Monatsabrechnung einer Werkstatt: 4 Monteureinheiten mit je 160 Fertigungsstunden zu 14,20 DM, gesamte Lohnerlöse 34080,– DM, Gemeinkosten 23288,– DM.

Lohnerlöse	= 34080,– DM
Fertigungslöhne = 14,20 DM/h · 160 h · 4	= 9088,– DM
Bruttolohnertrag	= 24992,– DM
Gemeinkosten	= 23288,– DM
Werkstattgewinn	= 1704,– DM

$$\text{Werkstattgewinn} = \frac{1704,\text{– DM} \cdot 100}{34080,\text{– DM}} = 5{,}0\%$$

$$\text{Erlösindex} = \frac{34080,\text{– DM}}{9088,\text{– DM}} = 3{,}75$$

$$\text{Std.-Verrechnungssatz} = \frac{34080,\text{– DM}}{4 \cdot 160\,\text{h}} = 53{,}25\,\text{DM}$$

$$\text{Gemeinkosten} = \frac{23288,\text{– DM} \cdot 100}{9088,\text{– DM}} = 256\%$$

$$\text{Wirtschaftlichkeit} = \frac{34080,\text{– DM}}{9088,\text{– DM} + 23288,\text{– DM}} = 1{,}053$$

$$\text{Lohnerlöse je Monteur} = \frac{34080,\text{– DM}}{4} = 8520,\text{– DM}$$

Bruttolohnertrag
= Lohnerlöse
− Fertigungslöhne

Werkstattgewinn
= Bruttolohnertrag
− Gemeinkosten

Bruttolohnertrag in %
$$= \frac{\text{Bruttolohnertrag} \cdot 100}{\text{Lohnerlöse}}$$

Werkstattgewinn in %
$$= \frac{\text{Werkstattgewinn} \cdot 100}{\text{Lohnerlöse}}$$

Erlösindex
$$= \frac{\text{Lohnerlöse}}{\text{Fertigungslöhne}}$$

Erlöster Stunden-Verrechnungssatz
$$= \frac{\text{Lohnerlöse}}{\text{Fertigungslohnstunden}}$$

Erlöster AW-Verrechnungssatz
$$= \frac{\text{Lohnerlöse}}{\text{Anzahl der Arbeitswerte}}$$

Gemeinkosten in %
$$= \frac{\text{Gemeinkosten} \cdot 100}{\text{Fertigungslöhne}}$$

Wirtschaftlichkeit
$$= \frac{\text{Lohnerlöse}}{\text{FL} + \text{GK}}$$

Lohnerlöse je Monteur
$$= \frac{\text{Lohnerlöse}}{\text{Monteureinheiten}}$$

Kostenindex
$$= \frac{\text{FL} + \text{GK} + \text{GWZ}}{\text{FL}}$$

FL Fertigungslöhne
GK Gemeinkosten
GWZ Gewinnzuschlag

Aufgaben

In den folgenden Aufgaben handelt es sich um Werkstattabrechnungen für Kfz-Betriebe. Die Zahlenwerte hierfür wurden aus Konten der Buchhaltung entnommen.

1. Lohnerlöse aus K- und I-Aufträgen 954720,– (637010,–) DM, Fertigungslöhne 254592,– (165888,–) DM, Gemeinkosten 636480,– (439271,–) DM.

Berechnen Sie: a) den Bruttolohnertrag, b) den Werkstattgewinn in DM und %, c) den Erlösindex, d) die Gemeinkosten in % und e) die Wirtschaftlichkeit!

2. Lohnerlöse 609444,– (342576,–) DM, Fertigungsstunden 11880 (6240) h, Werkstatt-Schnittlohn 13,50 (15,25) DM, Gemeinkosten 400308,48 (221722,80) DM.

Ermitteln Sie: a) die Fertigungslöhne, b) den Bruttolohnertrag, c) den Werkstattgewinn in DM und %, d) den Erlösindex, e) die Gemeinkosten in %, f) die Wirtschaftlichkeit und g) den erlösten Stunden-Verrechnungssatz!

3. Lohnerlöse 227106,– (377214,–) DM, Lohnsumme 81840,– (136080,–) DM, Fertigungslohnanteil 75 (72)%, Gemeinkosten ohne Hilfslöhne 136181,76 (210957,–) DM, Arbeitsumfang 56776 (86715) AW.

Bestimmen Sie: a) die Fertigungslöhne, b) die Hilfslöhne, c) die Gemeinkosten in DM und %, d) den Bruttolohnertrag, e) den Werkstattgewinn in DM und %, f) den Erlösindex, g) die Wirtschaftlichkeit, h) den erlösten AW-Verrechnungssatz.

4.

Lohnerlöse	1183428,– (926640,–) DM	Fertigungslöhne	337532,– (257400,–) DM
Anzahl der Monteureinheiten	14 (10)	Fertigungslohnstunden	21714 (15600) h
Hilfslöhne	121296,– (96827,–) DM	GK-Material	56085,– (45078,–) DM
Gehälter	239640,– (191365,–) DM	Steuern, Gebühren	15225,– (12815,–) DM
Sozialkosten	130237,– (103952,–) DM	verschied. Kosten	20518,– (16128,–) DM
Raumkosten	60156,– (46974,–) DM	Verwaltungskosten	88317,– (67920,–) DM
Abschreibung	47558,– (37216,–) DM		

Gesucht: a) Gemeinkosten in DM und %, b) Bruttolohnertrag, c) Werkstattgewinn in DM und %, d) Erlösindex, e) Wirtschaftlichkeit, f) Stunden-Verrechnungssatz, g) Lohnerlöse je Monteureinheit.

5. Monatsabrechnung für eine Kfz-Werkstatt:

produktive Arbeitskräfte	12 (15)	Leistungsfaktor	14,369 (15,0) AW/h
Arbeitszeit	176 (175) Stunden	AW-Verrechnungssatz	3,80 (3,96) DM
Fertigungslohnanteil	75 (72)%	Gemeinkosten einschließlich	
Leistungslohnsatz	15,60 (16,50) DM	der Hilfslöhne	58316,– (75467,70) DM

Errechnen Sie: a) die Fertigungslöhne, b) die Lohnerlöse, c) den Werkstattgewinn in DM und %, d) den Erlösindex, e) die Gemeinkosten in %, f) die Wirtschaftlichkeit, g) den Kostenindex für den nächsten Monat, wenn ein Gewinnzuschlag von 10 (8)%, eine Erhöhung der Fertigungslöhne um 5 (6)% und der Gemeinkosten um 2 (3)% berücksichtigt werden soll, h) den Stunden-Verrechnungssatz im nächsten Monat!

6. Erlösindex 3,725 (3,680), Fertigungslöhne 258048,– (196020,–) DM, Werkstattgewinn 8 (5)% des Lohnerlöses, Arbeitsumfang 215040 (166980) AW.

Berechnen Sie: a) die Lohnerlöse, b) den Werkstattgewinn in DM, c) die Gemeinkosten in DM und %, d) den erlösten AW-Verrechnungssatz!

30.10 Lagerabrechnung

Die Anschaffungskosten und die Erlöse aus dem Verkauf von Ersatzteilen und Zubehör werden von der Kostenstelle Lager erfaßt. Ebenso werden alle Gemeinkosten, die durch die Lagerhaltung und den Teileverkauf entstehen, aufgezeichnet. Mit Hilfe der Betriebsabrechnung und der Inventurbestände lassen sich wichtige Schlußfolgerungen über den betriebswirtschaftlichen Zustand des Teilelagers ziehen und die entsprechenden statistischen Zahlen aufstellen.

$$\text{Bruttoertrag in Prozent} = \frac{\text{Bruttoertrag mal 100}}{\text{Verkaufserlöse}}$$

$$\text{Lagergewinn in Prozent} = \frac{\text{Lagergewinn mal 100}}{\text{Verkaufserlöse}}$$

$$\text{Kalkulationsfaktor} = \frac{\text{Verkaufserlöse}}{\text{Anschaffungskosten}}$$

$$\text{Gemeinkosten in Prozent} = \frac{\text{Gemeinkosten mal 100}}{\text{Anschaffungskosten}}$$

$$\text{Wirtschaftlichkeit} = \frac{\text{Verkaufserlöse}}{\text{Anschaffungs- plus Gemeinkosten}}$$

Durchschnittlicher Lagerbestand im Jahr

$$= \frac{\text{Anfangsbestand} + \text{Summe der Endbestände im Jahr}}{\text{Anzahl der Bestandsaufnahmen im Jahr}}$$

Umschlagshäufigkeit

$$= \frac{\text{Anschaffungskosten der verkauften Ware im Jahr}}{\text{durchschnittlicher Lagerbestand im Jahr}}$$

Anschaffungskosten der verkauften Ware

Um den Ertrag aus dem Teileverkauf berechnen zu können, müssen die Anschaffungskosten der zum Verkauf aus dem Lager entnommenen Ware festgestellt werden. Es gibt zwei Verfahren: direkte Erfassung der Lagerausgänge mittels Entnahmescheinen oder indirekte Ermittlung des Lagerausgangs innerhalb eines bestimmten Zeitraumes durch Bestandsaufnahme.

Anschaffungskosten der verkauften Ware
= Lageranfangsbestand + Warenzugang − Endbestand

Beispiel

Verkaufserlöse	= 24500,– DM
Anschaffungskosten	= 17500,– DM
Bruttoertrag	= 7000,– DM
Gemeinkosten	= 5040,– DM
Lagergewinn	= 1960,– DM

$$\text{Lagergewinn} = \frac{1960,-\text{ DM} \cdot 100}{24500,-\text{ DM}} = 8{,}0\%$$

$$\text{Kalkulationsfaktor} = \frac{24500,-\text{ DM}}{17500,-\text{ DM}} = 1{,}40$$

$$\text{Wirtschaftlichkeit} = \frac{24500,-\text{ DM}}{17500,-\text{ DM} + 5040,-\text{ DM}} = 1{,}087$$

Bruttoertrag
= Summe der Verkaufserlöse
− Anschaffungskosten

Lagergewinn
= Bruttoertrag
− Gemeinkosten

Anschaffungskosten der verkauften Ware
= Lageranfangsbestand
+ Warenzugang
− Lagerendbestand

Bruttoertrag in %

$$= \frac{\text{Bruttoertrag} \cdot 100}{\text{Verkaufserlöse}}$$

Lagergewinn in %

$$= \frac{\text{Lagergewinn} \cdot 100}{\text{Verkaufserlöse}}$$

Kalkulationsfaktor

$$= \frac{\text{Verkaufserlöse}}{\text{Anschaffungskosten}}$$

Gemeinkosten in %

$$= \frac{\text{Gemeinkosten} \cdot 100}{\text{Anschaffungskosten}}$$

Wirtschaftlichkeit

$$= \frac{\text{Verkaufserlöse}}{AK + GK}$$

AK Anschaffungskosten
GK Gemeinkosten

Durchschnittlicher Lagerbestand im Jahr

$$= \frac{\text{Anfangsbest.} + \text{Endbestände}}{\text{Anzahl Bestandsaufnahmen}}$$

Umschlagshäufigkeit

$$= \frac{\text{Anschaffungskosten i. Jahr}}{\text{durchschn. Lagerbestand}}$$

Lagerzeit in Tagen

$$= \frac{\text{360 Tage}}{\text{Umschlagshäufigkeit}}$$

Aufgaben

Die Werte in den Aufgaben sind aus den Büchern von Ersatzteillagern entnommen.

1. Anschaffungskosten der verkauften Ware 82500,– (179300,–) DM, Gemeinkosten 36300,– (62575,70) DM, Erlöse aus dem Verkauf 132000,– (254606,–) DM.

Berechnen Sie: a) den Bruttoertrag, b) den Lagergewinn in DM und %, c) die Gemeinkosten in %, d) die Wirtschaftlichkeit, e) den Kalkulationsfaktor!

2. Anfangsbestand am 1. Jan. 96300,– (140730,–) DM, Endbestand am 31. Dezember 115700,– (116270,–) DM, Warenzugang während des Jahres 528200,– (636030) DM.

Wie groß ist a) der durchschnittliche Lagerbestand, b) die Umschlagshäufigkeit des Lagers und c) die durchschnittliche Lagerzeit in Tagen?

3. Anfangsbestand am 1. Januar 136400,– (127900,–) DM, Endbestand am 31. Dezember 163600,– (142900,–) DM, Warenzugang im Laufe des Jahres 492700,– (664920) DM, Gemeinkosten 147098,– (198225,–) DM und Erlöse aus dem Verkauf 651700 (942384,–) DM.

Ermitteln Sie: a) den Bruttoertrag, b) den Lagergewinn in DM und %, c) den Gemeinkostenzuschlag in %, d) die Wirtschaftlichkeit, e) den Kalkulationsfaktor, f) die Umschlagshäufigkeit und g) die durchschnittliche Lagerzeit!

4.

Hilfslöhne	38998,– (35764,–) DM	Gemeinkostenmaterial	7100,– (9276,–) DM
Gehälter	129458,– (141925,–) DM	Steuern, Gebühren	9492,– (10558,–) DM
Sozialkosten	26175,– (32847,–) DM	verschiedene Kosten	20119,– (23831,–) DM
Raumkosten	16200,– (24319,–) DM	Verwaltungskosten	36031,– (39693,–) DM
Abschreibung	13633,– (16482,–) DM	Verkaufserlöse	1209266,– (1123396,–) DM

Anfangsbestand am 1. Jan. 195696,– (201641,–) DM, Endbestand am 31. Dezember 230100,– (189815,–) DM, Warenzugang während des Jahres 885997,– (731940) DM.

Errechnen Sie: a) die Gemeinkosten in DM und %, b) den Bruttogewinn, c) den Lagergewinn in DM und %, d) den Kalkulationsfaktor, e) die Wirtschaftlichkeit, f) den durchschnittlichen Lagerbestand, g) die Umschlagshäufigkeit des Lagers, h) die durchschnittliche Lagerzeit in Tagen!

5. Anfangsbestand am 1. Jan. 142497,– (175645,–) DM, Endbestand am 31. Dezember 150639,– (169135,–) DM, Warenzugang während des Jahres 740982,– (683050) DM, Gemeinkosten 334908,– (279961,–) DM, Verkaufserlöse 1135902,– (1020549,–) DM.

Zu berechnen sind: a) der Bruttogewinn, b) der Lagergewinn in DM und %, c) die Gemeinkosten in DM und %, d) der erzielte Kalkulationsfaktor, e) die Wirtschaftlichkeit, f) der durchschnittliche Lagerbestand, g) die Umschlagshäufigkeit des Lagers, h) die durchschnittliche Lagerzeit in Tagen, i) der im neuen Jahr zu verrechnende Kalkulationsfaktor, wenn ein Gewinnzuschlag von 10 (8)% und eine Preissteigerung der Anschaffungskosten um 5 (4)% angenommen werden.

6. Die Auswertung der Buchführung eines Kfz-Betriebs hat für das Ersatzteillager einen Kalkulationsfaktor von 1,44 (1,56) ergeben. Dabei wurden folgende Angaben berücksichtigt: Anfangsbestand am 1. Januar 142690,– (83484,–) DM, Endbestand am 31. Dezember 137460,– (87976,–) DM, Warenzugang im Laufe des Jahres 544520,– (433142,–) DM, Lagergewinn 39582,– (40121,64) DM.

Wie hoch waren in der Abrechnungsperiode a) die Anschaffungskosten der verkauften Ware, b) die Gemeinkostensumme in DM und %, c) der Lagergewinn in %?

30.11 Unterhaltskosten von Kraftfahrzeugen

Feste Kosten

Die festen (fixen) Kosten eines Kraftfahrzeugs sind von der Fahrleistung unabhängig. Sie bleiben in einem bestimmten Zeitraum gleich und werden auf ein Jahr bezogen. Feste Kosten sind: Kapitalverzinsung, Abschreibung I, Kraftfahrzeugsteuer, Haftpflicht- und Fahrzeugversicherung, Kosten für die Garage.

$$\text{Kapitalverzinsung} = \frac{\text{Bezugspreis} \cdot \text{Zinsfuß}}{2 \cdot 100}$$

$$\text{Abschreibung I} = \frac{\text{Bezugspreis} - \text{Reifenkosten}}{2 \cdot \text{Nutzungsdauer}}$$

Bewegliche Kosten

Die beweglichen (variablen) Kosten eines Kraftfahrzeugs sind von der Fahrleistung abhängig. Sie verändern sich mit den gefahrenen Kilometern und werden für je 100 km erfaßt. Bewegliche Kosten sind: Abschreibung II, Kosten für Kraftstoff, Schmierstoff, Reifen, Wartung und Reparaturrücklage.

$$\text{Abschreib. II} = \frac{(\text{Bezugspreis} - \text{Reifenkosten}) \cdot 100\,\text{km}}{2 \cdot \text{Gesamtfahrleistung in km}}$$

$$\text{Reifenkosten je 100 km} = \frac{\text{Reifenkosten} \cdot 100\,\text{km}}{\text{Reifenfahrleistung in km}}$$

Beispiel

Pkw, 16000 DM, Nutzung 5 Jahre, Gesamtfahrleistung 200000 km; Reifen 600 DM; 20000 km/Jahr; Zins 6%.

$$\text{Kapitalverzinsung} = \frac{16000\,\text{DM} \cdot 6}{2 \cdot 100} = 480{,}00\,\text{DM}$$

$$\text{Abschreibung I} = \frac{16000\,\text{DM} - 600\,\text{DM}}{2 \cdot 5} = 1540{,}00\,\text{DM}$$

Kraftfahrzeugsteuer	= 288,00 DM
Haftpflichtversicherung	= 812,00 DM
Fahrzeugversicherung	= 80,00 DM
Miete für die Garage	= 600,00 DM
Feste Kosten im Jahr	= 3800,00 DM

$$\text{Abschreib. II} = \frac{(16000 - 600)\,\text{DM} \cdot 100\,\text{km}}{2 \cdot 200000\,\text{km}} = 3{,}85\,\text{DM}$$

Kraftstoff = 9,5 l/100 km · 1,2 DM/l = 11,40 DM

Schmierstoff = 0,1 l/100 km · 8,5 DM/l = 0,85 DM

$$\text{Reifenkosten} = \frac{600\,\text{DM} \cdot 100\,\text{km}}{30000\,\text{km}} = 2{,}00\,\text{DM}$$

Wartungskosten	= 4,50 DM
Reparaturrücklage	= 6,40 DM
Bewegliche Kosten für 100 km	= 29,00 DM
Feste Kosten	= 3800,00 DM

$$\text{Bewegliche Kosten} = \frac{29\,\text{DM} \cdot 20000\,\text{km}}{100\,\text{km}} = 5800{,}00\,\text{DM}$$

Gesamtkosten im Jahr = 9600,00 DM

Kosten für 1 km = 9600 DM : 20000 km = 0,48 DM

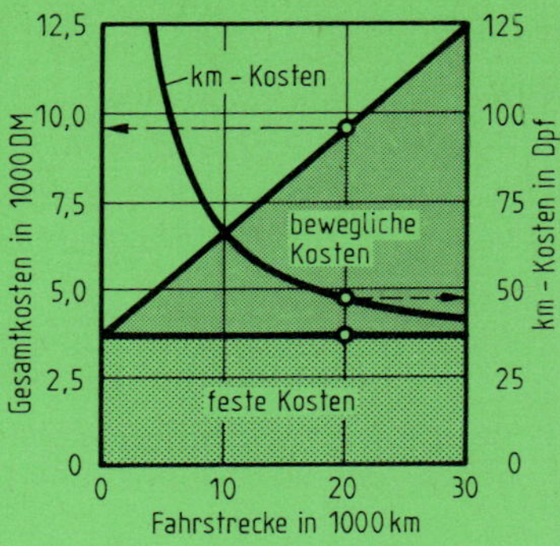

Feste Kosten im Jahr
= Kapitalverzinsung
+ Abschreibung I
+ Kraftfahrzeugsteuer
+ Haftpflicht- und Fahrzeugversicherung
+ Miete für Garage

Bewegl. Kosten für 100 km
= Abschreibung II
+ Kraftstoffkosten
+ Schmierstoffkosten
+ Reifenkosten/100 km
+ Wartungskosten
+ Reparaturrücklage

Gesamtkosten im Jahr
= feste Kosten
+ bewegliche Kosten
+ Fahrerlohn im Jahr

Kosten für 1 km

$$= \frac{\text{Gesamtkosten im Jahr}}{\text{Jahresfahrstrecke}}$$

Kapitalverzinsung im Jahr

$$= \frac{\text{Bezugspreis} \cdot \text{Zinsfuß}}{2 \cdot 100}$$

Abschreibung I im Jahr

$$= \frac{\text{Bezugspreis} - \text{Reifen}}{2 \cdot \text{Nutzungsdauer}}$$

Abschreibung II je 100 km

$$= \frac{(\text{Bezugspreis} - \text{Reifen}) \cdot 100}{2 \cdot \text{Gesamtfahrleistung in km}}$$

Reifenkosten je 100 km

$$= \frac{\text{Reifenkosten} \cdot 100\,\text{km}}{\text{Reifenfahrleistung in km}}$$

Aufgaben

1. Von einem Personenkraftwagen mit 90 (30) kW Motorleistung und 2,5 (1,3) l Hubraum sind folgende Daten angegeben:

Kaufpreis 18540,– (12420,–) DM	Gesamtfahrleistung 200000 (150000) km
Zulassungskosten 60,– (80,–) DM	Jahresfahrstrecke 30000 (15000) km
Verzinsung 6 (8)% im Jahr	Reifenfahrleistung 30000 (25000) km
Reifenkosten 600,– (500,–) DM	Kraftstoffverbrauch 12 (9,5) l/100 km
Nutzungsdauer 6 (8) Jahre	Motorenölverbrauch 0,15 (0,1) l/100 km
Kfz-Steuer 360,– (187,–) DM	Kraftstoffpreis 1,20 (1,26) DM/l
Haftpflicht 845,– (615,–) DM	Motorenölpreis 8,60 (9,50) DM/l
Teilkasko 70,– (60,–) DM	Wartungskosten 3,80 (3,20) DM/100 km
Garage 60,– (80,–) DM im Monat	Reparaturrücklage 6,50 (5,40) DM/100 km

Wie hoch sind a) die festen Kosten im Jahr, b) die beweglichen Kosten je 100 km, c) die Gesamtkosten im Jahr, d) die Kosten für 1 km Fahrstrecke?

2. Von einem Lastkraftwagen mit 16 (13,5) t Gesamtgewicht und 8,2 (7,5) t Nutzlast sind folgende Angaben vorhanden:

Bezugspreis 114000,– (93000,–) DM	Gesamtfahrleistung 400000 (500000) km
Verzinsung 8 (6)% im Jahr	Jahresfahrstrecke 60000 (70000) km
Reifenkosten 4000,– (3000,–) DM	Reifenfahrleistung 50000 (80000) km
Nutzungsdauer 8 (6) Jahre	Kraftstoffverbrauch 24 (22) l/100 km
Kfz-Steuer 2960,– (2200,–) DM	Motorenölverbrauch 0,5 (0,4) l/100 km
Haftpflicht 3780,– (5600,–) DM	Kraftstoffpreis 1,15 (1,20) DM/l
Vollkasko 4175,– (4589,–) DM	Motorenölpreis 6,80 (7,20) DM/l
Garage 120,– (80,–) DM im Monat	Wartungskosten 7,60 (8,20) DM/100 km
Fahrerlohn 25200,– (28000,–) DM	Reparaturrücklage 14,– (12,–) DM/100 km

Zu berechnen sind: a) die Kosten für 1 km Fahrstrecke, b) die Kosten für 1 tkm (Tonnenkilometer) Nutzlast im Güterverkehr.

3. Berechnen Sie die Kosten je Fahrkilometer für einen Reisebus!

Bezugspreis 153000,– (184000,–) DM	Gesamtfahrleistung 400000 (500000) km
Verzinsung 8 (6)% im Jahr	Jahresfahrstrecke 50000 (80000) km
Reifenkosten 3000,– (4000,–) DM	Reifenfahrleistung 50000 (40000) km
Nutzungsdauer 8 (6) Jahre	Kraftstoffverbrauch 25 (28) l/100 km
Kfz-Steuer 1480,– (1740,–) DM	Motorenölverbrauch 0,4 (0,5) l/100 km
Haftpflicht 2670,– (3200,–) DM	Kraftstoffpreis 1,20 (1,25) DM/l
Vollkasko 2850,– (3540,–) DM	Motorenölpreis 7,50 (7,80) DM/l
Garage 120,– (140,–) DM im Monat	Wartungskosten 7,80 (7,50) DM/100 km
Fahrerlohn 30290,– (32680,–) DM	Reparaturrücklage 11,– (12,40) DM/100 km

4. Von einem Kran-Abschleppwagen liegen folgende Angaben vor:

Bezugspreis 122400,– (200000,–) DM	Gesamtfahrleistung 300000 (400000) km
Verzinsung 8 (6)% im Jahr	Jahresfahrstrecke 40000 (35000) km
Reifenkosten 2400,– (4000,–) DM	Reifenfahrleistung 20000 (25000) km
Nutzungsdauer 8 (10) Jahre	Kraftstoffverbrauch 20 (30) l/100 km
Kfz-Steuer frei	Motorenölverbrauch 0,2 (0,4) l/100 km
Haftpflicht 2400,– (3780,–) DM	Kraftstoffpreis 1,20 (1,15) DM/l
Teilkasko 140,– (390,–) DM	Motorenölpreis 7,50 (8,50) DM/l
Hakenlast 3264,– (7750,–) DM	Wartungskosten 6,30 (8,60) DM/100 km
Garage 90,– (140,–) DM im Monat	Reparaturrücklage 10,– (15,–) DM/100 km
Fahrerlohn 24000,– (28000,–) DM	Betriebszeit 1000 (875) h im Jahr

Zu berechnen sind: a) die Kosten in einem Jahr, b) die Kosten für einen Fahrkilometer, c) die Kosten für eine Betriebsstunde.

30.12 Maschinen- und Arbeitsplatzkosten

Feste Maschinenkosten

Die Kosten zur Aufrechterhaltung der Betriebsbereitschaft in einem bestimmten Zeitraum bezeichnet man als feste Kosten. Sie sind zeitabhängig und bleiben über einen längeren Zeitraum konstant, ohne Rücksicht darauf, ob viel oder wenig produziert wird. Zu den festen Kosten gehören: Abschreibung, Verzinsung, Mietwert der Fläche und Instandhaltungskosten I.

$$\text{Abschreibung} = \frac{\text{Anschaffungswert der Maschine}}{\text{Nutzungsdauer}}$$

$$\text{Verzinsung} = \frac{\text{Anschaffungswert mal Zinsfuß}}{\text{2 mal 100}}$$

Bewegliche Maschinenkosten

Die Kosten zur Herstellung einer bestimmten Produktionsmenge nennt man bewegliche Kosten. Sie sind mengenabhängig und werden höher, wenn viel produziert wird und niedriger bei zurückgehender Produktion. Bewegliche Kosten sind: Instandhaltungskosten II, Energie-, Werkzeug- und Betriebsstoffkosten.

Arbeitsplatzkosten

Die Kosten für den Arbeitsplatz berechnen sich aus den Maschinenkosten, dem Fertigungslohn und den Restgemeinkosten. Diese Lohn- und Gemeinkosten sind mengenabhängig, sie gehören zu den beweglichen Kosten.

Fertigungslohn = Fertigungsstunden mal Stundenlohn

$$\text{Restgemeinkosten} = \frac{\text{Fertigungslohn mal Zuschlagsatz}}{100}$$

Beispiel: Kostenaufstellung für eine Drehmaschine.

Abschreibung	= 20000 DM : 8 Jahre	= 2500 DM
Verzinsung	$= \frac{20000\ \text{DM} \cdot 7{,}4\,\%}{2 \cdot 100\,\%}$	= 740 DM
Mietwert	= 15 $m^2 \cdot 4\ \text{DM}/m^2 \cdot 12$	= 720 DM
Instandhaltung I	= 20000 DM · 0,03 · 1/3	= 200 DM
Feste Maschinenkosten im Jahr		= 4160 DM
Instandhaltung II	$= \frac{20000\ \text{DM} \cdot 0{,}03 \cdot 2/3}{1600\ \text{h}}$	= 0,25 DM
Energiekosten	= 5 kW · 1 h · 0,35 DM/kWh	= 1,75 DM
Werkzeugkosten		= 1,50 DM
Bewegliche Maschinenkosten je Stunde		= 3,50 DM
Feste Maschinenkosten		= 4160 DM
Bewegliche Kosten	= 3,50 DM/h · 1600 h	= 5600 DM
Maschinenkosten im Jahr		= 9760 DM
Fertigungslöhne	= 14,20 DM/h · 1600 h	= 22720 DM
Restgemeinkosten	= 22720 DM · 1,60	= 36352 DM
Arbeitsplatzkosten im Jahr		= 68832 DM
Masch.-Stundensatz	= 9760 DM : 1600 h	= 6,10 DM
Arbeitsplatzkosten/h	= 68832 DM : 1600 h	= 43,02 DM

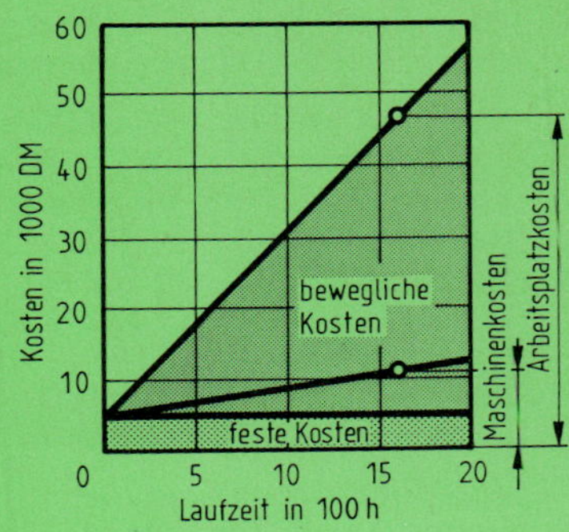

Feste Maschinenkosten
= Abschreibungsbetrag
+ Verzinsung
+ Mietwert der Fläche
+ Instandhaltung I

Bewegl. Maschinenkosten
= Instandhaltung II
+ Energiekosten
+ Werkzeugkosten
+ Betriebsmittelkosten

Maschinenkosten
= feste Maschinenkosten
+ bewegl. Masch'kosten

Arbeitsplatzkosten
= Maschinenkosten
+ Fertigungslöhne
+ Restgemeinkosten

Maschinen-Stundensatz

$$= \frac{\text{Maschinenkosten}}{\text{Laufzeit der Maschine}}$$

Arbeitsplatzkosten/h

$$= \frac{\text{Arbeitsplatzkosten}}{\text{Laufzeit der Maschine}}$$

Verzinsung im Jahr

$$= \frac{\text{Anschaffungswert} \cdot \text{Zinsfuß}}{2 \cdot 100}$$

Abschreibungsbetrag im Jahr

$$= \frac{\text{Anschaffungswert}}{\text{Nutzungsdauer}}$$

Mietwert im Jahr
= monatliche Miete je m^2
× Flächenbedarf × 12

Aufgaben

1. Von einer Drehmaschine sind folgende Daten bekannt:

Einkaufspreis 24200,– (27000,–) DM
Anschlußkosten 300,– (400,–) DM
Aufstellkosten 500,– (600,–) DM
Nutzungsdauer 10 (8) Jahre
Verzinsung 8 (6)% im Jahr
Flächenbedarf 8 (10) m²
Mietpreis 5,– (6,–) DM/m² im Monat
Instandhaltung 1000,– (1240,–) DM/Jahr
davon 340,– (400,–) DM feste Kosten
Motorleistung 5 (6) kW
Arbeitspreis 0,38 (0,35) DM/kWh
Werkzeugkosten 2,05 (2,40) DM/h
Stundenlohn 14,50 (14,80) DM
Restgemeinkosten 150 (160)% vom Lohn
Laufzeit 1200 (1050) h im Jahr

Zu berechnen sind: a) feste Maschinenkosten im Jahr, b) bewegliche Maschinenkosten je Stunde, c) Maschinenkosten im Jahr, d) Maschinen-Stundensatz, e) Arbeitsplatzkosten im Jahr, f) Arbeitsplatzkosten je Stunde.

2. Von einem Bremsenprüfstand für Pkw (Lkw) liegen folgende Angaben vor:

Anschaffungswert 15400,– (24000,–) DM
Nutzungsdauer 8 (10) Jahre
Verzinsung 6 (8)% im Jahr
Flächenbedarf 30 (50) m²
Mietpreis 4,– (4,50) DM/m² im Monat
Instandhaltung 495,– (630,–) DM/Jahr
davon 1/3 feste, 2/3 variable Kosten
Elektromotoren 2 (2)
Motorleistung je 3 (10) kW
Arbeitspreis 0,40 (0,35) DM/kWh
Stundenlohn 13,60 (14,00) DM
Restgemeinkosten 175 (180)% vom Lohn
Arbeitsleistung 5 (4) Test/Stunde
Betriebszeit 600 (500) h im Jahr

Zu berechnen sind: a) feste Maschinenkosten im Jahr, b) bewegliche Maschinenkosten in der Stunde, c) Maschinenkosten im Jahr, d) Arbeitsplatzkosten im Jahr, e) Arbeitsplatzkosten in der Stunde, f) Kosten für einen Test.

3. Angaben zur Kostenberechnung über einen Fahrleistungsprüfstand für Pkw:

Einkaufspreis 30000,– (34000,–) DM
Einbaukosten 2000,– (2000,–) DM
Nutzungsdauer 8 (6) Jahre
Verzinsung 6 (8)% im Jahr
Flächenbedarf 35 (40) m²
Mietpreis 5,– (6,–) DM/m² im Monat
Stromverbrauch 3,2 (3,5) kWh je h
Arbeitspreis 0,35 (0,40) DM/kWh
Instandhaltung 5 (4)% vom Anschaffungswert, davon 40% (1/3) feste Kosten
Stundenlohn 14,20 (13,50) DM
Restgemeinkosten 200 (180)% vom Lohn
Arbeitsleistung 2 (1,5) Prüfungen/h
Betriebszeit 1200 (1000) h im Jahr

Zu berechnen sind: a) feste Maschinenkosten im Jahr, b) bewegliche Maschinenkosten in der Stunde, c) Maschinenkosten im Jahr, d) Arbeitsplatzkosten im Jahr, e) Arbeitsplatzkosten je Stunde, f) Kosten für eine Leistungsprüfung.

4. Von einer Waschanlage für Pkw liegen folgende Angaben vor:

Anschaffungswert 48000,– (54000,–) DM
Nutzungsdauer 8 (10) Jahre
Verzinsung 8 (6)% im Jahr
Flächenbedarf 24 (32) m²
Mietpreis 4,75 (4,50) DM/m² im Monat
Instandhaltung 80,– (100,–) DM im Monat
davon die Hälfte über feste Kosten
Elektromotoren 6 (8)
Motorleistung je 1,5 (1,2) kW
Arbeitspreis 0,40 (0,35) DM/kWh
Wasserverbrauch 20 (30) l je Pkw
Wasserpreis 3,50 (3,60) DM/m³
Shampoo 4,20 (4,50) DM für 30 Pkw
Wachs 5,40 (6,20) DM für 20 Pkw
Stundenlohn 14,20 (13,60) DM
Restgemeinkosten 80 (90)% vom Lohn
Arbeitsleistung 8 (10) Pkw/Stunde
Betriebszeit 1000 (800) h im Jahr

Zu berechnen sind: a) feste Maschinenkosten im Jahr, b) bewegliche Maschinenkosten je Stunde, c) Maschinenkosten im Jahr, d) Arbeitsplatzkosten im Jahr, e) Arbeitsplatzkosten je Stunde, f) Kosten für einen Waschvorgang.

Sachwortverzeichnis